창업절차의 간소화에 따른

주식회사 설립과 변경등기까지

법무사 노 오 석

Law BUB 법률&출판

머리말

주식회사를 설립하고자 하는 창업자는 주식회사를 발기설립으로 할 것인가 모집설립으로 할 것인가를 결정하고, 상호 · 발기인 · 출자금액 및 임원을 구성하고, 정관을 작성하여 회사설립등기절차를 도모하게 됩니다.

우리나라 주식회사 설립은 소규모회사 설립이 주를 이루고 있는데 "소규모회사"란 자본금 10억 미만의 회사를 말합니다. 정부는 창업의 원활화를 위하여 상법을 개정(2009. 2. 4시행)하여 자본금 총액이 10억원 미만인 회사를 설립하는 경우 정관 및 의사록의 공증의무를 면제하고, 설립시 필요한 주금납입금 보관증명서를 잔고증명서로 대체할 수 있도록 하였고, 주주총회 소집절차를 간소화하고, 감사를 두지 않아도 되는 자율성을 부여하는 등 창업절차를 간소화 하여 창의적인 아이디어를 갖고 있는 사람이라면 누구라도 손쉽게 저렴한 비용으로 회사를 설립할 수 있도록 하였는바, 그게 올해로 10년째가 되는 해입니다. 따라서 위 절차에 의하면 모집설립보다 발기설립이 더 간편하므로 우리나라에서 주식회사설립은 발기설립이 주를 이루고 있습니다.

상법은 변경등기에서도 소규모회사는 주주총회를 생략하고 주주총회의사록 대신 서면결의서로 작성하여 변경등기를 신청할 수 있도록 하였는바, 서면결의서는 의사록과는 달리 공증(인증)을 받지 않아도 등기소에서 신청을 받아주도록 하였습니다.

이 책의 편제는 제1장 주식회사설립등기 제2장 변경등기(신주식 발행, 본점이전, 임원변경, 상호 등 변경등기 순)로 하였습니다.

아무쪼록 이 책이 주식회사 설립등기와 변경등기의 업무자료집으로써 실무자들에게 조금이나마 도움이 되어 주길 바라며 많은 격려와 지도편달을 바라겠습니다.

2019. 7. 25 .

저자 법무사 노오석

주 요 목 차

목 차

제1장 주식회사 설립

제2장 주식회사 변경등기

제3절 상호 · 목적 · 공고방법 · 존립기간의 변경

제4절 주식회사 본점이전등기

제5절 이사 · 감사, 대표이사 변경 및 중임

제1관 이사 · 감사 변경

제2관 이사 · 감사 중임

제3관 대표이사 변경 · 중임

第6절 서면결의에 의한 변경등기

부 록

제1장 주식회사 설립

제1장 주식회사 설립

제1절 총 설

1. 의 의

"주식회사"란 주주로 조직된 유한책임회사를 말한다. 주식회사는 상행위 기타 영리를 목적으로 주주가 인수한 주식금액을 한도로 하여 회사에 책임을 지고 회사채권자에 대하여는 아무런 책임을 지지 않는 사원만으로 구성된 회사이다.

주식회사는 자본 없이는 성립할 수 없다. 자본이란 발행주식의 액면총액을 말하는데 주식은 자본금의 구성분자인 금액을 의미한다. 각 주주는 자기가 가지고 있는 주식금액에 따라 자본금액에 대한 비율로 회사사업에 참여하고 회사재산에 대한 몫을 가지고 있으므로 주주의 회사에 대한 권리와 의무는 주식을 단위로 하여 정하여진다.

자본금은 발기인과 주식청약자의 출자로 이루어지는 일정한 기금으로서 발행주식의 총액을 말하고, 주식은 자본금의 구성요소이다.

2. 회사법과 상업등기법의 개정

상법 중 회사법에 관하여 크게 2차례의 개정이 있었는바, 2009. 1. 30(2009. 2. 4. 시행)개정과 2011. 4. 14(2012. 4. 15. 시행)개정이 그것이다.

가. 대표적인 회사법의 개정

(1) 2009. 1. 30. 개정(법률 제9362호. 2009. 2. 4시행)

2009. 1. 30(2009. 2. 4시행)개정이유는 창의적인 아이디어를 갖고 있는 사람이라면 누구라도 손쉽게 저렴한 비용으로 회사를 설립할 수 있도록 최저자본금제도를 폐지(상법 제329조제1항)하는 외에도 소규모 회사 창업의 원활화를 위하여 자본금 총액이 10억원 미만인 회사를 설립하는 경우 정관 및 의사록의 공증의무를 면제하고(상법 제292조, 공증인법 제66조의2 제1항), 설립시 필요한 주금납입금 보관증명서를 잔고증명서로 대체

할 수 있도록 하였고(상법 제318조 제3항), 소규모 주식회사의 주주총회 소집절차를 간소화(상법 제363조)하고, 감사선임의 자율성을 부여(상법 제409조)하는 등 창업절차를 간소화 하며, 전자주주명부, 전자문서에 의한 소수주주의 주주총회소집청구를 인정하여 기업경영의 IT화를 실현하는 등 기업 활동의 편의를 도모하려는 것이 그 이유이다.

2009. 1. 30. 개정 상법 중 제292조(정관의 공증면제 규정), 제318조(잔고증명에 관한 규정), 제329조(최저자본금 삭제규정), 제363조(주주총회소집 규정), 제383조(이사회제도의 규정), 제409조(감사의 선임 면제 규정)의 개정규정은 공포한 날부터 시행하고, 나머지 전자투표제 등에 관한 규정은 공포 후 1년이 경과한 날부터 시행하였다.

(2) 2011. 4. 14. 개정(법률 제10600호, 2012. 4. 15시행)

(가) 개 설

2011. 4. 14(2012. 4. 15시행)개정이유는 기업경영의 투명성과 효율성을 높이기 위하여 자금 및 회계관련 규정을 정비하고, 정보통신 기술을 활용하여 주식·사채(社債)의 전자등록제를 도입하며, 합자조합과 유한책임회사 등 다양한 기업 형태를 도입함으로써 국제적 기준에 부합하는 회사법제로 재편하는 한편, 이사의 자기거래 승인 대상범위를 확대하고 이사의 회사기회 유용금지 조항을 신설하여 기업경영의 투명성을 높임으로써 활발한 투자 여건을 조성하고 급변하는 경영환경에 기업이 적절히 대응할 수 있는 법적 기반을 마련하는 것이 그 이유이다.

(나) 주요내용[1)]

새로운 기업 형태 도입(상법 제86조의2부터 제86조의9까지 및 제287조의2부터 제287조의45까지 신설), 회사의 설립시에 발행하는 주식총수의 제한폐지(상법 제289조 제1항 제5호), 회사 설립의 편의 제고(상법 제291조, 제329조 및 제546조), 다양한 종류의 주식 도입(상법 제344조, 제345조 및 제346조, 제344조의2부터 제344조의3까지 신설), 주식 및 사채의 전자등록제 도입(상법 제356조의2 및 제478조제3항 신설), 소수주식의 강제매수제도 도입(상법 제360조의24부터 제360조의26까지 신설), 회사의 사업기회 유용금지제도 신설(상법 제397조의2 신설), 이사의 자기거래 승인대상 확대(상법 제398조), 이사의 책임 감경(상법 제400조제2항), 집행임원제도 도입(상법 제408조의2부터 제408조의9까지 신설), 상법상 회계 관련 규정과 기업회계기준의 조화(상법 제446조의2 신설,

1) 국회 법제사법위원회 상법 일부개정법률안 심사보고서

제447조 및 제447조의4, 제452조, 제453조, 제453조의2, 제454조부터 제457조까지 및 제457조의2 삭제), 법정준비금제도 개선(상법 제460조, 제461조의2 신설), 배당제도 개선(상법 제462조제2항, 제462조의4 신설), 사채제도의 개선(상법 제469조 및 제481조부터 제485조까지, 제470조부터 제473조까지 삭제, 제480조의2 및 제480조의3 신설), 준법지원인 제도 도입(상법 제542조의13 신설), 유한회사에 대한 각종 제한 규정 철폐(상법 제545조 삭제, 제556조, 제571조 및 제607조 개정),

나. 상업등기법의 전면개정

상업등기법은 법률 제12592호, 2014. 5. 20. 전면 개정되어 2014. 11. 21. 시행되었다. 개정취지는 새로운 기업형태로서 합자조합과 유한책임회사제도를 도입하는 내용으로 상법이 개정됨에 따라 이를 상업등기제도에 반영하는 한편, 대법원규칙이나 예규에서 정하여도 충분한 사항을 법률에서 규정하고 있어 전산화 등 외부변화나 국민의 요구에 따른 신속하고 탄력적인 등기절차를 운용하는 데에 어려움이 있으므로 신청서 기재사항과 신청서 첨부서면으로 구성되어 있는 현행법 체계를 등기사항 위주로 개편하고, 구체적인 등기신청절차나 등기실행방법은 대법원규칙으로 위임하고, 그 밖에 현행 제도의 운영상 나타난 일부 미비점을 개선·보완하려는 것이다.

3. 주식회사설립의 유형

가. 개 설

주식회사설립에는 발기설립(發起設立)과 모집설립(募集設立)이 있고, "발기설립"은 회사 설립에 있어서 발행주식의 전부를 발기인이 인수하여 회사를 설립하는 방법을 말하고, 모집설립은 회사설립 시 발행하는 주식의 총수 중 발기인이 일부를 인수하고 나머지 부분은 주주를 모집하여 인수하도록 하는 설립방법을 말한다.

나. 발기설립과 모집설립등기절차도

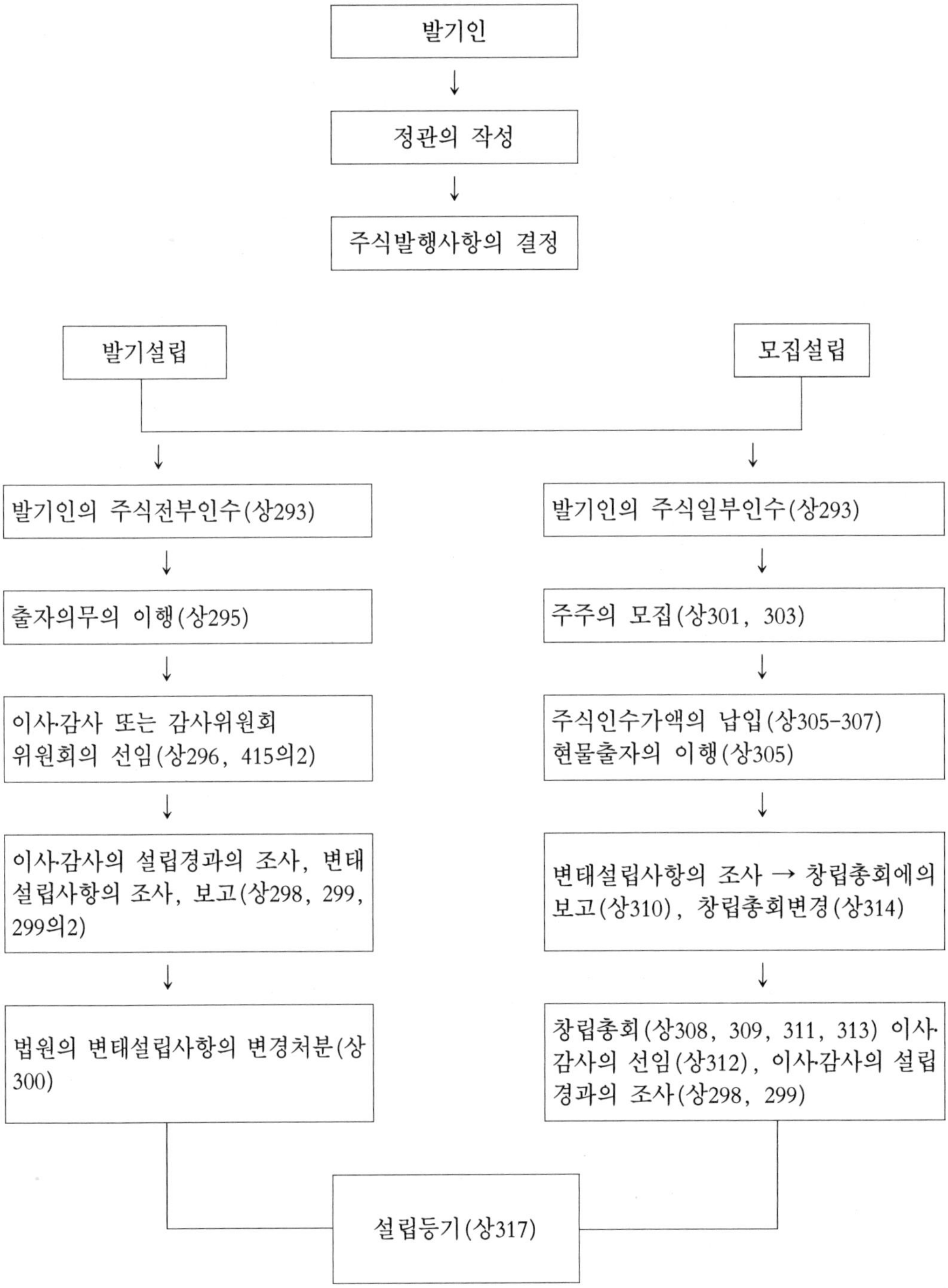

제2절 발기설립절차

1. 개 설

"발기설립"은 주식회사의 설립의 한 형태로서 회사 설립 시에 발행하는 주식의 총수를 발기인이 모두 인수하여 회사를 설립하는 것을 말한다. 주식회사 설립에는 발기설립(發起設立)과 모집설립(募集設立)이 있는데 모집설립은 회사설립 시 발행하는 주식의 총수 중 발기인이 일부를 인수하고 나머지 부분은 주주를 모집하여 인수하도록 하는 설립방법을 말한다.

발기설립과 모집설립과의 가장 큰 차이는 회사 설립시에 발행하는 주식을 발기인이 전부 인수하는지 여부에 있다.

회사를 설립하고자 하는 창업자는 주식회사를 발기설립으로 할 것인가 모집설립으로 할 것인가를 결정하고, 상호 · 발기인 · 출자금액 및 임원은 구성하고, 정관을 작성한다.

2. 정관의 작성

가. 개 설

주식회사설립의 경우 정관은 1인 이상의 발기인이 작성하여야 하고(상법 제288조), 상법 제289조 제1항에서 규정하고 있는 절대적 기재사항을 기재하여야 한다.

나. 절대적 기재사항

(1) 개 설

주식회사 설립의 정관에는 절대적 기재사항, 상대적 기재사항 및 임의적 기재사항이 있다. 정관의 절대적 기재사항은 ①목적, ②상호, ③회사가 발행할 주식의 총수, ④액면주식을 발행하는 경우 1주의 금액, ⑤회사의 설립시에 발행하는 주식의 총수, ⑥본점의 소재지, ⑦회사가 공고를 하는 방법, ⑧발기인의 성명·주민등록번호 및 주소이며 이들 절대적 기재 사항 중 하나라도 기재를 누락하면 정관은 무효가 된다(상법 제289조).

(2) 목 적(상법 제289조 제1항 제1호)

"목적"이란 회사가 경영하고자 하는 사업을 말한다. 법인의 목적을 등기사항으로 정하고 있는 것은 법인은 원래 정관으로 정한 목적의 범위내에서만 권리능력이 있으며(민법 제34조), 그 목적사업 이외의 사업은 영위할 수 없기 때문에 목적을 특정함으로써 법인의 권리능력의 범위를 일반인에게 공시하기 위한 것이다.

목적은 회사가 경영하려고 하는 사업을 뜻하므로, 사회통념상 그 사업이 무엇인가를 알 수 있을 정도로 구체적이고 명확하게 기재하여야 하며, 상업, 물품제조업, 물품판매업 등과 같이 불분명하게 기재하여서는 안 된다. 그리고 "회사"란 상행위나 그 밖의 영리를 목적으로 하여 설립한 법인(상법 제169조)이기 때문에 비영리사업을 회사의 목적으로 할 수 없고, 강행법규나 공서양속에 위반하는 것은 회사의 목적으로 정할 수 없다. 회사의 설립목적이 불법한 것인 때에는 법원이 해산을 명할 수 있다(상법 제176조 제1항).

회사의 목적은 위와 같은 제한이 따르지만, 원칙적으로 어떠한 사업을 목적으로 할 것인가는 회사의 자유이다. 다만, 특별법 등에 의하여 관청의 인·허가를 필요로 하는 경우에는 등기시에 그 인·허가서를 등기신청서에 첨부하여야 한다.

(3) 상 호(상법 제289조 제1항 제2호)

(가) 개 설

"상호"란 상인이 영업상 자기를 표시하기 위하여 사용하는 명칭을 말한다. 상업등기법은 제29조는 "동일한 특별시, 광역시, 특별자치시, 시(행정시를 포함한다. 이하 같다) 또는 군(광역시의 군은 제외한다. 이하 같다)에서는 동종의 영업을 위하여 다른 상인이 등기한 상호(商號)와 동일한 상호를 등기할 수 없다."고 규정하였는바, 대법원은 "유사상호 등의 판단 기준에 관한 예규를 제정하여 위 법률을 뒷받침 하였다.

(나) 등기할 수 없는 상호

등기관은 다음 각 호의 어느 하나에 해당하는 경우에는 등기신청을 각하한다(등기예규 제1547호).

1. 상법등기법 제30조에 의해 등기할 수 없는 상호
2. 법령으로 상호에 사용하는 것을 금지한 문자를 사용한 경우

【예시】 회사가 아니면서 상호에 회사임을 표시하는 문자를 사용한 경우(상법 제20조), 금융투자업자가 아니면서 상호에 금융투자라는 문자를 사용한 경우(자본시장과 금융투자업에 관한 법률 제38조제1항), 보험회사가 아니면서 상호에 보험회사임을 표시하는 문자를 사용한 경우(보험업법 제8조제2항) 등. 다

만, '보험대리점'이라는 문자는 보험회사임을 표시하는 문자로 볼 수 없다 (보험업법 제2조제1호, 제5호, 제9호 등).

3. 법령으로 상호에 일정한 문자(증권, 신탁 등)를 사용할 것을 규정 하였음에도 불구하고 그러한 문자를 사용하지 아니한 경우

4. 상호에 지점, 지사, 지부, 출장소 등의 문자나 영업부문임을 표시하는 문자(영업부, 판매부 등)를 사용한 경우(상법 제21조제2항에 따라 지점의 상호에 본점과의 종속관계를 표시하기 위하여 사용하는 경우는 제외한다). 다만, 대리점, 특약점 등의 문자는 상호에 사용할 수 있다.

5. 상호가 국가·공공단체 또는 그 소속기관 및 공법인과 관련성이 있다고 오인될 우려가 있는 경우

【예시】 국가기관으로 오인하게 할 수 있는 문자를 상호에 사용한 경우, 지방공기업법 등 관련 법령에 따라 설립된 것이 아니면서 지방공사, 지방공단, 공사, 공단 등의 문자를 상호에 사용한 경우 등

6. 상호가 선량한 풍속 기타 사회질서에 반하는 경우

【예시】 상호에 외설스러운 문자를 사용한 경우

7. 사회적 유명 인사의 성명권을 침해할 우려가 있는 경우

8. 회사의 종류를 표시하는 부분을 제외하면 신청인의 상호가 업종을 표시하는 문자만으로 구성되어 있는 경우

(다) 동일상호 판단을 요하는 등기사건

㉮ 등기관이 동일상호 여부를 조사·판단하여야 하는 등기 사건은 다음 각 호와 같다.

1. 회사의 설립 등기
2. 상호의 등기
3. 상호의 변경 등기
4. 목적의 변경 등기
5. 본점 또는 영업소를 다른 등기소의 관할 구역에서 당해 등기소의 관할구역으로 이전하는 등기(본점을 이전하는 회사의 지점 등기가 당해 등기소의 관할 구역에 이미 있는 경우에도 마찬가지이다).
6. 상호의 가등기
7. 주식회사 또는 유한회사를 설립하고자 할 때, 회사의 상호를 변경하고자 할 때, 회사의 본점을 이전하고자 할 때의 상호 가등기의 등기사항 중 목적을 변경하는 등기

㉯ 회사의 지점 및 외국회사의 영업소를 설치하거나 이전하는 등기, 지점의 등기기록에서 상호 또는 목적을 변경하는 등기신청에서는 동일상호 여부를 조사하지 아니한다.

(라) 타인의 동의가 있는 경우 등

상호를 등기한 타인이 신청인의 상호에 관한 등기에 동의하거나 신청인이 발행한 주식을 100% 소유한 모회사라 하더라도, 동일상호인 경우에 등기관은 상호에 관한 등기 신청을 수리할 수 없다.

(마) 동일상호의 판단 요건

상호에 관한 등기 신청이 다음 각 호의 요건을 충족할 경우 등기관은 그 신청을 각하하여야 한다.

1. 신청인이 타인의 상호의 등기가 있는 특별시·광역시·시·군의 관할 등기소에 상호에 관한 등기를 신청하였을 것
2. 신청인의 상호가 타인의 상호와 동일할 것
3. 신청인이 타인과 동일 또는 동종의 영업을 하거나 하려고 할 것

(바) 타인이 등기한 상호의 범위

㉮ 등기관은 신청인의 상호가 회사의 상호(지점 및 외국회사 영업소의 상호를 포함한다), 가등기된 상호, 자연인인 상인의 등기된 상호에 대하여 동일상호인지를 조사하여야 한다.

㉯ 등기관은 등기신청된 상호가 타인이 등기한 상호와 동일한지를 판단하기 위하여 해산 또는 파산선고된 회사의 상호에 대하여도 조사하여야 한다. 다만, 청산종결, 파산종결 또는 파산폐지의 등기가 되어 그 등기기록이 폐쇄된 회사의 상호는 그러하지 아니하다.

(사) 상호 자체의 판단방법

상호 자체의 동일성을 판단할 때 다음 각 호의 문자가 있는 경우에는 이를 제외한 나머지 부분만으로 동일성을 판단한다.

1. 회사의 종류를 표시하는 문자(합명회사, 합자회사, 주식회사, 유한회사)
2. 「상업등기의 상호 및 외국인의 성명 등기에 관한 예규」에 근거하여 상호에 병기

된 로마자 등

(아) 목적의 적격성

1. 목적(본 절에서 '업종'을 포함한다)은 적격성이 있어야 하며, 적격성이 없는 목적은 등기할 수 없고, 등기되었어도 동일상호 여부를 판단할 때 고려하지 아니한다.

2. 목적은 영리성이 있어야 하고, 강행법규나 선량한 풍속 기타 사회질서에 반하여서는 아니된다.

3. 목적은 상인이 수행하거나 하려고 하는 영업을 사회 일반인이 쉽게 인식할 수 있도록 명확하고 구체적이어야 한다.

4. 등기관은 통계청장이 작성·고시하는 「한국표준산업분류」 중 소분류 이하를 참고하여 목적의 구체성을 판단할 수 있다.

(자) 영업의 동종성 판단

1. 목적의 전부 또는 주된 부분이 동일하거나 동종인 경우뿐 아니라 일부가 그러한 경우에도 원칙적으로 영업의 동종성은 인정된다.

2. 두 상인의 목적 중 어느 일방의 목적이 상대방의 목적을 포함하는 경우에는 영업의 동종성이 인정된다.

3. 목적 중 '전 각 호에 부대하는(또는 관련되는) 일체의 업무'라는 부분은 영업의 동종성을 판단할 때 고려하지 않는다.

(4) 회사가 발행할 주식의 총수(상법 제289조 제1항 제3호)

회사가 발행할 주식의 총수란 회사가 장래 발행하기로 예정하고 있는 주식의 총수, 즉 이사회에 대하여 발행을 수권한 주식수의 최대한을 의미하는 것으로 발행예정 주식의 총수를 말한다(상법 제289조 제1항 제3호).

상법은 회사설립시 발행하는 주식의 총수는 회사가 발행할 주식총수의 1/4이상이어야 한다는 요건을 폐지하였다(상법 제289조 제2항 삭제, 2012. 4. 15시행). 이에 따라 회사설립시 발행하여야 하는 주식수에 대한 제한이 전혀 없게 되었다. 후술 "회사의 설립시에 발행하는 주식의 총수" 62면 참조

위 발행예정주식총수 중 설립시에 발행하는 주식 수를 공제한 나머지는 소위 수권주식(授權資本)으로서, 원칙적으로 이사회의 결의에 의하여 수시로 신주를 발행하게 된다.

(5) 액면주식을 발행하는 경우 1주의 금액(상법 제289조 제1항 제4호)

회사가 액면주식과 무액면주식을 선택적으로 발행할 수 있다(상법 제291조 및 제329조 제1항).

액면주식을 발행할 경우 1주의 금액은 균일하여야 하고, 액면주식 1주의 금액은 100원 이상이어야 한다(상법 제329조 제2항). 이 금액은 설립시에 발행하는 주식에 대하여서 뿐만 이니라 장래 발행될 주식의 액면가를 정하고 있다.

액면주식은 액면가의 기재가 있는 주식으로서, 주권에 그 표창하는 주식의 수 이외에 1주의 금액이 기재되고(상법 제356조 제4호), 정관에도 그 금액의 기재를 하여야 한다.

회사는 정관으로 정하는 바에 따라 발행된 액면주식을 무액면주식으로 전환하거나 무액면주식을 액면주식으로 전환할 수 있다(상법 제329조 제4항).

(6) 회사의 설립시에 발행하는 주식의 총수(상법 제289조 제1항 제5호)

상법은 제289조 제2항의 "회사설립시 발행하는 주식의 총수는 회사가 발행할 주식총수의 1/4이상이어야 한다"는 요건을 폐지하였다(상법 제289조 제2항 삭제, 2012. 4. 15시행). 이에 따라 회사설립시 발행하여야 하는 주식수에 대한 제한이 전혀 없게 되었다.

구 상법이 이런 비율의 유지를 요구한 이유는 회사설립시에 발행주식총수에 비하여 과다한 발행예정주식총수를 표방하지 못하도록 하고 회사설립 후 이사회에 지나치게 넓은 신주발행권한을 부여하는 것을 억제하기 위한 것이었다.

개정취지는 회사설립시 발행하는 주식수의 최저한도제도가 소규모 자본으로 사업을 시작하려는 기업에 대해서 장애가 되고, 수권자본을 변경하기 위해서는 정관을 변경하여야 하는데, 정관변경은 주주총회의 특별결의를 요구하고 있기 때문에 자금조달이 원활히 이루어지지 못하는 등의 문제가 있으므로 이를 해결하기 위한 것이다. 따라서 신주발행시 정관변경의 필요가 없을 정도로 충분한 수량의 발행예정주식총수를 정해 놓을 수 있다.

그러나 설립시 발행주식의 수를 폐지함으로써 적정 자본규모에 비해 지나치게 많은 발행예정주식수를 가진 회사가 출현할 수 있고, 투자자에게 잘못된 정보로 위험을 끼칠 수 있다는 우려가 있다.

(7) 본점의 소재지(상법 제289조 제1항 제6호)

주식회사설립의 경우 실무에서는 이사회에서 구체적인 장소를 정하고, 정관에는 본점

소재지의 최소독립행정구역(특별시, 광역시)만 기재하고 있다.

(8) 회사가 공고를 하는 방법(상법 제289조 제1항 제7호)

(가) 개 설

설립등기사항은 관보 또는 시사에 관한 사항을 게재하는 일간신문에 하여야 한다. 다만, 회사는 그 공고를 정관으로 정하는 바에 따라 전자적 방법으로 할 수 있다(상법 제289조 제3항).

회사가 정관에서 전자적 방법으로 공고할 것을 정한 경우라도 전산장애 또는 그 밖의 부득이한 사유로 전자적 방법으로 공고를 할 수 없는 때에는 미리 정관에서 정하여 둔 관보 또는 시사에 관한 사항을 게재하는 일간신문에 공고하여야 한다(상법 시행령 제6조 제4항).

(나) 공고기간

전자적 방법으로 공고할 경우 대통령령으로 정하는 기간까지 계속 공고하여야 하고 게시 기간과 게시 내용에 대하여 증명하여야 한다(상법 제289조 제4, 5항).

여기서 "대통령령으로 정하는 기간"(이하 "공고기간"이라 한다)이란 ㉠상법에서 특정한 날부터 일정한 기간 전에 공고하도록 한 경우에는 해당 특정한 날 ㉡상법에서 공고에서 정하는 기간 내에 이의를 제출하거나 일정한 행위를 할 수 있도록 한 경우에는 해당 기간을 경과한 날 ㉢ 위 ㉠㉡외의 경우에는 해당 공고를 한 날부터 3개월이 경과한 날까지의 기간을 말한다(상법 시행령안 제6조제5항).

회사가 전자적 방법으로 공고를 하려는 경우에는 회사의 인터넷 홈페이지에 게재하는 방법으로 하여야 하고, 회사의 인터넷 홈페이지의 주소를 등기하여야 한다(상법 시행령안 제6조 제2항).

공고기간 중에 공고의 중단(불특정 다수가 공고된 정보를 제공받을 수 없게 되거나 그 공고된 정보가 변경 또는 훼손된 경우를 말한다)이 발생하더라도, 공고의 중단이 발생한 기간의 합계가 공고기간의 5분의 1을 초과하지 않으면 공고의 중단은 해당 공고의 효력에 영향을 미치지 아니한다. 다만, 회사가 공고의 중단에 대해서 고의 또는 중대한 과실이 있는 경우에는 그러하지 아니하다(상법 시행령안 제6조 제6항).

(9) 발기인의 성명 · 주민등록번호 및 주소(상법 제289조 제1항 제8호)

이는 발기인이 누구인가를 명백히 하고 그 책임소재를 분명히 하기 위한 것이다. 정관에 기명날인 또는 서명할 때에 그곳에 주소와 주민등록번호를 병기하여 이 기재요건을 충족시킬 수 있다. 발기인이 법인이면 상호, 등록번호, 본점소재지를 기재하면 된다.

다. 상대직 기재사항

(1) 개 설

"상대적 기재사항"이란 이를 정관에 기재하지 아니하여도 정관자체의 효력에는 아무런 영향을 미치는 않지만 그 사항을 정관에 기재하지 않으면 그 사항이 회사와 주주에 대한 관계에 있어서 효력이 발생하지 않는 사항을 말한다(상법 제290조). 즉 ㉠변태설립사항, ㉡주식에 관한 사항, ㉢주주총회에 관한 사항, ㉣이사·감사·청산인에 관한 사항, ㉤기타 사항 등 크게 5가지로 나눌 수 있다. 차례로 본다.

(2) 변태설립사항

(가) 개 설

"변태설립사항"이란 물적회사의 설립에 있어서 위험한 약속이 있는 경우를 말한다(상법 제290조). 변태설립사항은 회사를 설립할 때, 그 재산의 전부 또는 일부가 현물출자나 재산인수와 같이 금전 이외의 재산으로 이루어지는 경우, 그 과대평가에 의하여 자본충실의 원칙에 반하여 다른 사원이나 채권자를 해할 염려가 있으므로 회사의 부담으로 돌아갈 설립비용, 발기인이 받아야 할 보수·특별 이익 등과 함께 위험한 약속으로 보고, 이를 정관의 상대적 기재사항으로 하여(상법 제290조, 제544조), 엄격한 검사와 책임을 지우고 있다(상법 제295조, 제299조, 제550조).

변태설립사항은 원시정관에 기재해야만 그 효력이 인정되고, 원칙적으로 법원이 선임한 검사인의 조사를 받아야 하며(상법 제299조, 제310조), 그것이 부당하다고 인정하는 때에는 발기설립의 경우에는 법원이, 모집설립의 경우는 창립총회에서 이를 변경할 수 있도록 하고 있다(상법 제310조, 제314조). 변태설립사항을 정관에 기재한 회사설립을 변태설립이라 한다. 모집설립의 경우에는 주식청약서에도 변태설립사항을 기재하여야 한다(상법 제302조 제1항).

그리고 상법은 변태설립사항에 대하여 원칙적으로 법원이 선임한 검사인에 의한 조사를 받도록 하고 있는 데에 대한 예외규정을 신설하였다(상법 제299조 제2항, 2012. 4.

15시행).

(나) 변태설립사항의 종류

1) 발기인이 받을 특별이익과 이를 받을 자의 성명(상법 제290조 제1호)

특별이익은 회사설립을 위한 발기인의 공로에 대하여 회사가 주는 일정한 우선적 특권을 인정하는 것을 말한다.

특별이익은 보통 회사성립 후 계속적으로 주어지는 재산상의 이익이며, 이익배당이나 잔여재산분배에 있어서의 우선권, 신주인수에 관한 우선권, 회사의 설비이용에 관한 특권, 계속적 거래의 약속 등을 인정하는 것이 이에 해당된다. 그러나 발기인에게 이사, 감사 등의 지위를 약속하는 것은 다른 주주의 의결권을 제약하는 것이므로 허용되지 아니하고, 소유주식에 대한 확정이자의 지급, 주금납입의 면제, 무상주의 교부 등 자본충실의 원칙에 위배되는 특별이익을 받을 것은 인정되지 않는다. 특별이익은 발기인 전부에게 평등할 필요는 없으며, 주주의 지위와는 상관없는 것이므로 정관에 다른 정함이 없는 한 특별이익만을 분리하여 양도 또는 상속할 수 있다.

2) 현물출자를 하는 자의 성명과 그 목적인 재산의 종류, 수량, 가격과 이에 대하여 부여할 주식의 종류와 수(상법 제290조 제2호)

㉠ 개 설

현물출자는 금전 이외의 재산으로서 하는 출자를 가리킨다. 주식회사에서는 금전 출자가 원칙이며 현물출자는 예외로 정관에 그에 관한 규정이 있는 경우에만 인정된다.

현물출자의 목적이 될 수 있는 재산은 대차대조표에 자산으로 게재할 수 있는 것이면 동산·부동산·특허권·채권·유가증권·컴퓨터소프트웨어 등 무엇이든 가능하다.

정관에는 현물출자자의 성명과 출자 목적물인 재산의 종류, 수량, 가격과 이에 대하여 부여할 주식의 종류와 수를 기재하여야하며, 목적물인 재산은 그 동일성을 파악할 수 있을 정도로 구체적으로 특정하여 기재하여야 한다(상법 제290조 제2호).

㉡ 현물출자 등의 증명

검사인은 현물출자의 이행을 조사하여 법원에 보고하여야 하므로(상법 제299조), 현물출자의 이행에 관하여는 공인된 감정인의 감정으로 검사인의 조사에 갈음할 수 있다. 이 경우 공증인 또는 감정인은 조사 또는 감정결과를 법원에 보고하여야 한다(상법 제299조의2).

현물출자를 하는 경우에는 현물에 대한 적절한 평가가 선행 되어야 하고, 회사설립시 현물출자를 하는 경우에는 현물자산에 대한 감정가가 있으면 되지만 개인기업으로 운영하던중 현물출자에 의한 법인전환을 하는 경우에는 보다 적정한 현물출자가액 산정을 위하여 공인회계사의 감사보고서가 필요하다.

ⓒ 회사성립후에 양수할 것을 약정한 재산의 종류, 수량, 가격과 그 양도인의 성명(상법 제290조 제3호)

회사설립에 있어서 그 성립후에 특정인으로부터 일정한 재산을 회사가 매수할 것을 약정하는 것을 재산인수라 한다. 이것은 발기인이 설립 중의 회사를 위하여 회사의 성립을 조건으로 특정재산을 양수할 것을 내용으로 하는 계약이다.

"회사성립 후에 양수할 것을 약정"한다. 함은 이른바 재산인수로서 발기인이 설립될 회사를 위하여 회사성립을 조건으로 다른 발기인이나 주식인수인 또는 제3자로부터 금전이외의 재산을 회사에서 양수할 것을 약정하는 계약을 의미한다(상법 제290조 제3호).

재산인수는 금전이외의 재산을 제공하는 점에서 현물출자와 유사하지만, 개인법상의 거래행위인 점에서 단체법상의 출자행위인 현물출자와 구별된다. 재산인수는 정관에 기재하여야 효력이 있는 것이므로, 정관에 기재되지 않은 재산인수는 무효이며 창립총회의 승인, 회사설립 후의 추인, 정관변경이 있더라도 그 무효가 치유될 수 없다(다수설). 다만 판례는 재산인수가 동시에 상법 제375조가 규정하는 사후설립에 해당하고, 이에 대하여 주주총회의 특별결의에 의한 추인이 있다면 유효하다고 판시하였다.

ⓓ 회사가 부담할 설립비용과 발기인이 받을 보수액(상법 제290조 제4호)

"설립비용"이란 회사의 설립사무를 집행하는데 필요한 비용으로 정관의 작성, 인증비, 주식청약서, 기타 필요한 서류의 인쇄비, 설립사무의 임차료, 설립 사무를 위한 통신비, 비품비, 인건비, 주식 모집의 광고비, 주금납입의 취급을 위탁한 은행이나 신탁회사 등에 지급할 수수료, 창립총회의 소집 비용, 현물 출자의 목적물을 감정인에게 감사 내지 감정시킨 경우 그 비용 등을 포함한다(상법 제290조 제4호).

여기에서 주의할 것은 설립비용이란 회사의 설립 사무소에 소요된 경비이므로 회사의 설립시까지만 발생된 비용이며 그 이후의 비용은 설립비용 이 될 수가 없다.

발기인의 보수란 발기인이 회사설립을 위하여 진력한 노무에 대한 대가를 뜻하는 것으로서 전술한 특별이익과는 다르다. 설립비용이나 발기인의 보수를 변태설립사항으로 규정한 것은 발기인의 권한남용에 의한 과다한 비용이나, 보수이 책정을 막기 위하여 원시 정관에 기재하도록 한 것이다.

(다) 현물출자에 대한 검사인의 조사보고

발기설립에 있어서 변태설립에 관한 사항과 현물출자의 이행은 원칙적으로 이사의 청구에 의하여 법원이 선임한 검사인이 조사하여야 하나(상법 제298조제4항 본문), 예외적으로 변태설립사항 중 발기인이 받을 특별이익, 회사가 부담할 설립비용과 발기인이 받을 보수액에 관하여는 공증인의 조사·보고로 현물출자와 재산인수 및 현물출자의 이행에 관하여는 공인된 감정인의 감정으로 검사인의 조사에 갈음할 수 있다. 이 경우 공증인 또는 감정인은 조사 또는 감정결과를 법원에 보고하여야 한다(상법 제299조의2). 여기서 공인된 감정인이란 현물출자 된 각 재산의 유형에 따라 법률에 의하여 감정을 할 수 있는 자격이 부여된 감정인을 말한다.

검사인은 변태설립사항과 현물출자의 이행에 관한 사항을 조사하여 조사보고서를 법원에 보고하여야 하고, 조사보고서의 등본을 지체없이 각 발기인에게 교부하여야 한다(상법 제229조 제2, 3항).

변태설립사항을 공증인의 조사와 공인된 감정인의 감정으로 갈음하는 때에는 공증인의 조사보고서나 감정인의 감정서를 법원에 제출하여야 하고, 공증인과 감정인은 각 발기인에게 조사보고서와 감정서의 등본을 교부하여야 한다. 검사인이나 공증인의 보고서 또는 감정인의 감정서에 사실과 상위한 사항이 있는 때에는 발기인은 이에 대한 설명서를 법원에 제출할 수 있다(상법 제299조 제4항).

(라) 검사인의 조사보고절차의 축소

상법은 변태설립사항(상법 제290조 제1항) 및 현물출자의 이행에 대하여 원칙적으로 법원이 선임한 검사인에 의한 조사를 받도록 하고 있는 데에 대한 예외를 규정하였다(상법 제299조 제2항, 2012. 4. 15시행). 이는 현물출자나 재산인수에 관하여 검사인 등에 의해 조사를 실시하는 것은 회사의 자본충실을 기하기 위한 것인데, 소규모이거나 가격의 공정성이 객관적으로 확보되는 경우에는 검사인 등에 의한 검사가 회사의 설립절차를 복잡하게 하는 문제가 있다는 데에 따른 것으로 일정한 경우 현물출자에 대한 규제를 완화함으로써 회사설립절차를 간소화하기 위한 것이다. 본조의 예외에 속하는 현물출자와 재산인수는 상법 제299조의2의 적용대상도 되지 아니한다.

다음과 같은 경우 검사인 등에 의한 조사를 받지 아니한다.

1. 현물출자재산(상법 제290조제2호) 및 회사성립 후에 양수할 것을 약정한 재산(동조 제3호)의 총액이 자본금의 5분의1을 초과하지 아니하고 대통령령으로 정한 금액을 초과하지 아니하는 경우(상법 제299조 제2항 제1호).

여기서 "대통령령으로 정한 금액"이라 함은 금 5천만원을 말한다(상법 시행령안 제7조 제1항).

2. 현물출자재산(상법 제290조제2호) 또는 회사성립 후에 양수할 것을 약정한 재산(동조 제3호)이 거래소에서 시세가 있는 유가증권인 경우로서 정관에 적힌 가격이 대통령령으로 정한 방법으로 산정된 시세를 초과하지 아니하는 경우(상법 제299조 제2항 제2호)

여기서 "대통령령으로 정한 방법으로 산정된 시세"라 함은 다음 각 호의 금액 중 낮은 금액을 말한다(상법 시행령안 제7조 제2항).

㉠ 상법 제292조의 효력발생일(이하 이 조에서 "효력발생일"이라 한다)로부터 소급한 거래소에서의 1개월 평균 종가, 1주일 평균종가 및 효력발생일 직전 거래일의 종가를 산술평균하여 산정한 금액

㉡ 효력발생일의 직전 거래일의 종가

※ 위 규정(상법 시행령안 제7조 제2항)은 상법 제290조제2호 및 제3호의 재산에 그 사용, 수익, 담보제공, 소유권 이전 등에 대한 물권적 또는 채권적 제한이나 부담이 설정된 경우에는 적용하지 아니한다(상법 시행령안 제7조 제3항).

3. 그 밖에 위 제1호 및 제2호에 준하는 경우로서 대통령령으로 정하는 경우(상법 제299조 제2항 제3호)

(마) 변태설립사항의 변경

법원은 검사인 또는 공증인의 조사보고서 또는 감정인의 감정결과와 발기인의 설명서를 심사하여 변태설립사항을 부당하다고 인정한 때에는 이를 변경하여 각 발기인에게 통고할 수 있다(상법 제300조 제3항). 변경 통고가 있은 후 2주 내에 주식의 인수를 취소한 발기인이 없는 때에는 정관은 변경통고에 따라 변경된 것으로 본다(상법 제300조 제3항).

(3) 주식에 관한 사항

(가) 개 설

설립중의 회사가 성립하기 위해서는 정관이 작성되고 발기인이 주식을 인수하였을 것을 요건으로 한다(상법 제293조, 대법원 2000. 1. 28. 선고 99다35737 판결).

주식회사의 자본금은 주식에 의한 출자로써 형성되므로 발기인은 설립시에 발행하는 주식을 반드시 인수하여야 한다. 이 규정은 모집설립의 경우와 발기설립의 경우에 모두 적용된다.

회사의 설립시에 발행하는 주식의 총수를 서면에 의하여 발기인이 전부 인수하여야 하며(상법 제293조), 발기인이 회사의 설립시에 발행하는 주식의 총수를 인수한 때에는 지체없이 각주식에 대하여 그 인수가액의 전액을 납입하여야 한다. 이 경우 발기인은 납입을 맡을 은행 기타 금융기관과 납입장소를 지정하여야 한다(상법 제295조 제1항).

주금의 납입금 보관에 관한 증명서의 발급자로 은행 기타 금융기관으로 규정하고 있는 취지는 주금납입과 관련하여 납입가장행위 등을 방지하기 위함이고, 금융기관의 개념은 규정하는 법률마다 그 범위가 상이하여 일률적으로 정의할 수는 없으므로, 상법상 주금납입사무를 담당할 수 있는 금융기관인지는 위 취지에 따라 주금납입에 관한 업무능력, 공적신용력이 확보될 수 있는 규모 및 신용도, 예수금에 대한 보장제도 등을 검토하여 판단하여야 한다.

현물출자를 하는 발기인은 납입기일에 지체없이 출자의 목적인 재산을 인도하고 등기, 등록 기타 권리의 설정 또는 이전을 요할 경우에는 이에 관한 서류를 완비하여 교부하여야 한다(상법 제295조 제2항).

주식인수인이 납입기일에 납입을 하지 아니하면 그 권리를 잃는 다는 뜻을 기일 2주전에 그 주식인수인에게 통지하여야 하고, 이 통지를 받은 주식인수인이 그 기일내에 납입을 이행하지 아니한 때에는 그 권리를 잃는다(상법 제307조).

[등기선례] 새마을금고가 상법상 주금납입을 맡을 '은행 기타 금융기관'에 해당하는지 여부

1. 상법 제295조제1항, 제302조제2항제9호에서 주금납입장소를 은행 기타 금융기관으로 규정하고 있는 취지는 주금납입과 관련하여 납입가장행위 등을 방지함으로써 회사의 자본충실을 기하기 위함이다. 금융기관의 개념은 규정 법률마다 그 범위가 상이하므로 일률적으로 정의할 수는 없고, 따라서 상법상 주금납입업무를 담당할 수 있는 금융기관인지 여부는 위 취지에 따라 주금납입에 관한 업무능력, 공적 신용력이 확보될 수 있는 규모 및 신용도, 예수금에 대한 보장제도 등을 검토하여 판단하여야 할 것이다.
2. 새마을금고법에 의하여 설립된 새마을금고는 새마을금고법에 의하여 그 사무의 범위에 신용

사업을 취급할 수 있고(새마을금고법 제28조제1항제1호), 국고금 수납업무를 취급할 수 있는 금융기관으로서(국고금관리법시행규칙 제92조제1항제2호라목) 조합원과 예금자 등을 보호하기 위한 제도가 마련되어 있을 뿐만 아니라(새마을금고법 제71조 내지 제73조) 행정안전부장관의 감독 및 간접적으로 금융위원회의 감독을 받으므로(새마을금고법 제74조) 주금납입사무를 취급할 수 있는 업무능력과 공적 신용력을 갖춘 금융기관에 해당된다고 볼 수 있을 것이다(상업등기선례 제2-44호, 2008. 5. 2. 공탁상업등기과-500 질의회답).

(나) 설립 당시의 주식발행사항의 결정

회사가 발행할 주식의 총수, 액면주식을 발행하는 경우 1주의 금액, 회사의 설립시에 발행하는 주식의 총수는 반드시 정관으로 정하는 것이나(상법 제289조 제1항), 그 외의 주식발행에 관한 사항은 정관에 다른 규정이 없는 한 발기인이 정할 수 있다. 즉, "①주식의 종류와 수, ②액면주식의 경우에 액면 이상의 주식을 발행할 때에는 그 수와 금액, ③무액면주식을 발행하는 경우에는 주식의 발행가액과 주식의 발행가액 중 자본금으로 계상하는 금액"은 정관에 다른 규정이 없으면 발기인 전원의 동의로 정하여야 한다(상법 제291조).

(다) 주식의 종류와 수(상법 제291조 제1호)

① 의 의

상법은 제344조에서 종류주식에 대한 총괄규정을 둔 다음 제344조의2부터 제351조까지 각 종류주식의 유형별로 별도의 조문을 규정하였다(2012. 4. 15시행).

'종류주식'이란 소정의 권리에 관하여 특수한 내용을 부여한 주식을 말한다. 개정상법은 다양한 종류의 주식을 발행하는 제도를 도입하였다(상법 제344조, 제345조 및 제346조 개정, 제344조의2부터 제344조의4까지 신설).

구 상법 제344조에서는 이익배당이나 잔여재산분배 등에 관하여 그 내용이 다른 종류주식만을 인정하고 있어서 종류주식 중 이익배당에 있어서 내용이 다른 주식, 즉 배당우선주 외의 주식은 발행사례가 거의 없는 바, 기업측에서 보면 자금조달수단으로 활용할 수 있는 종류주식이 배당우선주 하나뿐이어서 원활한 자금조달을 실현하는데 상당한 애로가 있었다.[2)]

---

2) 국회 법제사법위원회 상법 일부개정법률안 심사보고서

② 종류주식의 발행

1) 개 설

회사는 이익의 배당, 잔여재산의 분배, 주주총회에서의 의결권의 행사, 상환 및 전환 등에 관하여 내용이 다른 종류의 주식(이하 "종류주식"이라 한다)을 발행할 수 있으며, 이 경우에는 정관으로 각 종류주식의 내용과 수를 정하여야 한다(상법 제344조 제2항).

상법은 특수규정으로 회사가 종류주식을 발행하는 때에는 정관에 다른 정함이 없는 경우에도 주식의 종류에 따라 신주의 인수, 주식의 병합·분할·소각 또는 회사의 합병·분할로 인한 주식의 배정에 관하여 정할 수 있도록 하였다(상법 제344조 제3항).

종류주식을 발행할 때에는 등기하여야 하며(상법 제317조 제2항 3호), 주식청약서, 주주명부, 주권에 그 수와 내용을 기재하는 식으로 공시하여야 한다.

상법이 인정하는 종류주식은 이익배당이나 잔여재산의 분배에 관한 종류주식(상법 제344조 제1항, 제344조의2), 의결권의 행사에 관한 종류주식(상법 제344조 제1항, 제344조의3), 상환에 관한 종류주식(상법 제345조), 전환에 관한 종류주식(상법 제346조)이 있다.

종류주식은 정관에 기재된 범위 내에서, 회사설립시에는 발기인이, 신주발행시에는 이사회가 종류와 수량을 정하여 발행할 수 있다(상법 제291조 제1호, 416조 제1호).

상법은 종류주식을 다양하게 인정하므로 종류주식을 중복하여 발행할 수 도 있다. 예컨대 우선주를 의결권없는 주식으로 발행하거나 우선주를 의결권 없는 우선주로 하면서 상환주식으로 발행할 수도 있는 것이다.[3)]

2) 이익배당, 잔여재산분배에 관한 종류주식(상법 제344조의2)

회사가 이익의 배당에 관하여 내용이 다른 종류주식을 발행하는 경우에는 정관에 그 종류주식의 주주에게 교부하는 배당재산의 종류, 배당재산의 가액의 결정방법, 이익을 배당하는 조건 등 이익배당에 관한 내용을 정하여야 한다(상법 제344조의2).

상법 제344조의2는 이익배당·잔여재산분배에 관한 종류주식을 독립된 조문으로 신설하였다(2012. 4. 15시행). 개정상법은 건설이자배당제도(상법 제463조)를 폐지함에 따라 기존의 종류주식 중 건설이자배당에 관한 종류주식은 삭제하고(상법 제344조제1항), 구상법 제344조 제2항 후단에서 이익배당우선주에 대하여 정관으로 최저배당률을 정하도록 한 것도 배당압박의 염려로 활용이 부진하여 자금조달이 어려운 점을 감안하여 폐지

---

3) 이철송, 박영사발행 2011. 개정상법 축조해설 101쪽

하는 한편, 그 대신 정관에 배당재산가액의 결정방법을 정하도록 규정하였다.[4)]

3) 의결권의 배제·제한의 종류주식(상법 제344조의3)

상법 제344조의3에서는 의결권의 배제·제한에 관한 종류주식을 신설하였다(2012. 4. 15시행). 즉, "회사가 의결권이 없는 종류주식이나 의결권이 제한되는 종류주식을 발행하는 경우에는 정관에 의결권을 행사할 수 없는 사항과, 의결권행사 또는 부활의 조건을 정한 경우에는 그 조건 등을 정하여야 한다. 의결권이 없거나 제한되는 종류주식의 총수는 발행주식총수의 4분의1을 초과하지 못한다. 이 종류주식이 발행주식총수의 4분의1을 초과하여 발행된 경우에는 회사는 지체 없이 그 제한을 초과하지 아니하도록 하기 위하여 필요한 조치를 하여야 한다(상법 제344조의3).

"의결권 배제주식"이란 이익배당에 관하여 우선적 내용이 있는 주식에 대해 의결권을 부여하지 않는 주식으로서 기업의 소유와 경영이 분리되는 경향에 따라 경영에 그다지 관심이 없는 출자자로부터 회사자금을 조달하는 방법으로 인정되는 주식이다.

"의결권제한주식"이란 어떤 종류주식은 주주총회 결의사항 전부에 관해 의결권이 있으나 어떤 종류주식은 전부 또는 특정사안에 관해 의결권이 없는 주식을 말한다.

구 상법은 이익배당 우선주에 한해 무의결권주식을 발행하도록 하고 있었으나(상법 제370조제1항 본문), 개정상법(2012. 4. 15시행)은 보통주의 경우에도 이를 발행할 수 있도록 허용하는 한편, 구 상법이 의결권 없는 주식에 대한 의결권 부활의 조건을 법에서 규정하고 있는 것(상법 제370조제1항 후단)[5)]과는 달리 개정상법은 이를 정관에서 정하도록 하였다.

상법 제344조의3 제2항 후단에서 '필요한 조치'란 예컨대 의결권 없는 또는 제한된 주식의 일부를 소각하거나, 추가로 의결권이 있는 주식을 발행하여 의결권 없는 또는 제한된 종류주식의 비율을 4분의 1 이하로 떨어뜨리는 것을 말한다.[6)]

---

4) 국회 법제사법위원회 상법 일부개정법률안 심사보고서

5) 제370조(의결권없는주식) ①회사가 수종의 주식을 발행하는 경우에는 정관으로 이익배당에 관한 우선적 내용이 있는 종류의 주식에 대하여 주주에게 의결권 없는 것으로 할 수 있다 그러나 그 주주는 정관에 정한 우선적배당을 받지 아니한다는 결의가 있는 총회의 다음 총회부터 그 우선적배당을 받는다는 결의가 있는 총회의 종료시까지에는 의결권이 있다. ②전항의 의결권 없는 주식의 총수는 발행주식의 총수의 4분의1을 초과하지 못한다(본조 폐지).

6) 이철송, 박영사발행 2011. 개정상법 축조해설 107쪽

4) 상환주식(상법 제345조)

㉠ 개 설

"상환주식"이란 회사가 종류주식을 발행하는 경우 발행시부터 일정기간 후에 회사이익으로 액면가 또는 그 이상을 주주에게 상환하고 소각(消却)하도록 예정되어 있는 주식으로서 배당우선주에 한하여 발행할 수 있다.

상법은 상환주식에 관한 제345조를 개정하였는바(2012. 4. 15시행), 상환주체와 관련하여서 구 상법에서는 그동안 회사측과 주주측 쌍방에 각각 상환권과 상환청구권이 인정되고 이에 관하여 정관 등에서 어느 쪽으로 할 것인가를 정할 수 있으며 아무런 명시가 없으면 회사에게 선택권이 있는 것으로 보아왔는데[7] 개정상법은 회사측에 상환권이 있는 것(동조 제1항)과 주주에게 상환청구권이 있는 것(동조 제3항)을 구분하여 명확히 규정하였다.

또한, 구 상법은 상환주식의 상환은 금전으로써만 할 수 있는 것으로 해석되었으나 개정상법은 현금 이외에 유가증권 기타 자산을 교부할 수 있도록 다양화함으로써 그 상환이 용이하도록 하였다. 다만 다른 종류의 주식은 제외하였는데 이를 허용하면 전환주식이 되기 때문이다.

구 상법 제345조는 우선주 아닌 다른 종류주식에 대하여 회사에 의한 강제상환을 인정하지 않고 있으므로 회사가 이들 주식을 취득한 후 소멸시키는 것이 거의 불가능하여 자금조달의 수단으로서의 역할을 제대로 하지 못하고 있으므로 개정상법은 이를 개선하려는 것이다.

㉡ 상환주식의 발행

구 상법에서는 우선주식에 한해 상환주식으로 할 수 있었으나, 개정법에서는 우선주에 국한하지 않고, 상환주식과 전환주식을 제외한 다른 종류주식에 대해서도 상환주식으로 발행할 수 있다(상법 제345조 제5항, 2012. 4. 15시행).

여기서 '상환주식과 전환주식을 제외한 다른 종류주식'이란 이익배당 또는 잔여주식분배에 관한 종류주식과 의결권의 제한에 관한 종류주식을 말한다.

주식의 상환은 다른 주주의 배당가능이익을 감소시키므로 상환주식은 정관에 규정을 두어야 발행할 수 있다. 발행예정주식총수의 범위 내이어야 함은 물론이다.

정관에 규정해야 할 사항은 회사상환주식의 경우 회사의 이익으로써 소각할 수 있다는

---

7) 상환주식의 유형은 상환에 대한 선택권이 회사에게 있는 수의(임의)상환주식과 주주에게 있는 의무(강제)상환주식이 있다.

뜻을 기재하고, 상환가액, 상환기간, 상환의 방법과 상환할 주식의 수를 정하여야 한다(상법 제345조 제1항). 주주상환주식을 발행할 때에는 정관에 주주가 회사에 대하여 상환을 청구할 수 있다는 뜻, 상환가액, 상환청구기간, 상환의 방법을 정하여야 한다(상법 제345조 제3항).

주주상환주식은 임의상환이 있을 수 없고, 주주의 상환청구가 있으면 회사는 반드시 상환해야 한다.

5) 전환주식(상법 제346조)

"전환주식"이란 회사가 종류주식을 발행하는 경우 정관으로 어느 종류의 주식에 대하여 다른 종류의 주식으로 전환할 것을 청구할 수 있는 권리를 부여한 주식을 말하는데, 전환주식은 주주모집을 용이하게 하여 회사의 자금조달을 원활히 하는 기능이 있다.

구 상법상 전환주식의 전환권은 주주에게만 있었으나(주주전환주식), 개정상법 제346조에서는 회사에 대하여도 이를 허용(회사전환주식)하는 한편, 전환주식의 발행절차와 관련한 규정을 일부 개정하였다(2012. 4. 15시행). 다만 회사가 전환하는 것은 정관에 정한 일정한 사유가 발생할 것을 조건으로 한다.

구 상법에서는 전환주식은 특정 종류의 주식에 대해 부가적으로 전환권이 주어진 데 불과한 것으로 보아 종류주식으로 다루지 않았으나, 개정상법에서는 이를 종류주식으로 다루고 있다(상법 제344조 제2항, 2012. 4. 15시행).

전환주식은 정관에 동주식을 발행할 것을 정한 경우에 한하여 발행할 수 있고, 이 점 개정전후에 차이가 없다(상법 제346조 제1항 전단, 제2항 전단).

전환주식을 발행할 때에는 주식청약서 또는 신주인수권증서에 소정사항을 기재해야 하고(상법 제347조), 같은 사항을 등기하여야 한다(상법 제317조 제2항 7호).

6) 보통주와 우선주

㉠ 보통주

"보통주"란 회사의 이익배당이나 해산시 잔여재산 분배에 있어서 특별한 권리가 없는 일반적인 주식을 말한다. 보통주의 종류로는 액면주식(주권상 액면가액이 표시되어 있는 주식), 무액면주식(액면가액이 표시되어 있지 않고, 주식 수만 표시되어 있는 주식), 기명주식(주권과 주주명부에 주주의 이름이 명시된 주식), 무기명주식(주권과 주주명부에 주주의 이름이 표시되지 않은 주식)으로 구분할 수 있다. 보통주도 물론 의결권 없는 주식의 발행이 가능하다.

그리고 주식에는 보통주(普通株), 우선적 지위를 가지는 우선주(優先株), 보통주보다 뒤에 배당을 받는 후배주(後配株), 이익배당에서는 보통주에 우선하고 잔여재산분배에서는 뒤에 배당하는 경우와 같은 혼합주(混合株) 등이 있는바, 정관에서 종류주식을 정하고 있는 경우에는 그 범위 내에서 어느 종류의 주식을 각 몇 주씩 발행할 것인가를 정하여야 하는데, 정관에서 보통주식만을 발행할 것으로 정한 때에는 발기인이 따로 정할 사항은 없다.

㉡ 우선주

"우선주"란 회사의 이익배당이나 잔여재산 분배에 있어서 우선적인 권리가 인정되는 종류주식 중 하나이다. 이러한 우선주는 기존 주주 입장에서는 지분률을 변동시키지 않으면서 회사가 자금을 조달할 수 있고, 회사 경영권에 관심이 없는 투자자에게는 일정한 배당수익을 확보할 수 있다는 장점이 있다. 이러한 우선주를 발행하기 위해서는 정관에 우선주의 수와 내용, 그리고 최저배당률을 정하여야 한다.

우선주식의 발행한도와 관련하여 법률상 제한은 별도로 존재하지 않으며, 회사의 발행예정주식의 총수에 의해 제한받으므로 발행된 보통주 주식총수를 고려하여 정관상 발행예정주식의 총수보다 적은 수로 정하여야 한다.

우선주의 내용으로는 참가적 여부, 누적적 여부, 그리고 기한부 여부 등을 정할 수 있다. 다른 내용은 정관에 기재되지 않으면 그 효력이 인정되지 않으나, 누적적 여부는 정관에 기재가 없으면 누적적으로 본다는 점을 주의해야 할 것이다.

이익배당의 우선적 내용이 있는 주식에 대하여는 반드시 정관에 최저배당률을 정하여야하고, 우선주식의 최저배당률은 법상 제한이 없음에 따라 회사가 자율적으로 이를 정할 수 있으며, 실무에서는 일정률의 배당률을 보장해 주기위하여 보통 발행 당시의 예금이자율 등을 감안하여 결정하게 된다.

종류주식으로서 의결권 없는 주식 및 의결권제한주식이 신설됨에 따라 개정전 상법에서 우선주에 한해 인정하던 무의결권주식제도(상법 제370조)는 폐지되었다(2012. 4. 15 시행).

(라) 액면주식의 경우에 액면 이상의 주식을 발행할 때에는 그 수와 금액(상법 제291조 제2호)

설립시에는 주식의 액면미달발행은 인정되지 아니하나(상법 제330조, 제417조 제1항), 액면이상의 발행은 허용된다. 설립시에 액면 초과발행을 하려는 경우, 정관을 작성할 당시에는 아직 그 금액을 확정하기 어려울 것이므로, 상법은 이를 그 이후의 상황에 따라 발기인 전원의 동의로 정할 수 있게 하였다(상법 제291조 제2호, 2012. 4. 15시행).

(마) 무액면주식을 발행하는 경우에는 주식의 발행가액과 주식의 발행가액 중 자본금으로 계상하는 금액(상법 제291조 제3호)

상법은 경영상 어려운 여건에 처한 기업이 자금조달을 원활하게 할 수 있도록 하기 위하여 무액면주식 제도를 도입하였다(2012. 4. 15. 시행). 다만 완전한 무액면주식 제도를 도입하지 않고 액면주식과 무액면주식 제도를 허용하면서 기업들의 필요에 따라 그 중 한 가지 제도를 선택하도록 하였는바(상법 제291조, 제329조제1항), 상법 제291조 제3호는 "무액면주식을 발행하는 경우에는 주식의 발행가액과 주식의 발행가액 중 자본금으로 계상하는 금액"은 정관에 다른 규정이 없으면 발기인 전원의 동의로 정하도록 하였다(상법 제291조 제3호, 2012. 4. 15. 시행).

(바) 주식의 전자등록

1) 상법은 발달된 정보통신 기술을 주식 및 사채 제도에 반영하고, 세계적 추세인 유가증권의 무권화(無券化) 추세에 따라 회사가 정관의 규정에 따라 전자문서로 주주명부를 작성할 수 있도록 하고, 이 전자주주명부에는 기존의 주주명부의 기재사항 외에 전자우편주소를 포함하도록 하는 주식 등의 전자등록제도(상법 제356조의2, 제478조제3항)와 전자투표제도(상법 제368조의4)를 도입하였다(2012. 4. 15. 시행).[8] 따라서 주권과 사채권을 실물로 발행하지 아니하고 전자등록기관에 등록한 후 증권을 소지하지 아니하고도 권리의 양도, 담보의 설정 및 권리행사가 가능하다.

상법 제356조의2는 주식의 전자등록에 관한 근거 및 등록절차, 법적 효력 등에 관하여 규정하고 있다. 전자등록제도는 회사가 임의로 채택할 수 있으며, 이를 채택하기 위해서는 정관에 규정을 두어야 한다(상법 제356조의2 제1항, 2012. 4. 15. 시행). 이 경우 전자등록부를 주주명부로 간주한다.

회사는 회사가 성립한 날 또는 주금납입 후 지체없이 전자등록을 하여야 하며, 전자등록부에 주식을 등록한 자는 그 주식을 적법하게 소유한 것으로 추정하는 한편, 전자등록부에 주식을 등록한 회사의 주주는 실물 주권의 발행을 청구할 수 없다.

2) 상법 제478조제3항은 회사가 채권(債券)을 발행하는 대신 정관으로 정하는 바에 따

8) 국회 법제사법위원회 상법 일부개정법률안 심사보고서

라 공인된 전자등록기관의 전자등록부에 채권자의 권리를 등록할 수 있게 하고, 전자등록부에 등록된 채권자의 권리에 관하여는 주식의 전자등록에 관한 규정을 준용하도록 하였다(2012. 4. 15. 시행)[9]. 같은 취지에서 개정상법 제516조의7에서는 신주인수권의 전자등록제도도 신설하였다.

(사) 주식의 강제매도·매수청구

① 서 설

상법은 제360조의24 이하에서 지배주주에 의한 소수주식의 전부 취득규정을 신설하여 대주주가 발행주식을 95% 이상 보유하는 경우에는 공정한 가격을 지불하고 소수주주의 주식을 강제로 매수할 수 있도록 하는 한편, 소수주주도 대주주에게 주식의 매수를 청구할 수 있도록 하였다(2012. 4. 15. 시행). 이는 특정주주가 주식의 대부분을 보유하는 경우 주주간에 대등한 관계를 유지하기 어렵기 때문에 주주총회 개최비용 등 소수주주 관리비용을 절감하고 기동성 있는 의사결정이 가능하도록 하기 위해 소수주주로부터 주식을 매입하여 100% 주주가 되는 길을 마련함과 동시에 소수주주에게도 출자를 회수할 수 있는 길을 열어주기 위한 것이다.[10]

② 지배주주의 강제매도청구

1) 개 설

회사의 발행주식총수의 100분의 95 이상을 자기의 계산으로 보유하고 있는 주주(이하 이 관에서 "지배주주"라 한다)는 회사의 경영상 목적을 달성하기 위하여 필요한 경우에는 회사의 다른 주주(이하 "소수주주"라 한다)에게 그 보유하는 주식의 매도를 청구할 수 있다(상법 제360조의24 제1항).

보유주식의 수를 산정할 때에는 모회사와 자회사가 보유한 주식을 합산한다. 이 경우 회사가 아닌 주주가 발행주식총수의 100분의 50을 초과하는 주식을 가진 회사가 보유하는 주식도 그 주주가 보유하는 주식과 합산한다(상법 제360조의24 제2항).

매도청구를 할 때에는 미리 주주총회의 승인을 받아야 한다(상법 제360조의24 제3항).

---

9) 주식과 사채의 전자등록 외에도 상업증권에 대한 전자화규정도 신설하였다. 즉, 금전의 지급청구권·물건이나 유가증권의 인도청구권 또는 사원의 지위를 표시하는 유가증권도 실물유가증권을 발행하지 않고 공인된 전자등록기관의 전자등록부에 그 권리를 등록할 수 있는데 이 경우 주식의 전자등록에 관한 규정을 준용하도록 하고 있다(상법 제65조제2항).

10) 국회 법제사법위원회 상법일부개정 법률안 심사보고서

주주총회의 소집을 통지할 때에는 ㉠지배주주의 회사 주식의 보유 현황 ㉡매도청구의 목적 ㉢매매가액의 산정 근거와 적정성에 관한 공인된 감정인의 평가 ㉣매매가액의 지급보증에 관한 사항을 적어야 하고, 매도를 청구하는 지배주주는 주주총회에서 그 내용을 설명하여야 한다(상법 제360조의24 제4항).

지배주주는 매도청구의 날 1개월 전까지 ㉠소수주주는 매매가액의 수령과 동시에 주권을 지배주주에게 교부하여야 한다는 뜻 ㉡교부하지 아니할 경우 매매가액을 수령하거나 지배주주가 매매가액을 공탁(供託)한 날에 주권은 무효가 된다는 뜻을 공고하고, 주주명부에 적힌 주주와 질권자에게 따로 그 통지를 하여야 한다(상법 제360조의24 제5항).

2) 매매가액의 결정

매도청구를 받은 소수주주는 매도청구를 받은 날부터 2개월 내에 지배주주에게 그 주식을 매도하여야 한다(상법 제360조의24 제6항). 이 경우 그 매매가액은 매도청구를 받은 소수주주와 매도를 청구한 지배주주 간의 협의로 결정한다(상법 제360조의24 제7항).

매도청구를 받은 날부터 30일 내에 제7항의 매매가액에 대한 협의가 이루어지지 아니한 경우에는 매도청구를 받은 소수주주 또는 매도청구를 한 지배주주는 법원에 매매가액의 결정을 청구할 수 있다(상법 제360조의24 제8항). 법원이 주식의 매매가액을 결정하는 경우에는 회사의 재산상태와 그 밖의 사정을 고려하여 공정한 가액으로 산정하여야 한다(상법 제360조의24 제9항).

③ 소수주주의 매수청구

지배주주가 있는 회사의 소수주주는 언제든지 지배주주에게 그 보유주식의 매수를 청구할 수 있다(상법 제360조의25 제1항). 매수청구를 받은 지배주주는 매수를 청구한 날을 기준으로 2개월 내에 매수를 청구한 주주로부터 그 주식을 매수하여야 한다(상법 제360조의25 제2항). 이 경우 그 매매가액은 매수를 청구한 주주와 매수청구를 받은 지배주주 간의 협의로 결정한다(상법 제360조의25 제3항).

매수청구를 받은 날부터 30일 내에 제3항의 매매가액에 대한 협의가 이루어지지 아니한 경우에는 매수청구를 받은 지배주주 또는 매수청구를 한 소수주주는 법원에 대하여 매매가액의 결정을 청구할 수 있다(상법 제360조의25 제4항).

법원이 주식의 매매가액을 결정하는 경우에는 회사의 재산상태와 그 밖의 사정을 고려하여 공정한 가액으로 산정하여야 한다(상법 제360조의25 제5항).

④ 주식의 이전 등

주식을 취득하는 지배주주가 매매가액을 소수주주에게 지급한 때에 주식이 이전된 것으로 본다(상법 제360조의26 제1항).

매매가액을 지급할 소수주주를 알 수 없거나 소수주주가 수령을 거부할 경우에는 지배주주는 그 가액을 공탁할 수 있다. 이 경우 주식은 공탁한 날에 지배주주에게 이전된 것으로 본다(상법 제360조의26 제2항).

(4) 주주총회에 관한 사항

(가) 개 설

주주총회에 관한 정관의 상대적 기재사항으로는 ㉮법정의 결의사항 이외의 것을 주주총회 결의사항으로 정하려는 경우(상법 제361조), ㉯본점소재지 또는 그 인접지 이외의 地에서 총회소집 취지(상법 제364조), ㉰정족수의 배제 기타 총회의 의결방법에 관한 다른 규정(상법 제368조 제1항, 제434조), ㉱서면에 의한 주주의 의결권 행사(상법 제368조의3) 등이 있다. 다음에서 주주총회에서 결의 할 수 있는 사항에 관하여 보기로 한다.

(나) 주주총회결의사항

주주총회의 결의사항은 반드시 주주총회에서 결의하여야 하며, 정관으로 다른 기관의 결정에 일임하지 못한다. 다만, 기본사항은 총회에서 결정하고 세부사항은 이사회에서 맡길 수 있다. 또한, 주주총회는 ①상법 또는 ②정관에 정해 놓은 사항에 한하여 결의할 수 있다(상법 제361조). 만약 정관에 없는 사항을 결의하는 경우 그 결의는 법률상 효력이 없다. 다음에서 상법상의 결의 사항과 정관에 의한 결의 사항에 관하여 보기로 한다.

1) 상법상의 결의사항

상법상의 결의사항은 결의방법에 따라 다음 3가지로 분류할 수 있다

가) 보통결의사항(기본결의)

보통결의사항(기본결의)은 출석한 주주의 의결권의 과반수와 발행주식총수의 4분의1 이상의 수로 결의할 수 있는 사항을 말한다.

① 검사인의 선임(상법 제366조 제3항, 제367조), ② 이사, 감사의 선임(상법 제382조 제1항, 제409조 제1항), ③ 이사, 감사에 대한 보수의 결정(상법 제388조, 제415조), ④ 청산인의 선임, 해임과 그 보수의 결정(상법 제531조, 제539조 제1항, 제542조 제2항,

제388조), ⑤ 재무제표의 승인(상법 제449조 제1항, 제533조 제1항, 제534조 제5항), ⑥ 주식배당(상법 제462조의2 제1항), ⑦ 청산종결의 승인(상법 제540조 제1항), ⑧ 흡수합병의 합병보고총회(상법 제526조 제1항), ⑨총회의 연기 또는 속행의 결정(상법 제372조 제1항) 등이 있다.

나) 특별결의사항

특별결의사항은 출석한 주주의 의결권의 3분의2 이상의 수와 발행주식총수의 3분의1 이상의 수로 결의할 수 있는 사항을 말한다.

① 정관의 변경(상법 제434조), ② 회사의 영업에 중대한 영향을 미치는 다른 회사의 영업 전부 또는 일부의 양수(상법 제374조제1항제3호)[11], ③ 사후설립(상법 제375조), ④ 이사·감사의 해임(상법 제385조 제1항, 제415조), ⑤ 자본금의 감소(상법 제438조 제1항), ⑥ 주식의 액면미달 발행(상법 제417조 제1항), ⑦ 주식의 분할(상법 제329조의2), ⑧ 주주 이외의 자에게 전환사채 · 신주인수권부사채를 발행하는 경우에 중요한 사항(상법 제513조 제3항, 제516조의2 제4항), ⑨ 회사의 해산(상법 제518조), ⑩ 회사의 계속(상법 제519조), ⑪ 신설합병의 경우 설립위원의 선임(상법 제175조 제2항), ⑫ 회사의 합병계약서의 승인(상법 제522조 제1항, 제3항), ⑬ 회사의 분할·분할합병, 물적분할(상법 제530조의3, 상법 제530조의12), ⑭ 주식의 포괄적 이전·교환(상법 제360조의3, 제360조의16), ⑮ 주식의 소각(상법 제343조), ⑯ 주식매수선택권의 부여(상법 제340조의2, 상법 제542조의3) 등이 있다.

다) 특수결의사항

특수결의사항은 총주주의 동의 내지 총주주의 일치에 의한 총회의 결의를 필요로 하는 사항을 말한다. ①발기인, 이사, 감사 또는 청산인 등의 회사에 대한 책임의 면제(상법 제324조, 제400조, 제415조, 제462조의3, 제542조 제2항), ②주식회사의 유한회사로의 조직변경(상법 제604조 제1항)이 있다.

2) 정관에 의한 결의사항

---

11) 상법(제374조제2항제3, 4호)은 영업의 전부와 일부를 구별하지 않고 영업에 중대한 영향을 미치는 경우에 주주총회의 특별결의를 얻도록 하였다(2012. 4. 15. 시행). 즉 회사의 영업에 중대한 영향을 미치지 않는 영업전부의 양수는 개정상법하에서는 주주총회의 특별결의가 불필요하게 된 것이다.

상법상 이사회 결의사항임에도 이를 주주총회 결의사항으로 확대하여 정관에 규정할 수 있다.

① 대표이사의 선임(상법 제389조 제1항 단서), ② 신주발행사항의 결정(상법 제416조 단서), ③ 준비금의 자본전입(상법 제461조 제1항 단서), ④ 전환사채 및 신주인수권부사채의 발행사항의 결정(상법제513조 제2항 단서, 제516조의2 제2항 단서 등)이 있다.

3) 특별법상의 결의사항

특별법상의 결의사항으로 청산 중이거나 파산선고를 받은 회사에 대한 회생절차개시(채무자 회생 및 파산에 관한 법률 제35조)가 있다.

(다) 주주총회결의방법과 의결권의 행사

① 개 설

총회의 결의는 이 법 또는 정관에 다른 정함이 있는 경우를 제외하고는 출석한 주주의 의결권의 과반수와 발행주식총수의 4분의 1 이상의 수로써 하여야 한다(상법 제368조). 의결권은 1주마다 1개로 한다(상법 제369조 제1항).

"의결권"은 주주가 자신의 의사표시를 통해 주주총회의 공동의 의사결정에 지분적으로 참가할 수 있는 권리를 말한다. 의결권은 주주의 가장 중요한 공익권이며, 보유권의 일종으로서 정관의 규정으로도 이를 박탈하거나 제한할 수 없고, 주주도 이를 포기하지 못한다.

의결권을 행사하기 위해서는 기명주식의 경우에는 주주명부에 주주로 등재되어 있어야 하며, 무기명주식의 경우에는 회일의 1주간 전에 주권을 회사에 공탁하여야 한다(상법 제368조 제2항).

② 정족수, 의결권수의 계산

상법 제371조는 "①총회의 결의에 관하여는 제344조의3제1항과 제369조제2항 및 제3항의 의결권 없는 주식의 수는 발행주식총수에 산입하지 아니한다. ②총회의 결의에 관하여는 제368조제4항에 따라 행사할 수 없는 주식의 의결권 수와 제409조제2항·제3항 및 제542조의12제3항·제4항에 따라 그 비율을 초과하는 주식으로서 행사할 수 없는 주식의 의결권 수는 출석한 주주의 의결권의 수에 산입하지 아니한다."고 규정하였다.

상법 제371조는 정족수, 의결권수의 계산에 관하여 규정하고 있는바, 개정상법(2012. 4. 15. 시행)에서는 신설된 종류주식으로서의 의결권배제 및 제한주식(상법 제344조의

3), 자기주식(상법 제369조 제2항) 그리고 의결권이 제한되는 상호주(상법 제369조 제3항)를 발행주식총수에서 차감할 주식으로 명문화하였다.

상법(2012. 4. 15. 시행)은 의결권이 부분적으로 제한되는 주식도 인정하므로, 이 의결권제한주식은 의결권이 제한되는 의안을 위한 정족수계산에서는 발행주식총수에서 제외시켜야 한다.

결의에 대해 특별한 이해관계가 있는 자는 의결권을 행사하지 못하고(상법 제368조 제4항), 감사를 선임할 때에는 발행주식총수의 100분의3 이상을 가진 주주의 의결권을 100분의 3까지로 축소된다(상법 제409조 제2항, 542조의12 제3항). 구 상법 제371조 제2항은 특별 이해관계가 있는 자의 의결권만을 출석한 의결권에 산입하지 않았으나, 개정상법은 이에 더하여 감사선임시에 의결권이 없는 주식도 적용대상에 포함시킨 것이다.

(라) 창립총회에서 설립경과의 조사

1) 이사, 감사의 보고

이사와 감사는 취임 후 지체없이 회사의 설립에 관한 모든 사항이 법령 또는 정관의 규정에 위반되지 아니하는지의 여부를 조사하여 발기인에게 보고하여야 한다(상법 제298의 제1항). 이때 이사와 감사 중에 발기인이었던 자, 현물출자자, 회사성립 후 양수할 재산의 계약당사자인 자는 이러한 조사·보고에 참가하지 못하고(상법 제298조 제2항), 이사와 감사전원이 이에 해당하는 때에는 이사는 공증인으로 하여금 이러한 조사·보고를 하게 하여야 한다(상법 제298조 제3항).

2) 변태설립사항 등의 조사

가) 개 설

발기설립에 있어서 변태설립에 관한 사항과 현물출자의 이행은 원칙적으로 이사의 청구에 의하여 법원이 선임한 검사인이 조사하여야 하나(상법 제298조제4항 본문), 예외적으로 변태설립사항 중 발기인이 받을 특별이익, 회사가 부담할 설립비용과 발기인이 받을 보수액에 관하여는 공증인의 조사·보고로 현물출자와 재산인수 및 현물출자의 이행에 관하여는 공인된 감정인의 감정으로 검사인의 조사에 갈음할 수 있다. 이 경우 공증인 또는 감정인은 조사 또는 감정결과를 법원에 보고하여야 한다(상법 제299조의2). 여기서 공인된 감정인이란 현물출자 된 각 재산의 유형에 따라 법률에 의하여 감정을 할 수 있는 자격이 부여된 감정인을 말한다.

검사인은 변태설립사항과 현물출자의 이행에 관한 사항을 조사하여 조사보고서를 법원에 보고하여야 하고, 조사보고서의 등본을 지체없이 각 발기인에게 교부하여야 한다(상법 제229조 제2, 3항).

변태설립사항을 공증인의 조사와 공인된 감정인의 감정으로 갈음하는 때에는 공증인의 조사보고서나 감정인의 감정서를 법원에 제출하여야 하고, 공증인과 감정인은 각 발기인에게 조사보고서와 감정서의 등본을 교부하여야 한다. 검사인이나 공증인의 보고서 또는 감정인의 감정서에 사실과 상위한 사항이 있는 때에는 발기인은 이에 대한 설명서를 법원에 제출할 수 있다(상법 제299조 제4항).

나) 검사인의 조사보고절차의 축소

상법은 변태설립사항(상법 제290조 제1항) 및 현물출자의 이행에 대하여 원칙적으로 법원이 선임한 검사인에 의한 조사를 받도록 하고 있는 데에 대한 예외를 규정하였다(상법 제299조 제2항)함은 전술(67면 참조)하였다.

3) 법원의 심사 등

법원은 검사인 또는 공증인의 조사보고서, 감정인의 감정서와 발기인의 설명서를 심사하여 변태설립에 관한 사항이 부당하다고 인정한 때에는 변태설립사항에 관한 정관의 규정을 변경하는 결정을 하여 각 발기인에게 통고한다(상법 제300조 제1항, 비송 제75조). 그러나 모집설립의 경우에는 법원의 변경결정에 해당하는 사항을 창립총회에서 담당한다.

(5) 이사와 감사, 이사회에 관한 사항

(가) 개 설

발기인은 인수한 주식의 인수가액 전액의 납입과 현물출자의 이행을 완료한 때에는 지체 없이 주주총회에서 의결권의 과반수로 이사와 감사를 선임하여야 하는데(상법 제296조 1항), 발기인의 의결권은 그 인수주식 1주에 대하여 1개로 한다(상법 제296조 2항).

정관에서 이사 수의 상한을 규정하거나 또는 이사 수를 확정적으로 규정하는 것(예를 들어 이사 수는 7명으로 한다)은 회사의 규모에 따른 이사 수를 일정 규모로 제한함으로써 효율적인 경영을 도모하고 혹시 있을지 모를 적대적 기업인수 시도에 미리 대비하기 위함이나, 이사 수를 확정적으로 규정하는 것은 이사의 사임, 사망 등으로 결원이 발생하는 경우 지체없이 주주총회를 개최하여 이사를 선임하여야 하는 불편이 있다.

회사의 설립 시에 자본금의 총액이 10억원 미만인 경우에는 1명 또는 2명의 이사만을 선임할 수 있다(상법 제383조 제1항 단서).

(나) 이사의 임기

이시의 임기는 3년을 초과하지 못한다(상법 제383조 제2항). 그러나 정관으로 그 임기 중의 최종의 결산기에 관한 정기주주총회의 종결에 이르기까지 연장할 수 있다(상법 제383조 제3항). 여기의 "임기 중의 최종의 결산기"라 함은 임기 중에 도래한 최종의 결산기로서 당해 결산기가 임기 중에 도래한 경우를 말한다.

상법에서 이사의 임기는 정관으로 그 임기 중의 최종의 결산기에 관한 정기주주총회의 종료시까지로 연장할 수 있도록 한 것은 이사의 임기가 결산기 말 이후 정기주주총회 전에 만료된 경우에 일시적으로 회사 내에 이사가 부족한 결과를 초래할 수 있기 때문에 이러한 사태를 미연에 방지할 수 있도록 한 것이다. 따라서 이러한 문제를 해결하기 위하여 회사에 따라서는 감사에 관한 임기 규정방식을 원용하여 정관상에 “이사의 임기는 취임후 ○년내의 최종의 결산기에 관한 정기주주총회 종결시까지로 한다”라고 규정하는 경우도 있다.

사업년도 중에 이사의 결원이 생겨 보선을 하고자 할 때에는 주주총회에서 선임하여야 하는데, 이때 보선이사의 임기를 전임자의 잔여임기로 하고자 하면, 주주총회의 결의에 의하여 보선이사의 임기를 전임자의 잔여임기로 하거나, 정관에 “보선에 의하여 선임된 이사의 임기를 전임자의 잔여 임기로 한다”라는 규정을 두어야 한다.

(다) 이사의 기재방법

이사를 1명 또는 2명의 이사만을 두는 경우에는 이들을 모두 사내이사로 선임하여야 한다(등기예규 제1297호 2). 왜냐하면 회사가 1명 또는 2명의 이사를 선임한 경우에는 원칙적으로 각 이사가 회사를 대표하고, 일정한 경우 회사의 업무집행과 관련하여 이사회의 기능을 담당하기 때문에(상법 제383조 제6항) 회사의 상무에 종사하지 않는 사외이사를 선임할 수가 없기 때문이다.

회사가 2명의 이사만을 선임하면서 예외적으로 정관에 따라 대표이사를 정한 경우에도 이들 이사는 모두 사내이사이어야 한다(등기예규 제1297호 2. 나.).

수인의 이사를 선임하는 경우에는 반드시 해당 이사가 사내이사인지 사외이사(상무에 종사하지 아니하는 이사)인지를 구분하여 선임하여야 한다(상법 제317조 제2항 제8호). 그런데, 회사의 설립 시에 발기인이 3명 이상의 이사를 선임하는 경우에, 만약 정관에 이사와 사외이사는 주주총회에서 구분하여 선임하되 주주총회에서 선임된 이사 중 사내이사와 사외이사를 이사회에서 선임하도록 규정하고 있다면 이사회에서 사내이사 또는 사외이사(상법 제317조 제2항 8호)를 선임할 수 있으므로, 이 경우에는 발기인이 이사와 사외이사를 선임한 후에 이사들로 구성된 이사회에서 사내이사와 사외이사를 구분하여 선임할 수 있다.

(라) 이사의 등기방법

1) 개 설

주식회사 이사의 명칭은 사내이사, 사외이사로 구분하여 등기하여야 한다(상법 제317조 제2항 제8호).

주식회사의 정관에 이사와 사외이사는 주주총회에서 구분하여 선임하되, 주주총회에서 선임된 이사 중 사내이사와 사외이사를 이사회에서 선임하도록 규정하고 있는 경우, 정관과 이사로 선임한 주주총회의사록 및 사내이사와 사외이사를 구분하여 선임한 이사회의사록을 첨부하여 위 사내이사와 사외이사의 선임에 따른 등기를 신청할 수 있다(상업등기선례 200907-1, 2009. 7. 2. 사법등기심의관-1538 질의회답).

2) 사내이사

사내이사란 상근하면서 회사의 상무를 수행하는 이사를 말하고, 사외이사란 주주총회에서 선임된 이사이나 회사에 상근하여 업무집행을 담당하지는 않고, 이사회 구성원의 일원으로 회의에 출석하여 주로 이사회 제출의안에 대한 심의를 통하여 회사의 경영의사 결정에 관여하는 이사를 말하고, 사외이사는 회사의 상무에 종사하지 아니하는 이사 중 후술하는 상법 제382조 제3항의 각호에 해당하는 이사를 말한다.

신청서에 첨부된 주주총회의사록 등에 사내이사, 사외이사로 구분하여 선임한 사실이 기재되어 있어야 한다. 특히 사외이사는 명확히 의사록에 나타나 있어야 한다.

3) 사외이사

자본시장과 금융투자업에 관한 법률에 의하여 설립되는 투자회사는 집합투자업자인 법인이 이사(법인이사)가 되어 법인을 대표하는 특별규정이 있다(동법 제197조, 제198조).

구 상법에는 규정이 없었으나, 개정상법(2009. 2. 4. 시행)은 주권상장법인과 코스닥

상장법인에 적용되던 구 증권거래법상의 사외이사 제도를 상법상 주식회사에 전면적으로 도입하였다(상법 제382조 제3항). 종래 상장회사 중심으로 이용되고 있었지만 비상장회사에서도 감사위원회 제도를 도입한 것이다. 사외이사의 자격에 관하여는 상법 제382조 제3항과 제542조의8 제2항에서 규정하고 있다.

상장회사의 경우는 자산 규모 등을 고려하여 대통령령으로 정하는 경우를 제외하고는 이사 총수의 4분의 1 이상을 사외이사로 하여야 한다. 다만, 자산 규모 등을 고려하여 대통령령으로 정하는 상장회사의 사외이사는 3명 이상으로 하되, 이사 총수의 과반수가 되도록 하여야 한다(상법 제542조의8 제1항). 상장회사의 사외이사 등에 관하여는 상법 시행령(안) 제33조에서 규정하고 있다.

(마) 이사에 관한 사항

1) 회사의 기회 및 자산의 유용 금지

상법 제397조의2(본조신설 2011. 4. 14.)는 이사가 현재 또는 장래 회사이익이 될 수 있는 회사의 사업기회를 제3자로 하여금 이용하도록 하여 회사와 거래하도록 한 경우에는 자기거래와 마찬가지로 이사회의 승인을 받도록 규정하는 한편, 회사의 사업기회란 개념을 '직무수행과정에서 알게 되거나 회사의 정보를 이용한 경우' 또는 '회사가 수행 중이거나 수행할 사업과 밀접한 관계가 있는 경우'로 정하였다. 이사회의 승인은 이사 3분의2 이상의 수로써 하여야 한다.

최근 일부 대표이사나 지배주주들이 회사의 사업기회를 이용하여 지배력을 강화하거나 경영권을 승계하는 방법으로 악용하는 사례가 증가하고 있고, 구 상법이 이사에게 포괄적인 충실의무(상법 제382조의3)를 부과하고 있으나 개념의 모호성·인식부족 등으로 회사기회의 편취를 인정하는 사례가 거의 없는 상황이어서 개정상법은 이사에게 책임을 물을 수 있는 명문의 근거규정을 두려는 것이다.

2) 이사 등과 회사 간의 거래

상법 제398조는 이사와 회사간 자기거래를 제한하는 대상 범위를 확대하는 한편 거래의 공정성 요건을 추가하였다(2011. 4. 14. 개정). 상법 제398조는 이사의 선관의무(상법 제382조제2항) 및 충실의무(상법 제382조의3)의 내용을 구체화한 것으로서 구 상법이 회사와의 거래제한대상을 이사만으로 한정하고 있어서 이사의 직계존비속·배우자 또는 그들의 개인회사 등이 회사와 거래하는 경우와 같이 실질상 이사의 자기거래에 해당하나 형식상 이에 해당하지 않는 부당한 거래를 규율하지 못하는 문제가 있으므로 개정상법은 회사의 이익을 위하여 이를 제한하기 위한 것이다.

3) 이사의 회사에 대한 책임감면(상법 제400조)

상법 제400조는 이사의 책임에 대하여 총주주의 동의에 의한 면제 외에 정관에서 정하는 바에 따라 일부를 감경하는 경우를 추가하고 있는 바(2011. 4. 14. 개정), 이사의 회사에 대한 배상책임 중 연봉의 6배(사외이사의 경우는 3배)를 초과하는 부분에 대해서는 면제할 수 있도록 하되, 단서에서 이사의 고의·중과실로 인한 경우와 경업금지(상법 제397조), 회사의 기회 및 자산의 유용 금지(상법 제397조의2), 자기거래금지(상법 제398조)를 위반한 경우에는 면제하지 못하도록 하였다. 이 규정은 집행임원의 회사에 대한 책임의 경우에도 적용이 되도록 하고 있다(상법 제408조의9).

구 상법 제400조는 이사의 책임을 총 주주의 동의로만 면제할 수 있도록 하고 있어서 주주 1명이라도 반대하면 그 책임을 면제할 수 없으므로 실질적으로 면제를 인정하지 않는 것과 다름이 없고, 이러한 과도한 책임부담은 전문경영인의 적극적인 기업경영을 어렵게 하는 요인으로 작용하므로 이를 보완할 실질적인 책임감면제도의 필요성에 따른 것이다.[12)]

(바) 이사회에 관한 사항

"이사회"란 주식회사 업무집행에 관한 의사를 결정하기 위하여 이사전원으로 구성되는 필요상설기관을 말한다. 이사회는 상설적 기관이지만 그 활동은 정기 또는 임시의 회의 형식으로 하게 되며, 법령 또는 정관에 의하여 주주총회의 권한으로 되어 있는 것을 제외하고는 회사의 업무집행에 관한 모든 의사결정을 할 권한이 있다.

이사회의 결의는 이사 과반수의 출석과 출석 이사의 과반수로 하여야 한다. 다만, 정관으로 그 비율을 높게 정할 수 있다(상법 제391조제1항), 여기서 과반수란 2분의1 이상이 아닌 2분의1 초과를 의미하므로 예컨대 이사 총수가 6인인 경우 과반수 출석은 3인 이상이 아닌 4인 이상이 출석한 것을 말한다. 이사회에서의 의결권은 이사 1인에 대해 1개씩 주어지며 정관에 의해서도 이에 대한 예외를 둘 수 없다.

결의요건은 정관으로 그 비율을 높게 정할 수는 있지만 그 요건을 완화하는 것은 허용되지 않는다. 정관으로 결의요건을 강화할 수 있다고 하더라도 예컨대 이사 전원의 6분

---

12) 국회 법제사법위원회 상법일부개정 법률안 심사보고서

의 5의 동의를 요구하거나 전원출석에 3분의2이상을 요구하는 것, 혹은 과반수출석에 전원동의를 요구하는 것은 무효이다. 이사회의 결의는 그 내용이 법령이나 정관에 위반된 경우는 물론 그 소집의 절차 또는 결의의 방법에 하자가 있는 경우에도 당연히 무효가 된다.

이사회에서의 결의에 대해서는 이사가 책임을 져야 하므로 각자의 찬반의사가 밝혀져야 한다. 즉, 기명투표만이 가능하다. 의사록에는 의사의 안건, 경과요령, 그 결과에 반대한 자와 그 반대이유를 기재하고 출석한 이사 및 감사가 기명날인 또는 서명하여야 한다(상법 제391조).

개정상법(2009. 2. 4. 시행)에서는 정관에서 다른 정함이 없는 한, 이사회는 이사들이 직접 회의에 출석하지 아니하고 모든 이사가 음성을 동시에 송수신하는 원격통신수단에 의하여 결의에 참가하는 것을 허용하였다(상법 제391조 제2항).

(6) 감사의 선임

(가) 개 설

기존에는 발기설립의 경우 주식의 인수가액 납입과 현물출자의 이행이 완료된 때에는 발기인은 지체없이 의결권의 과반수로 감사를 선임하여야 하고(상법 제296조제1항), 창립총회에서도 감사를 선임(상법 제312조)하여야 했으나, 상법은 소규모(자본금의 총액이 10억원 미만)인 회사를 설립하는 경우에 감사 선임을 회사가 자율적으로 할 수 있도록 하였다(상법 제409조 제4항, 2009. 5. 28. 신설).

자본금 총액이 10억원 미만인 회사를 설립하는 경우에는 감사 선임 여부를 회사의 임의적 선택사항으로 하고(상법 제409조 제4항), 감사를 선임하지 아니할 경우에는 주주총회가 이사의 업무 및 재산상태에 관하여 직접 감독·감시하도록 하였다(상법 제409조 제6항).

(나) 감사의 선임

의결권없는 주식을 제외한 발행주식의 총수의 100분의 3을 초과하는 수의 주식을 가진 주주는 그 초과하는 주식에 관하여 감사의 선임에 있어서는 의결권을 행사하지 못한다. 그러나 회사는 정관으로 위 비율보다 낮은 비율을 정할 수 있다(상법 제409조제2항).

이와 같이 감사를 선임하는 경우 대주주의 의결권이 발행주식총수의 3%로 제한되어 있으나, 감사위원회의 위원선임에 대하여는 이러한 대주주의 의결권제한규정이 없으며,

감사위원회를 설치할 경우 감사를 둘 수 없도록 되어 있다.

(다) 임 기

감사의 임기는 취임후 3년 내의 최종의 결산기에 관한 정기주주총회의 종결시까지로 한다(상법 제410조). 감사의 임기는 정관이나 주주총회의 결의로 달리 정할 수 없는 강행규정이므로 감사가 사업년도 중 결원이 되어 보선이 되더라도 감사는 상법 제410조에 의한 임기가 적용되어야 하므로 보선의 개념이 적용되지 아니한다.

(라) 감사의 이사회 소집청구

감사는 필요하면 회의의 목적사항과 소집이유를 서면에 적어 이사(소집권자가 있는 경우에는 소집권자를 말한다)에게 제출하여 이사회 소집을 청구할 수 있으며, 위 청구를 하였는데도 이사가 지체 없이 이사회를 소집하지 아니하면 그 청구한 감사가 이사회를 소집할 수 있다(상법 제412조의4).

구 상법상 감사는 이사가 법령 또는 정관에 위반하거나 위반할 염려가 있다고 인정한 때에는 이사회에 보고할 의무(상법 제391조의2)가 있음에도, 감사에게는 주주총회소집청구권만 인정되고 이사회 소집청구권은 인정되지 않고 있으므로 감사기능의 효율성을 확보하기 위해서 상법은 제412조의4를 신설(2011. 4. 14. 신설)하여 감사에게 이사회 소집청구권을 부여한 것이다.

여기서 “필요하면”이란 감사가 상법 제391조의2에 의해 의견을 진술하거나 이사회에 보고하기 위해 필요한 경우를 의미한다.

(7) 대표이사의 선임

(가) 개 설

대표이사는 이사 중에서 원칙적으로 이사회에서 선임하지만(상법 제389조), 정관의 규정에 의하여 주주총회에서 직접 선임할 수도 있다(상법 제389조 제1항).

이사회 결의로 대표이사를 선임하는 경우 이사 과반수의 출석과 출석이사의 과반수로 선임하여야 하며 정관으로 그 비율을 높게 정할 수 있다(상법 제391조 제1항).

대표이사를 주주총회에서 선출할 경우 정관에 다른 정함이 없는 경우에는 주주총회의 보통결의 즉, 출석한 주주의 의결권의 과반수와 발행주식 총수의 4분의1 이상의 수로 선임하여야 한다(상법 제368조 제1항).

대표이사의 자격이나 인원수에는 제한이 없다(등기예규 제691호).

(나) 임 기

대표이사의 임기와 관련해서는 상법에 그 규정이 없고, 상법 제383조제3항의 이사의 임기연장 규정도 준용되지 않지만, 정관으로 대표이사의 임기를 정할 수 있고(임의적 기재사항), 정관의 규정이 없으면 선임기관(이사회 또는 주주총회)의 결의로 이를 정할 수 있다. 만약 선임기관도 대표이사의 임기를 정하지 않았다면 대표이사는 이사의 자격을 전제로 하므로 이사의 임기에 따른다.

대표이사는 이사의 자격 상실, 사임, 위임의 종료(민법 제690조), 이사회나 주주총회의 해임결의(상법 제382조, 제385조) 등에 의하여 종임된다.

대표이사 또는 자본금의 총액이 10억원 미만인 회사의 각 이사가 사임하는 경우에는 다른 대표이사 또는 각 이사에게 사임의 의사표시를 하면 되지만, 다른 대표자가 없는 경우에는 정관상 직무대행자에게 사임의 의사표시를 하면 그 직무대행자에게 사임의 의사표시가 도달한 때에 사임의 효력이 발생한다.

(다) 이사가 2명인 소규모 주식회사의 대표이사 선임방법

이사가 2명인 소규모 주식회사는 상법상의 이사회가 존재하지 않는 회사이므로, 정관에 '이사회에서 대표이사를 정한다'는 내용의 규정을 두고 있더라도 이러한 정관규정에 의해서는 대표이사를 정할 수 없으나, 정관에 '대표이사는 이사들의 합의로 정한다'는 내용의 규정이 있고(131면 정관 제25조 참조) 회사가 그에 따라 대표이사를 정한 경우 이는 상법 제383조 제6항의 '정관에 따라 대표이사를 정한 경우'에 해당될 수 있다(법인등기선례 제201709-2호, 2017. 9. 27. 사법등기심의관-3220 질의회답). 이 경우 대표이사결정서(133면 참조)를 작성하여 첨부한다.

상법 제383조 제1항 단서 및 제383조 제6항에 의하면 자본금 총액이 10억원 미만인 소규모 주식회사에서 이사가 2명인 경우 각 이사가 회사를 대표하되 정관에 대표이사를 정하는 규정이 있는 때에는 회사가 그 규정에 따라 대표이사를 정할 수 있는 것이나, 회사의 정관에 대표이사를 정하는 규정이 없다면 그 회사는 이사 2명이 각자 회사를 대표할 수 있을 뿐 따로 대표이사를 정할 수는 없다(법인등기선례 제201709-2호, 2017. 9. 27. 사법등기심의관-3220 질의회답).

자본금 총액이 10억원 미만인 소규모 주식회사에서 정관에 대표이사 선임을 발기인총

회에서 한다고 명시 되어있다면(147면 정관 제25조 참조) 발기인총회에서 선임하여야 하므로 이사결정서가 필요없다.

(라) 주식회사에서 대표이사의 지위를 취득하는 시기

주식회사의 대표이사의 지위는 이사회(정관 규정에 의해 주주총회에서 대표이사를 선정하는 경우에는 주주총회)의 대표이사 선임결의가 있고 선임된 이사의 동의가 있으면 취득한다. 대표이사의 선임은 이를 등기하여야 하나 그 등기는 상업등기의 일반적 효력에 따른 대항요건일 뿐이므로, 등기 전이라도 선임결의와 피선임자의 동의가 있는 때에는 대표이사의 지위가 발생한다(법인등기선례 제201708-1호, 2017. 08. 01. 사법등기심의관－2514 질의회답).

(8) 집행임원

(가) 개 설

상법은 회사가 선택적으로 업무집행기관으로서 '집행임원(이하 "집행임원 설치회사"라 한다)'을 둘 수 있도록 하였다(상법 제408조의2 제1항, 2011. 4. 14. 신설). 따라서 집행임원을 둔 회사는 대표이사를 두지 못한다(제408조의2). 회사와 집행임원과의 관계는 이사의 경우(상법 제382조제2항)와 같이 위임에 관한 규정을 준용함과 아울러 집행임원의 임기·권한, 대표집행임원, 이사회에 대한 보고, 집행임원의 이사회 소집청구·책임 등에 대하여 규정하였다(상법 제408조의2부터 제408조의9까지 신설).

"집행임원"이란 이사회에서 선임되어 이사회의 경영방침에 따라 업무집행을 맡는 회사의 집행기관으로서 경영, 재무, 기술 등 분야별 집행임원이 경영 전반에 권한을 갖고 책임을 지는 제도로서 흔히 CEO(최고집행임원), CFO(재무집행임원), CTO(기술집행임원), COO(운영집행임원)등이 있다.

집행임원제도를 도입하는 취지[13]는

첫째, 자본시장과 금융투자업에 관한 법률에서 대규모 상장회사(최근 사업연도말 현재의 자산총액이 2조원 이상)의 이사회에 사외이사를 3인 이상 두고 이사총수의 과반수를 사외이사로 두도록 규정하고 있어, 회사는 사외이사를 최소한으로 두기 위하여 종래의 등기이사의 수를 대폭 축소하는 대신, 정관이나 내규에 의하여 집행임원(비등기임원)을 두고 종래 등기이사의 직무를 수행하고 있으면서도 그 권한과 책임과 관련하여 법률

13) 국회 법제사법위원회 상법 일부개정법률안 심사보고서

상 근거가 없어 문제가 되고 있으므로 이를 법제화할 필요가 있기 때문이다.

둘째, 집행임원의 의무와 책임 등을 명확히 함으로써, 집행임원의 지위를 둘러싸고 회사와 집행임원 간에 야기되는 문제를 해소하고, 경영활동의 안정화를 기하며, 제3자 보호에 충실하려는 것이다. 대법원은 집행임원에 대하여 주주총회에서 선임되지도 않았고, 등기도 되지 않았다는 이유로 이를 근로자로 판시(대법원 2003. 9. 26. 선고 2002다64681 판결)함으로써 회사가 실적부진 등을 이유로 집행임원을 해임한 경우 노동법상 부당해고라 하여 회사와 집행임원간에 분쟁이 발생하고 있다.

셋째, 구 상법상에서의 이사회에는 업무집행기능과 업무감독기능이 함께 부여되어 있으므로 업무집행기능을 분리하여 이사회는 업무감독기능에 충실하고자 한 것이다.

한편, 집행임원제도에 대하여 경제계는 첫째, 상법상 임의규정으로 유지되더라도 간접적 강제 효과로 기업의 지배구조 자율선택권을 침해할 우려가 있고, 둘째, 집행임원의 책임추궁은 업무집행지시자의 책임규정(상법 제401조의2)이나 표현대표이사제도(상법 제395조) 등으로 충분히 가능하며, 셋째, 집행임원 도입기업의 경우 규제만 늘어나므로 규정의 실효성에 의문이 든다는 이유로 도입을 반대하였다(전국경제인연합회).[14)]

(나) 집행임원 설치회사, 집행임원과 회사의 관계

집행임원 설치회사와 집행임원의 관계는 민법 중 위임에 관한 규정을 준용한다(상법 제408조의2 제2항). 집행임원 설치회사는 이사회의 회의를 주관하기 위하여 이사회 의장을 두어야 하고, 이사회 의장은 정관의 규정이 없으면 이사회 결의로 선임한다(상법 제408조의2 제4항).

집행임원 설치회사의 이사회는 ㉠집행임원과 대표집행임원의 선임·해임 ㉡집행임원의 업무집행 감독 ㉢집행임원과 집행임원 설치회사의 소송에서 집행임원 설치회사를 대표할 자의 선임 ㉣집행임원에게 업무집행에 관한 의사결정의 위임(이 법에서 이사회 권한사항으로 정한 경우는 제외한다) ㉤집행임원이 여러 명인 경우 집행임원의 직무 분담 및 지휘·명령관계, 그 밖에 집행임원의 상호관계에 관한 사항의 결정 ㉥정관에 규정이 없거나 주주총회의 승인이 없는 경우 집행임원의 보수 결정을 한다(상법 제408조의2 제3항).

(다) 집행임원의 임기

집행임원의 임기는 정관에 다른 규정이 없으면 2년을 초과하지 못한다. 임기는 정관에

---

14) 국회 법제사법위원회 상법 일부개정법률안 심사보고서

그 임기 중의 최종 결산기에 관한 정기주주총회가 종결한 후 가장 먼저 소집하는 이사회의 종결 시까지로 정할 수 있다(상법 제408조의3).

(라) 집행임원의 권한

집행임원의 권한은 ㉠집행임원 설치회사의 업무집행 ㉡정관이나 이사회의 결의에 의하여 위임받은 업무집행에 관한 의사결정을 한다(상법 제408조의4).

(마) 대표집행임원

2명 이상의 집행임원이 선임된 경우에는 이사회 결의로 집행임원 설치회사를 대표할 대표집행임원을 선임하여야 한다. 다만, 집행임원이 1명인 경우에는 그 집행임원이 대표집행임원이 된다. 대표집행임원에 관하여는 이 법에 다른 규정이 없으면 주식회사의 대표이사에 관한 규정을 준용한다(상법 제408조의5).

(바) 집행임원의 이사회에 대한 보고

집행임원은 3개월에 1회 이상 업무의 집행상황을 이사회에 보고하여야 하고, 집행임원은 이사회의 요구가 있으면 언제든지 이사회에 출석하여 요구한 사항을 보고하여야 한다(상법 제408조의6).

(사) 집행임원의 이사회 소집 청구

집행임원은 필요하면 회의의 목적사항과 소집이유를 적은 서면을 이사(소집권자가 있는 경우에는 소집권자를 말한다)에게 제출하여 이사회 소집을 청구할 수 있다. 이사회 소집청구를 한 후 이사가 지체 없이 이사회 소집의 절차를 밟지 아니하면 소집을 청구한 집행임원은 법원의 허가를 받아 이사회를 소집할 수 있다. 이 경우 이사회 의장은 법원이 이해관계자의 청구에 의하여 또는 직권으로 선임할 수 있다(상법 제408조의7).

(아) 집행임원의 책임

집행임원이 고의 또는 과실로 법령이나 정관을 위반한 행위를 하거나 그 임무를 게을리한 경우에는 그 집행임원은 집행임원 설치회사에 손해를 배상할 책임이 있다(상법 제408조의8 제1항). 집행임원이 고의 또는 중대한 과실로 그 임무를 게을리 한 경우에는 그 집행임원은 제3자에게 손해를 배상할 책임이 있으며, 집행임원이 집행임원 설치회사 또는 제3자에게 손해를 배상할 책임이 있는 경우에 다른 집행임원·이사 또는 감사도 그 책임이 있으면 다른 집행임원·이사 또는 감사와 연대하여 배상할 책임이 있다(상법 제408조의8 제2, 3항).

(9) 기타의 상대적 기재사항

기타 정관의 상대적 기재사항으로는 ㉮회사의 존립기간, 해산사유(상법 제517조), ㉯건설이자의 배당(상법 제463조), ㉰청산에 관한 규정(상법 제531조 제1항), ㉱중간배당에 관한 규정(상법 제462의3 제1항), ㉲신주발행에 관한 규정(상법 제416조), 준비금의 자본전입(상법 제461조) 등 이사회가 결정할 사항을 주주총회의 결의사항으로 정하려는 경우 등이 있다.

라. 임의적 기재사항

이것은 정관에 기재할 것인가, 기재하지 않을 것인가를 완전히 회사의 자유의사에 맡기는 사항이다.

정관의 임의적 기재사항으로는 ㉮주권의 종류, ㉯주권의 재발행의 절차, ㉰주식의 명의개서의 절차, ㉱질권의 등록 및 신탁표시에 관한 사항, ㉲주주와 법정대리인의 주소, 성명, 인감의 신고, ㉳정기주주총회의 소집시기, ㉴주주총회의 의장·장소·의결권의 대리행사, ㉵이사·감사의 원수, ㉶이사·보선이사의 임기, ㉷회사의 영업연도, ㉸준비금·배당금의 청구기간, ㉹이익의 처분방법 등이 있다.

3. 등기신청절차

가. 개 설

설립등기신청방법은 회사의 대표자 또는 그 대리인이 등기소에 출석하여 서면으로 신청하거나(상업등기법 제24조 1항), 촉탁에 따른 등기와 본·지점의 공통 등기사항에 대한 지점 소재지에서의 등기에 대하여는 우편을 이용하여 신청정보 및 첨부정보를 적은 서면을 등기소에 제출하는 방법으로 등기를 신청할 수 있고(상업등기법 제24조 2항), 등기소에 출석할 필요 없이 대법원 규칙으로 정하는 바에 따라 전산정보처리조직을 이용한 전자문서로 신청(전자신청)할 수 있다(상업등기법 제24조 1항 2호).

설립등기신청을 할 수 있는 자는 설립 시 자본금의 총액이 10억원 미만인 회사가 1명 또는 2명의 이사만을 선임한 경우(대표이사를 정하지 않은 경우만 해당한다)에는 각 이사가 회사를 대표하기 때문에(상법 제383조 6항) 각 이사가 설립등기를 신청할 수 있다. 즉, 1명의 이사를 선임한 경우에는 그 이사가 설립등기를 신청하여야 하고, 2명의 이사를 선임한 경우에는 각 이사가 신청할 수 있다.

한편 회사가 설립 시에 수인의 대표이사가 공동으로 회사를 대표할 것을 정한 때에는 대표이사 전원이 공동으로 설립등기를 신청하여야 한다(상법 제389조 2항·3항, 제209조 1항).

나. 등기신청서의 기재사항

설립등기에 있어서는 다음의 사항을 등기신청서에 기재하여야 한다(상법 제317조 제2항).

(1) 개 설

(가) 목적, 상호, 회사가 발행할 주식의 총수, 액면주식을 발행하는 경우 1주의 금액, 본점의 소재지, 회사가 공고를 하는 방법(상법 제317조 제2항 제1호)

전술의 정관의 기재사항(57면 이하 참조)에서 다루었다.

(나) 자본금의 액(상법 제317조 제2항 제2호)

상법(2009. 5. 28. 개정)은 제329조 제1항의 "주식회사의 자본금은 5천만원 이상이어야 한다."를 삭제하여 최저자본금제도를 폐지하였다.

최저자본금제도를 폐지한 것은 주식회사의 설립을 용이하게 한다는데 있다. 그리고 회사의 신용도는 자본금의 규모보다는 재무상태의 영향을 더 받으므로 채권자보호의 실효성에 의문이 있고, 채권자보호에 필요한 최소한도의 금액은 업종별로 차이가 있음에도 상법이 일률적으로 이를 정하는 것은 부적절하다는 것이다.

액면주식의 법정 최소단위가 100원이어서 사실상 자본금을 100원 이상으로만 하면 주식회사 설립이 가능하다.

(다) 발행주식의 총수, 그 종류와 각종주식의 내용과 수(제2항 제3호)

상법은 회사설립시 발행하는 주식의 총수는 회사가 발행할 주식총수의 1/4이상이어야 한다는 요건을 폐지하였다(상법 제289조 제2항, 2011. 4. 14. 삭제). 이에 따라 회사설립시 발행하여야 하는 주식수에 대한 제한이 전혀 없게 되었다.

위 발행예정주식총수 중 설립시에 발행하는 주식 수를 공제한 나머지는 소위 수권주식(授權資本)으로서, 원칙적으로 이사회의 결의에 의하여 수시로 신주를 발행하게 된다.

(라) 주식의 양도에 관하여 이사회의 승인을 얻도록 정한 때에는 그 규정(제2항 제3의2호)

(마) 주식매수선택권을 부여하도록 정한 때에는 그 규정(제2항 제3의3호)

(바) 지점의 소재지(제2항 제3의4호)

(사) 회사의 존립기간 또는 해산사유를 정한 때에는 그 기간 또는 사유(제2항 제4호)

(아) 주주에게 배당할 이익으로 주식을 소각할 것을 정한 때에는 그 규정(제2항 제6호)

(자) 전환주식을 발행하는 경우에는 상법 제347조에 게기한 사항(제2항 제7호)

전환주식을 발행하는 경우에는 주식을 다른 종류의 주식으로 전환할 수 있다는 뜻, 전환의 조건, 전환으로 인하여 발행할 주식의 내용, 전환을 청구할 수 있는 기간을 기재한다.

(차) 사내이사, 사외이사, 그 밖에 상무에 종사하지 아니하는 이사, 감사 및 집행임원의 성명과 주민등록번호(제2항 제8호)

상법에서 집행임원제도를 도입함에 따라(2011. 4. 14. 신설) "집행임원설치회사의 경우"는 집행임원의 성명과 주민등록번호를 등기하도록 하였다.

(카) 회사를 대표할 이사 또는 집행임원의 성명·주민등록번호 및 주소(제2항 제9호)

상법에서 집행임원제도를 도입함에 따라(2011. 4. 14. 신설) "대표집행임원의 성명과 주민등록번호, 주소"를 등기하도록 하였다.

(타) 둘 이상의 대표이사 또는 대표집행임원이 공동으로 회사를 대표할 것을 정한 경우에는 그 규정(제2항 제10호)

구 상법에서는 "수인의 대표이사가 공동으로 회사를 대표할 것을 정한 때에는 그 규정"을 기재하도록 하였던 것을 위와 같이 개정하였다(2011. 4. 14. 개정).

둘 이상의 대표이사 또는 대표집행임원을 두면서 정관 또는 선임기관의 결의로 공동대표규정을 둔 경우에는 공동대표규정도 등기하여야 하는데, 대표이사 또는 대표집행임원을 선임함과 동시에 공동대표규정을 둔 경우에는 공동대표이사의 취지만을 추가로 등기하여야 한다.

한편, 설립 시의 자본금 총액이 10억원 미만인 회사가 2명의 이사를 선임한 경우(대표이사를 정하지 않은 경우만 해당한다)에는 각 이사가 회사를 대표한다(상법 제383조).

(파) 명의개서대리인을 둔 때에는 그 상호 및 본점소재지(제2항 제11호)

(하) 감사위원회를 설치한 때에는 감사위원회 위원의 성명 및 주민등록번호(제2항 제12호)

(2) 등기기간

(가) 변태설립사항이 없는 경우

이사와 감사 또는 공증인의 회사설립사항을 조사하여 발기인에게 보고한 날로부터 2주 내에 등기를 신청하여야 한다(상법 제298조, 제317조 제1항).

(나) 변태설립사항이 있는 경우

①변태설립사항에 관한 법원의 변경처분이 없는 때에는 법원의 검사종료의 통고를 받은 날로부터 2주 내에 한다(상법 제299조, 제317조 제1항).

②변태설립사항에 관한 법원의 변경처분이 있는 경우

발기인이 주식의 인수를 취소한 때에는 정관을 변경하여 공증인의 인증을 받은 날로부터 2주 내에 한다.

발기인이 주식의 인수를 취소하지 아니한 때에는 법원의 변경통고를 받은 날로부터 2주가 경과한 날로부터 2주 내에 한다.

(다) 등기기간의 계산

기간의 계산에 관하여는 상법에 특별한 규정이 없으므로 민법의 규정에 의한다(상법 제1조), 즉, 초일을 산입하지 아니하고 기간말일의 종료로 기간이 만료한다. 초일이 오전영시로부터 시작되는 때에는 초일을 산입하므로(민법 제157조, 제159조) 예컨대 이사, 감사 등이 예선되어 미리 그 취임승낙을 한 경우 등에는 초일을 산입하여야 한다. 기간의 말일이 공휴일인 때에는 그 익일에 만료되는 점도 또한 같다.

관청의 허가를 요하는 등기에 관하여는 그 서류가 도달한 날로부터 등기기간을 기산한다(상법 제177조).

(3) 전자신청의 경우

(가) 개 설

전자신청을 하기 위해서는 사용자등록번호와 공인인증서 정보를 입력하거나 이용등록 절차를 거친 전자증명서 정보를 입력하여 사용자인증을 받아야 한다(등기예규 제1612호 제5조). 전산정보처리조직을 이용하여 전자문서로 신청하는 경우 "전산정보처리조직에 의한 상업등기 등의 신청에 관한 업무처리지침"이 규정하고 있다(등기예규 제1612호).

(나) 전자신청을 할 수 있는 사람

① 전자신청은 당사자가 직접 하거나 변호사나 법무사[법무법인·법무법인(유한)·법무조합·법무사합동법인을 포함한다. 이하 "자격자대리인"이라 한다]가 당사자를 대리하여 할 수 있다. 자격자대리인이 아닌 사람은 당사자를 대리하여 전자신청을 할 수 없다(등기예규 제1612호 제3조).

② 전자신청을 하려는 당사자 또는 그 자격자대리인은 미리 상업등기법과 상업등기규칙의 관련 규정에 따라 전자증명서를 발급받거나 상업등기법의 관련 규정에 따라 사용자등록을 하여야 한다.

(다) 공인인증서 발급

1. 시중금융기관(증권 및 우체국 포함)으로부터 공인인증서를 발급받아야 한다.

2. 개인 : 원칙적으로 공인인증서를 발급받아야한다. (단 일정한 요건 구비시는 제외) 다만 법무사, 변호사는 공인인증서를 예외없이 무조건 발급받아야 한다.

3. 법인 : 등기소로부터 전자증명서를 발급받아 인터넷등기소에서 이용등록을 완료해야 전자신청 이용이 가능하다.

(라) 등기소 방문

① 전자신청을 원하는 당사자 또는 자격자가 아래의 서면을 지참하고 직접 등기소를 방문하여 등기소로부터 접근번호를 취득한다.

② 위 접근번호를 부여받은 날로부터 10일내에 대법원인터넷등기소를 방문하여 자신

의 공인인증서와 접근번호를 이용하여 사용자등록번호를 만들어야 비로소 절차가 완성된다.

(마) 온라인 사용자등록

전산정보처리조직을 이용하여 사용자등록을 하는 절차는 다음과 같다(등기예규 제1612호 제4조의2).

1. 온라인 사용자등록을 하려는 자는 인터넷등기소(http://www. iros. go.kr/)에 로그인하여 전산정보처리조직을 이용하여 성명, 주민등록번호, 주소, 전화번호, 인터넷등기소 회원 ID, 전자우편주소를 기재한 신청서를 전자적으로 제출하여야 한다. 이 경우 인터넷등기소에 회원으로 가입되어 있지 아니한 자는 회원가입과 동시에 위 신청서를 제출하여야 한다.

2. 온라인 사용자등록신청서를 전자적으로 제출하는 경우 신청인은 전자서명법 제15조의 공인인증서로 인증을 하여야 한다.

3. 온라인 사용자등록을 하는 경우 사용하고자 하는 공인인증서와 사용자등록번호를 등록하여야 한다.

(바) 사용자등록

1. 자격자(법무사 및 변호사) : 본인이 직접 사무소 소재지 관할등기소를 방문하여 접근번호를 부여받은 후 대법원인터넷 등기소에서 공인인증서 및 접근번호를 이용하여 사용자등록절차를 완료하여야 한다.

2. 개인 및 법인 : 본인이 신청하되 전국 등기과(소) 어디서나 사용자등록신청이 가능하다. 등기 권리자와 등기 의무자의 공동신청인 경우 권리자와 의무자 모두 사용자등록신청을 하여야 한다. 다만 전자신청사건을 자격자에게 위임할 경우에는 사용자등록절차는 없다.

(사) 신청정보 및 첨부정보의 송신 등

① 당사자 또는 자격자대리인은 인터넷등기소(http://www. iros. go. kr/)에 접속하여 "인터넷등기전자신청"을 선택한 후, 등기신청서에 기재하여야 할 정보(이하 "신청정보"라 한다) 및 등기신청서에 첨부하여야 하는 서면(이하 "첨부서면"이라 한다)에 해당하는 정보(이하 "첨부정보"라 한다)를 송신함으로써 전자신청을 한다(등기예규 제1612호 제6

조).

② 신청정보 또는 등기신청에 관한 대리권한을 증명하는 서면(이하 "위임장"이라 한다)에 해당하는 첨부정보는 반드시 인터넷등기소에서 전자문서로 작성하여야 한다. 다만, 다음 각 호의 하나에 해당하는 등기신청의 경우 위임장에 해당하는 첨부정보는 별지 제3호 양식의 위임장을 전자적 이미지 정보로 변환[스캐닝]하여 송신할 수 있다.

1. 대표자 주소 또는 주민등록번호의 변경이나 경정등기
2. 대표자를 제외한 임원(회사, 민법법인 및 특수법인의 사원, 이사, 감사, 감사위원회 위원, 지배인·대리인 등을 말한다)의 변경이나 경정등기
3. 본·지점 공통등기사항에 관하여 지점 소재지에서 하는 등기

(아) 전자증명서 등의 송신

① 전자신청을 하는 당사자는 신청정보를 송신할 때 전자증명서를 함께 송신하여야 하고, 자격자대리인은 공인인증서와 사용자등록번호를 송신하여야 한다(등기예규 제1612호 제8조).

② 설립등기, 대표자 변경등기 등에 의하여 비로소 등기되는 등기신청권자나 그 밖에 등기기록에 등기되어 있지 않은 등기신청권자가 신청정보를 송신할 때에는 공인인증서와 사용자등록번호를 함께 송신하여야 한다.

③ 관공서가 등기를 전자촉탁할 때에는 전자정부법 제2조제6호의 행정전자서명(이하 '행정전자서명'이라 한다)을 송신하여야 한다.

④ 자격자대리인이 위임장에 해당하는 첨부정보를 송신할 때에는 위임인의 전자증명서 또는 공인인증서(제2항의 등기신청권자의 위임에 따라 전자신청을 하는 경우)를 함께 송신하여야 한다. 다만, 등기예규 제1612호 제6조제2항 단서의 첨부정보를 송신하는 경우에는 그러하지 아니하다.

⑤ 첨부정보를 전자문서로 송신할 때에는 작성명의인의 공인인증서를 함께 송신하여야 한다. 다만, 작성명의인이 법인인 경우에는 그 법인 대표자의 전자증명서를, 관공서인 경우에는 행정전자서명을 송신하여야 한다.

⑥ 첨부정보를 등기예규 제1612호 제6조제3항의 전자적 이미지 정보로 송신할 때에는 위임인의 전자증명서 또는 공인인증서(제2항의 등기신청권자의 위임에 따라 전자신청을 하는 경우)를 함께 송신하여야 한다. 다만, 동예규 제6조제2항 단서 각 호의 등기신청의 경우에는 그러하지 아니하다.

⑦ 등기예규 제1612호 제6항 본문의 경우 위임인이 전자증명서 등에 의하여 전자적 이

미지 정보를 인증한 후에는 자격자대리인이 첨부정보를 변경할 수 없다. 다만, 신청 후 보정을 하는 때에는 그러하지 아니하다.

(자) 등기신청을 공동으로 하는 경우의 승인

공동대표이사 등이 등기신청을 공동으로 하는 경우에는 그 중 1인이 신청정보와 첨부정보를 입력한 후 등기신청을 공동으로 하는 다른 사람을 지정하고, 지정된 다른 사람은 전자증명서 또는 공인인증서(제8조제2항의 경우에 한한다)에 의하여 승인을 하여야 한다(등기예규 제1612호 제9조).

(차) 전자신청의 경우 첨부정보의 제출 방법

① 법인등기의 전자신청 시 첨부정보에 해당하는 서면을 스캐닝하여 파일로 송신하면서 신청인 및 작성명의인의 전자서명정보를 함께 송신한 경우의 첨부정보는 단순한 스캔문서(등기예규 제1612호 제6조 제3항 제1호 등에 해당하는 스캔문서)가 아닌 전자문서에 해당하므로, 자격자대리인이 아닌 당사자도 첨부정보로 송신할 수 있다(상업등기선례 제201611-2호, 2016. 11. 14. 사법등기심의관-4303 질의회답).

② 전자신청을 하는 경우 법령에 의하여 등기신청서에 첨부하여야 하는 서면에 해당하는 정보(이하 "첨부정보"라 한다)는 전자문서로 송신하여야 한다. 다만, 대법원예규로 정하는 바에 따라 첨부서면을 스캐닝하여 전자적이미지 정보로 송신하거나 그 밖의 방법으로 제출할 수 있다.

③ 첨부정보를 전자문서로 송신할 때에는 작성명의인의 공인인증서를 함께 송신하여야 한다. 다만, 작성명의인이 법인인 경우에는 그 법인대표자의 전자증명서를, 관공서인 경우에는 대법원예규로 정하는 전자인증서를 송신하여야 한다.

④ 자격자대리인이 그 권한을 증명하는 정보를 전자문서로 송신할 때에는 위임인의 전자증명서를 송신하여야 한다. 다만, 설립등기, 대표자 변경등기 등에 의하여 비로소 등기기록에 등기신청권자로 기록되는 사람의 위임에 의하여 그 설립등기 또는 대표자 변경등기 등을 신청하는 경우에는 그 위임하는 사람의 공인인증서를 송신하여야 한다(상업등기규칙 규칙 제62조).

(카) 인감의 전자적 제출

가) 인감의 제출 또는 개인(改印)은 인터넷등기소를 이용하여 신청할 수 있다(등기예

규 제1626호).

나) 인감신고서를 전자적으로 제출하는 경우 전자서명법 제15조의 공인인증서 정보를, 개인신고서를 전자적으로 제출하는 경우 전자증명서 정보를 송신하여야 한다.

다) 회사의 지배인 또는 특수법인의 대리인이 전자적으로 인감을 신고하거나 개인(改印)을 하는 경우 위 나)의 정보 송신 외에 보증서면에 해당하는 첨부정보와 대표자의 전자증명서 정보를 함께 송신하여야 한다.

라) 인감신고서 또는 개인신고서를 전자적으로 제출하는 경우에는 인감대지를 첨부하지 아니한다.

(타) 등록면허세의 납부

등록면허세는 지방세 인터넷 납부시스템에 의하여 등록면허세를 납부하고, 영수필확인서를 출력하여 신청서에 첨부하여야 한다. 그러한 납부시스템에 의하여 등록면허세를 납부할 수 없는 경우에는 직접 관할 관청에 등록면허세를 납부하여야 한다(등기예규 제1612호 제10조). 등록면허세에 관하여는 116면 참조

(파) 등기신청수수료의 납부

전자신청의 경우는 대한민국법원 인터넷등기소(http://www.iros.go.kr/)를 이용하여 전자적 방법으로 등기신청수수료를 납부할 수 있다. 신청인의 수수료 납부는 인터넷등기소에서 사용 가능한 카드사의 신용카드에 의한 결제, 지정 금융기관의 계좌이체, 선불형 지불수단 등에 의한 결제 방식에 의하고, 영수필확인서를 출력하여 신청서에 첨부하여야 한다(등기예규 제1576호). 수수료에 관하여는 117면 참조

(하) 신청정보의 송신 기한

등기신청수수료를 납부한 당사자 또는 자격자대리인은 납부 후 7일 이내에 신청정보를 등기소에 송신하여야 한다(등기예규 제1612호 제12조).

(거) 전자신청의 취하

전자신청의 취하는 전산정보처리조직을 이용해서 하여야 한다. 이 경우 전자신청을 할 때와 같은 방법으로 사용자인증을 받아야 한다(등기예규 제1612호 제17조).

(너) 각하 결정의 방법

전자신청에 대한 각하 결정 및 고지는 서면신청의 경우와 같은 방법으로 한다(등기예규 제1612호 제18조).

(더) 이의신청

등기관의 결정 또는 처분에 대한 이의신청이 있어 이의신청서를 관할 지방법원으로 송부하여야 할 경우 등기관은 보존되어 있는 신청정보와 첨부정보를 출력하여 인증을 한 후 송부하여야 한다(등기예규 제1612호 제19조).

다. 첨부서면

(1) 개 설

정관의 규정, 법원의 허가, 총주주 또는 어느 주주나 이사의 동의가 없으면 효력이 없거나 취소할 수 있는 사항의 등기를 신청하는 경우에는 정관, 법원의 허가가 있음을 증명하는 정보, 총주주 또는 그 주주나 이사의 동의가 있음을 증명하는 정보를 제공하여야 하고(상업등기규칙 제128조), 주식회사 설립등기를 신청하는 경우에는 다음 각 호의 정보를 제공하여야 한다(상업등기규칙 제129조).

(가) 정 관

주식회사설립시 정관에 관한 정보를 제공하여야 한다(상업등기규칙 제129조 제1호). "정관이란 회사 또는 법인의 조직·활동을 정한 근본규칙을 기재한 서면을 말한다. 정관은 강행규정이나 사회질서에 반하지 않는 한 회사 또는 법인의 구성원 내지 기관을 구속한다.

(나) 주식의 인수를 증명하는 서면

발기인은 서면에 의하여 주식을 인수하여야 하므로(상법 제293조), 주식의 인수를 증명하는 정보를 첨부제공하게 되는데, 발기인이 기명날인(서명)한 주식인수증이 여기에 해당하는 서면이다(상업등기규칙 제129조 제2호). 발기인이 인수한 주식수가 기재된 정관도 이에 해당하는 서면으로 볼 수 있다.

(다) 주식청약서

주식청약서는 모집설립의 경우에만 첨부 제공한다(상업등기규칙 제129조 제3호).

(라) 발기인이 상법 제291조에 규정된 사항을 정한 때에는 이를 증명하는 정보

회사설립시에 발행하는 주식의 종류와 수, 액면이상의 주식을 발행하는 때에 그 수와 금액을 발기인 전원의 동의로 정한 경우에 이를 증명하는 서면으로서 발기인 전원이 기명날인 또는 서명한 주식발행사항동의서가 이에 해당된다(상업등기규칙 제129조 제4호).

정관의 규정, 법원의 허가 또는 총주주나 종류주주 전원의 동의가 없으면 효력이 없거나 취소할 수 있는 사항의 등기에 관하여는 신청서에 정관, 법원의 허가서 또는 총주주나 종류주주 전원의 동의서를 첨부하여야 한다(등기예규 제1613호 제10조).

(마) 상법 제298조 및 제313조에 따른 이사와 감사 또는 감사위원회 및 공증인의 조사보고에 관한 정보(상업등기규칙 제129조 제5호)

이사와 감사는 취임 후 지체없이 회사의 설립에 관한 모든 사항이 법령 또는 정관의 규정에 위반되지 아니하는지의 여부를 조사하여 발기인(상법 제298조) 또는 창립총회에 보고하여야 하는 바(상법 제313조), 이에 따른 서면을 제출하여야 한다.

(바) 상법 제299조, 제299조의2 및 제310조에 따른 검사인이나 공증인의 조사보고 또는 감정인의 감정에 관한 정보(상업등기규칙 제129조 제6호)

변태설립사항(상법 제290조), 현물출자 등의 증명(상법 제299조의2), 변태설립의 경우의 조사(상법 제310조)에 따른 검사인이나 공증인의 조사보고서와 그 부속서류 또는 감정인의 감정서와 그 부속서류를 제출하여야 한다.

(사) 상업등기규칙 제129조 제6호의 검사인이나 공증인의 조사보고 또는 감정인의 감정결과에 관한 재판이 있은 때에는 그 재판이 있음을 증명하는 정보(상업등기규칙 제129조 제7호)

법원은 발기설립 시에 검사인 또는 공증인의 조사보고서 또는 감정인의 감정서와 발기인의 설명서를 심사하여 정관에서 정한 변태설립사항(상법 제290조 각호)을 부당하다고 인정한 때에는 이를 변경하는 재판을 이유(理由)를 붙인 결정(決定)으로 한 후(상법 제

300조 1항, 비송사건절차법 제75조 1항) 그 결정의 취지가 기재된 조사보고서 또는 감정서 부본과 변경결정등본을 이사에게 송달하여야 하는데(재판예규 제719호 7조 2항 2호), 이 경우에는 설립등기 시에 앞서 언급한 변태설립사항에 관한 조사보고서 또는 감정서 및 그 부속서류 외에 법원의 변경결정등본을 함께 제출하여야 한다(예규 제979호 2).

(아) 발기인이 이사와 감사 또는 감사위원회 위원의 선임을 증명하는 정보(상업등기규칙 제129조 제8호)

발기설립의 경우에 주금의 납입과 현물출자의 이행이 완료된 때에는 발기인은 지체 없이 그 인수주식 1주에 대하여 1개로 하는 의결권의 과반수로 이사와 감사를 선임하여야 한다(상법 제296조). 이 경우 발기인은 그 선임에 관한 의사(議事)의 경과와 결과를 기재한 의사록을 작성하여 기명날인 또는 서명하여야 하는데(상법 제297조), 설립등기 시에 이 의사록을 이사와 감사의 선임에 관한 사실을 증명하는 서면으로 제출하여야 한다. 특히 설립 시의 자본금의 총액이 10억원 이상인 경우에는 공증인의 인증을 받아 제출하여야 한다(공증인법 제66조의2 1항 본문).

(자) 창립총회의사록(상업등기규칙 제129조 제9호)

① 개 설

발기인은 의사록을 작성하여 의사의 경과와 그 결과를 기재하고 기명날인 또는 서명하여야 한다(상법 제297조). 발기인총회는 주식회사의 주식인수인으로서 구성되는 설립 중의 회사의 의사결정기관이다. 발기인(주주)총회는 상법 또는 정관에 정하는 사항에 한하여 결의할 수 있다(상법 제361조). 발기인의 의결권은 그 인수주식 1주에 대하여 1개이다.

발기인이 주식인수가액의 전액과 현물출자의 이행을 완료한 때에는 발기인은 지체없이 의결권의 과반수로서 이사와 감사를 선임하여야 한다(상법 제296조).

발기인총회는 이사와 감사의 선임(상법 제296조), 설립에 관한 사항의 보고청취(상법 제298조), 법원의 변경처분에 따른 통지수령(상법 제300조), 본점과 지점의 소재장소 결정 등이 있다. 정관으로 주주총회에서 대표이사를 선정할 것을 정한 때에는 대표이사도 발기인이 선정한다(상법 제389조).

자본금 총액이 10억원 미만인 회사가 이사의 인원을 1, 2인으로 한 경우 이사회의 권한을 이사(정관에 의하여 대표이사가 있는 경우에는 대표이사)와 주주총회에 부여한 권한은 기존의 이사회가 가지고 있는 권리이다. 따라서 양도제한주식의 양도시 승인, 주식매수선택권 부여 취소, 경업금지, 이사의 자기거래 승인, 신주의 발행결정, 전환사채, 신주인수권부사채의 발행결정, 준비금의 자본전입, 중간배당의 경우 주주총회에서 결정한다.

회사의 주주총회 소집통지와 공고기간을 기명주주의 경우 2주전 통지, 공고하여야 하나 자본금 총액이 10억원 미만인 회사가 주주총회를 소집하는 경우에는 주주총회일의 10일 전에 각 주주에게 서면으로 통지를 발송하거나 각 주주의 동의를 받아 전자문서로 통지를 발송할 수 있다(상법 제363조제1항).

자본금 총액이 10억원 미만인 회사는 주주 전원의 동의가 있을 경우에는 소집절차를 생략할 수 있도록 하고, 서면에 의한 결의로써 주주총회의 결의를 갈음할 수 있도록 하였다(상법 제363조 제4항).

② 기명날인

발기인은 의사록을 작성하여 의사의 경과와 그 결과를 기재하고 기명날인 또는 서명하여야 한다(상법 제297조).

주식회사 주주총회의 의사록에는 의장과 출석한 이사(또는 청산인)가 각 기명날인을 하여야 하는바, 여기서의 출석한 이사는 당해 주주총회가 개최되고 있는 동안 이사로서의 자격이 있는 자 중 주주총회에 출석한 자 전원을 말한다. 따라서 주주총회에서 이사개선의 결의가 있을 경우 전임이사 및 후임이사 중 누가 기명날인을 하는가 하는 것은 그 주주총회가 개최될 당시 누가 이사의 자격이 있는가 하는 문제로서 경우에 따라 다를 것이나, 다만 주주총회가 개최되고 있는 동안 전임이사의 임기가 종료되고 후임이사가 취임승낙을 하여 임기가 개시되었다면 전임이사와 후임이사 모두가 기명날인을 하여야 할 것이며, 후임이사의 임기가 주주총회 종결 이후부터 개시되었다면 그 자는 아직 이사의 자격이 없어 기명날인을 할 수 없을 것이다. 그러나 형식적 심사권 밖에 없는 등기공무원으로서는 주주총회 당시 전임이사가 출석을 하였는가 하는 것은 주주총회의 의사록에 의하여 판단할 수밖에 없는 것이며, 따라서 그 의사록에 전임이사가 출석하였다는 취지가 기재되어 있지 않은 한, 전임이사의 기명날인이 없는 의사록을 첨부하여 등기를 신청한 경우에도 이를 수리할 수밖에 없다(상업등기선례 제1-74호, 1994. 4. 1. 등기 3402- 305 질의회답). 주주총회의사록에 기명날인의 경우 막도장으로도 가능하다.

(차) 이사, 대표이사, 집행임원, 대표집행임원, 감사 또는 감사위원회 위원의 취임승

낙을 증명하는 정보(상업등기규칙 제129조 제10호)

법인의 임원(이사, 감사, 대표이사, 집행임원・대표집행임원 등)은 그 직에 취임함을 승낙하는 내용의 취임승락서를 제출하고 그 사실을 증명하는 인감증명서를 제출하여야 한다. 그러나 자본금의 총액이 10억원 미만으로 이사가 2명인 회사인 경우에는 각 이사가 회사를 대표하므로(상법 제383조 제1항 단서 및 6항), 정관에서 별도로 대표이사를 정하지 않는 한 취임승락이 필요 없으나 실무에서는 취임승낙서를 제출하고 있다.

주식회사의 정관에 이사와 사외이사는 주주총회에서 구분하여 선임하되, 주주총회에서 선임된 이사 중 사내이사와 사외이사를 이사회에서 선임하도록 규정하고 있는 경우 정관과 이사로 선임한 주주총회의사록 및 사내이사와 사외이사를 구분하여 선임한 이사회의사록을 첨부하여 위 사내이사와 사외이사의 선임에 따른 등기를 신청할 수 있다(상업등기선례 200907-1, 2009. 7. 2. 사법등기심의관-1538 질의회답).

법인의 전자증명서 또는 개인의 공인인증서에 기초한 전자서명정보가 있는 경우에는, 법인인감 또는 인감증명법에 따라 신고한 인감의 날인이 있는 것으로 본다(상업등기선례 제201611-2호, 2016. 11. 14. 사법등기심의관-4303 질의회답).

(카) 명의개서대리인을 둔 때에는 명의개서대리인과의 계약을 증명하는 정보(상업등기규칙 제129조 제11호)

회사가 명의개서대리인을 둔 때에는 그 상호 및 본점소재지를 등기하여야 한다. 명의개서대리인은 명의개서를 대행하는 자로서 회사의 이행보조자 내지 수임인의 지위를 가진다. 따라서 회사와 명의개서대리인 간에 위임계약을 체결하여야 할 것 이므로 그 계약을 증명하는 서면을 첨부하도록 하고 있다.

(타) 주금의 납입을 맡은 은행, 그 밖의 금융기관의 납입금 보관을 증명하는 정보(상업등기규칙 제129조 제12호).

주금의 납입을 맡은 은행, 그 밖의 금융기관의 납입금 보관을 증명하는 정보를 제공하여야 한다. 다만, 자본금의 총액이 10억원 미만인 회사를 상법 제295조제1항에 따라 발기설립(發起設立)한 경우에는 은행이나 그 밖의 금융기관이 발급한 잔고증명서로써 납입금 보관에 관한 증명서를 대체할 수 있다(상법 제318조 3항, 상업등기규칙 제129조 12호 단서). 그런데 회사의 발기설립 시에 주금의 납입이 전부 이행된 사실을 증명하기 위하여 납입금 보관에 관한 증명서 대신에 잔고증명서를 제출하는 경우에는 금융실명거래 및 비밀보장에 관한 법률에 의하여 설립중의 회사 자체 명의로는 금융거래가 불가능하기 때문에 발기인의 명의로 작성된 잔고증명서를 발급받아 제출하여야 한다(금융실명거래 및 비밀보장에 관한 법률 3조 1항, 2조 4호 및 동법 시행령 제3조 3호).

법인 설립 및 사업자등록 후 법인등기부등본, 법인인감증명서, 법인인감도장, 법인통장, 사업자등록증사본 대표이사 신분증, 입금 영수증을 가지고 은행에 가서 법인통장에 자본금 이체 후 사무실 보증금 및 공제조합 출자금 등 법인에 관련된 지출비를 사용한다.

(2) 그 밖의 첨부서면

(가) 이사회의사록

이사회의 의사에 관하여는 의사록을 작성하여야 하고, 의사록에는 의사의 경과요령과 그 결과를 기재하고 출석한 이사 및 감사가 기명날인 또는 서명하여야 한다(상법 제391조제3항). 감사가 불출석한 경우에도 출석한 이사들만으로 이사회를 개최하고 이사회의사록을 작성할 수 있다.

이사회의 결의는 이사 과반수의 출석과 출석 이사의 과반수로 하여야 한다. 다만, 정관으로 그 비율을 높게 정할 수 있다(상법 제391조 제1항).

상법 및 공증인법은 자본금의 총액이 10억원 미만인 회사를 발기설립하는 경우에는 정관, 발기인총회의사록, 이사회의사록의 인증의무를 면제하였다(상법 제292조, 공증인법 제66조의2제1항).

등기할 사항에 관하여 이사회의 결의를 필요로 하는 경우에는 신청서에 이사회의사록을 첨부하여야 한다. 이사회에서 대표이사를 선임한 경우(상법 제389조 제1항), 정관상의 본점소재지표시가 최소독립행정구역(특별시, 광역시, 시·군)으로 기재된 때에 이사회에서 구체적인 본점소재장소를 정한 경우, 회사의 설립과 동시에 지점을 설치하기로 이사회에서 결정한 경우(상법 제393조 제1항), 정관에 명의개서대리인을 둘 것을 정하고 이를 특정하지 아니하여 이사회에서 이를 정한 경우 등이다(상법 제337조 제2항).

(나) 이사·감사 등의 주소, 주민등록번호 또는 생년월일을 등기하는 경우 이를 증명하는 서면

설립등기 시에는 사내이사, 사외이사, 그 밖에 상무에 종사하지 아니하는 이사, 감사(또는 감사위원회) 및 집행임원의 성명과 주민등록번호를 등기하여야 하고(상법 제317조 2항 8호 및 12호), 회사를 대표할 이사 또는 집행임원의 성명·주민등록번호 및 주소(상법 제317조 2항 9호), 둘 이상의 대표이사 또는 대표집행임원이 공동으로 회사를 대표할 것을 정한 경우에는 그 규정을 등기하여야 한다(상법 제317조 2항 10호). 이와 같이 이사와 감사 등의 성명·주민등록번호 또는 주소를 등기하여야 하는 경우에는 설립등기신청 시에 이를 증명하는 서면을 첨부하여야 하는데(상업등기규칙 제52조), 발행일로부터 3개월 이내의 것을 첨부하여야 한다(상업등기규칙 제52조제4항).

주민등록번호 또는 주소를 증명하는 서면은 원칙적으로 주민등록등·초본 또는 주민등록증사본이라고 할 것이나, 자동차운전면허증도 운전면허를 받은 사람의 동일성 및 신분을 증명하기에 충분하고 그 기재내용의 진실성도 담보되어 있으므로 자동차운전면허증 사본도 주민등록번호 또는 주소를 증명하는 서면에 해당될 수 있다(1992. 12. 30. 등기 제2662호 통첩). 그러나 인감증명제도는 행정청이 출원자의 현재 사용하고 있는 인감을 증명함으로써 국민의 편의를 도모하기 위한 제도이므로 인감증명서는 주민등록번호 또는 주소를 증명하는 서면으로 보기 어렵다(등기선례 200302-16, 2003. 2. 18. 공탁법인 3402-40 질의회답). 한편 실무에서는 회사를 대표할 이사 이외의 임원은 주민등록증 사본, 자동차운전면허증 사본으로도 가능하다.

(다) 관청의 허가서, 총주주나 종류주주 전원의 동의서

관청의 허가(인가)를 필요로 하는 사항의 등기를 신청할 때에는 관청의 허가서(인가서) 또는 그 인증이 있는 등본을 첨부하여야 한다(상업등기규칙 제52조).

등기신청서에 허가서 또는 그 인증이 있는 등본을 첨부하여야 하는 것은 관청의 허가가 등기의 효력요건인 경우에 한하며, 관공서의 허가가 단순히 영업수행을 위한 요건인 경우는 해당되지 아니한다. 법문상 허가라고 되어 있지만 등록을 요하는 사항도 그 등록이 등기의 효력요건인 경우에는 등록증 또는 그 인증이 있는 등본을 첨부하여야 한다.

비송사건절차법 제153조에 의하여 등기신청서에 첨부하여야 할 관청의 허가서 또는 그 인증이 있는 등본은 당해 허가(인가)가 등기할 사항의 효력요건인 경우[예, 상사법인의 설립에 있어 관청의 허가(인가)가 있어야 한다는 법령상의 근거가 있는 경우, 설립중인 회사에 대한 허가(인가) 신청절차가 있는 경우 등]에 한하고 그 밖의 경우에는 관청의 허가서 등의 첨부를 요하지 아니한다(상업등기선례 1-92).

총주주나 종류주주 전원의 동의가 없으면 등기할 사항에 관하여 무효 또는 취소의 원인이 있는 때에는 그 동의서를 첨부하여야 한다.

(라) 등기신청대리인의 경우

대리인에 의하여 등기를 신청할 때에는 그 권한을 증명하는 서면(변호사 또는 법무사의 위임장)을 첨부하여야 한다(상업등기규칙 제52조).

대리인의 등기신청권한을 증명하는 서면인 위임장에는 그 권한의 범위를 명확히 기재하여야 하는바, 주식회사 설립의 경우 "본 회사의 설립등기 신청 및 취하에 관한 일체의 행위"와 같이 구체적으로 기재하여야 한다.

[등기선례] 법인등기신청시 대리권한을 증명하는 서면으로서의 위임장에 원칙적으로 법인인감을 날인하여야 하는지 여부(적극)
대리인에 의하여 법인등기를 신청할 때에는 신청서에 그 권한을 증명하는 서면을 첨부하여야 하는바, 그 권한을 증명하는 서면으로서의 위임장에는 지점소재지에서 하는 목적변경등기 등의 일정한 경우를 제외하고는 원칙적으로 관할등기소에 제출한 법인인감을 날인하여야 한다(등기선례 200403-19, 2004. 3. 31. 공탁법인 3402-77 질의회답).

(3) 등기의 동시신청시 첨부서면

동일한 등기기록에 대한 여러 개의 등기신청은 일괄하여 하나의 신청서로 할 수 있는바, 동일한 등기소에 동시에 여러 개의 등기신청서를 제출하는 경우에 각 신청서에 첨부하여야 할 서류 중 내용이 동일한 것이 있을 때에는 하나의 신청서에만 첨부하면 된다(상업등기규칙 제53조). 이 경우 다른 신청서에는 그 뜻을 기재하여야 한다. 다만, 전자신청의 경우에는 그러하지 아니하다. (상업등기규칙 제53조 제2항).

(4) 이사의 인감제출

(가) 개 설

회사가 설립시에 3명이상의 이사를 선임한 경우에는 대표이사가 인감을 제출하여야 한다. 그리고 회사의 대표이사가 수인인 경우에는 설립등기를 신청하는 대표이사만 인감을 제출하여도 되지만, 정관 또는 선임기관의 결의로 공동으로 대표할 것을 정한 때(상법 제389조 2항)에는 공동대표이사 전원의 인감을 제출하여야 하고, 이 경우 공동대표이사의 인감은 각각 달라야 한다(등기예규 제1626호 2. 나.).

한편 회사의 설립 시의 자본금의 총액이 10억원 미만으로 1명 또는 2명의 이사만을 선임한 경우에는 각 이사가 회사를 대표하므로(상법 제383조 1항 단서 및 6항) 등기를 신청하는 이사가 인감을 제출하여야 한다. 즉, 이사를 1명만 둔 경우에는 그 이사가 인감을 제출하여야 하고, 2명의 이사를 둔 경우에는 등기를 신청하는 이사가 인감을 제출하여야 한다. 다만 2명의 이사를 둔 경우에 정관에 따라 대표이사를 둔 경우에는 그 대표이사가 회사를 대표하므로(상법 제383조 6항) 그의 인감을 제출하여야 한다.

(나) 이사가 1명인 경우

'사내이사'로 기재하고, 그 성명, 주민등록번호 및 주소를 같이 기재한다. 이사가 1명인 경우에는 해당 이사가 회사를 대표하여 등기를 신청하여야 하므로(상법 제383조 6항, 법 17조 2항), 즉 등기신청서에 기명날인할 자에 해당하므로 설립등기신청 시에 인감을 제출하여야 하고, 대리인에 의하여 등기를 신청하는 경우에도 동일하다.

(다) 이사가 2명인 경우

2명의 이사가 각자 회사를 대표하는 경우에는 각 이사를 '사내이사'로 기재하고, 그 서명, 주민등록번호 및 주소를 같이 기재하여야 한다. 이 경우 설립등기를 신청하는 이사만 상업등기법 제25조의 규정에 따라 인감을 제출하면 되지만(예규 제1596호 2. 나.), 나머지 이사도 인감을 제출할 수 있다(예규 제1596호 2. 가. 1)). 정관 또는 주주총회의 결의로 둘 이상의 대표이사 또는 대표집행임원이 공동으로 회사를 대표할 것을 정한 경우에는 그 규정을 등기하여야 하고(상법 제317조 제2항 10호), 이 경우에는 이사 전원이 인감을 제출하여야 한다(등기예규 제1596호 2. 나.).

한편, 정관에 따라 대표이사를 정한 경우(상법 제383조 6항)에는 각 이사를 '사내이사'로 기재하고 그 성명, 주민등록번호를 기재하고, 대표이사의 성명, 주민등록번호 및 주소를 같이 기재하여야 하는데, 대표이사는 설립등기신청 시에 그 인감을 제출하여야 한다.

(라) 인감(改印)신고서의 전자적 제출

인감의 제출 또는 개인(改印)은 인터넷등기소를 이용하여 신청할 수 있다(등기예규 제1626호).

인감신고서를 전자적으로 제출하는 경우 전자서명법 제15조의 공인인증서 정보를, 개인신고서를 전자적으로 제출하는 경우 전자증명서 정보를 송신하여야 한다.

회사의 지배인 또는 특수법인의 대리인이 전자적으로 인감을 신고하거나 개인(改印)을 하는 경우 위 나)의 정보 송신 외에 보증서면에 해당하는 첨부정보와 대표자의 전자증명서 정보를 함께 송신하여야 한다.

인감신고서 또는 개인신고서를 전자적으로 제출하는 경우에는 인감대지를 첨부하지 아니한다.

(마) 등기관의 처리

위와 같이 설립등기신청 시에 회사의 대표자가 인감신고서를 제출한 때에는 등기관은 설립등기신청을 수리하는 경우에 한하여 일정한 신분증명서 즉, 주민등록증, 운전면허증, 주민등록번호 및 주소가 기재된 장애인등록증, 여권, 외국인등록증 등에 의하여 인감신고서를 제출하는 회사의 대표자의 신분을 확인한 후 제출된 인감 및 인감제출자에 관한 사항을 인감부에 기록하여야 한다(상업등기규칙 37조).

(바) 취임승낙서(인감증명서나 본인서명사실확인서 또는 전자본인서명확인서의 발급증 포함)

① 개 설

이사, 대표이사, 감사는 회사의 임원으로서 취임함으로써 법적인 책임과 의무가 부과되므로, 취임자의 진정한 의사를 확인하기 위하여 취임자의 인감도장을 날인한 취임승낙서와 인감증명법에 의하여 신고한 인감증명서(발행일로부터 3개월 이내)나 본인서명사실확인서 또는 전자본인서명확인서를 첨부하여야 한다.

취임하는 자가 외국인인 경우에는 그 서면에 관공서에 신고한 인감을 날인하고 그 인감증명서를 첨부할 수 있으며, 본국에 인감증명제도가 없는 외국인의 경우에는 본인이 서명을 하였다는 본국 관공서의 증명서면이나 공증인의 공증서면으로 대신할 수 있다.

국내거주하는 외국인의 경우 인감증명제도가 있는 나라와 없는 나라의 관계없이 출입국관리법 제31조의 규정에 의하여 외국인등록을 한 자가 인감증명법에 의한 인감신고를 할 수 있으므로(인감증명법 제3조), 이 경우에는 외국인등록사실증명원과 우리나라에서 발급받은 인감증명을 제출하여 이에 갈음 할 수도 있으며 위 본인서명사실확인서 또는 전자본인서명확인서를 발급받아 제출할 수도 있다.

법인의 전자증명서 또는 개인의 공인인증서에 기초한 전자서명정보가 있는 경우에는, 법인인감 또는 인감증명법에 따라 신고한 인감의 날인이 있는 것으로 본다(상업등기선례 제201611-2호, 2016. 11. 14. 사법등기심의관-4303 질의회답).

② 본인서명사실확인서 발급절차

읍 · 면 · 동 등에서 본인서명사실확인서를 발급받을 수 있다. "본인서명사실확인제도"는 본인이 직접 행정기관을 방문하여 정해진 서식을 작성하고 서명을 하면, 발급기관이 서명사실을 확인하고 확인서를 발급해주는 제도이고, 인감증명제도와 효력이 동일하다.

- 본인서명사실확인서 발급대상 : 내국인, 재외국민, 외국인 등
- 본인서명사실확인서 발급기관 : 전국 시 · 군 · 구청 민원실, 읍 · 면 · 동 행정복지센터 및 출장소
- 본인서명사실확인서 발급절차 : 민원인이 직접 읍 · 면 · 동 등을 방문한다. →신분증 · 무인 대조(대리발급 불가). → 신분확인 후에는 정해진 서식에 서명(성명은 제3자가 알아볼 수 있도록 서명. 사용용도와 수임인을 기재).

③ 전자본인서명확인서 발급절차

- 사전절차

1. 시·군·구청 민원실 및 읍·면·동 주민센터 방문(※ 최초 1회만)
2. 전자본인서명 확인서 이용승인신청서와 신분증 제출

- 발급방법

1. 민원24(http://www.minwon.go.kr/)접속 후 로그인
2. 복합인증(전화인증 또는 보안토큰) 등록 (최초 1회만)
   ※ 전화는 유선•휴대전화 모두 가능
   ※ 민원24에 보안토큰으로 로그인하는 경우 별도 등록절차 불필요
3. 복합인증
   (1) 전화번호를 선택하면, 선택된 전화번호로 인증을 위한 ARS전화가 걸려온다.
   (2) 인증번호 입력 후 인증완료 음성을 확인하고, 복합인증 처리화면에서 메시지 확인
4. 업무처리확인서의 임시비밀번호 변경(최초 1회만)
   - 전화번호를 선택하면, 선택된 전화번호로 인증을 위한 ARS전화가 걸려온다.
   - 인증번호 입력 후 인증완료 음성을 확인하고, 복합인증 처리화면에서 메시지 확인
5. 전자본인서명확인서 작성(제출기관 지정)
6. 발급증 출력 후 관련서류와 함께 수요기관에 제출

본인서명사실 확인 등에 관한 법률 시행령 [별지 제2호서식] <개정 2016. 7. 26.>

본인서명사실확인서

<table>
<tr><td>성명(한자)</td><td colspan="3">(　　　　　　　　　)</td><td rowspan="2">서명</td><td rowspan="2"></td></tr>
<tr><td>주민등록번호</td><td colspan="3"></td></tr>
<tr><td>주소</td><td colspan="5"></td></tr>
<tr><td rowspan="4">용도</td><td rowspan="3">부동산관련 용도및자동 차매도용도</td><td colspan="4">[ ] 소유권 이전(매매, 증여 등)
[ ] 제한물권 설정(근저당권 설정, 전세권 설정 등)
[ ] 그 밖의 용도(가등기 설정, 가능기 말소 등)</td></tr>
<tr><td rowspan="2">거래상대방
(매수자 등)</td><td>성명(법인명)</td><td colspan="2">주민등록번호(법인등록번호)</td></tr>
<tr><td colspan="3">주소</td></tr>
<tr><td>그 외의 용도</td><td colspan="4"></td></tr>
<tr><td rowspan="2">위임받은 사람</td><td colspan="5">성명</td></tr>
<tr><td colspan="5">주소(자격증 소지자 외의 사람에게 위임하는 경우만 작성)</td></tr>
<tr><td colspan="6">위의 기재사항에 이상이 없음을 확인합니다.
발급 신청자 (서명)</td></tr>
<tr><td>비고</td><td colspan="5"></td></tr>
<tr><td>발급번호</td><td colspan="3"></td><td>수수료</td><td>600원</td></tr>
</table>

위 본인의 서명사실을 확인합니다.

20 년 월 일

시장 · 군수 · 구청장 또는 읍장 · 면장 · 동장 및 출장소장 직인

작성방법 및 유의사항

1. 서명은 작성자 고유의 필체로 자신의 성명을 한글 또는 한자(외국인등록자는 외국인등록표, 국내거소신고자는 국내거소신고원부상의 기호)로 다른 사람이 알아볼 수 있도록 적어야 합니다.
2. 주민등록번호란은 미주민등록 재외국민인 경우에는 여권번호를, 국내거소신고를 한 외국국적동포인 경우에는 국내거소신고번호를, 외국인인 경우에는 외국인등록번호를 적습니다.
3. 용도란[부동산 관련 용도 및 자동차 매도용도의 경우 거래상대방의 성명(법인명), 주민등록번호(법인등록번호), 주소를 포함합니다]과 위임받은 사람란은 신청인으로부터 구술이나 서면으로 정보를 받아 관계 공무원이 입력하고, 신청인은 전산 입력 내용에 이상이 없음을 확인한 후 출력된 용지에 직접 서명하여야 하며, 그 사실 여부 등에 대해서는 발급기관이 책임을 지지 않습니다.
4. 부동산 관련 용도 및 자동차 매도용도의 거래상대방란은 거래상대방이 "국가"나 "지방자치단체", "국제기구"와 "외국정부", 「공공기관의 운영에 관한 법률」 제4조에 따른 법인·단체 또는 기관(공사·공단 등), 「지방공기업법」에 따른 "지방공사" 및 "지방공단", 「금융위원회의 설치 등에 관한 법률」 제38조제1호부터 제8호까지 및 「새마을금고법」에 따른 새마을금고(중앙회 포함) 등 은행, 보험회사 등의 기관인 경우에는 거래상대방란에 법인명만 기재하고 법인등록번호와 주소는 기재하지 않아도 됩니다.
5. 그 외의 용도란은 본인서명사실확인서를 제출하는 기관에서 요청하는 내용을 적습니다[예시: 대출보증용, 선박등기용(매수인의 성명 등), 법인등기용, 공탁금 수령용, 보관금 수령용 등].
6. 위임받은 사람란은 다른 사람에게 위임하여 본인서명사실확인서를 법원 등에 제출하는 경우 제출기관의 요청에 따라 위임받은 사람의 성명과 주소를 적습니다. 다만, 변호사, 법무사 등 자격증 소지자에게 위임하는 경우에는 성명란에 자격증 소지자의 성명과 자격증명을 기재하면 주소를 기재하지 않을 수 있습니다(예시: ○○○ 법무사).
7. 발급 이후에 용도, 위임받은 사람 등의 기재사항을 임의로 고치거나, 이 확인서를 위조·변조하는 경우에는 「형법」 등 관련 법령에 따라 처벌을 받을 수 있습니다.
8. 비고란은 미성년자 또는 피한정후견인의 표시와 미성년자의 법정대리인 또는 한정후견인의 성명 및 주민등록번호(미주민등록 재외국민인 경우에는 여권번호를, 국내거소신고를 한 외국국적동포인 경우에는 국내거소신고번호를, 외국인인 경우에는 외국인등록번호)를 적습니다.
9. 2017년 12월 31일까지 수수료는 300원을 받습니다.

210mm×297mm[특수용지(80g/㎡)]

본인서명사실 확인 등에 관한 법률 시행령 [별지 제4호서식] <개정 2016. 7. 26.>

전자본인서명확인서

<table>
<tr><td colspan="2">성명(한자)</td><td colspan="4">(   )</td></tr>
<tr><td colspan="2">주민등록번호</td><td colspan="4"></td></tr>
<tr><td colspan="2">주소</td><td colspan="4"></td></tr>
<tr><td rowspan="4">용도</td><td rowspan="3">부동산 관련 용도및자동차매도용도</td><td colspan="4">[ ] 소유권 이전(매매, 증여 등)
[ ] 제한물권 설정(근저당권 설정, 전세권 설정 등)
[ ] 그 밖의 용도(가등기 설정, 가등기 말소 등)</td></tr>
<tr><td rowspan="2">거래상대방
(매수자 등)</td><td>성명(법인명)</td><td colspan="2">주민등록번호(법인등록번호)</td></tr>
<tr><td colspan="3">주소</td></tr>
<tr><td>그 외의 용도</td><td colspan="4"></td></tr>
<tr><td rowspan="2">위임받은 사람</td><td colspan="5">성명</td></tr>
<tr><td colspan="5">주소(자격증 소지자 외의 사람에게 위임하는 경우만 작성)</td></tr>
<tr><td>미성년자 또는 피한정후견인 기재사항</td><td colspan="3"></td><td>수수료</td><td>없음</td></tr>
</table>

이 문서에 위 사항을 작성하고 전자서명을 하였습니다.

20 년 월 일

발급자 성명 (서명 또는 인)

작성방법 및 유의사항

1. 주민등록번호란은 미주민등록 재외국민인 경우에는 여권번호를, 국내거소신고를 한 외국국적동포인 경우에는 국내거소신고번호를, 외국인인 경우에는 외국인등록번호를 적습니다.
2. 용도란[부동산 관련 용도 및 자동차 매도용도의 경우 거래상대방의 성명(법인명), 주민등록번호(법인등록번호), 주소를 포함합니다]과 위임 받은 사람란은 민원인이 직접 작성합니다.
3. 용도란 중 부동산 관련 용도 및 자동차 매도용도로 전자본인서명확인서를 발급받는 경우에는 해당하는 [ ]에 √표를 하고, 거래상대방이 "국가"나 "지방자치단체", "국제기구"와 "외국정부", 「공공기관의 운영에 관한 법률」 제4조에 따른 법인·단체 또는 기관(공사·공단 등), 「지방공기업법」 에 따른 "지방공사" 및 "지방공단", 「금융위원회의 설치 등에 관한 법률」 제38조제1호부터 제8호까지 및 「새마을금고법」 에 따른 새마을금고(중앙회 포함) 등 은행, 보험회사 등의 기관인 경우에는 거래상대방란에 법인명만 기재하고 법인등록번호와 주소는 기재하지 않아도 됩니다.
4. 그 외의 용도란은 전자본인서명확인서를 제출 하는 기관에서 요청하는 내용을 적습니다[예시: 대출보증용, 선박등기용(매수인의 성명 등), 법인등기용, 공탁금 수령용, 보관금 수령용 등].
5. 위임받은 사람란은 다른 사람에게 위임하여 전자본인서명확인서를 법원 등에 제출하는 경우 제출기관의 요청에 따라 위임받은 사람의 성명과 주소를 적습니다. 다만, 변호사, 법무사 등 자격증 소지자에게 위임하는 경우에는 성명란에 자격증 소지자의 성명과 자격증명을 기재하면 주소를 기재하지 않을 수 있습니다(예시: ㅇㅇㅇ 법무사).
6. 발급 이후에 용도, 위임받은 사람 등의 기재사항을 임의로 고치거나, 이 확인서를 위조·변조하는 경우에는 「형법」 등 관련 법령에 따라 처벌을 받을 수 있습니다.
7. 비고란은 미성년자 또는 피한정후견인의 표시와 미성년자의 법정대리인 또는 한정후견인의 성명 및 주민등록번호(미주민등록 재외국민인 경우에는 여권번호를, 국내거소신고를 한 외국국적동포인 경우에는 국내거소신고번호를, 외국인인 경우에는 외국인등록번호)를 적습니다.
8. 전자본인서명확인서가 종이 등으로 출력된 경우에는 효력이 없습니다.

(사) 주민등록표 등(초)본

취임하는 이사·감사는 주민등록번호를 증명하는 서면으로, 회사를 대표할 이사는 주민등록번호 및 주소를 증명하는 서면으로 주민등록표 등(초)본을 제출하여야 한다. 회사를 대표할 이사 이외의 임원은 주민등록증 사본, 자동차운전면허증 사본으로도 가능하다.

라. 주식회사설립비용

(1) 등록면허세와 지방교육세

(가) 설립등기의 경우 자본금의 4/1000에 해당하는 등록면허세를 납부하여야 한다(지세법 제28조 제1항제6호). 그러나 대통령으로 정하는 대도시내에서의 설립등기 시에는 당해세율의 3배의 등록면허세를 납부하여야 한다(지세법 제28조 제2항). 여기서 대도시라 함은 수도권정비계획법 제6조제1항제1호의 규정에 의한 과밀억제권을 말한다. 과밀억제권역은 다음과 같다(동시행령 제9조 별표1).

- 서울시
- 인천광역시(강화군, 옹진군, 서구 대곡동·불노동·마전동·금곡동·오류동·왕길동·당하동·원당동, 인천경제자유구역 및 남동 국가산업단지는 각 제외)
- 경기도 중 의정부시, 구리시, 남양주시(호평동, 평내동, 금곡동, 일패동, 이패동, 삼패동, 가운동, 수석동, 지금동, 도농동만 해당), 하남시, 고양시, 수원시, 성남시, 안양시, 부천시, 광명시, 과천시, 의왕시, 군포시, 시흥시[반월특수지역(반월특수지역에서 해제된 지역 포함) 제외]

그러나 사회기반시설사업(사회간접자본시설에 대한 민간투자법 제2조제2항), 전기통신사업(전기통신사업법 제4조), 소프트웨어산업(소프트웨어산업진흥법) 등은 중과세 대상에서 제외 된다.

등록면허세가 조세특례제한법과 지방세법에 의하여 감면되는 경우에는 "농어촌특별세"를 납부하여야 한다. "농어촌특별세"는 등록면허세액의 20/100이다. 감면의 경우 등록면허세 감면 통지서 또는 등록면허세 감면확인서 기타 등록면허세가 면제됨을 확인하는 소관 지방자치단체의 장의 서면을 첨부하여야 한다.

등록면허세액이 112,500원 미만일 때에는 112,500원으로 한다.

(나) 등록면허세의 20%를 지방교육세로 납부하여야 한다.

(다) 등록세는 직접 관할 관청에 납부할 수 있으며(등기예규 제1612호) 또는 지방세 인터넷 납부시스템 위택스(www.wetax.go.kr)에 의하여도 납부할 수 있다. 납부 후 등록

면허세영수필확인서를 "신청등기소 및 등록면허세/수수료"란에 붙인다.

(2) 등기신청 수수료

법인설립등기를 신청하는 경우 서면제출 시 3만원이다. 전자신청의 경우 3만원에 해당하는 등기신청수수료는 2만원, 6천원에 해당하는 등기신청수수료는 2천원을 각각 납부하여야 하고, 전자표준(이폼)양식에 의하여 신청하는 경우 서면제출 시 3만원에 해당하는 등기신청수수료는 2만5천원, 6천원에 해당하는 등기신청수수료는 4천원을 각각 납부하여야 한다.

납부방법은 대한민국법원 인터넷등기소(http://www.iros.go.kr/)를 이용하여 전자적 방법으로 등기신청수수료를 납부할 수 있으며, 인터넷등기소에서 사용 가능한 카드사의 신용카드에 의한 결제, 지정 금융기관의 계좌이체, 선불형 지불수단 등에 의한 결제 방식에 의하고, 영수필확인서를 출력하여 등록면허세/수수료란에 붙인다(등기예규 제1576호). 또 다른 방법은 직접 법원구내 및 등기소 가까운 금융기관(농협, 신한은행)에 납부하고 그 영수필확인서를 등록면허세/수수료"란에 붙인다.

(3) 정관 · 의사록의 인증 및 비용

(가) 개 설

"정관의 인증"이란 정관을 공정증서로 작성하는 것이 아니라 발기인이 공증인에게 정관을 제출하고 공증인은 발기인으로부터 기명날인 또는 서명을 확인하여 그 뜻을 기재하는 제도를 말한다.

상법 제292조는 소규모 회사 창업의 원활화를 위하여 자본금 총액이 10억원 미만인 회사를 발기설립하는 경우 정관의 공증(인증)의무를 면제하고 발기인들의 기명날인 또는 서명만으로도 효력이 발생할 수 있도록 하였으며, 발기인총회의사록, 이사회 의사록의 경우(공증인법 제66조의2)도 인증의무를 면제하였다(2009. 5. 28. 개정).

공증(인증)의무를 면제한 것은 소규모회사를 창업하거나 운영하는데 필요한 절차를 간소화하여 활발한 투자여건을 조성하고 경영환경을 개선하여 기업의 경쟁력을 높이고자 하는 취지이다. 그러나 모집설립의 경우 자본금 총액이 10억원 미만이더라도 정관 및 의사록의 인증을 받아야 한다. 공증(인증)의 구체적 설명은 627면 참조

(나) 공증(인증)비용

현재 공증인수수료규칙 제21조 제1항은 “상법의 규정에 의한 정관인증의 수수료는 발행주식의 액면총액 5천만원까지는 80,000원으로 하고, 5천만원을 초과할 경우에는 그 초과액의 2천분의 1을 더하되 100만원을 초과하지 못한다.”고 규정하고 있다. 예컨대 자본금이1억원인 경우에는 공증료는 130,000원(80,000+50,000원 정관공증료 포함)이 되는 것이고, 이 사례의 경우는 80,000원이 되는 것이다.

의사록의 공증(인증)료는 건당 30,000원이다.

4. 발기설립 신청서 사례

[사례] 주식회사 발기설립등기(소규모회사설립, 발기인1인, 이사2인, 감사무, 자본금 2천원, 정관에서 대표이사 선임절차를 이사합의로 정한 경우)

주식회사 설립등기신청

접 수	년 월 일	처리인	등기관확인	각종통지
	제 호			

등 기 의 목 적	주식회사 설립
등 기 의 사 유	20○○년 ○월 ○일 정관을 작성하여 발기인이 회사설립시 발행하는 주식의 전부를 인수하고 20○○년 ○월○일 발기인회에서 상법 제298조의 절차를 종료하였으므로 다음 사항의 등기를 구함
본/지점 신청구분	1. 본점신청 ☐ 2. 지점신청 ☐ 3. 본 · 지점 일괄신청 ☐
등 기 할 사 항	
상 호	주식회사 케이앤케이
본 점	서울시 서초구 서초로100길 1234-1
공 고 방 법	회사의 인터넷 홈페이지(http://www. ○○○. ····)에 게재한다. 다만, 전산장애 또는 그 밖의 부득이한 사유로 회사의 인터넷 홈페이지에 공고를 할 수 없을 때에는 ○○시에서 발행되는 ○○신문에 한다. 15)
액면주식1주의 금액	금100원
발행할 주식의 총수	100,000주
발행주식의 총수, 그 종류와 각종 주식의 내용과 수	20주 보통주식16)
자본금의 액	금 2,000원정

15) 홈페이지가 없을 경우 : ○○시에서 발행되는 ○○신문에 한다.

16) 상법(2012. 4. 15. 시행)은 회사설립시 발행하는 주식의 총수는 회사가 발행할 주식총수의 1/4이상이어야 한다는 요건을 폐지하였다(상법 제289조 제2항 삭제). 이에 따라 회사설립시 발행하여야 하는 주식수에 대한 제한이 전혀 없게 되었다(구체적설명은 62면 참조).

<table>
<tr><th colspan="2">등 기 할 사 항</th></tr>
<tr><td>목 적</td><td>1. 철근 도, 소매
2. 철강재 도, 소매
3. 위 각호에 관련된 부대사업일체</td></tr>
<tr><td>이사·감사·집행임원의 성명 및 주민등록번호[17]</td><td>사내이사 정 주 영 (540521 - 1255410)
사내이사 홍 길 동 (745631 - 1563247)</td></tr>
<tr><td>대표이사 또는 대표집행임원의 성명, 주민등록번호, 주소[18]</td><td>정 주 영 (540521 - 1255410)
경기도 성남시 상대원로00길 160</td></tr>
<tr><td>지 점</td><td>없음</td></tr>
<tr><td>존립기간 또는 해산사유</td><td>없음(정관에 규정이 되어있으면 기재)</td></tr>
<tr><td>기 타
(주식의 양도에 관하여 이사회의 승인을 얻도록 정한 때에는 그 규정, 명의개서대리인을 둔 때에는 그 상호와 본점소재지 등)</td><td>없음(정관에 규정이 되어있으면 기재)</td></tr>
</table>

17) 상법은 선택적으로 업무집행기관으로서 '집행임원'을 둘 수 있도록 하였다(91면 참조).
18) 집행임원제도를 둔 회사는 대표이사를 두지 못한다(상법 제408조의2).

<table>
<tr><td colspan="7">신청등기소 및 등록면허세/수수료</td></tr>
<tr><td rowspan="2">순번</td><td rowspan="2">신청등기소</td><td rowspan="2">구분</td><td>등록면허세</td><td rowspan="2">농어촌특별세</td><td rowspan="2">세액합계</td><td rowspan="2">등기신청수수료</td></tr>
<tr><td>지방교육세</td></tr>
<tr><td rowspan="2"></td><td rowspan="2"></td><td rowspan="2"></td><td>금 337,500원</td><td rowspan="2"></td><td rowspan="2">금405,000원</td><td rowspan="2">금 30,000원</td></tr>
<tr><td>금67,500원</td></tr>
<tr><td></td><td></td><td></td><td></td><td></td><td></td><td></td></tr>
<tr><td colspan="3" rowspan="2">합 계</td><td></td><td rowspan="2"></td><td rowspan="2"></td><td rowspan="2"></td></tr>
<tr><td></td></tr>
<tr><td colspan="4">등기신청수수료 은행수납번호</td><td colspan="3"></td></tr>
<tr><td colspan="2">과 세 표 준 액</td><td colspan="5">금 2,000 원</td></tr>
</table>

<table>
<tr><td colspan="2">첨 부 서 면</td></tr>
<tr><td>1. 정 관 통
1. 주식의 인수를 증명하는 서면 통
1. 주식발행사항동의서 통
1. 발기인회의사록 통
1. 주금납입보관증명서 또는 잔고증명서 통
1. 이사감사 또는 감사위원회 조사보고서 통
1. 취임승낙서(인감증명서포함) 통</td><td>1. 주민등록표등(초)본 통
1. 인감신고서 통
1. 등록면허세영수필확인서 통
1. 등기신청수수료영수필확인서 통
1. 위임장(대리인이 신청할 경우) 통
1. 법인인감카드발급신청서 통
<기 타></td></tr>
</table>

년 월 일

신청인 상 호 주식회사 케이앤케이
본 점 서울시 서초구 서초로100길 1234-1
대표이사 성 명 정 주 영 (인) (전화 :)
주 소 경기도 성남시 상대원로00길 160
대리인 성 명 (인) (전화 : 456-7890)
주 소

서울중앙지방법원 상업등기소 귀중

- 신청서 작성요령 -

1. 해당란이 부족할 때에는 별지를 이용합니다.
1. 해당 등기신청과 관계없는 사항에 대하여는 "해당없음"으로 기재하거나 삭제하고, 필요한 사항은 추가 기재합니다.
1. 「인감증명법」 에 따른 인감증명서 제출과 함께 관련 서면에 인감을 날인하여야 하는 경우, 본인서명사실확인서를 제출하고 관련 서면에 서명을 하거나 전자본인서명확인서 발급증을 제출하고 관련 서면에 서명을 하면 인감증명서를 제출하고 관련 서면에 인감을 날인한 것으로 봅니다.

(용지규격 21㎝× 29.7㎝)

※ 이 사례는 자본금의 최소단위로 설립하는 경우인, 액면주식 1주의 금액을 100원으로 하여 자본금을 2,000원으로 하고, 발기인 1인, 이사 2인, 감사는 두지 아니하고, 정관에서 대표이사선출방법을 "이사 간의 합의"로 하여 설립하는 사례이다.

※ 등록면허세와 지방교육세

○ 이 사례의 경우 등록면허세액이 112,500원이나 과밀억제권역에서 설립하는 경우이므로 당해세율의 3배의 등록면허세로 하여 세액합계가 금337,500원이 된 것이다. 등록면허세액의 구체적 내용은 116면 참조

○ 지방교육세 : 등록면허세액의 20/100에 해당하는 지방교육세를 납부하여야 하므로 이 사례의 경우 금67,500원을 계산하였다.

[사례] 위임장(등기소 제출용)

위 임 장

법무사 이 장 수
서울 강동구 성내동 319-33
전화 595-1235

본인은 위 사람을 대리인으로 정하고 다음의 권한을 위임합니다.

다 음

1. 본 회사의 설립등기 신청 및 취하에 관한 일체의 행위.

20○○년 10 월 1 일

위임인 주식회사 케이앤케이
서울시 서초구 서초로100길 1234-1
대표이사 정 주 영 (인)

○ 이 위임장은 주식회사설립등기를 의뢰하는 경우 대리의 권한을 법무사에게 위임하는 서류로써 등기소에 제출하는 서류이다. 위임장에는 그 권한의 범위를 명확히 기재하여야 한다.

[사례] 발기인 총회의사록

발기인총회의사록

20○○년 10월 1일 9시 서울시 서초구 서초로100길 1234-1에서 발기인총회를 개최하다.

주주 총 수	1명,	주식총수	20주
출석 주주 수	1명,	인수 주식 수	20주

발기인 대표 정주영은 위와 같이 상법 소정의 법정수에 달하는 주주가 출석하였으므로 본 총회는 적법하게 성립됨을 알리고, 의사를 진행하기 전에 의장을 선임할 것을 구한바, 주주전원 만장일치로 발기인 대표를 의장으로 선임한 즉 동인은 그 취임을 승낙하고 의장석에 등단하여 개회를 선언하고 다음 의안의 심의를 구하다.

제1호 의안 : 정관 승인의 건

의장은 정관을 낭독하고 축조 설명을 가한 후 그 가부를 물은바, 전원일치로 원안대로 승인하다.

제2호 의안 : 이사선임의 건

의장은 감사를 두지 않고 이사 1인 이상을 두기로 하는 정관규정에 따라 이사의 선임방법을 물은 즉 사내이사 2명을 무기명 비밀투표로 선출하기로 전원 일치되어 즉시 투표한 결과 다음과 같이 선출되다.

사내이사 정 주 영

사내이사 홍 길 동

위 피선자는 즉석에서 그 취임을 승낙하다.

제3호 의안 : 상법 제298조 소정사항 조사보고의 건

의장은 이사는 상법 제298조 소정사항을 조사 보고하여야 함을 설명하고, 이어 발기인이었던 이사는 그러한 조사에 참가하지 못함을 밝히고 발기인이 아니었던 사내이사 홍길동으로 하여금 조사·보고를 하게 하여야 한다고 하자 전원 이의없이 사내이사 홍길동을 검사인으로 선임할 것을 만장일치로 가결하다.

검사인 사내이사 홍 길 동
위 사람은 즉석에서 이를 승낙하고 조사에 착수하다.

의장은 위 조사보고를 기다리기 위하여 잠시 휴회한 후 속회하다.
검사인은 별지 조사보고서와 같이 보고한 즉 만장일치로 승인하다.

제4호 의안 : 본점설치 장소 결정의 건
의장은 본 회사 본점을 다음 장소에 설치함이 적당한 뜻을 설명하고 그 가부를 물은즉 만장일치로 이의 없이 승인하다.
본 점 : 서울시 서초구 서초로100길 1234-1

이상으로서 금일 총회의 목적인 의안이 전부 심의 종료하였으므로 의장은 폐회를 선언하다. (폐회시각은 9시 30분)

위 의사의 결의를 명확하게 하기 위하여 이 의사록을 작성하고 의장과 출석한 이사가 다음에 기명날인하다.

20○○년 10월 1일

주식회사 케이앤케이
서울시 서초구 서초로100길 1234-1
의장 겸 사내이사 정 주 영 (인)
사내이사 홍 길 동 (인)

※ 발기인총회

○ 상법은 자본금 총액이 10억원 미만인 회사가 주주총회를 소집하는 경우에는 주주총회일의 10일 전에 각 주주에게 서면으로 통지를 발송하거나 각 주주의 동의를 받아 전자문서로 통지를 발송할 수 있고, 무기명식의 주권을 발행한 경우에는 주주총회일의 2주 전에 주주총회를 소집하는 뜻과 회의의 목적사항을 공고할 수 있도록 하였다(상법 제368조제2항, 제363조제1항). 자본금 총액이 10억원 미만인 회사는 주주 전원의 동의가 있을 경우에는 위 소집절차 없이 주주총회를 개최할 수 있도록 하였으며, 서면에

의한 주주총회 결의도 허용하였다(상법 제363조 제4. 5항).

○ 발기인총회의 결의는 과반수로 하고(상법 제296조 제1항), 발기인의 의결권은 그 인수주식의 1주에 대하여 1개로 한다(동조 제2항). 주주총회에 대한 구체적설명은 79면 참조

※ 이사회

○ 상법 제383조는 제4항부터 제6항까지 신설하여 소규모 회사로서 이사가 1명 또는 2명인 회사의 경우 이사가 전적으로 주주총회의 감독을 받아 업무집행을 담당하고 회사를 대표하도록 하였다. 따라서 이사가 1명 또는 2명인 경우 이사회를 구성하지 아니하도록 하였다. 이사의 임기는 3년을 초과하지 못한다(상법 제383조제2항). 그러나 정관으로 그 임기 중의 최종의 결산기에 관한 정기주주총회의 종결에 이르기까지 연장할 수 있다(상법 제383③). 여기의 "임기 중의 최종의 결산기"라 함은 임기 중에 도래한 최종의 결산기로서 당해 결산기가 임기 중에 도래한 경우를 말한다. 이사회에 대한 구체적설명은 87면 참조

※ 이사명칭 등기방법

○ 상법 제317조 제2항 제8호가 개정(2009. 2. 4 시행)됨에 따라 주식회사의 설립 시 이사명칭 등기방법이 변경되었다. 따라서 주식회사 설립등기 시 이사의 명칭을 사내이사, 사외이사로 구분하여 등기하여야 한다.

○ 신청서에 첨부된 주주총회의사록 등에 사내이사, 사외이사로 구분하여 선임한 사실이 기재되어 있어야 한다. 특히 사외이사는 명확히 의사록에 나타나 있어야 한다. 등기신청서에 첨부된 이사선임 등의 의사록에 이사의 종류를 구분하지 않고 단순히 '이사'로 기재된 경우에는 "사내이사"로 수리될 수 있다.

○ 대표이사 선임절차 : 구체적설명은 89면 참조, 정관에 이사합의로 정하는 경우 131면, 정관에 주주총회로 정하는 경우 147면, 정관에 이사회에서 정하는 경우 169면 제28조 참조

※ 감사의 선임

○ 상법은 소규모(자본금의 총액이 10억원 미만)인 회사를 설립하는 경우에 감사 선임을 회사가 자율적으로 할 수 있도록 하였다(상법 제409조 제4항). 이 신청의 경우에는 감사를 두지 아니하는 경우의 사례이다. 감사에 대한 구체적설명은 88면 참조

[사례] 이사의 조사보고서

조사보고서

본인은 20○○년 1월 25일 주식회사 케이앤케이의 발기인 총회에서 검사인으로 선임되었으므로 상법 제298조 소정사항을 조사하여 다음과 같이 보고함.

조사사항

1. 회사 설립시에 발행하는 주식총수에 대한 인수의 정확여부
   회사 설립시에 발행하는 주식의 총수는 20주(액면주식 1주의 금액 금100원)으로서 다음과 같이 인수가 완료되었음이 인정됨
   발기인이 인수한 주식수 20주(20○○년 1월 일 인수완료)

2. 인수주식에 대한 납입의 정확여부
   회사설립시에 발행하는 주식총수 20주에 대한 주식대금 금2,000원이 20○○년 1월 25일에 납입이 완료되었음은 그 납입을 맡은 은행 지점이 발행한 주식납입금잔고증명서에 의하여 명확히 확인됨.

3. 변태설립사항
   정관에 변태설립사항은 없음

4. 기타 설립에 관한 모든 사항
   기타 설립에 관한 모든 사항이 법령 또는 정관의 규정에 위반하지 아니함이 인정된다.

이상 상법의 규정에 의하여 보고함.

20○○년 1월 25일

주식회사 케이앤케이
검사인 사내이사 홍 길 동

※ 이사·감사의 조사·보고

○ 이사와 감사는 취임 후 지체없이 회사의 설립에 관한 모든 사항이 법령 또는 정관의 규정에 위반되지 아니하는지의 여부를 조사하여 발기인에게 보고하여야 한다(상법

제298조제1항).

○ 이사와 감사 중 발기인이었던 자, 현물출자자 또는 회사성립 후 양수할 재산의 계약당사자인 자는 위 조사·보고에 참가하지 못한다(상법 제298조제2항). 이사와 감사의 전원이 위 규정에 해당하는 때에는 이사는 공증인으로 하여금 이를 조사·보고를 하게 하여야 한다(상법 제298조제3항). 실무에서는 공증인으로 하여금 조사·보고를 하게 하는 것이 비용도 들고 번거로워 이사나 감사 1인을 발기인이 아닌 자를 선임하여 조사·보고를 하게 하고 있다.

○ 설립경과의 조사보고자는 상법 제296조제1항에 따라 발기인이 의결권의 과반수로 선임한 이사·감사 중 제298조제2항의 제척사유(발기인이었던 자, 현물출자자 또는 회사성립후 양수할 재산의 계약당사자인 자) 없는 이사·감사 전원이다(상업등기선례 제201804-4호, 2018. 4. 18.)

○ 검사인은 상법 제290조 각호의 사항과 상법 제295조의 규정에 의한 현물출자의 이행을 조사하여 법원에 보고하여야 하고(상법 제299조제1항), 조사보고서를 작성한 후 지체없이 그 등본을 각 발기인에게 교부하여야 한다(상법 제299조제2항). 검사인의 조사보고서에 사실과 상위한 사항이 있는 때에는 발기인은 이에 대한 설명서를 법원에 제출할 수 있다.

[사례] 발기인총회 소집절차 생략동의서

주주총회 소집절차 생략동의서

본 회사는 자본금 10억원 미만인 회사이므로 상법 제363조 제4항에 의하여 20○○년 ○월 ○일 10: 00에 개최되는 발기인총회 건에 대하여 주주전원은 소집절차없이 개최하는 것에 동의합니다.

20○○년 ○월 ○일

주식회사 ○○

주주 ○ ○ ○ (인)

주주 ○ ○ ○ (인)

주주 ○ ○ ○ (인)

※ 자본금 총액이 10억원 미만인 회사는 주주 전원의 동의가 있을 경우에는 소집절차 없이 주주총회를 개최할 수 있다(상법 제363조 제4항).

[사례] 정 관

정 관

제1장 총 칙

제1조 (상호) 당 회사는 주식회사 게이엔케이라고 한다.

제2조 (목적) 당 회사는 다음 사업을 경영함을 목적으로 한다.

1. 철근 도, 소매
2. 철강재 도, 소매
3. 위 각호에 관련된 부대사업일체

제3조 (본점의 소재지) 당 회사의 본점은 서울시내에 둔다.

제4조 (공고방법) 당 회사의 공고는 회사의 인터넷 홈페이지(http://www.○○○.····)에 게재한다. 다만, 전산장애 또는 그 밖의 부득이한 사유로 회사의 인터넷 홈페이지에 공고를 할 수 없을 때에는 ○○시에서 발행되는 ○○신문에 한다.

제2장 주 식

제5조 (회사가 발행할 주식의 총수) 당 회사가 발행할 주식의 총수는 100,000주로 한다.

제6조 (액면주식 1주의 금액) 당 회사가 빌행하는 주식 액면주식 1주의 금액은 금 100원으로 한다.[19)]

제7조 (회사의 설립시에 발행하는 주식총수) 당 회사는 설립시에 20주의 주식을 발행하기로 한다.[20)]

제8조 (주식 및 주권의 종류) 당 회사의 주식은 보통주식으로서 전부 기명식으로

19) 액면주식의 법정 최소단위가 100원이어서 사실상 자본금을 100원 이상으로만 하면 주식회사 설립이 가능하다.

20) 상법은 회사설립시 발행하는 주식의 총수는 회사가 발행할 주식총수의 1/4이상이어야 한다는 요건도 폐지하였다(상법 제289조 제2항 삭제, 2012.4.15. 시행). 이에 따라 회사설립시 발행하여야 하는 주식수에 대한 제한이 전혀 없게 되었다. 따라서 발행예정주식총수 중 설립시에 발행하는 주식 수를 공제한 나머지는 소위 수권주식(授權資本)으로서, 설립이후는 제한규정이 없으므로 무제한으로 이사회의 결의에 의하여 수시로 신주를 발행할 수 있다.

하고 주권은 1주권, 10주권, 100주권의 3종으로 한다.

제9조 (주권 불소지) 당 회사는 주권 불소지 제도를 채택하지 아니한다.

제10조 (주금납입의 지체) 주금 납입을 지체한 주주는 납입기일 다음날부터 납입이 끝날 때까지 지체 주금 백원에 대하여 일변 십전의 비율로서 과태금을 회사에 지급하고 또 이로 인하여 손해가 생겼을 때는 그 손해를 배상하여야 한다.

제11조 (명의 개서) ① 당 회사의 주식에 관하여 명의개서를 청구함에 있어서는 당 회사에서 정하는 청구서에 기명날인 또는 서명하고 이에 주권을 첨부하여 제출하여야한다.

② 양도 이외의 사유로 인하여 주식을 취득한 경우에는 당 회사에서 정하는 제1항의 청구서 이외에 그 사유를 증명하는 서면과 주권을 제출하여야 한다.

제12조 (질권의 등록 및 신탁재산의 표시) 당 회사의 주식에 관하여 질권의 등록 또는 신탁재산의 표시를 청구함에 있어서는 당 회사가 정하는 청구서에 당사자가 기명날인 또는 서명하고 이에 주권을 첨부하여 제출하여야 한다. 그 등록 또는 표시의 말소를 청구함에 있어서도 같다.

제13조 (주권의 재발행) ① 주권의 분할, 병합, 오손 등의 사유로 인하여 주권의 재발행을 청구함에 있어서는 당 회사가 정하는 청구서에 기명날인 또는 서명하고 이에 주권을 첨부하여 제출하여야 한다.

② 주권의 상실로 인하여 그 재발행을 청구함에 있어서는 당 회사가 정하는 청구서에 기명날인하고 이에 제권판결의 정본 또는 등본을 첨부하여 제출하여야 한다.

제14조 (수수료) 제11조 내지 제13조에서 정하는 청구를 하는 자는 당 회사가 정하는 수수료를 납부하여야 한다.

제15조 (주주명부의 폐쇄) ① 당 회사는 매년 1월 1일부터 정기주주총회의 종결일까지 주주명부의 기재의 변경을 정지한다.

② 제1항의 경우 이외의 주주 또는 질권자로서 권리를 행사할 자를 정하기 위하여 필요한 때에는 주주총회의 결의에 의하여 주주명부의 기재의 변경을 정지하고 또는 기준일을 정할 수가 있다. 이 경우에는 그 기간 또는 기준일의 2주 전에 공고한 것으로 한다.

제16조 (주주의 주소 등의 신고) 당 회사의 주주 및 등록된 질권자 또 그 법정 대리인이나 대표자는 당 회사가 정하는 서식에 의하여 그의 성명, 주소와 인감을 당 회사에 신고하여야 한다. 신고사항에 변경이 있는 때에도 또한 같다.

제3장 주주총회

제17조 (소집) ① 당 회사의 정기주주총회는 영업 년도 말일의 다음날부터 3월 이내에 소집하고 임시주주총회는 필요한 경우에 수시 소집한다.

② 주주총회를 소집함에는 그 일시, 장소 및 회의의 목적사항을 2주 전에 각 주주에게 서면 또는 전자문서로 통지를 발송하여야 한다.

③ 의결권이 있는 발행주식 총수의 100분의 1 이하의 주식을 소유한 주주에 대한 소집 통지는 2주 전에 주주총회를 소집한다는 뜻과 회의 목적사항을 회사의 공고방법에 따라 공고함으로써 서면 또는 전자문서에 의한 소집통지에 갈음할 수 있다.

제18조 (의장) 대표이사가 주주총회의 의장이 된다. 그러나 대표이사 유고시에는 주주총회에서 선임한 다른 이사가 의장이 된다.

제19조 (결의) 주주총회의 결의는 법령 또는 정관에 다른 규정이 있는 경우를 제외하고 출석한 주주의 의결권의 과반수와 발행주식 총 4분의1 이상의 수로서 한다.

제20조 (의결권의 대리행사) 주주는 대리인으로 하여금 의결권을 행사할 수 있다. 대리인이 의결권을 행사함에는 표결 전에 그 권한을 증명하는 서면을 의장에게 제출하여야 한다.

제21조 (총회의 의사록) 주주총회의 의사록에는 의사의 경과 요령과 그 결과를 기재하고 의장과 출석한 이사가 기명날인 또는 서명하여야 한다.

제4장 임원

제22조 (이사와 감사의 원수) 당 회사의 이사는 1인 이상으로 하고 감사는 두지 아니 한다.[21]

제23조 (이사의 선임) 당 회사의 이사는 제19조의 결의 방법에 의하여 선임한다.

제24조 (이사의 임기) 이사의 임기는 취임 후 3년으로 한다. 그러나 이사의 임기가 재임 중 최종의 결산기에 관한 정기주주총회의 종결 전에 끝날 때에는 그

21) 이사는 정관으로 최소인원수를 정할 수 있다. 이사 1인의 경우 등기신청서에 첨부된 정관에는 이사를 1인으로 한다는 명문의 규정이 있어야 하는 것은 아니나, 정관에서 이사의 정원을 2인 이상으로 규정한 경우에는 각하된다.

정기주주총회의 종결에 이르기까지 그 임기를 연장한다. 보궐 또는 증원에 의하여 선임된 이사의 임기는 다른 이사의 전 임기와 같이 한다.

제25조 (대표이사) ① 대표권있는 사내이사는 이사들의 합의로 정한다.[22)]

② 당 회사는 필요한 경우에 부사장, 전무이사 및 상무이사 각 약간 명을 둔다.

제26조 (업무집행) ① 사장은 당 회사의 업무를 통할하고 부사장, 전무이사 또는 상무이사는 사장을 보좌하여 그 업무를 분장한다.

② 사장이 유고시에는 미리 주주총회에서 정한 순서에 따라 부사장, 전무이사 또는 상무이사가 대표이사의 직무를 대행한다.

제27조 (보수와 퇴직금) 임원의 보수 또는 퇴직한 임원의 퇴직금은 주주총회의 결의로 정한다.

제5장 계 산

제28조 (영업연도) 당 회사의 영업연도는 매년 1월 1일부터 동년 12월 말일까지로 한다.

제29조 (재무제표. 영업보고서의 작성비치) ① 당 회사의 사장은 정기총회 회일 6주일 전에 다음 서류 및 그 부속명세서와 영업보고서를 작성하여 정기총회에 제출하여야 한다.

1. 대차대조표
2. 손익계산서
3. 이익금 처분계산서 또는 결손금 처분계산서

② 제1항의 서류는 영업보고서, 감사보고서와 함께 정기총회 1주일 전부터 당 회사의 본점과 지점에 비치하여야 하고 총회의 승인을 얻었을 때에는 그 중 대차대조표를 지체 없이 공고하여야 한다.

제30조 (이익금의 처분) 매기 총수입금에서 총 지출금을 공제한 잔액을 이익금으로 하여 이를 다음과 같이 처분한다.

1. 이익준비금 금전에 의한 이익 배당액의 10분의 1이상

---

22) 이사가 2명인 소규모 주식회사는 상법상의 이사회가 존재하지 않는 회사이므로, 정관에 ‘이사회에서 대표이사를 정한다’는 내용의 규정을 두고 있더라도 이러한 정관규정에 의해서는 대표이사를 정할 수 없으나, 정관에 ‘대표이사는 이사들의 합의로 정한다’는 내용의 규정이 있고 회사가 그에 따라 대표이사를 정한 경우 이는 상법 제383조 제6항의 ‘정관에 따라 대표이사를 정한 경우’에 해당될 수 있다(법인등기선례 제201709-2호, 2017. 9. 27. 사법등기심의관-3220 질의회답). (이사결정서는 133면, 대표이사설명은 89면 참조)

2. 별도적립금 약간
3. 주주배당금 약간
4. 임원상여금 약간
5. 후기이월금 약간

제31조 (이익 배당) 이익배당금은 매 결산기에 있어서의 주주명부에 기재된 주주 또는 질권자에게 지급한다.

부 칙

제32조 (최초의 영업연도) 당 회사의 최초 영업연도는 회사설립일로부터 동년 12월 말일로 한다.

제33조 (발기인) 발기인의 성명 · 주소와 그가 설립시에 인수한 주식 수는 이 정관의 말미에 기재함과 같다.

위와 같이 주식회사 케이앤케이를 설립하기 위하여 이 정관을 작성하고 발기인 전원이 이에 기명날인 또는 서명한다.

20○○년 10월 1일

주식회사 케이앤케이
발 기 인 정 주 영 (-)
경기도 성남시 상대원로00길 160

○ 이 사례는 감사를 두지 아니하고, 발기인 1인, 이사 2인, 액면주식 1주의 금액 100원, 자본금은 최소단위인 2,000원으로 하여 설립하는 경우이므로 정관에 이사회 및 감사에 관한 규정을 넣지 아니하고 이사회의 권한을 주주총회의 권한으로 한 경우이다.

○ 정관은 1인 이상의 발기인이 작성한다(상법 제288). 발기인은 정관의 작성자로서 각 발기인이 정관의 말미에 기명날인 또는 서명하여야 한다(상법 제289조제1항). 이런 뜻에서 발기인이란 주식회사의 원시정관에 발기인으로서 기명날인 또는 서명한 자를 말하며, 실질적으로 발기인으로서 회사의 설립에 진력하였다 하더라도 원시정관에 기명날인 또는 서명하지 아니한 자는 발기인이라고 할 수 없다(학설과 판례).

○ 상법은 소규모 회사 창업의 원활화를 위하여 자본금 총액이 10억원 미만인 회사를

발기설립하는 경우 “각 발기인이 정관에 기명날인 또는 서명함으로써 효력이 생긴다.” 고 하여 정관의 공증의무를 면제하도록 하였다(상법 제292조).

○ 이사는 정관으로 최소인원수를 정할 수 있다. 이사 1인의 경우 등기신청서에 첨부된 정관에는 이사를 1인으로 한다는 명문의 규정이 있어야 하는 것은 아니나, 정관에서 이사의 정원을 2인 이상으로 규정한 경우에는 각하된다.

[사례] 대표권있는 사내이사 결정서

대표권있는 사내이사 결정서

상　　호 : 주식회사 케이앤케이
대표권있는 사내이사 : 정 주 영
대표권있는 사내이사 결정일자 : 20○년 ○월 ○일

위와 같이 대표권있는 사내이사를 결정합니다.

20○○. . .

주식회사 케이앤케이
대표권있는 사내이사 정 주 영 (인)
사내이사 홍 길 동 (인)

○ 대표이사 정하는 방법 : 이사가 2명인 소규모 주식회사는 상법상의 이사회가 존재하지 않는 회사이므로, 정관에 ‘이사회에서 대표이사를 정한다’는 내용의 규정을 두고 있더라도 이러한 정관규정에 의해서는 대표이사를 정할 수 없으나, 정관에 ‘대표이사는 이사들의 합의로 정한다’는 내용의 규정이 있고 회사가 그에 따라 대표이사를 정한 경우 이는 상법 제383조 제6항의 ‘정관에 따라 대표이사를 정한 경우’에 해당될 수 있다(법인등기선례 제201709-2호, 2017. 9. 27. 사법등기심의관－3220 질의회답).

○ 상법 제383조 제1항 단서 및 제383조 제6항에 의하면 자본금 총액이 10억원 미만인 소규모 주식회사에서 이사가 2명인 경우 각 이사가 회사를 대표하되 정관에 대표이사를 정하는 규정이 있는 때에는 회사가 그 규정에 따라 대표이사를 정할 수 있는 것이나, 회사의 정관에 대표이사를 정하는 규정이 없다면 그 회사는 이사 2명이 각자 회사를

대표할 수 있을 뿐 따로 대표이사를 정할 수는 없다(법인등기선례 제201709-2호, 2017. 9. 27. 사법등기심의관-3220 질의회답).

○ 정관에 대표이사 선임을 발기인총회에서 한다고 명시 되어있다면 발기인총회에서 선임하여야 하므로 이경우 이사결정서가 필요없다. 발기인총회에서 선임을 규정한 경우는 147면 제25조 참조.

[사례] 주금납입잔고증명서

> **잔고증명서**
>
> 일 금 이천원정 (₩2,000원)
> 발행주식의 총수 20주
> 액면주식 1주의 금액 금100원
>
> 위 금액은 귀 회사 설립시에 발행하는 주식총수에 대한 납입금으로서 20○○년 10월 1일 납입이 완료되어 현재 이를 보관중임을 증명합니다.
>
> 20○○년 10월 1일
>
> 주식회사 ○○ 은행
> 서울시 서초구 서초로100길 123-5
> 서초지점 지점장 이 성 공 (인)
>
> 주식회사 케이앤케이 발기인대표 귀하

※ 잔고증명서

○ 상법은 소규모(자본금 총액이 10억원 미만)인 주식회사를 발기설립하는 경우에는 주금납입금 보관증명서를 금융기관의 잔고증명서로 대체할 수 있도록 하였으나(상법 제318조제3항), 자본금 총액이 10억원 이상인 경우에는 공정성 확보를 위하여 현재와 같은 주금납입금보관증명서 제도를 유지하고 있다. 주금납입은 주식청약서에 기재한 은행 기타 금융기관의 납입장소에 하여야 한다.

○ 잔고증명은 발기인 대표명의로 자본금으로 쓸 예금계좌를 개설하거나 기존계좌의 예치

된 돈도 가능하다. 통장원본을 금융기관에 제시하면 발급해준다. 온라인으로도 발급이 가능하다. 잔고증명서 발급 시는 1일동안 출금을 할 수 없다.

[사례] 주식인수증

<table>
<tr><td colspan="2" align="center">주 식 인 수 증</td></tr>
<tr><td>상 호</td><td>주식회사 케이앤케이</td></tr>
<tr><td>인수할 주식 수</td><td>20주</td></tr>
<tr><td>금 액</td><td>금2,000원</td></tr>
<tr><td>1주의 금액</td><td>금100원</td></tr>
<tr><td colspan="2">위 주식을 발기인으로서 인수합니다.
20○○년 10월 1일

발 기 인 정 주 영 (인)

주식회사 케이앤케이 발기인대표 귀하</td></tr>
</table>

※ 발기인의 주식인수

○ 주식회사의 자본금은 주식에 의한 출자로써 형성되므로 발기인은 설립시에 발행하는 액면주식에 관하여 반드시 1주 이상을 위 서면에 의하여 인수하여야 한다(상법 제293). 발기인 각자마다 주식인수증을 작성하여야 한다.

[사례] 취임승낙서

<table>
<tr><td>

취 임 승 낙 서

본인은 20○○년 10월 1 일 주식회사 케이앤케이의 발기인총회에서 사내이사 및 대표이사로 선임되었으므로 그 취임을 승낙합니다.

20○○년 10월 1일

대표이사 정 주 영

주식회사 케이앤케이 귀중

</td></tr>
</table>

※ 취임승낙서에는 취임자의 인감도장을 날인한 취임승낙서와 인감증명법에 의하여 신고한 인감증명서(발행일로부터 3개월 이내)나 본인서명사실확인서 또는 전자본인서명확인서를 첨부하여야 한다(112면 참조).

[사례] 주주명부

<table>
<tr><td colspan="5">주주명부</td></tr>
<tr><td>주 주</td><td>주소와 전자우편주소</td><td>인 수
주식수</td><td>1주금액</td><td>납 입 금 액</td></tr>
<tr><td>정 주 영</td><td>경기도 성남시 상대원로00길
160www. ldf21@yahoo. co. kr</td><td>20주</td><td>100원</td><td>금2,000원</td></tr>
<tr><td></td><td></td><td></td><td></td><td></td></tr>
<tr><td>합 계</td><td></td><td>20주</td><td>100원</td><td>금2,000원</td></tr>
<tr><td colspan="5">위 주주명부는 본사에 비치된 주주명부와 대조하여 틀림이 없음을 증명합니다.
20○○년 10월 1일
상 호 주식회사 케이앤케이
본 점 서울시 서초구 서초로100길 1234-1
대표자 사내이사 정 주 영</td></tr>
</table>

※ 전자주주명부제도 : 158면 참조

[사례] 인감 · 개인(改印) 신고서

인감 · 개인(改印) 신고서

(신고하는 인감날인란) (인감제출자에 관한 사항)

상 호(명칭)		주식회사 케이앤케이	등기번호	
본점(주사무소)		서울시 서초구 서초로100길 1234-1		
인감제출자	자격/성명	대표자 사내이사 정 주 영		
	주민등록번호			
	주 소			

␣ 위와 같이 인감을 신고합니다.
␣ 위와 같이 개인(改印)하였음을 신고합니다.

20○○년 8월 27일 (개인인감 날인란)

신고인 본 인 성 명 (인)
대리인 성 명 (인)

지방법원 귀중

주 1. 개인인감 날인란에는 「인감증명법」에 의하여 신고한 인감을 날인하고 그 인감증명서(발행일로부터 3개월 이내의 것)를 첨부하여야 합니다. 개인(改印)신고의 경우, 개인인감을 날인하는 대신에 등기소에 신고한 유효한 종전 인감을 날인하여도 됩니다.
2. 인감·개인신고서에는 신고하는 인감을 날인한 인감대지를 첨부하여야 합니다.
3. 지배인이 인감을 신고하는 경우에는 인감제출자의 주소란에 지배인을 둔 장소를 기재하고, 「상업등기규칙」 제35조제3항의 보증서면(영업주가 등기소에 신고한 인감 날인)을 첨부하여야 합니다.

위 임 장

성 명 : 주민등록번호(-)
주 소 :

위의 사람에게, 위 인감신고 또는 개인신고에 관한 일체의 권한을 위임함.

200 년 월 일

인감(改印) 신고인 성 명 (인)

※ 1개의 법인을 대표하는 자가 2인인 경우에 등기를 신청하는 대표자만 인감을 제출하여

도 되지만, 공동으로 대표권을 행사하여야 하는 자가 등기를 신청할 경우에는 공동으로 대표권을 행사하도록 되어 있는 자 전원의 인감을 제출하여야 하며, 1개의 법인을 대표하는 여러 명의 인감은 각각 달라야 한다(등기예규 제1626호).

※ 인감의 규격 등 : 인감은 대조에 적당한 것이어야 한다. 인감은 규칙 제35조 제4항에서 정한 크기(가로・세로 2.4센티미터의 정사각형 안에 들어갈 수 있어야 하고, 가로・세로 1센티미터의 정사각형 안에 들어가는 것이 아니어야 함)로, 선명하지 않거나 너무 복잡한 것이어서는 안 된다(등기예규 제1626호).

※ 인감을 제출할 수 있는 자가 개인인 경우에는 인감(改印)신고서에 인감증명법에 따라 신고한 인감을 날인하고 그 인감증명서(발행일로부터 3개월 이내의 것에 한한다)를 첨부하거나 등기소에 제출한 유효한 종전 인감을 날인하여야 한다. 다만, 그 신고서에 본인이 기명날인 또는 서명하였다는 공증인의 인증서면을 제출하는 경우에는 그러하지 아니한다(등기예규 제1626호).

※ 외국인의 경우에는 다음의 구분에 따라 인감(改印)신고를 하여야 한다.

○ 인감증명의 날인제도가 있는 외국인(일본인, 대만인 등)은 인감(改印)신고서에 날인한 인감과 동일한 본국 관공서 발행의 인감증명을 첨부하여야 한다.

○ 본국에 인감증명제도가 없는 외국인의 경우(미국, 캐나다 등의 경우)에는 인감(改印)신고서에 서명하고 본인이 서명을 하였다는 본국 관공서(대사관)의 증명서면이나 우리나라 공증인의 공증서면으로 갈음할 수 있다. 국내에 없을 경우인감(改印)신고서를 본국으로 보내어 본인서명 후 공증을 받아 제출해야 한다.

※ 외국발행의 공문서나 외국공증인의 공증을 받은 사문서에 대해서는 아포스티유 가입국은 해당국가의 정부에서 발행한 아포스티유를 첨부하여야 하고, 미가입국이라면 해당국가에 주재하는 대한민국 공증담당영사의 확인을 받아 제출하여야 한다..

[사례] 인감대지

	신고하는 인감날인란	상 호(명 칭) : 주식회사 ○○ 자격 및 성명 : 대표자 ○○○ 주민등록번호 : 00000-000000

※ 인감(個人)신고서를 제출할 때에는 인감대지(위 양식 3장)도 함께 제출

[사례] 인감카드 등 (재)발급신청서

인감카드 등 (재)발급신청서

상호(명칭)		주식회사 케이앤케이	등기번호	
본점(주사무소)		서울시 서초구 서초로100길 1234-1		
인감 제출자	자격 / 성명	대표자 사내이사 정 주 영		
	주민등록번호			

발급사유	␣ 최초발급 ␣ 카드분실 ␣ 카드훼손 ␣ 인감증명서발급기능 ␣ 기타 ( )		
매체구분	␣ 인감카드 ␣ HSM USB	인감카드 비밀번호	(변경 후 :)
수수료	금 원	납부번호	

위와 같이 인감카드 등의 (재)발급을 신청합니다.

년 월 일 (인감 날인란)

신청인 인감제출자 (본 인) 성 명 (인) (전화 :)

(대리인) 성 명 (인) (전화 :)

지방법원 등기소 귀중

접수번호		인감카드번호	

주 1. 인감카드 비밀번호란에는 (재)발급받아 사용할 인감카드의 비밀번호를 기재하며, 아라비아숫자 6자릿수를 기재하여야 합니다. 다만, 인감카드 재발급의 경우에는 기존 인감카드의 비밀번호와 재발급받아 사용할 인감카드의 비밀번호(변경 후)를 기재하여야 합니다.

2. 인감카드 (재)발급을 신청하는 경우에는 등기소에 제출한 인감을 날인하여야 합니다. 다만, 인감카드 재발급의 경우 기존 인감카드 비밀번호를 기재할 수 없을 때에는 인감제출자 본인은 신분증명서 사본을, 위임에 의한 대리인은 인감제출자가 「인감증명법」에 따라 신고한 인감을 신청서에 날인하고 그 인감증명서 및 대리인의 신분증명서 사본을 각각 첨부하여야 합니다.

3. 인감카드의 재발급을 신청할 때에는 「등기사항증명서 등 수수료규칙」으로 정하는 수수료를 납부하여야 합니다. 다만, 인감카드를 반납할 때에는 수수료를 납부할 필요가 없습니다.

위 임 장

성 명 : 주민등록번호(-)

주 소 :

위의 사람에게, 위 (재)발급신청서에 기재된 인감카드 등의 발급신청과 그 수령 등에 관한 일체의 권한을 위임함.

20 년 월 일

인감신고인 성 명 (인) (전화)

[사례] 주식회사 발기설립등기(소규모회사설립, 발기인 1인, 이사2인, 감사 무, 자본금 5,000만원, 정관에 대표이사 선임방법을 주주총회로 하는 경우)

주식회사 설립등기신청

접 수	년 월 일	처리인	등기관확인	각종통지
	제 호			

등 기 의 목 적	주식회사 설립(발기설립)
등 기 의 사 유	20 년 월 일 정관을 작성하고 발기인이 회사 설립시에 발행하는 주식의 총수를 인수받고, 20○○년 월 일 발기인총회를 종결하였으므로 다음 사항의 등기를 구함.
본/지점 신청구분	1. 본점신청 □ 2. 지점신청 □ 3. 본·지점 일괄신청 □
등 기 할 사 항	
상 호	주식회사 케이앤케이
본 점	서울 강남구 역삼로20길 789-4
공 고 방 법	회사의 인터넷 홈페이지(http://www.○○○.….)에 게재한다. 다만, 전산장애 또는 그 밖의 부득이한 사유로 회사의 인터넷 홈페이지에 공고를 할 수 없을 때에는 ○○시에서 발행되는 ○○신문에 한다.[23)]
액면주식1주의 금액	금5,000원
발 행 할 주식의 총수	100,000주
발행주식의 총수, 그 종류와 각종 주식의 내용과 수	10,000주 보통주식[24)]
자본금의 액	금 50,000,000원

23) 홈페이지가 없을 경우 : ○○시에서 발행되는 ○○신문에 한다.

24) 상법은 회사설립시 발행하는 주식의 총수는 회사가 발행할 주식총수의 1/4이상이어야 한다는 요건을 폐지하였다(상법 제289조 제2항, 2012. 4. 15. 시행). 이에 따라 회사설립시 발행하여야 하는 주식수에 대한 제한이 전혀 없게 되었다(구체적 내용은 62면 참조).

등 기 할 사 항	
목 적	1. 컴퓨터 및 주변기기 제조 및 도소매업 및 임대업 2. 컴퓨터 및 주변기기 수출입업 및 기술용역업 3. 컴퓨터 및 주변기기 서비스업 4. 전 각호와 관련된 부대사업
이사·감사·집행임원의 성명 및 주민등록번호[25]	사내이사 임 정 상(000000-0000000) 사내이사 양 준 모(000000-0000000)
대표이사 또는 대표집행임원의 성명, 주민등록번호, 주소[26]	임 정 상(000000-0000000) 서울 서초구 방배로20길 1254-1
지 점	없음
존립기간 또는 해산사유	없음(정관에 규정이 되어있으면 기재)
기 타	없음(정관에 규정이 되어있으면 기재)

25) 상법은 선택적으로 업무집행기관으로서 '집행임원'을 둘 수 있도록 하였다(91면 참조).
26) 집행임원제도를 둔 회사는 대표이사를 두지 못한다(상법 제408조의2).

<table>
<tr><th colspan="7">신청등기소 및 등록면허세/수수료</th></tr>
<tr><td rowspan="2">순번</td><td rowspan="2">신청등기소</td><td rowspan="2">구분</td><td>등록면허세</td><td rowspan="2">농어촌특별세</td><td rowspan="2">세액합계</td><td rowspan="2">등기신청수수료</td></tr>
<tr><td>지방교육세</td></tr>
<tr><td rowspan="2"></td><td rowspan="2"></td><td rowspan="2"></td><td>금 600,000원</td><td rowspan="2"></td><td rowspan="2">금720,000원</td><td rowspan="2">금 30,000원</td></tr>
<tr><td>금120,000원</td></tr>
<tr><td></td><td></td><td></td><td></td><td></td><td></td><td></td></tr>
<tr><td colspan="3" rowspan="2">합 계</td><td></td><td rowspan="2"></td><td rowspan="2"></td><td rowspan="2"></td></tr>
<tr><td></td></tr>
<tr><td colspan="4">등기신청수수료 은행수납번호</td><td colspan="3"></td></tr>
<tr><td colspan="2">과 세 표 준 액</td><td colspan="5">금 50,000,000 원</td></tr>
</table>

<table>
<tr><th colspan="2">첨 부 서 면</th></tr>
<tr><td>1. 정 관 통</td><td>1. 주민등록표등본 통</td></tr>
<tr><td>1. 주식의 인수를 증명하는 서면 통</td><td>1. 인감신고서 통</td></tr>
<tr><td>1. 발기인회의사록 통</td><td>1. 등록면허세영수필확인서 통</td></tr>
<tr><td>1. 잔고증명서 통</td><td>1. 위임장(대리인이 신청할 경우) 통</td></tr>
<tr><td>1. 검사인조사보고서등본 통</td><td>1. 법인인감카드발급신청서 통</td></tr>
<tr><td>1. 취임승낙서(인감증명서포함) 통</td><td><기 타></td></tr>
</table>

20○○년 ○월 ○일

신청인 상 호 주식회사 케이앤케이

본 점 서울 강남구 역삼로20길 789-4

대표이사 성 명 임 정 상 (인) (전화 :)

주 소 서울 서초구 방배로20길 1254-1

대리인 성 명 (인) (전화 :)

주 소

서울중앙지방법원 상업등기소 귀중

- 신청서 작성요령 -

1. 해당란이 부족할 때에는 별지를 이용합니다.
1. 해당 등기신청과 관계없는 사항에 대하여는 "해당없음"으로 기재하거나 삭제하고, 필요한 사항은 추가 기재합니다.
1. 「인감증명법」에 따른 인감증명서 제출과 함께 관련 서면에 인감을 날인하여야 하는 경우, 본인서명사실확인서를 제출하고 관련 서면에 서명을 하거나 전자본인서명확인서 발급증을 제출하고 관련 서면에 서명을 하면 인감증명서를 제출하고 관련 서면에 인감을 날인한 것으로 봅니다.

(용지규격 21㎝× 29.7㎝)

※ 이 사례는 감사는 두지 아니하고, 발기인 1인, 이사 2인, 자본금5,000만원으로 하고, 대표이사 선임방법을 정관에서 "창립총회에서 선출"하는 규정을 넣어 설립하는 경우의 사례이다.

○ 상법 제383조 제1항은 자본금의 액이 10억 원 미만인 회사는 이사 1인 또는 2인으로 설립할 수 있도록 하였으며, 감사 선임 여부는 회사의 임의적 선택사항으로 하였다(상법 제409조, 2009. 5. 28. 개정).

※ 주식회사 설립등기 시 이사명칭 등기방법

○ 주식회사 설립등기 시 이사의 명칭을 사내이사, 사외이사로 구분하여 등기하여야 한다(상법 제317조 제2항 제8호).

※ 등록면허세와 지방교육세

○ 이 사례의 경우 등록면허세액이 200,000원이나 과밀억제권역에서 설립하는 경우이므로 당해세율의 3배의 등록면허세로 하여 세액합계가 금720,000원이 된 것이다. 등록면허세액의 구체적 내용은 116면 참조,

○ 지방교육세 : 등록면허세액의 20/100에 해당하는 지방교육세를 납부하여야 하므로 이 사례의 경우 금120,000원을 계산하였다.

○ 등록면허세·지방교육세 납부절차 : 등록세는 직접 관할 관청에 납부할 수 있으며(등기예규 제1612호) 또는 지방세 인터넷 납부시스템 위택스(www.wetax.go.kr)에 의하여도 납부할 수 있다. 납부 후 등록면허세영수필확인서를 "신청등기소 및 등록면허세/수수료"란에 붙인다.

○ 등기신청 수수료 : 서면제출 시 30,000원이다. 전자신청의 경우 3만원에 해당하는 등기신청수수료는 2만원, 6천원에 해당하는 등기신청수수료는 2천원을 각각 납부하여야 하고, 전자표준(이폼)양식에 의하여 신청하는 경우 서면제출 시 3만원에 해당하는 등기신청수수료는 2만5천원, 6천원에 해당하는 등기신청수수료는 4천원을 각각 납부하여야 한다. 납부방법은 122면 참

○ 공증(인증) 및 비용 : 구체적 내용은 627면 참조

[사례] 위임장(등기소 제출용)

위 임 장

법무사 이 장 수
서울 강동구 성내동 319-33
전화 595-1235

본인은 위 사람을 대리인으로 정하고 다음의 권한을 위임합니다.

다 음

1. 본 회사의 설립등기 신청 및 취하에 관한 일체의 행위.

20○○년 10 월 1 일

위임인 주식회사 케이앤케이
서울 강남구 역삼로20길 789-4
대표이사 임 정 상 (인)

※ 이 위임장은 법무사에게 주식회사설립등기를 의뢰하는 경우 대리의 권한을 법무사에게 위임하는 서류로써 등기소에 제출하는 서류이다.

[사례] 정 관

정 관

제1장 총 칙

제1조(상호) 당 회사는 주식회사 케이앤케이라 칭한다.

제2조(목적) 당 회사는 다음 사업을 경영함을 목적으로 한다.

1. 컴퓨터 및 주변기기 제조 및 도소매업 및 임대업
2. 컴퓨터 및 주변기기 수출입업 및 기술용역업
3. 컴퓨터 및 주변기기 서비스업
4. 전 각호와 관련된 부대사업

제3조(본점의 소재지 및 지점의 설치) ①당 회사의 본점은 서울시내에 둔다.

② 당 회사는 필요에 따라 주주총회결의로 전국 각처에 지점을 둘 수 있다.

제4조(공고방법) 이 회사의 공고는 회사의 인터넷 홈페이지(http://www.○○○.….)에 게재한다. 다만, 전산장애 또는 그 밖의 부득이한 사유로 회사의 인터넷 홈페이지에 공고를 할 수 없을 때에는 ○○시에서 발행되는 ○○신문에 한다.

제2장 주 식

제5조(회사가 발행할 주식의 총수) 당 회사가 발행할 주식의 총수는 100,000주로 한다.

제6조(액면주식 1주의 금액) 당 회사가 발행하는 주식 액면주식 1주의 금액은 금 오천원(₩5,000원)으로 한다.

제7조(회사의 설립시에 발행하는 주식총수) 당 회사는 설립시에 10,000주의 주식을 발행하기로 한다.[27)]

---

27) 상법은 회사설립시 발행하는 주식의 총수는 회사가 발행할 주식총수의 1/4이상이어야 한다는 요건도 폐지하였다(상법 제289조 제2항 삭제, 2012. 4. 15. 시행). 이에 따라 회사설립시 발행하여야 하는 주식수에 대한 제한이 전혀 없게 되었다. 따라서 발행예정주식총수 중 설립시에 발행하는 주식 수를 공제한 나머지는 소위 수권주식(授權資本)으로서, 설립 이후는 제한규정이 없으므로 무제한으로 이사회의 결의에 의하여 수시로 신주를 발행할 수 있다.

제8조(주식 및 주권의 종류) 당 회사의 주식은 보통주식으로서 전부 기명식으로 하고 주권은 오천주권, 오백주권, 일백주권, 일십주권, 일주권의 4종으로 한다.

제9조(주권 불소지) 당 회사는 주권 불소지 제도를 채택하지 아니한다.

제10조(주금납입의 지체) 주금 납입을 지체한 주주는 납입기일 다음날부터 납입이 끝날때까지 지체 주금 백원에 대하여 일변 십전의 비율로서 과태금을 회사에 지급하고 또 이로 인하여 손해가 생겼을 때는 그 손해를 배상하여야 한다.

제11조(명의 개서) ① 당 회사의 주식에 관하여 명의개서를 청구함에 있어서는 당 회사에서 정하는 청구서에 기명날인 또는 서명하고 이에 주권을 첨부하여 제출하여야 한다.

② 양도 이외의 사유로 인하여 주식을 취득한 경우에는 당 회사에서 정하는 제1항의 청구서 이외에 그 사유를 증명하는 서면과 주권을 제출하여야 한다.

제12조(질권의 등록 및 신탁재산의 표시) 당 회사의 주식에 관하여 질권의 등록 또는 신탁재산의 표시를 청구함에 있어서는 당 회사가 정하는 청구서에 당사자가 기명날인 또는 서명하고 이에 주권을 첨부하여 제출하여야 한다. 그 등록 또는 표시의 말소를 청구함에 있어서도 같다.

제13조(주권의 재발행) ① 주권의 분할, 병합, 오손 등의 사유로 인하여 주권의 재발행을 청구함에 있어서는 당 회사가 정하는 청구서에 기명날인 또는 서명하고 이에 주권을 첨부하여 제출하여야 한다.

② 주권의 상실로 인하여 그 재발행을 청구함에 있어서는 당 회사가 정하는 청구서에 기명날인하고 이에 제권판결의 정본 또는 등본을 첨부하여 제출하여야 한다.

제14조(수수료) 제11조 내지 제13조에서 정하는 청구를 하는 자는 당 회사가 정하는 수수료를 납부하여야 한다.

제15조(주주명부의 폐쇄) ① 당 회사는 매년 1월 1일부터 정기주주총회의 종결일까지 주주명부의 기재의 변경을 정지한다.

② 제1항의 경우 이외의 주주 또는 질권자로서 권리를 행사할 자를 정하기 위하여 필요한 때에는 주주총회의 결의에 의하여 주주명부의 기재의 변경을 정지하고 또는 기준일을 정할 수가 있다. 이 경우에는 그 기간 또는 기준일의 2주전에 공고하는 것으로 한다.

제16조(주주의 주소 등의 신고) 당 회사의 주주 및 등록된 질권자 또는 그 법정대

리인이나 대표자는 당 회사가 정하는 서식에 의하여 그의 성명, 주소와 인감을 당 회사에 신고하여야 한다. 신고사항에 변경이 있는 때에도 또한 같다.

제3장 주주총회

제17조 (소집) ① 당 회사의 정기주주총회는 영업 년도 말일의 다음날부터 3월 이내에 소집하고 임시주주총회는 필요한 경우에 수시 소집한다.

② 주주총회를 소집함에는 그 일시, 장소 및 회의의 목적사항을 2주 전에 각 주주에게 서면 또는 전자문서로 통지를 발송하여야 한다.

③ 의결권이 있는 발행주식 총수의 100분의 1 이하의 주식을 소유한 주주에 대한 소집 통지는 2주 전에 주주총회를 소집한다는 뜻과 회의 목적사항을 회사의 공고방법에 따라 공고함으로써 서면 또는 전자문서에 의한 소집통지에 갈음할 수 있다.

제18조(의장) 대표이사가 주주총회의 의장이 된다. 그러나 대표이사 유고시에는 주주총회에서 선임한 다른 이사가 의장이 된다.

제19조(결의) 주주총회의 결의는 법령 또는 정관에 다른 규정이 있는 경우를 제외하고 출석한 주주의 의결권의 과반수와 발행주식 총수의 4분의 1 이상의 수로서 한다.

제20조(의결권의 대리행사) 주주는 대리인으로 하여금 의결권을 행사할 수 있다. 대리인이 의결권을 행사함에는 표결전에 그 권한을 증명하는 서면을 의장에게 제출하여야 한다.

제21조(총회의 의사록) 주주총회의 의사록에는 의사의 경과요령과 그 결과를 기재하고 의장과 출석한 이사가 기명날인 또는 서명하여야 한다.

제4장 임 원

제22조(이사와 감사의 원수)당 회사의 이사는 2인 이상, 감사는 두지 아니한다.

제23조(이사의 선임)당 회사의 이사는 제19조의 결의방법에 의하여 선임한다.

제24조(이사의 임기)이사의 임기는 취임후 3년으로 한다. 그러나 이사의 임기가 재임중 최종의 결산기에 관한 정기주주총회의 종결전에 끝날 때에는 그 정기주주총회의 종결에 이르기까지 그 임기를 연장한다. 보궐 또는 증원에 의하여 선임된 임기는 다른 이사의 전 임기와 같이한다.

제25조(대표이사) ① 사장, 부사장, 전무이사와 상무이사는 주주총회의 결의에

의하여 선임한다.[28]

② 당 회사는 필요한 경우에 부사장, 전무이사 및 상무이사 각 약간 명을 둔다.

제26조(업무집행)①사장은 당회사의 업무를 통할하고 부사장, 전무이사 또는 상무이사가 사장을 보좌하여 그 업무를 분장한다.

② 사장이 유고시에는 부사장, 전무이사 또는 상무이사가 대표이사의 직무를 대행한다.

제27조(보수와 퇴직금)임원의 보수 또는 퇴직한 임원의 퇴직금은 주주총회의 결의로 정한다.

제5장 계 산

제28조(영업연도)당 회사의 영업연도는 매년 1월 1일부터 동년 12월 말일까지로 한다.

제29조(재무제표, 영업보고서의 작성비치)①당 회사의 사장은 정기총회 회일 6주간전에 다음 서류 및 그 부속명세서와 영업보고서를 작성하여 주주총회의 감사를 받아 정기총회에 제출하여야 한다.

1. 대차대조표
2. 손익계산서
3. 이익처분계산서 또는 결손금처리계산서

②제1항의 서류는 영업보고서, 감사보고서와 함께 정기총회 1주간 전부터 당 회사의 본점과 지점에 비치하여야 하고 총회의 승인을 얻었을 때에는 그 중 대차대조표를 지체없이 공고하여야 한다.

제30조(이익금의 처분)매기 총수입금에서 총지출금을 공제한 잔액을 이익금으로 하여 이를 다음과 같이 처분한다.

1. 이익준비금 금전에 의한 이익배당액의 십분의 일이상
2. 별도적립금 약간
3. 주주배당금 약간
4. 임원 상여금 약간
5. 후기 이월금 약간

제31조(이익배당)이익배당금은 매결산기에 있어서의 주주명부에 기재된 주주 또

28) 여기서는 대표권있는 사내이사를 주주총회에서 선출하기로 하였다. "이사 간의 합의"로 정하는 경우는 131면 제25조 참조.

는 질권자에게 지급한다.

부 칙

제32조(최초의 영업연도)당 회사의 최초의 영업연도는 회사 설립일로부터 동년 12월 31일까지로 한다.

제33조(발기인)발기인의 성명 및 주소는 이 정관 말미에 기재함과 같다.

위와 같이 주식회사 케이앤케이를 설립하기 위하여 이 정관을 작성하고 발기인 전원이 이에 기명날인 또는 서명한다.

20○○년 1월 25일

주식회사 케이앤케이

발기인 임 정 상(000000-0000000)

서울 서초구 방배로20길 1254-1

※ 이 사례는 감사는 두지 아니하고, 벌기인 1인, 이사 2인, 자본금5,000만원으로 하고, 대표이사 선출방법을 정관에서 창립총회에서 선출하는 규정을 넣어 설립하는 경우의 사례이다.

○ 정관은 1인 이상의 발기인이 작성한다(상법 제288). 발기인은 정관의 작성자로서 각 발기인이 정관의 말미에 기명날인 또는 서명하여야 한다(상법 제289조제1항). 이런 뜻에서 발기인이란 주식회사의 원시정관에 발기인으로서 기명날인 또는 서명한 자를 말하며, 실질적으로 발기인으로서 회사의 설립에 진력하였다 하더라도 원시정관에 기명날인 또는 서명하지 아니한 자는 발기인이라고 할 수 없다(학설과 판례).

○ 상법은 소규모 회사 창업의 원활화를 위하여 자본금 총액이 10억원 미만인 회사를 발기설립하는 경우 "각 발기인이 정관에 기명날인 또는 서명함으로써 효력이 생긴다." 고 하여 정관의 공증의무를 면제하도록 하였다(상법 제292조).

○ 회사가 발행할 주식의 총수, 액면주식 1주의 금액, 회사의 설립시에 발행하는 주식의 총수는 반드시 정관으로 정하는 것이나(상법 제289조제1항), 그 외의 주식발행에 관한 사항은 정관에 다른 규정이 없는 한 발기인이 정할 수 있다. 이러한 결정은 원칙적으로 발기인의 과반수결의에 의한다.

○ 이사의 임기 : 이사의 임기는 3년을 초과하지 못한다(상법 제383조제2항). 그러나 정관으로 그 임기 중의 최종의 결산기에 관한 정기주주총회의 종결에 이르기까지 연장할 수 있다(상법 제383③). 여기의 "임기 중의 최종의 결산기"라 함은 임기 중에 도래한 최종의 결산기로서 당해 결산기가 임기 중에 도래한 경우를 말한다.

※ 감사의 선임

○ 소규모(자본금의 총액이 10억원 미만)인 회사를 설립하는 경우에 감사 선임을 회사가 자율적으로 할 수 있도록 하였다(상법 제409조 제4항). 감사를 선임하지 아니할 경우에는 주주총회가 이사의 업무 및 재산상태에 관하여 직접 감독·감시하도록 하였다(동조 제6항).

[사례] 주식인수증

주 식 인 수 증	
상 호	주식회사 케이앤케이
인수할주식수	10,000주
금 액	금 50,000,000원정
일주의 금액	금 5,000원
위 주식을 발기인으로 인수합니다. 20○○년 1월 일 발기인 임 정 상 서울 서초구 방배로20길 1254-1 주식회사 케이앤케이 발기인대표 귀하	

※ 발기인의 주식인수

○ 주식회사의 자본금은 주식에 의한 출자로써 형성되므로 발기인은 설립시에 발행하는 액면주식에 관하여 반드시 1주 이상을 위 서면에 의하여 인수하여야 한다(상법 제293). 발기인 각자마다 주식인수증을 작성하여야 한다.

[사례] 발기인총회의사록

발기인 총회 의사록

20○○년 1월 27 일 09:00시에 창립 사무소에서 발기인 총회를 개최하다

주주 총수	1명	주식총수	10,000주
출석 주주 수	1명	인수 주식 수	10,000주

발기인 임 정 상은 위와 같이 상법 소정의 정족수에 달하게 주주가 출석하였으므로 본 총회는 적법하게 성립됨을 고하고, 의사를 진행하기 전에 의장을 선임할 것을 구한바 주주전원 만장일치로 발기인을 의장으로 선임한즉 동인은 그 취임을 승낙하고 의장석에 등단하여 개회를 선언하고 다음 의안의 심의를 구하다.

제1호 의안 : 정관 승인의 건

의장은 정관을 낭독하고 축조설명을 하고 현재 발기인 임정상이 정관 작성을 하여 발기하였음을 부연 설명한 후 이를 승인하여 줄 것을 구한바, 전원일치 원안대로 승인하다.

제2호 의안 : 이사, 감사 선임의 건

의장은 감사를 두지 않고 이사 2인을 두기로 하는 정관규정에 따라 이사의 선임방법을 물은 즉 사내이사 2명을 무기명 비밀투표로 선출하기로 전원 일치되어 즉시 투표한 결과 다음과 같이 선출되다.

사내이사 임 정 상

사내이사 양 준 모

위 피선자들은 즉석에서 그 취임을 승낙하다.

제3호 의안 : 상법 제298조 소정사항 조사보고의 건

의장은 이사는 상법 제298조 소정사항을 조사 보고하여야 함을 설명하고, 이어 발기인이었던 이사는 그러한 조사에 참가하지 못함을 밝히고 발기인이 아니었던 사내이사 양준모로 하여금 조사·보고를 하게 하여야 한다고 하자 전원 이의없이 사내이사 양준모를 검사인으로 선임할 것을 만장일치로 가결하다.

검사인 사내이사 양 준 모

위 사람은 즉석에서 이를 승낙하고 조사에 착수하다.
의장은 위 조사보고를 기다리기 위하여 잠시 휴회한 후 속회하다.
검사인은 별지 조사보고서와 같이 보고한 즉 만장일치로 승인하다.

제4호 의안 : 본점설치 장소 결정의 건
의장은 본 회사 본점을 다음 장소에 설치함이 적당한 뜻을 설명하고 그 가부를 물은즉 만장일치로 이의 없이 승인하다.
본 점 : 서울 강남구 역삼로20길 789-4

제5호 의안 : 대표권있는 사내이사 선임의 건
의장은 대표권있는 사내이사를 주주총회에서 정하도록 한 정관규정에 따라 대표자 1인을 선임하여 줄 것을 요청하자 만장일치로 다음 사람을 선임하다.
대표권있는 사내이사 : 임 정 상

이상으로서 금일 총회의 목적인 의안 전부 심의 종료하였으므로 의장은 폐회를 선언하다. (종료시각은 10 시 00분)

위 의사의 결의를 명확하게 하기 위하여 이 의사록을 작성하고 의장은 출석한 이사가 다음에 기명날인하다.

20○○년 1월 25일

주식회사 케이앤케이
의장 대표권있는 사내이사 임 정 상
사내이사 양 준 모

※ 발기인총회

○ 자본금 총액이 10억원 미만인 회사가 주주총회를 소집하는 경우에는 주주총회일의 10일 전에 각 주주에게 서면으로 통지를 발송하거나 각 주주의 동의를 받아 전자문서로

통지를 발송할 수 있고, 무기명식의 주권을 발행한 경우에는 주주총회일의 2주 전에 주주총회를 소집하는 뜻과 회의의 목적사항을 공고할 수 있도록 하였다(상법 제368조제2항, 제363조제1항), 자본금 총액이 10억원 미만인 회사는 주주 전원의 동의가 있을 경우에는 위 소집절차 없이 주주총회를 개최할 수 있도록 하였으며, 서면에 의한 주주총회 결의도 허용하였다(상법 제363조 제5항).

○ 발기인총회의 결의는 과반수로 하고(상법 제296조 제1항). 발기인의 의결권은 그 인수주식의 1주에 대하여 1개로 한다(동조 제2항).

○ 이사와 감사 중 발기인이었던 자, 현물출자자 또는 회사성립 후 양수할 재산의 계약당사자인 자는 위 조사·보고에 참가하지 못한다(상법 제298조제2항). 이사와 감사의 전원이 위 규정에 해당하는 때에는 이사는 공증인으로 하여금 이를 조사·보고를 하게 하여야 한다(상법 제298조제3항). 실무에서는 공증인으로 하여금 조사·보고를 하게 하는 것이 비용도 들고 번거로워 이사나 감사를 발기인이 아닌 자를 선임하여 조사·보고를 하게 하고 있다.

※ 이사회 및 대표이사의 선임

○ 상법 제383조는 제4항부터 제6항까지 신설하여 소규모 회사로서 이사가 1명 또는 2명인 회사는 이사회의 권한을 이사와 주주총회에 부여하였다. 따라서 양도제한주식의 양도시 승인, 주식매수선택권 부여 취소, 경업금지, 이사의 자기거래 승인, 신주의 발행결정, 전환사채, 신주인수권부사채의 발행결정, 준비금의 자본전입, 중간배당의 경우 주주총회에서 결정한다. 그러나 이사가 2명인 경우도 각자의 의견이 달라서 업무집행에 관한 의사결정을 할 수 없을 경우에는 이사회를 구성 할 수 있다.

○ 대표이사의 선출 : 원칙적으로 이사가 2명인 경우 각 이사가 회사를 대표하나, 정관에 따라 대표이사를 정한 경우에는 그 자가 회사를 대표한다. 공동대표로 할 수도 있다. 이 사례는 대표이사를 선출하는 방법을 정관에서 주주총회로 규정하여 설립하는 사례(147면 정관 제25조 참조)이다.

○ 주식회사 설립등기 시 이사의 명칭을 사내이사, 사외이사로 구분하여 등기하여야 한다(상법 제317조 제2항 제8호). 신청서에 첨부된 주주총회의사록 등에 사내이사, 사외이사로 구분하여 선임한 사실이 기재되어 있어야 한다. 특히 사외이사는 명확히 의사록에 나타나 있어야 한다. 등기신청서에 첨부된 이사선임 등의 의사록에 이사의 종류를 구분하지 않고 단순히 '이사'로 기재된 경우에는 "사내이사"로 수리될 수 있다.

[사례] 이사의 조사보고서

조사보고서

본인은 20○○년 1월 25일 주식회사 케이앤케이의 발기인 총회에서 검사인으로 선임되었으므로 상법 제298조 소정사항을 조사하여 다음과 같이 보고함.

조사사항

1. 회사 설립시에 발행하는 주식총수에 대한 인수의 정확여부

회사 설립시에 발행하는 주식의 총수는 10,000주(액면주식 1주의 금액 금100원)으로서 다음과 같이 인수가 완료되었음이 인정됨

발기인이 인수한 주식수 10,000주(20○○년 1월 일 인수완료)

2. 인수주식에 대한 납입의 정확여부

회사설립시에 발행하는 주식총수 10,000주에 대한 주식대금 금50,000,000원이 20○○년 1월 25일에 납입이 완료되었음은 그 납입을 맡은 은행 지점이 발행한 주식납입금잔고증명서에 의하여 명확히 확인됨.

3. 변태설립사항

정관에 변태설립사항은 없음

4. 기타 설립에 관한 모든 사항

기타 설립에 관한 모든 사항이 법령 또는 정관의 규정에 위반하지 아니함이 인정된다.

이상 상법의 규정에 의하여 보고함.

20○○년 1월 25일

주식회사 케이앤케이
검사인 사내이사 양 준 모

※ 이사·감사의 조사·보고와 검사인의 선임청구

○ 이사와 감사는 취임 후 지체없이 회사의 설립에 관한 모든 사항이 법령 또는 정관의 규정에 위반되지 아니하는지의 여부를 조사하여 발기인에게 보고하여야 한다(상법 제298조제1항).

○ 이사와 감사 중 발기인이었던 자, 현물출자자 또는 회사성립 후 양수할 재산의 계약당사자인 자는 위 조사·보고에 참가하지 못한다(상법 제298조제2항). 따라서 이사 1인으로 주식회사를 설립하는 경우에는 공증인으로 하여금 이를 조사·보고를 하게 하여야 한다(상법 제298조제3항). 실무에서는 공증인으로 하여금 조사·보고를 하게 하는 것이 비용도 들고 번거로워 이사나 감사를 발기인이 아닌 자를 선임하여 조사·보고를 하게 하고 있다.

○ 설립경과의 조사보고자는 상법 제296조제1항에 따라 발기인이 의결권의 과반수로 선임한 이사·감사 중 제298조제2항의 제척사유(발기인이었던 자, 현물출자자 또는 회사성립후 양수할 재산의 계약당사자인 자) 없는 이사·감사 전원이다(상업등기선례 제201804-4호, 2018. 4. 18.)

[사례] 취임승낙서

<table>
<tr><td>

취 임 승 낙 서

본인 등은 20○○년 1월 일 발기인 총회에서 이사에 각각 선임되었는바 그 취임을 승낙합니다.

20○○년 1월 일

대표이사 임 정 상
사내이사 양 준 모

주식회사 케이앤케이 귀중

</td></tr>
</table>

※ 취임승낙서에는 취임자의 인감도장을 날인하고 인감증명법에 의하여 신고한 인감증명서나 본인서명사실확인서 또는 전자본인서명확인서를 첨부하여야 한다(112면 참조).

[사례] 취임승낙서

취 임 승 낙 서

본인은 20○○년 1월 일 발기인 총회에서 대표권 있는 사내이사에 선임되었는바 그 취임을 승낙합니다.

20○○년 1월 일

대표권 있는 사내이사 임 정 상
사내이사 양 준 모

주식회사 케이앤케이 귀중

※ 취임승낙서에는 취임자의 인감도장을 날인하고 인감증명법에 의하여 신고한 인감증명서나 본인서명사실확인서 또는 전자본인서명확인서를 첨부하여야 한다(112면 참조).

[사례] 발기인총회 소집절차 생략동의서

주주총회 소집절차 생략동의서

본 회사는 자본금 10억원 미만인 회사이므로 상법 제363조 제4항에 의하여 20○○년 ○월 ○일 10: 00에 개최되는 발기인총회 건에 대하여 주주전원은 소집절차없이 개최하는 것에 동의합니다.

20○○년 ○월 ○일

주식회사 ○○
주주 ○ ○ ○ (인)
주주 ○ ○ ○ (인)

※ 자본금 총액이 10억원 미만인 회사는 주주 전원의 동의가 있을 경우에는 소집절차 없이 주주총회를 개최할 수 있다(상법 제363조 제4항).

[사례] 주금납입잔고증명서

> **잔고증명서**
>
> 일금 오천만원정(₩50,000,000원)
> 발행주식의 총수 10,000주
> 액면주식 1주의 금액 5,000원정
>
> 위 금액은 설립시에 발행하는 주식총수에 대한 납입금으로서 20○○년 1월 25일 납입이 완료되어 현재 이를 보관중임을 증명합니다.
>
> 20○○년 1월 25일
>
> 증명인 서울 서초구 서초로100길 2211-71
> 국민은행 ○○로00실 지점
> 지점장 오 상 경
>
> 주식회사 케이앤케이 발기인대표 귀하

※ 잔고증명서

○ 상법은 소규모(자본금 총액이 10억원 미만)인 주식회사를 발기설립하는 경우에는 주금납입금 보관증명서를 금융기관의 잔고증명서로 대체할 수 있도록 하였다(상법 제318조 제3항).

○ 잔고증명은 발기인 대표명의로 자본금으로 쓸 예금계좌를 개설하거나 기존계좌의 예치된 돈도 가능하다. 통장원본을 금융기관에 제시하면 발급해준다. 온라인으로도 발급이 가능하다. 잔고증명서 발급 시는 1일동안 출금을 할 수 없다.

[사례] 주주명부

주 주 명 부				
주 주	주 소	인 수 주식수	1주금액	납 입 금 액
임 정 상	서울 서초구 방배로20길 1254-1 www. 1df21@yahoo. co. kr	10,000주	금5,000원	금50,000,000원
합 계		10,000주	금5,000원	금50,000,000원

위 주주명부는 본사에 비치된 주주명부와 대조하여 틀림이 없음을 증명합니다.
20 년 9월 6 일

상 호	주식회사 케이앤케이
본점주소	서울 강남구 역삼로20길 789-4
대표이사성명	임 정 상

※ 전자주주명부제도

○ 회사는 정관에서 정하는 바에 따라 전자문서로 주주명부를 작성할 수 있다(상법 제352조의2제1항). 전자주주명부에는 상법 제352조제1항의 기재사항 외에 전자우편주소를 적어야 한다.

○ 개정 상법은 기업경영의 IT화를 위하여 주주총회에 직접 참석하거나 대리인에게 투표를 위임하지 않더라도 전자서명 등 본인인증절차를 거쳐 인터넷으로 의결권을 행사하는 전자투표제도가 도입됐다(상법 제368조의4, 제382조의2). 이와 함께 주주들이 서면 외에도 이메일 등 전자문서를 통해 주주제안권 및 임시주주총회 소집청구권을 행사할 수 있도록 했다.

○ 전자투표제도를 도입함에 따라 일반 주주명부를 전자문서로 된 주주명부로 대체할 필요가 있어서 제도화한 것이다.

[사례] 인감(改印)신고서

인감 · 개인(改印) 신고서

(신고하는 인감날인란) (인감제출자에 관한 사항)

상 호(명칭)		주식회사 케이앤케이	등기번호	
본점(주사무소)		서울시 서초구 서초로100길 1234-1		
인감제출자	자격/성명	대표자 사내이사 임 정 상		
	주민등록번호			
	주 소			

␣ 위와 같이 인감을 신고합니다.
␣ 위와 같이 개인(改印)하였음을 신고합니다.

20○○년 8월 27일 (개인인감 날인란)

신고인 본 인 성 명 (인)
대리인 성 명 (인)

지방법원 귀중

주 1. 개인인감 날인란에는 「인감증명법」에 의하여 신고한 인감을 날인하고 그 인감증명서(발행일로부터 3개월 이내의 것)를 첨부하여야 합니다. 개인(改印)신고의 경우, 개인인감을 날인하는 대신에 등기소에 신고한 유효한 종전 인감을 날인하여도 됩니다.
2. 인감·개인신고서에는 신고하는 인감을 날인한 인감대지를 첨부하여야 합니다.
3. 지배인이 인감을 신고하는 경우에는 인감제출자의 주소란에 지배인을 둔 장소를 기재하고, 「상업등기규칙」 제35조제3항의 보증서면(영업주가 등기소에 신고한 인감 날인)을 첨부하여야 합니다.

위 임 장

성 명 : 주민등록번호(-)
주 소 :

위의 사람에게, 위 인감신고 또는 개인신고에 관한 일체의 권한을 위임함.

200 년 월 일

인감(改印) 신고인 성 명 (인)

※ 1개의 법인을 대표하는 자가 2인인 경우에 등기를 신청하는 대표자만 인감을 제출하여

도 되지만, 공동으로 대표권을 행사하여야 하는 자가 등기를 신청할 경우에는 공동으로 대표권을 행사하도록 되어 있는 자 전원의 인감을 제출하여야 하며, 1개의 법인을 대표하는 여러 명의 인감은 각각 달라야 한다(등기예규 제1626호).

※ 인감의 규격 등 : 인감은 대조에 적당한 것이어야 한다. 인감은 규칙 제35조 제4항에서 정한 크기(가로・세로 2.4센티미터의 정사각형 안에 들어갈 수 있어야 하고, 가로・세로 1센티미터의 정사각형 안에 들어가는 것이 아니어야 함)로, 선명하지 않거나 너무 복잡한 것이어서는 안 된다(등기예규 제1626호).

※ 인감을 제출할 수 있는 자가 개인인 경우에는 인감(改印)신고서에 인감증명법에 따라 신고한 인감을 날인하고 그 인감증명서(발행일로부터 3개월 이내의 것에 한한다)를 첨부하거나 등기소에 제출한 유효한 종전 인감을 날인하여야 한다. 다만, 그 신고서에 본인이 기명날인 또는 서명하였다는 공증인의 인증서면을 제출하는 경우에는 그러하지 아니한다(등기예규 제1626호).

※ 외국인의 경우에는 다음의 구분에 따라 인감(改印)신고를 하여야 한다.

○ 인감증명의 날인제도가 있는 외국인(일본인, 대만인 등)은 인감(改印)신고서에 날인한 인감과 동일한 본국 관공서 발행의 인감증명을 첨부하여야 한다.

○ 본국에 인감증명제도가 없는 외국인의 경우(미국, 캐나다 등의 경우)에는 인감(改印)신고서에 서명하고 본인이 서명을 하였다는 본국 관공서(대사관)의 증명서면이나 우리나라 공증인의 공증서면으로 갈음할 수 있다. 국내에 없을 경우인감(改印)신고서를 본국으로 보내어 본인서명 후 공증을 받아 제출해야 한다.

※ 외국발행의 공문서나 외국공증인의 공증을 받은 사문서에 대해서는 아포스티유 가입국은 해당국가의 정부에서 발행한 아포스티유를 첨부하여야 하고, 미가입국이라면 해당국가에 주재하는 대한민국 공증담당영사의 확인을 받아 제출하여야 한다..

[사례] 인감대지

	신고하는 인감날인란	상 호(명 칭) : 주식회사 ○○ 자격 및 성명 : 대표자 ○○○ 주민등록번호 : 00000-000000

※ 인감(個人)신고서를 제출할 때에는 인감대지(위 양식 3장)도 함께 제출

[사례] 인감카드 등 (재)발급신청서

인감카드 등 (재)발급신청서

상 호(명칭)		주식회사 케이앤케이	등기번호	
본점(주사무소)		서울시 서초구 서초로100길 1234-1		
인감 제출자	자격/성명	대표자 사내이사 임 정 상		
	주민등록번호			

발급사유	␣ 최초발급 ␣ 카드분실 ␣ 카드훼손 ␣ 인감증명서발급기능 ␣ 기타 ( )		
매체구분	␣ 인감카드 ␣ HSM USB	인감카드 비밀번호	(변경 후 :)
수수료	금 원	납부번호	

위와 같이 인감카드 등의 (재)발급을 신청합니다.

년 월 일 (인감 날인란)

신청인 인감제출자 (본 인) 성 명 (인) (전화 :)

(대리인) 성 명 (인) (전화 :)

지방법원 등기소 귀중

접수번호		인감카드번호	

주 1. 인감카드 비밀번호란에는 (재)발급받아 사용할 인감카드의 비밀번호를 기재하며, 아라비아숫자 6자릿수를 기재하여야 합니다. 다만, 인감카드 재발급의 경우에는 기존 인감카드의 비밀번호와 재발급받아 사용할 인감카드의 비밀번호(변경 후)를 기재하여야 합니다.

2. 인감카드 (재)발급을 신청하는 경우에는 등기소에 제출한 인감을 날인하여야 합니다. 다만, 인감카드 재발급의 경우 기존 인감카드 비밀번호를 기재할 수 없을 때에는 인감제출자 본인은 신분증명서 사본을, 위임에 의한 대리인은 인감제출자가 「인감증명법」에 따라 신고한 인감을 신청서에 날인하고 그 인감증명서 및 대리인의 신분증명서 사본을 각각 첨부하여야 합니다.

3. 인감카드의 재발급을 신청할 때에는「등기사항증명서 등 수수료규칙」으로 정하는 수수료를 납부하여야 합니다. 다만, 인감카드를 반납할 때에는 수수료를 납부할 필요가 없습니다.

위 임 장

성 명 : 주민등록번호(-)

주 소 :

위의 사람에게, 위 (재)발급신청서에 기재된 인감카드 등의 발급신청과 그 수령 등에 관한 일체의 권한을 위임함.

20 년 월 일

인감신고인 성 명 (인) (전화)

[사례] 주식회사 발기설립등기(소규모회사설립, 발기인 1인, 이사 3인, 감사 무, 자본금 5,000만원으로 설립하는 사례)

주식회사 설립등기신청

<table>
<tr><td rowspan="2">접 수</td><td>년 월 일</td><td rowspan="2">처리인</td><td>등기관확인</td><td>각종통지</td></tr>
<tr><td>제 호</td><td></td><td></td></tr>
</table>

등 기 의 목 적	주식회사 설립(발기설립)
등 기 의 사 유	20 년 월 일 정관을 작성하고 발기인이 회사 설립시에 발행하는 주식의 총수를 인수받고, 20○○년 월 일 발기인총회를 종결하였으므로 다음 사항의 등기를 구함.
본/지점 신청구분	1. 본점신청 □ 2. 지점신청 □ 3. 본·지점 일괄신청 □
등 기 할 사 항	
상 호	주식회사 케이앤케이
본 점	서울 서초구 서초로100길 1234-1
공 고 방 법	회사의 인터넷 홈페이지(http://www. ○○○. ····)에 게재한다. 다만, 전산장애 또는 그 밖의 부득이한 사유로 회사의 인터넷 홈페이지에 공고를 할 수 없을 때에는 ○○시에서 발행되는 ○○신문에 한다.[29]
액면주식1주의 금액	금 5,000원
발행할주식의 총수	500,000주
발행주식의 총수, 그 종류와 각종 주식의 내용과 수	10,000주 보통주식[30]
자본금의 액	금 50,000,000원

---

29) 홈페이지가 없을 경우 : ○○시에서 발행되는 ○○신문에 한다.

30) 상법은 회사설립시 발행하는 주식의 총수는 회사가 발행할 주식총수의 1/4이상이어야 한다는 요건을 폐지하였다(상법 제289조 제2항). 이에 따라 회사설립시 발행하여야 하는 주식수에 대한 제한이 전혀 없게 되었다(구체적설명 62면 참조).

등 기 할 사 항	
목 적	1. 소프트웨어 개발 및 판매업 2. 컴퓨터 주변기기 개발, 제조 및 판매업 3. 영상음향 전송기기 개발, 제조 및 판매업 4. 멀티미디어 소프트웨어 제작 공급서비스업 5. 위 각호에 관련된 부대사업일체
이사·감사·집행임원의 성명 및 주민등록번호[31]	사내이사 강 원 도(000000-0000000) 사내이사 양 명 수(000000-0000000) 사내이사 주 기 형(000000-0000000)
대표이사 또는 대표집행임원의 성명, 주민등록번호, 주소[32]	강 원 도(000000-000000) 서울 서초구 방배로20길 1254-1
지 점	없음
존립기간 또는 해산사유	없음(정관에 규정이 되어있으면 기재)
기 타 (주식의 양도에 관하여 이사회의 승인을 얻도록 정한 때에는 그 규정, 명의개서대리인을 둔 때에는 그 상호와 본점소재지 등)	없음(정관에 규정이 되어있으면 기재)

31) 상법은 선택적으로 업무집행기관으로서 '집행임원'을 둘 수 있도록 하였다(91면 참조).
32) 집행임원제도를 둔 회사는 대표이사를 두지 못한다(상법 제408조의2).

신청등기소 및 등록면허세/수수료						
순번	신청등기소	구분	등록면허세 지방교육세	농어촌 특별세	세액합계	등기신청수수료
			금600,000원 금120,000원		금720,000원	금 30,000원
합 계						
등기신청수수료 은행수납번호						
과 세 표 준 액	50,000,000 원					

첨 부 서 면	
1. 정 관 통	1. 주민등록표등본 통
1. 주식의 인수를 증명하는 서면 통	1. 인감신고서 통
1. 발기인회의사록 통	1. 등록면허세영수필확인서 통
1. 이사회의사록 통	1. 위임장(대리인이 신청할 경우) 통
1. 잔고증명서 통	1. 법인인감카드발급신청서 통
1. 검사인조사보고서등본 통	<기 타>
1. 취임승낙서(인감증명서포함) 통	

20○○년 ○월 ○일

신청인 상 호 주식회사 케이앤케이

본 점 서울 서초구 서초로100길 1234-1

대표이사 성 명 강 원 도 (인) (전화 :)

주 소 서울 서초구 방배로20길 1254-1

대리인 성 명 (인) (전화 :)

주 소

서울중앙지방법원 상업등기소 귀중

– 신청서 작성요령 –

1. 해당란이 부족할 때에는 별지를 이용합니다.
1. 해당 등기신청과 관계없는 사항에 대하여는 "해당없음"으로 기재하거나 삭제하고, 필요한 사항은 추가 기재합니다.
1. 「인감증명법」에 따른 인감증명서 제출과 함께 관련 서면에 인감을 날인하여야 하는 경우, 본인서명사실확인서를 제출하고 관련 서면에 서명을 하거나 전자본인서명확인서 발급증을 제출하고 관련 서면에 서명을 하면 인감증명서를 제출하고 관련 서면에 인감을 날인한 것으로 봅니다.

(용지규격 21㎝× 29.7㎝)

※ 이 사례는 발기인 1인, 이사 3인, 감사는 두지 않고 자본금 5,000만원으로 설립하는 사례이다.

※ 이사

○ 이사의 정원은 정관으로 최소인원수를 정할 수 있다(상법 제283조제1항).

○ 주식회사 설립등기 시 이사의 명칭을 사내이사, 사외이사로 구분하여 등기하여야 한다. 주주총회의사록 등에 사내이사, 사외이사로 구분하여 선임한 사실이 기재되어 있어야 한다. 특히 사외이사는 명확히 의사록에 나타나 있어야 한다.

※ 등록면허세와 지방교육세

○ 이 사례의 경우 등록면허세액이 200,000원이나 과밀억제권역에서 설립하는 경우이므로 당해세율의 3배로 하여 등록세액이 금600,000원이 된 것이다. 등록면허세액의 구체적 내용은 116면 참조

○ 지방교육세 : 등록면허세액의 20/100에 해당하는 지방교육세를 납부하여야 하므로 이 사례의 경우 금120,000원을 계산하였다.

○ 등록면허세·지방교육세 납부절차 : 등록세는 직접 관할 관청에 납부할 수 있으며(등기예규 제1612호) 또는 지방세 인터넷 납부시스템 위택스(www. wetax. go. kr)에 의하여도 납부할 수 있다. 납부 후 등록면허세영수필확인서를 "신청등기소 및 등록면허세/수수료"란에 붙인다.

○ 등기신청 수수료 : 서면제출 시 30,000원이다. 전자신청의 경우 3만원에 해당하는 등기신청수수료는 2만원, 6천원에 해당하는 등기신청수수료는 2천원을 각각 납부하여야 하고, 전자표준(이폼)양식에 의하여 신청하는 경우 서면제출 시 3만원에 해당하는 등기신청수수료는 2만5천원, 6천원에 해당하는 등기신청수수료는 4천원을 각각 납부하여야 한다.

○ 공증(인증) 및 비용 : 구체적 내용은 627면 참조

[사례] 위임장(등기소 제출용)

위 임 장

법무사 이 장 수
서울 강동구 성내동 319-33
전화 595-1235

본인은 위 사람을 대리인으로 정하고 다음의 권한을 위임합니다.

다 음

1. 본 회사의 설립등기 신청 및 취하에 관한 일체의 행위.

20○○년 10 월 1 일

위임인 주식회사 케이앤케이
서울 서초구 서초로100길 1234-1
대표이사 강 원 도 (인)

※ 이 위임장은 법무사에게 주식회사설립등기를 의뢰하는 경우 대리의 권한을 법무사에게 위임하는 서류로써 등기소에 제출하는 서류이다.

[사례] 정 관

정 관

제1장 총 칙

제1조(상호) 당 회사는 주식회사 케이앤케이라 칭한다.

제2조(목적) 당 회사는 다음 사업을 경영함을 목적으로 한다.

1. 소프트웨어 개발 및 판매업
2. 컴퓨터 주변기기 개발, 제조 및 판매업
3. 영상음향 전송기기 개발, 제조 및 판매업
4. 위 각호에 관련된 부대사업일체

제3조(본점의 소재지 및 지점의 설치)①당 회사의 본점은 서울시내에 둔다.

② 당 회사는 필요에 따라 이사회 결의로 전국 각처에 지점을 둘 수 있다.

제4조(공고방법)당 회사의 공고는 회사의 인터넷 홈페이지(http://www.○○○.⋯)에 게재한다. 다만, 전산장애 또는 그 밖의 부득이한 사유로 회사의 인터넷 홈페이지에 공고를 할 수 없을 때에는 ○○시에서 발행되는 ○○신문에 한다.

제2장 주 식

제5조(회사가 발행할 주식의 총수) 당 회사가 발행할 주식의 총수는 500,000주로 한다.

제6조(액면주식 1주의 금액) 당 회사가 발행하는 주식 액면주식 1주의 금액은 금 오천원(₩5,000)으로 한다.

제7조(회사의 설립시에 발행하는 주식총수) 당 회사는 설립시에 10,000주의 주식을 발행하기로 한다.[33)]

제8조(주식 및 주권의 종류) 당 회사의 주식은 보통주식으로서 전부 기명식으로

33) 상법은 회사설립시 발행하는 주식의 총수는 회사가 발행할 주식총수의 1/4이상이어야 한다는 요건도 폐지하였다(상법 제289조 제2항 삭제, 2012. 4. 15. 시행). 이에 따라 회사설립시 발행하여야 하는 주식수에 대한 제한이 전혀 없게 되었다. 따라서 발행예정주식총수 중 설립시에 발행하는 주식 수를 공제한 나머지는 소위 수권주식(授權資本)으로서, 설립 이후는 제한규정이 없으므로 무제한으로 이사회의 결의에 의하여 수시로 신주를 발행할 수 있다.

하고 주권은 오천주권, 오백주권, 일백주권, 일십주권, 일주권의 4종으로 한다.

제9조(주권 불소지) 당 회사는 주권 불소지 제도를 채택하지 아니한다.

제10조(주금납입의 지체) 주금 납입을 지체한 주주는 납입기일 다음날부터 납입이 끝날때까지 지체 주금 백원에 대하여 일변 십전의 비율로서 과태금을 회사에 지급하고 또 이로 인하여 손해가 생겼을 때는 그 손해를 배상하여야 한다.

제11조(명의 개서) ① 당 회사의 주식에 관하여 명의개서를 청구함에 있어서는 당 회사에서 정하는 청구서에 기명날인 또는 서명하고 이에 주권을 첨부하여 제출하여야 한다.

② 양도 이외의 사유로 인하여 주식을 취득한 경우에는 당 회사가 정하는 제1항의 청구서 이외에 그 사유를 증명하는 서면과 주권을 제출하여야 한다.

제12조(질권의 등록 및 신탁재산의 표시) 당 회사의 주식에 관하여 질권의 등록 또는 신탁재산의 표시를 청구함에 있어서는 당 회사가 정하는 청구서에 당사자가 기명날인 또는 서명하고 이에 주권을 첨부하여 제출하여야 한다. 그 등록 또는 표시의 말소를 청구함에 있어서도 같다.

제13조(주권의 재발행) ① 주권의 분할, 병합, 오손 등의 사유로 인하여 주권의 재발행을 청구함에 있어서는 당 회사가 정하는 청구서에 기명날인 또는 서명하고 이에 주권을 첨부하여 제출하여야 한다.

② 주권의 상실로 인하여 그 재발행을 청구함에 있어서는 당 회사가 정하는 청구서에 기명날인하고 이에 제권판결의 정본 또는 등본을 첨부하여 제출하여야 한다.

제14조(수수료) 제11조 내지 제13조에서 정하는 청구를 하는 자는 당 회사가 정하는 수수료를 납부하여야 한다.

제15조(주주명부의 폐쇄) ① 당 회사는 매년 1월 1일부터 정기주주총회의 종결일까지 주주명부의 기재의 변경을 정지한다.

② 제1항의 경우 이외의 주주 또는 질권자로서 권리를 행사할 자를 정하기 위하여 필요한 때에는 이사회의 결의에 의하여 주주명부의 기재의 변경을 정지하고 또는 기준일을 정할 수가 있다. 이 경우에는 그 기간 또는 기준일의 2주전에 공고하는 것으로 한다.

제16조(주주의 주소 등의 신고) 당 회사의 주주 및 등록된 질권자 또는 그 법정대리인이나 대표자는 당 회사가 정하는 서식에 의하여 그의 성명, 주소와 인감을

당 회사에 신고하여야 한다. 신고사항에 변경이 있는 때에도 또한 같다.

제3장 주주총회

제17조 (소집) ① 당 회사의 정기주주총회는 영업 년도 말일의 다음날부터 3월 이내에 소집하고 임시주주총회는 필요한 경우에 수시 소집한다.

② 주주총회를 소집함에는 그 일시, 장소 및 회의의 목적사항을 2주 전에 각 주주에게 서면 또는 전자문서로 통지를 발송하여야 한다.

③ 의결권이 있는 발행주식 총수의 100분의 1 이하의 주식을 소유한 주주에 대한 소집 통지는 2주 전에 주주총회를 소집한다는 뜻과 회의 목적사항을 회사의 공고방법에 따라 공고함으로써 서면 또는 전자문서에 의한 소집통지에 갈음할 수 있다.

제18조(의장) 대표이사가 주주총회의 의장이 된다. 그러나 대표이사 유고시에는 이사회에서 선임한 다른 이사가 의장이 된다.

제19조(결의) 주주총회의 결의는 법령 또는 정관에 다른 규정이 있는 경우를 제외하고 출석한 주주의 의결권의 과반수와 발행주식 총수의 4분의1 이상의 수로서 한다.

제20조(의결권의 대리행사) 주주는 대리인으로 하여금 의결권을 행사할 수 있다. 대리인이 의결권을 행사함에는 표결전에 그 권한을 증명하는 서면을 의장에게 제출하여야 한다.

제21조(총회의 의사록) 주주총회의 의사록에는 의사의 경과요령과 그 결과를 기재하고 의장과 출석한 이사가 기명날인 또는 서명하여야 한다.

제4장 임원과 이사회

제22조(이사와 감사의 원수)당 회사의 이사는 3인 이상으로 하고, 감사는 두지 않기로 한다.

제23조(이사의 선임)당 회사의 이사는 제19조의 결의방법에 의하여 선임한다.

제24조(이사의 임기)이사의 임기는 취임후 3년으로 한다. 그러나 이사의 임기가 재임중 최종의 결산기에 관한 정기주주총회의 종결전에 끝날 때에는 그 정기주주총회의 종결에 이르기까지 그 임기를 연장한다. 보궐 또는 증원에 의하여 선임된 임기는 다른 이사의 전 임기와 같이한다.

제25조(이사회의 소집)이사회는 대표이사 또는 이사회에서 따로 정한 이사가 있

는 때에는 그 이사가 회일의 1주간 전에 각 이사에게 통지하여 소집한다. 그러나 이사전원의 동의가 있는 때에는 소집절차를 생략할 수 있다.

제26조(이사회의 결의)이사회의 결의는 이사 과반수의 출석과 출석이사의 과반수로 한다.

제27조(이사회의 의사록)이사회의 의사록에는 의사의 경과요령과 그 결과를 기재하고 출석한 이사의 기명날인 또는 서명하여야 한다.

제28조(대표이사)①당 회사는 사장 1인과 필요한 경우에 부사장, 전무이사 및 상무이사 각 약간명을 둔다.

②사장, 부사장, 전무이사와 상무이사는 이사회결의에 의하여 이사 중에서 선임한다.[34)]

③사장은 당 회사를 대표한다.

제29조(업무집행)①사장은 당회사의 업무를 통할하고 부사장, 전무이사 또는 상무이사가 사장을 보좌하여 그 업무를 분장한다.

② 사장이 유고시에는 미리 이사회에서 정한 순서에 따라 부사장, 전무이사 또는 상무이사가 대표이사의 직무를 대행한다.

제30조(보수와 퇴직금)임원의 보수 또는 퇴직한 임원의 퇴직금은 주주총회의 결의로 정한다.

제5장 계 산

제31조(영업연도)당 회사의 영업연도는 매년 1월 1일부터 동년 12월 말일까지로 한다.

제32조(재무제표, 영업보고서의 작성비치)①당 회사의 사장은 정기총회 회일 6주간전에 다음 서류 및 그 부속명세서와 영업보고서를 작성하여 이사회의 승인과 주주총회의 감사를 받아 정기총회에 제출하여야 한다.

1. 대차대조표
2. 손익계산서
3. 이익처분계산서 또는 결손금처리계산서

②제1항의 서류는 영업보고서, 감사보고서와 함께 정기총회 1주간전부터 당 회사의 본점과 지점에 비치하여야 하고 총회의 승인을 얻었을 때에는 그 중 대차

34) 이사 2인 체제 회사의 대표이사 관련 정관 기재사항은 131면 제25조, 147면 제25조 참조

대조표를 지체없이 공고하여야 한다.

제33조(이익금의 처분)매기 총수입금에서 총지출금을 공제한 잔액을 이익금으로 하여 이를 다음과 같이 처분한다.

1. 이익준비금 금전에 의한 이익배당액의 십분의 일이상
2. 별도적립금 약간
3. 주주배당금 약간
4. 임원 상여금 약간
5. 후기 이월금 약간

제34조(이익배당)이익배당금은 매결산기에 있어서의 주주명부에 기재된 주주 또는 질권자에게 지급한다.

부 칙

제35조(최초의 영업연도)당 회사의 최초의 영업연도는 회사 설립일로부터 동년 12월 31일까지로 한다.

제36조(발기인)발기인의 성명 및 주소는 이 정관 말미에 기재함과 같다.

위와 같이 주식회사 케이앤케이를 설립하기 위하여 이 정관을 작성하고 발기인 전원이 이에 기명날인 또는 서명한다.

20○○년 1월 25일

주식회사 케이앤케이

발기인 강 원 도(000000-0000000)

서울 서초구 방배로20길 1254-1

○ 정관은 1인 이상의 발기인이 작성한다(상법 제288). 발기인은 정관의 작성자로서 각 발기인이 정관의 말미에 기명날인 또는 서명하여야 한다(상법 제289조제1항).

○ 상법은 소규모 회사 창업의 원활화를 위하여 자본금 총액이 10억원 미만인 회사를 발기설립하는 경우 "각 발기인이 정관에 기명날인 또는 서명함으로써 효력이 생긴다." 고 하여 정관의 공증의무를 면제하도록 하였다(상법 제292조).

[사례] 발기인총회 소집기간 생략 동의서

<table>
<tr><td>

발기인총회 소집기간 생략 동의서

본 회사는 자본금 10억원 미만인 회사이므로 상법 제363조 제4항에 의하여 20○○년 ○월 ○일 10: 00에 개최되는 발기인총회 건에 대하여 주주전원은 소집절차없이 개최하는 것에 동의합니다.

20○○년 ○월 ○일

주식회사 ○○

주주 ○ ○ ○ (인)

</td></tr>
</table>

※ 자본금 총액이 10억원 미만인 회사는 주주 전원의 동의가 있을 경우에는 소집절차없이 주주총회를 개최할 수 있도록 하였다(상법 제363조제4항).

[사례] 주식인수증

<table>
<tr><td colspan="2">주 식 인 수 증</td></tr>
<tr><td>상 호</td><td>주식회사 케이앤케이</td></tr>
<tr><td>인수할주식수</td><td>10,000주</td></tr>
<tr><td>금 액</td><td>금50,000,000원</td></tr>
<tr><td>일주의 금액</td><td>금5,000원</td></tr>
<tr><td colspan="2">위 주식을 발기인으로 인수합니다.
20○○년 1월 일
발기인 강 원 도
서울 서초구 방배로20길 1254-1
주식회사 케이앤케이 발기인대표 귀하</td></tr>
</table>

※ 주식회사의 자본금은 주식에 의한 출자로써 형성되므로 발기인은 설립시에 발행하는 액면주식에 관하여 반드시 1주 이상을 위 서면에 의하여 인수하여야 한다(상법 제293). 발기인 각자마다 주식인수증을 작성하여야 한다.

[사례] 발기인총회의사록

발기인 총회 의사록

20○○년 1월 27 일 09:00시에 창립 사무소에서 발기인 총회를 개최하다

주주 총수	1명	출석 주주 수	1명
주식 총수	10,000주	인수 주식 수	10,000주

발기인 강원도는 위와 같이 상법 소정의 정족수에 달하게 주주가 출석하였으므로 본 총회는 적법하게 성립됨을 고하고, 의사를 진행하기 전에 의장을 선임할 것을 구한바 주주전원 만장일치로 발기인 강원도를 의장으로 선임한즉 동인은 그 취임을 승낙하고 의장석에 등단하여 개회를 선언하고 다음 의안의 심의를 구하다.

제1호 의안 : 정관 승인의 건

의장은 정관을 낭독하고 축조설명을 하고 현재 발기인 강원도가 정관 작성을 하여 발기하였음을 부연 설명한 후 이를 승인하여 줄 것을 구한바, 전원일치 원안대로 승인하다.

제2호 의안 : 이사 선임의 건

의장은 감사를 두지 않고 이사 3인을 두기로 하는 정관규정에 따라 이사의 선임방법을 물은 바, 발기인 전원은 무기명 비밀투표로 선출하기로 전원일치되어 즉시 투표한 결과 다음과 같이 선출되다.

사내이사 강 원 도
사내이사 양 명 수
사내이사 주 기 형

위 피선자들은 즉석에서 그 취임을 승낙하다.

제3호 의안 : 상법 제298조 소정사항 조사보고의 건

의장은 발기인 아닌 사내이사 주기형를 검사인으로 지명하자 전원 이의없이 동인을 검사인으로 선임할 것을 만장일치로 가결하다.

검사인 주 기 형

위 자는 즉석에서 이를 승낙하고 조사에 착수하다.
의장은 위 조사 보고를 기다리기 위하여 잠시 휴게한 후 속회하다.
검사인은 별지 조사보고서와 같이 보고한즉 만장일치로 승인하다.

제4호 의안 : 본점설치 장소 결정의 건
의장은 본 회사 본점을 다음 장소에 설치함이 적당한 뜻을 설명하고 그 가부를 물은즉 만장 이의 없이 승인하다.
본 점 : 서울 서초구 서초로100길 1234-1

이상으로서 금일 총회의 목적인 의안 전부 심의 종료하였으므로 의장은 폐회를 선언하다. (종료시각은 10 시 00분)

위 의사의 결의를 명확하게 하기 위하여 이 의사록을 작성하고 의장은 출석한 이사가 다음에 기명날인하다.

20○○년 1월 25일

주식회사 케이앤케이
의장 사내이사 강 원 도
사내이사 양 명 수
사내이사 주 기 형

※ 상법은 자본금 총액이 10억원 미만인 회사가 주주총회를 소집하는 경우에는 주주총회일의 10일 전에 각 주주에게 서면으로 통지를 발송하거나 각 주주의 동의를 받아 전자문서로 통지를 발송할 수 있고, 무기명식의 주권을 발행한 경우에는 주주총회일의 2주 전에 주주총회를 소집하는 뜻과 회의의 목적사항을 공고할 수 있도록 하였으며 상법 제368조제2항, 제363조제1항), 자본금 총액이 10억원 미만인 회사는 주주 전원의 동의가 있을 경우에는 위 소집절차 없이 주주총회를 개최할 수 있도록 하였으며, 서면에 의한 주주총회 결의도 허용하였다(상법 제363조 제5항).

○ 발기인총회의 결의는 과반수로 하고(상법 제296조 제1항). 발기인의 의결권은 그 인수주식의 1주에 대하여 1개로 한다(동조 제2항).

[사례] 이사의 조사보고서

조사보고서

본인은 20○○년 1월 25일 주식회사 케이앤케이의 발기인 총회에서 검사인으로 선임되었으므로 상법 제298조 소정사항을 조사하여 다음과 같이 보고함.

조사사항

1. 회사 설립시에 발행하는 주식총수에 대한 인수의 정확여부

회사 설립시에 발행하는 주식의 총수는 50,000주(액면주식 1주의 금액 금5,000원)으로서 다음과 같이 인수가 완료되었음이 인정됨

발기인이 인수한 주식수 10,000주(20○○년 1월 일 인수완료)

2. 인수주식에 대한 납입의 정확여부

회사설립시에 발행하는 주식총수 10,000주에 대한 주식대금 금50,000,000원이 20○○년 1월 25일에 납입이 완료되었음은 그 납입을 맡은 ○○은행 ○○지점이 발행한 잔고증명서에 의하여 명확히 확인됨.

3. 변태설립사항

정관에 변태설립사항은 없음

4. 기타 설립에 관한 모든 사항

기타 설립에 관한 모든 사항이 법령 또는 정관의 규정에 위반하지 아니함이 인정된다.

이상 상법의 규정에 의하여 보고함.

20○○년 1월 25일

주식회사 케이앤케이

검사인 사내이사 주 기 형

※ 이사의 조사·보고와 검사인의 선임청구

○ 이사와 감사는 취임후 지체없이 회사의 설립에 관한 모든 사항이 법령 또는 정관의 규정에 위반되지 아니하는지의 여부를 조사하여 발기인에게 보고하여야 한다(상법 제298조제1항). 이사와 감사 중 발기인이었던 자, 현물출자자 또는 회사성립 후 양수할 재산의 계약당사자인 자는 위 조사·보고에 참가하지 못한다(상법 제298조제2항). 따라서 이사 1인으로 주식회사를 설립하는 경우에는 공증인으로 하여금 이를 조사·보고를 하게 하여야 한다(상법 제298조제3항). 실무에서는 발기인 아닌 이사나 감사 1인을 선임하여 조사·보고를 하게하고 있다.

○ 설립경과의 조사보고자는 상법 제296조제1항에 따라 발기인이 의결권의 과반수로 선임한 이사·감사 중 제298조제2항의 제척사유(발기인이었던 자, 현물출자자 또는 회사성립후 양수할 재산의 계약당사자인 자) 없는 이사·감사 전원이다(상업등기선례 제201804-4호, 2018. 4. 18.)

[사례] 발기인총회 소집절차 생략동의서

주주총회 소집절차 생략동의서

본 회사는 자본금 10억원 미만인 회사이므로 상법 제363조 제4항에 의하여 20○○년 ○월 ○일 10: 00에 개최되는 발기인총회 건에 대하여 주주전원은 소집절차없이 개최하는 것에 동의합니다.

20○○년 ○월 ○일

주식회사 ○○

주주 ○ ○ ○ (인)

※ 자본금 총액이 10억원 미만인 회사는 주주 전원의 동의가 있을 경우에는 소집절차 없이 주주총회를 개최할 수 있다(상법 제363조 제4항).

[사례] 이사회의사록

이사회의사록

20○○년 1월 25일 11:00시 창립사무소에서 다음과 같이 이사회를 개최하다.

이사총수 3 명 출석이사수 3 명

의안 : 대표이사 선임의 건

이사 전원의 호선에 따라 사내이사 강원도를 임시의장으로 선출하다. 의장 강원도는 즉석에서 이를 승낙하고 의장석에 등단하여 개회를 선언한 후 발기인총회의 종결에 이어 본 회사의 대표이사를 선임하여 줄 것을 물은즉 이사 전원 신중히 협의한 결과 다음 사람이 대표이사에 선임되어 동인은 즉석에서 그 취임을 승낙하다.

대표이사 강 원 도

위 피선자는 즉석에서 그 취임을 승낙히디.

이상으로 금일 의안이 전부 심의 종료하였음을 고하고 11시 00분에 폐회를 선언하다.

위 결의를 명확히 하기 위하여 이 의사록을 작성하고 의장 및 출석한 이사가 아래에 기명 날인하다.

20○○년 1월 25일

주식회사 케이앤케이

대표이사 강 원 도

사내이사 양 명 수

사내이사 주 기 형

○ 주식회사 설립등기 시 이사의 명칭을 사내이사, 사외이사로 구분하여 등기하여야 한다. 이사회에 관한 설명은 87면 참조

[사례] 취임승낙서

취 임 승 낙 서
본인 등은 20○○년 1월 10일 발기인 총회에서 이사에 각 선임되었는바 그 취임을 승낙합니다.
20○○년 1월 일
사내이사 강 원 도 사내이사 양 명 수 사내이사 주 기 형
주식회사 케이앤케이 귀중

※ 취임승낙서에는 취임자의 인감도장을 날인하고 인감증명법에 의하여 신고한 인감증명서나 본인서명사실확인서 또는 전자본인서명확인서를 첨부하여야 한다(112면 참조).

[사례] 취임승낙서

취 임 승 낙 서
본인은 20○○년 월 일 이사회에서 대표이사에 선임되었는바 그 취임을 승낙합니다.
20○○년 1월 일
대표이사 강 원 도 (인)
주식회사 케이앤케이 귀중

[사례] 주금납입잔고증명서

잔고증명서

일금 오천만원정(₩50,000,000원정)
발행주식의 총수 10,000주
액면주식 1주의 금액 5,000원정

위 금액은 설립시에 발행하는 주식총수에 대한 납입금으로서 20○○년 1월 25일 납입이 완료되어 현재 이를 보관중임을 증명합니다.

20○○년 1월 25일

증명인 국민은행 ○○로00길 ○○지점
서울 서초구 시초로100길 2211-71
지점장 오 강 경

주식회사 케이앤케이 발기인대표 귀하

※ 잔고증명서

○ 자본금 총액이 10억원 미만인 주식회사를 발기설립하는 경우에는 잔고증명서를 첨부하면 된다. 한편, 자본금의 총액이 10억원 미만이라도 모집설립의 경우에는 공정성 확보를 위하여 현재와 같은 주금납입금보관증명서 제도를 유지하고 있다.

○ 잔고증명은 발기인 대표명의로 자본금으로 쓸 예금계좌를 개설하거나 기존계좌의 예치된 돈도 가능하다. 통장원본을 금융기관에 제시하면 발급해준다. 온라인으로도 발급이 가능하다. 잔고증명서 발급 시는 1일동안 출금을 할 수 없다.

[사례] 주주명부

<table>
<tr><td colspan="5">주 주 명 부</td></tr>
<tr><td>주 주</td><td>주 소</td><td>인 수
주식수</td><td>1주금액</td><td>납 입 금 액</td></tr>
<tr><td>강 원 도</td><td>서울 서초구 방배로20길 1254-1
www. ldf21@yahoo. co. kr</td><td>10,000주</td><td>금5,000원</td><td>금50,000,000원</td></tr>
<tr><td></td><td></td><td></td><td></td><td></td></tr>
<tr><td></td><td></td><td></td><td></td><td></td></tr>
<tr><td>합 계</td><td></td><td>10,000주</td><td>금5,000원</td><td>금50,000,000원</td></tr>
<tr><td colspan="5">위 주주명부는 본사에 비치된 주주명부와 대조하여 틀림이 없음을 증명합니다.
20 년 9월 6 일</td></tr>
<tr><td>상 호</td><td colspan="4">주식회사 케이앤케이</td></tr>
<tr><td>본점주소</td><td colspan="4">서울 서초구 서초로100길 1234-1</td></tr>
<tr><td>대표이사성명</td><td colspan="4">강 원 도</td></tr>
</table>

※ 전자주주명부제도

○ 회사는 정관에서 정하는 바에 따라 전자문서로 주주명부를 작성할 수 있다(상법 제352조의2제1항). 전자주주명부에는 상법 제352조제1항의 기재사항 외에 전자우편주소를 적어야 한다.

○ 개정상법은 기업경영의 IT화를 위하여 주주총회에 직접 참석하거나 대리인에게 투표를 위임하지 않더라도 전자서명 등 본인인증절차를 거쳐 인터넷으로 의결권을 행사하는 전자투표제도가 도입됐다(상법 제368조의4, 제382조의2). 이와 함께 주주들이 서면 외에도 이메일 등 전자문서를 통해 주주제안권 및 임시주주총회 소집청구권을 행사할 수 있도록 했다. 전자투표제도를 도입함에 따라 일반 주주명부를 전자문서로 된 주주명부로 대체할 필요가 있어서 제도화한 것이다.

[사례] 인감 · 개인(改印) 신고서

인감 · 개인(改印) 신고서

(신고하는 인감날인란) (인감제출자에 관한 사항)

상 호(명칭)		주식회사 케이앤케이	등기번호	
본점(주사무소)		서울 서초구 서초로100길 1234-1		
인감제출자	자격/성명	대표이사 강 원 도		
	주민등록번호	-		
	주 소	서울 서초구 방배로20길 1254-1		

␣ 위와 같이 인감을 신고합니다.

␣ 위와 같이 개인(改印)하였음을 신고합니다.

20○○년 월 일 (개인인감 날인란)

신고인 본 인 성 명 (인)

대리인 성 명 (인)

서울중앙지방법원 상업등기소 귀중

주 1. 개인인감 날인란에는 「인감증명법」에 의하여 신고한 인감을 날인하고 그 인감증명서(발행일로부터 3개월 이내의 것)를 첨부하여야 합니다. 개인(改印)신고의 경우, 개인인감을 날인하는 대신에 등기소에 신고한 유효한 종전 인감을 날인하여도 됩니다.

2. 인감·개인신고서에는 신고하는 인감을 날인한 인감대지를 첨부하여야 합니다.

3. 지배인이 인감을 신고하는 경우에는 인감제출자의 주소란에 지배인을 둔 장소를 기재하고, 「상업등기규칙 제35조제3항의 보증서면(영업주가 등기소에 신고한 인감 날인)을 첨부하여야 합니다.

위 임 장

성 명 : 주민등록번호(-)

주 소 :

위의 사람에게, 위 인감신고 또는 개인신고에 관한 일체의 권한을 위임함.

200 년 월 일

인감(改印) 신고인 성 명 (인)

※ 1개의 법인을 대표하는 자가 2인인 경우에 등기를 신청하는 대표자만 인감을 제출하여도 되지만, 공동으로 대표권을 행사하여야 하는 자가 등기를 신청할 경우에는 공동으

로 대표권을 행사하도록 되어 있는 자 전원의 인감을 제출하여야 하며, 1개의 법인을 대표하는 여러 명의 인감은 각각 달라야 한다(등기예규 제1626호).

※ 인감의 규격 등 : 인감은 대조에 적당한 것이어야 한다. 인감은 규칙 제35조 제4항에서 정한 크기(가로·세로 2.4센티미터의 정사각형 안에 들어갈 수 있어야 하고, 가로·세로 1센티미터의 정사각형 안에 들어가는 것이 아니어야 함)로, 선명하지 않거나 너무 복잡한 것이어서는 안 된다(등기예규 제1626호).

※ 인감을 제출할 수 있는 자가 개인인 경우에는 인감(改印)신고서에 인감증명법에 따라 신고한 인감을 날인하고 그 인감증명서(발행일로부터 3개월 이내의 것에 한한다)를 첨부하거나 등기소에 제출한 유효한 종전 인감을 날인하여야 한다. 다만, 그 신고서에 본인이 기명날인 또는 서명하였다는 공증인의 인증서면을 제출하는 경우에는 그러하지 아니한다(등기예규 제1626호).

※ 외국인의 경우에는 다음의 구분에 따라 인감(改印)신고를 하여야 한다.

○ 인감증명의 날인제도가 있는 외국인(일본인, 대만인 등)은 인감(改印)신고서에 날인한 인감과 동일한 본국 관공서 발행의 인감증명을 첨부하여야 한다.

○ 본국에 인감증명제도가 없는 외국인의 경우(미국, 캐나다 등의 경우)에는 인감(改印)신고서에 서명하고 본인이 서명을 하였다는 본국 관공서(대사관)의 증명서면이나 우리나라 공증인의 공증서면으로 갈음할 수 있다. 국내에 없을 경우인감(改印)신고서를 본국으로 보내어 본인서명 후 공증을 받아 제출해야 한다.

※ 외국발행의 공문서나 외국공증인의 공증을 받은 사문서에 대해서는 아포스티유 가입국은 해당국가의 정부에서 발행한 아포스티유를 첨부하여야 하고, 미가입국이라면 해당국가에 주재하는 대한민국 공증담당영사의 확인을 받아 제출하여야 한다.

[사례] 인감대지

	신고하는 인감날인란	상 호(명 칭) : 주식회사 ○○ 자격 및 성명 : 대표이사 ○○○ 주민등록번호 : 00000-000000

※ 인감(個人)신고서를 제출할 때에는 인감대지(위 양식 3장)도 함께 제출

[사례] 인감카드 등 (재)발급신청서

인감카드 등 (재)발급신청서

상호(명칭)		주식회사 케이앤케이	등기번호	0000
본점(주사무소)		서울 서초구 서초로100길 1234-1		
인감 제출자	자격 / 성명	대표이사 강 원 도		
	주민등록번호	000000-0000000		

발급사유	␣ 최초발급 ␣ 카드분실 ␣ 카드훼손 ␣ 인감증명서발급기능 ␣ 기타 ( )		
매체구분	␣ 인감카드 ␣ HSM USB	인감카드 비밀번호	(변경 후 :)
수수료	금 원	납부번호	

위와 같이 인감카드 등의 (재)발급을 신청합니다.

년 월 일 (인감 날인란)

신청인 인감제출자 (본 인) 성 명 (인) (전화 :)

(대리인) 성 명 (인) (전화 :)

지방법원 등기소 귀중

접수번호		인감카드번호	

주 1. 인감카드 비밀번호란에는 (재)발급받아 사용할 인감카드의 비밀번호를 기재하며, 아라비아숫자 6자릿수를 기재하여야 합니다. 다만, 인감카드 재발급의 경우에는 기존 인감카드의 비밀번호와 재발급받아 사용할 인감카드의 비밀번호(변경 후)를 기재하여야 합니다.

2. 인감카드 (재)발급을 신청하는 경우에는 등기소에 제출한 인감을 날인하여야 합니다. 다만, 인감카드 재발급의 경우 기존 인감카드 비밀번호를 기재할 수 없을 때에는 인감제출자 본인은 신분증명서 사본을, 위임에 의한 대리인은 인감제출자가 「인감증명법」에 따라 신고한 인감을 신청서에 날인하고 그 인감증명서 및 대리인의 신분증명서 사본을 각각 첨부하여야 합니다.

3. 인감카드의 재발급을 신청할 때에는 「등기사항증명서 등 수수료규칙」으로 정하는 수수료를 납부하여야 합니다. 다만, 인감카드를 반납할 때에는 수수료를 납부할 필요가 없습니다.

위 임 장

성 명 : 주민등록번호(-)

주 소 :

위의 사람에게, 위 (재)발급신청서에 기재된 인감카드 등의 발급신청과 그 수령 등에 관한 일체의 권한을 위임함.

20 년 월 일

인감신고인 성 명 (인) (전화)

[사례] 주식회사 발기설립등기(소규모회사설립, 발기인 2인, 이사 3인, 감사1인, 자본금 1억원으로 설립하는 사례)

주식회사 설립등기신청

접 수	년 월 일	처리인	등기관확인	각종통지
	제 호			

등 기 의 목 적	주식회사 설립(발기설립)
등 기 의 사 유	20 년 월 일 정관을 작성하고 발기인이 회사 설립시에 발행하는 주식의 총수를 인수받고, 20○○년 월 일 발기인총회를 종결하였으므로 다음 사항의 등기를 구함.
본/지점 신청구분	1. 본점신청 □ 2. 지점신청 □ 3. 본·지점 일괄신청 □
등 기 할 사 항	
상 호	주식회사 케이투
본 점	서울 서초구 서초로100길 1234-1
공 고 방 법	회사의 인터넷 홈페이지(http://www.○○○.….)에 게재한다. 다만, 전산장애 또는 그 밖의 부득이한 사유로 회사의 인터넷 홈페이지에 공고를 할 수 없을 때에는 ○○시에서 발행되는 ○○신문에 한다.[35]
액면주식1주의 금액	금 5,000원
발행할주식의 총수	500,000주
발행주식의 총수, 그 종류와 각종 주식의 내용과 수	20,000주 보통주식[36]
자본금의 액	금 100,000,000원

35) 홈페이지가 없을 경우 : ○○시에서 발행되는 ○○신문에 한다.

36) 상법은 회사설립시 발행하는 주식의 총수는 회사가 발행할 주식총수의 1/4이상이어야 한다는 요건을 폐지하였다(상법 제289조 제2항). 이에 따라 회사설립시 발행하여야 하는 주식수에 대한 제한이 전혀 없게 되었다(구체적설명 62면 참조).

등 기 할 사 항	
목 적	1. 소프트웨어 개발 및 판매업 2. 컴퓨터 주변기기 개발, 제조 및 판매업 3. 영상음향 전송기기 개발, 제조 및 판매업 4. 멀티미디어 소프트웨어 제작 공급서비스업 5. 위 각호에 관련된 부대사업일체
이사·감사·집행임원의 성명 및 주민등록번호37)	사내이사 김 철 수(000000-0000000) 사내이사 이 정 근(000000-0000000) 사내이사 조 동 기(000000-0000000) 감 사 홍 길 동(000000-0000000)
대표이사 또는 대표집행임원의 성명, 주민등록번호, 주소38)	김 철 수(000000-000000) 서울 서초구 방배로20길 1254-1
지 점	없음
존립기간 또는 해산사유	없음(정관에 규정이 되어있으면 기재)
기 타 (주식의 양도에 관하여 이사회의 승인을 얻도록 정한 때에는 그 규정, 명의개서대리인을 둔 때에는 그 상호와 본점소재지 등)	없음(정관에 규정이 되어있으면 기재)

37) 상법은 선택적으로 업무집행기관으로서 '집행임원'을 둘 수 있도록 하였다(91면 참조).
38) 집행임원제도를 둔 회사는 대표이사를 두지 못한다(제408조의2).

<table>
<tr><td colspan="8">신청등기소 및 등록면허세/수수료</td></tr>
<tr><td rowspan="2">순번</td><td rowspan="2">신청등기소</td><td rowspan="2">구분</td><td>등록면허세</td><td rowspan="2">농어촌
특별세</td><td rowspan="2">세액합계</td><td rowspan="2">등기신청수수료</td></tr>
<tr><td>지방교육세</td></tr>
<tr><td rowspan="2"></td><td rowspan="2"></td><td rowspan="2"></td><td>금1,200,000원</td><td rowspan="2"></td><td rowspan="2">금1,440,000원</td><td rowspan="2">금 30,000원</td></tr>
<tr><td>금240,000원</td></tr>
<tr><td colspan="3" rowspan="2">합 계</td><td></td><td rowspan="2"></td><td rowspan="2"></td><td rowspan="2"></td></tr>
<tr><td></td></tr>
<tr><td colspan="4">등기신청수수료 은행수납번호</td><td colspan="3"></td></tr>
<tr><td colspan="2">과 세 표 준 액</td><td colspan="5">100,000,000 원</td></tr>
<tr><td colspan="7">첨 부 서 면</td></tr>
<tr><td colspan="4">1. 정 관 통
1. 주식의 인수를 증명하는 서면 통
1. 발기인회의사록 통
1. 이사회의사록 통
1. 잔고증명서 통
1. 검사인조사보고서등본 통
1. 취임승낙서(인감증명서포함) 통</td><td colspan="3">1. 주민등록표등본 통
1. 인감신고서 통
1. 등록면허세영수필확인서 통
1. 위임장(대리인이 신청할 경우) 통
1. 법인인감카드발급신청서 통
<기 타></td></tr>
<tr><td colspan="7">20○○년 ○월 ○일
신청인 상 호 주식회사 케이투
본 점 서울 서초구 서초로100길 1234-1
대표이사 성 명 김 철 수 (인) (전화 :)
주 소 서울 서초구 방배로20길 1254-1
대리인 성 명 (인) (전화 :)
주 소
서울중앙지방법원 상업등기소 귀중</td></tr>
</table>

– 신청서 작성요령 –

1. 해당란이 부족할 때에는 별지를 이용합니다.
1. 해당 등기신청과 관계없는 사항에 대하여는 "해당없음"으로 기재하거나 삭제하고, 필요한 사항은 추가 기재합니다.
1. 「인감증명법」에 따른 인감증명서 제출과 함께 관련 서면에 인감을 날인하여야 하는 경우, 본인서명사실확인서를 제출하고 관련 서면에 서명을 하거나 전자본인서명확인서 발급증을 제출하고 관련 서면에 서명을 하면 인감증명서를 제출하고 관련 서면에 인감을 날인한 것으로 봅니다.

(용지규격 21㎝× 29.7㎝)

※ 이 사례는 발기인 2인, 이사 3인, 감사 1인, 자본금 1억원으로 설립하는 사례이다.

※ 이사

○ 이사의 정원은 정관으로 최소인원수를 정할 수 있다(상법 제283조제1항).

○ 주식회사 설립등기 시 이사의 명칭을 사내이사, 사외이사로 구분하여 등기하여야 한다. 주주총회의사록 등에 사내이사, 사외이사로 구분하여 선임한 사실이 기재되어 있어야 한다. 특히 사외이사는 명확히 의사록에 나타나 있어야 한다.

※ 등록면허세와 지방교육세

○ 이 사례의 경우 등록면허세액이 400,000원이나 과밀억제권역에서 설립하는 경우이므로 당해세율의 3배의 등록면허세로 하여 세액합계가 금1,440,000원이 된 것이다. 등록면허세액의 구체적 내용은 116면 참조

○ 지방교육세 : 등록면허세액의 20/100에 해당하는 지방교육세를 납부하여야 하므로 이 사례의 경우 금240,000원을 계산하였다.

○ 등록면허세·지방교육세 납부절차 : 등록세는 직접 관할 관청에 납부할 수 있으며(등기예규 제1612호) 또는 지방세 인터넷 납부시스템 위택스(www.wetax.go.kr)에 의하여도 납부할 수 있다. 납부 후 등록면허세영수필확인서를 "신청등기소 및 등록면허세/수수료"란에 붙인다.

○ 등기신청 수수료 : 서면제출 시 30,000원이다. 전자신청의 경우 3만원에 해당하는 등기신청수수료는 2만원, 6천원에 해당하는 등기신청수수료는 2천원을 각각 납부하여야 하고, 전자표준(이폼)양식에 의하여 신청하는 경우 서면제출 시 3만원에 해당하는 등기신청수수료는 2만5천원, 6천원에 해당하는 등기신청수수료는 4천원을 각각 납부하여야 한다.

○ 공증(인증) 및 비용 : 구체적 내용은 627면 참조

[사례] 위임장(등기소 제출용)

위 임 장

법무사 이 장 수
서울 강동구 성내동 319-33
전화 595-1235

본인은 위 사람을 대리인으로 정하고 다음의 권한을 위임합니다.

다 음

1. 본 회사의 설립등기 신청 및 취하에 관한 일체의 행위.

20○○년 10 월 1 일

위임인 주식회사 케이투
서울 서초구 서초로100길 1234-1
대표이사 김 철 수 (인)

※ 이 위임장은 법무사에게 주식회사설립등기를 의뢰하는 경우 대리의 권한을 법무사에게 위임하는 서류로써 등기소에 제출하는 서류이다.

[사례] 정 관

정 관

제1장 총 칙

제1조(상호) 당 회사는 주식회사 케이투라 칭한다.

제2조(목적) 당 회사는 다음 사업을 경영함을 목적으로 한다.

1. 소프트웨어 개발 및 판매업
2. 컴퓨터 주변기기 개발, 제조 및 판매업
3. 영상음향 전송기기 개발, 제조 및 판매업
4. 위 각호에 관련된 부대사업일체

제3조(본점의 소재지 및 지점의 설치)①당 회사의 본점은 서울시내에 둔다.

② 당 회사는 필요에 따라 이사회 결의로 전국 각처에 지점을 둘 수 있다.

제4조(공고방법)당 회사의 공고는 회사의 인터넷 홈페이지(http://www.○○○.….)에 게재한다. 다만, 전산장애 또는 그 밖의 부득이한 사유로 회사의 인터넷 홈페이지에 공고를 할 수 없을 때에는 ○○시에서 발행되는 ○○신문에 한다.

제2장 주 식

제5조(회사가 발행할 주식의 총수) 당 회사가 발행할 주식의 총수는 500,000주로 한다.

제6조(액면주식 1주의 금액) 당 회사가 발행하는 주식 액면주식 1주의 금액은 금 오천원(₩5,000)으로 한다.

제7조(회사의 설립시에 발행하는 주식총수) 당 회사는 설립시에 20,000주의 주식을 발행하기로 한다.[39)]

제8조(주식 및 주권의 종류) 당 회사의 주식은 보통주식으로서 전부 기명식으로

39) 상법은 회사설립시 발행하는 주식의 총수는 회사가 발행할 주식총수의 1/4이상이어야 한다는 요건도 폐지하였다(상법 제289조 제2항 삭제, 2012.4.15. 시행). 이에 따라 회사설립시 발행하여야 하는 주식수에 대한 제한이 전혀 없게 되었다. 따라서 발행예정주식총수 중 설립시에 발행하는 주식 수를 공제한 나머지는 소위 수권주식(授權資本)으로서, 설립 이후는 제한규정이 없으므로 무제한으로 이사회의 결의에 의하여 수시로 신주를 발행할 수 있다.

하고 주권은 오천주권, 오백주권, 일백주권, 일십주권, 일주권의 4종으로 한다.

제9조(주권 불소지) 당 회사는 주권 불소지 제도를 채택하지 아니한다.

제10조(주금납입의 지체) 주금 납입을 지체한 주주는 납입기일 다음날부터 납입이 끝날때까지 지체 주금 백원에 대하여 일변 십전의 비율로서 과태금을 회사에 지급하고 또 이로 인하여 손해가 생겼을 때는 그 손해를 배상하여야 한다.

제11조(명의 개서) ① 당 회사의 주식에 관하여 명의개서를 청구함에 있어서는 당 회사에서 정하는 청구서에 기명날인 또는 서명하고 이에 주권을 첨부하여 제출하여야 한다.

② 양도 이외의 사유로 인하여 주식을 취득한 경우에는 당 회사가 정하는 제1항의 청구서 이외에 그 사유를 증명하는 서면과 주권을 제출하여야 한다.

제12조(질권의 등록 및 신탁재산의 표시) 당 회사의 주식에 관하여 질권의 등록 또는 신탁재산의 표시를 청구함에 있어서는 당 회사가 정하는 청구서에 당사자가 기명날인 또는 서명하고 이에 주권을 첨부하여 제출하여야 한다. 그 등록 또는 표시의 말소를 청구함에 있어서도 같다.

제13조(주권의 재발행) ① 주권의 분할, 병합, 오손 등의 사유로 인하여 주권의 재발행을 청구함에 있어서는 당 회사가 정하는 청구서에 기명날인 또는 서명하고 이에 주권을 첨부하여 제출하여야 한다.

② 주권의 상실로 인하여 그 재발행을 청구함에 있어서는 당 회사가 정하는 청구서에 기명날인하고 이에 제권판결의 정본 또는 등본을 첨부하여 제출하여야 한다.

제14조(수수료) 제11조 내지 제13조에서 정하는 청구를 하는 자는 당 회사가 정하는 수수료를 납부하여야 한다.

제15조(주주명부의 폐쇄) ① 당 회사는 매년 1월 1일부터 정기주주총회의 종결일까지 주주명부의 기재의 변경을 정지한다.

② 제1항의 경우 이외의 주주 또는 질권자로서 권리를 행사할 자를 정하기 위하여 필요한 때에는 이사회의 결의에 의하여 주주명부의 기재의 변경을 정지하고 또는 기준일을 정할 수가 있다. 이 경우에는 그 기간 또는 기준일의 2주 전에 공고하는 것으로 한다.

제16조(주주의 주소 등의 신고) 당 회사의 주주 및 등록된 질권자 또는 그 법정대리인이나 대표자는 당 회사가 정하는 서식에 의하여 그의 성명, 주소와 인감을

당 회사에 신고하여야 한다. 신고사항에 변경이 있는 때에도 또한 같다.

제3장 주주총회

제17조 (소집) ① 당 회사의 정기주주총회는 영업 년도 말일의 다음날부터 3월 이내에 소집하고 임시주주총회는 필요한 경우에 수시 소집한다.

② 주주총회를 소집함에는 그 일시, 장소 및 회의의 목적사항을 2주 전에 각 주주에게 서면 또는 전자문서로 통지를 발송하여야 한다.

③ 의결권이 있는 발행주식 총수의 100분의 1 이하의 주식을 소유한 주주에 대한 소집 통지는 2주 전에 주주총회를 소집한다는 뜻과 회의 목적사항을 회사의 공고방법에 따라 공고함으로써 서면 또는 전자문서에 의한 소집통지에 갈음할 수 있다.

제18조(의장) 대표이사가 주주총회의 의장이 된다. 그러나 대표이사 유고시에는 이사회에서 선임한 다른 이사가 의장이 된다.

제19조(결의) 주주총회의 결의는 법령 또는 정관에 다른 규정이 있는 경우를 제외하고 출석한 주주의 의결권의 과반수와 발행주식 총수의 4분의1 이상의 수로서 한다.

제20조(의결권의 대리행사) 주주는 대리인으로 하여금 의결권을 행사할 수 있다. 대리인이 의결권을 행사함에는 표결전에 그 권한을 증명하는 서면을 의장에게 제출하여야 한다.

제21조(총회의 의사록) 주주총회의 의사록에는 의사의 경과요령과 그 결과를 기재하고 의장과 출석한 이사가 기명날인 또는 서명하여야 한다.

제4장 임원과 이사회

제22조(이사와 감사의 원수)당 회사의 이사는 3인 이상, 감사는 1인을 두기로 한다.

제23조(이사의 선임)당 회사의 이사는 제19조의 결의방법에 의하여 선임한다.

제24조(이사의 임기)이사의 임기는 취임후 3년으로 한다. 그러나 이사의 임기가 재임중 최종의 결산기에 관한 정기주주총회의 종결전에 끝날 때에는 그 정기주주총회의 종결에 이르기까지 그 임기를 연장한다. 보궐 또는 증원에 의하여 선임된 임기는 다른 이사의 전 임기와 같이한다.

제25조(이사회의 소집)이사회는 대표이사 또는 이사회에서 따로 정한 이사가 있

는 때에는 그 이사가 회일의 1주간 전에 각 이사에게 통지하여 소집한다. 그러나 이사전원의 동의가 있는 때에는 소집절차를 생략할 수 있다.

제26조(이사회의 결의)이사회의 결의는 이사 과반수의 출석과 출석이사의 과반수로 한다.

제27조(이사회의 의사록)이사회의 의사록에는 의사의 경과요령과 그 결과를 기재하고 출석한 이사의 기명날인 또는 서명하여야 한다.

제28조(대표이사)①당 회사는 사장 1인과 필요한 경우에 부사장, 전무이사 및 상무이사 각 약간명을 둔다.

②사장, 부사장, 전무이사와 상무이사는 이사회결의에 의하여 이사 중에서 선임한다.[40)]

③사장은 당 회사를 대표한다.

제29조(업무집행)①사장은 당회사의 업무를 통할하고 부사장, 전무이사 또는 상무이사가 사장을 보좌하여 그 업무를 분장한다.

② 사장이 유고시에는 미리 이사회에서 정한 순서에 따라 부사장, 전무이사 또는 상무이사가 대표이사의 직무를 대행한다.

제30조(감사의 수와 선임) ①이 회사의 감사는 1명 이상으로 한다.

②감사는 주주총회에서 선임하며, 감사의 선임을 위한 의안은 이사의 선임을 위한 의안과는 구분하여 의결하여야 한다.

③감사의 선임은 출석한 주주의 의결권의 과반수로 하되 발행주식총수의 4분의 1이상의 수로 하여야 한다. 그러나 의결권있는 발행주식총수의 100분의 3을 초과하는 수의 주식을 가진 주주는 그 초과하는 주식에 관하여 제1항의 감사의 선임에 있어서는 의결권을 행사하지 못한다. 다만, 소유주식수의 산정에 있어 최대주주와 그 특수관계인, 최대주주 또는 그 특수관계인의 계산으로 주식을 보유하는 자, 최대주주 또는 그 특수관계인에게 의결권을 위임한 자가 소유하는 의결권있는 주식의 수는 합산한다.

제31조(감사의 임기) 감사의 임기는 취임후 3년내의 최종의 결산기에 관한 정기주주총회 종결시까지로 한다.

제32조(감사의 보선) 감사의 결원이 생긴 때에는 주주총회에서 이를 선임한다. 그러나 이 정관 제○조에서 정하는 원수를 결하지 아니하고 업무수행상 지장이

40) 이사 2인 체제 회사의 대표이사 관련 정관 기재사항은 128면, 145면 참조

없는 경우에는 그러하지 아니한다.

제33조(감사의 직무 등) ①감사는 이 회사의 회계와 업무를 감사한다.

②감사는 이사회에 출석하여 의견을 진술할 수 있다.

③감사는 필요하면 회의의 목적사항과 소집이유를 서면에 적어 이사(소집권자가 있는 경우에는 소집권자를 말한다)에게 제출하여 이사회 소집을 청구할 수 있다.

④제3항의 청구를 하였는데도 이사가 지체 없이 이사회를 소집하지 아니하면 그 청구한 감사가 이사회를 소집할 수 있다.

⑤감사는 회의의 목적사항과 소집의 이유를 기재한 서면을 이사회에 제출하여 임시총회의 소집을 청구할 수 있다.

⑥감사는 그 직무를 수행하기 위하여 필요한 때에는 자회사에 대하여 영업의 보고를 요구할 수 있다. 이 경우 자회사가 지체없이 보고를 하지 아니할 때 또는 그 보고의 내용을 확인할 필요가 있는 때에는 자회사의 업무와 재산상태를 조사할 수 있다.

제34조(감사록) 감사는 감사에 관하여 감사록을 작성하여야 하며, 감사록에는 감사의 실시요령과 그 결과를 기재하고 감사를 실시한 감사가 기명날인 또는 서명하여야 한다.

제35조(보수와 퇴직금)임원의 보수 또는 퇴직한 임원의 퇴직금은 주주총회의 결의로 정한다.

제5장 계 산

제36조(영업연도)당 회사의 영업연도는 매년 1월 1일부터 동년 12월 말일까지로 한다.

제37조(재무제표, 영업보고서의 작성비치)①당 회사의 사장은 정기총회 회일 6주간전에 다음 서류 및 그 부속명세서와 영업보고서를 작성하여 이사회의 승인과 주주총회의 감사를 받아 정기총회에 제출하여야 한다.

1. 대차대조표
2. 손익계산서
3. 이익처분계산서 또는 결손금처리계산서

②제1항의 서류는 영업보고서, 감사보고서와 함께 정기총회 1주간전부터 당 회사의 본점과 지점에 비치하여야 하고 총회의 승인을 얻었을 때에는 그 중 대차

대조표를 지체없이 공고하여야 한다.

제38조(이익금의 처분)매기 총수입금에서 총지출금을 공제한 잔액을 이익금으로 하여 이를 다음과 같이 처분한다.

1. 이익준비금 금전에 의한 이익배당액의 십분의 일이상
2. 별도적립금 약간
3. 주주배당금 약간
4. 임원 상여금 약간
5. 후기 이월금 약간

제39조(이익배당)이익배당금은 매결산기에 있어서의 주주명부에 기재된 주주 또는 질권자에게 지급한다.

부 칙

제40조(최초의 영업연도)당 회사의 최초의 영업연도는 회사 설립일로부터 동년 12월 31일까지로 한다.

제41조(발기인)발기인의 성명 및 주소는 이 정관 말미에 기재함과 같다.

위와 같이 주식회사 케이투를 설립하기 위하여 이 정관을 작성하고 발기인 전원이 이에 기명날인 또는 서명한다.

20○○년 1월 25일

주식회사 케이투

발기인 김 철 수(000000-0000000)

서울 서초구 방배로20길 1254-1

발기인 이 정 근(000000-0000000)

서울 서초구 서초로120길 112-3

○ 정관은 1인 이상의 발기인이 작성한다(상법 제288). 발기인은 정관의 작성자로서 각 발기인이 정관의 말미에 기명날인 또는 서명하여야 한다(상법 제289조제1항).

○ 상법은 소규모 회사 창업의 원활화를 위하여 자본금 총액이 10억원 미만인 회사를 발기설립하는 경우 "각 발기인이 정관에 기명날인 또는 서명함으로써 효력이 생긴다." 고 하여 정관의 공증의무를 면제하도록 하였다(상법 제292조).

[사례] 발기인총회 소집기간 생략 동의서

발기인총회 소집기간 생략 동의서
본 회사는 자본금 10억원 미만인 회사이므로 상법 제363조 제4항에 의하여 20○○년 ○월 ○일 10: 00에 개최되는 발기인총회 건에 대하여 주주전원은 소집절차없이 개최하는 것에 동의합니다. 20○○년 ○월 ○일 주식회사 ○○ 주주 김 철 수 (인) 주주 이 정 근 (인)

※ 자본금 총액이 10억원 미만인 회사는 주주 전원의 동의가 있을 경우에는 소집절차없이 주주총회를 개최할 수 있도록 하였다(상법 제363조제4항).

[사례] 주식인수증

주 식 인 수 증	
상 호	주식회사 케이투
인수할주식수	15,000주
금 액	금75,000,000원
일주의 금액	금5,000원
위 주식을 발기인으로 인수합니다. 20○○년 1월 일 발기인 김 철 수 서울 서초구 방배로20길 1254-1 주식회사 케이투 발기인대표 귀하	

※ 주식회사의 자본금은 주식에 의한 출자로써 형성되므로 발기인은 설립시에 발행하는 액면주식에 관하여 반드시 1주 이상을 위 서면에 의하여 인수하여야 한다(상법 제293). 발기인 각자마다 주식인수증을 작성하여야 한다.

[사례] 주식인수증

<table>
<tr><td colspan="2" align="center">주 식 인 수 증</td></tr>
<tr><td>상 호</td><td>주식회사 케이투</td></tr>
<tr><td>인수할주식수</td><td>5,000주</td></tr>
<tr><td>금 액</td><td>금25,000,000원정</td></tr>
<tr><td>일주의 금액</td><td>금5,000원</td></tr>
<tr><td colspan="2">위 주식을 발기인으로 인수합니다.

20○○년 1월 일

발기인 이 정 근
서울 서초구 서초로120길 112-3

주식회사 케이투 발기인대표 귀하</td></tr>
</table>

※ 발기인의 주식인수

○ 주식회사의 자본금은 주식에 의한 출자로써 형성되므로 발기인은 설립시에 발행하는 액면주식에 관하여 반드시 1주 이상을 위 서면에 의하여 인수하여야 한다(상법 제293). 발기인 각자마다 주식인수증을 작성하여야 한다.

[사례] 발기인총회의사록

발기인 총회 의사록

20○○년 1월 27 일 09:00시에 창립 사무소에서 발기인 총회를 개최하다

주식총수	20,000주	출석주식수	20,000주
주주총수	2명	출석주주수	2명

발기인 대표 김 철 수는 위와 같이 상법 소정의 정족수에 달하게 주주가 출석하였으므로 본 총회는 적법하게 성립됨을 고하고, 의사를 진행하기 전에 의장을 선임할 것을 구한바 주주전원 만장일치로 발기인 대표를 의장으로 선임한즉 동인은 그 취임을 승낙하고 의장석에 등단하여 개회를 선언하고 다음 의안의 심의를 구하다.

제1호 의안 : 정관 승인의 건

의장은 정관을 낭독하고 축조설명을 하고 현재 발기인 김철수, 이징근이 정관 작성을 하여 발기하였음을 부연 설명한 후 이를 승인하여 줄 것을 구한바, 전원일치 원안대로 승인하다.

제2호 의안 : 이사, 감사 선임의 건

의장은 이사 3인, 감사 1인을 두는 정관규정에 따라 이사 및 감사의 선임방법을 물은바, 발기인 전원은 무기명 비밀투표로 선출하기로 전원일치되어 즉시 투표한 결과 다음과 같이 선출되다.

사내이사 김 철 수
사내이사 이 정 근
사내이사 조 동 기
감 사 홍 길 동

위 피선자들은 즉석에서 그 취임을 승낙하다.

단, 감사는 상법 제409조를 적용함.

제3호 의안 : 상법 제298조 소정사항 조사보고의 건

의장은 발기인 아닌 사내이사 조동기를 검사인으로 지명하자 전원 이의없이 동인

을 검사인으로 선임할 것을 만장일치로 가결하다.

검사인 조 동 기

위 자는 즉석에서 이를 승낙하고 조사에 착수하다.

의장은 위 조사 보고를 기다리기 위하여 잠시 휴게한 후 속회하다.

검사인은 별지 조사보고서와 같이 보고한즉 만장일치로 승인하다.

제4호 의안 : 본점설치 장소 결정의 건

의장은 본 회사 본점을 다음 장소에 설치함이 적당한 뜻을 설명하고 그 가부를 물은즉 만장 이의 없이 승인하다.

본 점 : 서울 서초구 서초로100길 1234-1

이상으로서 금일 총회의 목적인 의안 전부 심의 종료하였으므로 의장은 폐회를 선언하다. (종료시각은 10 시 00분)

위 의사의 결의를 명확하게 하기 위하여 이 의사록을 작성하고 의장은 출석한 이사가 다음에 기명날인하다.

20○○년 1월 25일

주식회사 케이투

의장 사내이사 김 철 수

사내이사 이 정 근

사내이사 조 동 기

※ 상법은 자본금 총액이 10억원 미만인 회사가 주주총회를 소집하는 경우에는 주주총회일의 10일 전에 각 주주에게 서면으로 통지를 발송하거나 각 주주의 동의를 받아 전자문서로 통지를 발송할 수 있고, 무기명식의 주권을 발행한 경우에는 주주총회일의 2주전에 주주총회를 소집하는 뜻과 회의의 목적사항을 공고할 수 있도록 하였으며 상법 제368조제2항, 제363조제1항), 자본금 총액이 10억원 미만인 회사는 주주 전원의 동의가 있을 경우에는 위 소집절차 없이 주주총회를 개최할 수 있도록 하였으며, 서면에 의한 주주총회 결의도 허용하였다(상법 제363조 제5항).

○ 발기인총회의 결의는 과반수로 하고(상법 제296조 제1항). 발기인의 의결권은 그 인수주식의 1주에 대하여 1개로 한다(동조 제2항).

[사례] 이사의 조사보고서

조사보고서

본인은 20○○년 1월 25일 주식회사 케이투의 발기인 총회에서 검사인으로 선임되었으므로 상법 제298조 소정사항을 조사하여 다음과 같이 보고함.

조사사항

1. 회사 설립시에 발행하는 주식총수에 대한 인수의 정확여부

회사 설립시에 발행하는 주식의 총수는 20,000주(액면주식 1주의 금액 금5,000원)으로서 다음과 같이 인수가 완료되었음이 인정됨

발기인이 인수한 주식수 20,000주(20○○년 1월 일 인수완료)

2. 인수주식에 대한 납입의 정확여부

회사설립시에 발행하는 주식총수 20,000주에 대한 주식대금 금100,000,000원이 20○○년 1월 25일에 납입이 완료되었음은 그 납입을 맡은 은행 지점이 발행한 잔고증명서에 의하여 명확히 확인됨.

3. 변태설립사항

정관에 변태설립사항은 없음

4. 기타 설립에 관한 모든 사항

기타 설립에 관한 모든 사항이 법령 또는 정관의 규정에 위반하지 아니함이 인정된다.

이상 상법의 규정에 의하여 보고함.

20○○년 1월 25일

주식회사 케이투

검사인 사내이사 조 동 기

※ 이사·감사의 조사·보고와 검사인의 선임청구

○ 이사와 감사는 취임후 지체없이 회사의 설립에 관한 모든 사항이 법령 또는 정관의 규정에 위반되지 아니하는지의 여부를 조사하여 발기인에게 보고하여야 한다(상법 제298조제1항). 이사와 감사 중 발기인이었던 자, 현물출자자 또는 회사성립 후 양수할 재산의 계약당사자인 자는 위 조사·보고에 참가하지 못한다(상법 제298조제2항). 따라서 이사 1인으로 주식회사를 설립하는 경우에는 공증인으로 하여금 이를 조사·보고를 하게 하여야 한다(상법 제298조제3항). 실무에서는 발기인 아닌 이사나 감사 1인을 선임하여 조사·보고를 하게하고 있다.

○ 설립경과의 조사보고자는 상법 제296조제1항에 따라 발기인이 의결권의 과반수로 선임한 이사·감사 중 제298조제2항의 제척사유(발기인이었던 자, 현물출자자 또는 회사성립후 양수할 재산의 계약당사자인 자) 없는 이사·감사 전원이다(상업등기선례 제201804-4호, 2018. 4. 18.)

○ 정관으로 상법 제290조(변태설립사항) 각호의 사항을 정한 때에는 이사는 이에 관한 조사를 하게 하기 위하여 검사인의 선임을 법원에 청구하여야 한다. 다만, 상법 제299조의2(현물출자 등의 증명)의 경우에는 그러하지 아니하다(상법 제298조제1항).

○ 검사인은 상법 제290조 각호의 사항과 상법 제295조의 규정에 의한 현물출자의 이행을 조사하여 법원에 보고하여야 하고(상법 제299조제1항), 조사보고서를 작성한 후 지체없이 그 등본을 각 발기인에게 교부하여야 한다(상법 제299조제2항). 검사인의 조사보고서에 사실과 상위한 사항이 있는 때에는 발기인은 이에 대한 설명서를 법원에 제출할 수 있다.

[사례] 주식발행동의서

<table>
<tr><td>

주 식 발 행 동 의 서

발기인 전원의 동의로 회사설립시에 발행할 주식에 관한 사항을 아래와 같이 결정함에 대하여 이의없이 동의함.

1. 주식의 종류와 수
보통 주식 20,000주

2. 주식의 발행가액
액면주식 1주에 대하여 금5,000원

위 동의사항을 확실히 하기 위하여 발기인 전원이 다음에 기명날인함.

20○○년 9월 1일

발기인 김 철 수 (인)
발기인 이 정 근 (인)

</td></tr>
</table>

○ 주식발행사항의 결정 : 회사가 발행할 주식의 총수, 액면주식 1주의 금액, 회사의 설립시에 발행하는 주식의 총수는 반드시 정관으로 정하는 것이나(상법 제289조제1항), 그 외의 주식발행에 관한 사항은 정관에 다른 규정이 없는 한 발기인이 정할 수 있다(상법 제291조).

[사례] 이사회의사록

이사회의사록

20○○년 1월 25일 11:00시 창립사무소에서 다음과 같이 이사회를 개최하다.

이사총수 3 명 출석이사수 3 명

의안, 대표이사 선임의 건

이사 전원의 호선에 따라 사내이사 김철수를 임시의장으로 선출하다. 의장 김철수는 즉석에서 이를 승낙하고 의장석에 등단하여 개회를 선언한 후 발기인총회의 종결에 이어 본 회사의 대표이사를 선임하여 줄 것을 물은즉 이사 전원 신중히 협의한 결과 다음 사람이 대표이사에 선임되어 동인은 즉석에서 그 취임을 승낙하다.

대표이사 김 철 수

위 피선자는 즉석에서 그 취임을 승낙하다.

이상으로 금일 의안이 전부 심의 종료하였음을 고하고 11시 00분에 폐회를 선언하다.

위 결의를 명확히 하기 위하여 이 의사록을 작성하고 의장 및 출석한 이사가 아래에 기명 날인하다.

20○○년 1월 25일

주식회사 케이투

대표이사 김 철 수 (인)

사내이사 이 정 근 (인)

사내이사 조 동 기 (인)

○ 주식회사 설립등기 시 이사의 명칭을 사내이사, 사외이사로 구분하여 등기하여야 한다. 이사회에 관한 설명은 87면 참조

[사례] 취임승낙서

<table><tr><td>

취 임 승 낙 서

본인 등은 20○○년 1월 10일 발기인 총회에서 이사에 각 선임되었는바 그 취임을 승낙합니다.

20○○년 1월 일

사내이사 김 철 수 (인)
사내이사 이 정 근 (인)
사내이사 조 동 기 (인)

주식회사 케이투 귀중

</td></tr></table>

※ 취임승낙서에는 취임자의 인감도장을 날인하고 인감증명법에 의하여 신고한 인감증명서나 본인서명사실확인서 또는 전자본인서명확인서를 첨부하여야 한다(112면 참조).

[사례] 취임승낙서

<table><tr><td>

취 임 승 낙 서

본인은 20○○년 월 일 이사회에서 대표이사에 선임되었는바 그 취임을 승낙합니다.

20○○년 1월 일

대표이사 김 철 수 (인)

주식회사 케이투 귀중

</td></tr></table>

[사례] 주금납입잔고증명서

잔고증명서

일금 일억원정(₩100,000,000원정)
발행주식의 총수 20,000주
액면주식 1주의 금액 5,000원정

위 금액은 설립시에 발행하는 주식총수에 대한 납입금으로서 20○○년 1월 25일 납입이 완료되어 현재 이를 보관중임을 증명합니다.

20○○년 1월 25일

증명인 국민은행 ○○로00길 ○○지점
서울 서초구 서초로100길 2211-71
지점장 오 강 경

주식회사 케이투 발기인대표 귀하

※ 잔고증명서

○ 자본금 총액이 10억원 미만인 주식회사를 발기설립하는 경우에는 잔고증명서를 첨부하면 된다. 한편, 자본금의 총액이 10억원 미만이라도 모집설립의 경우에는 공정성 확보를 위하여 현재와 같은 주금납입금보관증명서 제도를 유지하고 있다.

○ 잔고증명은 발기인 대표명의로 자본금으로 쓸 예금계좌를 개설하거나 기존계좌의 예치된 돈도 가능하다. 통장원본을 금융기관에 제시하면 발급해준다. 온라인으로도 발급이 가능하다. 잔고증명서 발급 시는 1일동안 출금을 할 수 없다.

[사례] 주주명부

주 주 명 부				
주 주	주 소	인 수 주식수	1주금액	납 입 금 액
김 철 수	서울 서초구 방배로20길 1254-1 www. ldf21@yahoo. co. kr	15,000주	금5,000원	금75,000,000원
이 정 근	서울 서초구 방배로20길 1264-1 www. djfk12@hanmali. com	5,000주	금5,000원	금25,000,000원
합 계		20,000주	금5,000원	금100,000,000원
위 주주명부는 본사에 비치된 주주명부와 대조하여 틀림이 없음을 증명합니다. 20 년 9월 6 일				
상 호	주식회사 케이투			
본점주소	서울 서초구 서초로100길 1234-1			
대표이사성명	김 철 수			

※ 전자주주명부제도

○ 회사는 정관에서 정하는 바에 따라 전자문서로 주주명부를 작성할 수 있다(상법 제352조의2제1항). 전자주주명부에는 상법 제352조제1항의 기재사항 외에 전자우편주소를 적어야 한다.

○ 개정상법은 기업경영의 IT화를 위하여 주주총회에 직접 참석하거나 대리인에게 투표를 위임하지 않더라도 전자서명 등 본인인증절차를 거쳐 인터넷으로 의결권을 행사하는 전자투표제도가 도입됐다(상법 제368조의4, 제382조의2). 이와 함께 주주들이 서면 외에도 이메일 등 전자문서를 통해 주주제안권 및 임시주주총회 소집청구권을 행사할 수 있도록 했다. 전자투표제도를 도입함에 따라 일반 주주명부를 전자문서로 된 주주명부로 대체할 필요가 있어서 제도화한 것이다.

[사례] 인감 · 개인(改印) 신고서

인감 · 개인(改印) 신고서

(신고하는 인감날인란) (인감제출자에 관한 사항)

상 호(명칭)		주식회사 케이투	등기번호	
본점(주사무소)		서울 서초구 시초로100길 1234-1		
인감제출자	자격/성명	대표이사 김 철 수		
	주민등록번호	-		
	주 소	서울 서초구 방배로20길 1254-1		

␣ 위와 같이 인감을 신고합니다.
␣ 위와 같이 개인(改印)하였음을 신고합니다.

20○○년 월 일 (개인인감 날인란)

신고인 본 인 성 명 (인)
대리인 성 명 (인)

서울중앙지방법원 상업등기소 귀중

주 1. 개인인감 날인란에는 「인감증명법」에 의하여 신고한 인감을 날인하고 그 인감증명서(발행일로부터 3개월 이내의 것)를 첨부하여야 합니다. 개인(改印)신고의 경우, 개인인감을 날인하는 대신에 등기소에 신고한 유효한 종전 인감을 날인하여도 됩니다.
2. 인감·개인신고서에는 신고하는 인감을 날인한 인감대지를 첨부하여야 합니다.
3. 지배인이 인감을 신고하는 경우에는 인감제출자의 주소란에 지배인을 둔 장소를 기재하고, 「상업등기규칙 제35조제3항의 보증서면(영업주가 등기소에 신고한 인감 날인)을 첨부하여야 합니다.

위 임 장

성 명 : 주민등록번호(-)
주 소 :
위의 사람에게, 위 인감신고 또는 개인신고에 관한 일체의 권한을 위임함.
200 년 월 일
인감(改印) 신고인 성 명 (인)

※ 1개의 법인을 대표하는 자가 2인인 경우에 등기를 신청하는 대표자만 인감을 제출하여도 되지만, 공동으로 대표권을 행사하여야 하는 자가 등기를 신청할 경우에는 공동으

로 대표권을 행사하도록 되어 있는 자 전원의 인감을 제출하여야 하며, 1개의 법인을 대표하는 여러 명의 인감은 각각 달라야 한다(등기예규 제1626호).

※ 인감의 규격 등 : 인감은 대조에 적당한 것이어야 한다. 인감은 규칙 제35조 제4항에서 정한 크기(가로・세로 2.4센티미터의 정사각형 안에 들어갈 수 있어야 하고, 가로・세로 1센티미터의 정사각형 안에 들어가는 것이 아니어야 함)로, 선명하지 않거나 너무 복잡한 것이어서는 안 된다(등기예규 제1626호).

※ 인감을 제출할 수 있는 자가 개인인 경우에는 인감(改印)신고서에 인감증명법에 따라 신고한 인감을 날인하고 그 인감증명서(발행일로부터 3개월 이내의 것에 한한다)를 첨부하거나 등기소에 제출한 유효한 종전 인감을 날인하여야 한다. 다만, 그 신고서에 본인이 기명날인 또는 서명하였다는 공증인의 인증서면을 제출하는 경우에는 그러하지 아니한다(등기예규 제1626호).

※ 외국인의 경우에는 다음의 구분에 따라 인감(改印)신고를 하여야 한다.

○ 인감증명의 날인제도가 있는 외국인(일본인, 대만인 등)은 인감(改印)신고서에 날인한 인감과 동일한 본국 관공서 발행의 인감증명을 첨부하여야 한다.

○ 본국에 인감증명제도가 없는 외국인의 경우(미국, 캐나다 등의 경우)에는 인감(改印)신고서에 서명하고 본인이 서명을 하였다는 본국 관공서(대사관)의 증명서면이나 우리나라 공증인의 공증서면으로 갈음할 수 있다. 국내에 없을 경우인감(改印)신고서를 본국으로 보내어 본인서명 후 공증을 받아 제출해야 한다.

※ 외국발행의 공문서나 외국공증인의 공증을 받은 사문서에 대해서는 아포스티유 가입국은 해당국가의 정부에서 발행한 아포스티유를 첨부하여야 하고, 미가입국이라면 해당국가에 주재하는 대한민국 공증담당영사의 확인을 받아 제출하여야 한다.

[사례] 인감대지

	신고하는 인감날인란	상 호(명 칭) : 주식회사 ○○ 자격 및 성명 : 대표이사 ○○○ 주민등록번호 : 00000-000000

※ 인감(個人)신고서를 제출할 때에는 인감대지(위 양식 3장)도 함께 제출

[사례] 인감카드 등 (재)발급신청서

인감카드 등 (재)발급신청서

상호(명칭)		주식회사 케이투	등기번호	
본점(주사무소)		서울 서초구 서초로100길 1234-1		
인감 제출자	사격 / 성명	대표이사 김 철 수		
	주민등록번호	000000-0000000		

발급사유	□ 최초발급 □ 카드분실 □ 카드훼손 □ 인감증명서발급기능 □ 기타 ( )		
매체구분	□ 인감카드 □ HSM USB	인감카드 비밀번호	(변경 후 :)
수수료	금 원	납부번호	

위와 같이 인감카드 등의 (재)발급을 신청합니다.

년 월 일 (인감 날인란)

신청인 인감제출자 (본 인) 성 명 (인) (전화 :)

(대리인) 성 명 (인) (전화 :)

지방법원 등기소 귀중

접수번호		인감카드번호	

주 1. 인감카드 비밀번호란에는 (재)발급받아 사용할 인감카드의 비밀번호를 기재하며, 아라비아숫자 6자릿수를 기재하여야 합니다. 다만, 인감카드 재발급의 경우에는 기존 인감카드의 비밀번호와 재발급받아 사용할 인감카드의 비밀번호(변경 후)를 기재하여야 합니다.

2. 인감카드 (재)발급을 신청하는 경우에는 등기소에 제출한 인감을 날인하여야 합니다. 다만, 인감카드 재발급의 경우 기존 인감카드 비밀번호를 기재할 수 없을 때에는 인감제출자 본인은 신분증명서 사본을, 위임에 의한 대리인은 인감제출자가 「인감증명법」에 따라 신고한 인감을 신청서에 날인하고 그 인감증명서 및 대리인의 신분증명서 사본을 각각 첨부하여야 합니다.

3. 인감카드의 재발급을 신청할 때에는 「등기사항증명서 등 수수료규칙」으로 정하는 수수료를 납부하여야 합니다. 다만, 인감카드를 반납할 때에는 수수료를 납부할 필요가 없습니다.

위 임 장

성 명 : 주민등록번호(-)

주 소 :

위의 사람에게, 위 (재)발급신청서에 기재된 인감카드 등의 발급신청과 그 수령 등에 관한 일체의 권한을 위임함.

20 년 월 일

인감신고인 성 명 (인) (전화)

제3절 주식회사 모집설립

1. 의 의

"모집설립"이라 함은 발기인이 회사의 설립시에 발행한 주식의 총수를 인수하지 아니하고 발기인이 인수한 주식 이외의 나머지 주식에 대하여 주주를 모집하고 회사를 설립하는 절차를 말한다.

2. 발기설립과 모집설립과의 차이

가. 개 설

발기설립과 모집설립과의 가장 큰 차이는 회사 설립시에 발행하는 주식을 발기인이 전부 인수하는지 여부에 있다.

모집설립의 경우 발기인은 회사설립시에 발행한 주식의 총수 가운데 적어도 1주 이상을 서면으로 인수하여야 하고, 설립시에 발행하는 주식의 총수를 인수하지 아니한 부분은 주주를 모집하여야 한다. 모집방법에는 제한이 없으므로 공모(公募)이든 사모(私募, 연고모집)이든 상관이 없다. 다만, 주주모집시에는 반드시 주식청약서에 의하여 청약하여야 하며(상법 제302조 제1항), 청약서에 기재할 사항은 법정되어 있으며, 청약서에 의하지 아니한 주식의 청약은 무효가 된다.

나. 차이점

발기설립에서는 발기인총회의사록이라고 하나 모집설립에서는 창립총회의사록이라고 하고, 발기설립에는 없는 창립사항보고서와 전술한 주식청약서가 있으며, 발기설립의 경우에는 자본금 총액이 10억원 미만인 회사를 설립하는 경우에는 정관 및 의사록의 공증(인증)의무가 없으나, 모집설립의 경우에는 자본금 총액이 10억원 미만이더라도 정관 및 의사록의 인증을 받아야 한다.

발기설립과 모집설립과의 가장 큰 차이는 회사 설립시에 발행하는 주식을 발기인이 전부 인수하는지 여부에 있다. 발기설립과 모집설립의 차이점은 대략 다음의 표와 같다.

○ 발기설립과 모집설립의 차이점

구분 / 항목	발기설립	모집설립
상 호	동일한 상호만 아니면 사용가능	발기설립과 같다.
정관 및 의사록의 효력	자본금이 10억미만의 발기설립의 경우 발기인이 정관 및 의사록에 기명날인 또는 서명함으로써 효력이 생김	공증을 받으므로 써 효력이 생긴다. (기존 그대로 임)
주금납입보관증명서	자본금 10억원 미만 발기설립에 한하여 잔고증명서로 대체(제318조③)	주금납입금 보관증명서 첨부 (기존 그대로 임)
최저자본금제도 폐지	최저자본금 5천만원 폐지(제329조)	발기설립과 같다.
전자주주명부제도	정관에 정하는 바에 따라 전자문서로 주주명부 작성(제352조의2)	발기설립과 같다.
주주총회개최	자본금이 10억원 미만인 회사 소집절차 없이 주주총회를 개최(제363조⑤)	발기설립과 같다.
서면에 의한 주주총회의 결의	자본금이 10억원 미만인 회사 서면에 의한 주주총회 허용(제363조⑤)	발기설립과 같다.
이사의 수	자본금이 10억원 미만인 회사는 1명 또는 2명으로 할 수 있다(제383조①).	발기설립과 같다.
감사의 선임	자본금이 10억원 미만인 회사의 경우, 감사는 회사가 자율적선임(제409조)	발기설립과 같다.
이사회제도	소규모 회사로서 이사가 1명 또는 2명의 회사 이사회구성 면제(제383조④~⑥)	발기설립과 같다.
주식 인수	주식은 전부 발기인들이 인수한다(상법 제295①).	일부는 발기인이 인수하고 남은 부분을 인수할 주주를 모집한다(상법 제301).
이사감사의 선임	발기인의 의결권의 과반수로 이사등을 선임한다(상법 제296①).	창립총회에서 출석한 주식인수인의 의결권의 2/3이상이며, 인수된 주식총수의 과반수에 해당하는 다수로 이사등을 선임한다(상법 제309,312).

대표이사 선임	이사회(정관으로 발기인회에서 선임하도록 정할 수 있음)	이사회(정관으로 창립총회에서 선임하도록 정할 수 있음)
변태설립사항의 조사	법원이 선임한 검사인 또는 공증인, 공인된 감정인이 조사하여 법원에 보고하고, 법원은 이를 인가 또는 변경할 수 있다(상법 제299,299의2,300, 재판예규719호).	법원이 선임한 검사인 또는 공증인, 공인된 감정인이 조사하여 법원에 접수 후 창립총회에 보고서를 제출하고(상법 제310), 창립총회에서는 이를 변경할 수 있다.
설립경과의 조사	이사와 감사가 조사하여 발기인에게 보고한다(상법 제298①).	이사와 감사가 조사하여 창립총회에 보고한다. (상법 제313①).
설립 전 원시정관의 변경	발기인 전원의 동의와 자본금이 10억원 이상인 경우 공증인의 인증이 필요하다.	창립총회의 결의만으로 가능하다. (공증인 인증 불필요)
설립 중의 회사의 구성원	발기인	발기인과 주식인수인
주금의 납입	발기인이 지정한 납입은행 기타 금융기관의 납입장소에 하여야 한다(상법 제295① 후단).	주식청약서에 기재한 은행 기타 금융기관의 납입장소에 하여야 한다. (상법 제305②,302②).
납입의 해태	일반원칙(채무불이행)에 의한다.	실권절차가 있다(상법 제307).
창립총회	불필요하다.	필요하다(상법 제308~316).

3. 모집설립 신청서식사례

[사례] 주식회사 설립등기(모집설립, 발기인 2인, 자본금 10억이상, 이사 3인, 감사 1인)

주식회사 설립등기신청

접 수	년 월 일	처리인	등기관확인	각종통지
	제 호			

등 기 의 목 적	주식회사 설립
등 기 의 사 유	정관을 작성하고 공증인의 인증을 받아 발기인이 회사 설립시에 발행하는 주식의 일부를 인수하고 주주를 모집하여 주금납입을 완료하여 20○ 년 12월 20일 창립총회를 종결하였으므로 다음 사항의 등기를 구함.
본/지점 신청구분	1. 본점신청 ☐ 2. 지점신청 ☐ 3. 본 · 지점 일괄신청 ☐
등 기 할 사 항	
상 호	주식회사 케이케이
본 점	서울시 서초구 서초로255길63
공 고 방 법	회사의 인터넷 홈페이지(http://www. ○○○. ····)에 게재한다. 다만, 전산장애 또는 그 밖의 부득이한 사유로 회사의 인터넷 홈페이지에 공고를 할 수 없을 때에는 ○○시에서 발행되는 ○○신문에 한다.
액면주식1주의 금액	금5,000원
발행할주식의 총수	1,000,000주
발행주식의 총수, 그 종류와 각종 주식의 내용과 수	400,000주 보통주식[41)]
자본금의 액	금 2,000,000,000원정

41) 개정상법(2012. 4. 15시행)은 회사설립시 발행하는 주식의 총수는 회사가 발행할 주식총수의 1/4이상이어야 한다는 요건을 폐지하였다(상법 제289조 제2항 삭제). 이에 따라 회사설립시 발행하여야 하는 주식수에 대한 제한이 전혀 없게 되었다.

등 기 할 사 항	
목 적	1. 종합인터넷 서비스 및 소프트웨어 개발업 2. 정보처리 및 컴퓨터관련 운영업 3. 인터넷 정보, 광고, 컨텐츠개발 서비스업 4. 소프트웨어 자문, 개발, 공급업 5. 위 각호에 부대되는 사업일체
이사·감사·집행임원의 성명 및 주민등록번호[42]	사내이사 주 명 진(000000-000000) 사내이사 곽 영 진(000000-000000) 사내이사 유 명 우(000000-000000) 감 사 이 충 식(000000-000000)
대표이사 또는 대표집행임원의 성명, 주민등록번호, 주소[43]	주 명 진 (000000-000000) 경기도 성남시 상대원로70길 20
지 점	없음
존립기간 또는 해산사유	없음
기 타 (주식의 양도에 관하여 이사회의 승인을 얻도록 정한 때에는 그 규정, 명의개서대리인을 둔 때에는 그 상호와 본점소재지 등)	없음

42) 개정상법은 선택적으로 업무집행기관으로서 '집행임원'을 둘 수 있도록 하였다.
43) 집행임원제도를 둔 회사는 대표이사를 두지 못한다(상법 제408조의2).

<table>
<tr><td colspan="7">신청등기소 및 등록면허세/수수료</td></tr>
<tr><td rowspan="2">순번</td><td rowspan="2">신청등기소</td><td rowspan="2">구분</td><td>등록면허세</td><td rowspan="2">농어촌
특별세</td><td rowspan="2">세액합계</td><td rowspan="2">등기신청
수수료</td></tr>
<tr><td>지방교육세</td></tr>
<tr><td rowspan="2"></td><td rowspan="2">○○등기소</td><td rowspan="2"></td><td>금24,000,000원</td><td rowspan="2"></td><td rowspan="2">금28,800,000원</td><td rowspan="2">금30,000원</td></tr>
<tr><td>금4,800,000원</td></tr>
<tr><td></td><td></td><td></td><td></td><td></td><td></td><td></td></tr>
<tr><td colspan="3" rowspan="2">합 계</td><td></td><td rowspan="2"></td><td rowspan="2"></td><td rowspan="2"></td></tr>
<tr><td></td></tr>
<tr><td colspan="4">등기신청수수료 은행수납번호</td><td colspan="3"></td></tr>
<tr><td colspan="2">과 세 표 준 액</td><td colspan="5">금 2,000,000,000 원</td></tr>
<tr><td colspan="7">첨 부 서 면</td></tr>
<tr><td colspan="4">1. 정 관 통
1. 주식의 인수를 증명하는 서면 통
1. 주식청약서 통
1. 주식발행사항동의서 통
1. 창립총회의사록(공증받은 것) 통
1. 주금납입보관증명서 통
1. 이사감사 또는 감사위원회의조사보고서 통</td><td colspan="3">1. 검사인조사보고서등본 통
1. 취임승낙서(인감증명서포함) 통
1. 주민등록표등본 통
1. 인감신고서 통
1. 등록면허세영수필확인서 통
1. 위임장(대리인이 신청할 경우) 통
1. 법인인감카드발급신청서 통
<기 타></td></tr>
<tr><td colspan="7">년 월 일
신청인 상 호 주식회사 케이케이
본 점 서울시 서초구 서초로255길63
대표이사 성 명 주 명 진 (인) (전화 :)
주 소 경기도 성남시 상대원로70길 20
대리인 성 명 (인) (전화 : 456-7890)
주 소
서울중앙지방법원 상업등기소 등기과 귀중</td></tr>
</table>

- 신청서 작성요령 -

1. 해당란이 부족할 때에는 별지를 이용합니다.
1. 해당 등기신청과 관계없는 사항에 대하여는 “해당없음”으로 기재하거나 삭제하고, 필요한 사항은 추가 기재합니다.

(용지규격 21㎝× 29. 7㎝)

※ 이 사례는 액면주식 1주의 금액을 5,000원으로 하여 자본금 2,000,000,000으로 하고, 이사는 3명, 감사 1명으로 하여 모집설립하는 경우의 사례이다.

○ 발기설립과 모집설립과의 가장 큰 차이는 회사 설립시에 발행하는 주식을 발기인이 전부 인수하는지 여부에 있다. 모집설립은 주식회사 설립시에 발기인이 발행하는 주식 총수의 일부를 인수하고, 나머지 주식에 관하여는 일반으로부터 주주를 모집하게 된다.

○ 개정 상법 제329조 제1항은 "주식회사의 자본금은 5천만원 이상이어야 한다."를 삭제하여 최저자본금제도를 폐지하였고, 상법 제383조 제1항은 자본금의 액이 10억 원 미만인 회사는 1인 또는 2인으로 설립할 수 있도록 하였으며, 상법 제409조는 자본금의 액이 10억원 미만인 회사를 설립하는 경우에는 감사 선임 여부를 회사의 임의적 선택사항으로 하였다.

※ 액면주식 1주의 금액

○ 액면주식은 액면가의 기재가 있는 주식으로서, 주권에 그 표창하는 주식의 수 이외에 1주의 금액이 기재되고, 정관에도 그 금액의 기재가 되어야 한다(상법 제356조제4호). 액면 주식의 경우 1주의 금액은100원 이상이어야 하고, 또 균일하여야 한다(상법 제329조 제2, 3항). 회사가 종류주식을 발행하는 경우에도 같다. 액면주식 1주의 금액에 관한 위 규정은 설립시 발행하는 주식뿐만 아니라, 장래에 발행하는 주식까지 포함한다.

○ 회사가 발행할 주식의 총수, 액면주식 1주의 금액, 회사의 설립시에 발행하는 주식의 총수는 반드시 정관으로 정하는 것이나(상법 제289조제1항), 그 외의 주식발행에 관한 사항은 정관에 다른 규정이 없는 한 발기인이 정할 수 있다.

○ 정관에서 우선주식·후배주식(後配株式)·상환주식·전환주식 등 종류주식을 정하고 있는 경우에는 그 범위 내에서 어느 종류의 주식을 각 몇 주씩 발행할 것인가를 정하여야 한다.

○ 개정상법(2012. 4. 15시행)은 회사설립시 발행하는 주식의 총수는 회사가 발행할 주식총수의 1/4이상이어야 한다는 요건도 폐지하였다(상법 제289조 제2항 삭제). 이에 따라 회사설립시 발행하여야 하는 주식수에 대한 제한이 전혀 없게 되었다.

○ 발행예정주식총수 중 설립시에 발행하는 주식 수를 공제한 나머지는 소위 수권주식(授權資本)으로서, 설립이후는 제한규정이 없으므로 무제한으로 이사회의 결의에 의하여 수시로 신주를 발행하게 된다. 회사의 설립 후에 발행하는 주식의 수는 등기사항이나 정관의 기재사항은 아니다. 신주발행에서 다룬다.

○ 이사명칭 : 사내이사이어야 하고, 등기 시에는 사내이사로 등기하여야 할 것이다.

※ 등록면허세와 지방교육세

○ 자본금의 4/1000에 해당하는 등록면허세를 납부하여야 한다. 그러나 대통령으로 정하는 대도시내에서의 설립등기 시에는 당해세율의 3배의 등록면허세를 납부하여야 한다(지세법 제28조 제1항, 제2항). 여기서 대도시라 함은 수도권정비계획법 제6조제1항제1호의 규정에 의한 과밀억제권을 말한다. 사회기반시설사업(사회간접자본시설에 대한 민간투자법 제2조제2항), 전기통신사업(전기통신사업법 제4조), 소프트웨어산업(소프트웨어산업진흥법) 등은 중과세 대상에서 제외 된다. 등록면허세가 조세특례제한법과 지방세법에 의하여 감면되는 경우에는 "농어촌특별세"를 납부하여야 한다. "농어촌특별세"는 등록면허세액의 20/100이다. 신청서에는 등록면허세 감면 통지서 또는 등록면허세 감면확인서 기타 등록면허세가 면제됨을 확인하는 소관 지방자치단체의 장의 서면을 첨부하여야 한다. 등록면허세액이 112,500원 미만일 때에는 112,500원으로 한다.

○ 지방교육세 : 등록면허세액의 20/100에 해당하는 지방교육세를 납부하여야 한다.

※ 공증(인증) 및 비용

○ 개정 상법 및 공증인법은 자본금의 총액이 10억원 미만인 회사를 발기설립하는 경우에는 정관, 발기인총회의사록, 이사회의사록의 인증의무를 면제하였으나(상법 제292조, 공증인법 제66조의2제1항), 모집설립의 경우에는 면제하지 아니하였으므로 기존의 방법 그대로 인증절차를 거쳐야 한다.

○ 의사록의 공증(인증)료는 건당 30,000원이다. 공증에 관한 구체적설명은 627면 참조

※ 등기수수료

○ 서면제출의 경우 설립등기신청수수료는 30,000원이고, 전자신정의 경우는 20,000원이다.

○ 수수료납부 : 전자신청의 경우는 대한민국법원 인터넷등기소(http://www.iros.go.kr/)를 이용하여 전자적 방법으로 등기신청수수료를 납부할 수 있다. 신청인의 수수료 납부는 인터넷등기소에서 사용 가능한 카드사의 신용카드에 의한 결제, 지정금융기관의 계좌이체, 선불형 지불수단 등에 의한 결제 방식에 의하고, 영수필확인서를 출력하여 신청서에 첨부하여야 한다(등기예규 제1576호).

[사례] 창립총회의사록

창립총회의사록

20○○년 10월 1일 9시 서울시 서초구 서초로255길63에서 창립총회를 개최하다.

주주 총수 3명, 주식총수 400,000주
출석 주주 수 3명, 인수 주식 수 400,000주

발기인 대표 주명진은 위와 같이 상법 제309조 소정의 법정수에 달하는 주주가 출석하였으므로 본 총회는 적법하게 성립됨을 알리고, 의사를 진행하기 전에 의장을 선임할 것을 구한바, 주주전원 만장일치로 발기인 대표를 의장으로 선임한 즉 동인은 그 취임을 승낙하고 의장석에 등단하여 개회를 선언하고 다음 의안의 심의를 구하다.

제1호 의안 : 창립사항보고에 관한 건
의장은 발기인을 대표하여 별지 창립사항 보고서와 같이 본 창립총회까지의 경과를 소상히 설명, 보고한바, 전원일치로 이를 승낙하다.

제2호 의안 : 정관 승인의 건
의장은 정관을 낭독하고 축조 설명을 가한 후 그 가부를 물은바, 전원일치로 원안대로 승인하다.

제3호 의안 : 이사, 감사 선임의 건
의장은 당 회사의 이사와 감사를 선임하여야 하는데 선임방법과 임원수에 대하여 주주일동에게 물은 즉 사내이사 3명, 감사 1명을 무기명 비밀투표로 선출하자고 전원 일치되어 즉시 투표한 결과 다음과 같이 선출되어 피선자 등은 즉석에서 그 취임을 승낙함. (단, 감사의 선임은 상법 제409조 2항 규정에 의하여 선임하다.)
사내이사 주 명 진(000000-000000)
사내이사 유 명 우(000000-000000)
사내이사 곽 영 진(000000-000000)
감 사 이 충 식(000000-000000)

위 피선자들은 즉석에서 그 취임을 승낙하다.

제4호 의안 : 상법 제313조 소정사항 조사보고의 건

의장은 상법 제313조 소정 사항을 발기인 아닌 이사, 감사가 조사 보고하여야 함을 말하고 발기인 아닌 사내이사 유명우을 검사인으로 지명하자 전원 이의 없이 만장일치로 가결하다.

검사인 유 명 우

위 사람은 즉석에서 이를 승낙하고 조사에 착수하다.

의장은 위 조사보고를 기다리기 위하여 잠시 휴회한 후 속회하다.

검사인은 별지 조사보고서와 같이 보고한 즉 만장일치로 승인하다.

제5호 의안 : 본점설치 장소 결정의 건

의장은 본 회사 본점을 다음 장소에 설치함이 적당한 뜻을 설명하고 그 가부를 물은즉 만장일치로 이의 없이 승인하다.

본 점 : 서울시 서초구 서초로255길63

이상으로서 금일 총회의 목적인 의안이 전부 심의 종료하였으므로 의장은 폐회를 선언하다. (폐회시각은 9시 30분)

위 의사의 결의를 명확하게 하기 위하여 이 의사록을 작성하고 의장과 출석한 이사가 다음에 기명날인하다.

20○○년 10월 1일

주식회사 케이케이

의장 겸 사내이사 주 명 진 (인)

사내이사 유 명 우 (인)

사내이사 곽 영 진 (인)

감 사 이 충 식 (인)

※ 창립총회 : 창립총회의 결의는 출석한 주식인수인의 의결권의 3분의 2이상이며 인수된 주식총수의 과반수에 해당하는 다수로 한다(상법 제309조).

※ 창립총회는 창립에 관한 보고청취(상법 제311), 이사와 감사의 선임(상법 제312), 설립경과의 조사(상법 제313), 변태설립사항의 변경(상법 제314), 정관변경 또는 설립폐지의 결의(상법 제316조), 본점과 지점의 소재장소 결정 등의 권한이 있다.

○ 상법 제317조 제2항 제8호가 개정(2009. 2. 4 시행)됨에 따라 주식회사의 설립 시 이사명칭 등기방법이 변경되었다. 따라서 주식회사 설립등기 시 이사의 명칭을 사내이사, 사외이사로 구분하여 등기하여야 한다.

○ 신청서에 첨부된 주주총회의사록 등에 사내이사, 사외이사로 구분하여 선임한 사실이 기재되어 있어야 한다. 특히 사외이사는 명확히 의사록에 나타나 있어야 한다. 등기신청서에 첨부된 이사선임 등의 의사록에 이사의 종류를 구분하지 않고 단순히 '이사'로 기재된 경우에는 "사내이사"로 수리될 수 있다.

○ 이사의 명칭 : 이사가 1인인 회사의 경우 1인 이사가 전적으로 주주총회의 감독을 받아 업무집행을 담당하고 회사를 대표하게 되므로(상법 제383조제4항) 당연히 사내이사이어야 하고, 등기 시에는 사내이사로 등기하여야 할 것이다.

○ 개정 상법은 소규모(자본금의 총액이 10억원 미만)인 회사를 설립하는 경우에 감사선임을 회사가 자율적으로 할 수 있도록 하였다(상법 제409조 제4항). 감사를 선임하지 아니할 경우에는 주주총회가 이사의 업무 및 재산상태에 관하여 직접 감독·감시하도록 하였다(동조 제6항).

○ 주주총회에서 선임된 임원의 주민등록번호가 주주총회의사록의 필수적 기재사항은 아니지만, 의사록에 총회에서 선임된 임원의 성명만이 기재되어 있어 등기관이 그 임원과 다른 첨부서면(취임승낙서 등)에 기재된 임원과의 동일성 확인을 위하여 필요하다고 판단하는 경우에는 주민등록번호나 생년월일 또는 주소 등이 기재된 의사록을 요구할 수 있다(상업등기법 제26조, 법인등기선례 제201804-4호, 2018. 4. 18. 사법등기심의관－1314 질의회답).

○ 주주총회, 이사회의 의사록에 기명날인을 할 이사 및 감사 : 106면 참조.

[사례] 이사·감사의 조사보고서

조사보고서

20○○년 10월 1일 주식회사 케이케이의 창립총회에서 본인은 검사인으로 선임되었으므로 상법 제313조 제1항(상법 제298조 제1항)의 규정에 의하여 조사한 결과는 다음과 같음.

조 사 사 항

1. 회사 설립시 발행하는 주식총수에 대한 인수와 정확여부

본 회사가 발행할 주식의 총수는 1,000,000주이며 설립시 발행하는 주식의 총수 400,000주(액면주식 1주의 금액 금5,000원)인데 그 인수내역은 다음과 같다.

1) 발기인이 인수한 주수
보통주식 250,000주 20○○년 10월 1일 인수완료

2) 주식청약인이 인수한 주수
보통주식 150,000주 20○○년 10월 1일 인수완료

2. 인수 주식수에 대한 납입의 정확여부

설립시에 발행하는 주식총수 400,000주에 대하여 금2,000,000,000원의 납입금이 20○○년 10월 1일 납입이 완료되었음은 국민은행성내동지점이 발행한 주금납입보관증명서에 의하여 명확함.

3. 현물출자 기타 조사사항

회사가 부담할 설립비용이나 기타 현물출자를 하는 자와 상법 제290조 규정사항을 정관에 정한 바 없으므로 검사인을 선임할 필요가 없으므로 그에 대한 정확여부는 조사할 필요가 없었음.

4. 기타 설립에 관한 모든 사항이 법령 또는 정관의 규정에 위반하지 아니함이 인정된다.

이상 상법의 규정에 의하여 보고함.

20○○년 10월 1일

주식회사 케이케이
검사인 유 명 우 (인)

※ 이사·감사의 조사·보고

○ 이사와 감사는 취임후 지체없이 회사의 설립에 관한 모든 사항이 법령 또는 정관의 규정에 위반되지 아니하는지의 여부를 조사하여 발기인에게 보고하여야 한다(상법 제313①, 298①).

○ 발기인이 주식회사를 발기설립하는 경우, 상법 제290조의 변태설립사항을 제외한 일반설립사항에 대한 설립경과의 조사보고자는 상법 제296조제1항에 따라 발기인이 의결권의 과반수로 선임한 이사·감사 중 제298조제2항의 제척사유(발기인이었던 자, 현물출자자 또는 회사성립후 양수할 재산의 계약당사자인 자)없는 이사·감사 전원이다(법인등기선례 제201804-4호, 2018. 4. 18. 사법등기심의관-1314 질의회답).

○ 이사 1인으로 주식회사를 설립하는 경우에는 공증인으로 하여금 이를 조사·보고를 하게 하여야 하는데(상법 제298③) 실무에서는 검사인을 공증인으로 선임하기는 비용이 많이 들고 쉽지 아니하므로 실무에서는 발기인이 아닌 이사를 1인을 추가선임 하여 그 이사 1인으로 하여금 조사·보고를 하게하고 있다.

[사례] 발기인의 창립사항보고서

창립사항보고서

본인은 본 회사의 발기인인바, 창립에 관한 사항을 다음과 같이 보고합니다.

1. 본인은 사업목적을 정관 제2조와 같이 정하고
   회사가 발행할 주식의 총수는 1,000,000주
   설립시에 발행하는 주식의 총수는 400,000주
   액면주식 1주의 금액 금5,000원
   자본금 2,000,000,000원
   으로 하는 주식회사를 설립하고자 기획하였음.
2. 주명진을 발기인 대표로 선임하고 회사가 설립하기까지의 필요한 사항에 있어 발기인을 대표하기로 하였음.
3. 발기인 전원이 모여 20○○년 10월 1일 정관을 작성하고 공증인가 법무법인 ○○에서 동년 10월 1일 인증을 받았음.
4. 20○○년 10월 1일 발기인은 설립시에 발행하는 주식의 총수 400,000주 중 250,000주 만을 인수하고 잔여주식 150,000주에 대하여는 주식청약서를 작성하고 주주모집에 착수하였음.
5. 위 모집에 앞서 발기인 전원의 동의를 얻어 액면주식 1주의 금액을 금5,000원으로 정하고 모집하였던바, 동년 10월 1일까지 소정의 주식인수 청약이 있어 합계 150,000주에 달하였음.
6. 위 주식인수에 대하여 20○○년 10월 1일 납입을 맡을 은행인 주식회사 국민은행 성내동지점에 동년 10월 1일까지 주금을 납입할 것을 통지하였던바, 동년 10월 1일 그 납입이 완료되었으며 납입금은 발기인 대표명의로 별단예금으로 보관되어 있으며 위 은행에서 발행한 주금납입 보관증명서에 의하여 납입을 확증함.
7. 본 회사는 현물출자를 한 사람은 1명도 없고 기타 법원에 검사인 선임 신청을 할 사유를 정관에 정한 바 없으므로 달리 하등의 절차를 밟을 필요가 없음.
8. 이상과 같이 인수와 납입이 완료되었으므로 본인 등은 속히 회사를 성립시키고자 주식인수인 전원의 동의를 얻어 법정기간을 단축하여 금일 창립총회를 개최하게 된 바임.

위와 같이 보고함.

20○○년 10월 1일

주식회사 케이케이
발 기 인 주 명 진 (인)
발 기 인 김 순 희 (인)

※ 발기인의 보고

○ 발기인은 회사의 창립에 관한 사항을 서면에 의하여 창립총회에 보고하여야 한다(상법 제311①). 보고서에는 주식인수와 납입에 관한 제반상황, 상법 제290조에 게기한 사항에 관한 실태를 기재하여야 한다(상법 제311②).

[사례] 창립총회 소집기간 생략 동의서

창립총회 소집기간 생략 동의서

본인 등은 주식회사 케이케이의 주주인바, 창립총회를 상법 제363조 제5항에 따라 소집절차를 생략하여 20○○년 10월 1일 창립사무소에서 개최하는데 대하여 이의 없이 동의합니다.

20○○년 10월 1일

발 기 인 주 명 진 (인)
발 기 인 김 순 희 (인)

※ 소규모회사의 경우 소집절차 생략

○ 개정 상법은 자본금 총액이 10억원 미만인 회사가 주주총회를 소집하는 경우에는 주주총회일의 10일 전에 각 주주에게 서면으로 통지를 발송하거나 각 주주의 동의를 받아 전자문서로 통지를 발송할 수 있고, 무기명식의 주권을 발행한 경우에는 주주총회일의 2주 전에 주주총회를 소집하는 뜻과 회의의 목적사항을 공고할 수 있도록 하였으며(상법 제308②, 363④), 자본금 총액이 10억원 미만인 회사는 주주 전원의 동의가 있을

경우에는 위 소집절차 없이 주주총회를 개최할 수 있도록 하였다(상법 제363⑤). 따라서 종전에는 발기인총회단축기간동의서를 첨부하였으나 자본금 총액이 10억원 미만인 회사는 주주 전원의 동의로 소집기간을 생략할 수 있다. 이 사례의 경우 주주가 1인(이사)이 설립하는 경우이므로 첨부하지 아니한다. 참고로 싣는다.

[사례] 주식발행사항동의서

주식발행사항동의서

발기인 전원의 동의로서 회사 설립시 발행할 주식에 관한 사항을 다음과 같이 결정함.

다 음

1. 주식의 종류와 수 : 보통주식 400,000주
2. 주식의 발행가액 : 액면주식 1주의 금액 금5,000원

위 동의사항을 확실히 하기 위하여 발기인 전원이 다음에 기명날인하다.

20 년 월 일

주식회사 케이케이

발 기 인 주 명 진 (인)
발 기 인 김 순 희 (인)

○ 주식발행사항의 결정 : 회사가 발행할 주식의 총수, 액면주식 1주의 금액, 회사의 설립시에 발행하는 주식의 총수는 반드시 정관으로 정하는 것이나(상법 제289①), 그 외의 주식발행에 관한 사항은 정관에 다른 규정이 없는 한 발기인이 정할 수 있다(상법 제291).

[사례] 주식청약서

<table>
<tr><th colspan="2">주 식 청 약 서</th></tr>
<tr><td>상 호</td><td>주식회사 케이케이</td></tr>
<tr><td>인수할주식수</td><td>150,000주</td></tr>
<tr><td>금 액</td><td>금750,000,000원</td></tr>
<tr><td>1 주의 금액</td><td>금5,000원</td></tr>
<tr><td colspan="2">귀 회사 정관과 이 청약서에 기재한 사항을 승낙하고 주식을 청약합니다.
20○○년 10월 1일
주식청약인 곽 영 진
경기도 성남시 상대원로85길 20
주식회사 케이케이 발기인 대표 귀하</td></tr>
<tr><td>정관의 작성년월일</td><td>20○○년 10월 1일</td></tr>
<tr><td>정관의 인증년월일과 공증인의 성명</td><td>20○○년 10월 1 일 공증인가 법무법인 성화</td></tr>
<tr><td>상 호</td><td>주식회사 케이케이</td></tr>
<tr><td>본점의 소재지</td><td>서울시 서초구 서초로255길63</td></tr>
<tr><td>목 적</td><td>1. 종합인터넷 서비스 및 소프트웨어 개발업
2. 정보처리 및 컴퓨터관련 운영업
3. 인터넷 정보, 광고, 컨텐츠개발 서비스업
4. 소프트웨어 자문, 개발, 공급업
5. 위 각호에 부대되는 사업일체</td></tr>
<tr><td>회사가 발행할 주식의 총수</td><td>1,000,000주</td></tr>
<tr><td>액면주식 1주의 금액</td><td>금5,000원정</td></tr>
<tr><td>회사가 설립시에 발행할 주식의 총수</td><td>400,000주</td></tr>
<tr><td>주식의 종류와 수</td><td>보통주식 400,000주</td></tr>
<tr><td>액면이상의 주식을 발행하는 때에는 그 수와 금액</td><td>없 음</td></tr>
<tr><td>납입을 받을 은행(기타 금융기관)과 납입장소</td><td>국민은행 성내동 지점</td></tr>
<tr><td>회사가 공고하는 방법</td><td>회사의 인터넷 홈페이지(http://www.○○○.….)에 게재한다.</td></tr>
<tr><td>회사의 존립의 시기 또는 해산사유를 정할 때에는 그 규정</td><td>없 음</td></tr>
<tr><td>일정한 시기까지 창립총회를 종결하지 아니할 때에는 주식의 인수를 취소할 수 있다는 뜻</td><td>20○○년 10월 1일까지 창립총회가 종결되지 않을 때에는 이 청약을 취소할 수 있다.</td></tr>
</table>

※ 주식의 청약

○ 주주의 모집을 위한 주식청약서용지는 발기인이 작성하고(상법 제302②), 이 청약서에는 상법 제289조제1항과 제290조에 게기한 사항 등 10개항의 사항을 기재해야 한다. 주식인수의 청약을 하고자 하는 자는 주식청약서 2통에 인수할 주식의 종류, 수 및 주소를 기재하고 기명날인 또는 서명하여야 하며, 발기인에 대하여 한다(상법 제302조).

○ 주식인수의 청약에 대하여 발기인은 모집주식총수의 범위 내에서 주식의 배정을 하게 된다. 발기인은 배정방법은 미리 공고하지 않은 이상 어떠한 주식청약자에 대하여 몇 주를 인수시킬 것인가를 자유로이 정할 수 있다. 이를 주식배정자유의 원칙이라 한다. 실무에 있어서는 일률적으로 발행가액에 의하여 청약을 하게하고 그 전액을 청약증거금으로 납입케 하여 청약이 모집주식수에 달할 때에 마감하는 방법을 사용하는 것이 상례이다. 이 배정을 받은 주식수에 따라 주식청약자는 주식인수인이 되고, 주금납입의무를 지며 회사성립과 동시에 주주가 되는 것이다.

○ 발기인의 배정에 의하여 주식청약인은 주식인수인으로 확정되어 배정받은 주식의 수에 따라서 인수가액을 납입할 의무를 진다(상법 제303조). 그런데 일반적으로 주식인수의 청약자는 주식청약시에 주금액(株金額)의 상당액을 청약증거금으로 미리 납부하므로, 그가 주식의 배정을 받으면 청약증거금이 주금의 납입으로 대체된다.

[사례] 주식인수증

<table>
<tr><td colspan="2">주 식 인 수 증</td></tr>
<tr><td>상 호</td><td>주식회사 케이케이</td></tr>
<tr><td>인수할 주식 수</td><td>15,000주</td></tr>
<tr><td>금 액</td><td>금750,000,000원</td></tr>
<tr><td>1주의 금액</td><td>금5,000원</td></tr>
<tr><td colspan="2">위 주식을 청약인으로서 인수합니다.
20○○년 10월 1일

청약인 곽 영 진 (인)
주식회사 케이케이 발기인대표 귀하</td></tr>
</table>

[사례] 주식인수증

<table>
<tr><td colspan="2">주 식 인 수 증</td></tr>
<tr><td>상 호</td><td>주식회사 케이케이</td></tr>
<tr><td>인수할 주식 수</td><td>200,000주</td></tr>
<tr><td>금 액</td><td>금1,000,000,000원</td></tr>
<tr><td>1주의 금액</td><td>금5,000원</td></tr>
<tr><td colspan="2">위 주식을 발기인으로서 인수합니다.
20○○년 10월 1일
발 기 인 주 명 진 (인)
주식회사 케이케이 발기인대표 귀하</td></tr>
</table>

※ 주식의 인수 : 주식회사의 자본금은 주식에 의한 출자로써 형성되므로 발기인은 설립시에 발행하는 액면주식에 관하여 반드시 1주 이상을 위 서면에 의하여 인수하여야 한다(상법 제293조). 모집설립에 있어서 주식의 인수는 주식을 인수하고자 하는 자의 청약과 발기인의 주식배정에 의하여 성립한다.

[사례] 주식인수증

<table>
<tr><td colspan="2">주 식 인 수 증</td></tr>
<tr><td>상 호</td><td>주식회사 케이케이</td></tr>
<tr><td>인수할 주식 수</td><td>50,000주</td></tr>
<tr><td>금 액</td><td>금250,000,000원</td></tr>
<tr><td>1주의 금액</td><td>금5,000원</td></tr>
<tr><td colspan="2">위 주식을 발기인으로서 인수합니다.
20○○년 10월 1일
발 기 인 김 순 희 (인)
주식회사 케이케이 발기인대표 귀하</td></tr>
</table>

[사례] 주금납입의뢰서

주금납입의뢰서

금번 다음과 같이 주식회사 케이케이를 설립하고 창립총회에서 주금납입기한을 20○○년 10월 1일까지로 하여 그 납입을 맡을 은행으로 귀 은행을 지정하였사오니 이를 취급하여 주시길 의뢰합니다.

20○○년 10월 1일

의뢰인 주식회사 케이케이
서울시 서초구 서초로255길63
대표이사 주 명 진

상 호 : 주식회사 케이케이
본 점 : 서울시 서초구 서초로255길63
공 고 방 법 : 회사의 인터넷 홈페이지(http://www. ○○○. ····)에 게재한다. 다만, 전산장애 또는 그 밖의 부득이한 사유로 회사의 인터넷 홈페이지에 공고를 할 수 없을 때에는 ○○시에서 발행되는 ○○신문에 한다.
회사가 발행할 주식의 총수 : 1,000,000주
액면주식 1주의 금액 : 금5,000원
발행주식의 총수, 그 종류와 각종 주식의 내용과 수 : 400,000주(보통주식)
자본금의 액 : 금2,000,000,000원정

※ 주금납입시 준비서류 : 정관, 창립총회의사록, 창립사항보고서, 조사보고서, 주식인수증, 주식청약서, 주주명부 각 사본 1부와, 주금납입의뢰서 1부, 주금납입보관증명서 3부를 주금납입 은행에 제출한다.

[사례] 주금납입보관증명서

<table>
<tr><td>

주금납입보관증명서

일 금 이십억원정 (₩2,000,000,000원)
발행주식의 총수 400,000주
액면주식 1주의 금액 금5,000원

위 금액은 귀 회사 설립시에 발행하는 주식총수에 대한 납입금으로서 20○○년 10월 1일 납입이 완료되어 현재 이를 보관중임을 증명합니다.

20○○년 10월 1일

주식회사 ○○ 은행
○○ 지점
지점장 ○○○ (인)

주식회사 케이케이 발기인대표 귀하

</td></tr>
</table>

※ 개정상법은 소규모(자본금 총액이 10억원 미만)인 주식회사를 발기설립하는 경우에는 주금납입금 보관증명서를 금융기관의 잔고증명서로 대체할 수 있도록 하였으나(상법 제318조제3항. 상업등기법 제82조제5호), 모집설립의 경우에는 공정성 확보를 위하여 현재와 같은 주금납입금보관증명서 제도를 유지하고 있다(상법 제318조제1항, ②). 주금납입은 주식청약서에 기재한 은행 기타 금융기관의 납입장소에 하여야 한다(상법 제305②,302②).

[사례] 정관

정 관

제1장 총 칙

제1조 (상호) 당 회사는 주식회사 케이케이라고 한다.

제2조 (목적) 당 회사는 다음 사업을 경영함을 목적으로 한다.

1. 종합인터넷 서비스 및 소프트웨어 개발업
2. 정보처리 및 컴퓨터관련 운영업
3. 인터넷 정보, 광고, 컨텐츠개발 서비스업
4. 소프트웨어 자문, 개발, 공급업
5. 위 각호에 부대되는 사업일체

제3조 (본점의 소재지) 당 회사의 본점은 서울시내에 둔다.

제4조 (공고방법) 당 회사의 공고는 회사의 인터넷 홈페이지(http://www.○○○.....)에 게재한다. 다만, 전산장애 또는 그 밖의 부득이한 사유로 회사의 인터넷 홈페이지에 공고를 할 수 없을 때에는 ○○시에서 발행되는 ○○신문에 한다.

제2장 주 식

제5조 (회사가 발행할 주식의 총수) 당 회사가 발행할 주식의 총수는 1,000,000주로 한다.

제6조 (액면주식 1주의 금액) 당 회사가 발행하는 주식 액면주식 1주의 금액은 금 5,000원으로 한다.

제7조 (회사의 설립시에 발행하는 주식총수) 당 회사는 설립시에 400,000주의 주식을 발행하기로 한다.

제8조 (주식 및 주권의 종류) 이 회사가 발행할 주권의 종류는 일주권, 오주권, 일십주권, 오십주권, 일백주권, 오백주권, 일천주권, 일만주권, 일십만주권, 일백만주권의 10종으로 한다.

제9조 (주권 불소지) 당 회사는 주권 불소지 제도를 채택하지 아니한다.

제10조(신주의 발행)① 이 회사가 신주를 발행함에는 주주총회의 결의에 의하여야 한다.

② 이 회사의 주주는 신주발행에 있어서 그가 소유한 주식수에 비례하여 신주의

배정을 받을 권리가 있다.

③ 제2항의 규정에도 불구하고 다음 각 호의 경우에는 주주총회의 결의로 주주 이외의 자에게 신주를 배정할 수 있다.

제11조 (명의 개서) ① 당 회사의 주식에 관하여 명의개서를 청구함에 있어서는 당 회사에서 정하는 청구서에 기명날인 또는 서명하고 이에 주권을 첨부하여 제출하여야한다.

② 양도 이외의 사유로 인하여 주식을 취득한 경우에는 당 회사가 정하는 제1항의 청구서 이외에 그 사유를 증명하는 서면과 주권을 제출하여야 한다.

제12조 (질권의 등록 및 신탁재산의 표시) 당 회사의 주식에 관하여 질권의 등록 또는 신탁재산의 표시를 청구함에 있어서는 당 회사가 정하는 청구서에 당사자가 기명날인 또는 서명하고 이에 주권을 첨부하여 제출하여야 한다. 그 등록 또는 표시의 말소를 청구함에 있어서도 같다.

제13조 (주권의 재발행) ① 주권의 분할, 병합, 오손 등의 사유로 인하여 주권의 재발행을 청구함에 있어서는 당 회사가 정하는 청구서에 기명날인 또는 서명하고 이에 주권을 첨부하여 세출하여야 한다.

② 주권의 상실로 인하여 그 재발행을 청구함에 있어서는 당 회사가 정하는 청구서에 기명날인하고 이에 제권판결의 정본 또는 등본을 첨부하여 제출하여야 한다.

제14조 (수수료) 제11조 내지 제13조에서 정하는 청구를 하는 자는 당 회사가 정하는 수수료를 납부하여야 한다.

제15조 (주주명부의 폐쇄) ① 당 회사는 매년 1월 1일부터 정기주주총회의 종결일까지 주주명부의 기재의 변경을 정지한다.

② 제1항의 경우 이외의 주주 또는 질권자로서 권리를 행사할 자를 정하기 위하여 필요한 때에는 주주총회의 결의에 의하여 주주명부의 기재의 변경을 정지하고 또는 기준일을 정할 수가 있다. 이 경우에는 그 기간 또는 기준일의 2주 전에 공고한 것으로 한다.

제16조 (주주의 주소 등의 신고) 당 회사의 주주 및 등록된 질권자 또 그 법정 대리인이나 대표자는 당 회사가 정하는 서식에 의하여 그의 성명, 주소와 인감을 당 회사에 신고하여야 한다. 신고사항에 변경이 있는 때에도 또한 같다.

제3장 주주총회

제17조 (소집) ① 당 회사의 정기주주총회는 영업 년도 말일의 다음날부터 3월 이내에 소집하고 임시주주총회는 필요한 경우에 수시 소집한다.

② 주주총회를 소집함에는 그 일시, 장소 및 회의의 목적사항을 2주 전에 각 주주에게 서면 또는 전자문서로 통지를 발송하여야 한다.

③ 의결권이 있는 발행주식 총수의 100분의 1 이하의 주식을 소유한 주주에 대한 소집 통지는 2주 전에 주주총회를 소집한다는 뜻과 회의 목적사항을 회사의 공고방법에 따라 공고함으로써 서면 또는 전자문서에 의한 소집통지에 갈음할 수 있다.

제18조 (의장) 대표이사가 주주총회의 의장이 된다. 그러나 대표이사 유고시에는 주주총회에서 선임한 다른 이사가 의장이 된다.

제19조 (결의) 주주총회의 결의는 법령 또는 정관에 다른 규정이 있는 경우를 제외하고 출석한 주주의 의결권의 과반수와 발행주식 총 4분의1 이상의 수로서 한다.

제20조 (의결권의 대리행사) 주주는 대리인으로 하여금 의결권을 행사할 수 있다. 대리인이 의결권을 행사함에는 표결 전에 그 권한을 증명하는 서면을 의장에게 제출하여야 한다.

제21조 (총회의 의사록) 주주총회의 의사록에는 의사의 경과 요령과 그 결과를 기재하고 의장과 출석한 이사가 기명날인 또는 서명하여야 한다.

제4장 임원과 이사회

제22조 (이사와 감사의 원수) 당 회사의 이사는 3인 이상, 감사는 1인 이상으로 한다.

제23조 (이사의 선임) 당 회사의 이사는 발행주식 총수의 과반수에 해당하는 주식을 가진 주주가 출석하여 그 의결권의 과반수로 선임한다.

제24조 (감사의 선임) 당 회사의 감사는 제23조의 규정에 의한 결의 방법에 의하여 선임한다. 그러나 이 경우에 의결권 없는 주식을 제외한 발행 주식총수의 百분의 參을 초과하는 주식을 가지는 주주는 그 초과하는 주식에 관하여는 의결권을 행사하지 못한다.

제25조 (이사의 임기) 이사의 임기는 취임 후 3년으로 한다. 그러나 이사의 임기가 재임 중 최종의 결산기에 관한 정기주주총회의 종결전에 끝날 때는 그 정기 주주총회의 종결에 이르기까지 임기를 연장한다. 보궐 또는 증원에 의하여 선임된

이사의 임기는 다른 이사의 잔임기와 같이 한다.

제26조 (감사의 임기) 감사의 임기는 취임후 3년내 최종의 결산기에 관한 정기총회의 종결시까지로 한다.

제27조 (이사회의 소집) 이사회는 대표이사 또는 이사회에서 따로 정한 이사가 있는 때에는 그 이사가 회일의 전에 각 이사 및 감사에게 통지하여 소집한다.

그러나 이사 및 감사 전원의 동의가 있는 때에는 소집절차를 생략할 수 있다.

제28조 (이사회결의) 이사회의 결의는 이사 과반수 출석과 출석 이사의 과반수로 한다.

제29조 (이사회의 의사록) 이사회의 의사록에는 의사의 경과 요령과 그 결과를 기재하고 출석한 이사 및 감사가 기명날인 하여야한다.

제30조 (대표이사) ① 당 회사는 사장 1인과 필요한 경우에 전무이사 및 상무이사 각 약간 명을 둔다.

② 사장, 전무이사와 상무이사는 이사회의 결의에 의하여 이사 중에서 선임한다.

③ 사장은 당 회사를 대표한다.

제31조 (업무집행) ① 사장은 당 회사의 업무를 통할하고 전무이사 또는 상무이사는 사장을 보좌하여 그 업무를 분장한다.

② 사장이 유고시에는 미리 이사회에서 정한 순서 따라 전무이사 또는 상무이사가 사장의 직무를 대행한다.

제32조(감사의 직무) 감사는 당 회사의 업무 및 회계를 감사한다.

제33조(감사의 수와 선임) ①이 회사의 감사는 1명 이상으로 한다.

②감사는 주주총회에서 선임하며, 감사의 선임을 위한 의안은 이사의 선임을 위한 의안과는 구분하여 의결하여야 한다.

③감사의 선임은 출석한 주주의 의결권의 과반수로 하되 발행주식총수의 4분의 1이상의 수로 하여야 한다. 그러나 의결권있는 발행주식총수의 100분의 3을 초과하는 수의 주식을 가진 주주는 그 초과하는 주식에 관하여 제1항의 감사의 선임에 있어서는 의결권을 행사하지 못한다. 다만, 소유주식수의 산정에 있어 최대주주와 그 특수관계인, 최대주주 또는 그 특수관계인의 계산으로 주식을 보유하는 자, 최대주주 또는 그 특수관계인에게 의결권을 위임한 자가 소유하는 의결권있는 주식의 수는 합산한다.

제34조(감사의 임기) 감사의 임기는 취임후 3년내의 최종의 결산기에 관한 정기주주총회 종결시까지로 한다.

제35조(감사의 보선) 감사의 결원이 생긴 때에는 주주총회에서 이를 선임한다. 그러나 이 정관 제○조에서 정하는 원수를 결하지 아니하고 업무수행상 지장이 없는 경우에는 그러하지 아니한다.

제36조(감사의 직무 등) ①감사는 이 회사의 회계와 업무를 감사한다.

②감사는 이사회에 출석하여 의견을 진술할 수 있다.

③감사는 필요하면 회의의 목적사항과 소집이유를 서면에 적어 이사(소집권자가 있는 경우에는 소집권자를 말한다)에게 제출하여 이사회 소집을 청구할 수 있다.

④제3항의 청구를 하였는데도 이사가 지체 없이 이사회를 소집하지 아니하면 그 청구한 감사가 이사회를 소집할 수 있다.

⑤감사는 회의의 목적사항과 소집의 이유를 기재한 서면을 이사회에 제출하여 임시총회의 소집을 청구할 수 있다.

⑥감사는 그 직무를 수행하기 위하여 필요한 때에는 자회사에 대하여 영업의 보고를 요구할 수 있다. 이 경우 자회사가 지체없이 보고를 하지 아니할 때 또는 그 보고의 내용을 확인할 필요가 있는 때에는 자회사의 업무와 재산상태를 조사할 수 있다.

제37조(감사록) 감사는 감사에 관하여 감사록을 작성하여야 하며, 감사록에는 감사의 실시요령과 그 결과를 기재하고 감사를 실시한 감사가 기명날인 또는 서명하여야 한다.

제38조 (보수와 퇴직금) 임원의 보수 또는 임원의 퇴직금은 주주총회의 결의로 결정한다.

제5장 계 산

제39조 (영업연도) 당 회사의 영업연도는 매년 1월 1일부터 익년 12월 말일까지로 한다.

제40조 (제무제표, 영업보고서의 작성비치) ① 당 회사의 사장은 정기 총회 회일 6주간 전에 다음 서류 및 부속 명세서와 영업보고서를 작성하여 이사회의 승인과 감사의 감사를 받아 정기 총회에 제출하여야한다.

1. 대차대조표
2. 손익계산서
3. 이익금 처분계산서 또는 결손 처리 계산서

② 제1항의 서류는 감사 보고서와 함께 정기총회 1주간 전부터 당 회사의 본점과 지점에 비치하여야 하고 총회의 승인을 얻었을 때에는 그 중 대차대조표를 지체없이 공고하여야 한다.

제41조 (이익금의 처분) 매기 총수입금에서 총지출금을 공제한 잔액을 이익금으로 하여 이를 다음과 같이 처분한다.

1. 이익준비금 금전에 의한 이익배당액의 10분의 1이상
2. 별도적립금 약간
3. 주주배당금 약간
4. 임원상여금 약간
5. 후기이월금 약간

제42조 (이익 배당) 이익 배당금은 매 결산기에 있어서의 주주명부에 기재된 주주 또는 질권자에게 지급한다.

부 칙

제43조 (최초의 영업연도) 당 회사의 최초 영업연도는 회사 설립일로부터 동년 12월 말일까지로 한다.

제44조 (발기인) 발기인 성명 주소와 그가 설립시에 인수한 주식수는 정관말미에 기재함과 같다.

제45조 신주발행시 제3자 배정에 관한 사항을 이사회의 결의에 따르기로 한다.

위와 같이 주식회사 케이케이를 설립하기 위하여 이 정관을 작성하고 발기인 전원이 이에 기명날인 또는 서명한다.

20○○년 10월 1일

주식회사 케이케이
서울시 서초구 서초로255길63

발 기 인 주 명 진 (-)
경기도 성남시 상대원로66길 20
인수주식 수 100,000주

발 기 인 김 순 희 (-)
서울시 서초구 서초로100길 50
인수주식 수 50,000주

※ 정관 : 정관은 1인 이상의 발기인이 작성한다(상법 제288조). 발기인은 정관의 작성자로서 각 발기인이 정관의 말미에 기명날인 또는 서명하여야 한다(상법 제289조제1항). 이런 뜻에서 발기인이란 주식회사의 원시정관에 발기인으로서 기명날인 또는 서명한 자를 말하며, 실질적으로 발기인으로서 회사의 설립에 진력하였다 하더라도 원시정관에 기명날인 또는 서명하지 아니한 자는 발기인이라고 할 수 없다(학설과 판례).

※ 정관의 인증

○ 정관인증에 관한 구체적설명 : 627면 참조

[사례] 취임승낙서

취 임 승 낙 서

본인 등은 20○○년 10월 1 일 주식회사 케이케이의 창립총회에서 사내이사 및 감사로 각각 선임되었으므로 그 취임을 승낙합니다.

20○○년 10월 1일

사내이사 주 명 진 (인)
사내이사 유 명 우 (인)
사내이사 곽 영 진 (인)
감   사 이 충 식 (인)

주식회사 케이케이 귀중

※ 취임승낙서에는 취임자의 인감도장을 날인한 취임승낙서와 인감증명법에 의하여 신고한 인감증명서(발행일로부터 3개월 이내)나 본인서명사실확인서 또는 전자본인서명확인서를 첨부하여야 한다(112면 참조).

[사례] 이사회의사록

이사회의사록

20○○년 1월 25일 11:00시 창립사무소에서 다음과 같이 이사회를 개최하다.

이사총수 3 명　　출석이사수 3 명
감사총수 1 명　　출석감사수 1 명

의안 : 대표이사 선임의 건

이사 전원의 호선에 따라 사내이사 주명진을 임시의장으로 선출하다.

의장 주명진은 즉석에서 이를 승낙하고 의장석에 등단하여 개회를 선언한 후 발기인총회의 종결에 이어 본 회사의 대표이사를 선임하여 줄 것을 물은즉 이사 전원 신중히 협의한 결과 다음 사람이 대표이사에 선임되어 동인은 즉석에서 그 취임을 승낙하다.

대표이사 주 명 진

위 피선자는 즉석에서 그 취임을 승낙하다.

이상으로 금일 의안이 전부 심의 종료하였음을 고하고 11시 00분에 폐회를 선언하다.

위 결의를 명확히 하기 위하여 이 의사록을 작성하고 의장 및 출석한 이사가 아래에 기명 날인하다.

20○○년 1월 25일

주식회사 케이케이
서울시 서초구 서초로255길63
대표이사 주 명 진 (인)
사내이사 곽 영 진 (인)
사내이사 유 명 우 (인)

○ 이사의 임기 : 이사의 임기는 3년을 초과하지 못한다(상법 제383조제2항). 그러나 정관으로 그 임기 중의 최종의 결산기에 관한 정기주주총회의 종결에 이르기까지 연장할 수 있다(상법 제383조제3항). 여기의 "임기 중의 최종의 결산기"라 함은 임기 중에 도래한 최종의 결산기로서 당해 결산기가 임기 중에 도래한 경우를 말한다.

[사례] 취임승낙서

<table>
<tr><td>

취 임 승 낙 서

본인은 20○○년 10월 1 일 주식회사 케이케이의 이사회에서 대표이사에 선임되었으므로 그 취임을 승낙합니다.

20○○년 10월 1일

대표이사 주 명 진 (인)

주식회사 케이케이 귀중

</td></tr>
</table>

※ 취임승낙서에는 취임자의 인감도장을 날인한 취임승낙서와 인감증명법에 의하여 신고한 인감증명서(발행일로부터 3개월 이내)나 본인서명사실확인서 또는 전자본인서명확인서를 첨부하여야 한다(112면 참조).

[사례] 주주명부

<table>
<tr><td colspan="5">주 주 명 부</td></tr>
<tr><td>주 주</td><td>주소와 전자우편주소</td><td>인 수
주식수</td><td>1주금액</td><td>납 입 금 액</td></tr>
<tr><td>주 명 진</td><td>경기도 성남시 상대원로70길 20
www. ldf21@naver. com.</td><td>200,000주</td><td>5,000원</td><td>1,000,000,000원</td></tr>
<tr><td>김 순 희</td><td>서울시 서초로100길 50
www. ldf21@naver. com.</td><td>50,000주</td><td>5,000원</td><td>250,000,000원</td></tr>
<tr><td>곽 영 진</td><td>경기도 성남시 상대원로30-5
www. yui77@naver. com.</td><td>150,000주</td><td>5,000원</td><td>750,000,000원</td></tr>
<tr><td>합 계</td><td></td><td>400,000주</td><td></td><td>금2,000,000,000원</td></tr>
<tr><td colspan="5">위 주주명부는 본사에 비치된 주주명부와 대조하여 틀림이 없음을 증명합니다.
20○○년 10월 1일
상 호 주식회사 케이케이
본 점 서울시 서초구 서초로255길63
대표이사 주 명 진</td></tr>
</table>

※ 전자주주명부제도 : 회사는 정관에서 정하는 바에 따라 전자문서로 주주명부를 작성할 수 있다(상법 제352조의2①).

[사례] 인감 · 개인(改印) 신고서

인감 · 개인(改印) 신고서

(신고하는 인감날인란) (인감제출자에 관한 사항)

상 호(명칭)		주식회사 케이케이	등기번호	
본점(주사무소)		서울시 서초구 서초동 23-1		
인감제출자	자격/성명	대표이사 주 명 진 (인)		
	주민등록번호	123456-789123		
	주 소	경기도 성남시 상대원로160길16		

␣ 위와 같이 인감을 신고합니다.
␣ 위와 같이 개인(改印)하였음을 신고합니다.

20○○년 8월 27일 (개인인감 날인란)

신고인 본 인 성 명 (인)
대리인 성 명 (인)

지방법원 귀중

주 1. 개인인감 날인란에는 「인감증명법」에 의하여 신고한 인감을 날인하고 그 인감증명서(발행일로부터 3개월 이내의 것)를 첨부하여야 합니다. 개인(改印)신고의 경우, 개인인감을 날인하는 대신에 등기소에 신고한 유효한 종전 인감을 날인하여도 됩니다.
2. 인감·개인신고서에는 신고하는 인감을 날인한 인감대지를 첨부하여야 합니다.
3. 지배인이 인감을 신고하는 경우에는 인감제출자의 주소란에 지배인을 둔 장소를 기재하고, 「상업등기규칙」 제35조제3항의 보증서면(영업주가 등기소에 신고한 인감 날인)을 첨부하여야 합니다.

위 임 장

성 명 : 주민등록번호(-)
주 소 :

위의 사람에게, 위 인감신고 또는 개인신고에 관한 일체의 권한을 위임함.

200 년 월 일

인감(改印) 신고인 성 명 (인)

※ 1개의 법인을 대표하는 자가 2인인 경우에 등기를 신청하는 대표자만 인감을 제출하여도 되지만, 공동으로 대표권을 행사하여야 하는 자가 등기를 신청할 경우에는 공동으

로 대표권을 행사하도록 되어 있는 자 전원의 인감을 제출하여야 하며, 1개의 법인을 대표하는 여러 명의 인감은 각각 달라야 한다(등기예규 제1626호).

※ 인감의 규격 등 : 인감은 대조에 적당한 것이어야 한다. 인감은 규칙 제35조 제4항에서 정한 크기(가로·세로 2.4센티미터의 정사각형 안에 들어갈 수 있어야 하고, 가로·세로 1센티미터의 정사각형 안에 들어가는 것이 아니어야 함)로, 선명하지 않거나 너무 복잡한 것이어서는 안 된다(등기예규 제1626호).

※ 인감을 제출할 수 있는 자가 개인인 경우에는 인감(改印)신고서에 인감증명법에 따라 신고한 인감을 날인하고 그 인감증명서(발행일로부터 3개월 이내의 것에 한한다)를 첨부하거나 등기소에 제출한 유효한 종전 인감을 날인하여야 한다. 다만, 그 신고서에 본인이 기명날인 또는 서명하였다는 공증인의 인증서면을 제출하는 경우에는 그러하지 아니한다(등기예규 제1626호).

※ 외국인의 경우에는 다음의 구분에 따라 인감(改印)신고를 하여야 한다.

○ 인감증명의 날인제도가 있는 외국인(일본인, 대만인 등)은 인감(改印)신고서에 날인한 인감과 동일한 본국 관공서 발행의 인감증명을 첨부하여야 한다.

○ 본국에 인감증명제도가 없는 외국인의 경우(미국, 캐나다 등의 경우)에는 인감(改印)신고서에 서명하고 본인이 서명을 하였다는 본국 관공서(대사관)의 증명서면이나 우리나라 공증인의 공증서면으로 갈음할 수 있다. 국내에 없을 경우인감(改印)신고서를 본국으로 보내어 본인서명 후 공증을 받아 제출해야 한다.

※ 외국발행의 공문서나 외국공증인의 공증을 받은 사문서에 대해서는 아포스티유 가입국은 해당국가의 정부에서 발행한 아포스티유를 첨부하여야 하고, 미가입국이라면 해당국가에 주재하는 대한민국 공증담당영사의 확인을 받아 제출하여야 한다..

[사례] 인감대지

	신고하는 인감날인란	상 호(명 칭) : 주식회사 케이케이 자격 및 성명 : 대표이사 주 명 진 (인) 주민등록번호 : 00000-000000

※ 인감(個人)신고서를 제출할 때에는 인감대지(위 양식 3장)도 함께 제출한다.

[사례] 인감카드 등 (재)발급신청서

인감카드 등 (재)발급신청서

상 호(명칭)		주식회사 케이케이	등기번호	
본점(주사무소)		서울시 서초구 서초동 23-1		
인감 제출자	자격/성명	대표이사 주 명 진 (인)		
	주민등록번호	123456-789123		

발급사유	␣ 최초발급 ␣ 카드분실 ␣ 카드훼손 ␣ 인감증명서발급기능 ␣ 기타 ( )		
매체구분	␣ 인감카드 ␣ HSM USB	인감카드 비밀번호	(변경 후 :)
수수료	금 원	납부번호	

위와 같이 인감카드 등의 (재)발급을 신청합니다.

년 월 일 (인감 날인란)

신청인 인감제출자 (본 인) 성 명 (인) (전화 :)

(대리인) 성 명 (인) (전화 :)

지방법원 등기소 귀중

접수번호		인감카드번호	

주 1. 인감카드 비밀번호란에는 (재)발급받아 사용할 인감카드의 비밀번호를 기재하며, 아라비아숫자 6자릿수를 기재하여야 합니다. 다만, 인감카드 재발급의 경우에는 기존 인감카드의 비밀번호와 재발급받아 사용할 인감카드의 비밀번호(변경 후)를 기재하여야 합니다.

2. 인감카드 (재)발급을 신청하는 경우에는 등기소에 제출한 인감을 날인하여야 합니다. 다만, 인감카드 재발급의 경우 기존 인감카드 비밀번호를 기재할 수 없을 때에는 인감제출자 본인은 신분증명서 사본을, 위임에 의한 대리인은 인감제출자가 「인감증명법」 에 따라 신고한 인감을 신청서에 날인하고 그 인감증명서 및 대리인의 신분증명서 사본을 각각 첨부하여야 합니다.

3. 인감카드의 재발급을 신청할 때에는 「등기사항증명서 등 수수료규칙」 으로 정하는 수수료를 납부하여야 합니다. 다만, 인감카드를 반납할 때에는 수수료를 납부할 필요가 없습니다.

위 임 장

성 명 : 주민등록번호(-)

주 소 :

위의 사람에게, 위 (재)발급신청서에 기재된 인감카드 등의 발급신청과 그 수령 등에 관한 일체의 권한을 위임함.

20 년 월 일

인감신고인 성 명 (인) (전화)

[사례] 주주명부(공증용)

주 주 명 부				
주 주	주소와 전자우편주소	인 수 주식수	1주금액	납 입 금 액
주 명 진	경기도 성남시 상대원로70길 20 www. ldf21@naver. com.	200,000주	5,000원	1,000,000,000원
김 순 희	서울시 서초로100길 50 www. ldf21@naver. com.	50,000주	5,000원	250,000,000원
곽 영 진	경기도 성남시 상대원로30-5 www. yui77@naver. com.	150,000주	5,000원	750,000,000원
합 계		400,000주		금2,000,000,000원

위 주주명부는 본사에 비치된 주주명부와 대조하여 틀림이 없음을 증명합니다.

20○○년 10월 1일

상 호 주식회사 케이케이
본 점 서울시 서초구 서초로255길63
대표이사 주 명 진 (인)

※ 전자주주명부제도

○ 회사는 정관에서 정하는 바에 따라 전자문서로 주주명부를 작성할 수 있다(상법 제352조의2①). 전자주주명부에는 상법 제352조제1항의 기재사항 외에 전자우편주소를 적어야 한다.

○ 개정법은 기업경영의 IT화를 위하여 주주총회에 직접 참석하거나 대리인에게 투표를 위임하지 않더라도 전자서명 등 본인인증절차를 거쳐 인터넷으로 의결권을 행사하는 전자투표제도가 도입됐다(상법 제368조의4, 제382조의2). 이와 함께 주주들이 서면 외에도 이메일 등 전자문서를 통해 주주제안권 및 임시주주총회 소집청구권을 행사할 수 있도록 했다. 전자투표제도를 도입함에 따라 일반 주주명부를 전자문서로 된 주주명부로 대체할 필요가 있어서 제도화한 것이다.

[사례] 진술서(공증용)

<table>
<tr><td colspan="2">진 술 서</td></tr>
<tr><td>법 인 명</td><td>주식회사 케이케이</td></tr>
<tr><td>소 재 지</td><td>서울시 서초구 서초로255길63</td></tr>
<tr><td>회의의종류</td><td>창립총회( ) 이사회( )</td></tr>
<tr><td>소 집 일 시</td><td>20○○년 10월 1일</td></tr>
<tr><td>소 집 장 소</td><td>본점 회의실</td></tr>
<tr><td colspan="2">본인은 배영공증인합동사무소에서 위 법인의 의사록의 인증을 촉탁함에 있어서, 위 법인의 대표이사로서 위 회의가 적법하게 소집되었으며, 결의의 절차와 내용이 신실에 부합함을 진술합니다.

20○○년 10월 1일

위 진술인 주식회사 케이케이
서울시 서초구 서초로255길63
대표이사 주 명 진 (인)</td></tr>
</table>

※ 공증시 첨부하는 서류이다.

[사례] 위임장(공증용)

위 임 장

법무사 성명 ○ ○ ○
주소 서울 강동구 성내로319길33
전화 전화 595-1235

위 사람을 본인의 대리인으로 정하여 공증인가 법무법인 서울합동법률사무소에서 다음 사서증서 인증을 촉탁하는 일체의 권한을 위임합니다.

다 음

1. 창립총회의사록
1. 창립사항보고서
1. 조사보고서
1. 이사회의사록
1. 정관

20 년 월 일

위임인 ○○○ (인)
서울 ○○구 ○○동 ○-○
위임인 ○○○ (인)
서울 ○○구 ○○동 ○-○
위임인 ○○○ (인)
서울 ○○구 ○○동 ○-○

※ 공증시 준비서류 : 정관, 창립총회의사록, 창립사항보고서, 조사보고서, 이사회의사록, 주주명부, 진술서 각 3부를 준비한다. 이사회의사록에 날인한 1인 이사는 공증용 위임장에 인감을 날인하고 개인인감증명을 첨부한다.

※ 모집설립의 경우에는 기존의 공증(인증)제도를 유지하고 있다. 공증비용 등은 627면 참조

※ 이 위임장은 법무사에게 주식회사설립등기를 의뢰하는 경우 공증(인증)대리의 권한을 법무사에게 위임하는 서류로써 공증사무소에 제출하는 서류이다.

제2장 주식회사 변경등기

제2장 주식회사 변경등기

제1절 서 설

주식회사 변경등기는 회사의 의사결정기관에서 결의한 사항을 기록한 "주주총회의사록"과 "이사회의사록", "주주총회의사록에 갈음하는 서면결의서" 및 "이사결정서"를 근거로 하여 신청하여야 하는데, 의사록은 공증기관에서 공증절차(627면 참조)를 거친 후 그 의사록을 등기신청서에 첨부하여 관할등기소에 등기하여야 비로소 효력이 생긴다. 여기서 등기의 효력은 제3자에게 대항하기 위한 요건이다.

변경등기신청은 회사등기부등본(등기사항증명서)에 기재되어 있는 내용을 변경하는 절차이므로 변경신청 시에는 회사등기부등본을 기준으로 신청서를 작성하여야 하는데 변경 전과 변경 후의 내용을 확실하게 구분하여 기재하여야 한다. 즉, 변경 전의 내용을 기재할 때에는 주주의 수 및 발행주식 총수, 사내이사, 사외이사 등이 등기부등본상의 내용과 일치하여야 한다.

변경등기신청은 의사록 등의 유형에 따라 또는 자본금의 규모에 따라 신청서 기재방식이 달라진다. 또한 주식회사 변경등기 시에는 서면결의서나 이사결정서 외에는 반드시 공증(인증)을 받아야 한다.

한편 상법은 자본금 총액이 10억원 미만인 소규모회사의 경우 주주 전원이 "서면에 의한 결의로써 주주총회의 결의를 갈음할 수 있으며, 결의의 목적사항에 대하여 주주 전원이 서면으로 동의를 한 때에는 서면에 의한 결의가 주주총회의 결의와 같은 효력이 있음을 인정하여 주주총회의 운영비용을 절감시켜 주고자 서면결의를 허용하였다(상법 제363조 제4, 5, 6항). 서면결의에 의한 등기신청은 별도의 장으로 다루기로 한다(531면 참조).

제2절 신주식발행

1. 서 설

가. 의 의

"신주식발행"이란 회사성립 후에 발행예정주식총수의 범위 내에서 발행하고 남은 미발행주식 중에서 주식을 발행하여 회사의 자본금을 증가시키는 것을 말한다.

개정상법(2012. 4. 15. 시행)은 "회사설립시 발행하는 주식의 총수는 회사가 발행할 주식총수의 1/4이상이어야 한다."는 요건을 폐지하였다(상법 제289조 제2항 삭제). 이에 따라 회사설립시 발행하여야 하는 주식수에 대한 제한이 전혀 없게 되었다(구체적 내용은 62면 참조). 따라서 신주발행시(상법 제416조) 정관변경의 필요가 없을 정도로 충분한 수량의 발행예정주식총수를 정해 놓을 수 있다.

신주발행은 원칙적으로 이사회에서 결정하나, 정관으로 주주총회의 권한으로 할 수 있다. 즉, 자본금 10억원 미만인 회사로써 이사의 수가 2인 이하이거나, 정관으로 주주총회에서 결정하기로 정한 경우에는 주주총회에서 결정한다(상법 제416조).

나. 신주발행방식

(1) 개 설

유상증자 시 증자유형은 신주 배정 대상 및 실권주 처리방법에 따라 주주배정방식, 주주우선공모방식, 일반공모방식, 제3자 배정방식으로 분류할 수 있다.

회사성립 후 회사의 자금조달을 직접의 목적으로 하는 경우의 신주발행을 말한다. 상법 제416조 이하의 신주의 발행에 관한 규정이 바로 보통의 신주발행에 해당한다. 보통의 신주발행의 경우에는 신주인수인으로부터 주금의 납입 또는 현물출자의 이행을 받으므로 이를 유상증자라 통칭한다.

(2) 주주배정방식

기존 주주에게 그가 가진 주식수에 따라 신주를 발행하여 배정하는 증자 방식이다(상법 제418조 제1항). 주주배정증자방식의 경우 주주가 그 인수를 포기한 실권주는 주로 이사회 결의를 통해 기존 주주, 제3자 또는 일반인에게 공모하는 방법으로 처리 가능하나 신주발행을 위한 이사회 결의에서 실권주 처리방법을 정하여야 하고, 실권주 발생시 별도의 이사회결의를 거쳐야 실권주를 일반공모 또는 제3자 배정방법에 의해 처리할 수 있다.

(3) 주주우선공모방식

주주에게 우선 청약의 기회를 부여하고 미청약된 주식이 있는 경우 이를 불특정다수인(해당 법인의 주주 포함)에게 청약 기회를 부여하는 증자방식을 말한다.

(4) 일반공모방식

일반공모방식은 주주의 신주인수권을 배제하고 불특정 다수인(해당 법인의 주주 포함)을 상대방으로 하여 신주를 모집하는 방식을 말한다(자본시장법 제165조의6 및 동 시행령 제176조의8).

“신주인수권”이란 회사가 신주를 발행하는 경우에 그 신주의 인수를 우선적으로 청구할 수 있는 권리를 말한다. 이 경우에 직접적인 영향을 받는 이해관계자는 기존의 주주이다.

(5) 제3자 배정방식

제3자 배정방식은 주주의 신주인수권을 배제하고 주주외의 자에게 신주를 배정하는 것으로 정관상 주주의 신주인수권 배제에 관한 규정이 있거나 주주총회 특별결의로써 특정의 제3자에게 신주인수권을 부여하는 경우에만 가능하다(상법 제418조 제2항).

개정상법은 이 경우 회사는 상법 제416조제1호, 제2호, 제2호의2, 제3호 및 제4호에서 정하는 사항을 그 납입기일의 2주 전까지 주주에게 통지하거나 공고하도록 하였다(상법 제418조 제4항). 이는 제3자발행시 주주의 이익을 보호하기 위해 주주에게 제3자 발행사항의 요점을 알리도록 신설한 조문이다.

다. 특수한 신주발행

이는 직접으로 자금조달을 목적으로 하지 아니하고, 그 이외의 사유에 의하여 신주가 발행되는 경우를 말한다. 상법에 규정되어있는 특수한 신주발행으로는 전환주식의 전환

또는 전환사채의 전환(상법 제346조 이하, 제513조 이하), 신주인수권부사채권자의 신주인수권의 행사(상법 제516조의9), 준비금의 자본전입(상법 제461조제2항), 주식배당(상법 제462조의2), 주식병합(상법 제440조 이하), 주식의 분할, 흡수합병(상법 제523조) 등의 경우가 있고, 특별법에 규정되어 있는 것으로는 통합도산법에 의한 신주발행, 자산재평가법에 의한 재평가적립금의 자본전입으로 인한 신주발행 등이 있다. 특수한 신주발행 중 준비금의 자본전입 또는 자산재평가적립금의 자본전입에 의한 신주발행 등은 주금의 납입 없이 신주를 발행하므로 이를 무상증자라 통칭한다.

위에서 열거한 무상증자에 관하여는 각각 절을 나누어 설명하기로 한다.

2. 신주발행의 절차

가. 신주발행사항의 결정

상법이 예정하지 아니한 방법과 절차에 의한 신주발행은 효력이 없다. 그리고 신주발행절차는 신주발행사항결정, 신주인수권자를 확정하기 위한 신주배정일의 공고 및 신주인수권자에 대한 청약최고(신주신수권자가 있는 경우), 모집절차(신주인수권자가 없는 경우), 납입 및 현물출자의 이행, 등기의 순서로 이루어진다.

신주발행은 상법에 다른 규정이 있거나 정관으로 주주총회에서 정하기로 규정한 경우를 제외하고는 신주의 종류와 수, 신주의 발행가액과 납입기일 등 다음의 사항은 발행예정주식총수의 범위 내에서 이사회가 결정한다(상법 제416조). 이사회는 신주발행의 결정을 대표이사나 기타의 자에게 위임할 수 없다(통설).

한편 회사가 자본금의 총액이 10억원 미만으로 1명 또는 2명의 이사만을 둔 경우(상법 제383조 제1항 단서)에는 이사회를 설치하지 아니하므로 정관의 정함이 없더라도 주주총회에서 주식발행여부 등을 결정한다(상법 제383조 제4, 5항).

(1) 신주의 종류와 수(상법 제416조 제1호)

정관으로 종류주식의 발행을 예정하고 있는 경우에는 그 중 발행할 주식의 종류와 그 수를 정하여야 한다. 따라서 회사의 자금조달계획상 미발행주식을 초과하는 신주의 발행이 필요한 경우에는 정관변경을 통하여 발행예정주식총수를 증가시켜야 한다(상법 제389조 제1항 제3호, 제433조). 특히 회사가 종류주식을 발행한 경우에는 반드시 정관에 각종 주식의 내용과 수가 정해져야 하는데(상법 제344조 제2항) 새로이 발행할 주식의 총수가 전체 미발행주식의 범위 내에 있다고 하더라도 발행할 신주 중 특정 종류의 주식에 대한 미발행주식이 부족하다면 이 경우에도 정관을 변경하여 해당 종류의 주식의 발행예정주식총수를 증가시켜야 한다.

(2) 신주의 발행가액과 납입기일(상법 제416조 제2호)

신주의 발행가액은 원칙적으로 액면(정관상 액면주식 1주의 금액을 말한다) 또는 그 이상이어야 한다. 회사가 정관의 규정에 의하여 주종의 주식을 발행하는 경우에는 다른 종류의 주식 간에 주주평등의 원칙이 적용되지 않기 때문에 발행가액을 달리 정할 수 있지만(상법 제344조 제3항, 종류적 평등), 같은 종류의 주식간에는 원칙적으로 발행가액을 달리 정할 수 없다고 본다.

신주를 액면이하의 가액으로 발행하기 위하여는 회사성립 후 2년이 경과하여야 하고, 주주총회의 특별결의와 법원의 인가를 얻어야 한다(상법 제417조제1항). 그리고 법원의 인가를 받은 날로부터 1월 이내에 신주를 발행해야 한다(상법 제417조제4항).

(3) 무액면주식의 경우에는 신주의 발행가액 중 자본금으로 계상하는 금액(상법 제416조 2의2호)

개정상법은 본호를 신설하였는바, 무액면주식을 발행하는 회사의 경우 신주를 발행할 때 이사회 결의로 발행가액 중 자본금에 계상할 금액을 결정하도록 하기 위함이다.

(4) 신주의 인수방법(상법 제416조 제3호)

주식의 공모여부와 청약기일, 청약증거금, 배정비율, 단주 및 신권주의 처리방법, 주금납입을 취급할 금융기관 등의 사항을 정하는 것을 말한다.

원칙적으로 주주는 그가 가진 주식의 수에 따라 신주를 배정받을 권리가 있다. 그러나 회사는 정관에 정하는 바에 따라 주주 외의 자에게 신주를 배정할 수 있다. 다만, 이 경우에는 신기술의 도입, 재무구조의 개선 등 회사의 경영상 목적을 달성하기 위하여 필요한 경우에 한한다(상법 제418조 제1, 2항). 따라서 정관에 별다른 규정이 없으면 상법 제418조제2항에 의하여 기존주주는 신주인수권이 있고, 제3자에게 신주인수권을 부여하거나 모집에 의할 것을 정관으로 정한 경우에는 그 정관의 규정에 의한다.

(5) 현물출자를 하는 자의 성명과 그 목적인 재산의 종류, 수량, 가액과 이에 대하여 부여할 주식의 종류와 수(상법 제416조 제4호)

주식회사에서 현물출자의 목적물은 특별한 제한이 없고, 대차대조표상 자산으로 계상할 수 있는 재산이면 모두 그 목적물이 될 수 있다. 현물출자를 하는 자가 있는 경우에 그 성명과 그 목적인 재산의 종류, 수량, 가격과 이에 대하여 부여할 주식의 종류와 수를 결정한다. 현물출자자에 대하여 발행하는 신주에 대하여는 일반주주의 신주인수권은 미치지 아니 한다.

현물출자의 공정한 평가를 위하여 이사는 검사인의 선임을 법원에 청구하여야 하고, 법원이 선임한 검사인의 조사를 받아야 하는데, 이 경우 공인된 감정인의 감정으로 검사인의 조사에 갈음할 수 있다(상법 제422조 제1항). 다만, 개정상법은 다음 각 호의 어느 하나에 해당할 경우에는 검사를 면제하도록 하였다. 이는 현물출자를 하더라도 소규모에 그쳐 자본충실을 해할 위험이 크지 않거나, 출자가액의 평가가 불공정해질 염려가 없는 경우에는 검사를 면제하기 위한 규정으로, 회사설립시의 검사를 면제하는 규정(상법 제299조 제2항)과 대칭시켜 둔 것이다. 따라서 본조 제2항 제1호, 제2호, 제4호는 각각 제299조 제2항 제1호, 제2호, 제3호와 내용이 같다.

검사면제규정은 다음과 같다(상법 제422조 제2항).

1. 상법 제416조제4호의 현물출자의 목적인 재산의 가액이 자본금의 5분의 1을 초과하지 아니하고 대통령령으로 정한 금액을 초과하지 아니하는 경우

여기서 "대통령령으로 정한 금액"이라 함은 금 5천만원을 말한다(상법 시행령 제14조 제1항).

2. 상법 제416조제4호의 현물출자의 목적인 재산이 거래소의 시세 있는 유가증권인 경우 제416조 본문에 따라 결정된 가격이 대통령령으로 정한 방법으로 산정된 시세를 초과하지 아니하는 경우

여기서 "대통령령으로 정한 방법으로 산정된 시세"라 함은 다음 각 호의 금액 중 낮은 금액을 말한다(상법 시행령안 제14조제2항).

㉠상법 제416조의 이사회 또는 주주총회의 결의가 있은 날(이하 본조에서 "결의일"이라고 한다)로부터 소급한 1개월 평균 종가, 1주일 평균종가 및 결의일의 직전 거래일의 종가를 산술평균하여 산정한 금액

㉡결의일의 직전 거래일의 종가

3. 위 규정(상법 시행령 제14조제2항)은 현물출자의 목적인 재산에 그 사용, 수익, 담보제공, 소유권 이전 등에 대한 물권적 또는 채권적 제한이나 부담이 설정된 경우에는 적용하지 아니한다(상법 시행령 제14조제3항).

(6) 주주가 가지는 신주인수권을 양도할 수 있는 것에 관한 사항(상법 제416조 제5호)

신주인수권의 양도는 주주에 한하여 인정되며 주주의 신주인수권의 양도는 정관의 규정이나 정관에 의한 주주총회의 결의가 없는 한 이사회의 결의에 의하여 인정할 수 있다. 신주인수권의 양도를 인정한 때에는 회사는 신주인수권증서를 발행하여야 하고, 신주인수권의 양도는 신주인수권증서의 교부에 의해서만 가능하다.

(7) 주주의 청구가 있는 때에만 신주인수권증서를 발행한다는 것과 그 청구기간(상법 제416조 제6호)

신주인수권증서는 주주의 신주인수권을 표창하는 유가증권이다 이사회의 결정으로 주주가 갖는 신주인수권의 양도를 인정하는 경우에는 주주의 청구가 있는 때에만 신주인수권증서를 발행한다는 것과 그 청구기간을 정하여야 한다. 그러나 이사회가 이러한 사항을 정하지 않고 주주의 신주인수권의 양도에 관해서만 결의하면, 모든 주주에게 청약기일의 2주 전에 신주인수권증서를 발행하여야 한다(상법 제420조의2①). 신주인수권증서는 주주배정의 경우에만 발행할 수 있으며, 제3자배정이나 모집의 경우에는 발행할 수 없다.

나. 신주배정일의 공고 및 최고

주주가 신주인수권을 갖는 때에는 회사는 구체적으로 신주인수권을 가진 주주를 확정하기 위하여 일정한 날(配定日)을 정하여 그 날에 주주명부에 기재된 주주가 가진 주식의 수에 따라서 신주의 배정을 받을 권리를 가진다는 뜻과 신주인수권을 양도 할 수 있을 경우에는 그 뜻을 그 날의 2주 전에 공고하여야 하며, 그 날이 주주명부의 폐쇄기간 중인 때에는 그 폐쇄기간 초일의 2주 전에 공고하여야 한다(상법 제418조 제3항).

신주인수권은 권리이며 의무가 아니기 때문에 그 행사의 여부를 확정할 필요가 있으므로, 그 행사의 기회를 주기 위하여 상법은 회사가 일정한 배정일을 정하고 그 기일의 2주 전에 각 주주에 대하여 주식발행의 결의내용과 동기일까지 주식인수의 청약을 하지 않으면 권리를 잃는다는 뜻을 통지하여야 하고, 인수권자가 그 기일까지 주식인수의 청약을 하지 않으면 실권된다(상법 제419조).

공고는 관보 또는 시사에 관한 사항을 게재하는 일간신문에 하여야 한다. 다만 그 공고를 정관으로 정하는 바에 따라 전자적 방법으로 할 수 있으므로(제289조 제3항) 정관에 규정에 있다면 홈페이지 등에 공고하는 것도 가능하다.

실권예고부 최고는 신주배정일 다음날 한다(실권예고부 최고서 256면 참조).

[사례] 신주배정일 공고

<table><tr><td>

신 주 배 정 일 공 고

20○○년4월15일 개최된 당사 이사회의 신주발행에 관한 결의에 따라 새로이 발행되는 신주식 ○○○주를 2015년 4월 30일(신주배정기준일) 17시 현재 주주명부에 등재된 주주에 대하여 그 소유주식 비율로 배정(1주당 약 1.025104695주의 비율)하기로 하였기에 이에 공고함.

단, 신주인수권증서는 발행하지 아니하며, 신주인수권의 양도는 허용하지 아니함.

20 년 4월 16일

주식회사 ○○
서울시 서초구 서초로100길 20
대표이사 ○○○ (직인생략)

</td></tr></table>

※ 신주배정일의 공고는 이사회의 결의에 앞서 미리 하여도 무방하다. 신주배정일 공고는 등기신청시 첨부서면이 아니다.

○ 주주는 일정한 날(배정일)에 주주명부에 기재된 주주가 신주인수권을 가진다는 뜻과 신주인수권을 양도할 수 있는 것으로 정한 때에는 그 뜻을 배정일의 2주전에 공고하여야 한다(상법 제418조제3항).

○ 총주주의 기간단축동의서를 첨부하여 신주배정일 공고를 생략할 수도 있다. 한편 정관 또는 법률에 의해 규정한 제3자배정의 경우에는 기존 주주의 신주인수권이 배제되어 배정일 공고가 필요하지 아니하다.

다. 실권예고부 청약최고 등

(1) 개 설

회사는 신주인수권을 가진 자에 대하여 그 인수권을 가지는 주식의 종류 및 수와 일정한 기일까지(청약기일)까지 주식인수의 청약을 하지 않으면 그 권리를 잃는다는 뜻을 그 기일의 2주 전에 신주인수권자에게 통지하여야 한다. 이때 신주인수권을 양도할 수 있는 것으로 정한 때에는 그 뜻과, 주주의 청구에 의하여 신주인수권증서를 발행할 것으로 정한 때에는 그 내용도 통지하여야 한다.

무기명주권을 발행한 때에는 위와 같은 기일의 2주 전에 동일한 사항을 공고하여야 한다(상법 제419조제1, 2, 3항). 위의 통지 또는 공고에도 불구하고 청약기일까지 주식인수의 청약을 하지 아니한 때에는 신주인수권자는 그 권리를 잃는다(상법 제419조제4항).

통상 신주발행의 경우 청약일 영업시간 마감시간까지 회사에 청약서가 도착하지 않았거나, 청약증거금 전액이 납입되지 않으면 실권처리 한다. 이후 실권주 처리 이사회를 열어서 실권주를 구주주나 제3자에게 배정하거나 배정하지 아니함을 결정한 후 배정한 신주에 대하여 주금납입이 있는 경우 신주발행으로 인한 변경등기를 함으로서 유상증자(신주발행)를 마친다.

(2) 실권주(失權株)

(가) 의 의

회사가 유상증자를 실시할 때 주주는 정해진 날짜에 자신에게 배정된 유상증자분을 인수하겠다는 청약을 하고 해당 금액을 납입하게 되는데 청약기일까지 청약하지 않거나 청약을 해도 납입일에 돈을 내지 않으면 유상신주를 인수할 권리를 상실하는데, 이로 인해 발생한 나머지 주식을 실권주라 한다. 이러한 실권주는 신주 발행의 효력이 생기지 않게 되어 미발행 주식으로 남게 되나 이사회 결의로 주주를 모집(실권주 일반공모)하거나 특정인에게 배정(제3자 배정)하거나 하여 주주발행결의로 정한 납입기일까지 납입을 시키는 것으로 실권주 일반공모는 거래소 상장법인 및 협회등록법인의 시가에 의한 유상증자 시 기존 주주에게 그들의 소유주식의 비율에 따라 신주 청약의 우선권(주주우선배정)이 주어지며, 기존주주가 신주인수권을 포기한 실권주를 일반투자자들을 대상으로 공모할 수 있다.

실권주의 확정시점은 원칙상 청약기일이 아니고 주금 납입기일이다. 그러나 청약기일까지 납입금과 동액의 청약증거금을 청약과 동시에 납입하게 하는 관행에 따르면 실권주는 납입기일까지 기다리지 않아도 청약기일에 이미 확정된다.

(나) 실권주 처리

기존주주가 지분비율에 따라 배정된 신주를 인수하지 아니하여 발생한 실권주는 다시 배정하지 아니함으로써 실권처리한 주식수만큼 증자가 이루어지지 않는다.

실권주의 확정시점은 원칙상 청약기일이 아니고 주금 납입기일이다. 그러나 청약기일까지 납입금과 동액의 청약증거금을 청약과 동시에 납입하게 하는 관행에 따르면 실권주는 납입기일까지 기다리지 않아도 청약기일에 이미 확정된다.

(다) 단수주 처리

"단수주"란 계산상으로만 존재하는 1주 미만의 주식을 말한다. 증권거래소 매매의 기본단위인 10주 미만의 주식을 단주라고 하는데 이 단주에도 미치지 못하는 적은 수의 주식을 말한다. 유·무상증자나 합병 등의 과정에서 신주 배정비율, 합병비율 등이 적용될 때 1주 미만까지 계산될 경우 발생한다.

실무에서는 실권주처리 이사회에서 단수주 처리를 같이 한다.

[사례] 실권예고부 최고서

실권예고부 최고서

작성자 : 주식회사 ○○건설
작성일 : 20○○년 ○월 ○일
전자우편 : byc@naver.com

주주 ○○○ 귀하

상법 제416조에 의거 20○○년 ○월 ○일 개최한 당사 이사회에서 유상증자에 따른 신주발행에 관하여 아래와 같이 결의하였기에 최고합니다.

만약 아래 청약일 까지 귀하가 주식인수의 청약을 하지 아니하면 그 권리를 잃게 됩니다.

- 이사회 결의 사항 및 최고내용 -

1. 신주식의 종류와 수 : 50,000주 보통주식
1. 신주식의 발행가액 : 금 5,000원
1. 신주배정 기준일 : 20○○년 ○월 ○일
1. 신주의 배정방법 : 20○○년 ○월 ○일 17시○○ 현재 주주명부에 등재된 보통주주에게 소유주식의 1주당 0.1729384주의 비율로 보통주를 배정. 단 구주주 배정후 단수주 및 실권주의 처리방법은 추후 이사회 결의에 의함.
1. 귀하가 인수권을 갖는 주식의 종류 및 수 : 기명식보통주식(또는 우선주) ○주
1. 신주의 청약일 : 20○○년 ○월 28일, ○월 29일 양일간
1. 신주청약 및 주금납입 장소 : ○○은행 ○지점
1. 주금납입일 : 20○○년 ○월 ○일
1. 청약증거금 : 1주당 발행가액 전액
1. 신주인수권에 대한 사항
   - 신주인수권의 양도를 허용함
   - 구주주의 청구가 있을 경우에만 신주인수권증서를 발행하기로 함.
   - 신주인수권증서 발행 청구처 : 본사 총무부
1. 기타
   - 청약증거금은 1주당 발행가액 전액으로 하여 주금납입일에 주금으로 대체하여 이자는 없음.
   - 1주미만 단수주는 절사하여 배정하지 않음
   - 기타 본 주식발행에 따른 세부적인 사항은 대표이사에게 위임하며, 본 계획은 관계기관의 조정 또는 유가증권 신고서 수리과정에서 변경될 수 있음.

1. 자세한 사항은 본사 총무부 (00-000-0000)로 전화해 주시기 바랍니다.

20○○년 ○월 ○일

주식회사 ○○건설

서울시 서초구 서초로100길 25

대표이사 유 장 용 (인)

라. 모집절차

(1) 개 설

실권주와 신주인수권의 대상이 되지 않는 주식에 대하여는 회사가 일반 공중으로부터 주주를 모집할 수 있다. 이 경우에는 모집설립에 관한 규정이 준용된다(상법 제425조제1항).

모집은 그 모집의 범위를 회사의 임원, 종업원 등 연고자로 특정하여 주주를 구하는 연고모집과 널리 일반인으로부터 주주를 모집하는 공모(일반모집)로 나누어진다.

(2) 주식인수의 청약

현물출자를 하는 경우를 제외하고 신주인수의 청약을 하고자 하는 자(신주인수권자, 모집발행의 경우의 일반인)는 주식청약서 2통에 인수할 주식의 수, 주소, 기타의 법정사항을 기재하고(상법 제420조), 기명날인 또는 서명하여야 한다(상법 제425조, 제302조제1항).

신주인수권증서가 발행된 경우에는 원칙적으로 신주인수권증서에 의하여 청약을 한다(상법 제420조의4제1항). 다만, 신주인수권증서를 상실한 경우에는 주식청약서에 의하여 청약할 수 있다(상법 제420조의4제2항). 현물출자를 하는 경우에는 이사회 또는 정관의 규정에 따라 주주총회에서 현물출자를 하는 자와 그에 대하여 부여할 주식의 수를 정하기 때문에, 주식청약서에 의한 주식청약을 할 필요가 없다.

청약일까지 청약해야 하며, 신주인수권의 전부 또는 일부에 대해서만 청약을 할 수 있다.

(3) 신주의 배정과 인수

주식인수의 청약에 대하여 회사는 신주를 배정하며, 이로써 주식인수의 청약자는 주식인수인이 된다. 회사는 신주인수권자의 청약에 대하여는 배정의무를 지지만 기타의 자(상법 제418조 제2항의 정관의 규정에 따른 주주모집 또는 실권주·단주 처리방법으로서의 주주모집의 경우의 주식청약인을 말한다)에 대하여는 자유로이 배정할 수 있다. 총액인수주의에 의하는 설립의 경우와 달리 신주발행예정주식의 전부에 대한 청약이 없더라도 배정할 수 있다.

(4) 출자의 이행

신주인수인은 납입기일에 그 인수가액의 전액을 납입하여야 하고, 현물출자자는 납입기일에 출자의 목적인 재산을 인도하고 등기·등록 기타 권리의 설정 또는 이전을 필요로 할 경우에는 그에 필요한 서류를 완비하여 교부하여야 한다(상법 제425조, 제305조제3항, 제295조제2항). 그밖에 납입장소, 납입금보관자 등의 변경, 납입금보관자의 증명과 책임 등에 관하여는 모집설립에 관한 규정을 준용한다(상법 제425조, 제305조제2항, 제306조, 제318조).

마. 신주발행의 효력발생

(1) 납입기일의 익일

신주인수인이 이사회가 정한 납입기일까지 납입 또는 현물출자의 이행을 하면 납입기일의 다음 날로부터 신주발행의 효력이 생기고, 그 신주인수인은 주주의 권리의무가 있다(상법 제423조제1항). 신수발행의 경우는 회사의 설립시와는 달리 신주발행예정주식의 전부에 대한 납입 또는 이행이 없어도 회사의 자금조달의 편의를 위하여 납입 또는 이행이 있는 한도 내에서 그 효력을 인정하고 있다.

(2) 납입의무의 불이행

납입기일에 납입 또는 현물출자가 이행된 한도내의 발행주식에 대하여 신주발행의 효력이 생기고, 납입기일까지 납입 또는 현물출자의 이행을 하지 않은 신주인수인은 그 권리를 잃으며(상법 제423조제2항), 이 경우 회사는 실권한 신주인수인에 대하여 손해의 배상을 청구할 수 있다(상법 제423조제3항). 그리고 실권한 주식에 대하여 회사는 주주를 다시 모집할 수 있다.

(3) 신주의 발행시기

신주의 납입기일 후 회사는 지체없이 주권을 발행하여야 한다(상법 제355조제1항). 납입기일후가 아니면 주권을 발행하지 못하고 납입기일 전에 발행한 주권은 무효이다(상법 제355조제2, 3항).

(4) 신주발행무효의 소

신주발행무효의 소는 형성의 소이고, 신주발행무효판결의 효력은 소급효가 없어 판결 확정 후에 비로소 발행된 신주가 효력을 잃는다(상법 제431조). 신주발행무효의 판결의 확정되면 회사는 신주의 주주에게 납입금을 환급하여야 하므로(상법 제432조제1항), 회사의 발행주식수는 그 만큼 감소하고 또한 신주발행으로 인하여 증가한 자본금의 액이 신주발행 전의 금액으로 복귀하며, 회사의 미발행주식수는 신주발행전의 수로 증가한다.

설립무효의 판결 또는 설립취소의 판결이 확정된 때에는 본점과 지점의 소재지에서 등기하여야 한다(상법 제430조, 제192조).

3. 등기절차

가. 등기기간 등

(1) 신주발행의 효력이 발생하면 회사의 발행주식의 총수와 그 종류 및 각각의 수(상법 제317조제2항제3호)와 자본금의 액(상법 제317조제2항제2호)에 변경이 있게 된다. 따라서 납입기일의 다음날로부터 본점소재지에서 2주 내에 대표이사가 신주발행으로 인한 변경등기를 신청하여야 한다(상법 제317조제4항, 제183조).

(2) 기간의 초일은 등기기간에 산입하지 않는 것이 원칙이지만, 신주발행의 효력은 납입기일의 다음 날의 오전 0시에 발생하므로, 기간의 초일인 납입기일의 다음날을 등기기간에 산입한다(상법 제1조, 민법 제157조). 즉, 등기기간의 기산일은 납입기일의 다음 날이다.

(3) 납입기일 전에 신주 전부에 대한 납입을 완료하였더라도 신주발행의 효력이 발생하기 전에는 신주발행으로 인한 변경들기를 신청할 수 있다. 다만 이사회의 결의로 납입기일을 변경하여 신주발행의 효력을 앞당길 수는 있다.

(4) 주주에게 신주인수권이 있는 경우 신주발행에 관한 이사회의 결의일과 신주배정일까지의 기간이 2주가 안 되는 경우에도 신주발행으로 인한 변경등기신청이 가능하다. 신주배정일의 공고는 이사회의 결의에 앞서 미리 하여도 무방하기 때문이다.

나. 등기사항 등

(1) 발행주식의 총수와 그 종류 및 각각의 수

발행주식의 총수와 그 종류 및 각각의 수를 등기하여야 한다. 발행할 주식의 총수는 회사가 발행할 수 있는 주식수의 한도로서 발행예정주식총수 또는 수권주식총수라고도 한다. 주식회사의 발행할 주식의 총수는 정관의 필요적 기재사항(상법 제289조 제1항 제

3호)이며 또한 등기사항이다. 발행할 주식의 총수는 주주총회의 특별결의로써 이를 변경할 수 있으며(상법 제433조 제434조) 주주총회에서 발행할 주식의 총수를 변경한 때에는 그에 따른 변경등기를 신청하여야 한다.

회사가 신주의 발행을 조건으로 하여 발행예정주식총수 증가의 변경 결의를 하고 그 조건이 된 신주를 발행한 후 발행예정주식총수의 변경 등기와 신주발행의 등기신청을 할 경우, 그 조건이 된 신주가 증가변경 결의 당시의 발행예정주식총수의 범위내에 속하는 것인 때에는 그 등기 신청을 수리할 수 있으나, 그 조건이 된 신주가 증가변경결의 당시의 발행예정주식총수 중 미발행 주식의 범위를 초과하는 것인 때에는 그 등기신청을 수리할 수 없다. 그리고 이 점은 현물출자에 인한 신주를 발행하는 경우나 자산재평가법 제30조 제3항의 규정에 의한 재평가적립금 또는 상법 제461조 제1항의 규정에 의한 준비금의 자본전입에 따라 신주를 발행하는 경우에도 마찬가지이다(등기선례1-867, 82. 6. 18 등기 제250호 대한사법서사협회장 대 법원행정처장 회답).

발행예정주식총수의 변경등기는 발행주식총수의 변경등기와 동시에 신청하는 것이 바람직하나, 동시에 신청할 것을 강제하는 규정이 없으므로 발행주식총수의 변경등기가 경료된 후에 신청하더라도 등기관은 수리하여야 한다(상업등기선례 200611-3, 2006. 11. 23. 공탁상업등기과-1315 질의회답).

(2) 자본금의 액

주식의 액면가액에 발행한 신주수를 곱한 금액만큼 자본금의 액이 증가한다. 액면가액 이상 및 액면가액 미만으로 발행한 경우에도 마찬가지이다. 다만, 회사는 자본거래에서 발생한 잉여금을 대통령령으로 정하는 바에 따라 자본준비금으로 적립하여야 한다(상법 제459조제1항). 여기서 "대통령령으로 정하는 바에 따라 자본준비금으로 적립"하는 것은 상법 시행령 제14조에서 정한 회계기준에 따라 자본잉여금을 자본준비금으로 적립하는 것을 말한다(상법 시행령 제17조).

(3) 변경된 취지와 변경연월일

변경연월일(변경등기의 원인일자)은 주금납입기일의 다음날이다.

[상업등기선례 1-198] 기업구조조정을 위한 금융기관대출금의 출자전환에 따른 변경등기 절차
기업구조조정을 위하여 금융기관이 당해 기업에 대한 대출금을 출자전환하여 신주를 발행

하고 그에 따른 변경등기를 신청하는 경우, '발행주식의 총수'(상법 제317조 제2항 제3호)와 '자본금의 액'(같은 항 제2호)에 대한 변경연월일은 신주발행절차에서 정한 '납입기일의 다음날'(상법 제423조)이다(2000. 11. 8. 등기 3402-799 질의회답).

(4) 액면미달의 주식(신주) 발행

회사가 신주를 액면미달로 발행하는 경우에는 회사 채권자의 이익을 해할 우려가 있으므로, 상법은 원칙적으로 주식의 액면미달발행을 금지하고 있다(상법 제330조). 그러나 회사가 성립한 날로부터 2년이 경과하고 주주총회의 특별결의가 있고 법원의 인가를 얻으면 액면미달의 신주를 발행할 수 있다(상법 제417조).

한편 신주를 액면미달로 발행한 적이 있는 회사가 다시 신주를 발행할 때 그 청약서에 그 발행조전과 미상각액을 기재하여야 하는데 개정전에는 액면미달금을 이년자산으로 계상할 수 있었으므로(상법 제455조 삭제), 이연자산의 미상각액을 기재하였으나 개정법에서는 이를 삭제하여 이연자산제도가 없어졌으므로 단지 미상각액만을 기재하면 된다.

(5) 신주발행으로 인한 변경등기의 효력

신주발행의 변경등기는 자본금의 증가의 효력요건이 아니라, 이미 효력이 발생한 신주발행과 자본금의 증가를 공시하는 의미가 있을 뿐이다(상법 제37조).

신주인수인은 변경등기를 한 날부터 1년을 경과한 후에는 주식청약서 또는 신주인수권증서의 요건흠결 이유로 하여 인수의 무효를 주장하거나, 착오·사기·강박을 이유로 하여 인수를 취소하지 못한다. 1년을 경과하지 않아도 그 주식에 대하여 주주권을 행사한 때에도 같은 제한을 받는다(상법 제427조).

다. 첨부서면

회사가 신주를 발행하는 경우에는 신주인수권의 내용 및 예정일을 지정하여 공고하도록 규정하고 있으나(상법 제418조 제3항), 상업등기법이 그 공고문을 등기신청에 필요한 서면으로 규정하고 있지 아니하므로, 신주발행으로 인한 변경등기신청서에 그 공고문을 첨부할 필요는 없다.

상법의 규정에 따라 주식회사가 주주에게 신주를 발행하는 경우에, 통상 발행사항의 결정, 배정일의 지정 공고, 신주인수권자에 대한 최고, 인수(청약 및 배정), 납입 및 등기절차를 거치게 된다. 이 경우, 신주발행으로 인한 변경등기신청서에는 주식의 청약을 증명하는 서면, 주식의 인수를 증명하는 서면 등 상업등기규칙 제133조에서 정한 서류만을 첨부하면 되고 별도의 서류(신주배정일공고문이나 주주에게 한 청약 및 실권통지문 등)를 첨부할 필요는 없다. (상업등기선례 제201310-5호, 2013. 10. 25. 사법등기심의관-4409 질의회답)

주식회사의 신주발행절차에서 상법 제418조 및 제419조의 규정에 의한 신주인수권의 내용 및 배정일의 지정공고와 신주인수권자에 대한 실권예고부 최고기간을 단축하는 경우에, 이를 증명하는 서면으로서 실무상 신주인수권포기서를 첨부하게 하는 경우도 있으나 이는 현행법상 첨부서면은 아니며, 위 사항이 총주주의 동의가 없으면 효력이 없거나 취소할 수 있는 사항에 해당될 경우에는 총주주가 동의하였음을 증명하는 서면(총주주의 동의서 또는 신주인수권을 행사하지 않는 주주의 기간단축동의서 등)을 첨부하여 변경등기를 신청하여야 한다(상업등기선례 제201310-5호, 2013. 10. 25. 사법등기심의관-4409 질의회답).

신주발행의 경우 첨부정보에 관하여는 상업등기규칙 제133조에서 규정하고 있다.

(1) 주식의 인수를 증명하는 서면(상업등기규칙 제133조 제1호)

신주발행으로 인한 변경등기의 신청서(비송사건절차법 제205조)에는 주식의 청약을 증명하는 서면뿐만 아니라 주식의 인수를 증명하는 서면도 첨부하여야 한다. 다만, 그 주식의 인수를 증명하는 서면이 신주의 인수인이 작성한 주식인수증에 한정되는 것은 아니다. 현물출자를 하는 자와 회사 간의 신주인수계약서, 주주명부 기타 주식의 배정 상황(각 인수인에게 배정한 주식의 수)에 관하여 대표이사가 작성한 서면도 주식의 인수를 증명하는 서면에 해당한다(상업등기선례 200701-2, 2007. 1. 10. 공탁상업등기과-45 질의회답)

현물출자의 경우에는 현물출자자가 주식을 인수한 것을 증명하는 서면으로서 인수인의 기명날인이 있는 인수증서 등이 이에 해당한다.

금전출자의 경우, 신주발행으로 인한 변경등기의 신청서에는 주식의 청약을 증명하는 서면 및 주식의 인수를 증명하는 서면을 첨부하여야 하며, 발행된 신주를 기존주주가 그 소유주식의 비율에 따라 전부 인수하고 그 변경등기를 신청하는 경우에도 주식의 청약을 증명하는 서면 및 주식의 인수를 증명하는 서면을 첨부하여야 한다. 이는 신주발행의 경우 신주의 청약과 인수가 반드시 일치하는 것이 아니기 때문이다.

(2) 주식의 청약을 증명하는 서면(상업등기규칙 제133조 제2호)

주식청약서 또는 신주인수권증서가 이에 해당하는 서면이다. 그러나 주식의 청약이 있었음을 증명하기에 족한 확실한 서면, 예를 들면 주식모집의 수탁회사가 있는 경우 또는 납입을 맡은 은행 기타 금융기관이 위탁을 맡아서 주식청약을 접수한 경우에는 수탁회사나 은행 등의 증명서(주식청약인의 수, 청약주식의 종류와 수를 기재한 후 증명자인 회사의 대표이사 등이 기명날인하고 주식청약서로 사용한 견본용지를 첨부)도 주식의 청약을 증명하는 서면에 해당된다 할 것이다.

기업이 해외에서 주식을 발행하여 자금을 조달하기 위한 목적으로 주권(주권)에 대체하여 주식예탁증서를 발행하는 경우, 그 신주발행으로 인한 변경등기의 신청서에는 주식을 발행하는 회사(이하 '발행회사'라 한다)와 예탁기관(발행회사와 예탁계약을 체결하고 이에 의거하여 외국인 투자자에 대한 주식예탁증서 발행 및 그에 따른 권리 행사 업무를 주로 수행하는 자를 말한다) 간의 예탁계약서를 첨부할 수 있으며, 반드시 주식청약서(상법 제420조)를 첨부할 필요는 없다. 이 경우, 주간사(주식예탁증서 발행의 사실상의 주역으로서 발행회사와의 협의하에 발행 전체의 기획을 담당하는 자인데, 주식예탁증서의 조건, 금액, 모집 방법 등에 대하여 해외 시장의 동향을 참작해 발행회사에 제안하고 최종적으로 발행회사와 발행 및 인수 조건을 합의한다)와 발행회사 간의 주식예탁증서 발행에 관한 계약서를 첨부할 수도 있다. 다만, 위의 계약서들에는 반드시 발행 주식의 종류와 수가 나타나 있어야 하고, 주간사의 자격 내지 지위에 대하여는 예탁기관의 증명이 있어야 한다(상업등기선례 200706-4, 2007. 6. 21. 공탁상업등기과-696 질의회답).

(3) 상법 제418조제2항에 따라 주주 외의 자에게 신주를 배정하는 경우에는 같은 조 제4항에 따른 통지 또는 공고를 하였음을 증명하는 정보(상업등기규칙 제133조 제3호)

회사는 정관에 정하는 바에 따라 주주 외의 자에게 신주를 배정할 수 있는데, 이 경우에는 ㉠신주의 종류와 수, ㉡신주의 발행가액과 납입기일 ㉢무액면주식의 경우에는 신주의 발행가액 중 자본금으로 계상하는 금액 ㉣신주의 인수방법 ㉤현물출자를 하는 자의 성명과 그 목적인 재산의 종류, 수량, 가액과 이에 대하여 부여할 주식의 종류와 수에 관한 사항을 그 납입기일의 2주 전까지 주주에게 통지하거나 공고하여야 하는바, 이를 증명하는 서면을 첨부하여야 한다.

「상법」 제418조 제2항에 의하여 정관에 정하는 바에 따라 이사회에서 주주 외의 자에게 신주를 발행하는 결의를 하고 그에 따른 변경등기를 신청하는 경우, 신주발행을 결의한 이사회 결의일과 청약기일 사이의 시간적 간격이 2주간이 되지 아니하여 상법 제419조 제3항의 최고기간을 준수하지 못하는 경우에도 그에 관한 신주인수권자 전원의 동의서는 첨부할 서면이 아니다(상업등기선례 제201304-1호, 2013. 4. 17. 사법등기심의관-1388 질의회답).

주주 외의 자에게 신주를 배정하는 경우 회사는 신주발행사항을 납입기일의 2주 전까지 주주에게 통지하거나 공고하여야 하는 바, 총주주의 동의가 있는 때에는 그 기간을 단축하거나 통지 또는 공고를 생략할 수 있을 것이다. 신주발행을 결정한 이사회결의일과 납입기일과의 시간적 간격이 2주가 되지 않아 통지 또는 공고 기간을 단축한 경우에는 그 변경등기신청서에 당해기간의 단축에 관한 총주주의 동의가 있음을 증명하는 서면을 첨부하여야 한다. 또한 통지 또는 공고를 생략한 경우에는 통지 또는 공고를 하였음을 증명하는 서면에 갈음하여 통지 또는 공고 생략에 관하여 총주주의 동의가 있음을 증명하는 서면을 첨부하여 변경등기를 신청할 수 있다. (상업등기선례 제201204-2호, 2012. 04. 23. 사법등기심의관-1144 질의회답)

(4) 주금의 납입을 맡은 은행, 그 밖의 금융기관의 납입금 보관을 증명하는 정보. 다만, 신주발행의 결과 자본금 총액이 10억 원 미만인 회사에 대해서는 은행이나 그 밖의 금융기관의 잔고를 증명하는 정보로 대체할 수 있다(상업등기규칙 제133조 제4호).

주금의 납입이 완료된 경우 납입금을 보관한 은행이나 그 밖의 금융기관은 이사의 청구를 받으면 그 보관금액에 관하여 증명서를 발급하여야 하는데(상법 제425조 1항, 318조 1항), 신주발행으로 인한 변경등기신청서에 금전출자의 이행이 완료된 사실을 증명하기 위하여 주금의 납입을 맡은 은행, 그 밖의 금융기관의 납입금 보관에 관한 증명서를 제출하여야 한다. 다만, 신주발행의 결과 자본금의 총액이 10억원 미만인 회사의 경우에는 은행이나 그 밖의 금융기관의 잔고증명서로 은행, 그 밖의 금융기관의 납입금 보관에 관한 증명서를 대체할 수 있는데(상법 제425조 1항, 318조 3항), 이 경우 잔고증명서는 회사의 실지명의(實地名義, 실명) 즉, 법인세법에 의하여 부여받은 사업자등록증에 기재된 회사의 상호(商號, 법인명) 및 등록번호를 표시하여 작성된 잔고증명서이어야 한다(금융실명거래 및 비밀보호에 관한 법률 3조 1항, 2조 4호 및 동법 시행령 3조 2호). 납입기일까지 주금의 납입이 가능하기 때문에(상법 제423조 1항 및 2항) 잔고증명서는 납입기일을 증명일자로 하여 납입기일 이후로 발급받은 것이어야 하고, 신주의 인수인은 그 인수한 각주에 대한 인수가액의 전액을 납입하여야 하기 때문에(상법 제421조) 잔고증명서상에 기재된 금액은 실제로 인수 및 납입이 이루어져 신주발행의 효력이 발행한 주식의 발행가액의 총액과 일치하거나 초과하는 금액이어야 한다.

기업구조조정을 위하여 금융기관이 당해 기업에 대한 대출금을 출자전환하여 신주를 발행하고 그에 따른 변경등기를 신청하는 경우, 비송사건절차법 제205조 제5호에 규정된 '주금을 납입한 은행 기타 금융기관의 납입금보관에 관한 증명서'에 갈음하여 (1) 회사가 주식인수인(금융기관)에 대하여 채무를 부담하고 있다는 사실을 증명하는 서면, (2) 그 채무에 대하여 회사로부터 상계의 의사표시가 있음을 증명하는 서면 또는 주식인수인의 상계의사표시에 대하여 회사가 이를 승인하였음을 증명하는 서면, (3) 위와 같은 출자전환이 있었음을 증명하는 금융감독원장의 확인서를 제출할 수 있는바, 중소기업창업지원법에 의하여 중소기업청에 등록된 중소기업창업투자회사(금융기관부실자산등의효율적처리및성업공사의설립에관한법률 제2조 및 같은법시행령 제2조는 이를 동법상의 금융기관으로 보고 있음)가 중소기업에 대한 대출금을 출자전환하는 경우에는 위 금융감독원장의 확인서에 갈음하여 위와 같은 출자전환이 있었음을 증명하는 중소기업청장의 확인서를 첨부할 수 있다(상업등기선례 1-193, 1999. 10. 28. 등기 3402-1003 질의회답).

기업구조조정촉진법 제24조 제5항에 의하여 채권금융기관협의회에 이 법의 규정에 따른다는 확약서를 제출한 채권금융기관 이외의 채권자는 이 법에 의한 채권금융기관으로 간주되므로 이러한 확약서를 제출한 채권금융기관 이외의 채권자가 동법 제17조의 규정에 의한 출자전환을 한 경우에는 등기예규 제960호에서 규정한 금융기관에 해당되어 비송사건절차법 제205조 제5호의 '주금의 납입을 맡은 은행 기타 금융기관의 납입금보관에 관한 증명서'에 갈음하여 위 예규에서 정한 첨부서면을 제출하여 변경등기할 수 있다고 보며, 금융기관이 아닌 채권자의 대출금에 대한 출자전환을 위하여는 채권금융기관협의회에 확약서가 제출되었음을 소명하여 출자전환에 관한 금융감독원장의 확인서를 발급받아야 하며, 변경등기신청서의 첨부서면으로는 위 예규에서 정한 서면만 제출하면 되고 확약서는 첨부할 필요가 없다(상업등기선례 1-204, 2002. 1. 2. 등기 3402-3 질의회답).

신주발행으로 인한 변경등기의 신청서에는 납입금 보관증명서나 검사보고서 또는 감정서(현물출자의 경우)를 첨부하여야 하나 기업구조조정촉진법은 채권금융기관이 기업의 구조조정을 위하여 부채를 출자전환할 수 있는 것을 전제로 하고 있으므로 이 경우에는 위 첨부서면 대신 제960호(1999. 1. 25. 자)에서 정한 서면으로 갈음할 수 있다. 그러나 위 경우 이외에 일반적으로 주식회사의 주주에 대한 채무를 자본으로 전환하는 주식회사와 주주 사이의 "공증받은 출자전환 합의서"는 위 납입금 보관증명서나 검사보고서 또는 감정서에 갈음할 수 없다(상업등기선례 1-211, 2003. 7. 16. 공탁법인 3402-169 질의회답).

(5) 상법 제421조제2항에 따른 상계가 있는 경우에는 이를 증명하는 정보(상업등기규칙 제133조 제5호)

신주의 인수인은 회사의 동의하에 납입채무와 주식회사에 대한 채권을 상계하는 경우에는 그 상계를 증명하는 서면을 첨부하여야 한다.

개정상법은 주주의 납입금에 관하여 회사와의 상계(相計)를 금지하도록 규정하고 있는 상법 제334조를 삭제하고 제421조 제2항을 신설하여 신주의 인수인은 회사의 동의하에 채권을 상계할 수 있도록 하였다. 따라서 회사에 대하여 채권으로 상계처리하여 납입에 갈음할 수 있다. 납입의무의 상계금지는 자본충실을 도모하고 회사의 채권자를 보호하려는 것으로 동 규정은 회사설립시의 주식발행뿐만 아니라 회사성립 후 신주발행의 경우에도 적용된다.

(6) 상법 제422조에 따른 검사인의 조사보고 또는 감정인의 감정에 관한 정보(상업등기규칙 제133조 제6호)

(7) 위 제6호의 검사인의 조사보고 또는 감정인의 감정결과에 관한 재판이 있은 때에는 그 재판이 있음을 증명하는 정보(상업등기규칙 제133조 제7호)

현물출자와 관련하여 변경등기신청서에 첨부되는 검사인·공증인의 조사보고서 또는 감정인의 감정서를 법원이 송달하는데 신주발행으로 인한 변경등기신청서에 그 재판의 등본을 첨부하여야 한다(등기예규 제979호).

검사인의 조사보고서 또는 감정인의 감정서는 법원에 제출하여 그 부본 표지여백에 법원의 심사결과가 기재되고, 재판장의 기명날인이 된 것으로서 법원으로부터 송달받은 부본이어야 한다.

외국투자가가 자본재를 현물출자하는 경우에는 외국인투자촉진법 제30조 제3항의 규정에 의하여 관세청장이 현물출자의 이행과 그 목적물의 종류·수량·가격 등을 확인한 현물출자완료확인서가 비송사건절차법 제203조 제5호의 규정에 의한 검사인의 조사보고서로 간주되는 것이므로, 등기 신청서에 관세청장 발행의 현물출자완료확인서 외에 별도로 검사인의 조사보고서를 첨부할 필요는 없으며, 관세청장이 발행한 현물출자완료확인서의 내용을 법원에 보고할 필요도 없다(등기선례 6-631, 1999. 3. 10. 등기 3402-242 질의회답).

(8) 신주발행에 관한 이사회의사록 또는 주주총회의사록과 정관

신주발행의 결정은 원칙적으로 이사회의 결의에 의하나(상법 제416조), 정관으로 주주총회결의로도 정할 수 있다. 정관의 규정에 의하여 이를 주주총회의 결의로 결정한 때에는 그 주주총회 의사록과 정관을 첨부하여야 한다.

(9) 대리인에 의하여 신청할 때에는 그 권한을 증명하는 서면

대리인에 의하여 등기를 신청하는 때에는 신청서에 그 권한을 증명하는 서면을 첨부하여야 한다.

(10) 허가서 또는 인증있는 등본

신주발행에 관하여 관청의 허가를 필요로 하는 사항의 등기를 신청하는 때에는 신청서에 관청의 허가서 또는 그 인증이 있는 등본을 첨부하여야 한다.

주식회사의 설립이나 신주발행에 있어서 외국인투자(외국인투자 촉진법 제2조 제1항 제4호 가목, 외국인투자 촉진법 시행령 제2조 제2항)를 하려는 경우 미리 지식경제부장관에게 신고하여야 할 것이지만(외국인투자 촉진법 제5조), 당해 신고는 등기할 사항(주식회사의 설립이나 신주발행)의 효력요건에는 해당하지 아니하므로 등기신청서에 외국인투자신고서를 첨부할 필요가 없다(상업등기선례 201103-1, 2011. 3. 7. 사법등기심의관-521 질의회답).

라. 등록면허세 등

(1) 등록면허세

(가) 불입한 금액 또는 출자가액의 4/1000의 금액의 등록면허세(지세법 제28조 제1항 제6호)와 등록면허세의 20/100의 지방교육세를 납부하고, 이를 증명하는 서면을 첨부하여야 한다. 다만, 대도시에서 설립한 회사 또는 대도시로 전입한 회사가 설립 또는 전입 후 5년 내에 신주의 발행을 한 경우에는 위 등록면허세율의 3배 중과한다(지세법 제28조 제2항).

자본금의 증가에 따른 증자등기 시에 액면주식 1주의 금액, 발행한 주식의 총수, 발행

주식의 총수와 그 종류 및 각각의 수가 변경되거나 회사가 발행할 주식의 총수가 부족하여 그 변경등기도 같은 신청서에 의해 함께 신청하는 경우 증자등기에 필요한 등록면허세 및 지방교육세만을 납부하면 된다(등기예규 제1038호). 등록면허세가 조세특례제한법과 지방세법에 의하여 감면되는 경우에는 "농어촌특별세"를 납부하여야 한다. "농어촌특별세"는 등록면허세액의 20/100이다.

(나) 등록세는 직접 관할 관청에 납부할 수 있으며(등기예규 제1612호) 또는 지방세 인터넷 납부시스템 위택스(www.wetax.go.kr)에 의하여도 납부할 수 있다. 납부 후 등록면허세영수필확인서를 "신청등기소 및 등록면허세/수수료"란에 붙인다.

(2) 등기신청 수수료

신주식발행의 등기신청수수료는 서면제출 시 6,000원이다. 전자신청의 경우 6천원에 해당하는 등기신청수수료는 2천원을 각각 납부하여야 하고, 전자표준(이폼)양식에 의하여 신청하는 경우 4천원을 각각 납부하여야 한다.

납부방법은 대한민국법원 인터넷등기소(http://www.iros.go.kr/)를 이용하여 전자적 방법으로 등기신청수수료를 납부할 수 있으며, 인터넷등기소에서 사용 가능한 카드사의 신용카드에 의한 결제, 지정 금융기관의 계좌이체, 선불형 지불수단 등에 의한 결제 방식에 의하고, 영수필확인서를 출력하여 등록면허세/수수료란에 붙인다(등기예규 제1576호). 또 다른 방법은 직접 법원구내 및 등기소 가까운 금융기관(농협, 신한은행)에 납부하고 그 영수필확인서를 등록면허세/수수료"란에 붙인다.

마. 공증수수료

공증인수수료규칙 제21조 제1항에서 "발행주식의 액면총액 5천만원까지는 8만원으로 하고, 5천만원을 초과할 경우에는 그 초과액의 2천분의 1을 더하되 100만원을 초과하지 못한다."고 규정하고 있다.

예컨대 1억원을 증자한 경우에는 공증료는 130,000원(80,000+50,000원 정관공증료 포함)이 되는 것이다.

의사록의 공증(인증)료는 건당 30,000원이다. (주주총회의사록 30,000원+이사회의사록30,000원=60,000원).

공증(인증)의 구제적설명은 627면 참조

4. 신주발행 신청서 사례

[사례] 주식회사 변경등기(유상증자, 구주주가 전부 배정받은 경우, 정관변경없는 경우)

주식회사 변경등기신청

접 수	년 월 일	처리인	등기관확인	각종통지
	제 호			

상 호	주식회사 젠아이	등기번호	123456
본 점	서울 강동구 명일로20길 319-33		
등기의목적	신주발행으로 인한 변경등기		
등기의사유	사례 : 이사 3인 이상인 회사 20○○년 ○월 14일 이사회에서 증자로 인하여 보통주식 40,000주를 새로이 발행하고 동년 ○월 24일 그 납입이 완료되어 발행주식의 총수, 그 종류와 각종주식의 내용과 수, 자본금의 액을 변경하였으므로 그 등기를 구함.[44)] 사례 : 이사 2인 이하인 회사 20○○년 ○월 14일 임시주주총회에서 증자로 인하여 보통주식 40,000주를 새로이 발행하고 동년 ○월 24일 그 납입이 완료되어 발행주식의 총수, 그 종류와 각종주식의 내용과 수, 자본금의 액을 변경하였으므로 그 등기를 구함.		
본/지점 신청구분	1. 본점신청 □ 2. 지점신청 □ 3. 본·지점 일괄신청 □		
등 기 할 사 항			
발행주식의 총수, 그 종류와 각종 주식의 내용과 수	보통주식 50,000주 20○○년 ○월 ○일 변경		
자본금의 액	금 250,000,000원 20○○년 ○월 ○일 변경		
기 타	없음		

44) 이사 3인 이상의 회사가 발행할 주식의 범위내에서 발행하는 경우는 이사회권한이다. 이사 3인 이상의 회사가 주주총회에서 신주발행을 하려면 정관으로 정하여야 한다.

<table>
<tr><td colspan="7">신청등기소 및 등록면허세/수수료</td></tr>
<tr><td rowspan="2">순번</td><td rowspan="2">신청등기소</td><td rowspan="2">구분</td><td>등록면허세</td><td rowspan="2">농어촌
특별세</td><td rowspan="2">세액합계</td><td rowspan="2">등기신청수수료</td></tr>
<tr><td>지방교육세</td></tr>
<tr><td rowspan="2"></td><td rowspan="2"></td><td rowspan="2">신주발행</td><td>금800,000원</td><td rowspan="2"></td><td rowspan="2">금720,000원</td><td rowspan="2">금 6,000원</td></tr>
<tr><td>금160,000원</td></tr>
<tr><td colspan="3" rowspan="2">합 계</td><td></td><td rowspan="2"></td><td rowspan="2"></td><td rowspan="2"></td></tr>
<tr><td></td></tr>
<tr><td colspan="4">등기신청수수료 은행수납번호</td><td colspan="3"></td></tr>
<tr><td colspan="2">과 세 표 준 액</td><td colspan="5">금 200,000,000원</td></tr>
<tr><td colspan="7">첨 부 서 면</td></tr>
<tr><td colspan="4">1. 주주총회의사록 또는 이사회의사록 통
1. 주주총회생략동의서 통
1. 정관(필요한 경우) 통
1. 주식의 인수를 증명하는 서면 통
1. 주식청약서 통
1. 주금납입보관증명서 통</td><td colspan="3">1. 취임승낙서(인감증명서 포함) 통
1. 주민등록표등본(선임한 경우) 통
1. 등록면허세영수필확인서 통
1. 위임장(대리인이 신청한 경우) 통
<기 타></td></tr>
<tr><td colspan="7">20○○년 ○월 ○일
신청인 상 호 주식회사 젠아이
본 점 서울 강동구 명일로20길 319-33
대표이사 성 명 소 기 훈 (인) (전화 : 123-4567)
주 소 경기도 용인시 용인읍 유방로30길 409-1602
대리인 성 명 법무사 변 강 림 (인) (전화 : 234-5678)
주 소 서울 강동구 명일로20길 319-33
○○지방법원 ○○등기소 귀중</td></tr>
</table>

- 신청서 작성요령 -

1. 해당란이 부족할 때에는 별지를 이용합니다.
1. 해당 등기신청과 관계없는 사항에 대하여는 "해당없음"으로 기재하거나 삭제하고, 필요한 사항은 추가 기재합니다.

(용지규격 21㎝× 29.7㎝)

※ 이 사례는 발행할 주식의 총수의 범위내에서 신주식을 발행하는 경우이므로 발행할 주식의 총수 변경은 하지 않고 신주식을 발행하는 사례이다.

[사례] 이사회의사록(이사 3인 이상인 회사)

이사회의사록

당 회사는 20○○년 ○월 14 일 10시 00분 본 회사 본점 회의실에서 다음과 같이 이사회를 개최하다.

이사총수	3 명	출석이사수	3 명
감사총수	1 명	출석감사수	1 명

의장인 대표이사 ○○○은 의장석에 등단하여 위와 같이 정관 소정의 정족수에 달하게 이사가 출석하였으므로 본회는 적법하게 성립됨을 고하고, 다음 의안의 심의를 구하다.

의안 : 신주발행의 건

의장은 본 회사의 사업규모가 팽창하여 현재의 자본금으로서는 그 사업을 수행하기 어려운 형편이므로 신주식을 발행하여 자본금을 증가할 필요가 있음을 설명하고, 그 가부를 물은바, 전원 이의 없이 다음과 신주식을 발행하기로 찬성하여 가결하다.

다 음

1. 신주식의 종류와 수 : 보통주식 40,000주
2. 신주식의 발행가 : 금5,000원
3. 주식발행권면총액 : 금200,000,000원
4. 납입기일 : 20○○년 ○월 15일
5. 주금납입처 : 국민은행 성내동지점
6. 신주식인수방법 : 각 주주가 가진 주식수의 비율에 따라 신주식을 배정하고 주주가 인수권을 포기한 신주식은 이를 일반으로부터 공모하기로 한다.
7. 신주인수권증서 : 발행하지 않음
8. 기타 신주발행에 관한 필요한 절차사항은 대표이사에게 일임한다.

의장은 이상으로서 의안 전부의 심의를 종료하였으므로 폐회한다고 선언하다. (회

의 종료시간 10시 50분)

위 의사의 경과요령과 결과를 명확히 하기 위하여 이 의사록을 작성하고 의장과 출석한 이사와 감사가 기명날인 또는 서명하다.

20○○년 ○월 ○일

주식회사 젠아이

의장 대표이사 소 기 훈

사내이사 소 영 민

사내이사 박 기 훈

※ 이사회의사록

○ 신주발행은 상법에 다른 규정이 있거나 정관으로 주주총회에서 정하기로 규정한 경우를 제외하고는 발행예정주식총수의 범위 내에서 이사회가 결정한다(상법 제416조). 따라서 이 사례는 발행예정주식총수의 범위 내에서 발행하는 경우이므로 정관을 변경하지 않아도 되므로 주주총회를 개최하지 아니한다.

○ 이사회의 결의는 이사 과반수의 출석과 출석 이사의 과반수로 하여야 한다. 다만, 정관으로 그 비율을 높게 정할 수 있다(상법 제391조제1항), 감사가 불출석한 경우에도 출석한 이사들만으로 이사회를 개최하고 이사회의사록을 작성할 수 있다.

[사례] 임시주주총회의사록(이사 2인 이하인 회사)

임시주주총회 의사록

당 회사는 20○○. 9. 14 . 09 : 00시 본점회의실에서 임시주주총회를 개최하다.

주주총수	3 명	출석주주수	3 명
주식의 총수	10,000주	출석주식수	10,000주

대표권있는 사내이사 소기훈은 정관규정에 따라 회의 진행을 위하여 의장석에 등단하여 위와 같이 법정수에 달하는 주주가 출석하였고, 본 총회의 안건을 출석 주주에게 설명한 다음 개회를 선언한 후 다음 의안을 부의하고 그 심의를 구하다.

의안 : 신주발행의 건

의장은 본 회사의 사업규모가 팽창하여 현재의 자본금으로서는 그 사업을 수행하기 어려운 형편이므로 신주식을 발행하여 자본금을 증가할 필요가 있음을 설명하고, 그 가부를 물은바, 전원 이의 없이 다음과 신주식을 발행하기로 찬성하여 가결하다.

다 음

1. 신주식의 종류와 수 : 보통주식 40,000주
2. 신주식의 발행가 : 금5,000원
3. 주식발행권면총액 : 금200,000,000원
4. 납입기일 : 20○○년 ○월 15일
5. 주금납입처 : 국민은행 성내동지점
6. 신주식인수방법 : 각 주주가 가진 주식수의 비율에 따라 신주식을 배정하고 주주가 인수권을 포기한 신주식은 이를 일반으로부터 공모하기로 한다.
7. 신주인수권증서 : 발행하지 않음
8. 기타 신주발행에 관한 필요한 절차사항은 대표이사에게 일임한다.

의장은 이상으로서 총회의 목적인 의안 심의를 종료하였으므로 폐회한다고 선언하다. (회의 종료시각 9시 50분)

위 의사의 경과요령과 결과를 명확히 하기 위하여 이 의사록을 작성하고 의장과 출석한 이사가 기명날인 또는 서명하다.

20○○년 ○월 14일

주식회사 젠아이
의장 대표권있는 사내이사 소 기 훈
사내이사 소 영 민

※ 이사 2인 이하인 회사의 신주발행결의는 주주총회에서 결의한다.

※ 주주총회, 이사회의 의사록에 기명날인을 할 이사 및 감사 : 106면 참조.

[사례] 주주총회 소집절차 생략동의서(이사 2인 이하인 회사)

주주총회 소집절차 생략동의서

본 회사는 자본금 10억원 미만인 회사이므로 상법 제363조 제4항에 의하여 20○○년 ○월 ○일 10: 00에 개최되는 임시주주총회 건에 대하여 주주전원은 소집절차없이 개최하는 것에 동의합니다.

20○○년 ○월 ○일

주식회사 ○○
주 주 소 기 훈 (인)
주 주 소 영 민 (인)
주 주 박 기 훈 (인)

※ 자본금 총액이 10억원 미만인 회사는 주주 전원의 동의가 있을 경우에는 소집절차 없이 주주총회를 개최할 수 있다(상법 제363조 제4항).

[사례] 주식인수증

주 식 인 수 증	
상 호	주식회사 젠아이
인수할 주식 수	20,000주
금 액	100,000,000원
1주의 금액	5,000원
위 주식을 주주로서 인수합니다. 20○○년 10월 1일 주식 인수인 소 기 훈 (인) 주식회사 젠아이 귀중	

※ 주주 각자마다 주식인수증을 작성하여야 한다.

[사례] 주식인수증

주 식 인 수 증	
상 호	주식회사 젠아이
인수할 주식 수	10,000주
금 액	금50,000,000원
1주의 금액	5,000원
위 주식을 주주로서 인수합니다. 20○○년 10월 1일 주식 인수인 소 영 민 (인) 주식회사 젠아이 귀중	

[사례] 주식인수증

주 식 인 수 증	
상 호	주식회사 젠아이
인수할 주식 수	10,000주
금 액	금50,000,000원
1주의 금액	5,000원
위 주식을 주주로서 인수합니다. 20○○년 10월 1일 주식 인수인 박 기 훈 (인) 주식회사 젠아이 귀중	

[사례] 기간단축동의서

기간단축동의서

본인은 주식회사 젠아이의 주주인바, 금번 신주식을 발행함에 있어 상법 제418조 및 419조의 공고 및 최고절차를 생략하고 소정의 기간을 단축하는데 대하여 아무런 이의가 없으므로 이에 동의합니다.

20○○년 ○월 14일

주 주 소 기 훈 (인)
주 주 소 영 민 (인)
주 주 박 기 훈 (인)

※ 기간단축 동의서

○ 실권예고부 청약 최고기간을 단축한 경우에는 총주주동의서, 주식인수인이 생긴 후에 납입기일을 변경한 경우에는 주식인수인 전원의 동의서가 필요하다. 그러나 납입기일

전에 신주에 대한 납입이 완료되어 그 기일을 앞당겨 변경한 경우에는 첨부할 필요가 없다.

○ 신주발행절차에서 상법 제418조 및 제419조의 규정에 의한 신주인수권의 내용 및 배정일 지정공고와 신주인수권자에 대한 실권예고부 최고기간을 단축한 경우에, 이를 증명하는 서면으로서 실무상 신주인수권포기서를 첨부하게 하는 경우도 있으나 이는 현행법상 첨부서면은 아니며, 위 사항이 총주주나 종류주주 전원의 동의가 없으면 효력이 없거나 취소할 수 있는 사항에 해당될 경우에는 총주주나 종류수수 전원이 동의하였음을 증명하는 서면(총주주나 종류주주 전원의 동의서 또는 신주인수권을 행사하지 않은 주주의 기간단축동의서 등)을 첨부하여 변경등기를 신청하여야 한다(등기선례 200206-14, 2002. 6. 24. 등기 3402-344 질의회답).

※ 신주인수권포기서

○ 주식회사의 신주발행에 있어서 신주인수권을 가진 주주의 일부가 신주인수권을 포기하여 발생한 실권주를 이사회의 결의로 다른 주주나 제3자에게 배정하여 납입이 이루어진 경우, 이에 따른 변경등기의 신청서의 첨부서면으로 실권주의 배정을 결정한 이사회의 의사록 외에 주주의 신주인수권포기서는 현행법상 첨부서면으로 하고 있지 않다(등기선례 200206-14, 2002. 6. 24. 등기 3402-344 질의회답).

○ 실권주 실권처리 : 기존주주가 지분비율에 따라 배정된 신주를 인수하지 아니하여 발생한 실권주를 다시 배정하지 아니함으로써 실권처리한 주식수만큼 증자가 이루어지지 않는다.

[사례] 잔고증명서

잔고증명서

금 : 이억원정(₩200,000,000)

신주식발행총수 40,000주

액면주식 1주의 금액 금 5,000원

위 금액은 귀 회사의 신주식 발행총수 40,000주에 대한 납입금으로서 20○○년 ○월 15일 납입이 완료되어 현재 이를 보관중임을 증명합니다.

20○○년 ○월 15일

증 명 인 국제은행

서울 서초구 서초로100길 456-89

주식회사 젠아이 귀중

※ 잔고증명서

○ 신주발행의 결과 자본금 총액이 10억원 미만인 회사에 대하여는 은행이나 그 밖의 금융기관의 잔고증명서로 대체할 수 있다.

○ 잔고증명은 법인명의로 된 예금계좌를 개설하여 신주식발행에 따른 금액을 입금하게 한 다음 통장원본을 금융기관에 제시하면 발급해준다. 온라인으로도 발급이 가능하다. 잔고증명서 발급 시는 1일동안 출금을 할 수 없다.

[사례] 주주명부(증자 전)

<table>
<tr><td colspan="7">주 주 명 부(증자 전)

20○○년 ○월 14일 현재</td></tr>
<tr><td>주주명</td><td>주소와 전자우편주소</td><td>소유주식수</td><td>회의출석</td><td>의결찬성</td><td>인증촉탁</td><td>주식비율</td></tr>
<tr><td>소기훈</td><td>서울 ○○구 ○○로00길 1-1
www.asd45@hanmail.net</td><td>5,000주</td><td>출 석</td><td>찬 성</td><td>촉 탁</td><td></td></tr>
<tr><td>소영민</td><td></td><td>2,500주</td><td>출 석</td><td>찬 성</td><td>촉 탁</td><td></td></tr>
<tr><td>박기훈</td><td></td><td>2,500주</td><td>출 석</td><td>찬 성</td><td>촉 탁</td><td></td></tr>
<tr><td></td><td></td><td></td><td></td><td></td><td></td><td></td></tr>
<tr><td></td><td></td><td></td><td></td><td></td><td></td><td></td></tr>
<tr><td colspan="3">총 주 식 수</td><td>출석주식수</td><td>의결찬성 주식수</td><td>인증촉탁 주식수</td><td>1주당 금액</td></tr>
<tr><td colspan="3">10,000</td><td>10,000</td><td>10,000</td><td>10,000</td><td>5,000</td></tr>
<tr><td colspan="7">위 주주명부는 본사에 비치된 주주명부와 대조하여 틀림이 없음을 증명합니다.

20○○년 ○월 일

회 사 명 주식회사 젠아이
본 점 서울 강동구 명일로20길 319-33
대표이사 소 기 훈</td></tr>
</table>

[사례] 주주명부(증자 후)

<table>
<tr><td colspan="7">주 주 명 부(증자 후)
20○○년 ○월 일 현재</td></tr>
<tr><td>주주명</td><td>주소와 전자우편주소</td><td>소유주식수</td><td>회의출석</td><td>의결찬성</td><td>인증촉탁</td><td>주식비율</td></tr>
<tr><td>소기훈</td><td>서울 ○○구 ○○로00길 1-1
www.asd45@hanmail.net</td><td>25,000주</td><td>출 석</td><td>찬 성</td><td>촉 탁</td><td></td></tr>
<tr><td>소영민</td><td></td><td>12,500주</td><td>출 석</td><td>찬 성</td><td>촉 탁</td><td></td></tr>
<tr><td>박기훈</td><td></td><td>12,500주</td><td>출 석</td><td>찬 성</td><td>촉 탁</td><td></td></tr>
<tr><td></td><td></td><td></td><td></td><td></td><td></td><td></td></tr>
<tr><td colspan="3">총 주 식 수</td><td>출석주식수</td><td>의결찬성 주식수</td><td>인증촉탁 주식수</td><td>1주당 금액</td></tr>
<tr><td colspan="3">50,000주</td><td>50,000주</td><td>50,000주</td><td>50,000주</td><td>5,000원</td></tr>
<tr><td colspan="7">위 주주명부는 본사에 비치된 주주명부와 대조하여 틀림이 없음을 증명합니다.

20○○년 ○월 일

회 사 명 주식회사 젠아이
본 점 서울 강동구 명일로20길 319-33
대표이사 소 기 훈</td></tr>
</table>

※ 전자주주명부제도

○ 회사는 정관에서 정하는 바에 따라 전자문서로 주주명부를 작성할 수 있다(상법 제352조의2제1항). 개정 상법은 기업경영의 IT화를 위하여 주주총회에 직접 참석하거나 대리인에게 투표를 위임하지 않더라도 전자서명 등 본인인증절차를 거쳐 인터넷으로 의결권을 행사하는 전자투표제도가 도입됐다(상법 제368조의4, 제382조의2). 이와 함께 주주들이 서면 외에도 이메일 등 전자문서를 통해 주주제안권 및 임시주주총회 소집청구권을 행사할 수 있도록 했다.

[사례] 위임장(등기소제출용)

<table>
<tr><td>

위 임 장

법무사 정 동 진
서울 서초구 서초로100길 345-6
전화 : 123-4567

위 사람을 대리인으로 정하고 다음 권한을 위임함

다 음

1. 본 회사의 신주발행으로 자본금을 증자함에 있어서의 변경등기 신청서의 작성 및 제출, 취하에 관한 일체의 행위

20○○. 12. .

위 임 인 주식회사 젠아이
서울 ○○ 구 ○○ 동 ○-○
대표이사 ○ ○ ○

</td></tr>
</table>

○ 이 위임장은 법무사에게 신주발행으로 증자등기를 의뢰하는 경우 대리의 권한을 법무사에게 위임하는 서류로써 등기소에 제출하는 서류이다. 위임장에는 그 권한의 범위를 명확히 기재하여야 한다.

[사례] 주식회사 변경등기(유상증자, 정관변경, 구주주 포기한 신주식 일반공모)

주식회사 변경등기신청

<table>
<tr><td rowspan="2">접 수</td><td>년 월 일</td><td rowspan="2">처리인</td><td>등기관확인</td><td>각종통지</td></tr>
<tr><td>제 호</td><td></td><td></td></tr>
</table>

<table>
<tr><td>상 호</td><td>케이앤에이 주식회사</td><td>등기번호</td><td>123456</td></tr>
<tr><td>본 점</td><td colspan="3">서울시 서초구 양재로23길 1100-5</td></tr>
<tr><td>등 기 의 목 적</td><td colspan="3">발행할 주식의 총수변경 및 신주발행으로 인한 등기</td></tr>
<tr><td>등 기 의 사 유</td><td colspan="3">사례 : 이사 3인 이상인 회사
20○○년 ○월 23일 임시주주총회결의로 회사가 발행할 주식의 총수를 변경하고, 같은날 이사회에서 신주식 40,000주 발행결의에 의해 주주를 모집하고 동년 ○월 24일 그 납입이 완료되어 발행주식의 총수, 그 종류와 각종주식의 내용과 수, 자본금의 액을 변경하였으므로 그 등기를 구함.

사례 : 이사 2인 이하인 회사
20○○년 ○월 23일 임시주주총회결의로 회사가 발행할 주식의 총수를 변경하고, 같은날 동 총회에서 신주식 40,000주 발행결의에 의해 주주를 모집하고 동년 ○월 24일 그 납입이 완료되어 발행주식의 총수, 그 종류와 각종주식의 내용과 수, 자본금의 액을 변경하였으므로 그 등기를 구함.</td></tr>
<tr><td colspan="4">등 기 할 사 항</td></tr>
<tr><td>변경 후의 발행예정 주식 총수</td><td colspan="3">100,000주</td></tr>
<tr><td>변경된 취지 및 변경 연월일</td><td colspan="3">20○○년 ○월 23일 주식총수변경</td></tr>
<tr><td>발행주식의 총수, 그 종류와 각종 주식의 내용과 수</td><td colspan="3">50,000 주 보통주식</td></tr>
<tr><td>자본금의 액</td><td colspan="3">금 250,000,000원 20○○년 ○월 23일 변경</td></tr>
<tr><td>기 타</td><td colspan="3"></td></tr>
</table>

<table>
<tr><td colspan="7">신청등기소 및 등록면허세/수수료</td></tr>
<tr><td rowspan="2">순번</td><td rowspan="2">신청등기소</td><td rowspan="2">구분</td><td>등록면허세</td><td rowspan="2">농어촌특별세</td><td rowspan="2">세액합계</td><td rowspan="2">등기신청수수료</td></tr>
<tr><td>지방교육세</td></tr>
<tr><td rowspan="2"></td><td rowspan="2"></td><td rowspan="2"></td><td>금800,000원</td><td rowspan="2"></td><td rowspan="2">금960,000원</td><td rowspan="2">금 6,000원</td></tr>
<tr><td>금160,000원</td></tr>
<tr><td></td><td></td><td></td><td></td><td></td><td></td><td></td></tr>
<tr><td colspan="3" rowspan="2">합 계</td><td></td><td rowspan="2"></td><td rowspan="2"></td><td rowspan="2"></td></tr>
<tr><td></td></tr>
<tr><td colspan="4">등기신청수수료 은행수납번호</td><td colspan="3"></td></tr>
<tr><td colspan="2">과 세 표 준 액</td><td colspan="5">금 200,000,000 원</td></tr>
<tr><td colspan="7">첨 부 서 면</td></tr>
<tr><td colspan="4">1. 정관 및 이사회의사록 또는 주주총회의사록 통
1. 주식의 인수를 증명하는 서면 통
1. 주식청약서 통
1. 주금납입보관증명서 통</td><td colspan="3">1. 등록면허세영수필확인서 통
1. 위임장(대리인이 신청할 경우) 통
<기 타></td></tr>
<tr><td colspan="7">년 월 일
신청인 상 호 케이앤에이 주식회사
본 점 서울시 서초구 양재로23길 1100-5
대표이사 성 명 양 철 승 (인) (전화 : 123-4567)
주 소
대리인 성 명 법무사 이 석 장 (인) (전화 : 234-5678)
주 소 서울시 서초구 서초로100길 1296-2
○○지방법원 ○○등기소 귀중</td></tr>
</table>

- 신청서 작성요령 -

1. 해당란이 부족할 때에는 별지를 이용합니다.
1. 해당 등기신청과 관계없는 사항에 대하여는 "해당없음"으로 기재하거나 삭제하고, 필요한 사항은 추가 기재합니다.

(용지규격 21㎝× 29.7㎝)

※ 이 사례는 회사가 발행할 주식총수를 변경하고, 구주주가 포기한 신주식을 일반으로부터

공모한 경우의 사례이다. 이사 2인 이하인 회사의 신주발행결의는 주주총회에서 결의한다.

※ 신주를 발행하여 자본금을 증가하고자 하나 현행 정관에 규정된 회사가 발행할 주식의 총수가 법정수에 부족한 경우 정관의 "회사가 발행할 주식 총수"규정을 변경하여야 한다.

※ 발행예정주식총수의 변경등기는 발행주식총수의 변경등기와 동시에 신청하는 것이 바람직하나, 동시에 신청할 것을 강제하는 규정이 없으므로 발행주식총수의 변경등기가 경료된 후에 신청하더라도 등기관은 수리하여야 한다(상업등기선례 200611-3, 2006. 11. 23. 공탁상업등기과-1315 질의회답).

[사례] 임시주주총회의사록(이사 3인 이상인 회사)

임시주주총회의사록

20○○년 ○월 ○일 오전 ○시 본점 회의실에서 임시주주총회를 개최하다.

주주총수	3명	출석주주수	3명
주식총수	10,000주	이의주식수	10,000주

의장 대표이사 ○○○는 정관규정에 따라 의장석에 등단하여 위와 같이 법정원수에 달하는 주주가 출석하였으므로 본 총회가 적법히 성립됨을 알리고 개회를 선언한 후 다음 의안을 부의하고 심의를 구하다.

의안 : 정관일부 변경의 건

의장은 본회사가 신주를 발행하여 자본금을 증가시키고자 하나 회사가 발행할 주식의 총수가 부족하므로 현행 정관 제3조를 다음과 같이 변경하여야 함을 물은즉 출석한 주주전원 일치되어 원안대로 승인가결하다.

변경된 정관 : 별첨 참조

이상으로서 금일의 의안이 전부 심의 종료되었으므로 의장은 폐회를 선언하다.

(폐회시간 오전 11시 30분)

위 결의를 명확히 하기 위하여 이 의사록을 작성하고 의장과 출석한 이사가 아래에 기명날인하다.

20○○년 ○월 ○일

케이앤에이 주식회사
의 장 대표이사 양 철 승 (인)
사내이사 ○ ○ ○ (인)
사내이사 ○ ○ ○ (인)

※ 이사 3인 이상인 회사이고, 주주총회에서 발행예정주식의 총수 부족으로 정관을 변경하고, 신주식발행결의는 이사회에서 다루어야 한다.

※ 주주총회, 이사회의 의사록에 기명날인을 할 이사 및 감사 : 106면 참조

[별첨] 정관변경 전후의 대조표

변경전 정관	변경후 정관
第5조(발행예정주식의 총수) 이 회사가 발행할 주식의 총수는 20,000주로 한다.	第5조(발행예정주식의 총수) ------ --------총수는 100,000주로 한 --.

※ 정관변경 전후의 대조표를 만들어 첨부하여야 한다.

[사례] 임시주주총회의사록(이사 2인 이하인 회사)

임시주주총회의사록

20○○년 ○월 ○일 오전 ○시 본점 회의실에서 임시주주총회를 개최하다.

주주총수	3명	출석주주수	3명
주식총수	10,000주	이의주식수	10,000주

의장 대표이사 ○○○는 정관규정에 따라 의장석에 등단하여 위와 같이 법정원수에 달하는 주주가 출석하였으므로 본 총회가 적법히 성립됨을 알리고 개회를 선언한 후 다음 의안을 부의하고 심의를 구하다.

제1호 의안 : 정관일부 변경의 건

의장은 본회사가 신주를 발행하여 자본금을 증가시키고자 하나 회사가 발행할 주식의 총수가 부족하므로 현행 정관 제3조를 다음과 같이 변경하여야 함을 물은즉 출석한 주주전원 일치되어 원안대로 승인가결하다.

변경된 정관 : 별첨 참조

제2호 의안 : 신주식발행에 관한 건

의장은 당회사의 사업운영상 신주식을 발행하여 자본금을 증가시켜야 한다고 설명하고 그 가부를 물은 즉 주주전원은 이를 신중히 토의한 결과 다음같이 결의하다.

결의 사항

1. 신주식의 종류와 수 : 보통주식 40,000주
1. 신주식의 발행가액 : 금 5,000원
1. 납입기일 : 20○○년 ○월 24일
1. 신주식의 인수방법 : 20○○년 ○월 23일 현재 주주명부에 기재된 주식수의 비율에 따라 신주식을 배정하고 주주가 인수권을 포기한 신주식은 이를 일반으로부터 공모한다.
1. 기타 신주발행에 관한 필요한 절차사항은 대표이사에게 일임한다.

이상으로서 금일의 의안이 전부 심의 종료되었으므로 의장은 폐회를 선언하다.
(폐회시간 오전 11시 30분)

위 결의를 명확히 하기 위하여 이 의사록을 작성하고 의장과 출석한 이사가 아래에 기명날인하다.

20○○년 ○월 ○일

케이앤에이 주식회사
의 장 대표권있는 사내이사 양 철 승 (인)
사내이사 ○ ○ ○ (인)

※ 이 사례는 이사 2인 이하인 회사가 주주총회에서 정관 변경과 신주식발행결의를 하는 사례이다. 이사 2인 이하인 회사의 신주발행결의는 주주총회에서 결의한다.

※ 주주총회, 이사회의 의사록에 기명날인을 할 이사 및 감사 : 106면 참조

[사례] 주주총회 소집절차 생략동의서

주주총회 소집절차 생략동의서

본 회사는 자본금 10억원 미만인 회사이므로 상법 제363조 제4항에 의하여 20○○년 ○월 ○일 10: 00에 개최되는 임시주주총회 건에 대하여 주주전원은 소집절차없이 개최하는 것에 동의합니다.

20○○년 ○월 ○일

주식회사 ○○
주주 ○ ○ ○ (인)
주주 ○ ○ ○ (인)

※ 자본금 총액이 10억원 미만인 회사는 주주 전원의 동의가 있을 경우에는 소집절차 없이 주주총회를 개최할 수 있다(상법 제363조 제4항).

[사례] 이사회 의사록(이사 3인 이상인 회사)

이사회 의사록

20○○년 ○월 23일 본 회사 본점사무실에서 다음과 같이 이사회를 개최하다.

이사총수 3명 출석이사수 3명

감사총수 1명 출석감사수 1명

의안 : 신주식발행에 관한 건

의장은 당회사의 사업운영상 신주식을 발행하여 자본금을 증가시켜야 한다고 설명하고 그 가부를 물은 즉 이사전원은 이를 신중히 토의한 결과 다음같이 결의하다.

결의 사항

1. 신주식의 종류 : 기명식 보통주식
1. 신주의 수 : 총 40,000주
1. 신주식의 발행가액 : 금 5,000원
1. 납입기일 : 20○○년 ○월 24일
1. 신주식의 인수방법 : 20○○년 ○월 23일 현재 주주명부에 기재된 주식수의 비율에 따라 신주식을 배정하고 주주가 인수권을 포기한 신주식은 이를 일반으로부터 공모한다.
1. 기타 신주발행에 관한 필요한 절차사항은 대표이사에게 일임한다.

의장은 이상으로서 회의 목적인 의안전부의 심의를 종료하였으므로 폐회한다고 선언하다.

위 의사의 경과요령과 결과를 명확히 하기 위하여 이 의사록을 작성하고 의장과 출석한 이사 및 감사가 기명날인하다.

20○○년 ○월 23일

케이앤에이 주식회사

의장 대표이사 양 철 승 (인)
사내이사 이 준 철 (인)
사내이사 이 국 민 (인)

※ 이사 3인 이상인 회사는 주주총회에서 정관변경을 한 후 이사회에서 신주식발행의 건을 다뤄야 한다.

○ 신주발행은 상법에 다른 규정이 있거나 정관으로 주주총회에서 정하기로 규정한 경우를 제외하고는 발행예정주식총수의 범위 내에서 이사회가 결정한다(상법 제416조). 다만 이사1~2인의 회사인 경우에는 주주총회에서 결정한다(상법 제383④~⑥).

○ 이사회의 결의는 이사 과반수의 출석과 출석 이사의 과반수로 하여야 한다. 다만, 정관으로 그 비율을 높게 정할 수 있다(상법 제391조제1항), 감사가 불출석한 경우에도 출석한 이사들만으로 이사회를 개최하고 이사회의사록을 작성할 수 있다.

[사례] 잔고증명서

잔고증명서

일금 이억원정(금200,000,000원)
발행주식의 총수 40,000 주
액면주식 1주의 금액 금 5,000원

위 금액은 귀 회사 신주식발행총수 40,000주에 대한 납입금으로서 20○○년 ○월 24일 납입이 완료되어 현재 이를 보관중임을 증명함.

20○○년 ○월 24일

주식회사 ○○은행 ○○지점
서울시 중구 서소문동 1133-2
지점장 박 용 수

케이앤에이 주식회사 대표이사 양 철 승 귀하

※ 잔고증명서 : 신주발행의 결과 자본금 총액이 10억원 미만인 회사에 대하여는 은행이나

그 밖의 금융기관의 잔고증명서로 대체할 수 있다.

※ 잔고증명은 법인명의로 된 예금계좌에 신주식발행에 따른 금액을 입금하게 한 다음 통장원본을 금융기관에 제시하면 발급해준다. 온라인으로도 발급이 가능하다. 잔고증명서 발급 시는 1일 동안 출금을 할 수 없다.

[사례] 주식인수증

주 식 인 수 증	
상 호	케이앤에이 주식회사
인 수 할 주 식 수	20,000 주
금 액	금100,000,000원
일 주 의 금 액	금5,000원

위 주식을 인수함.

20○○년 7월 26일

인수인 주주 양 철 승

서울시 ○○구 ○○로00길 ○○-○

케이앤에이 주식회사 대표이사 귀하

※ 신주의 인수

○ 기존주주(구주주)가 그 소유주식의 비율내에서 주식을 인수하는 경우에는 주식인수증을 작성하여야 하고, 소유주식수의 비율을 초과하여 인수하고자하는 경우에는 그 초과부분에 한하여는 원칙적으로 주식청약서를 작성하여야 한다. 그러나 실무에서는 구주주는 주식인수증으로, 구주주가 아닌 일반인의 경우는 주식청약서를 작성하고 있다.

○ 납입기일에 납입 또는 현물출자가 이행된 한도내의 발행주식에 대하여 신주발행의 효력이 생기고, 납입기일까지 납입 또는 현물출자의 이행을 하지 않은 신주인수인은 그 권리를 잃으며(상법 제423조제2항), 이 경우 회사는 실권한 신주인수인에 대하여 손해의 배상을 청구할 수 있으며(상법 제423조제3항), 실권한 주식에 대하여 회사는 주주를 다시 모집할 수 있다.

[사례] 주식인수증

주 식 인 수 증	
상 호	케이앤에이 주식회사
인 수 할 주 식 수	10,000 주
금 액	금50,000,000원
일 주 의 금 액	금5,000원

위 주식을 인수함.

20○○년 7월 26일

인수인 주주 이 준 철
서울시 ○○구 ○○로00길 ○-○

케이앤에이 주식회사 대표이사 귀하

[사례] 신주식청약서

신주식 청약서	
상 호	케이앤에이 주식회사
인수할주식수	10,000주
금 액	금50,000,000원
일주의 금액	금5,000원

귀 회사정관과 이 청약서에 기재한 사항을 승낙하고 주식을 청약합니다.

20○○년 ○월 23일

주식청약인 정 동 섭
서울시 도봉구 도봉로12길 1-1212호

케이앤에이 주식회사 대표이사 양 철 승 귀중

(청약서의 별지)

상 호	케이앤에이 주식회사
회사가 발행할 주식의 총수	100,000 주
일 주 의 금 액	금 5,000원
신주의 종류와 수	신주식수 40,000주 보통주식
신주식의 발행가격	일주 금5,000원
납 입 기 일	20○○년 ○월 24일
납입받을 금융기관과 납입장소	(주) 00은행 00지점
신주식의 인수방법	20○○년 ○월 23일 현재 주주명부에 기재된 주식수의 비율에 따라 신주식을 배정하고 주주가 인수권을 포기한 신주식은 이를 일반으로부터 공모한다.
신주식의 발행의결의 년월일	20○○년 ○월 23일

[사례] 기간단축동의서

기간단축동의서

본인 등은 20○○년 ○월 23일 이사회(또는 주주총회)의 결의에 의한 신주식 발행에 관하여 20○○년 ○월 24일 주금 납입을 하는데 있어 상법 제418조, 제419조 소정의 기간을 단축하는데 이의가 없으므로 이에 동의함.

20○○년 ○월 23일

주주 양 철 승 (인)
주주 이 준 철 (인)
주주 이 국 민 (인)

※ 기간단축 동의서

○ 실권예고부 청약 최고기간을 단축한 경우에는 총주주동의서, 주식인수인이 생긴 후에 납입기일을 변경한 경우에는 주식인수인 전원의 동의서가 필요하다. 그러나 납입기일

전에 신주에 대한 납입이 완료되어 그 기일을 앞당겨 변경한 경우에는 첨부할 필요가 없다.

○ 신주발행절차에서 상법 제418조 및 제419조의 규정에 의한 신주인수권의 내용 및 배정일 지정공고와 신주인수권자에 대한 실권예고부 최고기간을 단축한 경우에, 이를 증명하는 서면으로서 실무상 신주인수권포기서를 첨부하게 하는 경우도 있으나 이는 현행법상 첨부서면은 아니며, 위 사항이 총주주나 종류주주 전원의 동의가 없으면 효력이 없거나 취소할 수 있는 사항에 해당될 경우에는 총주주나 종류주주 전원이 동의하였음을 증명하는 서면(총주주나 종류주주 전원의 동의서 또는 신주인수권을 행사하지 않은 주주의 기간단축동의서 등)을 첨부하여 변경등기를 신청하여야 한다(등기선례 200206-14, 2002. 6. 24. 등기 3402-344 질의회답).

[사례] 신주식인수포기서

> ### 신주식 인수포기서
>
> 20○○년 ○월 23일 이사회(또는 주주총회)의 결의로 신주식 40,000주를 발행하기로 결의하였으나 본인의 배정주식은 인수를 포기합니다.
>
> 20○○년 ○월 23일
>
> 주주 이 국 민 (인)

※ 신주식인수포기서

○ 주식회사의 신주발행에 있어서 신주인수권을 가진 주주의 일부가 신주인수권을 포기하여 발생한 실권주를 이사회의 결의로 다른 주주나 제3자에게 배정하여 납입이 이루어진 경우, 이에 따른 변경등기의 신청서의 첨부서면으로 실권주의 배정을 결정한 이사회의 의사록 외에 주주의 신주인수권포기서는 현행법상 첨부서면으로 하고 있지 않다(등기선례 200206-14, 2002. 6. 24. 등기 3402-344 질의회답).

○ 실권주 실권처리 : 기존주주가 지분비율에 따라 배정된 신주를 인수하지 아니하여 발생한 실권주를 다시 배정하지 아니함으로써 실권처리한 주식수만큼 증자가 이루어지지 않는다.

[사례] (구)주주명부

(구) 주 주 명 부

년 월 일 현재

주주명	주소와 전자우편주소	소유주식수	회의출석	의결찬성	인증촉탁	비 고
양철승	서울 강남구 서현동 1-1212호 www.asd45@hanmail.net	5,000	○	○	○	
이준철	서울 강북구 수유로13길 11-7 www.wert88@hanmail.net	2,500	○	○	○	
이국민	서울 강북구 도봉로232길 789-44 www.wer88@hanmail.net	2,500	○	○	○	
총주식수			출석주식수	의결찬성주식수	인증촉탁주식수	1주당금액
10,000						5,000

위 주주명부는 본사에 비치된 주주명부와 대조하여 틀림이 없음을 증명합니다.

20○○년 ○월 23일

회사명 케이앤에이 주식회사

소재지 서울시 서초구 양재로23길 1100-5

대표이사 양 철 승

※ 전자주주명부제도

○ 회사는 정관에서 정하는 바에 따라 전자문서로 주주명부를 작성할 수 있다(상법 제352조의2제1항).

○ 개정법은 기업경영의 IT화를 위하여 주주총회에 직접 참석하거나 대리인에게 투표를 위임하지 않더라도 전자서명 등 본인인증절차를 거쳐 인터넷으로 의결권을 행사하는 전자투표제도가 도입됐다(상법 제368조의4, 제382조의2). 이와 함께 주주들이 서면 외에도 이메일 등 전자문서를 통해 주주제안권 및 임시주주총회 소집청구권을 행사할 수 있도록 했다. 전자투표제도를 도입함에 따라 일반 주주명부를 전자문서로 된 주주명부로 대체할 필요가 있어서 제도화한 것이다.

[사례] (신)주주명부

(신) 주 주 명 부

년 월 일 현재

주주명	주소와 전자우편주소	소유주식수	회의출석	의결찬성	인증촉탁	비고
양철승	서울시 강남구 서현동 1-1호 www.asd45@hanmail.net	25,000	○	○	○	
이준철	서울 강북구 수유로13길 11-7 www.wert88@hanmail.net	12,500	○	○	○	
이국민	서울 강북구 도봉로232길 789 www.wer88@hanmail.net	2,500	○	○	○	
정동섭	서울시 도봉구 도봉로12길 1-2호 www.wer88@hanmail.net	10,000	○	○	○	
총주식수			출석주식수	의결찬성 주식수	인증촉탁주식수	1주당 금액
50,000						5,000

위 주주명부는 본사에 비치된 주주명부와 대조하여 틀림이 없음을 증명합니다.

20○○년 ○월 23일

회사명 케이앤에이 주식회사

소재지 서울시 서초구 양재로23길 1100-5

대표이사 양 철 승

[사례] 위임장(등기소제출용)

<table>
<tr><td>

위 임 장

법무사 정 동 진

서울 서초구 서초로100길 345-6

전화 : 123-4567

본인은 위 사람을 대리인으로 정하고 다음 사항의 권한을 위임함

다 음

본 회사의 신주발행으로 인한 발행주식총수 그 종류와 각종 주식의 내용과 수 자본금의 액의 변경, 등기신청에 관한 일체의 행위

20○○년 ○월 23일

케이앤에이 주식회사

서울시 서초구 양재로23길 1100-5

대표이사 양 철 승

</td></tr>
</table>

○ 이 위임장은 신주발행으로 인한 발행주식총수 그 종류와 각종 주식의 내용과 수 자본금의 액의 변경등기를 의뢰하는 경우 대리의 권한을 법무사에게 위임하는 서류로써 등기소에 제출하는 서류이다. 위임장에는 그 권한의 범위를 명확히 기재하여야 한다.

제3절 상호 · 목적 · 공고방법 · 존립기간 등의 변경

1. 서 설

회사의 상호, 목적 및 회사가 공고를 하는 방법은 정관의 절대적 기재사항에 해당하므로(상법 제289조 1항 1호, 2호, 7호) 회사의 성립 후에 이를 변경하는 경우에는 정관을 변경하여야 한다.

"정관변경"이란 정관의 기재내용을 수정·삭제, 또는 새로운 내용을 추가하는 것을 말한다. 정관변경에 관한 주주총회의 특별결의가 필요하다(상법 제433조, 제434조).

한편, 회사가 그 설립 시에 회사의 존립기간 또는 기타 해산사유를 정한 때에는 원시정관에 상대적 기재사항으로 이를 기재할 수 있는데(상법 제317조 2항 4호, 517조 1호), 회사의 성립 후에 정관으로 정한 존립기간 또는 기타 해산사유를 변경하거나 이를 폐지하는 경우에는 상호, 목적 또는 회사가 공고를 하는 방법의 변경과 마찬가지로 정관변경에 관한 주주총회의 특별결의가 필요하다.

정관으로 정한 회사의 존립기간 또는 기타 해산사유의 변경 또는 폐지는 그 기간의 만료 또는 사유의 발생 전에 이를 하여야 한다.

2. 변경사유

가. 상호

(1) 상호의 의의

상호의 의의 및 등기할 수 없는 상호에 관하여는 58면 참조

(2) 상호변경

(가) 개 설

회사가 상호를 변경코자 하는 경우에는 우선 변경·사용코자 하는 상호가 이미 사용되고 있는지, 유사상호에 해당되는지 여부를 확인해야 한다. 타인이 등기한 상호는 동일한 특별시, 광역시, 시, 군에서 동종 영업의 상호로 등기할 수 없는 바(상법 제22조), 제3자가 미리 회사가 변경하려는 상호를 등기한 경우, 그 상호를 사용할 수 없다.

상법은 상호를 변경하고자 하는 경우, 정관변경 전에 상호사용권을 미리 확보할 수 있도록 상호에 대하여 가등기제도를 두고 있다(상법 제22조의2).

(나) 상호변경등기의 효력발생시기

등기관이 등기를 마친 경우 그 등기는 접수한 때부터 효력을 발생하므로, 2010. 4. 29. 상호변경등기신청을 접수하여 등기관이 2010 5. 6.에 등기를 마친 경우에 그 등기의 효력은 2010. 4. 29.부터 발생한다(상업등기선례 201006-1, 2010. 6. 18. 사법등기심의관-1348 질의회답).

(다) 상호에 관한 등기선례

(1) 본점이 동일한 시에 있고 사업목적이 유사한 "갑"주식회사와 "을"주식회사에 있어, "갑"주식회사는 "을"주식회사 명의로, "을"주식회사는 "갑"주식회사 명의로 각 상호변경등기를 동시에 신청할 수 없다(상업등기선례 1-109, 1995. 12. 7. 등기 3402-844 질의회답).

(2) 서울특별시 내에 본점을 둔 동ㅇ제과 주식회사를 '주식회사 000'으로 바꾸는 상호변경등기가 가능한지 여부는, '주식회사 000'이라는 상호가 이미 서울특별시 내에 등기되어 있는 다른 상호들과 구별되기 어려운 유사상호에 해당하는지 여부로서, 이는 담당등기관이 회사의 목적, 거래계의 실정, 일반인의 혼동가능성 등을 종합적으로 고려하여 구체적으로 판단할 사항이라 할 것이다(상업등기선례 1-110, 2003. 06. 27. 공탁법인 3402-157 질의회답).

(3) 주식회사의 상호를 '00솔루션즈(주)'로 바꾸는 상호변경등기가 가능한지 여부는, '00솔루션즈(주)'라는 상호가 동일한 특별시·광역시·시 또는 군 내에서 타인이 이미 등기한 상호와 동일 또는 유사한 상호에 해당하는가의 문제로서, 이는 담당 등기관이 회사의 목적, 거래계의 실정, 일반인의 혼동가능성 등을 종합적으로 고려하여 판단할 사항이라 할 것이며, 등기관의 처분에 이의가 있는 경우 관할지방법원에 이의신청을 할 수 있을 것이다(상업등기선례 1-112, 2004. 8. 16. 공탁법인 3402-179 질의회답).

(4) 주식회사가 다른 주식회사를 흡수하여 합병함에 있어 채권자에 대한 공고와 최고기간 중이라도 합병 후 존속하는 주식회사에 대한 상호변경등기를 한 후 합병의 등기를 신청할 수 있다(상업등기선례 1-232. 1995. 6. 14. 등기 3402-465 질의회답).

(5) 신설회사가 분할회사의 상호로 변경등기를 할 수 있는지 여부 : 주식회사(분할회

사)가 영업을 분할하여 다른 주식회사(신설회사)를 설립하면서 신설회사의 상호를 분할회사의 상호로 하여 설립등기를 하고, 분할회사에 대하여는 본래의 상호에 '홀딩스'를 붙여 변경등기를 하는 것은, 분할회사의 변경 후의 상호가 동일한 특별시 · 광역시 · 시 또는 군 내에서 동일한 영업을 위하여 다른 사람이 등기한 것과 동일한 상호가 아니라면 가능하다(상업등기선례200908-1, 2009. 8. 4. 사법등기심의관-1763 질의회답).

나. 목적변경

(1) 목적의 의의

목적의 의의에 관하여는 총설에서 설명하였다(57면 참조).

(2) 목적변경

회사의 사업목적은 주주에게는 출자의 동기를, 이사에게는 자신이 수행해야 할 업무집행의 범위를, 제3자에 대해서는 회사를 상대로 거래함에 있어 회사에 대해 기대할 수 있는 반대급부의 범위를 예측하는 기준이 되기 때문에 이러한 취지를 달성하기 위해서 이해관계인들에게 예측가능성을 부여할 수 있을 정도로 구체성을 띠어야 한다.

다. 공고방법변경

(1) 회사가 공고를 하는 방법

회사가 공고를 하는 방법에 관하여는 설립등기편에서 설명하였다(63면 참조)).

(2) 공고방법변경

종전에는 회사의 공고는 관보 또는 시사에 관한 사항을 게재하는 일간신문에 하여야 했으나, 상법개정으로 공고를 정관으로 정하는 바에 따라 전자적 방법으로 할 수 있도록 하였다(상법 제289조 제3항). 따라서 회사가 전자적 방법으로 공고를 하려는 경우에는 회사의 인터넷 홈페이지에 게재하는 방법으로 하여야 하고, 회사의 인터넷 홈페이지의 주소를 등기하여야 한다(상법 시행령 제3조의2 제1, 2항).

(3) 등기예규

(1) 회사합병등기에서는 채권자보호절차로서 채권자에 대한 이의제출 공고 및 최고를 한 사실을 증명하는 서면을 제출하도록 하고 있는바, 정관에서 정한 공고방법과 다른 공

고를 한 경우에는 상법상 채권자보호절차를 이행하였다고 볼 수 없으므로 공고로서의 효력이 발생하지 않는다(상업등기선례 1-225. 2001. 10. 31. 등기 3402-735 질의회답).

(2) 주식회사가 합병에 따른 이의 제출 공고(상법 제527조의5)를 할 때 공고문에 합병을 하는 회사를 표시하면서 회사의 본점 소재지가 아닌 다른 장소(예를 들어, 대표이사의 주소 등)를 기재한 경우, 그 공고에 의하여는 합병을 하는 회사의 동일성을 식별하기 어려워 적법·유효한 공고라고 볼 수 없기 때문에 그 공고문을 첨부한 등기신청은 수리될 수 없다(상업등기선례200706-1. 2007. 6. 14. 공탁상업등기과-667 질의회답).

(3) 주식회사가 그 공고방법으로 정한 일간신문사의 상호가 변경된 경우는, 행정구역의 명칭 변경에 따라 본점 소재지의 명칭이 변경되는 경우와 마찬가지로, 일간신문사의 상호라는 사실에 기초를 둔 정관의 규정이 상호의 변경이라는 사실의 변경에 의하여 당연히 변경되는 경우에 해당되는 것으로서 이를 위하여 주주총회의 특별결의 절차를 밟을 필요는 없을 것이므로, 정관변경 전에도 그 변경사실을 증명하는 서면(일간신문사의 법인 등기부등본 등)을 첨부하여 등기부상의 공고방법 변경등기를 신청할 수 있다(등기선례5-844, 1998. 12. 10. 등기 3402-1222 질의회답).

라. 존립기간과 해산사유변경

(1) 개 설

회사에 따라서는 정관에 회사의 존립기간을 정하고 있는 예가 있다. 오늘날의 회사는 계속기업으로 영구히 존속하는 것을 전제로 하고 있으므로 특수하게 꼭 존립기간을 정할 회사가 아니라면 이런 조항을 둘 필요가 없으며, 이미 정관에 존속기한을 정하고 있는 회사는 정관변경 절차를 거쳐 이를 삭제하면 된다.

해산사유도 마찬가지로서 상법상의 해산사유 이외에 특수한 해산사유를 두어야 할 회사만 이를 정관에 규정하고 그 외의 회사는 이를 두지 아니한다.

(2) 등기예규

(가) 사단법인의 존립시기나 해산사유는 정관에 그 정함이 있을 경우에 등기하는 것인바, 정관에서 존립시기에 관한 규정이 없음에도 등기가 된 경우에는 유효한 등기사항이 아니므로 사단법인은 존립시기의 도래여부와는 상관없이 소명자료를 첨부하여 존립시기의 말소를 신청할 수 있으며, 위의 존립시기가 도래한 경우에도 해산등기 없이 다른 등기를 신청할 수 있다(상업등기선례 1-332, 2001. 10. 31. 등기 3402-737 질의회답).

(나) 주식회사는 존립기간의 만료로 해산되나(상법 제517조 제1호, 제227조 제1호), 상법 제434조의 규정에 의한 주주총회의 특별결의로써 회사를 계속할 수 있고(상법 제519조), 그 결의에 따라 존립기간 등에 관한 변경등기신청을 할 수 있다. 그러나 존립기간 만료일로부터 본점소재지에서는 2주내, 지점소재지에서는 3주내에 해산등기를 하여야 하는 것이므로(상법 제530조 제1항, 제228조), 이 등기를 해태한 경우에는 과태료의 처분을 받게 된다(상법 제635조 제1항 제1호, 등기예규 제573호).

(다) 합자회사의 존립기간이 1994. 4. 7.까지로 되어 있으나 그 이전에 총사원의 동의로 정관을 변경하여 위 존립기간을 폐지한 경우에는 비록 위 존립기간이 지난 후라 할지라도 위 존립기간 폐지의 변경등기를 신청할 수 있을 것이며 해산등기후 회사계속등기를 신청하여야 하는 것은 아니다(상업등기선례 1-68, 1994. 06. 03 등기 3402-495).

3. 등기절차

가. 등기기간

회사의 상호, 목적, 회사가 공고를 하는 방법을 변경하거나 정관으로 정한 회사의 존립기간 또는 기타 해산사유가 변경 또는 폐지된 경우에는 그 변경 또는 폐지가 있는 때로부터 본점소재지에서는 2주 내에, 지점소재지에서는 3주 내에 변경등기를 하여야 한다(상법 제317조 3항 및 4항, 183조).

나. 등기신청

(1) 개 설

회사의 상호, 목적, 회사가 공고를 하는 방법, 정관으로 정한 회사의 존립기간 또는 기타 해산사유는 회사의 본점과 지점소재지에서 모두 등기할 사항에 해당하므로(상법 제317조 3항, 법인의 등기사항에 관한 특례법 3조 1, 2, 4, 5호) 회사의 본점과 지점소재지를 관할하는 등기소가 다른 경우에는 지점소재지에서 하는 변경등기의 신청은 이를 본점소재지를 관할하는 등기소에 할 수 있는데(상업등기법 제58조 1항), 이 경우에는 본점소재지에서 하는 변경등기의 신청과 동시에 하여야 하고(상업등기법 제58조 2항), 신청하고자 하는 지점소재지를 관할하는 등기소를 본점관할 등기소에 제출하는 신청서에 기록하여 제출하는 방식으로 하여야 한다(규칙 104조 1항, 87조 2항).

(2) 정관변경의 효력발생

정관변경은 주주총회의 결의와 동시에 효력이 발생하며, 변경된 내용을 문서화하거나 등기할 때에 효력이 생기는 것이 아니다. 또한 정관 변경의 효력을 과거로 소급하는 것은 인정되지 않는데, 이는 현재의 정관을 신뢰하고 거래한 여러 이해관계자에게 불합리한 결과를 초래하고 혼란을 야기할 우려가 있기 때문이다.

다. 첨부서면

회사가 상호, 목적 또는 회사가 공고를 하는 방법을 변경하거나, 정관에서 정한 회사의 존립기간 또는 기타 해산사유를 변경 또는 폐지하기 위해서는 위에서 본 바와 같이 정관변경에 관한 주주총회의 특별결의가 필요하므로 위 사항의 변경 또는 폐지에 따른 변경등기신청서에는 주주총회의사록을 첨부하여야 한다. 하지만 변경후의 상호나 목적 등이 기재된 정관을 첨부할 필요는 없다.

관청의 허가를 필요로 하는 사항의 등기를 신청하는 때에는 신청서에 관청의 허가서(인가서, 등록증 등을 포함한다) 또는 그 인증이 있는 등본을 첨부하여야 하는데, 이는 당해 허가(인가·등록 등)가 등기할 사항의 효력요건인 경우에 한(限)하기 때문에 회사가 목적을 변경하여 새로이 추가한 영업을 실제로 수행(修行) 내지 영위(營爲)하기 위해서는 관공서의 허가 등이 필요하다고 하더라도 이는 영업 자체에 대한 허가나 인가가 아니라 영업의 수행 내지 영위를 위한 적법요건에 불과하므로 위 목적변경에 따른 변경등기신청서에 관청의 허가서 등을 첨부할 필요는 없다(등기선례1-873, 등기 제20호).

변경등기의 경우 인감제출자에 관한 사항이 변경되지만 인감을 다시 제출할 필요는 없다(등기예규 제1626호 2. 바. 1)).

라. 등록면허세 등

(1) 등록면허세

회사의 상호, 목적 회사가 공고를 하는 방법, 정관으로 정한 회사의 존립기간 또는 기타 해산사유의 변경 또는 폐지에 따른 변경등기신청 시에는 등록면허세 40,200원(지방세법 제28조 1항 6호) 및 위 등록면허세의 100분의 20에 해당하는 지방교육세를 납부하여야 한다. 하나의 신청서로 상호, 목적, 회사가 공고를 하는 방법 등의 변경등기를 동시에 일괄신청 하는 경우에는 변경사항별로 각각의 등록면허세 및 지방교육세를 합산하여 납부하여야 하는데, 다만 목적의 변경등기와 관련해서는 수개의 목적을 변경하였더라도 1

건의 등록면허세 및 지방교육세만 납부하면 된다(등기예규 제1038호 8.).

(2) 등기신청수수료

(가) 개 설

서면제출의 경우 수수료는 6,000원, 전자표준(이폼)의 경우 4,000원, 전자신청의 경우 2,000원이다.

납부방법은 대한민국법원 인터넷등기소(http://www.iros.go.kr/)를 이용하여 전자적 방법으로 등기신청수수료를 납부할 수 있으며, 인터넷등기소에서 사용 가능한 카드사의 신용카드에 의한 결제, 지정 금융기관의 계좌이체, 선불형 지불수단 등에 의한 결제 방식에 의하고, 영수필확인서를 출력하여 등록면허세/수수료란에 붙인다(등기예규 제1576호). 또 다른 방법은 직접 법원구내 및 등기소 가까운 금융기관(농협, 신한은행)에 납부하고 그 영수필확인서를 등록면허세/수수료"란에 붙인다.

(나) 수개의 등기사항을 일괄하여 하나의 신청서로써 하는 등기신청의 경우

수개의 등기사항을 일괄하여 하나의 신청서로써 등기신청을 하는 경우에는 각 등기의 목적에 따른 소정의 신청수수료를 합산한 금액을 등기신청수수료로 납부하여야 한다. 그 구체적인 기준은 다음과 같다.

1) 합산의 경우

회사의 상호, 본점, 목적, 공고방법, 존립기간, 액면주식 1주의 금액, 발행할 주식의 총수, 발행주식의 총수와 그 종류 및 각각의 수 등의 변경등기를 일괄하여 하나의 등기신청서로써 신청하는 경우에는 각각의 등기신청수수료를 합산한 금액을 납부하여야 한다. 다만, 수인의 이사, 대표이사, 감사 등 임원의 퇴임 또는 취임으로 인한 변경등기는 이를 일괄하여 하나의 임원변경등기신청으로 본다.

변경등기신청과 함께 지배인선임등기 등 변경등기 이외의 등기신청을 하나의 신청서로써 하는 경우에는 각각의 신청수수료를 합산한 금액을 등기신청수수료로 납부하여야 한다.

2) 하나의 등기신청으로 보는 경우

하나의 신청서로써 수인의 지배인선임등기를 신청하거나 수개의 지점설치등기를 신청하는 경우에는 이를 하나의 지배인선임등기 또는 지점설치등기신청으로 본다.

마. 공 증

공증에 관한 구체적설명은 627면 참조, 서면결의서 공증에 관하여는 628면 참조

[사례] 주식회사 변경등기(상호, 목적변경)

주식회사 변경등기신청

접 수	년 월 일	처리인	등기관확인	각종통지
	제 호			

상 호	주식회사 코리아닷컴	등기번호	123456
본 점	서울 용산구 용산로16길 123-4		
등기의목적	정관(상호, 목적) 변경등기		
등기의사유	20○○년 ○월 19일 임시주주총회 결의로 정관(상호, 목적)을 다음과 같이 변경하였으므로 그 등기를 구함.		
본/지점 신청구분	1. 본점신청 □ 2. 지점신청 □ 3. 본·지점 일괄신청 □		
등 기 할 사 항			
상호, 목적, 공고방법 변경과 그 연월일	제1조(상호) 당 회사는 "주식회사 코리아닷컴" 이라고 부른다. 제2조(목적) 당 회사는 다음 사업을 경영함을 목적으로 한다. 1. 홈페이지 제작 및 관련사업 2. 웹호스팅사업 3. 컴퓨터 네트워크 공사 및 유지보수업 4. 위 각항에 부대한 사업의 일체 20○○년 ○월 ○일 변경		
기 타			

<table>
<tr><th colspan="8">신청등기소 및 등록면허세/수수료</th></tr>
<tr><td rowspan="2">순번</td><td rowspan="2">신청등기소</td><td rowspan="2">구분</td><td>등록면허세</td><td rowspan="2">농어촌특별세</td><td rowspan="2">세액합계</td><td rowspan="2">등기신청수수료</td></tr>
<tr><td>지방교육세</td></tr>
<tr><td rowspan="2"></td><td rowspan="2"></td><td rowspan="2">상호
변경</td><td>금 40,200원</td><td rowspan="2"></td><td rowspan="2">금48,240원</td><td rowspan="2">금6,000원</td></tr>
<tr><td>금 8,040원</td></tr>
<tr><td rowspan="2"></td><td rowspan="2"></td><td rowspan="2">목적
변경</td><td>금 40,200원</td><td rowspan="2"></td><td rowspan="2">금48,240원</td><td rowspan="2">금6,000원</td></tr>
<tr><td>금 8,040원</td></tr>
<tr><td></td><td></td><td></td><td></td><td></td><td></td><td></td></tr>
<tr><td colspan="3" rowspan="2">합 계</td><td></td><td rowspan="2"></td><td rowspan="2"></td><td rowspan="2"></td></tr>
<tr><td></td></tr>
<tr><td colspan="4">등기신청수수료 은행수납번호</td><td colspan="3"></td></tr>
<tr><th colspan="7">첨 부 서 면</th></tr>
<tr><td colspan="4">1. 주주총회의사록 통
1. 등록면허세영수필확인서 통
1. 위임장(대리인이 신청할 경우) 통</td><td colspan="3"><기 타></td></tr>
</table>

20○○년 ○월 ○일

신청인 상 호 주식회사 코리아닷컴
본 점 서울 용산구 용산로16길 123-4
대표이사 성 명 김 승 택 (인) (전화 : 123-4567)
주 소 서울 강동구 상일로11길 987-6
대리인 성 명 법무사 강 철 수 (인) (전화 : 234-5678)
주 소 서울 강동구 명일로20길 246-5

○○지방법원 ○○등기소 귀중

- 신청서 작성요령 -

1. 해당란이 부족할 때에는 별지를 이용합니다.
1. 해당 등기신청과 관계없는 사항에 대하여는 "해당없음"으로 기재하거나 삭제하고, 필요한 사항은 추가 기재합니다.

(용지규격 21㎝× 29.7㎝)

[사례] 임시주주총회의사록

임시주주총회의사록

20○○년 ○월 19일 오전 11시 본점 사무실에서 임시주주총회를 개최하다.

주식 총수	40,000 주	주식총수	3 명
출석주주수	2 명	이의주식 수	30,000 주

의장 김승택은 정관규정에 따라 의장석에 등단하여 위와 같이 법정수에 달하는 주주가 출석하였으므로 본 총회가 적법하게 성립되었음을 알리고 개회를 선언한 후 다음 의안을 부의하고 심의를 구하다.

의안 정관(상호, 목적)변경의 건

의장은 당회사의 영업상 다음과 같이 정관(상호, 목적)을 변경하고자 하오니 주주여러분은 신중히 토의하여 가부를 결정하여 줄 것을 말한바, 주주전원 이의없이 정관(상호, 목적)을 변경하기로 가결하다.

1. 변경된 상호 : 별첨 참조
2. 변경된 목적 : 별첨 참조

의장은 이상으로서 금일 의안이 전부 심의종료됨을 고하고 폐회를 선언하다.

때는 11시 30분

위 결의를 명확히 하기 위하여 이 의사록을 작성하고 의장과 출석한 이사가 다음에 기명날인 하다.

20○○년 ○월 19일

주식회사 코리아닷컴

의장 겸 대표이사 김 승 택 (인)

사내이사 이 윤 석 (인)

사내이사 김 상 진 (인)

※ 이사 2인 이하인 회사도 위 신청서나 의사록 작성방식은 같다. 다만, 대표이사 표기를 사내이사 또는 대표자 사내이사(등기부등본 참조)로 기재한다.

※ 주주총회, 이사회의 의사록에 기명날인을 할 이사 및 감사 : 106면 참조

[별첨] 정관변경 전후의 대조표

변경 전	변경 후
제1조 (상호)당회사는 "주식회사 ○○○" 이라고 부른다.	제1조 (상호)당회사는 "주식회사 코리아닷컴" 이라고 부른다.
제2조(목적) 당회사는 다음 각호의 사업을 영위함을 목적으로 한다.	제2조 (목적)당회사는 다음 각호의 사업을 영위함을 목적으로 한다.
1. 경제관련 데이터베이스 및 온라인 정보제공업	1. 홈페이지 제작 및 관련사업
2. 국내외 경영, 경제, 금융환경에 관한 연구개발업	2. 웹호스팅사업
3. 연기금 및 기관투자자 투자의사결정에 대한 자문업무	3. 컴퓨터 네트워크 공사 및 유지보수업
4. 상기 각호에 부수되는 일체의 업무	4. 현행과 같음

※ 정관의 신구대조표를 만들어 첨부하여야 한다. 정관의 변경은 특별결의에 의한다(상법 제434조).

[사례] 주주총회 소집절차 생략동의서

주주총회 소집절차 생략동의서

본 회사는 자본금 10억원 미만인 회사이므로 상법 제363조 제4항에 의하여 20○○년 ○월 ○일 10: 00에 개최되는 임시주주총회 건에 대하여 주주전원은 소집절차없이 개최하는 것에 동의합니다.

20○○년 ○월 ○일

주식회사 ○○

주주 ○ ○ ○ (인)

주주 ○ ○ ○ (인)

※ 자본금 총액이 10억원 미만인 회사는 주주 전원의 동의가 있을 경우에는 소집절차 없이 주주총회를 개최할 수 있다(상법 제363조 제4항).

[사례] 주주명부

<table>
<tr><td colspan="5">주 주 명 부</td></tr>
<tr><td>주 주</td><td>주 소</td><td>인 수
주식수</td><td>1주금액</td><td>납 입 금 액</td></tr>
<tr><td>김 승 택</td><td>서울 서초구 방배로20길
1254-1
www.wer88@hanmail.com</td><td>5,000주</td><td>금5,000원</td><td>금25,000,000원</td></tr>
<tr><td>박 창 공</td><td>서울 서초구 방배로20길
1264-1</td><td>5,000주</td><td>금5,000원</td><td>금25,000,000원</td></tr>
<tr><td>합 계</td><td></td><td>10,000주</td><td>금5,000원</td><td>금50,000,000원</td></tr>
<tr><td colspan="5">위 주주명부는 본사에 비치된 주주명부와 대조하여 틀림이 없음을 증명합니다.
20 년 9월 6 일</td></tr>
<tr><td>상 호</td><td colspan="4">주식회사 코리아 닷컴</td></tr>
<tr><td>본점주소</td><td colspan="4">서울 용산구 용산로16길 123-4</td></tr>
<tr><td>대표이사성명</td><td colspan="4">김 승 택</td></tr>
</table>

※ 전자주주명부제도

○ 회사는 정관에서 정하는 바에 따라 전자문서로 주주명부를 작성할 수 있다(상법 제352조의2제1항). 전자주주명부에는 상법 제352조제1항의 기재사항 외에 전자우편주소를 적어야 한다.

○ 개정법은 기업경영의 IT화를 위하여 주주총회에 직접 참석하거나 대리인에게 투표를 위임하지 않더라도 전자서명 등 본인인증절차를 거쳐 인터넷으로 의결권을 행사하는 전자투표제도가 도입됐다(상법 제368조의4, 제382조의2). 이와 함께 주주들이 서면 외에도 이메일 등 전자문서를 통해 주주제안권 및 임시주주총회 소집청구권을 행사할 수 있도록 했다. 전자투표제도를 도입함에 따라 일반 주주명부를 전자문서로 된 주주명부로 대체할 필요가 있어서 제도화한 것이다.

[사례] 인감신고서

인감 · 개인(改印) 신고서

(신고하는 인감날인란) (인감제출자에 관한 사항)

상 호(명칭)		주식회사 코리아닷컴	등기번호	
본점(주사무소)		서울 용산구 용산로16길 123-4		
인감제출자	자격/성명	대표이사 김 승 택		
	주민등록번호	000000 - 0000000		
	주 소	서울 서초구 방배로20길 1254-1		

␣ 위와 같이 인감을 신고합니다.
␣ 위와 같이 개인(改印)하였음을 신고합니다.

20○○년 월 일 (개인인감 날인란)

신고인 본 인 성 명 (인)
대리인 성 명 (인)

서울중앙지방법원 상업등기소 귀중

주 1. 개인인감 날인란에는 「인감증명법」에 의하여 신고한 인감을 날인하고 그 인감증명서(발행일로부터 3개월 이내의 것)를 첨부하여야 합니다. 개인(改印)신고의 경우, 개인인감을 날인하는 대신에 등기소에 신고한 유효한 종전 인감을 날인하여도 됩니다.
2. 인감·개인신고서에는 신고하는 인감을 날인한 인감대지를 첨부하여야 합니다.
3. 지배인이 인감을 신고하는 경우에는 인감제출자의 주소란에 지배인을 둔 장소를 기재하고, 「상업등기규칙」 제35조제3항의 보증서면(영업주가 등기소에 신고한 인감 날인)을 첨부하여야 합니다.

위 임 장

성 명 : 주민등록번호(-)
주 소 :

위의 사람에게, 위 인감신고 또는 개인신고에 관한 일체의 권한을 위임함.

200 년 월 일

인감(改印) 신고인 성 명 (인)

※ 1개의 법인을 대표하는 자가 2인인 경우에 등기를 신청하는 대표자만 인감을 제출하여

도 되지만, 공동으로 대표권을 행사하여야 하는 자가 등기를 신청할 경우에는 공동으로 대표권을 행사하도록 되어 있는 자 전원의 인감을 제출하여야 하며, 1개의 법인을 대표하는 여러 명의 인감은 각각 달라야 한다(등기예규 제1626호).

※ 인감의 규격 등 : 인감은 대조에 적당한 것이어야 한다. 인감은 규칙 제35조 제4항에서 정한 크기(가로・세로 2.4센티미터의 정사각형 안에 들어갈 수 있어야 하고, 가로・세로 1센티미터의 정사각형 안에 들어가는 것이 아니어야 함)로, 선명하지 않거나 너무 복잡한 것이어서는 안 된다(등기예규 제1626호).

※ 인감을 제출할 수 있는 자가 개인인 경우에는 인감(改印)신고서에 인감증명법에 따라 신고한 인감을 날인하고 그 인감증명서(발행일로부터 3개월 이내의 것에 한한다)를 첨부하거나 등기소에 제출한 유효한 종전 인감을 날인하여야 한다. 다만, 그 신고서에 본인이 기명날인 또는 서명하였다는 공증인의 인증서면을 제출하는 경우에는 그러하지 아니한다(등기예규 제1626호).

※ 외국인의 경우에는 다음의 구분에 따라 인감(改印)신고를 하여야 한다.

○ 인감증명의 날인제도가 있는 외국인(일본인, 대만인 등)은 인감(改印)신고서에 날인한 인감과 동일한 본국 관공서 발행의 인감증명을 첨부하여야 한다.

○ 본국에 인감증명제도가 없는 외국인의 경우(미국, 캐나다 등의 경우)에는 인감(改印)신고서에 서명하고 본인이 서명을 하였다는 본국 관공서(대사관)의 증명서면이나 우리나라 공증인의 공증서면으로 갈음할 수 있다. 국내에 없을 경우인감(改印)신고서를 본국으로 보내어 본인서명 후 공증을 받아 제출해야 한다.

※ 외국발행의 공문서나 외국공증인의 공증을 받은 사문서에 대해서는 아포스티유 가입국은 해당국가의 정부에서 발행한 아포스티유를 첨부하여야 하고, 미가입국이라면 해당국가에 주재하는 대한민국 공증담당영사의 확인을 받아 제출하여야 한다..

[사례] 인감대지

	신고하는 인감날인란	상 호(명 칭) : 주식회사 ○○ 자격 및 성명 : 대표이사 ○○○ 주민등록번호 : 00000-000000

※ 인감(個人)신고서를 제출할 때에는 인감대지(위 양식 3장)도 함께 제출

[사례] 인감카드 등 (재)발급신청서

인감카드 등 (재)발급신청서

상호(명칭)		주식회사 코리아닷컴	등기번호	
본점(주사무소)		서울 용산구 용산로16길 123-4		
인감 제출자	자격 / 성명	대표이사 김 승 택		
	주민등록번호	000000-0000000		

발급사유	␣ 최초발급 ␣ 카드분실 ␣ 카드훼손 ␣ 인감증명서발급기능 ␣ 기타 ( )		
매체구분	␣ 인감카드 ␣ HSM USB	인감카드 비밀번호	(변경 후 :)
수수료	금 원	납부번호	

위와 같이 인감카드 등의 (재)발급을 신청합니다.

년 월 일 (인감 날인란)

신청인 인감제출자 (본 인) 성 명 (인) (전화 :)

(대리인) 성 명 (인) (전화 :)

지방법원 등기소 귀중

접수번호		인감카드번호	

주 1. 인감카드 비밀번호란에는 (재)발급받아 사용할 인감카드의 비밀번호를 기재하며, 아라비아숫자 6자릿수를 기재하여야 합니다. 다만, 인감카드 재발급의 경우에는 기존 인감카드의 비밀번호와 재발급받아 사용할 인감카드의 비밀번호(변경 후)를 기재하여야 합니다.

2. 인감카드 (재)발급을 신청하는 경우에는 등기소에 제출한 인감을 날인하여야 합니다. 다만, 인감카드 재발급의 경우 기존 인감카드 비밀번호를 기재할 수 없을 때에는 인감제출자 본인은 신분증명서 사본을, 위임에 의한 대리인은 인감제출자가 「인감증명법」에 따라 신고한 인감을 신청서에 날인하고 그 인감증명서 및 대리인의 신분증명서 사본을 각각 첨부하여야 합니다.

3. 인감카드의 재발급을 신청할 때에는 「등기사항증명서 등 수수료규칙」으로 정하는 수수료를 납부하여야 합니다. 다만, 인감카드를 반납할 때에는 수수료를 납부할 필요가 없습니다.

위 임 장

성 명 : 주민등록번호(-)

주 소 :

위의 사람에게, 위 (재)발급신청서에 기재된 인감카드 등의 발급신청과 그 수령 등에 관한 일체의 권한을 위임함.

20 년 월 일

인감신고인 성 명 (인) (전화)

[사례] 주식회사 변경등기(공고방법변경)

주식회사 변경등기신청

접 수	년 월 일	처리인	등기관확인	각종통지
	제 호			

상 호	주식회사 성진디오제이에스	등기번호	123456
본 점	서울 서초구 방배로20길 1234-1		
등 기 의 목 적	공고방법 변경등기		
등 기 의 사 유	20○○. 1. 24. 임시주주총회에서 아래와 같이 공고방법을 변경하였기에 그 등기를 구함		
본/지점 신청구분	1. 본점신청 □ 2. 지점신청 □ 3. 본·지점 일괄신청 □		
등 기 할 사 항			
상호 및 공고방법 변경과 그 연월일	공고방법 : 당 회사의 공고는 회사의 인터넷 홈페이지(http://www.○○○.….)에 게재한다. 다만, 전산장애 또는 그 밖의 부득이한 사유로 회사의 인터넷 홈페이지에 공고를 할 수 없을 때에는 ○○시에서 발행되는 ○○신문에 한다.[45)] 20○○. 1. 24. 변경		
기 타			

45) 인터넷홈페이지를 이용하여 공고를 할 수 있도록 변경하는 사례이다.

<table>
<tr><td colspan="7">신청등기소 및 등록면허세/수수료</td></tr>
<tr><td rowspan="2">순번</td><td rowspan="2">신청등기소</td><td rowspan="2">구분</td><td>등록면허세</td><td rowspan="2">농어촌특별세</td><td rowspan="2">세액합계</td><td rowspan="2">등기신청수수료</td></tr>
<tr><td>지방교육세</td></tr>
<tr><td rowspan="2"></td><td rowspan="2"></td><td rowspan="2">공 고 방 법변경</td><td>금 40,200원</td><td rowspan="2"></td><td rowspan="2">금48,240원</td><td rowspan="2">금6,000원</td></tr>
<tr><td>금 8,040원</td></tr>
<tr><td rowspan="2"></td><td rowspan="2"></td><td rowspan="2"></td><td></td><td rowspan="2"></td><td rowspan="2"></td><td rowspan="2"></td></tr>
<tr><td></td></tr>
<tr><td></td><td></td><td></td><td></td><td></td><td></td><td></td></tr>
<tr><td colspan="3" rowspan="2">합 계</td><td></td><td rowspan="2"></td><td rowspan="2"></td><td rowspan="2"></td></tr>
<tr><td></td></tr>
<tr><td colspan="4">등기신청수수료 은행수납번호</td><td colspan="3"></td></tr>
<tr><td colspan="7">첨 부 서 면</td></tr>
<tr><td colspan="4">1. 주주총회의사록 통
1. 정관 통
1. 등기수수료영수필확인서 통</td><td colspan="3">1. 등록면허세영수필확인서 통
1. 위임장(대리인이 신청할 경우) 통
<기 타></td></tr>
<tr><td colspan="7">20○○년 ○월 ○일

신청인 상 호 주식회사 대성개발
본 점 서울 서초구 방배로20길 1234-1
대표이사 성 명 민 형 석 (인) (전화 : 123-4567)
주 소 서울 마포구 합정로32길 1231-14
대리인 성 명 법무사 유 장 형 (인) (전화 : 234-5678)
주 소 서울 서초구 서초로100길 246-5
○○지방법원 ○○등기소 귀중</td></tr>
</table>

- 신청서 작성요령 -
1. 해당란이 부족할 때에는 별지를 이용합니다. 1. 해당 등기신청과 관계없는 사항에 대하여는 "해당없음"으로 기재하거나 삭제하고, 필요한 사항은 추가 기재합니다.

(용지규격 21㎝× 29. 7㎝)

※ 회사는 그 공고를 정관으로 정하는 바에 따라 전자적 방법으로 할 수 있다(상법 제289조 제3항).

○ 회사가 정관에서 전자적 방법으로 공고할 것을 정한 경우라도 전산장애 또는 그 밖의 부득이한 사유로 전자적 방법으로 공고를 할 수 없는 때에는 미리 정관에서 정하여 둔 관보 또는 시사에 관한 사항을 게재하는 일간신문에 공고하여야 한다.

○ 전자적 방법으로 공고할 경우 대통령령으로 정하는 기간까지 계속 공고하여야 하고 게시 기간과 게시 내용에 대하여 증명하여야 한다(상법 제289조 제4, 5항). 여기서 "대통령령으로 정하는 기간"(이하 "공고기간"이라 한다)이란 ㉠상법에서 특정한 날부터 일정한 기간 전에 공고하도록 한 경우에는 해당 특정한 날 ㉡상법에서 공고에서 정하는 기간 내에 이의를 제출하거나 일정한 행위를 할 수 있도록 한 경우에는 해당 기간을 경과한 날 ㉢ 위 ㉠㉡외의 경우에는 해당 공고를 한 날부터 3개월이 경과한 날까지의 기간을 말한다(상법 시행령 제6조제5항).

○ 회사가 전자적 방법으로 공고를 하려는 경우에는 회사의 인터넷 홈페이지에 게재하는 방법으로 하여야 하고, 회사의 인터넷 홈페이지의 주소를 등기하여야 한다(상법 시행령 제6조 제2항).

※ 공고증명서면의 작성

○ 전자공고 후 당해 공고사항에 대한 회사 인터넷 홈페이지에서의 공고기간, 공고내용을 증명하는 서면을 등기시 첨부하여 제출

○ 회사가 전자공고할 경우에는 공고기간과 공고내용에 대하여 증명하여야 하므로(상법 제289조 제5항), 상업등기 신청시 당해 공고에 관한 전자공고기간 중 공고의 중단이 없이 전자공고가 시행되었다는 것을 증명하는 서면을 첨부하여야 함.

※ 전자공고 증명서면

가. 공고기간 중 시작일과 종료일의 해당 공고란이 나타나는 회사 홈페이지 초기화면을 출력한 서면

나. 공고기간 중 시작일과 종료일의 해당 공고내용을 출력한 서면

다. 대표이사가 '가', '나'에 해당하는 서면으로 증명한 공고 사실에 대하여 동일한 내용으로 공고기간 동안 지속적으로 게시되었음을 확인하는 확인서(대표이사 서명 포함)

[사례] 임시주주총회의사록

임시주주총회의사록

개최일시 및 장소 : 20○○. 1. 24. 09 : 30 본점 회의실
주주출석현황 : 주주 총수 5명 발행주식총수 40,000주
출석주주수 5명 출석 주식수 40,000주

의장인 대표이사 민형석은 의장석에 등단하여 위와 같이 법정수에 달하는 주주가 출석하였으므로 본 총회가 적법히 성립되었음을 알리고 개회 선언 후 다음 의안들을 부의하고 심의를 구하다.

의안 공고방법변경의 안
의장은 공고방법변경의 취지를 설명하고 해당 정관의 변경의 승인을 요청한 바, 출석주주전원 심의 후 승인 가결하여 해당정관을 다음과 같이 변경하다.
변경된 공고방법 : 별첨 참조

의장은 이상으로 총회목적인 의안전부의 심의를 종료하였으므로 폐회한다고 선언하다. (회의종료시각 10 : 00)

위 의사의 경과요령과 결과를 명확히 하기 위하여 이 의사록을 작성하고 의장과 출석한 이사가 기명날인하다.

20○○년 ○월 24일

주식회사 대성개발
의장 대표이사 민 형 석
사내이사 고 명 한
사내이사 홍 길 동

※ 이사 2인 이하인 회사도 위 신청서나 의사록 작성방식은 같다. 다만, 대표이사 표기를 사내이사 또는 대표권있는 사내이사(등기부등본 참조)로 기재한다.

※ 주주총회, 이사회의 의사록에 기명날인을 할 이사 및 감사 : 106면 참조

[별첨] 정관변경 전후의 대조표

변경 전	변경 후
정관 제5조(공고방법) ○○시에서 발행되는 ○○신문에 한다.	정관 제5조(공고방법) 당 회사의 공고는 회사의 인터넷 홈페이지(http://www.○○○.….)에 게재한다. 다만, 전산장애 또는 그 밖의 부득이한 사유로 회사의 인터넷 홈페이지에 공고를 할 수 없을 때에는 ○○시에서 발행되는 ○○신문에 한다.

※ 정관의 신구대조표를 만들어 첨부하여야 한다.

※ 정관의 변경은 특별결의에 의한다. 특별결의는 주주총회 결의 방법의 하나로서 발행주식 총수의 3분의1 이상에 해당하는 주식을 가진 주주의 출석으로 그 의결권의 3분의 2이상의 다수로 결정하는 방법을 말한다(상법 제434조).

[사례] 주주총회 소집절차 생략동의서

주주총회 소집절차 생략동의서

본 회사는 자본금 10억원 미만인 회사이므로 상법 제363조 제4항에 의하여 20○○년 ○월 ○일 10: 00에 개최되는 임시주주총회 건에 대하여 주주전원은 소집절차없이 개최하는 것에 동의합니다.

20○○년 ○월 ○일

주식회사 ○○

주주 ○ ○ ○ (인)

주주 ○ ○ ○ (인)

※ 자본금 총액이 10억원 미만인 회사는 주주 전원의 동의가 있을 경우에는 소집절차 없이 주주총회를 개최할 수 있다(상법 제363조 제4항).

[사례] 주주명부

<table>
<tr><th colspan="5">주 주 명 부</th></tr>
<tr><th>주 주</th><th>주 소</th><th>인수주식수</th><th>1주금액</th><th>납 입 금 액</th></tr>
<tr><td>민 형 석</td><td>서울시 강서구 염창동 234-5
www.oiu47@hanmail.com</td><td>○주</td><td>금5,000원</td><td>금○○○원</td></tr>
<tr><td>○○○</td><td>서울시 ○○구 ○○로00길 876-5</td><td>○주</td><td>금5,000원</td><td>금○○○원</td></tr>
<tr><td>…</td><td>이하 생략</td><td></td><td></td><td></td></tr>
<tr><td>합 계</td><td></td><td>○주</td><td></td><td>금○○○원</td></tr>
<tr><td colspan="5">위 주주명부는 본사에 비치된 주주명부와 대조하여 틀림이 없음을 증명합니다.
20○○년 ○월 ○일</td></tr>
<tr><td>상 호</td><td colspan="4">주식회사 대성개발</td></tr>
<tr><td>본 점</td><td colspan="4">서울 서초구 방배로20길 1234-1</td></tr>
<tr><td>대표이사</td><td colspan="4">민 형 석</td></tr>
</table>

※ 전자주주명부제도

○ 회사는 정관에서 정하는 바에 따라 전자문서로 주주명부를 작성할 수 있다(상법 제352조의2제1항). 전자주주명부에는 상법 제352조제1항의 기재사항 외에 전자우편주소를 적어야 한다.

○ 개정법은 기업경영의 IT화를 위하여 주주총회에 직접 참석하거나 대리인에게 투표를 위임하지 않더라도 전자서명 등 본인인증절차를 거쳐 인터넷으로 의결권을 행사하는 전자투표제도가 도입됐다(상법 제368조의4, 제382조의2). 이와 함께 주주들이 서면 외에도 이메일 등 전자문서를 통해 주주제안권 및 임시주주총회 소집청구권을 행사할 수 있도록 했다. 전자투표제도를 도입함에 따라 일반 주주명부를 전자문서로 된 주주명부로 대체할 필요가 있어서 제도화한 것이다.

[사례] 주식회사 변경등기(존립기간변경)

주식회사 변경등기신청

<table>
<tr><td rowspan="2">접 수</td><td>년 월 일</td><td rowspan="2">처리인</td><td>등기관확인</td><td>각종통지</td></tr>
<tr><td>제 호</td><td></td><td></td></tr>
</table>

<table>
<tr><td>상 호</td><td>주식회사 한라건설</td><td>등기번호</td><td>123456</td></tr>
<tr><td>본 점</td><td colspan="3">서울 양천구 신정로32길 123-4</td></tr>
<tr><td>등 기 의 목 적</td><td colspan="3">존립기간변경등기</td></tr>
<tr><td>등 기 의 사 유</td><td colspan="3">20○○. 12. 15. 임시주주총회의 결의로 정관 중 존립기간을 변경하였으므로 그 변경의 등기를 구함.</td></tr>
<tr><td>본/지점 신청구분</td><td colspan="3">1. 본점신청 □ 2. 지점신청 □ 3. 본·지점 일괄신청 □</td></tr>
<tr><td colspan="4">등 기 할 사 항</td></tr>
<tr><td>존립기간변경과 그 연월일</td><td colspan="3">이 회사의 존립기간은 회사성립일로부터 10년으로 하되 주주총회의 결의로 1년의 범위내에서 존립기간을 연장할 수 있다.
변경연월일 : 20○○. 12. 15.</td></tr>
<tr><td>기 타</td><td colspan="3"></td></tr>
</table>

<table>
<tr><td colspan="7">신청등기소 및 등록면허세/수수료</td></tr>
<tr><td rowspan="2">순번</td><td rowspan="2">신청등기소</td><td rowspan="2">구분</td><td>등록면허세</td><td rowspan="2">농어촌특별세</td><td rowspan="2">세액합계</td><td rowspan="2">등기신청수수료</td></tr>
<tr><td>지방교육세</td></tr>
<tr><td rowspan="2"></td><td rowspan="2"></td><td rowspan="2"></td><td>금 40,200원</td><td rowspan="2"></td><td rowspan="2">금48,240원</td><td rowspan="2">금6,000원</td></tr>
<tr><td>금 8,040원</td></tr>
<tr><td></td><td></td><td></td><td></td><td></td><td></td><td></td></tr>
<tr><td colspan="3" rowspan="2">합 계</td><td></td><td rowspan="2"></td><td rowspan="2"></td><td rowspan="2"></td></tr>
<tr><td></td></tr>
<tr><td colspan="4">등기신청수수료 은행수납번호</td><td colspan="3"></td></tr>
<tr><td colspan="7">첨 부 서 면</td></tr>
<tr><td colspan="4">1. 주주총회의사록 통
1. 등록면허세영수필확인서 통
1. 위임장(대리인이 신청할 경우) 통</td><td colspan="3"><기 타></td></tr>
<tr><td colspan="7">20○○년 ○월 ○일
신청인 상 호 주식회사 한라건설
본 점 서울 양천구 신정로32길 123-4
대표이사 성 명 강 철 수 (인) (전화 : 123-4567)
주 소 서울 양천구 신정로32길 234-5
대리인 성 명 법무사 유 장 형 (인) (전화 : 234-5678)
주 소 서울 서초구 서초로100길 246-5
○○지방법원 ○○등기소 귀중</td></tr>
</table>

- 신청서 작성요령 -

1. 해당란이 부족할 때에는 별지를 이용합니다.
1. 해당 등기신청과 관계없는 사항에 대하여는 "해당없음"으로 기재하거나 삭제하고, 필요한 사항은 추가 기재합니다.

(용지규격 21㎝× 29.7㎝)

[사례] 임시주주총회의사록

<table>
<tr><td>

임시주주총회의사록

20○○년 ○월 27일 오전 11시 본점 회의실에서 임시주주총회를 개최하다.

주주 총 수 4명 발행주식 총 수 10,000주
출석주주수 4명 이의주식 수 10,000주

대표이사 강철수는 정관규정에 따라 의장석에 등단하여 위와 같이 법정수에 달하는 주주가 출석하였으므로 본 총회가 적법히 성립됨을 알리고 개회를 선언한 후 다음 의안을 부의하고 심의를 구하다.

의안 : 정관 일부 변경의 건
의장은 본 회사의 경영상의 형편에 의하여 회사의 존립기간에 관한 정관규정을 다음과 같이 변경할 필요가 있다고 설명하고 그 가부를 물은바, 전원 이의없이 찬성하여 해당 정관을 다음과 같이 변경할 것을 승인 가결하다.
변경된 정관 : 별첨 참조

이상으로서 금일의 의안이 전부 심의종료 되었으므로 의장은 폐회(오전 11시 30분)를 선언하다.
위 결의를 명확히 하기 위하여 이 의사록을 작성하고 의장과 출석한 이사가 다음에 기명 날인하다.

20○○년 ○월 27일

주식회사 한라건설
의장 대표이사 강 철 수 (인)
사내이사 ○ ○ ○ (인)
사내이사 ○ ○ ○ (인)

</td></tr>
</table>

※ 이사 2인 이하인 회사도 위 신청서나 의사록 작성방식은 같다. 다만, 이사 2인 이하인 회사는 대표이사라도 "대표권있는 사내이사" 또는 "사내이사"라 기재한다(등기부등본

참조).

※ 주주총회, 이사회의 의사록에 기명날인을 할 이사 및 감사 : 106면 참조

[별첨] 정관변경 전후의 대조표

변경 전	변경 후
제50조(존립기간) 이 회사의 존립기간은 회사성립일로부터 10년으로 하되 주주총회의 결의로 1년의 범위내에서 존립기간을 연장할 수 있다.	제50조(존립기간) ---------------- ------------------------------------ ---- 3년의 --------------------- -----.

※ 정관의 신구대조표를 만들어 첨부하여야 한다.

※ 정관의 변경은 특별결의에 의한다. 특별결의는 주주총회 결의 방법의 하나로서 발행주식 총수의 3분의1 이상에 해당하는 주식을 가진 주주의 출석으로 그 의결권의 3분의 2이상의 다수로 결정하는 방법을 말한다(상법 제434조).

[사례] 주주총회 소집절차 생략동의서

주주총회 소집절차 생략동의서

본 회사는 자본금 10억원 미만인 회사이므로 상법 제363조 제4항에 의하여 20○○년 ○월 ○일 10: 00에 개최되는 임시주주총회 건에 대하여 주주전원은 소집절차없이 개최하는 것에 동의합니다.

20○○년 ○월 ○일

주식회사 ○○

주주 ○ ○ ○ (인)

주주 ○ ○ ○ (인)

주주 ○ ○ ○ (인)

※ 자본금 총액이 10억원 미만인 회사는 주주 전원의 동의가 있을 경우에는 소집절차 없이 주주총회를 개최할 수 있다(상법 제363조 제4항).

[사례] 주주명부

주 주 명 부				
주 주	주 소	인수주식수	1주금액	납 입 금 액
강철수	서울 양천구 신정로32길 234 www.asd45@hanmail.com	5,000주	금5,000원	금25,000,000원
○○○	서울시 ○○구 ○○로00길 876 www.wert88@hanmail.com	2,500주	금5,000원	금12,500,000원
…	이하 생략			
합 계		10,000주		금50,000,000원
위 주주명부는 본사에 비치된 주주명부와 대조하여 틀림이 없음을 증명합니다. 20○○년 ○월 ○일				
상 호	주식회사 한라건설			
본 점	서울 양천구 신정로32길 123-4			
대표이사	강 철 수			

※ 전자주주명부제도

○ 회사는 정관에서 정하는 바에 따라 전자문서로 주주명부를 작성할 수 있다(상법 제352조의2제1항). 전자주주명부에는 상법 제352조제1항의 기재사항 외에 전자우편주소를 적어야 한다.

○ 개정법은 기업경영의 IT화를 위하여 주주총회에 직접 참석하거나 대리인에게 투표를 위임하지 않더라도 전자서명 등 본인인증절차를 거쳐 인터넷으로 의결권을 행사하는 전자투표제도가 도입됐다(상법 제368조의4, 제382조의2). 이와 함께 주주들이 서면 외에도 이메일 등 전자문서를 통해 주주제안권 및 임시주주총회 소집청구권을 행사할 수 있도록 했다. 전자투표제도를 도입함에 따라 일반 주주명부를 전자문서로 된 주주명부로 대체할 필요가 있어서 제도화한 것이다.

[사례] 위임장(등기소제출용)

위 임 장

법무사 유 장 형

서울 서초구 서초로100길 345-6

전화 : 123-4567

위 사람을 대리인으로 정하고 다음 권한을 위임함

다 음

1. 본 회사의 존립기간변경등기 신청서의 작성 및 제출, 취하에 관한 일체의 행위

20○○. 12. .

위 임 인 주식회사 한라건설

서울 양천구 신정로32길 123-4

대표이사 강철수 (인)

○ 이 위임장은 법무사에게 존립기간변경등기를 의뢰하는 경우 대리의 권한을 법무사에게 위임하는 서류로써 등기소에 제출하는 서류이다. 위임장에는 그 권한의 범위를 명확히 기재하여야 한다.

제4절 주식회사 본점이전등기

1. 서 설

"본점이전"의 등기란 회사의 영업을 총괄하는 영업소를 등기부상에 기재된 본점의 구체적인 소재장소를 이전한 경우에 하는 등기를 말하는데, 실제로 본점을 이전하지 않은 상태에서 이전일자를 미리 예정하여 본점이전의 등기를 하는 것은 허용되지 않는다.

본점이전의 등기는 동일한 최소행정구역 내에서 그 소재장소만을 이전한 경우와 다른 최소행정구역으로 이전한 경우로 구분할 수 있고, 또한 등기소의 관할을 기준으로 동일한 등기소의 관할구역 내에서의 본점을 이전하는 경우와 다른 등기소의 관할구역 내로 이전하는 경우로 구분할 수도 있다.

본점의 구체적인 이전장소나 이전일자에 관한 사항은 회사의 업무집행에 관한 사항으로 법률이나 정관에서 주주총회의 결의사항으로 규정되어 있지 않는 한, 이는 이사회의 권한으로 주주총회의 결의로 대신할 수 없다(상업등기선례 1-130, 2001. 11. 1. 등기 3402-740 질의회답).

2. 동일한 등기소 관할구역 내에서 본점을 이전하는 경우

가. 개 설

정관상 본점의 소재지로 최소행정구역만을 기재하고 있는 경우에 동일한 최소행정구역 내에서 본점의 소재장소만을 이전하는 때에는 이사회의 본점이전에 관한 결의로 본점을 이전할 수 있다(상법 제393조 1항). 하지만 정관상 본점의 소재지로 최소행정구역 외에 그 소재지번·동·호수까지 기재하고 있는 경우에는 동일한 등기소의 관할구역 내에서 본점을 이전하는 경우에도 정관의 변경이 필요하므로 주주총회의 특별결의로 정관을 변경한 후(상법 제433조 및 제434조) 이사회 결의로 이전일자 등 본점이전과 관련된 업무집행에 관한 의사결정을 하여야 한다.

실무에서는 회사설립시 정관에는 본점소재지의 최소독립행정구역(특별시, 광역시)만 기재하고 구체적인 장소는 이사회결의로 정하고, 있어, 타관할로 이전하기 전에는 정관의 변경을 요하지 아니한다.

본점소재지는 독립된 행정구역(구획포함)으로서의 지번·동·호수 등이어야 하므로 당사자가 임의적으로 정한 건물명칭·호수 등은 등기사항이 아니고, 또한 동시에 복수의 행정구역을 본점소재지로 등기할 수는 없다. 그러나 추가된 지번·동·호수 등에 본점을 둔다는 취지라면 본점이전등기신청을 하여야 한다(등기선례 200402-12, 2004. 2. 6. 공탁법인 3402-37 질의회답).

나. 신청의 방법

(1) 개 설

다른 등기소의 관할구역 내로 본점을 이전한 경우에는 구소재지에서 하는 본점이전의 등기신청과 신소재지에서의 이전등기신청을 하여야 하나, 동일한 등기소 관할구역 내에서 본점을 이전하는 경우에는 신소재지에서의 이전등기만하면 된다.

본점이전의 등기는 회사를 대표하는 자가 상업등기법 제24조에 따라 작성한 등기신청서를 등기소에 제출함으로서 한다(상업등기법 제22조 제2항). 회사를 대표하는 사원이 2인 이상인 경우에는 공동으로 이전등기를 신청하여야 한다.

신청인이 회사인 경우에는 그 상호, 본점 및 대표자의 성명이나 명칭과 주소(대표자가 법인인 경우에는 그 직무를 행할 자의 성명 및 주소를 포함한다)를 기재하여야 한다(상업등기법 제24조).

(2) 등기선례

본점소재지는 독립된 행정구역(구획포함)으로서의 지번·동·호수 등이어야 하므로 당사자가 임의적으로 정한 건물명칭·호수 등은 등기사항이 아니고, 본점소재지의 지번 등에 관하여 착오로 인하여 잘못 등기된 경우에는 착오가 있었음을 증명하는 서면을 첨부하여 경정등기신청을 할 수 있을 것이다.

본점소재지의 실질적 장소이전은 없으나 소재지번 등이 변경된 경우에는 비송사건절차법 제161조의 규정에 따라 당연히 변경된 것으로 보게 되나, 법인의 대표자는 그 변경사실을 증명하는 서면을 첨부하여 변경등기신청을 할 수도 있을 것이다. 그리고 본점소재지는 독립된 행정구역으로서 등기부상 단일하여야 하므로 동시에 복수의 행정구역을 본점소재지로 등기할 수는 없으며, 추가된 지번·동·호수 등에 본점을 둔다는 취지라면 본점이전등기신청을 하여야 한다(상업등기선례 1-136, 2004. 2. 6. 공탁법인 3402-37 질의회답).

파산법인과 파산재단은 법인격상 동일하지 않으므로 파산재단의 사무실이전을 파산법인의 본점이전으로 보아 등기할 수는 없으며, 파산법인의 본점이전은 비재산적 활동범위에 속하므로 일반절차에 따라 법인의 대표자가 본점이전등기신청을 하여야 한다(상업등기선례 1-134, 2004. 2. 4. 공탁법인 3402-29 질의회답).

(3) 등기기간 및 기산점

본점이 실제로 이전한 일자를 기준으로 본점소재지에서는 2주 내, 지점소재지에서는 3주 내에 새로운 본점의 소재장소를 등기하여야 한다(상법 제317조 4항, 183조).

등기기간의 기산점은 주주총회나 이사회에서 결의한 일자가 아니라 실제로 본점을 이전하거나 지점을 설치한 일자가 될 것이나, 사전에 본점이전 및 지점설치를 한 다음에 이사회 결의가 있는 경우에는 그 이사회의 결의가 있는 날로부터 등기기간이 진행된다고 보아야 할 것이다(상업등기선례 1-133, 2003. 7. 9. 공탁법인 3402-164 질의회답).

(4) 본점에 지배인을 두고 있는 경우

본점에 지배인을 두고 있는 때에는 그 지배인을 둔 장소의 이전등기도 동시에 신청하여야 하는데, 이 경우에는 본점이전의 등기와 지배인을 둔 장소의 이전등기를 일괄하여 하나의 신청서로 신청하여야 한다(상업등기법 제51조 3항).

(5) 첨부서면

(가) 통 칙

정관의 규정, 법원의 허가 또는 총주주나 종류주주 전원의 동의가 없으면 효력이 없거나 취소할 수 있는 사항의 등기에 관하여는 신청서에 정관, 법원의 허가서 또는 총주주나 종류주주 전원의 동의서를 첨부하여야 한다.

전자정부법에 규정된 행정정보공동이용의 절차에 따라 다른 행정기관의 행정정보를 공동으로 이용할 수 있는 경우에는 대법원규칙으로 정하는 바에 따라 등기신청에 필요한 서면 중 일부를 제출하지 아니할 수 있다.

(나) 의사록 등

첨부서면으로 원칙적으로 이사회의사록(청산중인 회사의 경우에는 청산인회의사록)을 첨부하여야 한다. 다만 정관상 본점의 소재지가 그 소재지번·동·호수까지 기재되어 있을 경우에는 정관변경을 하여야 하므로 정관변경의 주주총회의사록을 제출하여야 한다.

본점이전의 등기 시에는 인감의 제출자에 관한 사항에 변경이 생기지만 대표이사 등 회사의 대표자의 인감을 다시 제출할 필요가 없고(등기예규 제1596호 2바. 1)), 본점이전과 동시에 인감 자체를 변경한 경우에만 개인신고서(改印申告書)를 제출하면 된다(등기예규 제1596호 2. 다. 1)).

(다) 본점이전결정서

상법 제383조 제6항은 이사회의 결의로 할 사항을 소규모회사의 경우 대표이사가 단독으로 결정·집행할 수 있도록 하는 규정이다.

자본금 총액이 10억 원 미만인 회사가 이사를 1인 또는 2인을 둔 경우 각 이사가(다만 정관으로 대표이사를 정한 경우에는 대표이사를 말함) 회사를 대표하므로 업무집행에 관한 사항은 각 이사가 결정한다. 이 경우 실무에서는 이사(또는 대표권있는 사내이사)가 이전장소, 이전일자 등을 기재하고 법인인감을 날인한 본점이전결정서를 작성하여 제출하고 있다(335면 참조). 이 본점이전 결정서의 경우에는 공증인의 인증을 받지 아니한다.

(6) 등록면허세 등

(가) 법인이 본점 또는 주 사무소를 다른 등기소 관할구역 내로 이전한 경우에는 구 소재지에서 40,200원, 신 소재지에서 112,500원의 등록세를 납부하여야 하나, 신 소재지가 동일 등기소 관할 구역 내인 경우에는 등록면허세 112,500원(지방세법 제28조 제1항 4호)을 납부하여야 한다.

(나) 지방교육세 : 등록면허세의 20/100의 지방교육세만을 납부한다.

(다) 법인이 수 개의 등기사항을 하나의 신청서로써 일괄하여 신청하는 경우, 합산한 금액의 등록세를 납부하여야 한다(등기예규 제1038호). 즉, 본점이전의 등기의 신청과 동시에 본점에 둔 지배인의 지배인을 둔 장소의 이전의 등기를 일괄하여 하나의 신청서로 동시에 신청하는 경우에는 등록면허세(40,200원) 및 지방교육세(8,040원)를 합한 48,240원을 추가로 납부하여야 한다(등기예규 제1038호). 다만 본점에 수인의 지배인을 둔 경우에도 지배인을 둔 장소의 이전등기를 일괄하여 신청하는 경우에는 1건의 등록면허세와 지방교육세를 납부하면 된다(등기예규 제1038호 7. 2문). 지배인이 수인인 경우라도 같다.

(7) 수수료

(가) 본점을 동일 등기소 관할구역내로 이전하는 경우 서면제출의 경우 본점이전등기의 신청수수료는 6천원이다. 다만, 본점소재지 이외에 지점소재지에서도 본점이전등기의 신청을 하여야 하는 경우에는 그 등기신청에 대하여 별도로 신청수수료 6천원을 납부하여야 한다(등기예규 제1629호).

전자신청의 경우 6천원에 해당하는 등기신청수수료는 2천원을 납부하여야 하고, 전자표준(이폼)양식에 의하여 신청하는 경우 4천원을 납부하여야 한다.

납부방법은 대한민국법원 인터넷등기소(http://www.iros.go.kr/)를 이용하여 전자적 방법으로 등기신청수수료를 납부할 수 있으며, 인터넷등기소에서 사용 가능한 카드사의 신용카드에 의한 결제, 지정 금융기관의 계좌이체, 선불형 지불수단 등에 의한 결제 방식에 의하고, 영수필확인서를 출력하여 등록면허세/수수료란에 붙인다(등기예규 제1576호). 또 다른 방법은 직접 법원구내 및 등기소 가까운 금융기관(농협, 신한은행)에 납부하고 그 영수필확인서를 등록면허세/수수료"란에 붙인다.

(나) 수개의 등기사항을 일괄하여 하나의 신청서로써 등기신청을 하는 경우에는 각 등기의 목적에 따른 소정의 신청수수료를 합산한 금액을 등기신청수수료로 납부하여야 한다(등기예규 제1629호).

(1) 변경등기의 경우

회사의 상호, 본점, 목적, 공고방법, 존립기간, 1주의 금액, 발행할 주식의 총수, 발행주식의 총수와 그 종류 및 각각의 수 등의 변경등기를 일괄하여 하나의 등기신청서로써 신청하는 경우에는 각각의 등기신청수수료를 합산한 금액을 납부하여야 한다. 다만, 수인의 이사, 대표이사, 감사 등 임원의 퇴임 또는 취임으로 인한 변경등기는 이를 일괄하여 하나의 임원변경등기신청으로 본다.

(2) 지배인선임 또는 지점설치등기의 경우

하나의 신청서로써 수인의 지배인선임등기를 신청하거나 수개의 지점설치등기를 신청하는 경우에는 이를 하나의 지배인선임등기 또는 지점설치등기신청으로 본다.

(3) 변경등기신청과 함께 지배인선임등기 등 변경등기 이외의 등기신청을 하나의 신청서로써 하는 경우에는 각각의 신청수수료를 합산한 금액을 등기신청수수료로 납부하여야 한다.

[사례] 주식회사 본점이전등기(관내이전)

주식회사본점이전등기신청

접 수	년 월 일	처리인	등기관확인	각종통지
	제 호			

상 호	한국산업 주식회사	등기번호	
구 본 점	서울시 강남구 율현로100길 123-4		
등 기 의 목 적	본점이전등기		
등 기 의 사 유	사례 : 이사 3인 이상인 회사 본 회사는 200○년 ○월 ○일 이사회결의에 의하여 200○년 ○월 ○일 본점을 다음 장소로 이전하였으므로 그 등기를 구함. 사례 : 이사 2인 이하인 회사 본 회사는 200○년 ○월 ○일 이사 간의 결정[46]에 의하여 200○년 ○월 ○일 본점을 다음 장소로 이전하였으므로 그 등기를 구함.		
본/지점 신청구분	1. 본점신청 □ 2. 지점신청 □ 3. 본·지점 일괄신청 □		

등 기 할 사 항	
신 본 점	서울시 송파구 방이동 456-7
본점을 이전한 뜻과 그 연월일	본점이전 200○년 ○월 ○일
지배인을 둔 장소를 이전한 뜻 (본점에 지배인을 두고 있는 경우)	
기 타	

46) 이사 2인 이하인 회사는 이사회의 권한 사항을 주주총회와 이사에게 부여하였다.

<table>
<tr><td colspan="7">신청등기소 및 등록면허세/수수료</td></tr>
<tr><td rowspan="2">순번</td><td rowspan="2">신청등기소</td><td rowspan="2">구분</td><td>등록면허세</td><td rowspan="2">농어촌
특별세</td><td rowspan="2">세액합계</td><td rowspan="2">등기신청수수료</td></tr>
<tr><td>지방교육세</td></tr>
<tr><td rowspan="2"></td><td rowspan="2"></td><td rowspan="2"></td><td>금112,500원</td><td rowspan="2"></td><td rowspan="2">금135,000원</td><td rowspan="2">금6,000원</td></tr>
<tr><td>금22,500원</td></tr>
<tr><td colspan="3" rowspan="2">합 계</td><td></td><td rowspan="2"></td><td rowspan="2"></td><td rowspan="2"></td></tr>
<tr><td></td></tr>
<tr><td colspan="4">등기신청수수료 은행수납번호</td><td colspan="3"></td></tr>
<tr><td colspan="7">첨 부 서 면</td></tr>
<tr><td colspan="4">1. 정관과 이사회의사록 또는
주주총회의사록 통
1. 등록면허세영수필확인서 통
1. 위임장(대리인이 신청할 경우) 통</td><td colspan="3"><기 타></td></tr>
<tr><td colspan="7">년 월 일
신청인 상 호 한국산업 주식회사
본 점 서울시 송파구 방이동 456-7
대표이사 성 명 (인) (전화 :)
주 소
대리인 성 명 (인) (전화 :)
주 소
지방법원 등기소 귀중</td></tr>
</table>

- 신청서 작성요령 -

1. 해당란이 부족할 때에는 별지를 이용합니다.
1. 해당 등기신청과 관계없는 사항에 대하여는 "해당없음"으로 기재하거나 삭제하고, 필요한 사항은 추가 기재합니다.
1. 「인감증명법」 에 따른 인감증명서 제출과 함께 관련 서면에 인감을 날인하여야 하는 경우, 본인서명사실확인서를 제출하고 관련 서면에 서명을 하거나 전자본인서명확인서 발급증을 제출하고 관련 서면에 서명을 하면 인감증명서를 제출하고 관련 서면에 인감을 날인한 것으로 봅니다.

(용지규격 21㎝× 29. 7㎝)

※ 이 사례는 관내에서 본점이전을 하는 사례이다.

※ 관내이전이라도 정관에 소재지번까지 정해져 있는 경우에는 주주총회를 개최하여 정관 변경을 하여야 한다. 통상 정관에는 "제3조(본점의 소재지 및 지점의 설치)①당 회사의

본점은 서울시내에 둔다."라고 하는데 "제3조(본점) 본 회사의 본점은 서울시 서초구 서초로232길 16. 206호(서초동 서초빌딩)에 둔다."라고 했을 때는 주주총회를 개최하여 정관을 변경하여야 한다. 한편 타관할로 본점을 이전할 경우에는 무조건 정관을 변경하여야 한다. 타관할 정관변경 사례는 후술의 다른 등기소 관할로 이전하는 사례(341면 참조)를 참조.

[사례] 이사회의사록

이사회의사록

200○년 ○월 ○일 오전 10시 당사 회의실에서 다음 의안을 심의키 위하여 이사회를 개최하다.

이사 총수	3명	출석 이사 수	3명
감사 총수	1명	출석 감사 수	1명

대표이사 홍성태는 의장석에 등단하여 위와 같이 법정수에 달하게 출석하였으므로 본 이사회는 적법하게 성립됨을 고하고 개회를 선언하다.

의 안 : 본점 이전의 건

의장은 당회사의 본점을 다음 장소로 이전하여야 할 필요성을 설명하고 그 가부를 물은바 전원 만장일치로 승인가결하다.

1. 신 본 점 : 서울시 송파구 방이동 456-7

이전년월일 : 20○년 ○월 ○일

의장은 이상으로서 의안 심의를 종료하고 폐회를 선언하다. (회의종료시각 10시 30분)

위 결의를 명확히 하기 위하여 이 의사록을 작성하고 의장 및 출석한 이사가 다음에 기명날인하다.

200○년 ○월 ○일

한국산업 주식회사

의장 대표이사 홍 성 태
사내이사 이 일 남
사내이사 이 사 남

※ 이사 3인 이상인 회사는 본점이전은 이사회권한이므로 이사회에서 결의 하여야 한다.

○ 이사회의 결의는 이사 과반수의 출석과 출석 이사의 과반수로 하여야 한다. 다만, 정관으로 그 비율을 높게 정할 수 있다(상법 제391조제1항), 감사가 불출석한 경우에도 출석한 이사들만으로 이사회를 개최하고 이사회의사록을 작성할 수 있다.

○ 여기서 과반수란 2분의 1 이상이 아닌 2분의 1 초과를 의미하므로 예컨대 이사 총수가 6인인 경우 과반수 출석은 3인 이상이 아닌 4인 이상이 출석한 것을 말한다.

○ 이사회에서의 의결권은 이사 1인에 대해 1개씩 주어지며 정관에 의해서도 이에 대한 예외를 둘 수 없다.

○ 결의요건은 정관으로 그 비율을 높게 정할 수는 있지만 그 요건을 완화하는 것은 허용되지 않는다. 정관으로 결의요건을 강화할 수 있다고 하더라도 예컨대 이사 전원의 6분의 5의 동의를 요구하거나 전원출석에 3분의 2이상을 요구하는 것, 혹은 과반수출석에 전원동의를 요구하는 것은 무효이다.

○ 이사회에서의 결의에 대해서는 이사가 책임을 져야 하므로 각자의 찬반의사가 밝혀져야 한다. 즉, 기명투표만이 가능하다.

○ 의사록에는 의사의 안건, 경과요령, 그 결과에 반대한 자와 그 반대이유를 기재하고 출석한 이사 및 감사가 기명날인 또는 서명하여야 한다(상법 제391조).

○ 이사회의 결의는 그 내용이 법령이나 정관에 위반된 경우는 물론 그 소집의 절차 또는 결의의 방법에 하자가 있는 경우에도 당연히 무효가 된다.

○ 상법에서는 정관에서 다른 정함이 없는 한, 이사회는 이사들이 직접 회의에 출석하지 아니하고 모든 이사가 동영상 및 음성을 동시에 송수신하는 통신수단에 의하여 결의에 참가하는 것을 허용하고 있다(상법 제391조 제2항).

○ 관내이전이라도 정관에 소재지번까지 정해져 있는 경우에는 주주총회의사록(정관변경을 하여야 함)을 첨부하여야 한다. 정관의 변경은 특별결의에 의한다. 특별결의는 주주총회 결의 방법의 하나로서 발행주식 총수의 3분의1 이상에 해당하는 주식을 가진 주주의 출석으로 그 의결권의 3분의 2이상의 다수로 결정하는 방법을 말한다(상법 제434조).

[사례] 임시주주총회의사록(이사 2인 이하인 회사)

임시주주총회의사록

20○○년 ○월 ○일 오전 ○시 본점 회의실에서 임시주주총회를 개최하다.

주주총수	3명	출석주주수	3명
주식총수	10,000주	이의주식수	10,000주

의장 대표자 사내이사 ○○○는 정관규정에 따라 의장석에 등단하여 위와 같이 법정원수에 달하는 주주가 출석하였으므로 본 총회가 적법히 성립됨을 알리고 개회를 선언한 후 다음 의안을 부의하고 심의를 구하다.

의 안 : 본점 이전의 건

의장은 당회사의 본점을 다음 장소로 이전하여야 할 필요성을 설명하고 그 가부를 물은바 전원 만장일치로 승인가결하다.

1. 신 본 점 : 서울시 송파구 방이동 456-7
   이전년월일 : 20○년 ○월 ○일

이상으로서 금일의 의안이 전부 심의 종료되었으므로 의장은 폐회를 선언하다.
(폐회시간 오전 11시 30분)

위 결의를 명확히 하기 위하여 이 의사록을 작성하고 의장과 출석한 이사가 아래에 기명날인하다.

20○○년 ○월 ○일

한국산업 주식회사

의 장 대표권있는 사내이사 홍 성 태 (인)

사내이사 ○ ○ ○ (인)

※ 이 사례는 이사 2인 이하인 회사가 주주총회에서 본점이전결의를 하는 사례이다.

※ 주주총회, 이사회의 의사록에 기명날인을 할 이사 및 감사 : 106면 참조

[사례] 주주총회 소집절차 생략동의서

<table>
<tr><td>

주주총회 소집절차 생략동의서

본 회사는 자본금 10억원 미만인 회사이므로 상법 제363조 제4항에 의하여 20○○년 ○월 ○일 10: 00에 개최되는 임시주주총회 건에 대하여 주주전원은 소집절차없이 개최하는 것에 동의합니다.

20○○년 ○월 ○일

주식회사 ○○
주주 ○ ○ ○ (인)
주주 ○ ○ ○ (인)

</td></tr>
</table>

※ 자본금 총액이 10억원 미만인 회사는 주주 전원의 동의가 있을 경우에는 소집절차 없이 주주총회를 개최할 수 있다(상법 제363조 제4항).

[사례] 본점 이전 결정서(이사 2인 이하인 회사)

<table>
<tr><td>

본점 이전 결정서

상 호 : 한국산업 주식회사
구 본점 주소 : 서울시 강남구 율현동 123-4
이전할 본점 주소 : 서울시 송파구 방이동 456-7
이전 일자 : 20○년 ○월 ○일

위와 같이 본점 이전을 결정합니다.

20○○. . .

한국산업 주식회사
대표권있는 사내이사 홍 성 태 (인)
사내이사 ○ ○ ○ (인)

</td></tr>
</table>

※ 이사 2인 이하인 회사의 본점이전은 주주총회 또는 이사의 권한으로 할 수 있으므로 이사결정서 사례를 실었다. 본 이전결정서는 의사록이 아니므로 공증(인증)이 필요없다.

[사례] 주주명부

<table>
<tr><td colspan="7">주 주 명 부

년 월 일 현재</td></tr>
<tr><td>주주명</td><td>주 소</td><td>인수주식수</td><td>액면주식
1주의 금액</td><td>금 액</td><td>비 고</td></tr>
<tr><td>홍 성 태</td><td>서울 강북구 도봉로232길 789-44
www.wer88@hanmail.com</td><td>00주</td><td>000</td><td>000</td><td></td></tr>
<tr><td>신 동 석</td><td></td><td>00주</td><td>000</td><td>000</td><td></td></tr>
<tr><td></td><td></td><td></td><td></td><td></td><td></td></tr>
<tr><td colspan="2">합 계</td><td>000주</td><td></td><td>000</td><td></td></tr>
<tr><td colspan="6">위 주주명부는 본사에 비치된 주주명부와 대조하여 틀림이 없음을 증명합니다.
20○○년 1월 23일

회 사 명 : 한국산업 주식회사 (법인인감날인)
소 재 지 : 서울시 송파구 방이동 456-7
대 표 이 사 : 홍 성 태 (인)</td></tr>
</table>

※ 전자주주명부제도 : 회사는 정관에서 정하는 바에 따라 전자문서로 주주명부를 작성할 수 있다(상법 제352조의2제1항). 전자주주명부에는 상법 제352조제1항의 기재사항 외에 전자우편주소를 적어야 한다.

[사례] 위임장(등기소제출용)

<table>
<tr><td>위 임 장

법무사 정 동 진
서울 서초구 서초로100길 345-6
전화 : 123-4567
위 사람을 대리인으로 정하고 다음의 권한을 위임함.
다 음
1. 본회사의 본점 이전 등기신청서를 제출 및 취하하는 일체의 행위
20○○년 12월 일
위임인 한국산업 주식회사
서울시 송파구 방이동 456-7
대표이사 홍 성 태</td></tr>
</table>

3. 다른 등기소 관할구역 내로 이전한 경우

가. 개 설

"본점이전"의 등기에 관한 의의에 대하여는 전술하였다. 다른 등기소 관할구역 내로 본점을 이전하는 경우에는 정관상 본점의 소재지가 최소행정구역만으로 기재되어 있든지 아니면 소재지번·동·호수까지 기재되어 있든지 간에 정관의 변경이 필요하다.

따라서 이 경우에는 정관상 본점의 소재지가 변경되어야 하므로 주주총회의 결의에 의하여 정관을 변경한 후 주주총회 의사록을 첨부하여 본점이전의 등기를 신청하여야 한다

나. 신청방법

(1) 동시신청

본점을 다른 등기소의 관할구역 내로 이전한 경우에 신소재지에서 하는 등기의 신청은 구소재지를 관할하는 등기소를 거쳐야 하고, 신소재지에서 하는 등기의 신청과 구소재지에서 하는 등기의 신청은 구소재지를 관할하는 등기소에 동시에 하여야 한다(상업등기법 제56조).

(2) 일괄신청

신소재지에서 하는 본점이전등기의 신청은 구소재지 관할 등기소에서 하는 본점이전등기의 신청서에 신소재지를 관할하는 등기소에 하는 등기의 신청에 관한 정보를 함께 기록하여 제출하는 방식으로 일괄신청하여야 한다.

한편, 동일한 등기기록에 대한 여러 개의 등기신청은 일괄하여 하나의 신청서로 할 수 있지만(규칙 제53조 1항 본문), 다른 등기소 관할구역으로 본점을 이전하는 등기를 신청하는 경우에는 원칙적으로 다른 변경등기신청과의 일괄신청이 허용되지 않는다(규칙 제53조 1항 단서). 즉, 타관할 본점이전등기와 동시에 다른 변경등기를 신청하는 경우에는 본점이전등기신청서 외에 별도의 변경등기신청서를 제출하여야 한다. 다만 앞서 동일한 등기소의 관할구역 내에서 본점을 이전한 경우에 언급한 바와 같이 본점에 둔 지배인의 지배인을 둔 장소의 이전등기를 동시에 신청하여야 하는 경우와 본점이전등기신청을 한 회사의 상호가 신소재지 관할등기소에서 상업등기법 제29조에 해당하여 본점이전등기를 할 수 없고, 구소재지 관할등기소에서도 상업등기법 제29조에 해당하여 상호변경등기를 할 수 없는 경우에는 본점이전등기신청과 지배인을 둔 장소의 이전등기 또는 상호변경등기신청을 일괄신청 하여야 한다(상업등기법 제51조 3항).

(3) 등기사항

(가) 개 설

다른 등기소의 관할구역 내로 본점을 이전하는 경우에는 구소재지 관할등기소에서 하는 등기의 신청서에 신소재지 관할등기소에서 하는 등기의 신청에 관한 정보를 함께 기록하여 제출하여야 한다.

(나) 신청인

본점이전의 등기는 회사를 대표하는 자가 신청하여야 하고(상업등기법 제23조 제1항), 회사를 대표하는 자가 2인 이상인 경우에는 공동으로 이전등기를 신청하여야 한다.

(4) 첨부서면

(가) 개 설

본점의 소재지는 정관의 절대적 기재사항에 해당하는데(상법 제289조 1항 6호), 본점을 다른 등기소의 관할구역 내로 이전하는 경우에는 정관상 본점의 소재지가 변경되어야 하므로 이러한 정관상 본점의 소재지가 변경된 사실을 증명하기 위하여 정관변경을 결의한 주주총회의사록을 첨부하여야 한다. 다만 이 경우에 새로운 본점의 소재지가 기재된 정관을 첨부할 필요는 없다.

한편, 주주총회에서 정관상 본점의 소재지를 변경하였다고 하더라도 이전일자, 이전장소 등 본점이전과 관련된 업무집행에 관한 구체적인 의사결정은 이사회가 하여야 하므로 이사회의사록도 첨부하여야 한다.

본점이전의 등기시에는 인감의 제출자에 관한 사항에 변경이 생기지만 대표이사 등 회사의 대표자의 인감을 다시 제출할 필요가 없고(등기예규 제1596호 2바. 1)), 본점이전과 동시에 인감 자체를 변경한 경우에만 개인신고서(改印申告書)를 제출하면 된다(등기예규 제1596호 2. 다. 1)).

(나) 본점이전결정서

자본금 총액이 10억 원 미만인 회사가 이사를 1인 또는 2인을 둔 경우 각 이사가(다만 정관으로 대표이사를 정한 경우에는 대표이사를 말함) 회사를 대표하므로 업무집행에 관한 사항은 각 이사(또는 대표이사)가 결정한다. 이 경우 실무에서는 이사(또는 대표이사)가 이전장소, 이전일자 등을 기재하고 법인인감을 날인한 본점이전결정서를 작성하여 제출하고 있다. 이 본점이전 결정서의 경우에는 공증인의 인증을 받지 아니한다.

(5) 등록면허세

(가) 다른 등기소의 관할구역 내로 본점을 이전한 경우에는 우선 구소재지에서 하는 본점이전의 등기신청과 관련해서는 등록면허세 40,200원 및 지방교육세 8,040원을 납부하여야 한다(지방세법 제28조 1항 6호).

(나) 신소재지에서 하는 본점이전의 등기신청은 등록면허세 112,500원과 지방교육세 22,500원을 납부하여야 한다.

본점의 구소재지가 대도시 내에 있던 회사가 대도시 외로 이전한 경우에는 신소재지에서 하는 본점이전의 등기신청에 대하여 등록면허세를 면제한다. 다만 이 경우 면제되는 등록면허세의 100분의 20에 해당하는 농어촌특별세를 등록면허세의 납세지에 납부하여야 한다(농어촌특별세법 제2·3·5 내지 7조).

본점의 구소재지가 대도시 외에 있던 회사가 대도시 내로 본점을 이전한 경우에는 대도시 내에서 법인을 설립하는 것으로 보아 신소재지에서 하는 본점이전의 등기신청에 대하여 주식회사의 설립등기의 세율 즉, 자본금의 1,000분의 4의 3배에 해당하는 등록면허세와 등록면허세의 100분의 20에 해당하는 지방교육세를 납부하여야 한다(지방세법 제28조 2항).

(다) 등록세는 직접 관할 관청에 납부할 수 있으며(등기예규 제1612호) 또는 지방세 인터넷 납부시스템 위택스(www.wetax.go.kr)에 의하여도 납부할 수 있다. 납부 후 등록면허세영수필확인서를 "신청등기소 및 등록면허세/수수료"란에 붙인다.

(6) 등기신청수수료

(가) 서면제출의 경우 구소재지에서 하는 본점이전의 등기신청과 관련해서는 6,000원의 등기신청수수료를 납부하여야 하고(수수료규칙 5조의3 2항 본문), 신소재지에서 하는 본점이전의 등기신청과 관련해서는 30,000원을 납부하여야 한다(수수료규칙 5조의3 1항 2호).

전자신청의 경우 3만원에 해당하는 등기신청수수료는 2만원, 6천원에 해당하는 등기신청수수료는 2천원을 각각 납부하여야 하고, 전자표준(이폼)양식에 의하여 신청하는 경우 서면제출 시 3만원에 해당하는 등기신청수수료는 2만5천원, 6천원에 해당하는 등기신청수수료는 4천원을 각각 납부하여야 한다.

납부방법은 대한민국법원 인터넷등기소(http://www.iros.go.kr/)를 이용하여 전자적 방법으로 등기신청수수료를 납부할 수 있으며, 인터넷등기소에서 사용 가능한 카드사의 신용카드에 의한 결제, 지정 금융기관의 계좌이체, 선불형 지불수단 등에 의한 결제 방식에 의하고, 영수필확인서를 출력하여 등록면허세/수수료란에 붙인다(등기예규 제1576호). 또 다른 방법은 직접 법원구내 및 등기소 가까운 금융기관(농협, 신한은행)에 납부하고 그 영수필확인서를 등록면허세/수수료"란에 붙인다.

(나) 수개의 등기사항을 일괄하여 하나의 신청서로써 등기신청을 하는 경우에는 각 등기의 목적에 따른 소정의 신청수수료를 합산한 금액을 등기신청수수료로 납부하여야 한다(등기예규 제1629호).

(1) 변경등기의 경우

회사의 상호, 본점, 목적, 공고방법, 존립기간, 1주의 금액, 발행할 주식의 총수, 발행주식의 총수와 그 종류 및 각각의 수 등의 변경등기를 일괄하여 하나의 등기신청서로써 신청하는 경우에는 각각의 등기신청수수료를 합산한 금액을 납부하여야 한다. 다만, 수인의 이사, 대표이사, 감사 등 임원의 퇴임 또는 취임으로 인한 변경등기는 이를 일괄하여 하나의 임원변경등기신청으로 본다.

(2) 지배인선임 또는 지점설치등기의 경우

하나의 신청서로써 수인의 지배인선임등기를 신청하거나 수개의 지점설치등기를 신청하는 경우에는 이를 하나의 지배인선임등기 또는 지점설치등기신청으로 본다.

(3) 변경등기신청과 함께 지배인선임등기 등 변경등기 이외의 등기신청을 하나의 신청서로써 하는 경우에는 각각의 신청수수료를 합산한 금액을 등기신청수수료로 납부하여야 한다.

다. 공 증

공증에 관한 구체적설명은 627면 참조, 서면결의서 공증에 관하여는 628면 참조.

의사록의 공증(인증)료는 건당 30,000원이다. (주주총회의사록 30,000원+이사회의사록30,000원=60,000원).

[사례] 주식회사 본점이전등기(타 관할 이전 및 지배인이전)

주식회사본점이전(타관할)등기신청

접 수	년 월 일	처리인	등기관확인	각종통지
	제 호			

상 호	광진토건 주식회사	등기번호	
본 점	서울 강북구 수유로13길 123-4		
등 기 의 목 적	본점이전등기		
등 기 의 사 유	이 신청서 말미 참조		
구본점 관할등기소에 등기할 사항			
본점을 이전한 뜻과 그 연월일	○○년 ○월 ○일 이전		
지배인을 둔 장소를 이전한 뜻과 그 연월일(본점에 지배인을 두고 있는 경우)	경기도 광주시 수택로13길 456-7 본점이전과 동시이전 20○○년 ○월 ○일 이전		
신본점 관할등기소에 등기할 사항			
본점을 이전한 뜻과 그 연월일	서울특별시 △△구 ○○로 ○○ 20○○년 ○월 ○일 본점이전		
상호를 변경한 경우 변경후의 상호와 변경연월일	없음 또는 ○○주식회사 20○○년○월○일 변경		
이사, 감사의 성명 및 주민등록번호, 취임연월일	별지기재와 같음		
대표이사의 성명과 주소, 취임연월일	정 순 태(00000-000000) 서울시 강북구 도봉로10길 123 20○○년 ○월 ○일 취임		

<table>
<tr><td colspan="7">신청등기소 및 등록면허세/수수료</td></tr>
<tr><td rowspan="2">순번</td><td rowspan="2">신청등기소</td><td rowspan="2">구분</td><td>등록면허세</td><td rowspan="2">농어촌특별세</td><td rowspan="2">세액합계</td><td rowspan="2">등기신청수수료</td></tr>
<tr><td>지방교육세</td></tr>
<tr><td rowspan="2"></td><td rowspan="2"></td><td rowspan="2">구본점</td><td>금 40,200원</td><td rowspan="2"></td><td rowspan="2">금48,240원</td><td rowspan="2">금 6,000원</td></tr>
<tr><td>금 8,040원</td></tr>
<tr><td rowspan="2"></td><td rowspan="2"></td><td rowspan="2">신본점</td><td>면 제47)</td><td rowspan="2">금22,500원</td><td rowspan="2">금 22,500원</td><td rowspan="2">금 30,000원</td></tr>
<tr><td></td></tr>
<tr><td rowspan="2"></td><td rowspan="2"></td><td rowspan="2">지배인 이전</td><td>금 40,200원</td><td rowspan="2"></td><td rowspan="2">금48,240원</td><td rowspan="2">금 6,000원</td></tr>
<tr><td>금 8,040원</td></tr>
<tr><td colspan="3" rowspan="2">합 계</td><td></td><td rowspan="2"></td><td rowspan="2"></td><td rowspan="2"></td></tr>
<tr><td></td></tr>
<tr><td colspan="4">등기신청수수료 은행수납번호</td><td colspan="3"></td></tr>
<tr><td colspan="7">첨 부 서 면</td></tr>
<tr><td colspan="4">1. 정관과 주주총회의사록 통
1. 이사회의사록 통
1. 위임장(대리인이 신청할 경우) 통</td><td colspan="3">1. 등록면허세영수필확인서 통
<기 타></td></tr>
<tr><td colspan="7">년 월 일
신청인 상 호 광진토건 주식회사
본 점 경기도 광주시 수택로13길 456-7
대표이사 성 명 정 순 태 (인) (전화 :)
주 소 서울시 강북구 도봉로10길 123
대리인 성 명 법무사 (인) (전화 :)
주 소 서울 서초구 서초로100길 852-74
○○지방법원 ○○등기소 귀중</td></tr>
</table>

<table>
<tr><td>- 신청서 작성요령 -
1. 해당란이 부족할 때에는 별지를 이용합니다.
1. 해당 등기신청과 관계없는 사항에 대하여는 "해당없음"으로 기재하거나 삭제하고, 필요한 사항은 추가 기재합니다.</td></tr>
</table>

47) 본점의 구소재지가 대도시 내에 있던 회사가 대도시 외로 이전한 경우에는 신소재지에서 하는 본점이전의 등기신청에 대하여 등록면허세를 면제한다. 다만 이 경우 면제되는 등록면허세의 100분의 20에 해당하는 농어촌특별세를 등록면허세의 납세지에 납부하여야 한다(농어촌특별세법 2·3·5 내지 7조).

[별지]

사내이사 정순태 (000000-0000000) 20○○년 ○월 ○일 취임
사내이사 이경순 (000000-0000000) 20○○년 ○월 ○일 취임
사내이사 현진섭 (000000-0000000) 20○○년 ○월 ○일 취임
감　　사 박문호 (000000-0000000) 20○○년 ○월 ○일 취임

□ 등기의 사유(타 관할 이전 및 지배인이전의 경우)

사례 : 이사 3인 이상인 회사의 경우(주주총회-이사회)

20○○년 ○월 ○일 임시주주총회결의에 의하여 정관을 변경하고, 같은날 이사회결의에 의하여 20○○년 ○월 ○일 본점 및 지배인을 둔 장소를 다음 장소로 이전하였으므로 그 등기를 구함.

사례 : 이사 2인 이하인 회사의 경우(주주총회에서 결정하는 경우)

20○○년 ○월 ○일 임시주주총회결의에 의하여 정관을 변경하고, 20○○년 ○월 ○일 본점 및 지배인을 둔 장소를 다음 장소로 이전하였으므로 그 등기를 구함.

사례 : 이사 2인 이하인 회사의 경우(이사가 결정하는 경우)

20○○년 ○월 ○일 임시주주총회결의에 의하여 정관을 변경하고, 이사결정으로 20○○년 ○월 ○일 본점 및 지배인을 둔 장소를 다음 장소로 이전하였으므로 그 등기를 구함.

※ 본점이전등기는 본점 이전일로부터(이전일자를 예정하여 미리 등기할 수는 없음) 본점 소재지에서는 2주 이내, 지점소재지에서는 3주 이내에 대표이사 또는 그 대리인이 등기신청을 하여야 한다.

[사례] 임시주주총회의사록(이사 3인 이상인 회사)

임시주주총회의사록

20○○년 12월 12일 오전 10시 본회사의 본점 사무실에서 출석 주주 전원의 동의로 상법 소정의 소집절차를 필하고 임시주주총회를 개최하다.

주식총수 35,000주 출석주주수 3 명
주주총수 4 명 그 소유주식수 28,000주

대표이사 정순태는 정관규정에 따라 의장석에 등단하여 위와 같이 법정수에 달하는 주주가 출석하였으므로 본 총회가 적법히 성립됨을 알리고 개회를 선언한 후 다음 의안을 부의하고 심의를 구하다.

의안 : 정관변경의 건

의장은 당회사의 본점을 이전하여야 할 필요성을 설명하고 이에 수반하여 현행 정관 제3조를 다음과 같이 변경하여야 함을 물은즉 출석한 주주전원 일치되어 원안대로 승인가결하다.

변경된 정관 : 별첨 참조

이상으로서 금일 의안 전부 심의 종료하였으므로 의장은 폐회를 선언하다. (회의종료시각 10시 20분)

위 결의를 명확히 하기 위하여 출석한 의장과 이사가 다음에 기명 날인하다.

200○년 12월 12일

광진토건 주식회사
의장 대표이사 정 순 태 (인)
사내이사 ○ ○ ○ (인)
사내이사 ○ ○ ○ (인)

※ 이사 3인 이상인 회사는 주주총회로 정관변경을 하고 후술하는 이사회의사록(347면 참조)에서 "본점이전의 건"을 다룬다.

[사례] 임시주주총회의사록(이사 2인 이하인 회사)

임시주주총회의사록

20○○년 12월 12일 오전 10시 본회사의 본점 사무실에서 출석 주주 전원의 동의로 상법 소정의 소집절차를 필하고 임시주주총회를 개최하다.

주식총수 35,000주 출석주주수 3 명
주주총수 4 명 그 소유주식수 28,000주

의장인 대표권있는 사내이사 정순태는 정관규정에 따라 의장석에 등단하여 위와 같이 법정수에 달하는 주주가 출석하였으므로 본 총회가 적법히 성립됨을 알리고 개회를 선언한 후 다음 의안을 부의하고 심의를 구하다.

제1호 의안 : 본섬 빛 지배인을 둔 장소 이선의 건
의장은 당회사의 본점 및 지배인을 둔 장소를 다음 장소로 이전하여야 할 필요성을 설명하고 그 가부를 물은바 전원 만장일치로 승인가결하다.
1. 신 본 점 : 경기도 광주시 수택로13길 456-7
이전년월일 : 20○○년 12월 15일

1. 지배인 성명, 주민등록번호 : 김 현 수(000000-0000000)
주 소 서울 강북구 수유로13길 1147 -1
지배인을 둔 장소 경기도 광주시 수택로13길 456-7(본사 소비자금융팀)
이전년월일 : 20○○년 12월 15일

제2호 의안 : 정관변경의 건
의장은 당회사의 본점을 이전함에 따라 이에 수반하여 현행 정관 제3조를 다음과 같이 변경하여야 함을 물은즉 출석한 주주전원 일치되어 원안대로 승인가결하다.
변경된 정관 : 별첨 참조

이상으로서 금일 의안 전부 심의 종료하였으므로 의장은 폐회를 선언하다. (회의 종료시각 10시 20분)

위 결의를 명확히 하기 위하여 출석한 의장과 이사가 다음에 기명 날인하다.

200○년 12월 12일

광진토건 주식회사
의장 대표권있는 사내이사 정 순 태 (인)
사내이사 ○ ○ ○ (인)

※ 이 사례는 이사 2인 이하인 회사가 정관변경 및 본점이전의 건을 모두 주주총회결의로 다루는 사례이다.

※ 이사 2인 이하인 회사의 경우 주주총회에서 정관변경을 하고, “본점이전의 건”은 이사간의 합의에 의하여 이사결정으로 할 수도 있다.

[별첨] 정관변경 전후의 대조표

변경 전	변경 후
제3조 (본점) 본회사의 본점은 서울시 시내에 둔다.	제3조 (본점) 본회사의 본점은 경기도 광주시 시내에 둔다.

※ 정관의 신구대조표를 만들어 첨부하여야 한다.

[사례] 주주총회 소집절차 생략동의서

주주총회 소집절차 생략동의서

본 회사는 자본금 10억원 미만인 회사이므로 상법 제363조 제4항에 의하여 20○○년 ○월 ○일 10: 00에 개최되는 임시주주총회 건에 대하여 주주전원은 소집절차없이 개최하는 것에 동의합니다.

20○○년 ○월 ○일

주식회사 ○○

주주 ○ ○ ○ (인)

주주 ○ ○ ○ (인)

※ 자본금 총액이 10억원 미만인 회사는 주주 전원의 동의가 있을 경우에는 소집절차 없이 주주총회를 개최할 수 있다(상법 제363조 제4항).

[사례] 이사회의사록(이사 3인 이상인 회사)

이사회의사록

20○○년 12월 12일 오전 11시 본 회사 본점 회의실에서 이사 전원의 동의로 상법 소정의 소집 절차를 생략하고 다음 의안을 심의키 위하여 이사회를 개최하다.

이사총수	3 명	출석이사수	3 명
감사총수	1 명	출석감사수	1 명

대표이사 정순태는 의장석에 등단하여 위와 같이 법정수에 달하게 출석하였으므로 본 이사회는 적법하게 성립됨을 고하고 개회를 선언하다.

의 안 : 본점 및 지배인을 둔 장소 이전의 건

의장은 당회사의 본점 및 지배인을 둔 장소를 다음 장소로 이전하여야 할 필요성을 설명하고 그 가부를 물은바 전원 만장일치로 승인가결하다.

1. 신 본 점 : 경기도 광주시 수택로13길 456-7

이전년월일 : 20○○년 12월 15일

1. 지배인 성명, 주민등록번호 : 김 현 수(000000-0000000)

주 소 서울 강북구 수유로13길 1147 -1

지배인을 둔 장소 경기도 광주시 수택로13길 456-7(본사 소비자금융팀)

이전년월일 : 20○○년 12월 15일

이상으로서 금일의 의안전부 심의종료 하였으므로 의장은 폐회를 선언하다. (종료 시각 11시 20분)

위 결의를 명확히 하기 위하여 의장과 출석한 이사가 기명날인하다.

20○○년 12월 12일

광진토건 주식회사

의장 대표이사 정순태

사내이사 이경순

사내이사 현진섭

※ 이사 3인 이상이나 소규모회사인 경우에는 정관변경만을 주주총회 또는 서면결의하고 여기의 이사회의사록을 작성한다.

○ 지배인의 선·해임과 지점의 설치·이전·폐지는 이사회 결의를 필요로 하는 사항이다.

○ 이사회의 결의는 이사 과반수의 출석과 출석 이사의 과반수로 하여야 한다. 다만, 정관으로 그 비율을 높게 정할 수 있다(상법 제391조제1항), 감사가 불출석한 경우에도 출석한 이사들만으로 이사회를 개최하고 이사회의사록을 작성할 수 있다.

○ 여기서 과반수란 2분의 1 이상이 아닌 2분의 1 초과를 의미하므로 예컨대 이사 총수가 6인인 경우 과반수 출석은 3인 이상이 아닌 4인 이상이 출석한 것을 말한다.

○ 이사회에서의 의결권은 이사 1인에 대해 1개씩 주어지며 정관에 의해서도 이에 대한 예외를 둘 수 없다.

○ 결의요건은 정관으로 그 비율을 높게 정할 수는 있지만 그 요건을 완화하는 것은 허용되

지 않는다. 정관으로 결의요건을 강화할 수 있다고 하더라도 예컨대 이사 전원의 6분의 5의 동의를 요구하거나 전원출석에 3분의 2이상을 요구하는 것, 혹은 과반수출석에 전원동의를 요구하는 것은 무효이다.

○ 이사회에서의 결의에 대해서는 이사가 책임을 져야 하므로 각자의 찬반의사가 밝혀져야 한다. 즉, 기명투표만이 가능하다.

○ 의사록에는 의사의 안건, 경과요령, 그 결과에 반대한 자와 그 반대이유를 기재하고 출석한 이사 및 감사가 기명날인 또는 서명하여야 한다(상법 제391조).

○ 이사회의 결의는 그 내용이 법령이나 정관에 위반된 경우는 물론 그 소집의 절차 또는 결의의 방법에 하자가 있는 경우에도 당연히 무효가 된다.

○ 상법에서는 정관에서 다른 정함이 없는 한, 이사회는 이사들이 직접 회의에 출석하지 아니하고 모든 이사가 동영상 및 음성을 동시에 송수신하는 통신수단에 의하여 결의에 참가하는 것을 허용하고 있다(상법 제391조 제2항).

○ 본점이전등기는 본점 이전일로부터(이전일자를 예정하여 미리 등기할 수는 없음) 본점 소재지에서는 2주 이내, 지점소재지에서는 3주 이내에 대표이사 또는 그 대리인이 등기신청을 하여야 한다.

[사례] 주주명부

<table>
<tr><td colspan="6">주 주 명 부
(20 년 월 일 현재)</td></tr>
<tr><td>주주명</td><td>주 소</td><td>인수주식수</td><td>액면주식
1주의 금액</td><td>금 액</td><td>비 고</td></tr>
<tr><td>정 순 태</td><td>서울시 강북구 도봉로10길 123
www.wer88@hanmail.com</td><td>00주</td><td>000</td><td>000</td><td></td></tr>
<tr><td>신 동 석</td><td></td><td>00주</td><td>000</td><td>000</td><td></td></tr>
<tr><td></td><td></td><td></td><td></td><td></td><td></td></tr>
<tr><td colspan="2">합 계</td><td>000주</td><td></td><td>000</td><td></td></tr>
<tr><td colspan="6">위 주주명부는 본사에 비치된 주주명부와 대조하여 틀림이 없음을 증명합니다.
20○○년 1월 23일

회 사 명 : 광진토건 주식회사 (법인인감날인)
소 재 지 : 경기 광주시 수택로13길 456-7
대 표 이 사 : 정 순 태 (인)</td></tr>
</table>

※ 전자주주명부제도 : 158면 참조

<table>
<tr><td>위 임 장

법무사 정 동 진
서울 서초구 서초로100길 345-6
전화 : 123-4567
위 사람을 대리인으로 정하고 다음의 권한을 위임함.
다 음
1. 본회사의 본점 이전 및 지배인 이전 등기신청서 제출 및 취하하는 일체의 행위
20○○년 12월 일
위임인 광진토건 주식회사
경기 광주시 수택로13길 456-7
대표이사 정 순 태</td></tr>
</table>

○ 이 위임장은 대리의 권한을 법무사에게 위임하는 서류로써 등기소에 제출하는 서류이다. 위임장에는 그 권한의 범위를 명확히 기재하여야 한다.

[사례] 주식회사 본점이전등기(지점소재지에서)

주식회사 본점이전등기신청

접 수	년 월 일	처리인	등기관확인	각종통지
	제 호			

상 호	주식회사 동일	등기번호	
본 점	서울 서초구 서초로100길 357-12		
지 점	서울 강남구 신사동 1114-12		
등기의 목적	본점이전등기		
등기의 사유	20○○년 ○월 ○일 임시주주총회결의(또는 이사회결의, 이사결정, 서면결의)[48]에 의하여 200○○년 ○월 ○일 본점을 이전하였으므로 그 등기를 구함.		
등 기 할 사 항			
본점을 이전한 뜻과 그 연월일	서울시 동대문구 신설동 156-3 20○○년 ○월 ○일 본점이전		
기 타			

48) 이사 2인 이하인 회사의 경우에는 임시주주총회결의 또는 이사결정으로, 이사 3인 이상인 회사의 경우에는 이사회결의로, 서면결의에 의하여 변경한 경우에는 서면결의 라는 문구를 넣어야 한다.

<table>
<tr><td>등록면허세</td><td>금40,200원</td><td>지방교육세</td><td>금 8,040원</td><td>농어촌특별세</td><td>금 원</td></tr>
<tr><td>세 액 합 계</td><td colspan="2">금48,240원</td><td>등기신청수수료</td><td colspan="2">금 6,000원</td></tr>
<tr><td colspan="3">등기신청수수료 은행수납번호</td><td colspan="3"></td></tr>
<tr><td colspan="6">첨 부 서 면</td></tr>
<tr><td colspan="3">1. 등록면허세영수필확인서 통
1. 위임장(대리인이 신청할 경우) 통</td><td colspan="3"><기 타></td></tr>
<tr><td colspan="6">년 월 일
신청인 상 호 주식회사 동일
본 점 서울 서초구 서초로100길 357-12
대표이사 성 명 이 동 일 (인) (전화 :)
주 소 서울 강남구 논현동 987-8
대리인 성 명 이 법 무 (인) (전화 :)
주 소 서울 서초구 서초로100길 123-4

○○지방법원 ○○등기소 귀중</td></tr>
</table>

<table>
<tr><td>- 신청서 작성요령 -
1. 해당란이 부족할 때에는 별지를 이용합니다.
1. 해당 등기신청과 관계없는 사항에 대하여는 "해당없음"으로 기재하거나 삭제하고, 필요한 사항은 추가 기재합니다.
1. 「인감증명법」 에 따른 인감증명서 제출과 함께 관련 서면에 인감을 날인하여야 하는 경우, 본인서명사실확인서를 제출하고 관련 서면에 서명을 하거나 전자본인서명확인서 발급증을 제출하고 관련 서면에 서명을 하면 인감증명서를 제출하고 관련 서면에 인감을 날인한 것으로 봅니다.</td></tr>
</table>

(용지규격 21㎝× 29. 7㎝)

※ 본지점 공통 등기사항의 경우, 본점소재지 등기소에서 먼저 등기를 마친 다음에 지점소재지 등기소에서 등기를 하게 되므로, 지점소재지 등기소에 등기를 신청할 경우에는 첨부서면의 제출을 면제한다.

제5절 이사 · 감사 · 대표이사 변경 및 중임

제1관 이사 · 감사 변경

1. 서 설

"임원"이란 법인의 이사·감사·집행임원 등 법률상 임원으로서 정해져 있는 자를 말한다. 임원의 범위는 법인의 회장·사장·부사장·이사장·대표이사(대표집행임원)·전무이사·상무이사 등 이사회의 구성원 전원과 청산인, 합명회사·유한책임회사·합자회사 및 유한회사의 업무집행사원 또는 이사, 감사, 기타 이에 준하는 직무에 종사하는 자이다.

임원은 이사회가 결정한 경영방침을 집행하고 관리하는 권한을 위임받은 자이고 법 이론상으로는 회사의 대리인으로서 대리에 관한 법원칙이 적용된다. 주식회사의 임원은 이사회에 의하여 선임되고 이사회의 뜻에 따라 업무를 집행하는 자이나, 상법상으로는 이사 및 감사(주주총회에 의하여 선임)를 포함하여 임원이라 한다.

2. 이사 · 감사의 퇴임 · 선임 등

가. 이 사

(1) 개 설

이사는 주주총회에서 선임하고(상법 제382조), 임기만료, 사임, 해임 등에 의하여 또는 자격상실에 의하여 퇴임한다.

회사와 이사 · 감사(또는 감사위원회 위원) 및 대표이사 간의 관계는 민법의 위임에 관한 규정을 준용하므로(상법 제382조 2항, 415조) 이사 등은 언제든지 임용계약(위임계약)을 해지(解止)하는 방식으로 사임할 수 있고(민법 제689조), 대표이사겸 이사 또는 감사위원회 위원겸 이사는 대표이사 또는 감사위원회 위원의 직만을 사임할 수 있다.

한편 대표이사겸 이사 또는 감사위원회 위원겸 이사가 이사의 직을 사임한 때에는 대표이사 또는 감사위원회 위원의 직도 퇴임하게 된다.

이사는 사내이사, 사외이사(상무에 종사하지 않는 이사)를 모두 포함한다. 감사위원회 위원도 이사이므로 이사회의 구성원이 되나, 감사는 이사가 아니므로 이사회의 구성원이 아니다.

이사의 선임은 주주총회의 고유권한이므로 정관의 규정 또는 주주총회의 특별결의로도 이사의 선임을 제3자나 타기관에 위임하지 못한다(상법 제361조). 그리고 이사의 선임결의는 정관에 다른 정함이 있는 경우를 제외하고, 보통결의 즉, 출석한 주주의 의결권의 과반수와 발행주식의 총수의 4분의 1 이상의 수로써 하여야 한다(상법 제368조 제1항).

이사는 대표이사든 아니든 이를 묻지 않고 이사회를 소집할 수 있는 것이 원칙이며 다른 이사도 언제든지 소집권자인 이사에게 이사회소집을 요구 할 수 있다(상법 제390조).

(2) 자 격

이사는 자연인인 이상 행위능력의 유무를 묻지 아니하지만(민법 제117조 유추적용) 의사능력은 있어야 한다. 한정치산자는 법정대리인의 동의를 얻어 이사가 될 수 있으나 금치산자는 이사가 될 수 없다. 이사가 파산선고를 받은 경우에도 당연히 그 직을 상실한다(상법 제542조의8 제1호).

이사의 자격에 대한 상법상 제한과 관련해서는 “감사는 이사를 겸할 수 없다(상법 제411조)”는 규정 외에 일반적인 제한규정은 없으나, 사외이사의 자격과 관련해서는 상법 제382조제3항 각호 및 제542의8제2항 각호에 제한규정을 두고 있다.

(3) 임 기

이사의 임기는 3년을 초과하지 못하나, 정관으로 임기 중의 최종의 결산기에 관한 정기주주총회의 종결 전에 끝날 때에는 그 정기주주총회의 종결에 이르기까지 그 임기를 연장할 수 있다(상법 제383조 제2항, 제3항).

여기서 “임기 중의 최종의 결산기”라 함은 임기 중에 도래한 최종의 결산기로서 당해 결산기가 임기 중에 도래한 경우를 말한다.

이사의 임기에 관하여 상법은 최장기한에 관하여만 규정을 두고 있으므로 회사의 정관으로 이사의 임기를 3년을 초과하지 아니하는 범위에서 1년 또는 2년 등으로 정할 수 있다(상업등기선례 1-165, 2003. 6. 10. 공탁법인 3402-138 질의회답).

(4) 원 수

주식회사의 이사는 원칙적으로 3인 이상 이어야 한다. 다만, 자본금 총액이 10억원 미만인 회사는 1인 또는 2인으로 할 수 있다(상법 제383조 제1항).

(5) 이사의 해임

이사 등과 회사의 관계는 민법상 위임에 관한 규정을 준용하므로(상법 제382조 2항, 415조) 회사도 위임계약을 해지하는 차원에서 그 사유여부를 불문하고 언제든지 선임기관의 결의로 이사 등을 해임할 수 있다.

우선 이사와 감사는 주주총회의 특별결의, 즉 출석한 주주의 의결권의 3분의 2 이상의 수와 발행주식총수 3분의 1 이상의 수로써 언제든지 해임할 수 있다(상법 제385조 1항, 415조). 이사와 감사에 대한 해임은 주주총회의 전속적 권한사항이므로(상법 제382조 1항, 409조 1항) 정관에 의해서도 대표이사 또는 이사회에 그 권한을 위임할 수 없다. 이사 또는 감사에 대한 해임결의와 관련하여 해임대상인 이사 또는 감사가 주주인 경우에 해임은 개인법적 관계가 아니라 회사의 조직법적·사단적 활동의 일환이므로 그 주주는 특별이해관계인에 해당하지 아니하여 의결권을 행사할 수 있다(통설).

주주가 1인인 주식회사의 1인 주주가 주주총회의 소집 절차(상법 제362조, 제363조 등)를 거치지 않고 이사들이 참석하지도 아니한 상태에서 주주총회를 개최하여 어느 이사를 해임하는 결의를 한 경우, 그로 인한 변경등기의 신청서에는 1인 주주만이 기명날인 또는 서명한 주주총회 의사록을 인증받아(공증인법제66조의2) 첨부할 수 있다(상업등기선례 제2-28호, 2007. 5. 25. 공탁상업등기과-533 질의회답).

나. 감 사

(1) 선 임

감사는 주주총회에서 선임한다(상법 제382조). 감사의 선임은 이사와 마찬가지로 주주총회의 고유권한(상법 제361조)이므로 정관의 규정 또는 주주총회의 특별결의로도 이사의 선임을 제3자나 타기관에 위임하지 못한다.

감사는 주주총회의 보통결의 즉, 출석한 주주의 의결권의 과반수와 발행주식총수의 1/4이상의 수로써 선임하는데(상법 제368조 제1항, 제382조 제1항), 의결권없는 주식을 제외한 발행주식의 총수의 100분의 3을 초과하는 수의 주식을 가진 주주는 그 초과하는 주식에 관하여 감사의 선임에 있어서는 의결권을 행사하지 못한다(상법 제409조 제2항).

상장회사가 주주총회에서 감사를 선임하려는 경우에는 주주총회 소집통지나 공고를 통하여 통지하거나 공고한 후보자 중에서 선임하여야 한다(상법 제542의5, 제542의4 제2

항). 보통결의 요건은 예외적으로 정관의 규정에 따라서 출석정족수를 두거나 의결정족수를 가중할 수 있다(상법 제368조 제1항).

감사는 출석한 주주 의결권의 3분의 2 이상의 수와 발행주식 총수 3분의 1 이상의 수 결의로 해임할 수 있다(상법 제425조에 따른 제385제1항, 제434조의 준용).

개정 상법은 소규모(자본금의 총액이 10억원 미만)인 회사를 설립하는 경우에 감사 선임을 회사가 자율적으로 할 수 있도록 하였으며(상법 제409조 제4항), 감사를 선임하지 아니할 경우에는 주주총회가 이사의 업무 및 재산상태에 관하여 직접 감독·감시하도록 하였다(동조 제6항).

(2) 임 기

감사의 임기는 취임 후 3년 내의 최종의 결산시에 관한 정기주주총회의 종결 시까지로 한다(상법 제410조). 위와 같이 감사의 임기는 법정되어 있기 때문에 정관 또는 주주총회의 결의에 의하더라도 이를 단축하거나 연장할 수 없다.

감사의 임기는 그 취임 시를 임기의 시기(始期)로 하고, 취임 후 3년 내의 최종의 결산시에 관한 정기주주총회의 종결 시를 그 종기(終期)로 한다. 다만, 회사 설립 시의 최초 감사의 임기는 회사의 성립일(설립등기일)을 임기의 기산점(시기)으로 보는 것이 등기의 실무다. 한편, 감사의 임기의 종기와 관련해서는 정관에 관한 시기 또는 기간 내에 최종의 결산기에 관한 정기주주총회가 개최되지 아니한 때에는 그 시기 또는 기간이 경과함과 동시에 그 임기가 만료하고, 정관에 정기주주총회의 개최시기에 관한 정함이 없는 때에는 정기주주총회는 상법의 관련 규정(상법 제354조)의 해석상 결산기로부터 3월 내에 개최되어야 하므로 만약 회사의 결산기가 12. 31.이라면 익년 3월 31일에 임기가 만료한다.

[등기선례] 2001년 12월 21일 설립등기를 하고 그 영업연도를 1월 1일부터 12월 31일까지로 하는 갑 주식회사의 정관에, 이사 및 감사의 임기에 관하여 이사의 임기는 3년으로 하면서 상법 제383조 제3항의 임기연장규정을 두고 있고, 감사의 임기에 대하여는 상법 제410조와 동일한 내용의 규정을 두고 있는 경우, 설립등기일에 취임한 이사는 2004년 12월 21일에, 같은 날에 취임한 감사는 임기중의 최종의 결산기인 2003년의 결산기에 관한 정기주주총회의 종결일(2004년 3월 31일까지 주주총회가 개최되지 아니하였다면 2004년 3월 31일)에 임기가 만료된다고 할 것이다(상업등기선례 제2-25호, 2005. 8. 29. 공탁법인과-429 질의회답).

(3) 자 격

감사는 그 직무의 성질상 이사와 마찬가지로 자연인에 한한다. 따라서 한정치산자는 법정대리인의 동의를 얻어 감사가 될 수 있으나 금치산자는 감사가 될 수 없다. 감사가 파산선고를 받은 경우에도 당연히 그 직을 상실한다(상법 제542조의8 제1호).

(4) 감사의 해임

이사와 감사는 주주총회의 특별결의, 즉 출석한 주주의 의결권의 3분의 2 이상의 수와 발행주식총수 3분의 1 이상의 수로써 언제든지 해임할 수 있다(상법 제385조 1항, 415조). 이사와 감사에 대한 해임은 주주총회의 전속적 권한사항이므로(상법 제382조 1항, 409조 1항) 정관에 의해서도 대표이사 또는 이사회에 그 권한을 위임할 수 없다. 이사 또는 감사에 대한 해임결의와 관련하여 해임대상인 이사 또는 감사가 주주인 경우에 해임은 개인법적 관계가 아니라 회사의 조직법적·사단적 활동의 일환이므로 그 주주는 특별이해관계인에 해당하지 아니하여 의결권을 행사할 수 있다(통설).

한편, 감사는 주주총회에서 자신의 해임에 관하여 의견을 진술할 수 있고(상법 제409조의2), 상장회사의 경우에는 최대주주, 최대주주의 특수관계인, 그 밖에 대통령령으로 정하는 자가 소유하는 상장회사의 의결권 있는 주식의 합계가 그 회사의 의결권 없는 주식을 제외한 발행주식총수의 100분의 3을 초과하는 경우에 그 주주는 그 초과하는 주식에 관하여 감사를 해임할 때에는 선임 시와 마찬가지로 의결권을 행사하지 못하는데, 정관에서 이보다 낮은 주식보유비율을 정할 수 있다(상법 제542조의12 제3항).

여기서 "대통령령으로 정하는 자"란 ㉠최대주주 또는 그 특수관계인의 계산으로 주식을 보유하는 자 ㉡최대주주 또는 그 특수관계인에게 의결권(의결권의 행사를 지시할 수 있는 권한을 포함한다)을 위임한 자(해당 위임분만 해당한다)를 말한다(상법 시행령 제37조 제1항).

3. 변경등기절차

가. 개 설

이사, 감사 등 법인의 임원은 상법 또는 정관에 소정의 임기가 정하여져 있으므로 임기가 도래(만료)되어 퇴임하는 경우나, 사망, 해임, 파산선고 등기로 임기가 종료되는 경우와 새로 선임되어 취임하는 등의 변경이 생긴 경우에는 변경등기를 하여야 한다. 또한 개명 등에 의하여 이들의 성명 등이 변경되거나 전거로 인하여 주소의 변경이 있는 경우에도 그 변경등기를 하여야 한다. 다만 이사·감사 등이 임기만료 또는 사임으로 인하여 퇴임한 경우에도 법률 또는 정관 원수를 결한 경우에는 그들은 후임자가 취임할 때까지 이사 또는 감사 등의 권리의무를 행사하여야 하는 것이므로, 이와같은 경우에는 후임자의 취임등기와 동시에 하지 아니하면 그 퇴임등기를 할 수가 없다(상법 제386조 제1항, 제389조 제3항, 제392조의2 제5항, 제415조). 이 경우 새로운 대표이사를 선임하여 그 취임등기와 동시에 퇴임등기를 신청하여야 한다. 이때 신청서에 이사의 퇴임연월일은 그 사유가 발생한 날로 기재하여야 한다. 다만, 정관에 최종의 결산기에 관한 정기주주총회의 종결에 이르기까지 임기를 연장할 수 있다는 임기연장 규정이 있고 정기주주총회가 적기에 개최된 경우 퇴임한 이사의 임기가 최종 결산기 말일과 당해 결산기에 관한 정기주주총회 사이에 만료된 때라면 이사의 퇴임(중임을 포함한다)연월일은 정기주주총회의 종결일로 기재하여야 한다(결산기 말일 이전에 임기가 만료된 경우에는 적용되지 아니한다). (등기예규 제1538호)

나. 임기기간계산

(1) 개 설

이사의 임기는 3년을 초과하지 못하나, 정관으로 그 임기중의 최종의 결산기에 관한 정기주주총회의 종결에 이르기까지 연장할 수 있다(상법 제383조 제2항, 제3항).

여기서 "정관으로 그 임기 등의 최종의 결산기에 관한 정기주주총회의 종결에 이르기까지 연장할 수 있다"고 함은 임원의 임기가 최종의 결산기 말일로부터 당해 결산기에 관한 정기주주총회 종결일까지 만료되는 경우에 정관으로 그 임기를 당해 정기주주총회 종결일까지 연장할 수 있다는 뜻이고 결산기 말일 이전에 임기가 만료되는 경우에는 위 연장 규정을 적용할 수 없다(등기예규 제282호).

예컨대 2001년 12월 21일 설립등기를 하고 그 영업연도를 1월 1일부터 12월 31일까지로 하는 갑 주식회사의 정관에, 이사 및 감사의 임기에 관하여 이사의 임기는 3년으로 하면서 상법 제383조 제3항의 임기연장규정을 두고 있고, 감사의 임기에 대하여는 상법 제410조와 동일한 내용의 규정을 두고 있는 경우, 설립등기일에 취임한 이사는 2004년 12월 21일에, 같은 날에 취임한 감사는 임기중의 최종의 결산기인 2003년의 결산기에 관한 정기주주총회의 종결일(2004년 3월 31일까지 주주총회가 개최되지 아니하였다면 2004년 3월 31일)에 임기가 만료된다고 할 것이다(상업등기선례 200508-5, 2005. 8. 29. 공탁법인과-429 질의회답).

(2) 주식회사 임원의 등기부상 퇴임일과 취임일

1) 임기만료로 인한 주식회사 임원의 등기부상 퇴임일은 상법 제386조 제1항, 제389조 제3항, 제415조의 규정에 의하여 새로 선임된 임원이 취임할 때까지 임원으로서의 권리의무를 행사하고 있었다 하더라도 권리의무행사기간종료일이 아니라 본래의 임기만료일이 될 것이다(등기선례 200503-9, 2005. 3. 15. 공탁법인 3402-71 질의회답).

2) 주식회사 임원의 등기부상 취임일은 임기개시일을 별도로 정하지 않는 한 선임결의와 해당 임원의 취임승낙이 있는 때가 될 것이나, 실제에 있어서는 대부분 미리 해당 임원의 의사를 확인할 것이므로 특별한 소명이 없는 경우 선임결의일로 등기될 것이다(등기선례 200503-9, 2005. 3. 15. 공탁법인 3402-71 질의회답).

3) 주식회사 이사의 취임등기기간은 그 취임의 효력이 발생한 날로부터 진행된다고 할 것이므로, 이사 홍길동의 임기만료 전에 개최된 정기주주총회에서 미리 이사 홍길동을 중임하기로 하는 결의가 이루어진 경우, 상법 제317조 제4항 및 제183조의 규정에 의한 등기기간은 그 취임의 효력이 발생한 날, 즉 이사 홍길동이 임기만료로 퇴임함과 동시에 주주총회의 결의에 의하여 중임되어 새로이 임기를 개시하게 된 날로부터 진행된다고 할 것이다(상업등기선례 1-152, 1998. 10. 8. 등기 3402-985 질의회답).

4) 이사 등이 임기만료 또는 사임으로 인하여 퇴임하였으나 그 퇴임으로 이하여 법률 또는 정관에 정한 원수를 결한 결과 새로 선임된 이사 등이 취임할 때까지 권리의무를 행사한 경우(상법 제386조 1항, 389조 3항, 393조의2 5항, 415조)에는 이사 등에 대한 퇴임등기의 등기기간은 후임자의 취임일부터 기산하여야 한다(등기예규 제1574호). 다만 이 경우에도 등기부상 퇴임일은 권리의무 행사기간 종료일(후임자의 취임일)이 아니라 본래의 임기만료일 또는 사임일이 이에 해당한다.

(3) 기간계산

등기기간의 계산과 관련해서는 사임서를 제출하면서 사임서의 작성일자를 제출일 이후로 기재하는 경우와 같이 장래의 일정한 날에 사임의 효력이 발생하는 경우를 제외하고는 초일을 산입하지 아니한다(상법 제1조, 민법 157조 단서).

기간계산에 관하여는 상법에 특별한 규정이 없으므로 민법의 규정에 의한다. 즉, 초일을 산입하지 아니하고 기간만료일의 종료로 기간이 만료된다. 그러나 초일이 오전 0시부터 시작할 때에는 초일을 산입하므로 예컨대, 이사·감사가 예선되어 미리 그 취임승낙을 한 경우에는 초일을 산입하여야 한다. 기간의 말일이 공휴일인 때에는 그 다음날 만료된다.

다. 주주총회, 이사회의 의사록에 기명날인을 할 이사 및 감사

주식회사 주주총회의 의사록에는 의장과 출석한 이사(또는 청산인)가 각 기명날인을 하여야 하는바, 여기서의 출석한 이사는 당해 주주총회가 개최되고 있는 동안 이사로서의 자격이 있는 자 중 주주총회에 출석한 자 전원을 말한다. 따라서 주주총회에서 이사 개선의 결의가 있을 경우 전임이사 및 후임이사 중 누가 기명날인을 하는가 하는 것은 그 주주총회가 개최될 당시 누가 이사의 자격이 있는가 하는 문제로서 경우에 따라 다를 것이나, 다만 주주총회가 개최되고 있는 동안 전임이사의 임기가 종료되고 후임이사가 취임승낙을 하여 임기가 개시되었다면 전임이사와 후임이사 모두가 기명날인을 하여야 할 것이며, 후임이사의 임기가 주주총회 종결 이후부터 개시되었다면 그 자는 아직 이사의 자격이 없어 기명날인을 할 수 없을 것이다. 그러나 형식적 심사권 밖에 없는 등기공무원으로서는 주주총회 당시 전임이사가 출석을 하였는가 하는 것은 주주총회의 의사록에 의하여 판단할 수밖에 없는 것이며, 따라서 그 의사록에 전임이사가 출석하였다는 취지가 기재되어 있지 않은 한, 전임이사의 기명날인이 없는 의사록을 첨부하여 등기를 신청한 경우에도 이를 수리할 수밖에 없다(상업등기선례 제1-74호, 1994. 4. 1. 등기 3402- 305 질의회답).

라. 등기사항

① 이사·김사 또는 대표이사기 퇴임한 경우에는 그 이사·감사 또는 대표이사의 성명, 퇴임한 취지와 그 연월일

② 이사·감사 또는 대표이사가 취임한 경우에는 그 이사·감사의 성명·주민등록번호(주민등록번호가 없는 자는 생년월일), 대표이사의 성명·주소와 그들이 취임한 취지 및 그 연월일

③ 공동대표에 관한 규정의 설치, 변경 또는 폐지가 있는 경우에는 그 취지와 연월일

④ 이사·감사 또는 대표이사의 변경은 없으나 이들의 성명, 주민등록번호, 주소에 변경이 있는 때에는 그 변경후의 성명, 주민등록번호, 주소, 변경된 취지와 그 연월일

⑤ 대표이사, 이사, 감사 등이 선임되었을 때 등기하여야 효력이 발생하는 것은 아니며 다만 그 선임등기는 제3자에게 대항하기 위한 요건이다(상업등기선례 제1-74호, 1994. 4. 1. 등기 3402-305 질의회답).

마. 등기방법

(1) 이사 변경의 경우

1) 상법 제317조 제2항 제8호가 개정(2009. 2. 4 시행)됨에 따라 주식회사의 이사명칭 등기방법이 변경되었다. 따라서 주식회사 이사의 명칭을 사내이사, 사외이사로 구분하여 등기하여야 한다. 사내이사, 사외이사 등의 의의에 관하여는 설립등기편(83면 참조)에서 다루었다.

2) 취임하는 임원을 등기할 때에는 주민등록번호를 적어야 한다(법인의 등기사항에 관한 특례법 제2조). 임원·사원·청산인이 주민등록번호가 없는 재외국민 또는 외국인인 경우에는 주민등록번호를 대신하여 그 생년월일을 등기하여야 한다(법인등의 등기사항에 관한 특례규칙 제2조). 대표권이 없는 임원을 등기할 때에는 주소를 적지 아니한다(법인의 등기사항에 관한 특례법 제2조).

3) 이사 등의 임기만료 또는 사임으로 인하여 법률 또는 정관에 정하 이사 등의 원수를 결한 결과 임기만료 또는 사임으로 인하여 퇴임한 이사 등이 새로이 선임된 이사 등이 취임할 때까지 권리의무를 행사하는 경우(상법 제386조 1항, 389조 3항, 393조의2 5항, 415조)에는 후임이사 등의 취임등기와 함께 신청하지 아니하면 퇴임등기만을 할 수 없다.

4) 이사 전원의 임기가 만료되었으나 퇴임등기가 되어 있지 않은 경우에는 그 이사들 사이에 권리의무행사의 순위 등을 구별하는 것이 불가능하여 임기가 만료된 이사 전원이 이사의 권리의무를 갖는 자가 되므로 법률 또는 정관에 정한 이사의 원수를 충족하는 수(數)의 후임이사의 취임등기를 동시에 신청하지 않는 한, 이사들 중 일부에 대한 퇴임등기는 신청할 수 없는데(등기선례6-659, 2000. 4. 19. 등기 3402-282 질의회답), 이는 이사 전원의 임기가 동시에 만료된 경우뿐만 아니라 순차로 만료된 경우에도 마찬가지이다. 다만 이 경우에도 후임이사의 취임등기는 수리하여야 한다.

5) 이사 등의 권리의무를 행사하는 자가 다시 동일한 지위에 선임된 경우에는 임기만료 또는 사임으로 인한 퇴임과 새로운 취임 사이에 시간적 간격이 있으므로 시간적 간격이 없는 경우에 하는 중임(重任)의 등기를 할 수 없고, 퇴임등기 및 취임등기를 하여야 한다.

6) 동일한 조합원 총회에서 재선된 임원들이라도 등기요건(예컨대, 취임승락서·인감증명서 등)을 일부 임원만 구비하였다면 등기요건이 갖추어진 임원만을 먼저 등기하는 것은 가능할 것이다(등기선례 200311-12, 2003. 11. 14. 공탁법인 3402-269 질의회답).

7) 정관에 '임기가 만료된 임원은 그 후임자가 선임될 때까지 그 직무를 행한다.'는 규정이 있다하더라도 임기만료일은 권리의무행사기간 종료일이 아니라 본래의 임기만료일이므로 동일인이 다시 선임된 경우에도 임기만료로 인한 퇴임과 새로운 취임사이에 시간적 간격이 있다면 시간적 간격이 없는 경우에 하는 중임등기를 할 수는 없고 임기만료로 인한 퇴임등기 및 새로운 취임등기를 하여야 한다(등기선례 200311-12, 2003. 11. 14. 공탁법인 3402-269 질의회답).

8) 임원이 임기만료로 인하여 퇴임하게 되어 정관에 정한 임원의 정수에 결원이 발생하였다면 임원의 퇴임으로 인한 변경등기는 후임임원의 선임등기와 동시에 하여야 한다(등기선례 200311-12, 2003. 11. 14. 공탁법인 3402-269 질의회답).

9) 대표이사를 포함한 이사가 임기의 만료나 사임에 의하여 퇴임함으로 말미암아 법률 또는 정관에 정한 대표이사나 이사의 원수(최저인원수 또는 특정한 인원수)를 채우지 못하게 되는 결과가 일어나는 경우에, 그 퇴임한 이사는 새로 선임된 이사(후임이사)가 취임할 때까지 이사로서의 권리의무가 있는 것인바(상법 제386조 제1항, 제389조 제3항), 이러한 경우에는 이사의 퇴임등기를 하여야 하는 2주 또는 3주의 기간은 일반의 경우처럼 퇴임한 이사의 퇴임일부터 기산하는 것이 아니라 후임이사의 취임일부터 기산한다고 보아야 하며, 후임이사가 취임하기 전에는 퇴임한 이사의 퇴임등기만을 따로 신청할 수 없다고 봄이 상당하다(대법원 2007.6.19. 자 2007마311 결정).

10) 현재 사외이사는 사내이사와 구별하여 등기되어 있지 않으므로 상호저축은행 사외이사의 사임이 법률 또는 정관에서 정한 사외이사의 수를 충족시키지 못하는 결과가 된다 하더라도 전체 잔여 이사의 수가 법률 또는 정관에서 정한 이사의 수를 충족시킨다면 그 사외이사의 퇴임등기는 후임사외이사의 취임등기와 상관없이 할 수 있다(등기선례 200307-10, 2003. 7. 8. 공탁법인 3402-163 질의회답).

11) 주식회사의 이사가 퇴임 전에 전거함으로 인하여 그 주소가 변경되었다면 주소변경등기를 하여야 한다(등기선례2-685, 87. 6.13 등기 제351호).

12) 원래 1980. 2. 9에 임기가 만료되는 이사가 상법 제383조 제3항과 정관의 규정에 의하여 최종의 결산기(1979. 12. 31에 종료) 에 관한 정기주주총회의 종결일(1980. 2. 11)까지 그 임기가 연장되고 그 총회 종결일에 중임되어 그 퇴임 및 중임의 등기를 신청함에 있어서는 그 퇴임 및 중임일자를 총회 종결일인 1980. 2. 11로 기재하여야 한다(등기선례1-865, 80. 4. 9 등기 제148호).

13) '보결에 의하여 선임된 이사의 임기는 전임자 또는 현재 임원의 나머지 기간으로 한다.'는 취지의 정관규정이 있더라도, 이는 이사의 일부에 결원이 생긴 경우에만 적용

될 뿐 이사 전원을 선임하는 경우에는 적용되지 않는다고 할 것이므로, 주식회사의 이사 전원을 선임한 주주총회결의에 대한 취소판결이 확정된 후 정기주주총회에서 이사 전원을 다시 선임한 경우에 있어서 새로이 선임된 이사의 임기는 정관에서 이사의 임기로 정하고 있는 3년이 될 것이다(등기선례6-643, 1999. 4. 21. 등기 3402-434 질의회답).

14) 주식회사의 이사나 대표이사가 회사에 사임의 의사표시를 했음에도 불구하고 회사가 사임등기를 신청하지 아니할 경우에는 법원으로부터 이사나 대표이사의 사임등기절차이행판결을 받아 주식회사를 대위하여 등기를 신청할 수 있으나, 이 사임등기에 의하여 법률 또는 정관에서 정한 이사나 대표이사의 원수를 결하게 된 경우 사임이사나 사임대표이사는 후임이사나 후임대표이사가 취임할 때까지 이사나 대표이사의 권리의무가 있으므로, 그 사임등기는 후임이사나 후임대표이사의 취임등기와 동시에 하거나 또는 일시이사나 일시대표이사 취임등기를 한 후에 할 수 있다(상업등기선례 1-164, 2003. 4. 23. 공탁법인 3402-95 질의회답).

(2) 감사 변경의 경우

2009. 5. 28. 상법의 일부개정(법률 제9746호)으로 인해 자본금의 총액이 10억원 미만인 회사는 회사의 선택에 따라 감사를 두지 않을 수 있기 때문에(상법 제409조 4항) 종전 감사가 임기만료 또는 사임으로 인하여 퇴임한 경우에 정관에 감사를 반드시 1명 이상 두도록 규정하고 있지 않다면, 이 경우에는 퇴임한 감사가 후임자의 취임 시까지 권리의무를 행사할 필요가 없기 때문에 종전 감사의 퇴임등기만을 할 수 있는데, 이 경우 정관상으로 감사를 두도록 규정하고 있다면 종전 감사의 퇴임등기를 신청하기 전에 정관을 변경하여야 한다.

감사의 임기는 취임후 3년 내의 최종의 결산기에 관한 정기주주총회의 종결시까지로 한다(상법 제410조). 감사의 임기는 정관이나 주주총회의 결의로 달리 정할 수 없는 강행규정이므로 감사가 사업년도 중 결원이 되어 보선이 되더라도 감사는 상법 제410조에 의한 임기가 적용되어야 하므로 보선의 개념이 적용되지 아니한다.

(3) 대표이사겸 이사 또는 감사위원회 위원겸 이사의 경우

대표이사겸 이사 또는 감사위원회 위원겸 이사가 임기만료, 사임, 주주총회의 해임결의, 정관 소정의 자격상실(상법 제387조) 등을 이유로 그 이사의 지위를 퇴임한 경우에는 이사의 자격을 전제로 하는(상법 제389조 1항, 415조의2 2항) 대표이사 또는 감사위원회 위원의 지위도 동시에 퇴임하게 된다. 따라서 이 경우에 이사의 퇴임등기가 대표이사 또는 감사위원회 위원의 퇴임등기를 동시에 신청하지 아니하면, 등기신청은 각하된다(상업등기법 제26조 12호).

바. 첨부서면

(1) 이사 등이 임기만료로 인한 퇴임의 경우

임기만료로 인한 퇴임의 경우에는 원칙적으로 정관을 첨부하여야 한다. 다만, 정관에 임기에 관한 규정이 없는 상태에서 선임기관의 결의로 임기를 정한 경우에는 그 임기를 증명하기 위하여 해당 이사 등을 선임할 당시의 의사록을 첨부하여야 한다. 회사가 정관 또는 주주총회의 결의로도 임기를 정하지 아니한 때에는 이사의 임기는 3년을 초과할 수 없으므로(상법 제383조 2항) 취임 후 3년이 되는 때에 임기만료로 인한 퇴임등기를 하여야 하는데, 이 경우에도 정관으로 임기를 정한 경우와 마찬가지로 정관을 첨부하여 정관에 의한 임기의 정함이 없음을 소명하여야 할 것으로 본다.

(2) 이사 등이 사임하는 경우

(가) 이사 등의 사임으로 인하여 법률 또는 정관에 정한 이사 등의 원수를 결한 결과 사임으로 퇴임한 이사 등이 새로이 선임된 후임자가 취임할 때까지 권리의무를 행사하는 경우(상법 제386조 1항, 389조 3항, 393조의2 5항, 415조)에는 후임자의 취임등기와 함께 신청하지 아니하면 퇴임등기만을 신청할 수 없으므로 사임한 이사 등의 퇴임등기만을 신청하거나 사임한 이사 등의 수에 미치지 못하는 후임자의 취임등기를 동시에 신청한 경우에는 그 등기 후에 등기부상으로 비록 법률상 최저원수를 충족하는 경우에도 등기관이 정관상 이사 등의 원수를 확인할 수 있도록 정관을 첨부하여야 한다.

(나) 사임으로 인한 퇴임의 경우에는 사임을 증명하는 서면을 제출하여야 하는데, 통상 '사임서'를 제출한다. 위 서면에는 원칙적으로 인감증명법에 따라 신고한 인감을 날인하고 그 인감증명서(발행일로부터 3개월 이내의 것에 한한다)를 첨부하여야 한다(규칙 104조 2항, 84조 2항 본문, 59조 2항).

(다) 수용중인 주식회사의 감사가 사임서를 작성한 후 교도관집무규칙 제13조의 규정에 의하여 오른손 엄지손가락으로 손도장을 찍고, 사임서의 작성시 참여한 교도관이 서명 또는 날인하여 당해 감사의 손도장임을 증명한 경우에도 당해 감사의 퇴임등기신청서에는 위 사임서의 인감에 관하여 인감증명법에 의하여 작성된 인감증명을 첨부하여야 한

다(상업등기선례 1-156, 1999. 5. 10. 등기 3402-490 질의회답).

(라) 주식회사의 대표권 없는 이사의 취임 또는 사임으로 인한 변경등기의 신청서에는 그 취임승낙 또는 사임을 증명하는 서면을 첨부하여야 한다. 다만, 위 등기신청서에 첨부된 공증받은 의사록에 위 이사의 취임승낙 또는 사임의 뜻이 기재되고 당해 이사의 날인이 있는 때에는 이와 별도로 취임승낙서 또는 사임서를 첨부하여야 하는 것은 아니다(등기선례6-657, 2000. 1. 14. 등기 3402-32 질의회답).

(마) 주식회사나 유한회사에 관한 등기신청서에 대표권 없는 이사 또는 감사 등의 취임승낙 또는 사임을 증명하는 서면을 첨부하는 경우 그 이사 또는 감사 등이 본국 또는 우리나라가 아닌 다른 나라에 거주 또는 체류하는 외국인인 때에는, 그 서면상의 서명이 본인의 것임을 확인하는 거주 또는 체류하는 국가의 공증인의 인증서를 첨부하여 본국 관공서의 증명이나 본국 공증인의 인증에 갈음할 수 있다. 그러나, 대표권 있는 이사·청산인 등의 취임승낙 또는 사임을 증명하는 서면에는 본국 관공서의 증명이나 본국 공증인 또는 우리나라 공증인의 인증서를 첨부하여야 하며, 거주 또는 체류하는 국가의 공증인의 인증서는 허용될 수 없을 것이다(상업등기선례 200607-1, 2006. 7. 10. 공탁상업등기과-627 질의회답).

(바) 주식회사의 정관에 사내이사와 사외이사는 주주총회에서 구분하여 선임하되, 주주총회에서 선임된 이사 중 사내이사와 사외이사를 이사회에서 선임하도록 규정하고 있는 경우, 정관과 이사로 선임한 주주총회의사록 및 사내이사와 기타 비상무이사를 구분하여 선임한 이사회의사록을 첨부하여 위 사내이사와 사외이사의 선임에 따른 등기를 신청할 수 있다(상업등기선례200907-1, 2009. 7. 2. 사법등기심의관-1538 질의회답).

(3) 정기주주총회의사록

취임 후 3년 내의 최종의 결산기에 관한 정기주주총회의 종결 시에 임기가 만료되는 감사(상법 제410조) 또는 정관으로 그 임기 중의 최종의 결산기에 관한 정기주주총회의 종결에 이르기까지 임기가 연장되는 이사의 퇴임의 경우에는 정기주주총회의 종결일에 임기가 만료되므로 그 퇴임의 연월일을 증명하기 위하여 정관 외에 정기주주총회의 의사록도 함께 첨부하여야 한다.

(4) 취임승낙서

대표이사나 대표청산인의 취임승낙을 증명하는 서면에는 언제나 인감증명법에 의한

인감증명을 첨부하여야 한다. 구체적설명은 112면 참조

(5) 주소를 증명하는 서면

법인의 설립 또는 변경등기 신청시 임원에 관한 등기에 있어서는 주민등록번호 또는 주소를 증명하는 서면을 첨부하여야 한다. 구체적설명은 116면 참조

(6) 해임의 경우 첨부서면

(가) 이사 또는 감사의 경우에는 주주총회의사록을 첨부하여야 하고(상법 제382조 1항, 409조 1항), 대표이사의 경우에는 원칙적으로 이사회의사록을 첨부하여야 하지만 정관에 따라 주주총회에서 해임한 때에는 주주총회의사록을 첨부하여야 하고(상법 제389조 1항 본문), 감사위원회 위원의 경우에는 원칙적으로 이사회의사록을 첨부하여야 한다(상법 제393조의2 2항 3호, 415조의2 3항).

(나) 자본금의 총액이 10억원 미만인 회사가 주주 전원의 동의를 받아 서면결의의 방법으로(상법 제363조 제4항) 이사, 대표이사(정관에 따라 주주총회에서 대표이사를 선정하는 경우에 한한다) 또는 감사를 해임한 경우에는 주주명부, 주주 전원의 서면결의에 대한 동의서 및 인감증명법에 따른 인감증명서를 첨부하여야 한다.

(다) 주주가 1인인 주식회사의 1인 주주가 주주총회의 소집 절차(상법 제362조, 제363조 등)를 거치지 않고 이사들이 참석하지도 아니한 상태에서 주주총회를 개최하여 어느 이사를 해임하는 결의를 한 경우, 그로 인한 변경등기의 신청서에는 1인 주주만이 기명날인 또는 서명한 주주총회 의사록을 인증받아(공증인법 제66조의2) 첨부할 수 있다(상업등기선례200705-5, 2007. 5. 25. 공탁상업등기과-533 질의회답).

(라) 사외이사가 일정 수 이상이 되도록 하여야 하는 주권상장법인의 사외이사가 당해 법인과 법률자문계약을 체결하여 그 직을 상실한 경우, 퇴임을 증명하는 서면으로서 '사외이사가 당해 법인과 법률자문계약을 체결하였음을 증명하는 서면'을 첨부하여 퇴임으로 인한 변경등기를 신청할 수 있고, 그 신청서에 등기의 사유로서 이사가 퇴임한 뜻을 기재하면 된다(상업등기선례200706-3, 2007. 6. 20. 공탁상업등기과-685 질의회답).

사. 등록면허세 등

(1) 등록면허세

(가) 이사 등의 취임 및 퇴임등기를 신청하는 경우에는 40,200원의 등록면허세와 등록

면허세의 100분의 20에 해당하는 지방교육세를 납부하여야 한다. 수인의 이사 등이 취임등기를 일괄하여 신청하는 경우에는 이를 1건으로 보기 때문에 1건의 등록면허세 및 지방교육세를 납부하면 된다.

상호·목적·임원 등기 등 각종 변경등기신청을 동시에 신청하는 경우 변경사항 별로 각각의 등록세를 합산하여 납부한다. 다만 동일한 변경사항이 수개인 경우에는 1건의 등록세만 납부한다.

예 : 임원, 목적, 상호 변경등기를 일괄신청하는 경우에는 등록세 3건을 납부한다. 이 경우 수인의 임원 또는 수개의 목적을 변경하더라도 이는 1건으로 납부한다(등기예규 제1038호).

(나) 등록세는 직접 관할 관청에 납부할 수 있으며(등기예규 제1612호) 또는 지방세 인터넷 납부시스템 위택스(www. wetax. go. kr)에 의하여도 납부할 수 있다. 납부 후 등록면허세영수필확인서를 "신청등기소 및 등록면허세/수수료"란에 붙인다.

(2) 등기신청수수료

서면제출의 경우에는 6,000원의 신청수수료를 납부하여야 한다(수수료규칙 제5조의3 제2항 본문). 다만 전자신청의 경우에는 2,000원, 전자표준양식에 의한 신청의 경우에는 4,000원의 수수료를 납부하여야 한다(수수료규칙 제5조의5 제4항).

수개의 등기사항을 일괄하여 하나의 신청서로써 등기신청을 하는 경우에는 각 등기의 목적에 따른 소정의 신청수수료를 합산한 금액을 등기신청수수료로 납부하여야 한다.

회사의 「상호」·「본점」·「목적」·「공고방법」·「존립기간」·「액면주식 1주의 금액」·「발행할 주식의 총수」·「발행주식의 총수와 그 종류 및 각각의 수」 등의 변경등기를 일괄하여 하나의 등기신청서로써 신청하는 경우에는 각각의 등기신청수수료를 합산한 금액을 납부하여야 한다. 다만, 수인의 이사, 대표이사, 감사 등 임원의 퇴임 또는 취임으로 인한 변경등기는 이를 일괄하여 하나의 임원변경등기신청으로 본다(등기예규 제1629호).

납부방법은 대한민국법원 인터넷등기소(http://www. iros. go. kr/)를 이용하여 전자적 방법으로 등기신청수수료를 납부할 수 있으며, 인터넷등기소에서 사용 가능한 카드사의 신용카드에 의한 결제, 지정 금융기관의 계좌이체, 선불형 지불수단 등에 의한 결제 방식에 의하고, 영수필확인서를 출력하여 등록면허세/수수료란에 붙인다(등기예규 제1576호). 또 다른 방법은 직접 법원구내 및 등기소 가까운 금융기관(농협, 신한은행)에 납부하고 그 영수필확인서를 등록면허세/수수료"란에 붙인다.

아. 공증(인증)

(1) 개 설

법인의 변경등기 시에는 회사의 자본금 총액이 10억원 미만이든 이상이든 공증인의 인증을 반드시 받아야 한다. 따라서 서면결의서에 의한 변경등기(628면 참조) 또는 이사의 결정서에 의하여 하는 변경등기 외에는 반드시 의사록에 공증(인증)을 받아야 한다. 공증(인증)에 관한 구체적설명 627면 참조

(2) 공증 시 준비서류

이사회의사록 또는 주주총회의사록, 주주명부 각 3부와 법인인감증명서 및 등기부등본 각1부를 준비하고, 공증사무소에서 진술서 및 공증용 위임장에 대표이사 및 출석이사의 인감을 날인하고 개인임감증명을 첨부하여야 한다.

의사록의 공증(인증)료는 건당 30,000원이다.

[사례] 주식회사 변경등기신청서(이사 1인 임기만료로 퇴임하고 선임)

주식회사 변경등기신청

접 수	년 월 일	처리인	등기관확인	각종통지
	제 호			

상 호	주식회사 디젠아이엔	등기번호	제345678호
본 점	서울 ○○구 ○○로123길 14		
등 기 의 목 적	이사 변경 등기		
등 기 의 사 유	본 회사의 사내이사 권두칠은 20○○년 ○월 ○일 임기만료로 퇴임하고 같은 날 임시주주총회에서 다음 사람이 이사로 선임되어, 같은날 취임하였으므로 그 등기를 구함.		
본/지점 신청구분	1. 본점신청 □ 2. 지점신청 □ 3. 본·지점 일괄신청 □		
등 기 할 사 항			
대표이사또는대표집행임원·이사·집행임원·감사 등의 퇴임·취임 등과 그 연월일	1) 사내이사 권두칠 000000-0000000 (20○○년 ○월 ○일 퇴임) 2) 사내이사 김종필 000000-0000000 (20○○년 ○월 ○일 취임)		
기 타			

신청등기소 및 등록면허세/수수료

순번	신청등기소	구분	등록면허세 / 지방교육세	농어촌 특별세	세액합계	등기신청수수료
			금 40,200원		금 48,240원	금 6,000원
			금 8,040원			
합 계						
등기신청수수료 은행수납번호						

첨 부 서 면

1. 주주총회의사록 또는 이사회의사록(해임, 선임 등의 경우) 1통	1. 인감신고서(대표이사선임의 경우) 1통
1. 취임승낙서(인감증명서 포함) 1통	1. 등록면허세영수필확인서 1통
1. 주민등록표등본(선임한 경우) 1통	1. 위임장(대리인이 신청할 경우) 1통
1. 정관(필요한 경우) 1통	<기 타>

년 월 일

신청인 상 호 주식회사 디젠아이엔
본 점 서울 ○○구 ○○로123길 14
대표이사 성 명 이 택 수 (인) (전화 : 555-1234)
주 소 서울 ○○구 ○○로234길 50
대리인 성 명 법무사 정 동 진 (인) (전화 : 345-4567)
주 소 서울 서초구 서초로77길 33

○○지방법원 ○○등기소 귀중

- 신청서 작성요령 -

1. 해당란이 부족할 때에는 별지를 이용합니다.
1. 해당 등기신청과 관계없는 사항에 대하여는 "해당없음"으로 기재하거나 삭제하고, 필요한 사항은 추가 기재합니다.
1. 「인감증명법」에 따른 인감증명서 제출과 함께 관련 서면에 인감을 날인하여야 하는 경우, 본인서명사실확인서를 제출하고 관련 서면에 서명을 하거나 전자본인서명확인서 발급증을 제출하고 관련 서면에 서명을 하면 인감증명서를 제출하고 관련 서면에 인감을 날인한 것으로 봅니다.

(용지규격 21㎝× 29.7㎝)

[사례] 임시주주총회의사록

임시주주총회의사록

20○○년 ○월 ○일 오전 ○시 본점 회의실에서 임시주주총회를 개최하다.

주식총수 10,000주 주주총수 4명

출석주주수 3명 이의주식수 9,000주

의장인 대표이사 이택수는 정관규정에 따라 의장석에 등단하여 위와 같이 법정원수에 달하는 주주가 출석하였으므로 본 총회가 적법히 성립됨을 알리고 개회를 선언한 후 다음 의안을 부의하고 심의를 구하다.

의안 : 이사 선임의 건

의장은 사내이사 권두칠은 20○○년 ○월 ○일 임기민료로 퇴임하고 금일 총회에서 이사를 보선하여야 한다고 상세히 설명한바, 출석한 주주전원 일치되이 다음 사람을 이사로 선임하다.

사내이사 김종필

위 피선자는 즉시 그 취임을 승낙하다.

이상으로서 금일의 의안이 전부 심의 종료되었으므로 의장은 폐회를 선언하다.

(폐회시간 오전 11시 30분)

위 결의를 명확히 하기 위하여 이 의사록을 작성하고 의장과 출석한 이사가 아래에 기명날인하다.

20○○년 ○월 ○일

주식회사 디젠아이엔

의 장 대표이사 이 택 수 (인)

사내이사 ○ ○ ○ (인)

사내이사 ○ ○ ○ (인)

※ 이사는 주주총회에서 선임하고(상법 제382조제1항), 출석한 주주의 의결권의 과반수와 발행주식총수의 1/4이상의 수로써 선임한다(상법 제368조제1항).

※ 이사는 주주총회에서 선임하므로 이사 2인 이하인 회사도 위 신청서나 의사록 작성방식은 같다. 다만, 이사 2인 이하인 회사는 대표이사라고 "대표권있는 사내이사" 또는 "사내이사"라 기재한다(등기부등본 참조).

※ 주주총회, 이사회의 의사록에 기명날인을 할 이사 및 감사 : 주식회사 주주총회의 의사록에는 의장과 출석한 이사(또는 청산인)가 각 기명날인을 하여야 하는바, 여기서의 출석한 이사는 당해 주주총회가 개최되고 있는 동안 이사로서의 자격이 있는 자 중 주주총회에 출석한 자 전원을 말한다. 따라서 주주총회에서 이사 개선의 결의가 있을 경우 전임이사 및 후임이사 중 누가 기명날인을 하는가 하는 것은 그 주주총회가 개최될 당시 누가 이사의 자격이 있는가 하는 문제로서 경우에 따라 다를 것이나, 다만 주주총회가 개최되고 있는 동안 전임이사의 임기가 종료되고 후임이사가 취임승낙을 하여 임기가 개시되었다면 전임이사와 후임이사 모두가 기명날인을 하여야 할 것이며, 후임이사의 임기가 주주총회 종결 이후부터 개시되었다면 그 자는 아직 이사의 자격이 없어 기명날인을 할 수 없을 것이다. 그러나 형식적 심사권 밖에 없는 등기공무원으로서는 주주총회 당시 전임이사가 출석을 하였는가 하는 것은 주주총회의 의사록에 의하여 판단할 수밖에 없는 것이며, 따라서 그 의사록에 전임이사가 출석하였다는 취지가 기재되어 있지 않은 한, 전임이사의 기명날인이 없는 의사록을 첨부하여 등기를 신청한 경우에도 이를 수리할 수밖에 없다(상업등기선례 제1-74호, 1994. 4. 1. 등기 3402-305 질의회답). 기명날인의 경우 막도장으로도 가능하다.

[사례] 주주총회 소집절차 생략동의서

주주총회 소집절차 생략동의서

본 회사는 자본금 10억원 미만인 회사이므로 상법 제363조 제4항에 의하여 20○○년 ○월 ○일 10: 00에 개최되는 임시주주총회 건에 대하여 주주전원은 소집절차없이 개최하는 것에 동의합니다.

20○○년 ○월 ○일

주식회사 ○○

주주 ○ ○ ○ (인)

주주 ○ ○ ○ (인)

※ 자본금 총액이 10억원 미만인 회사는 주주 전원의 동의가 있을 경우에는 소집절차 없이 주주총회를 개최할 수 있다(상법 제363조 제4항).

[사례] 취임승낙서

취 임 승 낙 서

본인은 20○○년 ○월 ○일 귀 회사의 임시주주총회의 결의에 의하여 이사로 선임되었으므로 그 취임을 승낙합니다.

20○○년 ○월 ○일

사내이사 김 종 필 (인)

주식회사 디젠아이엔 귀중

※ 취임승낙서에는 취임자의 인감도장을 날인하고 인감증명법에 의하여 신고한 인감증명서나 본인서명사실확인서 또는 전자본인서명확인서를 첨부하여야 한다(112면 참조). 이사는 취임승낙서에 사내이사, 사외이사로 구분하여 표시하도록 한다. 취임승낙하는 임원이 여러 명인 경우 1장의 서면에 모두 작성할 수도 있다.

[사례] 주주명부

주 주 명 부				
주 주	주 소	인수주식수	1주금액	납 입 금 액
이택수	서울시 ○○구 ○○로987길 6 www.asd45@hanmail.com	○주	금 500원	금000,000원
○○○	서울시 ○○구 ○○로876길 5 www.wer88@hanmail.com	○주	금 500원	금000,000원
이하생략				
합 계		○주		금000,000원
위 주주명부는 본사에 비치된 주주명부와 대조하여 틀림이 없음을 증명합니다. 20○○년 ○월 ○일				
상 호	주식회사 디젠아이엔			
본 점	서울 ○○구 ○○로123길 14			
대표이사	이 택 수			

※ 전자주주명부제도

○ 회사는 정관에서 정하는 바에 따라 전자문서로 주주명부를 작성할 수 있다(상법 제352조의2제1항). 전자주주명부에는 상법 제352조제1항의 기재사항 외에 전자우편주소를 적어야 한다.

○ 개정법은 기업경영의 IT화를 위하여 주주총회에 직접 참석하거나 대리인에게 투표를 위임하지 않더라도 전자서명 등 본인인증절차를 거쳐 인터넷으로 의결권을 행사하는 전자투표제도가 도입됐다(상법 제368조의4, 제382조의2).

[사례] 주식회사 변경등기신청서(이사 2인 임기만료로 퇴임하고 선임)

주식회사 변경등기신청

접 수	년 월 일	처리인	등기관확인	각종통지
	제 호			

상 호	주식회사 디지털프로	등기번호	제456789호
본 점	서울 ○○구 ○○로123길 14		
등 기 의 목 적	이사 변경 등기		
등 기 의 사 유	본 회사의 사내이사 유정수, 사내이사 오철민은 20○○년 ○월 ○일 임기만료로 퇴임하고 같은 날 임시주주총회에서 다음 사람 등이 이사로 선임되어, 같은날 취임하였으므로 그 등기를 구함.		
본/지점 신청구분	1. 본점신청 □ 2. 지점신청 □ 3. 본·지점 일괄신청 □		
등 기 할 사 항			
대표이사또는대표집행임원·이사·집행임원·감사 등의 퇴임·취임 등과 그 연월일	1) 사내이사 유정수 00000-000000 (20○○년 ○월 ○일 퇴임) 사내이사 오철민 00000-000000 (20○○년 ○월 ○일 퇴임) 2) 사내이사 김홍풍 00000-000000 (20○○년 ○월 ○일 취임) 사내이사 김동성 00000-000000 (20○○년 ○월 ○일 취임)		
기 타			

<table>
<tr><td colspan="7">신청등기소 및 등록면허세/수수료</td></tr>
<tr><td rowspan="2">순번</td><td rowspan="2">신청등기소</td><td rowspan="2">구분</td><td>등록면허세</td><td rowspan="2">농어촌
특별세</td><td rowspan="2">세액합계</td><td rowspan="2">등기신청수수료</td></tr>
<tr><td>지방교육세</td></tr>
<tr><td rowspan="2"></td><td rowspan="2"></td><td rowspan="2"></td><td>금 40,200원</td><td rowspan="2"></td><td rowspan="2">금 48,240원</td><td rowspan="2">금 6,000원</td></tr>
<tr><td>금 8,040원</td></tr>
<tr><td colspan="3" rowspan="2">합 계</td><td></td><td rowspan="2"></td><td rowspan="2"></td><td rowspan="2"></td></tr>
<tr><td></td></tr>
<tr><td colspan="4">등기신청수수료 은행수납번호</td><td colspan="3"></td></tr>
<tr><td colspan="7">첨 부 서 면</td></tr>
<tr><td colspan="4">1. 주주총회의사록 또는 이사회 의사록(해임, 선임 등의 경우) 통
1. 취임승낙서(인감증명서 포함) 통
1. 주민등록표등본(선임한 경우) 통
1. 정관(필요한 경우) 통</td><td colspan="3">1. 인감신고서(대표이사선임의 경우) 통
1. 등록면허세영수필확인서 1통
1. 위임장(대리인이 신청할 경우) 1통
<기 타></td></tr>
<tr><td colspan="7">년 월 일

신청인 상 호 주식회사 디지털프로
본 점 서울시 ○○구 ○○로123길 14
대표이사 성 명 박 남 진 (인) (전화 : 555-1234)
주 소 서울시 ○○구 ○○로234길 50
대리인 성 명 법무사 정 동 진 (인) (전화 : 345-4567)
주 소 서울시 서초구 서초로77길 33

○○지방법원 ○○등기소 귀중</td></tr>
</table>

- 신청서 작성요령 -

1. 해당란이 부족할 때에는 별지를 이용합니다.
1. 해당 등기신청과 관계없는 사항에 대하여는 "해당없음"으로 기재하거나 삭제하고, 필요한 사항은 추가 기재합니다.
1. 「인감증명법」에 따른 인감증명서 제출과 함께 관련 서면에 인감을 날인하여야 하는 경우, 본인서명사실확인서를 제출하고 관련 서면에 서명을 하거나 전자본인서명확인서 발급증을 제출하고 관련 서면에 서명을 하면 인감증명서를 제출하고 관련 서면에 인감을 날인한 것으로 봅니다.

(용지규격 21㎝× 29.7㎝)

[사례] 임시주주총회의사록

임시주주총회의사록

20○○년 ○월 ○일 오전 ○시 본점 회의실에서 임시주주총회를 개최하다.

주식총수	10,000주	주주총수	3명
출석주주수	3명	이의주식수	10,000주

의장 대표이사 박남진은 정관규정에 따라 의장석에 등단하여 위와 같이 법정원수에 달하는 주주가 출석하였으므로 본 총회가 적법히 성립됨을 알리고 개회를 선언한 후 다음 의안을 부의하고 심의를 구하다.

의안 : 이사 선임의 건

의장은 사내이사 유정수, 사내이사 오철민은 20○○년 ○월 ○일 임기만료로 퇴임하고 금일 총회에서 이사를 보신하여야 한다고 상세히 설명한바, 출석한 주주전원 일치되어 다음 사람을 이사로 선임하다.

사내이사 김홍풍

사내이사 김동성

위 피선자 등은 즉시 그 취임을 승낙하다.

이상으로서 금일의 의안이 전부 심의 종료되었으므로 의장은 폐회를 선언하다.

(폐회시간 오전 11시 30분)

위 결의를 명확히 하기 위하여 이 의사록을 작성하고 의장과 출석한 이사가 아래에 기명날인하다.

20○○년 ○월 ○일

주식회사 디지털프로

의 장 대표이사 박 남 진 (인)

사내이사 ○ ○ ○ (인)

사내이사 ○ ○ ○ (인)

※ 이사는 주주총회에서 선임하고(상법 제382조제1항), 출석한 주주의 의결권의 과반수와

발행주식총수의 1/4이상의 수로써 선임한다(상법 제368조제1항).

※ 주주총회, 이사회의 의사록에 기명날인을 할 이사 및 감사 : 106면 참조.

[사례] 주주총회 소집절차 생략동의서

주주총회 소집절차 생략동의서

본 회사는 자본금 10억원 미만인 회사이므로 상법 제363조 제4항에 의하여 20○○년 ○월 ○일 10: 00에 개최되는 임시주주총회 건에 대하여 주주전원은 소집절차없이 개최하는 것에 동의합니다.

20○○년 ○월 ○일

주식회사 ○○

주주 ○ ○ ○ (인)

주주 ○ ○ ○ (인)

주주 ○ ○ ○ (인)

※ 자본금 총액이 10억원 미만인 회사는 주주 전원의 동의가 있을 경우에는 소집절차 없이 주주총회를 개최할 수 있다(상법 제363조 제4항).

[사례] 취임승낙서

취 임 승 낙 서

본인 등은 20○○년 ○월 ○일 귀 회사 임시주주총회에서 이사로 각각 선임되었으므로 그 취임을 승낙합니다.

20○○년 ○월 ○일

사내이사 김 흥 풍 (인)
사내이사 김 동 성 (인)

주식회사 디지털프로 귀중

※ 취임승낙서에는 취임자의 인감도장을 날인하고 인감증명법에 의하여 신고한 인감증명서나 본인서명사실확인서 또는 전자본인서명확인서를 첨부하여야 한다(112면 참조). 이사는 취임승낙서에 사내이사, 사외이사로 구분하여 표시하도록 한다.

[사례] 주주명부

주 주 명 부				
주 주	주 소	인수주식수	1주금액	납 입 금 액
박남진	서울시 ○○구 ○○로987길 6 www.asd45@hanmail.com	○주	금 500원	금000,000원
○○○	서울시 ○○구 ○○로876길 5 www.wer88@hanmail.com	○주	금 500원	금000,000원
이하생략				
합 계		○주		금000,000원
위 주주명부는 본사에 비치된 주주명부와 대조하여 틀림이 없음을 증명합니다. 20○○년 ○월 ○일				
상 호	주식회사 디지털프로			
본 점	서울 ○○구 ○○로123길 14			
대표이사	박 남 진			

※ 전자주주명부제도

○ 회사는 정관에서 정하는 바에 따라 전자문서로 주주명부를 작성할 수 있다(상법 제352조의2제1항). 전자주주명부에는 상법 제352조제1항의 기재사항 외에 전자우편주소를 적어야 한다.

○ 개정법은 기업경영의 IT화를 위하여 주주총회에 직접 참석하거나 대리인에게 투표를 위임하지 않더라도 전자서명 등 본인인증절차를 거쳐 인터넷으로 의결권을 행사하는 전자투표제도가 도입됐다(상법 제368조의4, 제382조의2).

[사례] 주식회사 변경등기신청서(이사 정기총회 종결일에 퇴임 및 보선)

주식회사변경등기신청

<table>
<tr><td rowspan="2">접 수</td><td>년 월 일</td><td rowspan="2">처리인</td><td>등기관확인</td><td>각종통지</td></tr>
<tr><td>제 호</td><td></td><td></td></tr>
</table>

<table>
<tr><td>상 호</td><td>명성건설 주식회사</td><td>등기번호</td><td></td></tr>
<tr><td>본 점</td><td colspan="3">서울특별시 서초구 서초로82길 26(서초동)</td></tr>
<tr><td>등기의 목적</td><td colspan="3">사내이사 변경등기</td></tr>
<tr><td>등기의 사 유</td><td colspan="3">사내이사 장동구는 20○○년 ○월 ○일 임기만료이나 정관 제○조의 규정에 따라 정기주주총회 종결일인 20○○년 ○월 ○일 퇴임하고 같은 날 정기주주총회에서 다음 사람이 사내이사로 선임되어 취임하였으므로 그 등기를 구함</td></tr>
<tr><td>본/지점
신청구분</td><td colspan="3">1. 본점신청 □ 2. 지점신청 □ 3. 본·지점 일괄신청 □</td></tr>
<tr><td colspan="4">등 기 할 사 항</td></tr>
<tr><td>이사·감사 등의 퇴임·취임 등과 그 연월일</td><td colspan="3">1) 사내이사 장동구(00000 - 00000) 20○○년 3월 25일 퇴임
2) 사내이사 김정열(00000 - 00000) 20○○년 3월 25일 취임</td></tr>
<tr><td>기 타</td><td colspan="3"></td></tr>
</table>

<table>
<tr><td colspan="7">신청등기소 및 등록면허세/수수료</td></tr>
<tr><td rowspan="2">순번</td><td rowspan="2">신청등기소</td><td rowspan="2">구분</td><td>등록면허세</td><td rowspan="2">농어촌 특별세</td><td rowspan="2">세액합계</td><td rowspan="2">등기신청수수료</td></tr>
<tr><td>지방교육세</td></tr>
<tr><td rowspan="2"></td><td rowspan="2"></td><td rowspan="2"></td><td>금 40,200원</td><td rowspan="2">금 원</td><td rowspan="2">48,240원</td><td rowspan="2">금 6,000원</td></tr>
<tr><td>금 8,040원</td></tr>
<tr><td rowspan="2"></td><td rowspan="2"></td><td rowspan="2"></td><td></td><td rowspan="2"></td><td rowspan="2"></td><td rowspan="2"></td></tr>
<tr><td></td></tr>
<tr><td colspan="3" rowspan="2">합 계</td><td></td><td rowspan="2"></td><td rowspan="2">금48,240원</td><td rowspan="2">금 6,000원</td></tr>
<tr><td></td></tr>
<tr><td colspan="4">등기신청수수료 납부번호</td><td colspan="3"></td></tr>
<tr><td colspan="7">첨 부 서 면</td></tr>
<tr><td colspan="4">1. 정관(필요한 경우) 통
1. 정기주주총회의사록 통
1. 취임승낙서(인감증명서 포함) 통
1. 주민등록표등(초)본(선임한 경우) 통</td><td colspan="3">1. 등록면허세영수필확인서 통
1. 위임장(대리인이 신청할 경우) 통
<기 타></td></tr>
<tr><td colspan="7">년 월 일
신청인 상 호 명성건설 주식회사
본 점 서울특별시 서초구 서초로82길 26(서초동)
대표자 성 명 박 정 대 (인) (전화 : 992-1577)
주 소 서울특별시 서초구 서초로90길 11(서초동)
대리인 성 명 법무사 김 정 길 (인) (전화 : 02-329-9783)
주 소 서울시 서초로244길25 (서초동)
서울중앙지방법원 등기국 귀중</td></tr>
</table>

- 신청서 작성요령 -

1. 해당란이 부족할 때에는 별지를 이용합니다.
1. 해당 등기신청과 관계없는 사항에 대하여는 "해당없음"으로 기재하거나 삭제하고, 필요한 사항은 추가 기재합니다.
1. 「인감증명법」 에 따른 인감증명서 제출과 함께 관련 서면에 인감을 날인하여야 하는 경우, 본인서명사실확인서를 제출하고 관련 서면에 서명을 하거나 전자본인서명확인서 발급증을 제출하고 관련 서면에 서명을 하면 인감증명서를 제출하고 관련 서면에 인감을 날인한 것으로 봅니다.

(용지규격 21㎝× 29.7㎝)

※ 이 사례는 정관 중 이사에 관한 임기규정에 "이사의 임기가 재임 중 최종의 결산기에 관한 정기주주총회의 종결 전에 끝날 때에는 그 정기주주총회의 종결에 이르기까지

그 임기를 연장한다."고 되어 있는 경우에 이사가 퇴임하는 경우이다.

※ 취임하는 임원을 등기할 때에는 주민등록번호를 적어야 한다(법인의 등기사항에 관한 특례법 제2조). 주민등록번호가 없는 재외국민 또는 외국인인 경우에는 주민등록번호를 대신하여 그 생년월일을 등기하여야 한다(법인등의 등기사항에 관한 특례규칙 제2조).

[사례] 정기주주총회의사록

정기주주총회의사록

20○○년 ○월 ○일 오전 ○시 본점 회의실에서 정기주주총회를 개최하다.

주식총수 10,000주 주주총수 3명
출석주주수 3명 이의주식수 10,000주

대표이사 박정대는 정관규정에 따라 의장석에 착석하여 위와 같이 법정원수에 달하게 출석하였으므로 본 총회가 적법히 성립됨을 알리고 개회를 선언한 후 다음 의안을 부의하고 심의를 구하다.

제1호 의안 : 결산보고 승인의 건
의장은 별도 배부한 20○○년 ○월 ○일 ~ 20○○년 ○월 ○일까지 영업 대차대조표, 손익계산서, 이익잉여금 처분 안을 상정하고 그 의결을 구함으로써 주주전원 만장일치로 원안대로 승인가결하다.

제2호 의안 : 이사 선임의 건
의장은 본 회사의 사내이사 김정열은 정관 제○조의 규정에 따라 정기주주총회 종결일인 금일 임기만료로 퇴임함에 따라 금일 총회에서 이사를 보선하여야 한다고 상세히 설명한바, 출석한 주주전원 일치되어 다음 사람을 사내이사로 선임하다.
사내이사 김정열
위 피선자는 즉시 그 취임을 승낙하다.

이상으로서 금일의 의안 전부를 심의 종료하였으므로 의장은 폐회(오전 11시 30

분)를 선언하다.

위 결의를 명확히 하기 위하여 이 의사록을 작성하고 의장과 출석한 이사 아래에 각 기명날인하다.

20○○년 ○월 ○일

명성건설 주식회사
의 장 대표이사 박 정 대 (인)
사내이사 김 정 열 (인)
사내이사 주 영 훈 (인)

※ 정관 중 이사에 관한 임기규정에 "이사의 임기가 재임 중 최종의 결산기에 관한 정기주주총회의 종결 전에 끝날 때에는 그 정기주주총회의 종결에 이르기까지 그 임기를 연장한다."고 되어 있는 경우에는 임시주주총회가 아닌 정기주주총회의 의사록을 작성하여야 한다.

※ 정관에 최종의 결산기에 관한 정기주주총회의 종결에 이르기까지 임기를 연장할 수 있다는 임기연장 규정이 있고 정기주주총회가 적기에 개최된 경우 퇴임한 이사의 임기가 최종 결산기 말일과 당해 결산기에 관한 정기주주총회 사이에 만료된 때라면 이사의 퇴임(중임을 포함한다)연월일은 정기주주총회의 종결일로 기재하여야 한다. 다만, 결산기 말일 이전에 임기가 만료된 경우에는 적용되지 아니 한다(등기예규 제1538호 제2조제3항).

※ 여기서 "정관으로 그 임기 등의 최종의 결산기에 관한 정기주주총회의 종결에 이르기까지 연장할 수 있다"고 함은 임원의 임기가 최종의 결산기 말일로부터 당해 결산기에 관한 정기주주총회 종결일까지 만료되는 경우에 정관으로 그 임기를 당해 정기주주총회 종결일까지 연장할 수 있다는 뜻이고 결산기 말일 이전에 임기가 만료되는 경우에는 위 연장 규정을 적용할 수 없다(등기예규 제282호).

※ 원래 1980. 2. 9에 임기가 만료되는 이사가 상법 제383조 제3항과 정관의 규정에 의하여 최종의 결산기(1979. 12. 31에 종료)에 관한 정기주주총회의 종결일(1980. 2. 11)까지 그 임기가 연장되고 그 총회 종결일에 중임되어 그 퇴임 및 중임의 등기를 신청함에 있어서는 그 퇴임 및 중임일자를 총회 종결일인 1980. 2. 11로 기재하여야 한다(등기선례1-865, 80. 4. 9 등기 제148호).

※ 정기주주총회 의사록에는 제1호 의안으로 결산보고승인의 건을, 제2호 의안으로는 이사 등의 선임의 건을 작성하여야 한다.

※ 이사 감사는 주주총회의 보통결의 즉, 출석한 주주의 의결권의 과반수와 발행주식총수의 1/4이상의 수로써 선임한다(상법 제368조 제1항, 제382조 제1항).

※ 주주총회에 관한 사항 : 79면 참조

※ 의사록의 인증 : 117면 참조

※ 주주총회, 이사회의 의사록에 기명날인을 할 이사 및 감사 : 106면 참조

[사례] 주주총회 소집절차 생략동의서

주주총회 소집절차 생략동의서

본 회사는 사본금 10억원 미만인 회사이므로 상법 제363조 제4항에 의하여 20○○년 ○월 ○일 10: 00에 개최되는 정기주주총회 건에 대하여 주주전원은 소집절차없이 개최하는 것에 동의합니다.

20○○년 ○월 ○일

주식회사 ○○

주주 ○ ○ ○ (인)

주주 ○ ○ ○ (인)

주주 ○ ○ ○ (인)

※ 자본금 총액이 10억원 미만인 회사는 주주 전원의 동의가 있을 경우에는 소집절차 없이 주주총회를 개최할 수 있다(상법 제363조 제4항).

[사례] 취임승낙서

<table><tr><td>

취 임 승 낙 서

본인은 귀 회사의 20○○년 ○월 ○일 정기주주총회 결의에 의하여 사내이사로 선임되었으므로 그 취임을 승낙합니다.

20○○년 ○월 ○일

사내이사 김 정 열 (인)

명성건설 주식회사 귀중

</td></tr></table>

※ 취임승낙서에는 취임자의 인감도장을 날인하고 인감증명법에 의하여 신고한 인감증명서나 본인서명사실확인서 또는 전자본인서명확인서를 첨부하여야 한다(112면 참조). 이사는 취임승낙서에 사내이사, 사외이사로 구분하여 표시하도록 한다.

[사례] 주주명부

주 주 명 부				
주 주	주 소	인수주식수	1주금액	납 입 금 액
박정대	서울시 ○○구 ○○로987길 6 www.asd45@hanmail.com	○주	금 500원	금000,000원
○○○	서울시 ○○구 ○○로876길 5 www.wer88@hanmail.com	○주	금 500원	금000,000원
이하생략				
합 계		○주		금000,000원
위 주주명부는 본사에 비치된 주주명부와 대조하여 틀림이 없음을 증명합니다. 20○○년 ○월 ○일				
상 호	명성건설 주식회사			
본 점	서울 ○○구 ○○로123길 14			
대표이사	박 정 대			

※ 전자주주명부제도

○ 회사는 정관에서 정하는 바에 따라 전자문서로 주주명부를 작성할 수 있다(상법 제352조의2제1항). 전자주주명부에는 상법 제352조제1항의 기재사항 외에 전자우편주소를 적어야 한다.

○ 개정법은 기업경영의 IT화를 위하여 주주총회에 직접 참석하거나 대리인에게 투표를 위임하지 않더라도 전자서명 등 본인인증절차를 거쳐 인터넷으로 의결권을 행사하는 전자투표제도가 도입됐다(상법 제368조의4, 제382조의2).

[사례] 주식회사 변경등기신청서(이사 1인 사임하고 보선)

주식회사 변경등기신청

접 수	년 월 일	처리인	등기관확인	각종통지
	제 호			

상 호	주식회사 서초닷컴	등기번호	제456789호
본 점	서울 ○○구 ○○로123길 14		
등기의목적	이사 변경 등기		
등기의사유	본 회사의 사내이사 유호영은 20○○년 ○월 ○일 사임하고, 같은 날 임시주주총회에서 다음 사람이 이사로 선임되어, 같은날 취임하였으므로 다음 사항의 등기를 구함.		
본/지점 신청구분	1. 본점신청 □ 2. 지점신청 □ 3. 본·지점 일괄신청 □		
등 기 할 사 항			
대표이사또는대표집행임원·이사·집행임원·감사 등의 퇴임·취임 등과 그 연월일	1) 사내이사 유호영(00000-00000) (20○○년 ○월 ○일 사임) 2) 사내이사 홍길동(00000-00000) (20○○년 ○월 ○일 취임)		
기 타			

신청등기소 및 등록면허세/수수료						
순번	신청등기소	구분	등록면허세 지방교육세	농어촌특별세	세액합계	등기신청수수료
			금 40,200원 금 8,040원		금48,240원	금 6,000원
합 계						
등기신청수수료 은행수납번호						

첨 부 서 면	
1. 주주총회의사록 또는 이사회의사록(해임, 선임 등의 경우) 1통 1. 사임서(인감증명서포함) 1통 1. 취임승낙서(인감증명서 포함) 1통 1. 주민등록표등본(선임한 경우) 1통 1. 정관(필요한 경우) 통	1. 인감신고서(대표이사선임의 경우) 통 1. 등록면허세영수필확인서 1통 1. 위임장(대리인이 신청할 경우) 1통 <기 타>

년 월 일

신청인 상 호 주식회사 서초닷컴

본 점 서울시 ○○구 ○○로123길 14

대표이사 성 명 김 일 근 (인) (전화 : 555-1234)

주 소 서울시 ○○구 ○○로234길 50

대리인 성 명 법무사 정 동 진 (인) (전화 : 345-4567)

주 소 서울시 서초구 서초로77길 33

○○지방법원 ○○등기소 귀중

- 신청서 작성요령 -

1. 해당란이 부족할 때에는 별지를 이용합니다.
1. 해당 등기신청과 관계없는 사항에 대하여는 "해당없음"으로 기재하거나 삭제하고, 필요한 사항은 추가 기재합니다.
1. 「인감증명법」 에 따른 인감증명서 제출과 함께 관련 서면에 인감을 날인하여야 하는 경우, 본인서명사실확인서를 제출하고 관련 서면에 서명을 하거나 전자본인서명확인서 발급증을 제출하고 관련 서면에 서명을 하면 인감증명서를 제출하고 관련 서면에 인감을 날인한 것으로 봅니다.

(용지규격 21㎝× 29.7㎝)

[사례] 임시주주총회의사록

임시주주총회의사록

20○○년 ○월 ○일 오전 ○시 본점 회의실에서 임시주주총회를 개최하다.

주식총수	10,000주	주주총수	3명
출석주주수	3명	이의주식수	10,000주

의장인 대표이사 김일근은 정관규정에 따라 의장석에 등단하여 위와 같이 법정원수에 달하는 주주가 출석하였으므로 본 총회가 적법히 성립됨을 알리고 개회를 선언한 후 다음 의안을 부의하고 심의를 구하다.

의안 : 이사 선임의 건

의장은 사내이사 유호영이 20○○년 ○월 ○일 사임하였으므로, 금일 총회에서 이사를 보선하여야 한다고 상세히 설명한바, 출석한 주주전원 일치되어 다음 사람을 이사로 선임하다.

사내이사 홍 길 동

위 피선자는 즉시 그 취임을 승낙하다.

이상으로서 금일의 의안이 전부 심의 종료되었으므로 의장은 폐회를 선언하다.

(폐회시간 오전 11시 30분)

위 결의를 명확히 하기 위하여 이 의사록을 작성하고 의장과 출석한 이사가 아래에 기명날인하다.

20○○년 ○월 ○일

주식회사 서초닷컴

의 장 대표이사 김 일 근 (인)

사내이사 ○ ○ ○ (인)

사내이사 ○ ○ ○ (인)

※ 이사는 주주총회에서 선임하고(상법 제382조제1항), 출석한 주주의 의결권의 과반수와

발행주식총수의 1/4이상의 수로써 선임한다(상법 제368조제1항).

※ 이사는 주주총회에서 선임하므로 이사 2인 이하인 회사도 위 신청서나 의사록 작성방식은 같다. 다만, 이사 2인 이하인 회사는 대표이사라도 "대표권있는 사내이사" 또는 "사내이사"라 기재한다(등기부등본 참조).

※ 주주총회, 이사회의 의사록에 기명날인을 할 이사 및 감사 : 106면 참조.

[사례] 주주총회 소집절차 생략동의서

주주총회 소집절차 생략동의서

본 회사는 자본금 10억원 미만인 회사이므로 상법 제363조 제4항에 의하여 20○○년 ○월 ○일 10: 00에 개최되는 임시주주총회 건에 대하여 주주전원은 소집절차없이 개최하는 것에 동의합니다.

20○○년 ○월 ○일

주식회사 ○○

주주 ○ ○ ○ (인)

주주 ○ ○ ○ (인)

주주 ○ ○ ○ (인)

※ 자본금 총액이 10억원 미만인 회사는 주주 전원의 동의가 있을 경우에는 소집절차 없이 주주총회를 개최할 수 있다(상법 제363조 제4항).

[사례] 사임서

사 임 서

본인은 귀사의 사내이사인바, 개인 사정으로 그 직을 사임합니다.

20○○년 ○월 ○일

유 호 영 (인)

주식회사 서초닷컴 귀중

※ 사임서에는 사임자의 인감도장을 날인하고 인감증명법에 의하여 신고한 인감증명서나

본인서명사실확인서 또는 전자본인서명확인서를 첨부하여야 한다(112면 참조).

[사례] 취임승낙서

취 임 승 낙 서

본인은 20○○년 ○월 ○일 귀 회사 임시주주총회에서 사내이사로 선임되었으므로 그 취임을 승낙합니다.

20○○년 ○월 ○일

사내이사 홍 길 동 (인)

주식회사 서초닷컴 귀중

※ 취임승낙서에는 취임자의 인감도장을 날인하고 인감증명법에 의하여 신고한 인감증명서나 본인서명사실확인서 또는 전자본인서명확인서를 첨부하여야 한다(112면 참조. 이사는 취임승낙서에 사내이사, 사외이사로 구분하여 표시하도록 한다.

[사례] 주주명부

<table>
<tr><td colspan="5">주 주 명 부</td></tr>
<tr><td>주 주</td><td>주 소</td><td>인수주식수</td><td>1주금액</td><td>납 입 금 액</td></tr>
<tr><td>김일근</td><td>서울시 ○○구 ○○로987길
www.wer88@hanmail.com</td><td>○주</td><td>금 500원</td><td>금000,000원</td></tr>
<tr><td>○○○</td><td>서울시 ○○구 ○○로876길</td><td>○주</td><td>금 500원</td><td>금000,000원</td></tr>
<tr><td>○○○</td><td>서울시 ○○구 ○○로765길</td><td>○주</td><td>금 500원</td><td>금000,000원</td></tr>
<tr><td>○○○</td><td>서울시 ○○구 ○○로654길</td><td>○주</td><td>금 500원</td><td>금000,000원</td></tr>
<tr><td>합 계</td><td></td><td>○주</td><td></td><td>금000,000원</td></tr>
<tr><td colspan="5">위 주주명부는 본사에 비치된 주주명부와 대조하여 틀림이 없음을 증명합니다.
20○○년 ○월 ○일</td></tr>
<tr><td>상 호</td><td colspan="4">주식회사 서초닷컴</td></tr>
<tr><td>본 점</td><td colspan="4">서울 ○○구 ○○로123길 14</td></tr>
<tr><td>대표이사</td><td colspan="4">김 일 근</td></tr>
</table>

※ 전자주주명부제도

○ 회사는 정관에서 정하는 바에 따라 전자문서로 주주명부를 작성할 수 있다(상법 제352조의2제1항). 전자주주명부에는 상법 제352조제1항의 기재사항 외에 전자우편주소를 적어야 한다.

○ 개정법은 기업경영의 IT화를 위하여 주주총회에 직접 참석하거나 대리인에게 투표를 위임하지 않더라도 전자서명 등 본인인증절차를 거쳐 인터넷으로 의결권을 행사하는 전자투표제도가 도입됐다(상법 제368조의4, 제382조의2).

[사례] 주식회사 변경등기신청서(이사 2인 사임하고 보선)

주식회사 변경등기신청

<table>
<tr><td rowspan="2">접 수</td><td>년 월 일</td><td rowspan="2">처리인</td><td>등기관확인</td><td>각종통지</td></tr>
<tr><td>제 호</td><td></td><td></td></tr>
</table>

<table>
<tr><td>상 호</td><td>주식회사 칠성전기</td><td>등기번호</td><td>제456789호</td></tr>
<tr><td>본 점</td><td colspan="3">서울 ○○구 ○○로123길 14</td></tr>
<tr><td>등 기 의 목 적</td><td colspan="3">이사 변경 등기</td></tr>
<tr><td>등 기 의 사 유</td><td colspan="3">본 회사의 사내이사 조동기, 사내이사 이철수는 20○○년 ○월 ○일 사임하고 같은 날 임시주주총회에서 다음 사람이 사내이사로 선임되어, 같은날 취임하였으므로 다음 사항의 등기를 구함.</td></tr>
<tr><td>본/지점 신청구분</td><td colspan="3">1. 본점신청 □ 2. 지점신청 □ 3. 본·지점 일괄신청 □</td></tr>
<tr><td colspan="4">등 기 할 사 항</td></tr>
<tr><td>대표이사또는대표집행임원·이사·집행임원·감사 등의 퇴임·취임 등과 그 연월일</td><td colspan="3">1) 사내이사 조동기(00000-000000) (20○년 ○월 ○일 사임)
사내이사 이철수(00000-000000) (20○년 ○월 ○일 사임)

2) 사내이사 ○○○00000-000000 (20○년 ○월 ○일 취임)
사내이사 ○○○00000-000000 (20○년 ○월 ○일 취임)</td></tr>
<tr><td>기 타</td><td colspan="3"></td></tr>
</table>

신청등기소 및 등록면허세/수수료						
순번	신청등기소	구분	등록면허세 지방교육세	농어촌특별세	세액합계	등기신청수수료
			금 40,200원 금 8,040원		금 48,240원	금 6,000원
합 계						
등기신청수수료 은행수납번호						

첨 부 서 면	
1. 주주총회의사록 또는 이사회의사록(해임, 선임 등의 경우) 통 1. 사임서(인감증명서포함) 통 1. 취임승낙서(인감증명서 포함) 통 1. 주민등록표등본(선임한 경우) 통 1. 정관(필요한 경우) 통	1. 인감신고서(대표이사선임의 경우) 통 1. 등록면허세영수필확인서 1통 1. 위임장(대리인이 신청할 경우) 1통 <기 타>

년 월 일

신청인 상 호 주식회사 칠성전기
본 점 서울 ○○구 ○○로123길 14
대표이사 성 명 강 칠 성 (인) (전화 : 555-1234)
주 소 서울 ○○구 ○○로234길 50
대리인 성 명 법무사 정 동 진 (인) (전화 : 345-4567)
주 소 서울 서초구 서초로77길 33

○○지방법원 ○○등기소 귀중

- 신청서 작성요령 -

1. 해당란이 부족할 때에는 별지를 이용합니다.
1. 해당 등기신청과 관계없는 사항에 대하여는 "해당없음"으로 기재하거나 삭제하고, 필요한 사항은 추가 기재합니다.
1. 「인감증명법」에 따른 인감증명서 제출과 함께 관련 서면에 인감을 날인하여야 하는 경우, 본인서명사실확인서를 제출하고 관련 서면에 서명을 하거나 전자본인서명확인서 발급증을 제출하고 관련 서면에 서명을 하면 인감증명서를 제출하고 관련 서면에 인감을 날인한 것으로 봅니다.

(용지규격 21㎝× 29.7㎝)

[사례] 임시주주총회의사록

임시주주총회의사록

20○○년 ○월 ○일 오전 ○시 본점 회의실에서 임시주주총회를 개최하다.

주식총수	10,000주	주주총수	3명
출석주주수	3명	이의주식수	10,000주

의장인 대표이사 강칠성은 정관규정에 따라 의장석에 등단하여 위와 같이 법정원수에 달하는 주주가 출석하였으므로 본 총회가 적법히 성립됨을 알리고 개회를 선언한 후 다음 의안을 부의하고 심의를 구하다.

의안 : 이사 선임의 건

의장은 사내이사 조동기, 사내이사 이철수는 20○○년 ○월 ○일 사임하고 금일 총회에서 사내이사를 보선하여야 한다고 상세히 설명한바, 출석한 주주전원 일치되어 다음 사람을 사내이사로 선임하다.

사내이사 : 강민수

사내이사 : 홍길동

위 피선자 등은 즉시 그 취임을 승낙하다.

이상으로서 금일의 의안이 전부 심의 종료되었으므로 의장은 폐회를 선언하다.

(폐회시간 오전 11시 30분)

위 결의를 명확히 하기 위하여 이 의사록을 작성하고 의장과 출석한 이사 아래에 기명날인하다.

20○○년 ○월 ○일

주식회사 칠성전기

의 장 대표이사 강 칠 성 (인)

사내이사 ○ ○ ○ (인)

사내이사 ○ ○ ○ (인)

※ 이사는 주주총회에서 선임하고(상법 제382조제1항), 출석한 주주의 의결권의 과반수와

발행주식총수의 1/4이상의 수로써 선임한다(상법 제368조제1항).

※ 이사 2인 이하인 회사도 위 신청서나 의사록 작성방식은 같다. 다만, 이사 2인 이하인 회사는 대표이사라도 "대표권있는 사내이사" 또는 "사내이사"라 기재한다(등기부등본 참조).

※ 주주총회, 이사회의 의사록에 기명날인을 할 이사 및 감사 : 106면 참조.

[사례] 주주총회 소집절차 생략동의서

주주총회 소집절차 생략동의서

본 회사는 자본금 10억원 미만인 회사이므로 상법 제363조 제4항에 의하여 20○○년 ○월 ○일 10: 00에 개최되는 임시주주총회 건에 대하여 주주전원은 소집절차없이 개최하는 것에 동의합니다.

20○○년 ○월 ○일

주식회사 ○○

주주 ○ ○ ○ (인)

주주 ○ ○ ○ (인)

※ 자본금 총액이 10억원 미만인 회사는 주주 전원의 동의가 있을 경우에는 소집절차 없이 주주총회를 개최할 수 있다(상법 제363조 제4항).

[사례] 사임서

<table><tr><td>

사 임 서

본인은 귀사의 사내이사인바, 개인 사정으로 그 직을 사임합니다.

20○○년 ○월 ○일

조 동 기 (인)

주식회사 서초닷컴 귀중

</td></tr></table>

※ 사임서에는 사임자의 인감도장을 날인하고 인감증명법에 의하여 신고한 인감증명서나 본인서명사실확인서 또는 전자본인서명확인서를 첨부하여야 한다(112면 참조).

[사례] 취임승낙서

<table><tr><td>

취 임 승 낙 서

본인은 20○○년 ○월 ○일 귀 회사 임시주주총회에서 사내이사로 각각 선임되었으므로 그 취임을 승낙합니다.

20○○년 ○월 ○일

사내이사 : 강민수 (인)
사내이사 : 홍길동 (인)

주식회사 칠성전기 귀중

</td></tr></table>

※ 취임승낙서에는 취임자의 인감도장을 날인하고 인감증명법에 의하여 신고한 인감증명서나 본인서명사실확인서 또는 전자본인서명확인서를 첨부하여야 한다(112면 참조). 이사는 취임승낙서에 사내이사, 사외이사로 구분하여 표시하도록 한다.

[사례] 주주명부

주 주 명 부				
주 주	주 소	인수주식수	1주금액	납 입 금 액
강칠성	서울시 ○○구 ○○로987길 www.wer88@hanmail.com	○주	금 500원	금000,000원
○○○	서울시 ○○구 ○○로876길	○주	금 500원	금000,000원
○○○	서울시 ○○구 ○○로765길	○주	금 500원	금000,000원
○○○	서울시 ○○구 ○○로654길	○주	금 500원	금000,000원
합 계		○주		금000,000원
20○○년 ○월 ○일				
상 호	주식회사 칠성전기			
본 점	서울 ○○구 ○○로123길 14			
대표이사	강 칠 성			

※ 전자주주명부제도

○ 회사는 정관에서 정하는 바에 따라 전자문서로 주주명부를 작성할 수 있다(상법 제352조의2제1항). 개정 상법은 기업경영의 IT화를 위하여 주주총회에 직접 참석하거나 대리인에게 투표를 위임하지 않더라도 전자서명 등 본인인증절차를 거쳐 인터넷으로 의결권을 행사하는 전자투표제도가 도입됐다(상법 제368조의4, 제382조의2). 이와 함께 주주들이 서면 외에도 이메일 등 전자문서를 통해 주주제안권 및 임시주주총회 소집청구권을 행사할 수 있도록 했다.

[사례] 주식회사 변경등기신청서(이사1인, 감사1인 사임 및 선임)

주식회사 변경등기신청

<table>
<tr><td rowspan="2">접 수</td><td>년 월 일</td><td rowspan="2">처리인</td><td>등기관확인</td><td>각종통지</td></tr>
<tr><td>제 호</td><td></td><td></td></tr>
</table>

<table>
<tr><td>상 호</td><td>주식회사 평화물산</td><td>등기번호</td><td>제456789호</td></tr>
<tr><td>본 점</td><td colspan="3">서울 ○○구 ○○로123길 14</td></tr>
<tr><td>등 기 의 목 적</td><td colspan="3">이사, 감사 변경 등기</td></tr>
<tr><td>등 기 의 사 유</td><td colspan="3">본 회사의 사내이사 신사구, 감사 한남동은 20○○년 ○월 ○일 각 그 직을 사임하고, 같은 날 임시주주총회에서 다음 사람이 이사, 감사로 선임되어, 같은날 취임하였으므로 그 등기를 구함.</td></tr>
<tr><td>본/지점 신청구분</td><td colspan="3">1. 본점신청 □ 2. 지점신청 □ 3. 본·지점 일괄신청 □</td></tr>
<tr><td colspan="4">등 기 할 사 항</td></tr>
<tr><td>대표이사또는대표집행임원·이사·집행임원·감사 등의 퇴임·취임 등과 그 연월일</td><td colspan="3">1) 사내이사 신사구 (00000-00000) (20○년 ○월 ○일 사임)
감 사 한남동 (00000-00000) (20○년 ○월 ○일 사임)

2) 감 사 유상철 (00000-00000) (20○년 ○월 ○일 취임)
감 사 오솔길 (00000-00000) (20○년 ○월 ○일 취임)</td></tr>
<tr><td>기 타</td><td colspan="3"></td></tr>
</table>

<table>
<tr><td colspan="7">신청등기소 및 등록면허세/수수료</td></tr>
<tr><td rowspan="2">순번</td><td rowspan="2">신청등기소</td><td rowspan="2">구분</td><td>등록면허세</td><td rowspan="2">농어촌특별세</td><td rowspan="2">세액합계</td><td rowspan="2">등기신청수수료</td></tr>
<tr><td>지방교육세</td></tr>
<tr><td rowspan="2"></td><td rowspan="2"></td><td rowspan="2"></td><td>금 40,200원</td><td rowspan="2"></td><td rowspan="2">금 48,240원</td><td rowspan="2">금 6,000원</td></tr>
<tr><td>금 8,040원</td></tr>
<tr><td></td><td></td><td></td><td></td><td></td><td></td><td></td></tr>
<tr><td colspan="3" rowspan="2">합 계</td><td></td><td rowspan="2"></td><td rowspan="2"></td><td rowspan="2"></td></tr>
<tr><td></td></tr>
<tr><td colspan="4">등기신청수수료 은행수납번호</td><td colspan="3"></td></tr>
<tr><td colspan="7">첨 부 서 면</td></tr>
<tr><td colspan="4">1. 주주총회의사록 또는 이사회 의사록(해임, 선임 등의 경우) 통
1. 사임서(인감증명서포함) 2통
1. 취임승낙서(인감증명서 포함) 2통
1. 주민등록표등본(신임한 경우) 2통
1. 정관(필요한 경우) 통</td><td colspan="3">1. 인감신고서(대표이사선임의 경우) 통
1. 등록면허세영수필확인서 1통
1. 위임장(대리인이 신청할 경우) 1통
<기 타></td></tr>
<tr><td colspan="7">년 월 일
신청인 상 호 주식회사 평화물산
본 점 서울시 ○○구 ○○로123길 14
대표이사 성 명 유 평 화 (인) (전화 : 555-1234)
주 소 서울시 ○○구 ○○로234길 50
대리인 성 명 법무사 정 동 진 (인) (전화 : 345-4567)
주 소 서울시 서초구 서초로77길 33
○○지방법원 ○○등기소 귀중</td></tr>
</table>

- 신청서 작성요령 -

1. 해당란이 부족할 때에는 별지를 이용합니다.
1. 해당 등기신청과 관계없는 사항에 대하여는 "해당없음"으로 기재하거나 삭제하고, 필요한 사항은 추가 기재합니다.
1. 「인감증명법」에 따른 인감증명서 제출과 함께 관련 서면에 인감을 날인하여야 하는 경우, 본인서명사실확인서를 제출하고 관련 서면에 서명을 하거나 전자본인서명확인서 발급증을 제출하고 관련 서면에 서명을 하면 인감증명서를 제출하고 관련 서면에 인감을 날인한 것으로 봅니다.

(용지규격 21㎝× 29.7㎝)

[사례] 임시주주총회의사록

임시주주총회의사록

20○○년 ○월 ○일 오전 ○시 본점 회의실에서 임시주주총회를 개최하다.

주식총수	100,000주	주주총수	3명
출석주주수	3명	이의주식수	100,000주

의장인 대표이사 유평화는 정관규정에 따라 의장석에 등단하여 위와 같이 법정원수에 달하는 주주가 출석하였으므로 본 총회가 적법히 성립됨을 알리고 개회를 선언하다. 이어 다음 의안을 부의하고 심의를 구하다.

의안 : 임원변경의 건

의장은 사내이사 신사구, 감사 한남동이 20○○년 ○월 ○일 사임하였으므로, 이를 보선하여 줄 것을 말하고, 그 선출방법을 말한바, 무기명 비밀투표로 하자고 출석한 주주전원 일치되어 즉시 투표한즉 다음 사람을 사내이사, 감사로 선임하다.

사내이사 유상철

감　　사 오솔길

위 피선자 등은 즉시 그 취임을 승낙하다.

단, 감사는 상법 제409조를 적용함.

이상으로서 금일의 의안이 전부 심의 종료되었으므로 의장은 폐회를 선언하다.

(종료시간 오전 11시 30분)

위 결의를 명확히 하기 위하여 이 의사록을 작성하고 의장과 출석한 이사가 아래에 기명날인하다.

20○○년 ○월 ○일

주식회사 평화물산

의 장 대표이사 유 평 화 (인)

사내이사 ○ ○ ○ (인)

감　　사 ○ ○ ○ (인)

※ 이사는 주주총회에서 선임하고(상법 제382조제1항), 출석한 주주의 의결권의 과반수와

발행주식총수의 1/4이상의 수로써 선임한다(상법 제368조제1항).

※ 이사는 주주총회에서 선임하므로 이사 2인 이하인 회사도 위 신청서나 의사록 작성방식은 같다. 다만, 이사 2인 이하인 회사는 대표이사라도 "대표권있는 사내이사" 또는 “사내이사”라 기재한다(등기부등본 참조).

※ 주주총회, 이사회의 의사록에 기명날인을 할 이사 및 감사 : 106면 참조.

[사례] 주주총회 소집절차 생략동의서

주주총회 소집절차 생략동의서

본 회사는 자본금 10억원 미만인 회사이므로 상법 제363조 제4항에 의하여 20○○년 ○월 ○일 10: 00에 개최되는 임시주주총회 건에 대하여 주주전원은 소집절차없이 개최하는 것에 동의합니다.

20○○년 ○월 ○일

주식회사 ○○

주주 ○ ○ ○ (인)

주주 ○ ○ ○ (인)

주주 ○ ○ ○ (인)

※ 자본금 총액이 10억원 미만인 회사는 주주 전원의 동의가 있을 경우에는 소집절차 없이 주주총회를 개최할 수 있다(상법 제363조 제4항).

[사례] 사임서

<table>
<tr><td>

사 임 서

본인은 귀 회사의 사내이사인바, 금번 일신상의 사정에 의하여 그 직을 사임합니다.

20○○년 ○월 ○일

신 사 구 (인)

주식회사 평화물산 귀중

</td></tr>
</table>

[사례] 사임서

<table>
<tr><td>

사 임 서

본인은 귀 회사의 감사인바, 금번 일신상의 사정에 의하여 그 직을 사임합니다.

20○○년 ○월 ○일

한 남 동 (인)

주식회사 평화물산 귀중

</td></tr>
</table>

※ 사임서에는 사임자의 인감도장을 날인하고 인감증명법에 의하여 신고한 인감증명서나 본인서명사실확인서 또는 전자본인서명확인서를 첨부하여야 한다(112면 참조).

[사례] 취임승낙서

<table><tr><td>

취 임 승 낙 서

본인 등은 20○○년 ○월 ○일 귀 회사 임시주주총회에서 사내이사와 감사로 각각 선임되었으므로 그 취임을 승낙합니다.

20○○년 ○월 ○일

사내이사 유 상 철 (인)
감 사 오 솔 길 (인)

주식회사 평화물산 귀중

</td></tr></table>

※ 취임승낙서에는 취임자의 인감도장을 날인하고 인감증명법에 의하여 신고한 인감증명서나 본인서명사실확인서 또는 전자본인서명확인서를 첨부하여야 한다(112면 참조). 이사는 취임승낙서에 사내이사, 사외이사로 구분하여 표시하도록 한다.

[사례] 주주명부

주 주 명 부				
주 주	주 소	인수주식수	1주금액	납 입 금 액
유평화	서울시 ○○구 ○○로987길 6 www.wer88@hanmail.com	○주	금 500원	금000,000원
○○○	서울시 ○○구 ○○로876길 5	○주	금 500원	금000,000원
○○○	서울시 ○○구 ○○로765길 4	○주	금 500원	금000,000원
…	- 이하 생략			
합 계		○주		금000,000원
20○○년 ○월 ○일				
상 호	주식회사 평화물산			
본 점	서울 ○○구 ○○로123길 14			
대표이사	유 평 화			

※ 진자주주명부제도

○ 회사는 정관에서 정하는 바에 따라 전자문서로 주주명부를 작성할 수 있다(상법 제352조의2제1항). 전자주주명부에는 상법 제352조제1항의 기재사항 외에 전자우편주소를 적어야 한다.

○ 개정법은 기업경영의 IT화를 위하여 주주총회에 직접 참석하거나 대리인에게 투표를 위임하지 않더라도 전자서명 등 본인인증절차를 거쳐 인터넷으로 의결권을 행사하는 전자투표제도가 도입됐다(상법 제368조의4, 제382조의2).

[사례] 주식회사 변경등기신청서(이사 2인, 감사 1인 사임 및 선임)

주식회사 변경등기신청

접 수	년 월 일	처리인	등기관확인	각종통지
	제 호			

상 호	주식회사 한국전자	등기번호	제567890호
본 점	서울 ○○구 ○○로123길 14		
등 기 의 목 적	이사, 감사 변경 등기		
등 기 의 사 유	본 회사의 사내이사 한동칠, 사내이사 유정길, 감사 남필우는 20○○년 ○월 ○일 각 그 직을 사임하고, 같은 날 임시주주총회에서 다음 사람이 사내이사와 감사로 선임되어, 같은날 취임하였으므로 그 등기를 구함.		
본/지점 신청구분	1. 본점신청 ☐ 2. 지점신청 ☐ 3. 본·지점 일괄신청 ☐		
등 기 할 사 항			
대표이사또는대표집행임원·이사·집행임원·감사 등의 퇴임·취임 등과 그 연월일	1) 사내이사 한동칠 (0000-0000) (20○○년 ○월 ○일 사임) 사내이사 유정길 (0000-0000) (20○○년 ○월 ○일 사임) 감 사 남필우 (0000-0000) (20○○년 ○월 ○일 사임) 2) 사내이사 황정민 (0000-0000) (20○○년 ○월 ○일 취임) 사내이사 조경철 (0000-0000) (20○○년 ○월 ○일 취임) 감 사 유정수 (0000-0000) (20○○년 ○월 ○일 취임)		
기 타			

<table>
<tr><td colspan="7">신청등기소 및 등록면허세/수수료</td></tr>
<tr><td rowspan="2">순번</td><td rowspan="2">신청등기소</td><td rowspan="2">구분</td><td>등록면허세</td><td rowspan="2">농어촌특별세</td><td rowspan="2">세액합계</td><td rowspan="2">등기신청수수료</td></tr>
<tr><td>지방교육세</td></tr>
<tr><td rowspan="2"></td><td rowspan="2"></td><td rowspan="2"></td><td>금 40,200원</td><td rowspan="2"></td><td rowspan="2">금 48,240원</td><td rowspan="2">금 6,000원</td></tr>
<tr><td>금 8,040원</td></tr>
<tr><td colspan="3" rowspan="2">합 계</td><td></td><td rowspan="2"></td><td rowspan="2"></td><td rowspan="2"></td></tr>
<tr><td></td></tr>
<tr><td colspan="4">등기신청수수료 은행수납번호</td><td colspan="3"></td></tr>
<tr><td colspan="7">첨 부 서 면</td></tr>
<tr><td colspan="4">1. 주주총회의사록 또는 이사회 의사록(해임, 선임 등의 경우) 1통
1. 사임서(인감증명서포함) 3통
1. 취임승낙서(인감증명서 포함) 3통
1. 주민등록표등본(선임한 경우) 3통
1. 정관(필요한 경우) 통</td><td colspan="3">1. 인감신고서(대표이사선임의 경우) 통
1. 등록면허세영수필확인서 1통
1. 위임장(대리인이 신청할 경우) 1통
<기 타></td></tr>
<tr><td colspan="7">년 월 일
신청인 상 호 주식회사 한국전자
본 점 서울 ○○구 ○○로123길 14
대표이사 성 명 한 국 전 (인) (전화 : 555-1234)
주 소 서울 ○○구 ○○로234길 50
대리인 성 명 법무사 정 동 진 (인) (전화 : 345-4567)
주 소 서울시 서초구 서초로77길 33
○○지방법원 ○○등기소 귀중</td></tr>
</table>

- 신청서 작성요령 -

1. 해당란이 부족할 때에는 별지를 이용합니다.
1. 해당 등기신청과 관계없는 사항에 대하여는 "해당없음"으로 기재하거나 삭제하고, 필요한 사항은 추가 기재합니다.
1. 「인감증명법」 에 따른 인감증명서 제출과 함께 관련 서면에 인감을 날인하여야 하는 경우, 본인서명사실확인서를 제출하고 관련 서면에 서명을 하거나 전자본인서명확인서 발급증을 제출하고 관련 서면에 서명을 하면 인감증명서를 제출하고 관련 서면에 인감을 날인한 것으로 봅니다.

(용지규격 21㎝× 29.7㎝)

[사례] 임시주주총회의사록

임시주주총회의사록

20○○년 ○월 ○일 오전 ○시 본점 회의실에서 임시주주총회를 개최하다.

주식총수	100,000주	주주총수	4명
출석주주수	4명	이의주식수	100,000주

의장인 대표이사 한국전은 정관규정에 따라 의장석에 등단하여 위와 같이 법정원수에 달하는 주주가 출석하였으므로 본 총회가 적법히 성립됨을 알리고 개회를 선언하다. 이어 다음 의안을 부의하고 심의를 구하다.

의안 : 임원변경의 건

의장은 사내이사 한동칠, 사내이사 유정길, 감사 남필우는 20○○년 ○월 ○일 사임하고, 이를 보선하여 줄 것을 말하고, 그 선출방법을 말한바, 무기명 비밀투표로 하자고 출석한 주주전원 일치되어 즉시 투표한즉 다음 사람을 이사, 감사로 선임하다.

사내이사 황정민
사내이사 조경철
감　　사 유정수
단, 감사는 상법 제409조를 적용함.

위 피선자 등은 즉시 그 취임을 승낙하다.

이상으로서 금일의 의안이 전부 심의 종료되었으므로 의장은 폐회를 선언하다.
(종료시간 오전 11시 30분)

위 결의를 명확히 하기 위하여 이 의사록을 작성하고 의장과 출석한 이사가 아래에 기명날인하다.

20○○년 ○월 ○일

주식회사 한국전자

의 장 대표이사 한 국 전 (인)
사내이사 ○ ○ ○ (인)
사내이사 ○ ○ ○ (인)

※ 이사는 주주총회에서 선임하고(상법 제382조제1항), 출석한 주주의 의결권의 과반수와 발행주식총수의 1/4이상의 수로써 선임한다(상법 제368조제1항).

※ 주주총회, 이사회의 의사록에 기명날인을 할 이사 및 감사 : 106면 참조.

[사례] 주주총회 소집절차 생략동의서

주주총회 소집절차 생략동의서

본 회사는 자본금 10억원 미만인 회사이므로 상법 제363조 제4항에 의하여 20○○년 ○월 ○일 10: 00에 개최되는 임시주주총회 건에 대하여 주주전원은 소집절차없이 개최하는 것에 동의합니다.

20○○년 ○월 ○일

주식회사 한국전자
주주 ○ ○ ○ (인)
주주 ○ ○ ○ (인)
주주 ○ ○ ○ (인)

※ 자본금 총액이 10억원 미만인 회사는 주주 전원의 동의가 있을 경우에는 소집절차 없이 주주총회를 개최할 수 있다(상법 제363조 제4항).

[사례] 사임서

> **사 임 서**
>
> 본인 등은 귀 회사의 이사 및 감사인바, 금번 일신상의 사정에 의하여 그 직을 사임합니다.
>
> 20○○년 ○월 ○일
>
> 한 동 칠 (인)
> 유 정 길, (인)
> 남 필 우 (인)
>
> 주식회사 한국전자 귀중

※ 사임서에는 사임자의 인감도장을 날인하고 인감증명법에 의하여 신고한 인감증명서나 본인서명사실확인서 또는 전자본인서명확인서를 첨부하여야 한다(112면 참조).

[사례] 취임승낙서

> **취 임 승 낙 서**
>
> 본인 등은 20○○년 ○월 ○일 귀 회사 임시주주총회에서 사내이사와 감사로 각각 선임되었으므로 그 취임을 승낙합니다.
>
> 20○○년 ○월 ○일
>
> 사내이사 황정민 (인)
> 사내이사 조경철 (인)
> 감 사 유정수 (인)
>
> 주식회사 한국전자 귀중

※ 취임승낙서에는 취임자의 인감도장을 날인하고 인감증명법에 의하여 신고한 인감증명서나 본인서명사실확인서 또는 전자본인서명확인서를 첨부하여야 한다(112면 참조). 이사는 취임승낙서에 사내이사, 사외이사로 구분하여 표시하도록 한다.

[사례] 주주명부

주 주 명 부				
주 주	주 소	인수주식수	1주금액	납 입 금 액
한국전	서울시 ○○구 ○○로987길 www.wer88@hanmail.co	○주	금 500원	금000,000원
○○○	서울시 ○○구 ○○로876길	○주	금 500원	금000,000원
합 계		○주		금000,000원
20○○년 ○월 ○일				
상 호	주식회사 한국전자			
본 점	서울 ○○구 ○○로123길 14			
대표이사	한 국 전			

※ 전자주주명부제도

○ 회사는 정관에서 정하는 바에 따라 전자문서로 주주명부를 작성할 수 있다(상법 제352조의2제1항). 개정 상법은 기업경영의 IT화를 위하여 주주총회에 직접 참석하거나 대리인에게 투표를 위임하지 않더라도 전자서명 등 본인인증절차를 거쳐 인터넷으로 의결권을 행사하는 전자투표제도가 도입됐다(상법 제368조의4, 제382조의2). 이와 함께 주주들이 서면 외에도 이메일 등 전자문서를 통해 주주제안권 및 임시주주총회 소집청구권을 행사할 수 있도록 했다.

[사례] 주식회사 변경등기신청서(이사 1인 사망하고 보선)

주식회사 변경등기신청

접 수	년 월 일	처리인	등기관확인	각종통지
	제 호			

상 호	주식회사 은성전주	등기번호	제356789호
본 점	서울 ○○구 ○○로123길 14		
등기의목적	이사 변경 등기		
등기의사유	본 회사의 사내이사 연승복은 20○○년 ○월 ○일 사망하고, 같은 날 임시주주총회에서 다음 사람이 사내이사로 선임되어, 같은 날 취임하였으므로 다음 사항의 등기를 구함.		
본/지점 신청구분	1. 본점신청 □ 2. 지점신청 □ 3. 본·지점 일괄신청 □		
등 기 할 사 항			
대표이사또는대표집행임원·이사·집행임원·감사 등의 퇴임·취임 등과 그 연월일	사내이사 연승호 000000-0000000 (20○○년 ○월 ○일 취임)		
기 타			

<table>
<tr><td colspan="7">신청등기소 및 등록면허세/수수료</td></tr>
<tr><td rowspan="2">순번</td><td rowspan="2">신청등기소</td><td rowspan="2">구분</td><td>등록면허세</td><td rowspan="2">농어촌특별세</td><td rowspan="2">세액합계</td><td rowspan="2">등기신청수수료</td></tr>
<tr><td>지방교육세</td></tr>
<tr><td rowspan="2"></td><td rowspan="2"></td><td rowspan="2"></td><td>금 40,200원</td><td rowspan="2"></td><td rowspan="2">금 48,240원</td><td rowspan="2">금 6,000원</td></tr>
<tr><td>금 8,040원</td></tr>
<tr><td></td><td></td><td></td><td></td><td></td><td></td><td></td></tr>
<tr><td colspan="3" rowspan="2">합 계</td><td></td><td rowspan="2"></td><td rowspan="2"></td><td rowspan="2"></td></tr>
<tr><td></td></tr>
<tr><td colspan="4">등기신청수수료 은행수납번호</td><td colspan="3"></td></tr>
<tr><td colspan="7">첨 부 서 면</td></tr>
<tr><td colspan="4">1. 주주총회의사록 또는 이사회 의사록(해임, 선임 등의 경우) 1통
1. 사임서(인감증명서포함) 1통
1. 가족관계 등록사항증명서(사망) 1통
1. 취임승낙서(인감증명서 포함) 1통
1. 주민등록표등본(선임한 경우) 1통</td><td colspan="3">1. 정관(필요한 경우) 통
1. 인감신고서(대표이사선임의 경우) 통
1. 등록면허세영수필확인서 1통
1. 위임장(대리인이 신청할 경우) 1통
<기 타></td></tr>
<tr><td colspan="7">년 월 일
신청인 상 호 주식회사 은성전주
본 점 서울시 ○○구 ○○로123길 14
대표이사 성 명 유 일 호 (인) (전화 : 555-1234)
주 소 서울시 ○○구 ○○로234길 50
대리인 성 명 법무사 정 동 진 (인) (전화 : 345-4567)
주 소 서울시 서초구 서초로77길 33
○○지방법원 ○○등기소 귀중</td></tr>
</table>

- 신청서 작성요령 -

1. 해당란이 부족할 때에는 별지를 이용합니다.
1. 해당 등기신청과 관계없는 사항에 대하여는 "해당없음"으로 기재하거나 삭제하고, 필요한 사항은 추가 기재합니다.
1. 「인감증명법」에 따른 인감증명서 제출과 함께 관련 서면에 인감을 날인하여야 하는 경우, 본인서명사실확인서를 제출하고 관련 서면에 서명을 하거나 전자본인서명확인서 발급증을 제출하고 관련 서면에 서명을 하면 인감증명서를 제출하고 관련 서면에 인감을 날인한 것으로 봅니다.

(용지규격 21㎝× 29.7㎝)

[사례] 임시주주총회의사록

임시주주총회의사록

20○○년 ○월 ○일 오전 ○시 본점 회의실에서 임시주주총회를 개최하다.

주식총수 10,000주 주주총수 3명

출석주주수 3명 이의주식수 10,000주

의장 대표이사 유일호는 정관규정에 따라 의장석에 등단하여 위와 같이 법정원수에 달하는 주주가 출석하였으므로 본 총회가 적법히 성립됨을 알리고 개회를 선언한 후 다음 의안을 부의하고 심의를 구하다.

의안 : 이사 선임의 건

의장은 사내이사 연승복은 20○○년 ○월 ○일 사망하고, 금일 총회에서 이사를 보선하여야 한다고 상세히 설명한바, 출석한 주주전원 일치되어 다음 사람을 사내이사로 선임하다.

사내이사 연 승 호

위 피선자는 즉시 그 취임을 승낙하다.

이상으로서 금일의 의안이 전부 심의 종료되었으므로 의장은 폐회를 선언하다.

(폐회시간 오전 11시 30분)

위 결의를 명확히 하기 위하여 이 의사록을 작성하고 의장과 출석한 이사가 아래에 기명날인하다.

20○○년 ○월 ○일

주식회사 은성전주

의 장 대표이사 유 일 호 (인)

사내이사 ○ ○ ○ (인)

사내이사 ○ ○ ○ (인)

※ 이사 2인 이하인 회사도 위 신청서나 의사록 작성방식은 같다. 다만, 이사 2인 이하인 회사는 대표이사라도 "대표권있는 사내이사" 또는 “사내이사”라 기재한다(등기부등본

참조).

※ 이사는 주주총회에서 선임하고(상법 제382조제1항), 출석한 주주의 의결권의 과반수와 발행주식총수의 1/4이상의 수로써 선임한다(상법 제368조제1항).

※ 주주총회, 이사회의 의사록에 기명날인을 할 이사 및 감사 : 106면 참조.

[사례] 주주총회 소집절차 생략동의서

주주총회 소집절차 생략동의서

본 회사는 자본금 10억원 미만인 회사이므로 상법 제363조 제4항에 의하여 20○○년 ○월 ○일 10: 00에 개최되는 임시주주총회 건에 대하여 주주전원은 소집절차없이 개최하는 것에 동의합니다.

20○○년 ○월 ○일

주식회사 ○○

주주 ○ ○ ○ (인)

주주 ○ ○ ○ (인)

주주 ○ ○ ○ (인)

※ 자본금 총액이 10억원 미만인 회사는 주주 전원의 동의가 있을 경우에는 소집절차 없이 주주총회를 개최할 수 있다(상법 제363조 제4항).

[사례] 취임승낙서

취 임 승 낙 서

본인은 20○○년 ○월 ○일 귀 회사 임시주주총회에서 사내이사로 선임되었으므로 그 취임을 승낙합니다.

20○○년 ○월 ○일

사내이사 연 승 호 (인)

주식회사 은성전주 귀중

※ 취임승낙서에는 취임자의 인감도장을 날인하고 인감증명법에 의하여 신고한 인감증명서나 본인서명사실확인서 또는 전자본인서명확인서를 첨부하여야 한다(112면 참조). 이사는 취임승낙서에 사내이사, 사외이사로 구분하여 표시하도록 한다.

[사례] 주주명부

주 주 명 부				
주 주	주 소	인수주식수	1주금액	납 입 금 액
유일호	서울시 ○○구 ○○로987길 6 www.wer88@hanmail.com	○주	금 500원	금000,000원
○○○	서울시 ○○구 ○○로876길 5	○주	금 500원	금000,000원
○○○	서울시 ○○구 ○○로765길 4	○주	금 500원	금000,000원
○○○	서울시 ○○구 ○○로654길 3	○주	금 500원	금000,000원
합 계		○주		금000,000원
20○○년 ○월 ○일				
상 호	주식회사 은성전주			
본 점	서울 ○○구 ○○로123길 14			
대표이사	유 일 호			

※ 전자주주명부제도

○ 회사는 정관에서 정하는 바에 따라 전자문서로 주주명부를 작성할 수 있다(상법 제352조의2제1항). 개정 상법은 기업경영의 IT화를 위하여 주주총회에 직접 참석하거나 대리인에게 투표를 위임하지 않더라도 전자서명 등 본인인증절차를 거쳐 인터넷으로 의결권을 행사하는 전자투표제도가 도입됐다(상법 제368조의4, 제382조의2). 이와 함께 주주들이 서면 외에도 이메일 등 전자문서를 통해 주주제안권 및 임시주주총회 소집청구권을 행사할 수 있도록 했다.

[사례] 주식회사 변경등기신청서(이사 1인 사망, 1인 퇴임 및 보선)

주식회사 변경등기신청

접 수	년 월 일	처리인	등기관확인	각종통지
	제 호			

상 호	주식회사 미래전기	등기번호	제678910호
본 점	서울 ○○구 ○○로123길 14		
등 기 의 목 적	이사 변경 등기		
등 기 의 사 유	본 회사의 사내이사 고승철은 20○○년 ○월 ○일 사망하고, 사내이사 고승말은 20○○년 ○월 ○일 임기만료로 퇴임하고, 같은 날 임시주주총회에서 다음 사람이 사내이사로 선임되어, 같은 날 취임하였으므로 그 등기를 구함.		
본/지점 신청구분	1. 본점신청 □ 2. 지점신청 □ 3. 본·지점 일괄신청 □		
등 기 할 사 항			
대표이사또는대표집행임원·이사·집행임원·감사 등의 퇴임·취임 등과 그 연월일	1)사내이사 고승철(0000-0000) (20○○년 ○월 ○일 사망) 사내이사 고승말(0000-0000) (20○○년 ○월 ○일 퇴임) 2)사내이사 고승길(0000-0000) (20○○년 ○월 ○일 취임) 사내이사 한순자(0000-0000) (20○○년 ○월 ○일 취임)		
기 타			

신청등기소 및 등록면허세/수수료						
순번	신청등기소	구분	등록면허세 지방교육세	농어촌특별세	세액합계	등기신청수수료
			금 40,200원 금 8,040원		금 48,240원	금 6,000원
합 계						
등기신청수수료 은행수납번호						

첨 부 서 면	
1. 주주총회의사록 또는 이사회 의사록(해임, 선임 등의 경우) 1통	1. 주민등록표등본(선임한 경우) 2통
1. 사임서(인감증명서포함) 통	1. 정관(필요한 경우) 통
1. 가족관계 등록사항별 증명서(사망한 경우) 1통	1. 인감신고서(대표이사선임의 경우) 통
1. 취임승낙서(인감증명서 포함) 2통	1. 등록면허세영수필확인서 1통
	1. 위임장(대리인이 신청할 경우) 1통
	<기 타>

년 월 일

신청인	상 호	주식회사 미래전기
	본 점	서울 ○○구 ○○로123길 14
대표이사	성 명	김 나 래 (인) (전화 : 555-1234)
	주 소	서울 ○○구 ○○로234길 50
대리인	성 명	법무사 정 동 진 (인) (전화 : 345-4567)
	주 소	서울시 서초구 서초로77길 33

○○지방법원 ○○등기소 귀중

- 신청서 작성요령 -

1. 해당란이 부족할 때에는 별지를 이용합니다.
1. 해당 등기신청과 관계없는 사항에 대하여는 "해당없음"으로 기재하거나 삭제하고, 필요한 사항은 추가 기재합니다.
1. 「인감증명법」에 따른 인감증명서 제출과 함께 관련 서면에 인감을 날인하여야 하는 경우, 본인서명사실확인서를 제출하고 관련 서면에 서명을 하거나 전자본인서명확인서 발급증을 제출하고 관련 서면에 서명을 하면 인감증명서를 제출하고 관련 서면에 인감을 날인한 것으로 봅니다.

(용지규격 21㎝× 29.7㎝)

[사례] 임시주주총회의사록

임시주주총회의사록

20○○년 ○월 ○일 오전 ○시 본점 회의실에서 임시주주총회를 개최하다.

주식총수	10,000주	주주총수	3명
출석주주수	3명	이의주식수	10,000주

의장인 대표이사 김나래는 정관규정에 따라 의장석에 등단하여 위와 같이 법정원수에 달하는 주주가 출석하였으므로 본 총회가 적법히 성립됨을 알리고 개회를 선언한 후 다음 의안을 부의하고 심의를 구하다.

의안 : 사내이사 선임의 건

의장은 사내이사 고승철은 20○○년 ○월 ○일 사망하고, 사내이사 고승말은 금일 임기만료 되어 퇴임하였으므로 사내이사를 보선하여야 한다고 상세히 설명한바, 출석한 주주전원 일치되어 다음 사람을 사내이사로 선임하다.

사내이사 고승길

사내이사 한순자

위 피선자 등은 즉시 그 취임을 승낙하다.

이상으로서 금일의 의안이 전부 심의 종료되었으므로 의장은 폐회를 선언하다.

(폐회시간 오전 11시 30분)

위 결의를 명확히 하기 위하여 이 의사록을 작성하고 의장과 출석한 이사가 아래에 기명날인하다.

20○○년 ○월 ○일

주식회사 미래전기

의 장 대표이사 김 나 래 (인)

사내이사 ○ ○ ○ (인)

사내이사 ○ ○ ○ (인)

※ 주주총회, 이사회의 의사록에 기명날인을 할 이사 및 감사 : 106면 참조.

[사례] 주주총회 소집절차 생략동의서

주주총회 소집절차 생략동의서

본 회사는 자본금 10억원 미만인 회사이므로 상법 제363조 제4항에 의하여 20○○년 ○월 ○일 10: 00에 개최되는 임시주주총회 건에 대하여 주주전원은 소집절차없이 개최하는 것에 동의합니다.

20○○년 ○월 ○일

주식회사 ○○
주주 ○ ○ ○ (인)
주주 ○ ○ ○ (인)

※ 자본금 총액이 10억원 미만인 회사는 주주 전원의 동의가 있을 경우에는 소집절차 없이 주주총회를 개최할 수 있다(상법 제363조 제4항).

[사례] 취임승낙서

취 임 승 낙 서

본인은 20○○년 ○월 ○일 귀 회사 임시주주총회에서 사내이사로 선임되었으므로 그 취임을 승낙합니다.

20○○년 ○월 ○일

사내이사 고 승 길 (인)

주식회사 미래전기 귀중

※ 취임승낙서에는 취임자의 인감도장을 날인하고 인감증명법에 의하여 신고한 인감증명서나 본인서명사실확인서 또는 전자본인서명확인서를 첨부하여야 한다(112면 참조). 이사는 취임승낙서에 사내이사, 사외이사로 구분하여 표시하도록 한다.

[사례] 주주명부

주 주 명 부				
주 주	주 소	인수주식수	1주금액	납 입 금 액
김나래	서울시 ○○구 ○○로987길 6 www.wer88@hanmail.com	○주	금 500원	금000,000원
○○○	서울시 ○○구 ○○로876길 5	○주	금 500원	금000,000원
○○○	서울시 ○○구 ○○로765길 4	○주	금 500원	금000,000원
○○○	서울시 ○○구 ○○로654길 3	○주	금 500원	금000,000원
합 계		○주		금000,000원
위 주주명부는 본사에 비치된 주주명부와 대조하여 틀림이 없음을 증명합니다. 20○○년 ○월 ○일				
상 호	주식회사 미래전기			
본 점	서울 ○○구 ○○로123길 14			
대표이사	김 나 래			

※ 전자주주명부제도

○ 회사는 정관에서 정하는 바에 따라 전자문서로 주주명부를 작성할 수 있다(상법 제352조의2제1항). 전자주주명부에는 상법 제352조제1항의 기재사항 외에 전자우편주소를 적어야 한다.

○ 개정법은 기업경영의 IT화를 위하여 주주총회에 직접 참석하거나 대리인에게 투표를 위임하지 않더라도 전자서명 등 본인인증절차를 거쳐 인터넷으로 의결권을 행사하는 전자투표제도가 도입됐다(상법 제368조의4, 제382조의2).

[사례] 주식회사 변경등기신청서(이사 1인 해임 및 선임)

주식회사 변경등기신청

<table>
<tr><td rowspan="2">접 수</td><td>년 월 일</td><td rowspan="2">처리인</td><td>등기관확인</td><td>각종통지</td></tr>
<tr><td>제 호</td><td></td><td></td></tr>
</table>

<table>
<tr><td>상 호</td><td>주식회사 서울통운</td><td>등기번호</td><td>제996789호</td></tr>
<tr><td>본 점</td><td colspan="3">서울 ○○구 ○○로123길 14</td></tr>
<tr><td>등 기 의 목 적</td><td colspan="3">이사 변경 등기</td></tr>
<tr><td>등 기 의 사 유</td><td colspan="3">본 회사 사내이사 이동말은 20○○년 ○월 ○일 임시주주총회 결의로 해임하고, 같은 날 다음 사람이 사내이사로 선임되어 같은 날 취임하였으므로 그 등기를 구함.</td></tr>
<tr><td>본/지점 신청구분</td><td colspan="3">1. 본점신청 □ 2. 지점신청 □ 3. 본·지점 일괄신청 □</td></tr>
<tr><td colspan="4">등 기 할 사 항</td></tr>
<tr><td>대표이사또는대표집행임원·이사·집행임원·감사 등의 퇴임·취임 등과 그 연월일</td><td colspan="3">1) 사내이사 이동말(00000-00000) (20○○년 ○월 ○일 해임)
2) 사내이사 한영철(00000-00000) (20○○년 ○월 ○일 취임)</td></tr>
<tr><td>기 타</td><td colspan="3"></td></tr>
</table>

신청등기소 및 등록면허세/수수료						
순번	신청등기소	구분	등록면허세 지방교육세	농어촌 특별세	세액합계	등기신청수수료
			금 40,200원 금 8,040원		금 48,240원	금 6,000원
합 계						
등기신청수수료 은행수납번호						

첨 부 서 면	
1. 주주총회의사록 또는 이사회 의사록(해임, 선임 등의 경우) 1통 1. 취임승낙서(인감증명서 포함) 3통 1. 주민등록표등본(선임한 경우) 3통 1. 정관(필요한 경우) 통	1. 인감신고서(대표이사선임의 경우) 통 1. 등록면허세영수필확인서 1통 1. 위임장(대리인이 신청할 경우) 1통 <기 타>

년 월 일

신청인	상 호	주식회사 서울통운
	본 점	서울 ○○구 ○○로123길 14
대표이사	성 명	서 통 운 (인) (전화 : 555-1234)
	주 소	서울 ○○구 ○○로234길 50
대리인	성 명	법무사 정 동 진 (인) (전화 : 345-4567)
	주 소	서울 서초구 서초로77길 33

○○지방법원 ○○등기소 귀중

- 신청서 작성요령 -

1. 해당란이 부족할 때에는 별지를 이용합니다.
1. 해당 등기신청과 관계없는 사항에 대하여는 "해당없음"으로 기재하거나 삭제하고, 필요한 사항은 추가 기재합니다.

[사례] 임시주주총회의사록

임시주주총회의사록

1. 일　　시 : 20○○년 ○월 ○일 오전 ○시
1. 장　　소 : 서울 ○○구 ○○로123길 14 본점 회의실
1. 출석한 상황 :

주식총수	10,000주	주주총수	3명
출석주주수	3명	이의주식수	10,000주

의장은 정관규정에 따라 의장석에 등단하여 위와 같이 법정수에 달하는 주주가 출석하였으므로 본 총회가 적법히 성립되었음을 알리고 개회를 선언한 후 다음 의안을 부의하고 심의를 구하다.

제1호 의안 : 이사 해임의 건

의장은 본 회사 사내이사 이동말은 회사에 약 3개월전에 사의를 표한 뒤 사임에 필요한 서류를 제출하지 않아 회사 운영에 막대한 지장이 초래되어 부득이 해임해야 될 이유를 설명하고 그 가부를 물은바 무기명 비밀 투표로 그 가부를 결정하기로 하여 즉시 투표한 결과 만장일치로 사내이사 이동말에 대한 해임을 결의하다.

제2호 의안 : 이사 선임의 건

의장은 사내이사 이동말은 해임되어 결원이므로 금일 총회에서 사내이사를 보선하여야 한다고 상세히 설명한바, 출석한 주주전원 일치되어 다음 사람을 사내이사로 선임하다.

사내이사 박해용

위 피선자는 즉시 그 취임을 승낙하다.

이상으로서 금일의 의안이 전부 심의 종료되었으므로 의장은 폐회를 선언하다.

(폐회시간 오전 11시 30분)

위 결의를 명확히 하기 위하여 이 의사록을 작성하고 의장과 출석한 이사가 아래

에 기명날인하다.

20○○년 ○월 ○일

주식회사 서울통운

의 장 대표이사 서 통 운 (인)

사내이사 ○ ○ ○ (인)

사내이사 ○ ○ ○ (인)

※ 주주가 1인인 주식회사의 주주가 주주총회의 소집 절차(상법 제362조, 제363조 등)를 거치지 않고 이사들이 참석하지도 아니한 상태에서 주주총회를 개최하여 어느 이사를 해임하는 결의를 한 경우, 그로 인한 변경등기의 신청서에는 1인 주주만이 기명날인 또는 서명한 주주총회 의사록을 인증받아(공증인법 제66조의2) 첨부할 수 있다(상업등기선례200705-5, 2007. 5. 25. 공탁상업등기과-533 질의회답).

※ 이사감사의 해임은 특별결의에 의한다. 특별결의는 주주총회 결의방법의 하나로서 발행주식 총수의 3분의1 이상에 해당하는 주식을 가진 주주의 출석으로 그 의결권의 3분의 2이상의 다수로 결정하는 방법을 말한다(상법 제434조).

※ 이사는 주주총회에서 선임하므로 이사 2인 이하인 회사도 위 신청서나 의사록 작성방식은 같다. 다만, 이사 2인 이하인 회사는 대표이사라도 "대표권있는 사내이사" 또는 “사내이사”라 기재한다(등기부등본 참조).

※ 주주총회의사록, 이사회의 의사록에 기명날인을 할 이사 및 감사 : 106면 참조

[사례] 주주총회 소집절차 생략동의서

주주총회 소집절차 생략동의서

본 회사는 자본금 10억원 미만인 회사이므로 상법 제363조 제4항에 의하여 20○○년 ○월 ○일 10: 00에 개최되는 임시주주총회 건에 대하여 주주전원은 소집절차없이 개최하는 것에 동의합니다.

20○○년 ○월 ○일

주식회사 ○○

주주 ○ ○ ○ (인)

주주 ○ ○ ○ (인)

주주 ○ ○ ○ (인)

※ 자본금 총액이 10억원 미만인 회사는 주주 전원의 동의가 있을 경우에는 소집절차 없이 주주총회를 개최할 수 있다(상법 제363조 제4항).

[사례] 취임승낙서

취 임 승 낙 서

본인은 20○○년 ○월 ○일 귀 회사 임시주주총회에서 사내이사로 선임되었으므로 그 취임을 승낙합니다.

20○○년 ○월 ○일

사내이사 박 해 용 (인)

주식회사 서울통운 귀중

※ 취임승낙서에는 취임자의 인감도장을 날인하고 인감증명법에 의하여 신고한 인감증명서나 본인서명사실확인서 또는 전자본인서명확인서를 첨부하여야 한다(112면 참조).

[사례] 주주명부

<table>
<tr><td colspan="5">주 주 명 부</td></tr>
<tr><td>주 주</td><td>주 소</td><td>인수주식수</td><td>1주금액</td><td>납 입 금 액</td></tr>
<tr><td>서통운</td><td>서울시 ○○구 ○○로987길 6
www.oiu47@hanmail.com</td><td>○주</td><td>금 500원</td><td>금000,000원</td></tr>
<tr><td>○○○</td><td>서울시 ○○구 ○○로876길 5</td><td>○주</td><td>금 500원</td><td>금000,000원</td></tr>
<tr><td>합 계</td><td></td><td>○주</td><td></td><td>금000,000원</td></tr>
<tr><td colspan="5">위 주주명부는 본사에 비치된 주주명부와 대조하여 틀림이 없음을 증명합니다.
20○○년 ○월 ○일</td></tr>
<tr><td>상 호</td><td colspan="4">주식회사 서울통운</td></tr>
<tr><td>본 점</td><td colspan="4">서울 ○○구 ○○로123길 14</td></tr>
<tr><td>대표이사</td><td colspan="4">서 통 운</td></tr>
</table>

※ 전자주주명부제도

○ 회사는 정관에서 정하는 바에 따라 전자문서로 주주명부를 작성할 수 있다(상법 제352조의2제1항). 전자주주명부에는 상법 제352조제1항의 기재사항 외에 전자우편주소를 적어야 한다.

○ 개정법은 기업경영의 IT화를 위하여 주주총회에 직접 참석하거나 대리인에게 투표를 위임하지 않더라도 전자서명 등 본인인증절차를 거쳐 인터넷으로 의결권을 행사하는 전자투표제도가 도입됐다(상법 제368조의4, 제382조의2).

[사례] 주식회사 변경등기신청서(감사 1인 사임하고 보선)

주식회사 변경등기신청

접 수	년 월 일	처리인	등기관확인	각종통지
	제 호			

상 호	주식회사 한강랜드	등기번호	제456789호
본 점	서울 ○○구 ○○로123길 14		
등 기 의 목 적	감사 변경 등기		
등 기 의 사 유	본 회사의 감사 김장길은 20○○년 ○월 ○일 사임하고, 같은 날 임시주주총회에서 다음 사람이 감사로 선임되어, 같은 날 취임하였으므로 다음 사항의 등기를 구함.		
본/지점 신청구분	1. 본점신청 □ 2. 지점신청 □ 3. 본·지점 일괄신청 □		
등 기 할 사 항			
대표이사또는대표집행임원·이사·집행임원·감사 등의 퇴임·취임 등과 그 연월일	1) 감사 김장길 (00000-00000) (20○○년 ○월 ○일 사임) 2) 감사 김정길 (00000-00000) (20○○년 ○월 ○일 취임)		
기 타			

신청등기소 및 등록면허세/수수료						
순번	신청등기소	구분	등록면허세 지방교육세	농어촌 특별세	세액합계	등기신청수수료
			금 40,200원 금 8,040원		금 48,240원	금 6,000원
합 계						
등기신청수수료 은행수납번호						

첨 부 서 면	
1. 주주총회의사록 또는 이사회 의사록(해임, 선임 등의 경우) 통	1. 정관(필요한 경우) 통
1. 사임서(인감증명서포함) 통	1. 인감신고서(대표이사선임의 경우) 통
1. 취임승낙서(인감증명서 포함) 1통	1. 등록면허세영수필확인서 1통
1. 주민등록표등본(선임한 경우) 1통	1. 위임장(대리인이 신청할 경우) 1통
	<기 타>

년 월 일

신청인 상 호 주식회사 한강랜드
본 점 서울 ○○구 ○○로123길 14
대표이사 성 명 김 한 강 (인) (전화 : 555-1234)
주 소 서울 ○○구 ○○로234길 50
대리인 성 명 법무사 정 동 진 (인) (전화 : 345-4567)
주 소 서울 서초구 서초로77길 33

○○지방법원 ○○등기소 귀중

- 신청서 작성요령 -

1. 해당란이 부족할 때에는 별지를 이용합니다.
1. 해당 등기신청과 관계없는 사항에 대하여는 "해당없음"으로 기재하거나 삭제하고, 필요한 사항은 추가 기재합니다.

※ 감사는 주주총회에서 선임하고(상법 제382조제1항), 출석한 주주의 의결권의 과반수와

발행주식총수의 1/4이상의 수로써 선임한다(상법 제368조제1항).

※ 주주총회, 이사회의 의사록에 기명날인을 할 이사 및 감사 : 106면 참조.

※ 감사의 해임

○ 감사의 해임은 특별결의에 의한다. 특별결의는 주주총회 결의방법의 하나로서 발행주식 총수의 3분의1 이상에 해당하는 주식을 가진 주주의 출석으로 그 의결권의 3분의 2이상의 다수로 결정하는 방법을 말한다(상법 제434조).

[사례] 임시주주총회의사록

임시주주총회의사록

20○○년 ○월 ○일 오전 ○시 본점 회의실에서 임시주주총회를 개최하다.

주식총수	10,000주	주주총수	3명
출석주주수	3명	이의주식수	10,000주

의장인 대표이사 김한강은 정관규정에 따라 의장석에 등단하여 위와 같이 법정원수에 달하는 주주가 출석하였으므로 본 총회가 적법히 성립됨을 알리고 개회를 선언한 후 다음 의안을 부의하고 심의를 구하다.

의안 : 감사 선임의 건

의장은 감사 유호영이 20○○년 ○월 ○일 사임하고, 금일 총회에서 감사를 보선하여야 한다고 설명한바, 출석한 주주전원 일치되어 다음 사람을 감사로 선임하다. 단, 감사의 선임은 상법 제409조 준용규정에 의하여 선출하다.

감사 김정길

위 피선자는 즉시 그 취임을 승낙하다.

이상으로서 금일의 의안이 전부 심의 종료되었으므로 의장은 폐회를 선언하다.

(폐회시간 오전 11시 30분)

위 결의를 명확히 하기 위하여 이 의사록을 작성하고 의장과 출석한 이사가 아래에 기명날인하다.

20○○년 ○월 ○일

주식회사 한강랜드
의 장 대표이사 김 한 강 (인)
사내이사 ○ ○ ○ (인)
사내이사 ○ ○ ○ (인)

※ 감사의 선임 : 감사는 주주총회에서 선임하고(상법 제382조제1항), 출석한 주주의 의결권의 과반수와 발행주식총수의 1/4이상의 수로써 선임한다(상법 제368조제1항).

※ 이사 2인 이하인 회사도 위 신청서나 의사록 작성방식은 같다. 다만, 이사 2인 이하인 회사는 대표이사라도 "대표권있는 사내이사" 또는 "사내이사"라 기재한다(등기부등본 참조).

※ 주주총회, 이사회의 의사록에 기명날인을 할 이사 및 감사 : 106면 참조.

[사례] 주주총회 소집절차 생략동의서

주주총회 소집절차 생략동의서

본 회사는 자본금 10억원 미만인 회사이므로 상법 제363조 제4항에 의하여 20○○년 ○월 ○일 10: 00에 개최되는 임시주주총회 건에 대하여 주주전원은 소집절차없이 개최하는 것에 동의합니다.

20○○년 ○월 ○일

주식회사 ○○
주주 ○ ○ ○ (인)
주주 ○ ○ ○ (인)
주주 ○ ○ ○ (인)

※ 자본금 총액이 10억원 미만인 회사는 주주 전원의 동의가 있을 경우에는 소집절차 없이 주주총회를 개최할 수 있다(상법 제363조 제4항).

[사례] 사임서

사 임 서

본인은 귀사의 감사인바, 개인 사정으로 그 직을 사임합니다.

20○○년 ○월 ○일

유 호 영 (인)

주식회사 한강랜드 귀중

※ 사임서에는 사임자의 인감도장을 날인하고 인감증명법에 의하여 신고한 인감증명서나 본인서명사실확인서 또는 전자본인서명확인서를 첨부하여야 한다(112면 참조).

[사례] 취임승낙서

<table><tr><td>

취 임 승 낙 서

본인은 20○○년 ○월 ○일 귀 회사 임시주주총회에서 감사로 선임되었으므로 그 취임을 승낙합니다.

20○○년 ○월 ○일

감 사 김 정 길 (인)

주식회사 한강랜드 귀중

</td></tr></table>

※ 취임승낙서에는 취임자의 인감도장을 날인하고 인감증명법에 의하여 신고한 인감증명서나 본인서명사실확인서 또는 전자본인서명확인서를 첨부하여야 한다(112면 참조). 이사는 취임승낙서에 사내이사, 사외이사로 구분하여 표시하도록 한다.

[사례] 주주명부

<table>
<tr><td colspan="5">주 주 명 부</td></tr>
<tr><td>주 주</td><td>주 소</td><td>인수주식수</td><td>1주금액</td><td>납 입 금 액</td></tr>
<tr><td>김한강</td><td>서울시 ○○구 ○○로987길 6
www.oiu47@hanmail.com</td><td>○주</td><td>금 500원</td><td>금000,000원</td></tr>
<tr><td>○○○</td><td>서울시 ○○구 ○○로876길 5</td><td>○주</td><td>금 500원</td><td>금000,000원</td></tr>
<tr><td>…</td><td>이하 생략</td><td></td><td></td><td></td></tr>
<tr><td>합 계</td><td></td><td>○주</td><td></td><td>금000,000원</td></tr>
<tr><td colspan="5">위 주주명부는 본사에 비치된 주주명부와 대조하여 틀림이 없음을 증명합니다.
20○○년 ○월 ○일</td></tr>
<tr><td>상 호</td><td colspan="4">주식회사 한강랜드</td></tr>
<tr><td>본 점</td><td colspan="4">서울 ○○구 ○○로123길 14</td></tr>
<tr><td>대표이사</td><td colspan="4">김 한 강</td></tr>
</table>

※ 전자주주명부제도

○ 회사는 정관에서 정하는 바에 따라 전자문서로 주주명부를 작성할 수 있다(상법 제352조의2제1항). 전자주주명부에는 상법 제352조제1항의 기재사항 외에 전자우편주소를 적어야 한다.

○ 개정법은 기업경영의 IT화를 위하여 주주총회에 직접 참석하거나 대리인에게 투표를 위임하지 않더라도 전자서명 등 본인인증절차를 거쳐 인터넷으로 의결권을 행사하는 전자투표제도가 도입됐다(상법 제368조의4, 제382조의2).

[사례] 주식회사 변경등기신청서(감사 1인 정기주주총회에서 임기만료로 퇴임하고 선임)

주식회사 변경등기신청

접 수	년 월 일	처리인	등기관확인	각종통지
	제 호			

상 호	주식회사 디지털칠성	등기번호	제65478호
본 점	서울 ○○구 ○○로123길 14		
등기의목적	감사 변경 등기		
등기의사유	본 회사의 감사 홍동훈은 20○○년 ○월 ○일 임기만료로 퇴임하고 같은 날 정기주주총회에서 다음 사람이 감사로 선임되어, 같은 날 취임하였으므로 그 등기를 구함.		
본/지점 신청구분	1. 본점신청 □ 2. 지점신청 □ 3. 본·지점 일괄신청 □		
등 기 할 사 항			
대표이사또는대표집행임원·이사·집행임원·감사 등의 퇴임·취임 등과 그 연월일	1) 감사 홍동훈(00000-00000) (20○○년 ○월 ○일 퇴임) 2) 감사 이영삼(00000-00000) (20○○년 ○월 ○일 취임)		
기 타			

<table>
<tr><td colspan="7">신청등기소 및 등록면허세/수수료</td></tr>
<tr><td rowspan="2">순번</td><td rowspan="2">신청등기소</td><td rowspan="2">구분</td><td>등록면허세</td><td rowspan="2">농어촌특별세</td><td rowspan="2">세액합계</td><td rowspan="2">등기신청수수료</td></tr>
<tr><td>지방교육세</td></tr>
<tr><td rowspan="2"></td><td rowspan="2"></td><td rowspan="2"></td><td>금 40,200원</td><td rowspan="2"></td><td rowspan="2">금 48,240원</td><td rowspan="2">금 6,000원</td></tr>
<tr><td>금 8,040원</td></tr>
<tr><td></td><td></td><td></td><td></td><td></td><td></td><td></td></tr>
<tr><td colspan="3" rowspan="2">합 계</td><td></td><td rowspan="2"></td><td rowspan="2"></td><td rowspan="2"></td></tr>
<tr><td></td></tr>
<tr><td colspan="4">등기신청수수료 은행수납번호</td><td colspan="3"></td></tr>
<tr><td colspan="7">첨 부 서 면</td></tr>
<tr><td colspan="4">1. 주주총회의사록 또는 이사회 의사록(해임, 선임 등의 경우) 통
1. 사임서(인감증명서포함) 통
1. 취임승낙서(인감증명서 포함) 1통
1. 주민등록표등본(선임한 경우) 1통
1. 정관(필요한 경우) 통</td><td colspan="3">1. 인감신고서(대표이사 선임의 경우) 통
1. 등록면허세영수필확인서 1통
1. 위임장(대리인이 신청할 경우) 1통
<기 타></td></tr>
<tr><td colspan="7">년 월 일
신청인 상 호 주식회사 디지털칠성
본 점 서울 ○○구 ○○로123길 14
대표이사 성 명 한 칠 성 (인) (전화 : 555-1234)
주 소 서울 ○○구 ○○로234길 50
대리인 성 명 법무사 정 동 진 (인) (전화 : 345-4567)
주 소 서울 서초구 서초로77길 33
○○지방법원 ○○등기소 귀중</td></tr>
</table>

- 신청서 작성요령 -

1. 해당란이 부족할 때에는 별지를 이용합니다.
1. 해당 등기신청과 관계없는 사항에 대하여는 "해당없음"으로 기재하거나 삭제하고, 필요한 사항은 추가 기재합니다.

(용지규격 21㎝× 29.7㎝)

※ 감사의 임기는 취임 후 3년 내의 최종의 결산시에 관한 정기주주총회의 종결 시까지로

한다(상법 제410조). 위와 같이 감사의 임기는 법정되어 있기 때문에 정관 또는 주주총회의 결의에 의하더라도 이를 단축하거나 연장할 수 없다.

※ 감사의 임기는 그 취임 시를 임기의 시기(始期)로 하고, 취임 후 3년 내의 최종의 결산시에 관한 정기주주총회의 종결 시를 그 종기(終期)로 한다. 다만, 회사 설립 시의 최초감사의 임기는 회사의 성립일(설립등기일)을 임기의 기산점(시기)으로 보는 것이 등기의 실무다. 한편, 감사의 임기의 종기와 관련해서는 정관에 관한 시기 또는 기간 내에 최종의 결산기에 관한 정기주주총회가 개최되지 아니한 때에는 그 시기 또는 기간이 경과함과 동시에 그 임기가 만료하고, 정관에 정기주주총회의 개최시기에 관한 정함이 없는 때에는 정기주주총회는 상법의 관련 규정(상법 제354조)의 해석상 결산기로부터 3월 내에 개최되어야 하므로 만약 회사의 결산기가 12. 31. 이라면 익년 3월 31일에 임기가 만료한다.

※ 2009. 5. 28. 상법의 일부개정(법률 제9746호)으로 인해 자본금의 총액이 10억원 미만인 회사는 회사의 선택에 따라 감사를 두지 않을 수 있기 때문에(상법 제409조 4항) 종전 감사가 임기만료 또는 사임으로 인하여 퇴임한 경우에 정관에 감사를 반드시 1명 이상 두도록 규정하고 있지 않다면, 이 경우에는 퇴임한 감사가 후임자의 취임 시까지 권리의무를 행사할 필요가 없기 때문에 종전 감사의 퇴임등기만을 할 수 있는데, 이 경우 정관상으로 감사를 두도록 규정하고 있다면 종전 감사의 퇴임등기를 신청하기 전에 정관을 변경하여야 한다.

[사례] 정기주주총회의사록

정기주주총회의사록

20○○년 ○월 ○일 오전 ○시 본점 회의실에서 정기주주총회를 개최하다.

주식총수	10,000주	주주총수	4명
출석주주수	3명	이의주식수	9,000주

의장인 대표이사 한칠성는 정관규정에 따라 의장석에 등단하여 위와 같이 법정원수에 달하는 주주가 출석하였으므로 본 총회가 적법히 성립됨을 알리고 개회를 선언한 후 다음 의안을 부의하고 심의를 구하다.

제1호 의안 : 결산보고 승인의 건

의장은 별도 배부한 20○○년 ○월 ○일 ~ 20○○년 ○월 ○일까지 영업 대차대조표, 손익계산서, 이익잉여금 처분 안을 상정하고 그 의결을 구함으로써 주주전원 만장일치로 원안대로 승인가결하다.

제2호 의안 : 감사 선임의 건

의장은 감사 홍동훈은 20○○년 ○월 ○일 임기만료로 퇴임하고 금일 총회에서 감사를 보선하여야 한다고 상세히 설명한바, 출석한 주주전원 일치되어 다음 사람을 감사로 선임하다. 단, 감사의 선임은 상법 제409조 준용규정에 의하여 선출하다.

감사 이 영 삼

위 피선자는 즉시 그 취임을 승낙하다.

이상으로서 금일의 의안이 전부 심의 종료되었으므로 의장은 폐회를 선언하다.

(폐회시간 오전 11시 30분)

위 결의를 명확히 하기 위하여 이 의사록을 작성하고 의장과 출석한 이사가 아래에 기명날인하다.

20○○년 ○월 ○일

주식회사 디지털칠성

의 장 대표이사 한 칠 성 (인)
사내이사 ○ ○ ○ (인)
사내이사 ○ ○ ○ (인)

※ 감사의 선임 : 감사는 주주총회에서 선임하고(상법 제382조제1항), 출석한 주주의 의결권의 과반수와 발행주식총수의 1/4이상의 수로써 선임한다(상법 제368조제1항).

※ 감사의 임기는 그 취임 시를 임기의 시기(始期)로 하고, 취임 후 3년 내의 최종의 결산시에 관한 정기주주총회의 종결 시를 그 종기(終期)로 한다. 다만, 회사 설립시의 최초감사의 임기는 회사의 성립일(설립등기일)을 임기의 기산점(시기)으로 보는 것이 등기의 실무다. 한편, 감사의 임기의 종기와 관련해서는 정관에 관한 시기 또는 기간 내에 최종의 결산기에 관한 정기주주총회가 개최되지 아니한 때에는 그 시기 또는 기간이 경과함과 동시에 그 임기가 만료하고, 정관에 정기주주총회의 개최시기에 관한 정함이 없는 때에는 정기주주총회는 상법의 관련 규정(상법 제354조)의 해석상 결산기로부터 3월 내에 개최되어야 하므로 만약 회사의 결산기가 12. 31. 이라면 익년 3월 31일에 임기가 만료한다.

※ 주주총회, 이사회의 의사록에 기명날인을 할 이사 및 감사 : 106면 참조

※ 이사 2인 이하인 회사는 대표이사 표기를 사내이사 또는 대표자 사내이사(등기부등본 참조)로 기재한다.

[사례] 주주총회 소집절차 생략동의서

주주총회 소집절차 생략동의서 본 회사는 자본금 10억원 미만인 회사이므로 상법 제363조 제4항에 의하여 20○○년 ○월 ○일 10: 00에 개최되는 정기주주총회 건에 대하여 주주전원은 소집절차없이 개최하는 것에 동의합니다. 20○○년 ○월 ○일 주식회사 ○○ 주주 ○ ○ ○ (인) 주주 ○ ○ ○ (인) 주주 ○ ○ ○ (인)

※ 자본금 총액이 10억원 미만인 회사는 주주 전원의 동의가 있을 경우에는 소집절차 없이 주주총회를 개최할 수 있다(상법 제363조 제4항).

[사례] 취임승낙서

취 임 승 낙 서

본인은 20○○년 ○월 ○일 귀 회사 정기주주총회에서 감사로 선임되었으므로 그 취임을 승낙합니다.

20○○년 ○월 ○일

감 사 이 영 삼 (인)

주식회사 디지털칠성 귀중

※ 취임승낙서에는 취임자의 인감도장을 날인하고 인감증명법에 의하여 신고한 인감증명서나 본인서명사실확인서 또는 전자본인서명확인서를 첨부하여야 한다(112면 참조). 취임승낙하는 임원이 여러 명인 경우 1장의 서면에 모두 작성할 수도 있다.

[사례] 주주명부

<table>
<tr><td colspan="5">주 주 명 부</td></tr>
<tr><td>주 주</td><td>주 소</td><td>인수주식수</td><td>1주금액</td><td>납 입 금 액</td></tr>
<tr><td>김한강</td><td>서울시 ○○구 ○○로987길 6
www.oiu47@hanmail.com</td><td>○주</td><td>금 500원</td><td>금000,000원</td></tr>
<tr><td>○○○</td><td>서울시 ○○구 ○○로876길 5</td><td>○주</td><td>금 500원</td><td>금000,000원</td></tr>
<tr><td>…</td><td>이하 생략</td><td></td><td></td><td></td></tr>
<tr><td>합 계</td><td></td><td>○주</td><td></td><td>금000,000원</td></tr>
<tr><td colspan="5">위 주주명부는 본사에 비치된 주주명부와 대조하여 틀림이 없음을 증명합니다.

20○○년 ○월 ○일</td></tr>
<tr><td>상 호</td><td colspan="4">주식회사 한강랜드</td></tr>
<tr><td>본 점</td><td colspan="4">서울 ○○구 ○○로123길 14</td></tr>
<tr><td>대표이사</td><td colspan="4">김 한 강</td></tr>
</table>

※ 전자주주명부제도

○ 회사는 정관에서 정하는 바에 따라 전자문서로 주주명부를 작성할 수 있다(상법 제352조의2제1항). 전자주주명부에는 상법 제352조제1항의 기재사항 외에 전자우편주소를 적어야 한다.

○ 개정법은 기업경영의 IT화를 위하여 주주총회에 직접 참석하거나 대리인에게 투표를 위임하지 않더라도 전자서명 등 본인인증절차를 거쳐 인터넷으로 의결권을 행사하는 전자투표제도가 도입됐다(상법 제368조의4, 제382조의2).

[사례] 주식회사 변경등기신청서(감사 1인 해임 및 선임)

주식회사 변경등기신청

접 수	년 월 일	처리인	등기관확인	각종통지
	제 호			

상 호	주식회사 벤처코리아	등기번호	제996789호
본 점	서울 ○○구 ○○로123길 14		
등기의목적	감사 변경 등기		
등기의사유	본 회사의 감사 양승길은 20○○년 ○월 ○일 임시주주총회 결의로 해임하고, 같은 날 다음 사람이 감사로 선임되어 같은 날 취임하였으므로 그 등기를 구함.		
본/지점 신청구분	1. 본점신청 □ 2. 지점신청 □ 3. 본·지점 일괄신청 □		
등 기 할 사 항			
대표이사또는대표집행임원·이사·집행임원·감사 등의 퇴임·취임 등과 그 연월일	1) 감사 양승길 (00000-00000) (20○○년 ○월 ○일 해임) 2) 감사 정두성 (00000-00000) (20○○년 ○월 ○일 취임)		
기 타			

신청등기소 및 등록면허세/수수료						
순번	신청등기소	구분	등록면허세 지방교육세	농어촌특별세	세액합계	등기신청수수료
			금 40,200원 금 8,040원		금 48,240원	금 6,000원
합 계						
등기신청수수료 은행수납번호						

첨 부 서 면	
1. 주주총회의사록 또는 이사회 의사록(해임, 선임 등의 경우) 통 1. 취임승낙서(인감증명서 포함) 통 1. 주민등록표등본(선임한 경우) 통 1. 정관(필요한 경우) 통	1. 인감신고서(대표이사 선임의 경우) 통 1. 등록면허세영수필확인서 1통 1. 위임장(대리인이 신청할 경우) 1통 <기 타>

년 월 일

신청인 상 호 주식회사 벤처코리아
본 점 서울 ○○구 ○○로123길 14
대표이사 성 명 한 명 수 (인) (전화 : 555-1234)
주 소 서울 ○○구 ○○로234길 50
대리인 성 명 법무사 정 동 진 (인) (전화 : 345-4567)
주 소 서울 서초구 서초로77길 33

○○지방법원 ○○등기소 귀중

- 신청서 작성요령 -

1. 해당란이 부족할 때에는 별지를 이용합니다.
1. 해당 등기신청과 관계없는 사항에 대하여는 "해당없음"으로 기재하거나 삭제하고, 필요한 사항은 추가 기재합니다.

(용지규격 21㎝× 29.7㎝)

※ 감사의 선임 : 감사는 주주총회에서 선임하고(상법 제382조제1항), 출석한 주주의 의결권의 과반수와 발행주식총수의 1/4이상의 수로써 선임한다(상법 제368조제1항).

※ 개정 상법은 소규모(자본금의 총액이 10억원 미만)인 회사를 설립하는 경우에 감사 선임을 회사가 자율적으로 할 수 있도록 하였다(상법 제409조제4항).

※ 감사의 해임

○ 감사의 해임은 특별결의에 의한다. 특별결의는 주주총회 결의방법의 하나로서 발행주식 총수의 3분의1 이상에 해당하는 주식을 가진 주주의 출석으로 그 의결권의 3분의 2이상의 다수로 결정하는 방법을 말한다(상법 제434조).

[사례] 임시주주총회의사록

임시주주총회의사록

1. 일 시 : 20○○년 ○월 ○일 오전 ○시
1. 장 소 : 서울 ○○구 ○○로123길 14 본점 회의실
1. 출석한 상황 :

주식총수	10,000주	주주총수	7명
출석주주수	4명	이의주식수	10,000주

의장은 정관규정에 따라 의장석에 등단하여 위와 같이 법정수에 달하는 주주가 출석하였으므로 본 총회가 적법히 성립되었음을 알리고 개회를 선언한 후 다음 의안을 부의하고 심의를 구하다.

제1호 의안 : 감사 해임의 건

의장은 본 회사 감사 양승길을 해임해야 할 취지를 설명하고 그 승인을 구한 즉 주주 전원이 일치되어 해임을 승인 가결하다.

제2호 의안 : 감사 선임의 건

의장은 감사 양승길이 해임되어 현재 결원이므로 금일 총회에서 감사를 보선하여야 한다고 그 선임을 구한 즉 주주 전원 일치되어 다음 사람을 감사로 선임하다.

단, 감사 선임은 상법 제409조 제2항에 의하여 선임하다.

감사 이태룡

위 피선자는 즉시 그 취임을 승낙하다.

이상으로서 금일의 의안이 전부 심의 종료되었으므로 의장은 폐회를 선언하다.

(폐회시간 오전 11시 30분)

위 결의를 명확히 하기 위하여 이 의사록을 작성하고 의장과 출석한 이사 아래에 기명날인하다.

20○○년 ○월 ○일

주식회사 벤처코리아

의 장 대표이사 한 명 수 (인)

사내이사 ○ ○ ○ (인)

사내이사 ○ ○ ○ (인)

※ 이사감사의 해임은 특별결의에 의한다. 특별결의는 주주총회 결의방법의 하나로서 발행주식 총수의 3분의1 이상에 해당하는 주식을 가진 주주의 출석으로 그 의결권의 3분의 2이상의 다수로 결정하는 방법을 말한다(상법 제434조).

※ 주주총회의사록, 이사회의 의사록에 기명날인을 할 이사 및 감사 : 106면 참조

※ 감사는 주주총회에서 선임 또는 해임하므로 이사 2인 이하인 회사도 위 신청서나 의사록 작성방식은 같다. 다만, 이사 2인 이하인 회사는 대표이사라도 "대표권있는 사내이사" 또는 “사내이사”라 기재한다(등기부등본 참조).

[사례] 주주총회 소집절차 생략동의서

주주총회 소집절차 생략동의서

본 회사는 자본금 10억원 미만인 회사이므로 상법 제363조 제4항에 의하여 20○○년 ○월 ○일 10: 00에 개최되는 임시주주총회 건에 대하여 주주전원은 소집절차없이 개최하는 것에 동의합니다.

20○○년 ○월 ○일

주식회사 ○○

주주 ○ ○ ○ (인)

주주 ○ ○ ○ (인)

※ 자본금 총액이 10억원 미만인 회사는 주주 전원의 동의가 있을 경우에는 소집절차 없이 주주총회를 개최할 수 있다(상법 제363조 제4항).

[사례] 취임승낙서

취 임 승 낙 서

본인은 20○○년 ○월 ○일 귀 회사 임시주주총회에서 감사로 선임되었으므로 그 취임을 승낙합니다.

20○○년 ○월 ○일

감 사 이 태 룡 (인)

주식회사 벤처코리아 귀중

※ 취임승낙서에는 취임자의 인감도장을 날인하고 인감증명법에 의하여 신고한 인감증명서나 본인서명사실확인서 또는 전자본인서명확인서를 첨부하여야 한다(112면 참조).

[사례] 주주명부

주 주 명 부				
주 주	주 소	인수주식수	1주금액	납 입 금 액
한명수	서울시 ○○구 ○○로987길 www.oiu47@hanmail.com	○주	금 500원	금000,000원
○○○	서울시 ○○구 ○○로876길	○주	금 500원	금000,000원
…	이하 생략			
합 계		○주		금000,000원
위 주주명부는 본사에 비치된 주주명부와 대조하여 틀림이 없음을 증명합니다. 20○○년 ○월 ○일				
상 호	주식회사 벤처코리아			
본 점	서울 ○○구 ○○로123길 14			
대표이사	한 명 수			

※ 전자주주명부제도

○ 회사는 정관에서 정하는 바에 따라 전자문서로 주주명부를 작성할 수 있다(상법 제352조의2제1항). 전자주주명부에는 상법 제352조제1항의 기재사항 외에 전자우편주소를 적어야 한다.

○ 개정법은 기업경영의 IT화를 위하여 주주총회에 직접 참석하거나 대리인에게 투표를 위임하지 않더라도 전자서명 등 본인인증절차를 거쳐 인터넷으로 의결권을 행사하는 전자투표제도가 도입됐다(상법 제368조의4, 제382조의2). 이와 함께 주주들이 서면 외에도 이메일 등 전자문서를 통해 주주제안권 및 임시주주총회 소집청구권을 행사할 수 있도록 했다.

○ 전자투표제도를 도입함에 따라 일반 주주명부를 전자문서로 된 주주명부로 대체할 필요가 있어서 제도화한 것이다.

제2관 이사 · 감사 중임

1. 서 설

가. 개 설

중임은 임기제의 기관이 임기를 채운 것과는 무관하게 거듭하여 임용되어 취임하는 것을 말한다. 즉, 동일인이 동일직위에 재선(再選)되어 임기만료 퇴임일과 재선으로 인한 취임일 사이에 시간적 간격이 없는 경우를 중임이라고 한다.

임기만료로 퇴임하게 될 이사 등을 그 임기만료 전에 동일직위에 다시 예선한 경우에 한하여 중임이 인정된다. 따라서 이사 등의 권리의무 행사자(상법 제386조 1항, 389조 3항, 415조, 393조의2 5항)가 다시 동일한 지위에 선임된 경우에는 임기만료로 인한 퇴임과 새로운 취임 사이에 시간적 간격이 있기 때문에 시간적 간격이 없는 경우에 하는 중임등기를 할 수 없고 임기만료로 인한 퇴임등기 및 새로운 취임등기를 하여야 하고, 또한 사임(辭任)과 동시에 취임하는 경우에는 중임에 해당하지 아니한다.

나. 중임등기절차

(1) 등기원인

중임의 경우에는 퇴임의 취지와 새로 취임한 취지를 따로 기재하지 아니하고 단순히 '중임'으로 등기원인을 기재한다.

(2) 중임일자

주식회사 이사·대표이사·감사 등의 경우에는 임기만료일의 다음날이 이에 해당하고, 감사의 경우에는 취임 후 3년 내의 최종의 결산기에 관한 정기주주총회의 종결일이 이에 해당한다. 다만, 이사의 경우에 정관으로 그 임기 중의 최종의 결산기에 관한 정기주주총회의 종결에 이르기까지 임기가 연장된 경우(상법 제383조 제3항)에는 그 정기주주총회 종결일이 중임일에 해당한다.

예컨대 임기가 2년인 사내이사가 2013년 3월 29일 취임하였고, 2015년 3월 29일이 일요일인 경우, 중임일자가 2015년 3월 29일인지 아니면 2015년 3월 31일인지 여부를 결정하기 위해서는 먼저 기간의 기산점 및 만료점에 대해 당사자의 특별한 약정이 없는 경우와 약정이 있는 경우를 구분하여야 한다(민법 제155조 및 대판 2007. 8. 23. 2006다62942, 대판 2009. 11. 26. 2009두12907 판결, 상업등기선례 제201505-1호, 2015. 5. 18. 사법등기심의관-787 질의회답). 차례로 보기로 한다.

(3) 특별한 약정이 없는 경우

취임일과 관련하여 특별한 약정이 없는 경우에는 초일 불산입 원칙이 적용되어 2013년 3월 30일 0시에 임기가 기산되므로 2015년 3월 29일 24시에 임기가 만료 되지만(민법 제157조[49]), 민법 제161조[50]가 적용되어 기간의 말일이 토요일 또는 공휴일에 해당하는 때에는 기간은 그 익일로 만료하므로 일요일 다음날인 2015년 3월 30일(월요일) 24시에 임기가 만료된다. 따라서 중임일은 민법 제157조 단서[51]에 의해 2015년 3월 31일 0시이다. 다만, 2013년 3월 29일이 취임일이 아니고 중임일이라면 2013년 3월 29일 0시가 임기의 기산점이므로 민법 제157조 단서에 의해 초일 불산입 원칙은 적용되지 않는다(상업등기선례 제201505-1호, 2015. 5. 18. 사법등기심의관-787 질의회답).

(4) 특별한 약정이 있는 경우

초일을 산입하는 특별한 약정과 민법 제161조(기간의 말일이 토요일 또는 공휴일에 해당한 때에는 기간은 그 익일로 만료한다)를 배제하는 특약이 있는 경우에는 2013년 3월 29일에 임기가 기산되어 2015년 3월 28일 24시에 임기가 만료되므로 중임일은 2015년 3월 29일 0시가 된다. 따라서 특약이 있는 경우에는 등기신청의 중임일을 최초의 취임일이나 그 이전(2년전)의 중임일자와 동일한 날짜로 일치시킬 수 있다(상업등기선례 제201505-1호, 2015. 5. 18. 사법등기심의관-787 질의회답).

(5) 중임등기선례

(가) 임기 만료일과 결산기 만료일이 같은 경우의 이사 임기 연장

---

49) 제157조(기간의 기산점) 기간을 일, 주, 월 또는 연으로 정한 때에는 기간의 초일은 산입하지 아니한다. 그러나 그 기간이 오전 영시로부터 시작하는 때에는 그러하지 아니하다.

50) 제161조(공휴일 등과 기간의 만료점) 기간의 말일이 토요일 또는 공휴일에 해당한 때에는 기간은 그 익일로 만료한다.

51) 제157조(기간의 기산점) 기간을 일, 주, 월 또는 연으로 정한 때에는 기간의 초일은 산입하지 아니한다. 그러나 그 기간이 오전 영시로부터 시작하는 때에는 그러하지 아니하다.

주식회사의 정관에 '이사의 임기는 3년으로 한다. 그러나 그 임기가 최종의 결산기 종료 후 당해 결산기에 관한 정기주주총회 전에 만료될 경우에는 그 총회의 종결시까지 그 임기를 연장한다'는 규정이 있는 경우, 이는 상법 제383조 제3항을 그대로 표현한 것으로 특별한 사정이 없는 한 최종 결산기 말일은 임기 중의 결산기로 해석되므로 이사의 임기 만료일과 결산기 만료일이 같은 날인 경우도 임기 연장 등기를 신청할 수 있다(상업등기선례 제201612-1호, 2016. 12. 27. 사법등기심의관-5056 질의회답)

(나) 정관에 '임기가 만료된 임원은 그 후임자가 선임될 때까지 그 직무를 행한다.'는 규정이 있다하더라도 임기만료일은 권리의무행사기간 종료일이 아니라 본래의 임기만료일이므로 동일인이 다시 선임된 경우에도 임기만료로 인한 퇴임과 새로운 취임사이에 시간적 간격이 있다면 시간적 간격이 없는 경우에 하는 중임등기를 할 수는 없고 임기만료로 인한 퇴임등기 및 새로운 취임등기를 하여야 한다(등기선례 200311-12, 2003. 11. 14 제정).

(다) "이사의 임기는 3년으로 하되 그 임기가 임기 내에 도래하는 최종의 결산기에 관한 정기주주총회 종결 전에 만료되는 때에는 이사의 임기는 그 총회 종결시까지 연장한다."는 취지의 정관 규정에 의하여 1996. 1. 12.자로 임기가 만료되는 이사의 임기가 정기주주총회종결일인 1996. 3. 25.까지 연장되었고, 그 총회에서 동일인이 다시 이사로 선임되어 '1996. 3. 25.'을 중임일로 하는 중임등기가 경료된 후, 임기중인 1999. 3. 10.자 정기주주총회에서 동일인이 다시 이사로 선임되었다면 특별한 사정이 없는 한 중임등기를 신청할 수 있을 것이고, 이 경우 중임일은 먼저 중임된 이사의 임기만료일의 다음날인 '1999. 3. 26.'로 하여야 할 것이다(등기선례6-645, 1999. 5. 11. 등기 3402-506 질의회답).

(라) 이사가 임기만료 직전의 주주총회에서 다시 이사로 선임되고 그 임기만료 전에 취임을 승낙한 경우에는, 임기만료일의 다음날이 중임일이 되며 그 날부터 2주 이내에 이사의 중임으로 인한 변경등기를 신청하여야 한다(상업등기선례200705-1, 2007. 5. 3. 공탁상업등기과-467 질의회답).

(마) 대표이사의 임기만료로 인한 퇴임과 재선에 의한 취임 사이에 시간적 간격이 있는 경우 중임등기 가부

주식회사 대표이사 홍길동의 임기가 1994. 6. 25.자로 이미 만료되었고 임시주주총회에서 1996. 3. 25.자로 다시 홍길동을 대표이사로 선임한 경우에는, 홍길동이 임기만료로 인한 퇴임과 새로운 취임 사이에 사실상 대표이사직을 수행하였는지 여부에 관계없이 임기만료로 인한 퇴임등기 및 새로운 취임등기를 하여야 하고, 임기만료로 인한 퇴임과

재선에 의한 취임 사이에 시간적 간격이 없는 경우에 하는 중임등기를 할 수는 없다(상업등기선례 제1-153호, 1998. 11. 11. 등기 3402-1127 질의회답).

(6) 변경등기기간

이사 등이 취임한 경우에는 취임의 효력이 발생한 날로부터 본점소재지에서 2주 내에, 대표이사가 취임한 경우에는 3주내에 지점소재지에서도 등기하여야 한다(상법 제317조 제4항, 제183조, 법인등기사항에 관한 특례법 제3조제6호).

주식회사 이사의 취임등기 기간은 그 취임의 효력이 발생한 날로부터 진행된다고 할 것이므로, 이사 홍길동의 임기만료 전에 개최된 정기주주총회에서 미리 이사 홍길동을 중임하기로 하는 결의가 이루어진 경우, 상법 제317조 제4항 및 제183조의 규정에 의한 등기기간은 그 취임의 효력이 발생한 날, 즉 이사 홍길동이 임기만료로 퇴임함과 동시에 주주총회의 결의에 의하여 중임되어 새로이 임기를 개시하게 된 날로부터 진행된다고 할 것이다(등기선례 제5-842호, 1998. 10. 8. 등기 3402-985 질의회답).

다. 첨부서면

(1) 개 설

"이사의 임기는 3년으로 하되 그 임기가 임기 내에 도래하는 최종의 결산기에 관한 정기주주총회 종결 전에 만료되는 때에는 이사의 임기는 그 총회 종결시까지 연장한다."는 취지의 정관 규정에 의하여 이사의 중임등기를 하는 경우에는 임시주주총회가 아닌 정기주주총회의 의사록을 작성하여야 한다.

정기주주총회 의사록에는 제1호 의안으로 결산보고승인의 건을, 제2호 의안으로는 이사 등의 중임의 건을 작성하여야 한다. 이사, 감사 등의 중임의 경우에는 이사회의사록이 필요없다.

(2) 중임승낙서 등

중임승낙서를 제출하여야 하고, 승낙을 증명하는 서면에는 인감증명법에 따라 신고한 인감을 날인하고 그 인감증명법에 의하여 신고한 인감증명서나 본인서명사실확인서 또는 전자본인서명확인서를 첨부하여야 한다(112면 참조). 다만, 등기소에 인감을 제출한 사람이 중임 또는 사임하는 경우에는 등기소에 제출된 인감이 날인된 중임승낙 또는 사임을 증명하는 서면으로 갈음할 수 있다(상업등기규칙 제104조 제1항).

중임의 경우 주민등록등(초)본은 첨부하지 아니한다.

라. 등록면허세 등

(1) 등록면허세

이사 등의 중임등기를 신청하는 경우에는 40,200원의 등록면허세와 등록면허세의 100분의 20에 해당하는 지방교육세를 납부하여야 한다(지방세법 제28조). 수인의 이사 등이 중임등기를 일괄하여 신청하는 경우에는 이를 1건으로 보기 때문에 1건의 등록면허세 및 지방교육세를 납부하면 된다.

상호·목적·임원 등기 등 각종 변경등기신청을 동시에 신청하는 경우 변경사항 별로 각각의 등록면허세를 합산하여 납부한다. 다만 동일한 변경사항이 수개인 경우에는 1건의 등록세만 납부한다.

등록세는 직접 관할 관청에 납부할 수 있으며(등기예규 제1612호) 또는 지방세 인터넷 납부시스템 위택스(www.wetax.go.kr)에 의하여도 납부할 수 있다. 납부 후 등록면허세 영수필확인서를 "신청등기소 및 등록면허세/수수료"란에 붙인다.

(2) 등기신청수수료

서면제출의 경우에는 6,000원의 신청수수료를 납부하여야 하고(수수료규칙 제5조의3 제2항 본문), 전자신청의 경우에는 2,000원이다. 전자표준양식에 의한 신청의 경우에는 4,000원의 수수료를 납부하여야 한다(수수료규칙 제5조의5 제4항).

(1) 수개의 등기사항을 일괄하여 하나의 신청시로써 등기신청을 하는 경우에는 각 등기의 목적에 따른 소정의 신청수수료를 합산한 금액을 수수료로 납부하여야 한다.

회사의 상호 · 본점 · 목적 · 공고방법 · 존립기간 · 액면주식 1주의 금액 · 발행할 주식의 총수 · 발행주식의 총수와 그 종류 및 각각의 수 등의 변경등기를 일괄하여 하나의 등기신청서로써 신청하는 경우에는 각각의 등기신청수수료를 합산한 금액을 납부하여야 한다. 다만, 수인의 이사, 대표이사, 감사 등 임원의 퇴임 또는 취임으로 인한 변경등기는 이를 일괄하여 하나의 임원변경등기신청으로 본다(등기예규 제1629호).

납부방법은 대한민국법원 인터넷등기소(http://www.iros.go.kr/)를 이용하여 전자적 방법으로 등기신청수수료를 납부할 수 있으며, 인터넷등기소에서 사용 가능한 카드사의 신용카드에 의한 결제, 지정 금융기관의 계좌이체, 선불형 지불수단 등에 의한 결제 방식에 의하고, 영수필확인서를 출력하여 등록면허세/수수료란에 붙인다(등기예규 제1576

호). 또 다른 방법은 직접 법원구내 및 등기소 가까운 금융기관(농협, 신한은행)에 납부하고 그 영수필확인서를 등록면허세/수수료"란에 붙인다.

(2) 수개의 등기사항을 일괄하여 하나의 신청서로써 하는 등기신청의 경우 등기신청수수료 산정의 기준(등기예규 제1629호)

수개의 등기사항을 일괄하여 하나의 신청서로써 등기신청을 하는 경우에는 각 등기의 목적에 따른 소정의 신청수수료를 합산한 금액을 등기신청수수료로 납부하여야 한다. 그 구체적인 기준은 다음과 같다.

1) 합산의 경우

회사의 상호, 본점, 목적, 공고방법, 존립기간, 액면주식 1주의 금액, 발행할 주식의 총수, 발행주식의 총수와 그 종류 및 각각의 수 등의 변경등기를 일괄하여 하나의 등기신청서로써 신청하는 경우에는 각각의 등기신청수수료를 합산한 금액을 납부하여야 한다. 다만, 수인의 이사, 대표이사, 감사 등 임원의 퇴임 또는 취임으로 인한 변경등기는 이를 일괄하여 하나의 임원변경등기신청으로 본다.

변경등기신청과 함께 지배인선임등기 등 변경등기 이외의 등기신청을 하나의 신청서로써 하는 경우에는 각각의 신청수수료를 합산한 금액을 등기신청수수료로 납부하여야 한다.

2) 하나의 등기신청으로 보는 경우

하나의 신청서로써 수인의 지배인선임등기를 신청하거나 수개의 지점설치등기를 신청하는 경우에는 이를 하나의 지배인선임등기 또는 지점설치등기신청으로 본다.

마. 의사록의 공증(인증)

서면결의에 의한 변경등기 또는 이사의 결정에 의하여 하는 변경등기 외에는 의사록에 반드시 공증(인증)을 받아야 한다. 공증(인증)에 관한 구체적설명 627면 참조

2. 신청서 사례

[사례] 주식회사 변경등기신청(이사 1인 중임)

주식회사 변경등기신청

접 수	년 월 일	처리인	등기관확인	각종통지
	제 호			

상 호	주식회사 미래통신	등기번호	제888456호
본 점	서울 서초구 서초로233길 50		
등기의목적	이사 중임 등기		
등기의사유	본 회사의 사내이사 이영길은 20○○년 ○월 ○일 임기만료이나 같은 날 임시주주총회에서 사내이사에 재 선임되어 같은 날 사내이사에 중임하였으므로 그 등기를 구함.		
본/지점 신청구분	1. 본점신청 □ 2. 지점신청 □ 3. 본·지점 일괄신청 □		
등 기 할 사 항			
대표이사또는대표집행임원·이사·집행임원·감사 등의 퇴임·취임 등과 그 연월일	사내이사 이영길 (501020-8884567) 20○○년 ○월 ○일 중임		
기 타			

신청등기소 및 등록면허세/수수료						
순번	신청등기소	구분	등록면허세 지방교육세	농어촌특별세	세액합계	등기신청수수료
			금40,200원 금8,040원		금48,240원	금6,000원
합 계						
등기신청수수료 은행수납번호						

첨 부 서 면	
1. 주주총회의사록 또는 이사회의사록 통	1. 인감신고서(대표이사선임의 경우) 통
1. 취임승낙서(인감증명서 포함) 통	1. 등록면허세영수필확인서 1통
1. 주민등록표등본(신임한 경우) 통	1. 위임장(대리인이 신청할 경우) 1통
1. 정관(필요한 경우) 통	<기 타>

년 월 일

신청인 상 호 주식회사 미래통신

본 점 서울 서초구 서초로233길 50

대표이사 성 명 김 관 배 (인) (전화 : 555-1234)

주 소 서울 강서구 염창로234길 50

대리인 성 명 법무사 정 동 진(인) (전화 : 345-4567)

주 소 서울 서초구 서초로77길 33

○○지방법원 ○○등기소 귀중

- 신청서 작성요령 -

1. 해당란이 부족할 때에는 별지를 이용합니다.
1. 해당 등기신청과 관계없는 사항에 대하여는 "해당없음"으로 기재하거나 삭제하고, 필요한 사항은 추가 기재합니다.

(용지규격 21㎝× 29.7㎝)

※ 주식회사 이사의 중임등기

※ "이사의 임기는 3년으로 하되 그 임기가 임기 내에 도래하는 최종의 결산기에 관한

정기주주총회 종결 전에 만료되는 때에는 이사의 임기는 그 총회 종결시까지 연장한다." 는 취지의 정관 규정에 의하여 1996. 1. 12. 자로 임기가 만료되는 이사의 임기가 정기주주총회종결일인 1996. 3. 25. 까지 연장되었고, 그 총회에서 동일인이 다시 이사로 선임되어 '1996. 3. 25.'을 중임일로 하는 중임등기가 경료된 후, 임기 중인 1999. 3. 10. 자 정기주주총회에서 동일인이 다시 이사로 선임되었다면 특별한 사정이 없는 한 중임등기를 신청할 수 있을 것이고, 이 경우 중임일은 먼저 중임된 이사의 임기만료일의 다음날인 '1999. 3. 26.'로 하여야 할 것이다(상업등기선례 1-157 1999. 5. 11. 등기 3402-506 질의회답).

※ 원래 1980. 2. 9에 임기가 만료되는 이사가 상법 제383조 제3항과 정관의 규정에 의하여 최종의 결산기(1979. 12. 31에 종료) 에 관한 정기주주총회의 종결일(1980. 2. 11)까지 그 임기가 연장되고 그 총회 종결일에 중임되어 그 퇴임 및 중임의 등기를 신청함에 있어서는 그 퇴임 및 중임일자를 총회 종결일인 1980. 2. 11로 기재하여야 한다(등기선례1-865, 80. 4. 9 등기 제148호). 정기주주총회에서의 변경등기는 381면 참조

※ 주식회사 이사의 취임등기기간은 그 취임의 효력이 발생한 날로부터 진행된다고 할 것이므로, 이사 홍길동의 임기만료 전에 개최된 정기주주총회에서 미리 이사 홍길동을 중임하기로 하는 결의가 이루어진 경우, 상법 제317조 제4항 및 제183조의 규정에 의한 등기기간은 그 취임의 효력이 발생한 날, 즉 이사 홍길동이 임기만료로 퇴임함과 동시에 주주총회의 결의에 의하여 중임되어 새로이 임기를 개시하게 된 날로부터 진행된다고 할 것이다(상업등기선례 1-152, 1998. 10. 8. 등기 3402-985 질의회답).

[사례] 임시주주총회의사록

임시주주총회의사록

20○○년 ○월 ○일 오전 ○시 본점 회의실에서 임시주주총회를 개최하다.

주식총수 10,000주 주주총수 3명

출석주주수 3명 이의주식수 10,000주

의장 대표이사 김일근은 정관규정에 따라 의장석에 등단하여 위와 같이 법정원수에 달하는 주주가 출석하였으므로 본 총회가 적법히 성립됨을 알리고 개회를 선언한 후 다음 의안을 부의하고 심의를 구하다.

의안 : 사내이사 재선임의 건

의장은 사내이사 이영길은 20○○년 ○월 ○일 임기만료이니 회사의 사업운영 형편상 그 유임이 불가피함을 설명하고, 재선임 여부를 자문한 즉 출석주주 전원 만장일치로 재선임을 승인가결하다.

사내이사 이 영 길

위 피선자는 즉석에서 그 중임을 승낙하다.

이상으로서 금일의 의안이 전부 심의 종료되었으므로 의장은 폐회를 선언하다.

(폐회시간 오전 11시 30분)

위 결의를 명확히 하기 위하여 이 의사록을 작성하고 의장과 출석한 이사가 아래에 기명날인하다.

20○○년 ○월 ○일

주식회사 서초닷컴

의 장 대표이사 김 일 근 (인)

사내이사 ○ ○ ○ (인)

사내이사 ○ ○ ○ (인)

※ 이사의 선임 : 이사는 주주총회에서 선임하고(상법 제382조제1항), 출석한 주주의 의결

권의 과반수와 발행주식총수의 1/4이상의 수로써 선임한다(상법 제368조제1항).

※ 이사 2인 이하인 회사도 위 신청서나 의사록 작성방식은 같다. 다만, 이사 2인 이하인 회사는 대표이사라도 "대표권있는 사내이사" 또는 "사내이사"라 기재한다(등기부등본 참조).

※ 주주총회, 이사회의 의사록에 기명날인을 할 이사 및 감사 : 106면 참조.

[사례] 주주총회 소집절차 생략동의서

주주총회 소집절차 생략동의서

본 회사는 자본금 10억원 미만인 회사이므로 상법 제363조 제4항에 의하여 20○○년 ○월 ○일 10: 00에 개최되는 임시주주총회 건에 대하여 주주전원은 소집절차없이 개최하는 것에 동의합니다.

20○○년 ○월 ○일

주식회사 ○○
주주 ○ ○ ○ (인)
주주 ○ ○ ○ (인)
주주 ○ ○ ○ (인)

※ 자본금 총액이 10억원 미만인 회사는 주주 전원의 동의가 있을 경우에는 소집절차 없이 주주총회를 개최할 수 있다(상법 제363조 제4항).

[사례] 중임승낙서

중 임 승 낙 서

본인은 20○○년 ○월 ○일 귀 회사 임시주주총회 결의에 의하여 사내이사로 재선임되었으므로 그 중임을 승낙합니다.

20○○년 ○월 ○일

사내이사 이 영 길 (인)

주식회사 미래통신 귀중

※ 중임승낙서에는 중임자의 인감도장을 날인하고 인감증명법에 의하여 신고한 인감증명서나 본인서명사실확인서 또는 전자본인서명확인서를 첨부하여야 한다(112면 참조). 다만, 등기소에 인감을 제출한 사람이 중임 또는 사임하는 경우에는 등기소에 제출된 인감이 날인된 중임승낙 또는 사임을 증명하는 서면으로 갈음할 수 있다(상업등기규칙 제104조 제1항). 중임의 경우 주민등록등(초)본은 첨부하지 아니한다.

[사례] 주주명부

주 주 명 부				
주 주	주 소	인수주식수	1주금액	납 입 금 액
김관배	서울시 강서구 염창로234길 50 www.asd45@hanmail.com	5,000주	금5,000원	금25,000,000원
○○○	서울시 ○○구 ○○로876길 5 www.wert88@hanmail.com	5,000주	금5,000원	금25,000,000원
…	이하 생략			
합 계		○주		금○○○원
위 주주명부는 본사에 비치된 주주명부와 대조하여 틀림이 없음을 증명합니다. 20○○년 ○월 ○일				
상 호	주식회사 미래통신			
본 점	서울 서초구 서초로233길 50			
대표이사	김 관 배			

※ 전자주주명부제도

○ 회사는 정관에서 정하는 바에 따라 전자문서로 주주명부를 작성할 수 있다(상법 제352조의2제1항). 전자주주명부에는 상법 제352조제1항의 기재사항 외에 전자우편주소를 적어야 한다.

○ 개정법은 기업경영의 IT화를 위하여 주주총회에 직접 참석하거나 대리인에게 투표를 위임하지 않더라도 전자서명 등 본인인증절차를 거쳐 인터넷으로 의결권을 행사하는 전자투표제도가 도입됐다(상법 제368조의4, 제382조의2).

[사례] 주식회사 변경등기신청서(감사 1인 정기총회에서 중임)

주식회사 변경등기신청

접 수	년 월 일	처리인	등기관확인	각종통지
	제 호			

상 호	주식회사 서울패션	등기번호	제888456호
본 점	서울 ○○구 ○○로123길 14		
등기의목적	감사 중임 등기		
등기의사유	본 회사의 감사 한동석은 정관 제26조 준용규정에 따라 20○○년 ○월 ○일 임기만료이나 동일 정기주주총회결의에 의하여 감사에 재 선임되어 같은 날 감사에 중임하였으므로 그 등기를 구함.		
본/지점 신청구분	1. 본점신청 □ 2. 지점신청 □ 3. 본·지점 일괄신청 □		
등 기 할 사 항			
대표이사또는대표집행임원·이사·집행임원·감사 등의 퇴임·취임 등과 그 연월일	감사 한동석 501020-1894567 (20○○년 ○월 ○일 중임)		
기 타			

<table>
<tr><td colspan="7">신청등기소 및 등록면허세/수수료</td></tr>
<tr><td rowspan="2">순번</td><td rowspan="2">신청등기소</td><td rowspan="2">구분</td><td>등록면허세</td><td rowspan="2">농어촌특별세</td><td rowspan="2">세액합계</td><td rowspan="2">등기신청수수료</td></tr>
<tr><td>지방교육세</td></tr>
<tr><td rowspan="2"></td><td rowspan="2"></td><td rowspan="2"></td><td>금 40,200원</td><td rowspan="2"></td><td rowspan="2">금 48,240원</td><td rowspan="2">금 6,000원</td></tr>
<tr><td>금 8,040원</td></tr>
<tr><td colspan="3" rowspan="2">합 계</td><td></td><td rowspan="2"></td><td rowspan="2"></td><td rowspan="2"></td></tr>
<tr><td></td></tr>
<tr><td colspan="4">등기신청수수료 은행수납번호</td><td colspan="3"></td></tr>
<tr><td colspan="7">첨 부 서 면</td></tr>
<tr><td colspan="4">1. 주주총회의사록 또는 이사회의사록(해임, 선임 등의 경우) 통
1. 사임서(인감증명서포함) 통
1. 취임승낙서(인감증명서 포함) 통
1. 주민등록표등본(선임한 경우) 통
1. 정관(필요한 경우) 통</td><td colspan="3">1. 인감신고서(대표이사 선임의 경우) 통
1. 등록면허세영수필확인서 통
1. 위임장(대리인이 신청할 경우) 통
<기 타></td></tr>
<tr><td colspan="7">년 월 일
신청인 상 호 주식회사 서울패션
본 점 서울 ○○구 ○○로123길 14
대표이사 성 명 김 서 울 (인) (전화 :)
주 소 서울 ○○구 ○○로234길 50
대리인 성 명 법무사 정 동 진 (인) (전화 : 345-4567)
주 소 서울 서초구 서초로77길 33
○○지방법원 ○○등기소 귀중</td></tr>
</table>

- 신청서 작성요령 -

1. 해당란이 부족할 때에는 별지를 이용합니다.
1. 해당 등기신청과 관계없는 사항에 대하여는 "해당없음"으로 기재하거나 삭제하고, 필요한 사항은 추가 기재합니다.

※ 감사의 선임 : 감사는 주주총회에서 선임하고(상법 제382조제1항), 출석한 주주의 의결

권의 과반수와 발행주식총수의 1/4이상의 수로써 선임한다(상법 제368조제1항).

○ 보통결의 요건은 예외적으로 정관의 규정에 따라서 출석정족수를 두거나 의결정족수를 가중할 수 있다(상법 제368조 제1항).

○ 감사의 선임은 이사와 마찬가지로 주주총회의 고유권한(상법 제361조)이므로 정관의 규정 또는 주주총회의 특별결의로도 이사의 선임을 제3자나 타기관에 위임하지 못한다.

○ 의결권없는 주식을 제외한 발행주식의 총수의 100분의 3을 초과하는 수의 주식을 가진 주주는 그 초과하는 주식에 관하여 감사의 선임에 있어서는 의결권을 행사하지 못한다(상법 제409조 제2항).

※ 주주총회, 이사회의 의사록에 기명날인을 할 이사 및 감사 : 106면 참조.

※ 등록면허세 등

○ 등록면허세 40,200원(지방세법 제28조)과 등록면허세의 100분의 20에 해당하는 지방교육세를 납부하여야 한다.

○ 서면제출의 경우 수수료는 6,000원, 이폼신청의 경우 4,000원, 전자신청의 경우 2,000원이다.

[사례] 정기주주총회의사록

정기주주총회의사록

1. 일　　　시 : 20○○년 ○월 ○일 오전 ○시
1. 장　　　소 : 서울 ○○구 ○○로123길 14 본사회의실
1. 출석한 상황 :

주식 총수	5,000주	주주 총수	3명
출석 주주수	3명	이의 주식수	5,000주

대표이사 김서울은 정관규정에 따라 의장석에 착석하여 위와 같이 법정원수에 달하게 출석하였으므로 본 총회의 적법성립을 고하고 이어 개회를 선언하다.

제1호 의안 : 결산보고 승인의 건

의장은 별도 배부한 20○○년 ○월 ○일 ~ 20○○년 ○월 ○일까지 영업 대차대조표, 손익계산서, 이익잉여금 처분 안을 상정하고 그 의결을 구함으로써 주주전원 만장일치로 원안대로 승인가결하다.

제2호 의안 : 감사중임의 건

의장은 본 회사의 감사 한동석은 정관 제26조 준용규정에 의하여 금일 임기만료이나 회사의 사업운영 형편상 그 유임이 불가피함을 설명하고 재선임 여부를 자문한즉 출석주주 전원 만장일치로 다음 사람의 감사 재선임을 승인가결하다.

단, 감사의 선임은 상법 제409조 준용규정에 의하여 선출하다.

감사 한동석

위 피선임자는 즉석에서 그 중임을 승낙하다.

이상으로서 금일 의안 전부를 심의 종료 하였으므로 의장은 폐회를 선언하다. (폐회시간 오전 11시 30분)

위 결의를 명확히 하기 위하여 이 의사록을 작성하고 의장과 출석한 이사가 아래에 각 기명날인하다.

20○○년 ○월 ○일

주식회사 서울패션
의 장 대표이사 김 서 울 (인)
사내이사 ○ ○ ○ (인)
사내이사 ○ ○ ○ (인)

※ 감사의 선임 : 감사는 주주총회에서 선임하고(상법 제382조제1항), 출석한 주주의 의결권의 과반수와 발행주식총수의 1/4이상의 수로써 선임한다(상법 제368조제1항).

※ 감사는 주주총회에서 선임하므로 이사 2인 이하인 회사도 위 신청서나 의사록 작성방식은 같다. 다만, 이사 2인 이하인 회사는 대표이사라도 "대표권있는 사내이사" 또는 "사내이사"라 기재한다(등기부등본 참조).

※ 주주총회, 이사회의 의사록에 기명날인을 할 이사 및 감사 : 106면 참조.

[사례] 주주총회 소집절차 생략동의서

주주총회 소집절차 생략동의서

본 회사는 자본금 10억원 미만인 회사이므로 상법 제363조 제4항에 의하여 20○○년 ○월 ○일 10: 00에 개최되는 정기주주총회 건에 대하여 주주전원은 소집절차없이 개최하는 것에 동의합니다.

20○○년 ○월 ○일

주식회사 ○○
주주 ○ ○ ○ (인)
주주 ○ ○ ○ (인)
주주 ○ ○ ○ (인)

※ 자본금 총액이 10억원 미만인 회사는 주주 전원의 동의가 있을 경우에는 소집절차 없이 주주총회를 개최할 수 있다(상법 제363조 제4항).

[사례] 중임승낙서

중 임 승 낙 서

본인은 20○○년 ○월 ○일 귀 회사 정기주주총회에서 결의에 의하여 감사로 재선임되었으므로 그 중임을 승낙합니다.

20○○년 ○월 ○일

감 사 한 동 석 (인)

주식회사 서울패션 귀중

※ 중임승낙서에는 중임자의 인감도장을 날인하고 인감증명법에 의하여 신고한 인감증명서나 본인서명사실확인서 또는 전자본인서명확인서를 첨부하여야 한다(112면 참조). 다만, 등기소에 인감을 제출한 사람이 중임 또는 사임하는 경우에는 등기소에 제출된 인감이 날인된 중임승낙 또는 사임을 증명하는 서면으로 갈음할 수 있다(상업등기규칙 제104조 제1항). 중임의 경우 주민등록등(초)본은 첨부하지 아니한다.

[사례] 주주명부

주 주 명 부				
주 주	주 소	인수주식수	1주금액	납 입 금 액
김서울	서울시 ○○구 ○○로987길 6 www.oiu47@hanmail.com	○주	금 500원	금,000,000원
○○○	서울시 ○○구 ○○로876길 5	○주	금 500원	금,000,000원
…	이하 생략			
합 계		○주		금,000,000원
위 주주명부는 본사에 비치된 주주명부와 대조하여 틀림이 없음을 증명합니다. 20○○년 ○월 ○일				
상 호	주식회사 서울패션			
본 점	서울 ○○구 ○○로123길 14			
대표이사	김 서 울			

※ 전자주주명부제도

○ 회사는 정관에서 정하는 바에 따라 전자문서로 주주명부를 작성할 수 있다(상법 제352조의2제1항). 개정 상법은 기업경영의 IT화를 위하여 주주총회에 직접 참석하거나 대리인에게 투표를 위임하지 않더라도 전자서명 등 본인인증절차를 거쳐 인터넷으로 의결권을 행사하는 전자투표제도가 도입됐다(상법 제368조의4, 제382조의2). 이와 함께 주주들이 서면 외에도 이메일 등 전자문서를 통해 주주제안권 및 임시주주총회 소집청구권을 행사할 수 있도록 했다.

제3관 대표이사 변경 · 중임

1. 변경등기

가. 선 임

대표이사는 이사 중에서 원칙적으로 이사회에서 선임하지만(상법 제389조), 정관의 규정에 의하여 주주총회에서 직접 선임할 수도 있다(상법 제389조 제1항).

이사회 결의로 대표이사를 선임하는 경우 이사 과반수의 출석과 출석이사의 과반수로 선임하여야 하며 정관으로 그 비율을 높게 정할 수 있다(상법 제391조 제1항).

대표이사를 주주총회에서 선출할 경우 정관에 다른 정함이 없는 경우에는 주주총회의 보통결의 즉, 출석한 주주의 의결권의 과반수와 발행주식 총수의 4분의1 이상의 수로 선임하여야 한다(상법 제368조 제1항).

대표이사의 자격이나 인원수에는 제한이 없다(등기예규 제691호). 한편 회사의 설립시의 자본금의 총액이 10억원 미만으로 1명 또는 2명의 이사만을 선임한 경우에는 각 이사가 회사를 대표하나(상법 제383조 제1항 단서 및 6항), 이 경우에도 정관에서 정하는 방법에 따라 대표이사를 선임할 수 있다.

나. 임 기

대표이사의 임기와 관련해서는 상법에 그 규정이 없고, 상법 제383조제3항의 이사의 임기연장 규정도 준용되지 않지만, 정관으로 대표이사의 임기를 정할 수 있고(임의적 기재사항), 정관의 규정이 없으면 선임기관(이사회 또는 주주총회)의 결의로 이를 정할 수 있다. 만약 선임기관도 대표이사의 임기를 정하지 않았다면 대표이사는 이사의 자격을 전제로 하므로 이사의 임기에 따른다.

대표이사는 이사의 자격 상실, 사임, 위임의 종료(민법 제690조), 이사회나 주주총회의 해임결의(상법 제382조, 제385조) 등에 의하여 종임된다.

대표이사 또는 자본금의 총액이 10억원 미만인 회사의 각 이사가 사임하는 경우에는 다른 대표이사 또는 각 이사에게 사임의 의사표시를 하면 되지만, 다른 대표자가 없는 경우에는 정관상 직무대행자에게 사임의 의사표시를 하면 그 직무대행자에게 사임의 의사표시가 도달한 때에 사임의 효력이 발생한다.

다. 대표이사의 해임

대표이사는 원칙적으로 이사회에서 선임하기 때문에(상법 제389조 1항 본문) 이사회의 결의로 이를 해임하는데, 정관으로 주주총회에서 대표이사를 선정할 것을 정한 때(상법 제389조 1항 단서)에는 주주총회에서 대표이사를 해임한다. 자본금의 총액이 10억원 미만으로서 이사를 2명만 둔 경우에 정관에 따라 대표이사를 정한 경우(상법 제383조 1항 단서 및 6항)에는 정관에서 정한 방법에 따라 대표이사를 해임할 수 있다.

대표이사를 이사회에서 해임하든, 주주총회에서 해임하든 해임대상인 대표이사는 특별이해관계인에 해당하지 아니하므로 해임결의와 관련하여 의결권을 행사할 수 있다고 본다. 한편 대표이사는 이사의 자격을 전제로 하므로 대표이사겸 이사가 주주총회에서 이사의 직에서 해임된 때에는 대표이사의 직도 퇴임한다.

라. 변경등기절차

(1) 개 설

(가) 대표이사 변경등기는 회사의 영업소 소재지를 관할하는 지방법원, 그 지원 또는 등기소에 신청하며, 본점 관할 이외에 지점을 설치하여 지점등기부가 개설되어 있는 때에는 지점관할 등기소에도 그 변경등기를 신청하여야 한다. 대표이사변경은 이사회 또는 주주총회(정관으로 정한 경우)에서 선정하고, 선임된 대표이사가 취임 승낙을 한 날로부터 본점소재지에서는 2주 이내, 지점소재지에서는 3주 이내에 새로 취임한 대표이사 또는 그 대리인이 변경등기를 신청하여야 한다(상업등기선례 제2-26호, 2007. 4. 18. 공탁상업등기과-410 질의회답).

등기기간의 계산과 관련해서는 사임서를 제출하면서 사임서의 작성일자를 제출일 이후로 기재하는 경우와 같이 장래의 일정한 날에 사임의 효력이 발생하는 경우를 제외하고는 초일을 산입하지 아니한다(상법 제1조, 민법 157조 단서).

(나) 주식회사 대표이사 홍길동의 임기가 1994. 6. 25.자로 이미 만료되었고 임시주주총회에서 1996. 3. 25.자로 다시 홍길동을 대표이사로 선임한 경우에는, 홍길동이 임기만료로 인한 퇴임과 새로운 취임 사이에 사실상 대표이사직을 수행하였는지 여부에 관계없이 임기만료로 인한 퇴임등기 및 새로운 취임등기를 하여야 하고, 임기만료로 인한 퇴임과 재선에 의한 취임 사이에 시간적 간격이 없는 경우에 하는 중임등기를 할 수는 없다(등기선례5-843, 1998. 11. 11. 등기 3402-1127 질의회답).

(2) 이사 2인 이하인 소규모 회사의 대표이사 변경

원칙적으로 이사가 2인인 경우 각 이사가 회사를 대표하나, 정관에 따라 대표이사를 정한 경우에는 그 자가 회사를 대표한다. 그리고 이사 2인 이하인 소규모 회사의 경우 대표이사선출방법을 정관에 주주총회에서 선출하도록 정한 경우(147면 제25조 참조)에는 주주총회에서 변경하고 의사록(499면 참조)을 작성하여야 하나, 정관에 "이사 합의로 정한다."고 정한 경우(131면 제25조 참조)에는 이사가 결정하여야 하므로 이사결정서(501면 참조)에 의하여 변경할 수 있다(법인등기선례 제201709-2호, 2017. 9. 27. 사법등기심의관-3220 질의회답).

한편 상법은 자본금 총액이 10억원 미만인 회사는 주주 전원의 동의가 있을 경우에는 소집절차를 생략할 수 있도록 하고, 서면에 의한 결의로써 주주총회의 결의를 갈음할 수 있도록 하였으므로(상법 제363조 제4항) 정관에 주주총회에서 선출하도록 정한 경우에는 대표이사 변경도 서면결의로 할 수 있다.

(3) 일시대표이사 겸 일시이사 선임결정등기의 직권말소등기와 직권회복등기

적법한 정식의 신임이사 겸 대표이사가 선임되지 않은 상태에서 직권말소된 일시대표이사 겸 일시이사의 선임결정등기는 등기관이 직권으로 회복할 수 있으나, 등기관이 직권으로 회복하지 않는 경우에는 상업등기법 제82조에 따라 이의신청할 수 있다. 적법한 정식의 신임이사 겸 대표이사가 선임되지 않은 상태에서, 일시대표이사 겸 일시이사의 선임결정등기가 직권말소되었더라도, 그 말소등기에는 공신력이 없으므로 일시대표이사 겸 일시이사의 권한에는 영향을 주지 않는다(상업등기선례 제201510-1호, 2015. 10. 05. 사법등기심의관-3490 질의회답).

(4) 대표이사에 관한 등기신청서 기재방법

주식회사의 대표이사는 사내이사이어야 할 것인 바, 상근하는 임원을 둘 수 없는 주식회사도(법인세법 제51조의2) 사내이사 중에 대표이사를 선임하여 등기신청을 하여야 한다(상업등기선례 제201012-2호, 2010. 12. 27. 사법등기심의관-3336 질의회답).

대표이사겸 이사 또는 감사위원회 위원겸 이사가 이사의 직을 사임한 때에는 대표이사 또는 감사위원회 위원의 직도 퇴임하게 된다. 대표권 있는 이사에 관한 등기신청서의 기재방법은 등기예규 제1538호 제3조제2항에서 규정하고 있다. 다음과 같다.

1. 상법 제383조 제1항 단서의 규정에 의하여 자본금 10억 원 미만인 회사가 이사를

1명으로 하는 경우에 그 이사는 "사내이사"로 기재하고, 그 성명, 주민등록번호 및 주소를 같이 기재한다(등기예규 제1538호 제3조제2항제1호).

2. 자본금 10억 원 미만인 회사가 이사를 2명으로 하고 각 이사가 회사를 각자 대표하는 경우에는 각 이사를 "사내이사"로 기재하고, 그 성명, 주민등록번호 및 주소를 같이 기재한다(등기예규 제1538호 제3조제2항제2호).
3. 자본금 10억 원 미만인 회사가 이사를 2명으로 하고 정관에 따라 대표이사를 정한 경우에는 각 이사를 "사내이사"로 기재하고, 그 성명, 주민등록번호를 기재하며, 그 대표이사의 성명, 주민등록번호 및 주소를 같이 기재한다(등기예규 제1538호 제3조제2항제4호).
4. 이사가 3인 이상인 회사의 경우에는 대표권이 있는 이사를 "사내이사"로 기재하고, 그 성명, 주민등록번호를 기재하며, 그 대표이사(이사 전부를 대표이사 또는 공동대표이사로 선임한 경우를 포함한다)의 성명, 주민등록번호 및 주소를 기재한다(등기예규 제1538호 제3조제2항제5호).

(5) 등기신청서에 첨부할 서면

(가) 정 관

대표이사는 원칙적으로 이사회에서 선임하고 다만 정관의 정함이 있는 경우에만 주주총회에서 대표이사를 선임할 수 있기 때문에(상법 제389조 1항) 주주총회에서 대표이사를 선임한 경우에는 정관을 그 취임등기의 신청서에 첨부하여야 한다.

자본금의 총액이 10억원 미만인 회사가 2인의 이사만을 선임한 경우에는 원칙적으로 각 이사가 회사를 대표하고 정관에 따라 대표이사를 정한 경우에는 그 대표이사가 회사를 대표하는데(상법 제383조 1항 단서 및 6항), 만약 자본금의 총액이 10억원 미만인 회사가 등기부상 각 이사만이 등기되어 있는 상태에서 새로이 대표이사를 선정하여 대표이사의 취임등기를 신청하였다면 등기관이 정관에 대표이사를 두도록 규정하고 있는지 그리고 대표이사의 선정방식이 정관의 규정에 일치하는지 여부를 확인할 수 있도록 원칙적으로 정관을 첨부하여야 한다. 다만, 대표이사의 선정에 관한 규정의 추가를 위한 정관변경을 결의한 주주총회에서 변경된 정관에 따라 대표이사를 선임한 경우에는 주주총회의사록을 첨부하면 족하고 별도로 정관을 첨부할 필요는 없다.

첨부하는 정관은 사본으로 가능하며 간인을 한 다음 원본과 동일하다는 원본대조필(법인인감날인)을 하여 제출한다.

(나) 이사회 의사록 또는 주주총회의사록

대표이사는 이사회의 결의로 선출하는 것이 원칙이나, 정관으로 주주총회에서 선정할 것으로 정할 수 있다. 대표이사를 주주총회에서 선출할 경우 주주총회의 보통결의 즉, 출석한 주주의 의결권의 과반수와 발행주식 총수의 1/4이상으로 선임한다. 주주총회의 의사에 관하여는 의사록을 작성하여야 하며, 의사록에는 의사의 경과요령과 그 결과를 기재하고 의장과 출석한 이사가 기명날인 또는 서명하여야 한다.

한편 자본금 총액이 10억 원 미만의 회사(소규모 회사)의 경우, 서면에 의한 결의로써 주주총회의 결의를 갈음할 수 있도록 하였다(상법 제363조 제4, 5, 6항).

(다) 사임서

대표이사의 임기에 대하여는 별도의 규정이 없다. 그러나 대표이사는 이사의 자격을 전제로 하므로 이사의 임기를 초과하지 못한다(정관으로 대표이사의 임기를 정할 수는 있다).

동일인이 대표이사와 사내이사를 모두 사임하는 경우 날인하는 인감 : 동일서면으로 작성한 경우 날인하는 인감과 관련하여, 대표이사로서 등기소에 제출된 법인인감을 날인하는 것은 진정성 확보에 부족하므로 인감증명법상의 개인인감을 날인하고 인감증명서를 첨부하여야 한다(법인등기선례 제201711-1호, 2017. 11. 14. 사법등기심의관-3805 질의회답).

사임서에는 대표이사 본인이 사임의 의사를 표시하고 등록된 법인인감 또는 개인인감을 날인하여야 하며, 개인인감을 날인하였을 경우 인감증명법에 의하여 신고한 인감증명서(발행일로부터 3개월 이내)를 첨부하거나 본인서명사실확인서 또는 전자본인서명확인서를 첨부한다(112면 참조).

(라) 취임승낙서

① 개 설

법인의 임원(이사, 감사, 대표이사, 집행임원·대표집행임원 등)은 그 직에 취임함을 승낙하는 내용의 취임승낙서를 제출하고 인감증명법에 따라 신고한 인감을 날인하고 그 인감증명을 첨부하거나 본인서명사실확인서 또는 전자본인서명확인서를 첨부한다(112면 참조). 다만, 등기소에 인감을 제출한 사람이 중임 또는 사임하는 경우에는 등기소에 제출된 인감이 날인된 중임승낙 또는 사임을 증명하는 서면으로 갈음할 수 있다(상업등기규칙 제104조제1항).

② 외국인의 경우

외국인이 임원이 되는 자는 인감증명제도가 있는 나라와 없는 나라에 따라 서류를 달리한다.

㉠ 인감제도가 있는 나라의 경우

외국인이 임원이 되는 자중 본국에 인감제도가 있는 나라의 경우(한국, 일본, 대만의 경우)에는 취임승낙서에 본국 관청에 신고한 인감을 날인하고 본국관공서발행의 인감증명서를 첨부하여야 하고(상업등기규칙 제104조 제1항 전단), 주재국 우리나라 영사관의 확인을 받아 제출하거나(재외공관공증법 제30조제1항[52]), 외국공문서에 대한 인증의 요구를 폐지하는 협약에 가입한 국가인 경우에는 그 협약에서 정한 바에 따라 아포스 티유(Apostille)를 발급받아 제출하여야 한다(등기예규 제1534호 제2조, 시행 2014. 11. 21.).

㉡ 본국에 인감증명제도가 없는 외국인의 경우

외국인이 임원이 되는 자중 본국에 인감제도가 없는 나라의 경우(미국, 캐나다 등의 경우)에는 위 취임승낙서에 본인이 서명을 하였다는 본국 관공서의 증명서면이나 본국 공증인의 공증을 받은 다음 공문서의 발행국이 미국, 영국, 일본, 독일 등의 아포스티유 가입국이라면 해당국가의 정부에서 발행한 아포스티유를 첨부하여야 하고, 미가입국이라면 해당국가에 주재하는 대한민국 공증담당영사의 확인을 받아 제출하여야 한다.

그러므로 외국인이 외국에 있을 때에는 취임승낙서를 외국에 보내어 위와 같은 절차를 받아야 할 것이다. 우리나라에 있을 때에는 본국대사관 또는 우리나라 공증인의 공증을 받아 제출하여야 한다.

서명에 대한 공증을 받기 위하여는 공증받을 서류에 서명란을 제외한 모든 내용을 정확하게 작성하고 서명은 하지 말아야 한다. 서명은 반드시 공증받을 공증인 또는 대사관 영사 앞에서 하여야 한다. 공증받을 서류에 관련된 모든 서류들을 같이 가지고 가야하고, 본인의 서명공증이 필요한 페이지를 표시해서 간다. 서류상 증인이 필요한 경우 증

---

52) 제30조(주재국 공문서 등의 확인) ① 공증담당영사는 주재국 공무원이 발행하였거나 주재국 공증인이 공증한 문서에 찍힌 도장 또는 서명의 진위 여부와 그 공무원이나 공증인의 직위를 확인할 수 있다. 다만, 주재국이 외국공문서에 대한 인증의 요구를 폐지하는 협약(아포스티유 협약)의 가입국인 경우에는 아포스티유 협약에서 정하는 바에 따른다.

인과 함께 간다. 대사관 영사(또는 공증인)는 증인이 될 수 없다. 공증은 본인이 작성한 서류를 대사관 영사(또는 공증인)앞에서 선서 후 본인이 서명한 것을 공증 받는 것이므로 대사관 영사(또는 공증인)는 본인이 진술한 내용이나 첨부된 서류의 내용이 사실임을 확인해주는 것이 아니고, 단지 진술서에 본인이 서명을 했음을 확인하는 것이다.

[등기선례] 대한민국 영토 밖에서의 공증에 관한 사무는 대한민국 재외공관의 영사관이 담당하는 바, 영사관의 인증도 우리나라 공증인이 한 인증과 다를 바 없으므로(재외공관공증법 제1조, 제2조, 제13조, 제27조, 제33조), 회사의 임원의 취임 또는 사임으로 인한 변경등기 신청시 본국에 인감증명제도가 없는 외국인의 취임승낙 또는 사임을 증명하는 서면에 본인이 서명을 하였다는 대한민국 재외공관의 영사관의 인증을 받아 첨부할 수 있다(상업등기선례 제201101-2호, 2011. 1. 3. 사법등기심의관-4 질의회답).

㉢ 국내거주하는 외국인의 경우

외국인이 임원이 되는 자중 국내거주하는 외국인의 경우 인감제도가 있고, 없고에 관계없이 출입국관리법에 의한 외국인등록을 한 자는 인감증명법에 의한 인감신고를 할 수 있으므로(인감증명법 제3조), 이 경우에는 외국인등록사실증명원과 우리나라에서 발급받은 인감증명을 제출하여 이에 갈음 할 수도 있으며 본인서명사실확인서 또는 전자본인서명확인서를 발급받아 제출할 수도 있다(112면 참조).

(마) 주민등록표등(초)본

① 개 설

사내이사, 사외이사, 그 밖에 상무에 종사하지 아니하는 이사, 감사(또는 감사위원회) 및 집행임원의 변경 시 성명과 주민등록번호를 등기하여야 하고(상법 제317조 2항 8호 및 12호), 회사를 대표할 이사 또는 집행임원의 성명·주민등록번호 및 주소(상법 제317조 2항 9호), 둘 이상의 대표이사 또는 대표집행임원이 공동으로 회사를 대표할 것을 정한 경우에는 그 규정을 등기하여야 한다(상법 제317조 2항 10호). 이와 같이 이사와 감사 등의 성명·주민등록번호 또는 주소를 등기하여야 하는 경우에는 변경등기신청 시에 이를 증명하는 서면을 첨부하여야 하는데, 발행일로부터 3개월 이내의 것을 첨부하여야 한다.

주민등록번호 또는 주소를 증명하는 서면은 원칙적으로 주민등록등·초본 또는 주민등록증사본이라고 할 것이나, 자동차운전면허증도 운전면허를 받은 사람의 동일성 및 신분을 증명하기에 충분하고 그 기재내용의 진실성도 담보되어 있으므로 자동차운전면허증 사본도 주민등록번호 또는 주소를 증명하는 서면에 해당될 수 있다(1992. 12. 30. 등기 제

2662호 통첩). 그러나 인감증명제도는 행정청이 출원자의 현재 사용하고 있는 인감을 증명함으로써 국민의 편의를 도모하기 위한 제도이므로 인감증명서는 주민등록번호 또는 주소를 증명하는 서면으로 보기 어렵다(등기선례 200302-16, 2003. 2. 18. 공탁법인 3402-40 질의회답).

한편 대표자의 임기만료를 원인으로 퇴임등기를 신청할 경우에는 그 자가 다시 대표자로 선임되어 취임등기를 동시에 신청하지 않는 이상 대표자의 주소변경 사실을 증명하는 서면을 첨부하여야 하는 것은 아니다(상업등기선례 제2-39호, 2014. 5. 16. 사법등기심의관-2055 질의회답).

② 외국인의 경우

(가) 본국에 거주증명서 발행제도가 있는 나라의 경우(일본, 대만의 경우)

이사·감사 등이 외국인으로서 본국에 거주증명서 발행제도가 있는 나라의 경우(일본, 대만의 경우)에는 본국관공서가 발행하는 주민표를 첨부하여야 한다. 다만, 이사·감사 등이 외국인으로서 국내에 거주하는 외국인이 외국인등록을 한 때에는 생년월일 또는 주소를 증명하는 서면으로 외국인등록표등본을 제출하여 이에 갈음할 수 있고, 주소는 외국인등록표등본에 나타난 국내체류지로 하여야 한다(등기선례6-642, 1999. 4. 8. 등기 3402-379 질의회답).

그리고 외국발행의 공문서에 대해서는 아포스티유 가입국은 아포스티유를 붙여야 한다. 즉, 공문서의 발행국이 미국, 영국, 일본, 독일 등의 가입국이라면 등기신청인은 해당국가의 정부에서 발행한 아포스티유를 첨부하여야 하고, 미가입국이라면 해당국가에 주재하는 대한민국 공증담당영사의 확인을 받아 제출하여야 한다.

(나) 본국에 거주증명서 발행제도가 없는 나라의 경우(미국, 캐나다 등의 경우)

이사·감사 등이 외국인으로서 본국에 거주증명서 발행제도가 없는 나라의 경우(미국, 캐나다 등의 경우)에는 본국 관공서(우리나라에 거주하는 경우에는 본국영사관)발행의 주소증명(또는 거주사실증명)이나 주소를 공증한 공정증서를 첨부하여야 한다.

국내에 거주하는 자가 외국인등록을 한 때에는 생년월일 또는 주소를 증명하는 서면으로 외국인등록사실증명을 제출하여 이에 갈음할 수 있다.

그리고 외국발행의 공문서에 대해서는 아포스티유 가입국은 아포스티유를 붙여야 하고, 미가입국이라면 해당국가에 주재하는 대한민국 공증담당영사의 확인을 받아 제출하여야 한다.

(사) 위임장

등기신청권자(새로 취임한 대표이사)의 위임에 의한 대리인이 등기신청을 하는 때에는 그 권한을 증명하는 서면으로 위임장을 첨부하여야 한다. 실무상 수임자, 위임자, 위임내용을 기재하고 등기소에 제출(신고)하는 인감을 날인한다.

(6) 등록면허세 등

(가) 등록면허세

대표이사 변경등기 등록면허세는 서면제출의 경우 40,200원, 지방교육세는 등록면허세의 100분의 20인 8,040원이다.

등록세는 직접 관할 관청에 납부할 수 있으며(등기예규 제1612호) 또는 지방세 인터넷 납부시스템 위택스(www.wetax.go.kr)에 의하여도 납부할 수 있다. 납부 후 등록면허세 영수필확인서를 "신청등기소 및 등록면허세/수수료"란에 붙인다.

(나) 등기신청 수수료

(1) 등기신청수수료는 서면제출 시 6,000원이다. 전자신청의 경우 6천원에 해당하는 등기신청수수료는 2천원을 납부하여야 하고, 전자표준(이폼)양식에 의하여 신청하는 경우 4천원을 납부하여야 한다.

납부방법은 대한민국법원 인터넷등기소(http://www.iros.go.kr/)를 이용하여 전자적 방법으로 등기신청수수료를 납부할 수 있으며, 인터넷등기소에서 사용 가능한 카드사의 신용카드에 의한 결제, 지성 금융기관의 계좌이체, 선불형 지불수단 등에 의한 결제 방식에 의하고, 영수필확인서를 출력하여 등록면허세/수수료란에 붙인다(등기예규 제1576호). 또 다른 방법은 직접 법원구내 및 등기소 가까운 금융기관(농협, 신한은행)에 납부하고 그 영수필확인서를 등록면허세/수수료"란에 붙인다.

(2) 수개의 등기사항을 일괄하여 하나의 신청서로써 하는 등기신청의 경우 등기신청수수료 산정의 기준(등기예규 제1629호)

수개의 등기사항을 일괄하여 하나의 신청서로써 등기신청을 하는 경우에는 각 등기의 목적에 따른 소정의 신청수수료를 합산한 금액을 등기신청수수료로 납부하여야 한다. 그 구체적인 기준은 다음과 같다.

1) 합산의 경우

회사의 상호, 본점, 목적, 공고방법, 존립기간, 액면주식 1주의 금액, 발행할 주식의 총수, 발행주식의 총수와 그 종류 및 각각의 수 등의 변경등기를 일괄하여 하나의 등기신청서로써 신청하는 경우에는 각각의 등기신청수수료를 합산한 금액을 납부하여야 한다. 다만, 수인의 이사, 대표이사, 감사 등 임원의 퇴임 또는 취임으로 인한 변경등기는 이를 일괄하여 하나의 임원변경등기신청으로 본다.

변경등기신청과 함께 지배인선임등기 등 변경등기 이외의 등기신청을 하나의 신청서로써 하는 경우에는 각각의 신청수수료를 합산한 금액을 등기신청수수료로 납부하여야 한다.

2) 하나의 등기신청으로 보는 경우

하나의 신청서로써 수인의 지배인선임등기를 신청하거나 수개의 지점설치등기를 신청하는 경우에는 이를 하나의 지배인선임등기 또는 지점설치등기신청으로 본다.

(7) 공 증

법인의 변경등기 시에는 회사의 자본금 총액이 10억원 미만이든 이상이든 공증인의 인증을 반드시 받아야 한다. 따라서 서면결의서에 의한 변경등기(628면 참조) 또는 이사의 결정서에 의하여 하는 변경등기 외에는 반드시 의사록에 공증(인증)을 받아야 한다.

이사회의사록 또는 주주총회의사록, 주주명부 각 3부와 법인인감증명서 및 등기부등본 각1부를 준비하고, 공증사무소에서 진술서 및 공증용 위임장에 대표이사 및 출석이사의 인감을 날인하고 개인임감증명을 첨부하여야 한다.

의사록의 공증(인증)료는 건당 30,000원이다.

공증(인증)에 관한 구체적설명 627면 참조

[사례] 주식회사 변경등기신청서(이사 3인 이상인 회사 대표이사직 및 이사직 모두 사임 및 보선)

주식회사 변경등기신청

접 수	년 월 일	처리인	등기관확인	각종통지
	제 호			

상 호	주식회사 에스앤브이	등기번호	제632576호
본 점	서울시 서초구 서초로589길 65		
등 기 의 목 적	대표이사직 및 이사직 변경등기		
등 기 의 사 유	본 회사의 대표이사인 김일남은 20○○년 ○월 ○일 대표이사직 및 이사직에서 모두 사임하고 같은날 임시주주총회에서 다음사람이 사내이사로 선임되고, 같은날 이사회에서 대표이사로 선임되어 같은날 취임하였으므로 그 등기를 구함.		
본/지점 신청구분	1. 본점신청 □ 2. 지점신청 □ 3. 본·지점 일괄신청 □		
등 기 할 사 항			
대표이사또는대표집행임원·이사·집행임원·감사 등의 퇴임·취임 등과 그 연월일	이 사 김일남(00000-00000) (20○○년 ○월 ○일 사임) 대표이사 김일남(00000-00000) (20○○년 ○월 ○일 사임) 이 사 한두성(00000-00000) (20○○년 ○월 ○일 취임) 대표이사 한두성(00000-00000) (20○○년 ○월 ○일 취임) 서울 서초구 서초로447길 30		
기 타			

<table>
<tr><th colspan="7">신청등기소 및 등록면허세/수수료</th></tr>
<tr><td rowspan="2">순번</td><td rowspan="2">신청등기소</td><td rowspan="2">구분</td><td>등록면허세</td><td rowspan="2">농어촌특별세</td><td rowspan="2">세액합계</td><td rowspan="2">등기신청수수료</td></tr>
<tr><td>지방교육세</td></tr>
<tr><td rowspan="2"></td><td rowspan="2"></td><td rowspan="2">임원
변경</td><td>금 40,200원</td><td rowspan="2"></td><td rowspan="2">금48,240원</td><td rowspan="2">금 6,000원</td></tr>
<tr><td>금 8,040원</td></tr>
<tr><td></td><td></td><td></td><td></td><td></td><td></td><td></td></tr>
<tr><td></td><td></td><td></td><td></td><td></td><td></td><td></td></tr>
<tr><td></td><td></td><td></td><td></td><td></td><td></td><td></td></tr>
<tr><td colspan="3" rowspan="2">합 계</td><td></td><td rowspan="2"></td><td rowspan="2"></td><td rowspan="2"></td></tr>
<tr><td></td></tr>
<tr><td colspan="4">등기신청수수료 은행수납번호</td><td colspan="3"></td></tr>
<tr><th colspan="7">첨 부 서 면</th></tr>
<tr><td colspan="4">1. 주주총회의사록 또는 이사회 의사록(해임, 선임 등의 경우) 2통
1. 사임서(인감증명서포함) 2통
1. 판결 또는 결정등본 및 확정증명원(재판에 의한 경우) 통
1. 취임승낙서(인감증명서 포함) 3통</td><td colspan="3">1. 주민등록표등본(선임한 경우) 3통
1. 정관(필요한 경우) 통
1. 인감신고서(대표이사 선임의 경우) 1통
1. 등록면허세영수필확인서 1통
1. 위임장(대리인이 신청할 경우) 1통
<기 타></td></tr>
<tr><td colspan="7">년 월 일
신청인 상 호 주식회사 에스앤브이
본 점 서울시 서초구 서초로589길 65
대표이사 성 명 한 두 성 (인) (전화 : 555-1234)
주 소 서울 강남구 신사로236길 23
대리인 성 명 법무사 정 동 진 (인) (전화 : 345-4567)
주 소 서울 서초구 서초로77길 33
○○지방법원 ○○등기소 귀중</td></tr>
</table>

- 신청서 작성요령 -

1. 해당란이 부족할 때에는 별지를 이용합니다.
1. 해당 등기신청과 관계없는 사항에 대하여는 "해당없음"으로 기재하거나 삭제하고, 필요한 사항은 추가 기재합니다.

※ 이 신청서는 대표이사직 및 이사직을 모두 사임하고 보선하는 사례이다.

[사례] 임시주주총회의사록

<table>
<tr><td>

임시주주총회의사록

20○년 ○월 ○일 오전 11시 당 회사 본점 회의실에서 임시주주총회를 개최하다.

총 주주수 4명 총 주식 수 20,000주

출석주주수 4명 이의주식수 20,000주

대표이사 김일남은 정관규정에 따라 의장석에 등단하여 본인은 위와 같이 법정수에 달하는 주주가 출석하였으므로 본 총회는 적법히 성립되었음을 알리고 개회를 선언한 후 금일부로 대표이사직 및 이사직을 사임한다고 고하고 잠시 휴회를 선언한 후 의장석을 하단하고 추대된 사내이사 한두성이 의장석에 등단하여 속회하다.

의안 : 사내이사 선임의 건

의장은 사내이사 김일남이 20○○년 ○월 ○일 사임하였으므로 이를 보선하기 위하여 그 선출방법을 물은바, 무기명 비밀투표로 선출하기로 전원 일치되어 즉시 투표를 실시한 결과 다음과 같이 선출되다.

사내이사 한 두 성

위 피선자 등은 즉석에서 그 취임을 승낙하다.

이상으로서 금일의 의안이 전부 심의 종료되었으므로 의장은 폐회를 선언하다(폐회종료시각 오전 11시 30분).

위 결의를 명확히 하기 위하여 이 의사록을 작성하고 의장과 출석한 이사가 아래에 기명날인하다.

20○○년 ○월 ○일

주식회사 에스앤브이

의장 대표이사 한 두 성 (인)

사내이사 ○ ○ ○ (인)

사내이사 ○ ○ ○ (인)

</td></tr>
</table>

※ 이사 3인 이상인 회사는 주주총회에서 이사를 선출하고, 후술하는 이사회에서 대표이사를 선출한다.

※ 정관에서 정하는 방법에 따라 대표이사를 선임하였다면 등기관이 정관에 대표이사를 두도록 규정하고 있는지 그리고 대표이사의 선정방식이 정관의 규정에 일치하는지 여부를 확인할 수 있도록 원칙적으로 정관을 첨부하여야 한다. 다만, 대표이사의 선정에 관한 규정의 추가를 위한 정관변경을 결의한 주주총회에서 변경된 정관에 따라 대표이사를 선임한 경우에는 주주총회의사록을 첨부하면 족하고 별도로 정관을 첨부할 필요는 없다.

[사례] 주주총회 소집절차 생략동의서

주주총회 소집절차 생략동의서

본 회사는 자본금 10억원 미만인 회사이므로 상법 제363조 제4항에 의하여 20○○년 ○월 ○일 10: 00에 개최되는 임시주주총회 건에 대하여 주주전원은 소집절차없이 개최하는 것에 동의합니다.

20○○년 ○월 ○일

주식회사 ○○

주주 ○ ○ ○ (인)

주주 ○ ○ ○ (인)

주주 ○ ○ ○ (인)

※ 자본금 총액이 10억원 미만인 회사는 주주 전원의 동의가 있을 경우에는 소집절차 없이 주주총회를 개최할 수 있다(상법 제363조 제4항).

[사례] 이사회의사록

이사회의사록

20○○년 ○월 ○일 오전 11시 본사 회의실에서 다음과 같이 이사회를 개최하다.

이사 총수	3명	출석 이사수	3명
감사 총수	1명	출석 감사수	1명

사내이사 한두성은 이사들의 호선으로 의장으로 선출되다.

의안 : 대표이사 선출의 건

의장은 본 회사 대표이사 김일남이 20○○년 ○월 ○일 사임하였으므로 이를 보선하기 위하여 그 선출방법을 물은바, 무기명 비밀투표로 선출하기로 전원 일치되어 즉시 투표한 결과 다음과 같이 선출되다.

대표이사 한 두 성

위 선출된 대표이사는 즉석에서 취임을 승낙하다.

이상으로서 금일 의안 전부를 심의 종료하였으므로 의장은 폐회를 선언하다.
(회의종료시각 오전 11시 30분)

위 결의를 명확히 하기 위하여 이 의사록을 작성하고 의장과 출석한 이사가 아래에 기명날인하다.

20○○년 ○월 ○일

주식회사 에스앤브이
의장 대표이사 한 두 성 (인)
사내이사 ○ ○ ○ (인)
사내이사 ○ ○ ○ (인)

※ 이 사례는 이사 3인 이상인 회사가 주주총회에서 이사를 선임하고, 이사회에서 대표이사를 선임하는 사례이다.

[사례] 사임서(대표이사직 및 사내이사직 모두 사임하는 경우)

> 사 임 서
>
> 본인은 금번 일신상의 사정에 의하여 대표이사겸 사내이사직을 사임합니다.
>
> 20○○년 ○월 ○일
>
> 김 일 남 (인)
>
> 주식회사 에스앤브이 귀중

※ 동일인이 대표이사와 사내이사를 모두 사임하는 경우 사임서 작성방법 : 동일인이 대표이사와 사내이사를 모두 사임하는 경우 각 지위별로 별도서면으로 사임서를 작성하여야 하나, 업무의 편의상 동일서면으로 사임주체를 "대표이사 겸 사내이사"로 표시하여 사임서를 작성하는 것도 가능하다. 동일서면으로 작성한 경우 날인하는 인감과 관련하여, 대표이사로서 등기소에 제출된 법인인감을 날인하는 것은 진정성 확보에 부족하므로 인감증명법상의 개인인감을 날인하고 인감증명서를 첨부하여야 한다(법인등기선례 제201711-1호, 2017. 11. 14. 사법등기심의관-3805 질의회답).

※ 사임서에는 사임자의 인감도장을 날인하고 인감증명법에 의하여 신고한 인감증명서나 본인서명사실확인서 또는 전자본인서명확인서를 첨부하여야 한다(112면 참조).

[사례] 취임승낙서

> 취 임 승 낙 서
>
> 본인은 귀 회사의 20○○년 ○월 ○일 임시주주총회에서 사내이사로, 이사회에서 대표이사에 선임되었으므로 그 취임을 승낙합니다.
>
> 20○○년 ○월 ○일
>
> 대표이사 한 두 성 (인)
>
> 주식회사 에스앤브이 귀중

※ 취임승낙서에는 취임자의 인감도장을 날인하고 인감증명법에 의하여 신고한 인감증명

서나 본인서명사실확인서 또는 전자본인서명확인서를 첨부하여야 한다(112면 참조).

[사례] 주주명부

주 주 명 부				
주 주	주 소	인수주식수	1주금액	납 입 금 액
한두성	서울시 강남구 신사로236길 www.rty99@hanmail.com	○주	금○원	금000,000원
○○○	서울시 ○○구 ○○로876길 5	○주	금○원	금000,000원
…	이하 생략			
합 계		○주		금000,000원
20○○년 ○월 ○일				
상 호	주식회사 에스앤브이			
본 점	서울시 서초구 서초로589길 65			
대표이사	한 두 성			

※ 전자주주명부제도

○ 회사는 정관에서 정하는 바에 따라 전자문서로 주주명부를 작성할 수 있다(상법 제352조의2제1항). 개정 상법은 기업경영의 IT화를 위하여 주주총회에 직접 참석하거나 대리인에게 투표를 위임하지 않더라도 전자서명 등 본인인증절차를 거쳐 인터넷으로 의결권을 행사하는 전자투표제도가 도입됐다(상법 제368조의4, 제382조의2). 이와 함께 주주들이 서면 외에도 이메일 등 전자문서를 통해 주주제안권 및 임시주주총회 소집청구권을 행사할 수 있도록 했다.

[사례] 인감 · 개인(改印)신고서

인감 · 개인(改印) 신고서

(신고하는 인감날인란) (인감제출자에 관한 사항)

상 호(명칭)		주식회사 에스앤브이	등기번호	
본점(주사무소)		서울시 서초구 서초로50길 10		
인감제출자	자격/성명	대표이사 한두성		
	주민등록번호	123456-789123		
	주 소	경기도 성남시 상대원동160-16		

␣ 위와 같이 인감을 신고합니다.
␣ 위와 같이 개인(改印)하였음을 신고합니다.

20○○년 8월 27일 (개인인감 날인란)

신고인 본 인 성 명 (인)
대리인 성 명 (인)

지방법원 귀중

주 1. 개인인감 날인란에는 「인감증명법」에 의하여 신고한 인감을 날인하고 그 인감증명서(발행일로부터 3개월 이내의 것)를 첨부하여야 합니다. 개인(改印)신고의 경우, 개인인감을 날인하는 대신에 등기소에 신고한 유효한 종전 인감을 날인하여도 됩니다.
2. 인감·개인신고서에는 신고하는 인감을 날인한 인감대지를 첨부하여야 합니다.
3. 지배인이 인감을 신고하는 경우에는 인감제출자의 주소란에 지배인을 둔 장소를 기재하고, 「상업등기규칙」 제35조제3항의 보증서면(영업주가 등기소에 신고한 인감 날인)을 첨부하여야 합니다.

위 임 장

성 명 : 주민등록번호(-)
주 소 :

위의 사람에게, 위 인감신고 또는 개인신고에 관한 일체의 권한을 위임함.

200 년 월 일

인감(改印) 신고인 성 명 (인)

※ 1개의 법인을 대표하는 자가 2인인 경우에 등기를 신청하는 대표자만 인감을 제출하여

도 되지만, 공동으로 대표권을 행사하여야 하는 자가 등기를 신청할 경우에는 공동으로 대표권을 행사하도록 되어 있는 자 전원의 인감을 제출하여야 하며, 1개의 법인을 대표하는 여러 명의 인감은 각각 달라야 한다(등기예규 제1626호).

※ 인감의 규격 등 : 인감은 대조에 적당한 것이어야 한다. 인감은 규칙 제35조 제4항에서 정한 크기(가로・세로 2.4센티미터의 정사각형 안에 들어갈 수 있어야 하고, 가로・세로 1센티미터의 정사각형 안에 들어가는 것이 아니어야 함)로, 선명하지 않거나 너무 복잡한 것이어서는 안 된다(등기예규 제1626호).

※ 인감을 제출할 수 있는 자가 개인인 경우에는 인감(改印)신고서에 인감증명법에 따라 신고한 인감을 날인하고 그 인감증명서(발행일로부터 3개월 이내의 것에 한한다)를 첨부하거나 등기소에 제출한 유효한 종전 인감을 날인하여야 한다. 다만, 그 신고서에 본인이 기명날인 또는 서명하였다는 공증인의 인증서면을 제출하는 경우에는 그러하지 아니한다(등기예규 제1626호).

※ 외국인의 경우에는 다음의 구분에 따라 인감(改印)신고를 하여야 한다.

○ 인감증명의 날인제도가 있는 외국인(일본인, 대만인 등)은 인감(改印)신고서에 날인한 인감과 동일한 본국 관공서 발행의 인감증명을 첨부하여야 한다.

○ 본국에 인감증명제도가 없는 외국인의 경우(미국, 캐나다 등의 경우)에는 인감(改印)신고서에 서명하고 본인이 서명을 하였다는 본국 관공서(대사관)의 증명서면이나 우리나라 공증인의 공증서면으로 갈음할 수 있다. 국내에 없을 경우인감(改印)신고서를 본국으로 보내어 본인서명 후 공증을 받아 제출해야 한다.

※ 외국발행의 공문서나 외국공증인의 공증을 받은 사문서에 대해서는 아포스티유 가입국은 해당국가의 정부에서 발행한 아포스티유를 첨부하여야 하고, 미가입국이라면 해당국가에 주재하는 대한민국 공증담당영사의 확인을 받아 제출하여야 한다..

[사례] 인감대지

	신고하는 인감날인란	상 호(명 칭) : 주식회사 ○○ 자격 및 성명 : 대표이사 ○○ 주민등록번호 : 00000-000000

※ 인감(個人)신고서를 제출할 때에는 인감대지(위 양식 3장)도 함께 제출

[사례] 주식회사 변경등기신청(이사 3인 이상인 회사 대표이사직 사임 및 보선)

주식회사 변경등기신청

<table>
<tr><td rowspan="2">접 수</td><td>년 월 일</td><td rowspan="2">처리인</td><td>등기관확인</td><td>각종통지</td></tr>
<tr><td>제 호</td><td></td><td></td></tr>
</table>

<table>
<tr><td>상 호</td><td>주식회사 에스앤브이</td><td>등기번호</td><td>제632576호</td></tr>
<tr><td>본 점</td><td colspan="3">서울시 서초구 서초로589길 65</td></tr>
<tr><td>등 기 의 목 적</td><td colspan="3">대표이사 변경등기</td></tr>
<tr><td>등 기 의 사 유</td><td colspan="3">본 회사의 대표이사인 김일남은 20○○년 ○월 ○일 대표이사에서 사임하고, 같은날 이사회에서 다음사람이 대표이사로 선임되어 같은날 취임하였으므로 그 등기를 구함.</td></tr>
<tr><td>본/지점 신청구분</td><td colspan="3">1. 본점신청 □ 2. 지점신청 □ 3. 본·지점 일괄신청 □</td></tr>
<tr><td colspan="4">등 기 할 사 항</td></tr>
<tr><td>대표이사또는대표집행임원·이사·집행임원·감사 등의 퇴임·취임 등과 그 연월일</td><td colspan="3">대표이사 김일남(00000-00000) (20○○년 ○월 ○일 사임)

대표이사 한두성(00000-00000) (20○○년 ○월 ○일 취임)
서울 서초구 서초로447길 30</td></tr>
<tr><td>기 타</td><td colspan="3"></td></tr>
</table>

신청등기소 및 등록면허세/수수료						
순번	신청등기소	구분	등록면허세 지방교육세	농어촌특별세	세액합계	등기신청수수료
		임원 변경	금 40,200원 금 8,040원		금48,240원	금 6,000원
합 계						
등기신청수수료 은행수납번호						

첨 부 서 면	
1. 주주총회의사록 또는 이사회 의사록(해임, 선임 등의 경우) 2통	1. 주민등록표등본(선임한 경우) 3통
1. 사임서(인감증명서포함) 2통	1. 정관(필요한 경우) 통
1. 판결 또는 결정등본 및 확정증명원(재판에 의한 경우) 통	1. 인감신고서(대표이사 선임의 경우) 1통
1. 취임승낙서(인감증명서 포함) 3통	1. 등록면허세영수필확인서 1통
	1. 위임장(대리인이 신청할 경우) 1통
	<기 타>

년 월 일

신청인 상 호 주식회사 에스앤브이

본 점 서울시 서초구 서초로589길 65

대표이사 성 명 한 두 성 (인) (전화 : 555-1234)

주 소 서울 강남구 신사로236길 23

대리인 성 명 법무사 정 동 진 (인) (전화 : 345-4567)

주 소 서울 서초구 서초로77길 33

○○지방법원 ○○등기소 귀중

- 신청서 작성요령 -

1. 해당란이 부족할 때에는 별지를 이용합니다.
1. 해당 등기신청과 관계없는 사항에 대하여는 "해당없음"으로 기재하거나 삭제하고, 필요한 사항은 추가 기재합니다.

※ 이 신청서는 이사 3인 이상인 회사의 대표이사가 사임하고 보선하는 사례이다.

[사례] 이사회의사록

이사회의사록

20○○년 ○월 ○일 오전 11시 본사 회의실에서 다음과 같이 이사회를 개최하다.

이사 총수	3명	출석 이사수	3명
감사 총수	1명	출석 감사수	1명

사내이사 한두성은 이사들의 호선으로 의장으로 선출되다.

의안 : 대표이사 선출의 건

의장은 본 회사 대표이사 김일남이 20○○년 ○월 ○일 사임하였으므로 이를 보선하기 위하여 그 선출방법을 물은바, 무기명 비밀두표로 선출하기로 전원 일치되어 즉시 두표한 결과 다음과 같이 선출되다.

대표이사 한 두 성

위 선출된 대표이사는 즉석에서 취임을 승낙하다.

이상으로서 금일 의안 전부를 심의 종료하였으므로 의장은 폐회를 선언하다.
(회의종료시각 오전 11시 30분)

위 결의를 명확히 하기 위하여 이 의사록을 작성하고 의장과 출석한 이사가 아래에 기명날인하다.

20○○년 ○월 ○일

주식회사 에스앤브이

의장 대표이사 한 두 성 (인)

사내이사 ○ ○ ○ (인)

사내이사 ○ ○ ○ (인)

※ 이 사례는 이사 3인 이상인 회사가 이사회에서 대표이사를 선임하는 사례이다. 대표이사는 이사회에서 선임한다. 따라서 서면결의가 불가하다.

[사례] 대표이사 사임서

<table>
<tr><td>

사 임 서

본인은 금번 일신상의 사정에 의하여 대표이사 직을 사임합니다.

20○○년 ○월 ○일

김 일 남 (인)

주식회사 에스앤브이 귀중

</td></tr>
</table>

※ 사임서에는 사임자의 인감도장을 날인하고 인감증명법에 의하여 신고한 인감증명서나 본인서명사실확인서 또는 전자본인서명확인서를 첨부하여야 한다(112면 참조).

※ 대표권 있는 임원의 퇴임으로 인한 변경등기를 신청하는 경우 신청서에 그 퇴임을 증명하는 서면을 첨부하여야 하는데, 주소를 증명하는 서면은 특별한 사정이 있는 경우가 아니면 첨부하여야 하는 서면이 아니다(상업등기선례 제201305-1호, 2013. 5. 14. 사법등기심의관-1781 질의회답).

[사례] 대표이사 취임승낙서

<table>
<tr><td>

취 임 승 낙 서

본인은 귀 회사의 20○○년 ○월 ○일 이사회에서 대표이사에 선임되었으므로 그 취임을 승낙합니다.

20○○년 ○월 ○일

대표이사 한 두 성 (인)

주식회사 에스앤브이 귀중

</td></tr>
</table>

※ 취임승낙서에는 취임자의 인감도장을 날인하고 인감증명법에 의하여 신고한 인감증명서나 본인서명사실확인서 또는 전자본인서명확인서를 첨부하여야 한다(112면 참조).

[사례] 주주명부

주 주 명 부				
주 주	주 소	인수주식수	1주금액	납 입 금 액
한두성	서울시 강남구 신사로236길 www.rty99@hanmail.com	○주	금○원	금000,000원
○○○	서울시 ○○구 ○○로876길 5	○주	금○원	금000,000원
…	이하 생략			
합 계		○주		금000,000원
20○○년 ○월 ○일				
상 호	주식회사 에스앤브이			
본 점	서울시 서초구 서초로589길 65			
대표이사	한 두 성			

※ 전자주주명부제도

○ 회사는 정관에서 정하는 바에 따라 전자문서로 주주명부를 작성할 수 있다(상법 제352조의2제1항). 개정 상법은 기업경영의 IT화를 위하여 주주총회에 직접 참석하거나 대리인에게 투표를 위임하지 않더라도 전자서명 등 본인인증절차를 거쳐 인터넷으로 의결권을 행사하는 전자투표제도가 도입됐다(상법 제368조의4, 제382조의2). 이와 함께 주주들이 서면 외에도 이메일 등 전자문서를 통해 주주제안권 및 임시주주총회 소집청구권을 행사할 수 있도록 했다.

[사례] 인감 · 개인(改印)신고서

인감 · 개인(改印) 신고서

(신고하는 인감날인란) (인감제출자에 관한 사항)

상 호(명칭)		주식회사 에스앤브이	등기번호	
본점(주사무소)		서울시 서초구 서초로50길 10		
인감제출자	자격/성명	대표이사 한두성		
	주민등록번호	123456-789123		
	주 소	경기도 성남시 상대원동160-16		

ㄴ 위와 같이 인감을 신고합니다.
ㄴ 위와 같이 개인(改印)하였음을 신고합니다.

20○○년 8월 27일 (개인인감 날인란)

신고인 본 인 성 명 (인)
대리인 성 명 (인)

지방법원 귀중

주 1. 개인인감 날인란에는 「인감증명법」에 의하여 신고한 인감을 날인하고 그 인감증명서(발행일로부터 3개월 이내의 것)를 첨부하여야 합니다. 개인(改印)신고의 경우, 개인인감을 날인하는 대신에 등기소에 신고한 유효한 종전 인감을 날인하여도 됩니다.
2. 인감·개인신고서에는 신고하는 인감을 날인한 인감대지를 첨부하여야 합니다.
3. 지배인이 인감을 신고하는 경우에는 인감제출자의 주소란에 지배인을 둔 장소를 기재하고, 「상업등기규칙」 제35조제3항의 보증서면(영업주가 등기소에 신고한 인감 날인)을 첨부하여야 합니다.

위 임 장

성 명 : 주민등록번호(-)
주 소 :

위의 사람에게, 위 인감신고 또는 개인신고에 관한 일체의 권한을 위임함.

200 년 월 일

인감(改印) 신고인 성 명 (인)

※ 1개의 법인을 대표하는 자가 2인인 경우에 등기를 신청하는 대표자만 인감을 제출하여

도 되지만, 공동으로 대표권을 행사하여야 하는 자가 등기를 신청할 경우에는 공동으로 대표권을 행사하도록 되어 있는 자 전원의 인감을 제출하여야 하며, 1개의 법인을 대표하는 여러 명의 인감은 각각 달라야 한다(등기예규 제1626호).

※ 인감의 규격 등 : 인감은 대조에 적당한 것이어야 한다. 인감은 규칙 제35조 제4항에서 정한 크기(가로·세로 2.4센티미터의 정사각형 안에 들어갈 수 있어야 하고, 가로·세로 1센티미터의 정사각형 안에 들어가는 것이 아니어야 함)로, 선명하지 않거나 너무 복잡한 것이어서는 안 된다(등기예규 제1626호).

※ 인감을 제출할 수 있는 자가 개인인 경우에는 인감(改印)신고서에 인감증명법에 따라 신고한 인감을 날인하고 그 인감증명서(발행일로부터 3개월 이내의 것에 한한다)를 첨부하거나 등기소에 제출한 유효한 종전 인감을 날인하여야 한다. 다만, 그 신고서에 본인이 기명날인 또는 서명하였다는 공증인의 인증서면을 제출하는 경우에는 그러하지 아니한다(등기예규 제1626호).

※ 외국인의 경우에는 다음의 구분에 따라 인감(改印)신고를 하여야 한다.

○ 인감증명의 날인제도가 있는 외국인(일본인, 대만인 등)은 인감(改印)신고서에 날인한 인감과 동일한 본국 관공서 발행의 인감증명을 첨부하여야 한다.

○ 본국에 인감증명제도가 없는 외국인의 경우(미국, 캐나다 등의 경우)에는 인감(改印)신고서에 서명하고 본인이 서명을 하였다는 본국 관공서(대사관)의 증명서면이나 우리나라 공증인의 공증서면으로 갈음할 수 있다. 국내에 없을 경우인감(改印)신고서를 본국으로 보내어 본인서명 후 공증을 받아 제출해야 한다.

※ 외국발행의 공문서나 외국공증인의 공증을 받은 사문서에 대해서는 아포스티유 가입국은 해당국가의 정부에서 발행한 아포스티유를 첨부하여야 하고, 미가입국이라면 해당국가에 주재하는 대한민국 공증담당영사의 확인을 받아 제출하여야 한다..

[사례] 인감대지

	신고하는 인감날인란	상 호(명 칭) : 주식회사 ○○ 자격 및 성명 : 대표이사 ○○ 주민등록번호 : 00000-000000

※ 인감(個人)신고서를 제출할 때에는 인감대지(위 양식 3장)도 함께 제출

[사례] 주식회사 변경등기신청서(이사 2인 이하인 회사 대표자직 및 사내이사직 모두 사임 및 보선)

주식회사 변경등기신청

접 수	년 월 일	처리인	등기관확인	각종통지
	제 호			

상 호	주식회사 에스앤브이	등기번호	제632576호
본 점	서울시 서초구 서초로589길 65		
등 기 의 목 적	대표자 직 및 이사 직 변경등기		
등 기 의 사 유	이 신청서 말미 참조		
본/지점 신청구분	1. 본점신청 □ 2. 지점신청 □ 3. 본·지점 일괄신청 □		
등 기 할 사 항			
대표이사또는대표집행임원·이사·집행임원·감사 등의 퇴임·취임 등과 그 연월일	사내이사 김일남(00000-00000) (20○○년 ○월 ○일 사임) 대 표 자 김일남(00000-00000) (20○○년 ○월 ○일 사임) 사내이사 한두성(00000-00000) (20○○년 ○월 ○일 취임) 대 표 자 한두성(00000-00000) (20○○년 ○월 ○일 취임) 서울 서초구 서초로447길 30		
기 타			

신청등기소 및 등록면허세/수수료						
순번	신청등기소	구분	등록면허세 지방교육세	농어촌특별세	세액합계	등기신청수수료
		임원 변경	금 40,200원 금 8,040원		금48,240원	금 6,000원
합 계						
등기신청수수료 은행수납번호						

첨 부 서 면	
1. 주주총회의사록 또는 이사회 의사록(해임, 선임 등의 경우) 2통	1. 주민등록표등본(선임한 경우) 3통
1. 사임서(인감증명서포함) 2통	1. 정관(필요한 경우) 통
1. 판결 또는 결정등본 및 확정증명원(재판에 의한 경우) 통	1. 인감신고서(대표이사 선임의 경우) 1통
1. 취임승낙서(인감증명서 포함) 3통	1. 등록면허세영수필확인서 1통
	1. 위임장(대리인이 신청할 경우) 1통
	<기 타>

년 월 일

신청인 상 호 주식회사 에스앤브이

본 점 서울시 서초구 서초로589길 65

대표이사 성 명 한 두 성 (인) (전화 : 555-1234)

주 소 서울 강남구 신사로236길 23

대리인 성 명 법무사 정 동 진 (인) (전화 : 345-4567)

주 소 서울 서초구 서초로77길 33

○○지방법원 ○○등기소 귀중

- 신청서 작성요령 -

1. 해당란이 부족할 때에는 별지를 이용합니다.
1. 해당 등기신청과 관계없는 사항에 대하여는 "해당없음"으로 기재하거나 삭제하고, 필요한 사항은 추가 기재합니다.

※ 이 신청서는 2인 이사 회사의 대표자직 및 이사직을 모두 사임하고 보선하는 사례이다.

□ 등기의 사유(이사직 및 대표자 직 모두 사임하고 보선하는 경우)

사례① : 대표자를 정관에 주주총회에서 정하도록 한 경우

본 회사의 대표권있는 사내이사인 김일남은 20○○년 ○월 ○일 사내이사 직 및 대표자 직에서 모두 사임하고 같은날 임시주주총회에서 다음사람이 사내이사로 선임되고, 같은날 동 총회에서 대표권있는 사내이사로 선임되어 같은날 취임하였으므로 그 등기를 구함.

사례② : 대표자를 정관에 이사간의 합의로 정하도록 한 경우

본 회사의 대표권있는 사내이사인 김일남은 20○○년 ○월 ○일 사내이사 직 및 대표자 직에서 모두 사임하고, 같은 날 임시주주총회에서 다음사람이 사내이사로 선임되고, 같은 날 이사간의 합의에 의하여 대표권있는 사내이사로 선임되어 같은날 취임하였으므로 그 등기를 구함.

※ 소규모회사이며 이사 2인 이하인 회사는 정관에 대표이사 선출을 주주총회에서 정하도록 할 수 있고(147면 정관 제25조 참조), 이사 합의로 정하도록 할 수도 있다(131면 정관 제25조 참조). 이사 합의로 정하는 경우에는 주주총회에서 이사만을 선출하고 후술(501면 참조)하는 이사결정으로 대표권있는 사내이사를 선출한다.

※ 정관에서 정하는 방법에 따라 대표이사를 선임하였다면 등기관이 정관에 대표이사를 두도록 규정하고 있는지 그리고 대표이사의 선정방식이 정관의 규정에 일치하는지 여부를 확인할 수 있도록 원칙적으로 정관을 첨부하여야 한다. 다만, 대표이사의 선정에 관한 규정의 추가를 위한 정관변경을 결의한 주주총회에서 변경된 정관에 따라 대표이사를 선임한 경우에는 주주총회의사록을 첨부하면 족하고 별도로 정관을 첨부할 필요는 없다.

[사례] 임시주주총회의사록(이사 2인 이하인 회사)

임시주주총회의사록

20○○년 ○월 ○일 오전 11시 당 회사 본점 회의실에서 임시주주총회를 개최하다.

총 주주수	2명	총 주식 수	20,000주
출석주주수	2명	이의주식수	20,000주

대표권있는 사내이사 김일남은 정관규정에 따라 의장석에 등단하여 본인은 위와 같이 법정수에 달하는 주주가 출석하였으므로 본 총회는 적법히 성립되었음을 알리고 개회를 선언한 후 금일부로 대표자직 및 사내이사직을 사임한다고 고하고 잠시 휴회를 선언한 후 의장석을 하단하고 추대된 사내이사 한두성이 의장석에 등단하여 속회하다.

제1호 의안 : 사내이사 선임의 건

의장은 사내이사 김일남이 20○○년 ○월 ○일 사임하였으므로 이를 보선하기 위하여 그 선출방법을 물은바, 무기명 비밀투표로 선출하기로 전원 일치되어 즉시 투표를 실시한 결과 다음과 같이 선출되다.

사내이사 한 두 성

위 피선자 등은 즉석에서 그 취임을 승낙하다.

제2호 의안 : 대표권있는 사내이사 선임의 건

의장은 본 회사 대표권있는 사내이사 김일남이 20○○년 ○월 ○일 대표자 직을 사임하였으므로 이를 보선하기 위하여 그 선출방법을 물은바, 무기명 비밀투표로 선출하기로 전원 일치되어 즉시 투표한 결과 다음과 같이 선출되다.

대표권있는 사내이사 한 두 성

위 선출된 대표권있는 사내이사는 즉석에서 취임을 승낙하다.

이상으로서 금일의 의안이 전부 심의 종료되었으므로 의장은 폐회를 선언하다(폐회종료시각 오전 11시 30분).

위 결의를 명확히 하기 위하여 이 의사록을 작성하고 의장과 출석한 이사가 아래에 기명날인하다.

20○○년 ○월 ○일

주식회사 에스앤브이
의장 대표권있는 사내이사 한 두 성 (인)
사내이사 ○ ○ ○ (인)

※ 이 사례는 소규모회사이며 이사 2인 이하인 회사가 주주총회에서 사내이사선출 및 대표권있는 사내이사를 선출하는 사례이다.

※ 소규모회사이며 이사 2인 이하인 회사는 정관에 대표자 선출을 주주총회에서 정하도록 할 수 있고(147면 정관 제25조 참조), 이사 합의로 정하도록 할 수도 있다(131면 정관 제25조 참조).

※ 주주총회의사록, 이사회 의사록에 기명날인을 할 이사 및 감사 : 106면 참조

[사례] 주주총회 소집절차 생략동의서

주주총회 소집절차 생략동의서

본 회사는 자본금 10억원 미만인 회사이므로 상법 제363조 제4항에 의하여 20○○년 ○월 ○일 10: 00에 개최되는 임시주주총회 건에 대하여 주주전원은 소집절차없이 개최하는 것에 동의합니다.

20○○년 ○월 ○일

주식회사 ○○
주주 ○ ○ ○ (인)
주주 ○ ○ ○ (인)

※ 자본금 총액이 10억원 미만인 회사는 주주 전원의 동의가 있을 경우에는 소집절차 없이 주주총회를 개최할 수 있다(상법 제363조 제4항).

[사례] 대표권 있는 사내이사 결정서(정관에 이사합의로 선출방법을 정한 경우)

> **대표권있는 사내이사 결정서**
>
> 결정사항 : 대표권있는 사내이사 변경
>
> 상 호 : 주식회사 ○○
>
> 대표권있는 사내이사 : 한 두 성
>
> 서울시 강남구 율현로123길 48
>
> 변경일자 : 20○년 ○월 ○일
>
> 위와 같이 대표권있는 사내이사를 결정합니다.
>
> 20○○. . .
>
> 주식회사 에스앤브이
>
> 대표권있는 사내이사 한 두 성 (인)
>
> 사내이사 ○ ○ ○ (인)

※ 회사가 2인의 이사를 두고, 정관에 이사합의로 대표자 선출방법을 정한 경우에는 이사의 대표자 결정서를 첨부하여야 한다. 이 결정서는 공증(인증)을 받지 않아도 된다. 이에 관한 정관은 131면 제25조 참조.

[사례] 사임서(대표자직 및 사내이사직 모두 사임하는 경우)

> **사 임 서**
>
> 본인은 금번 일신상의 사정에 의하여 대표자겸 사내이사직을 사임합니다.
>
> 20○○년 ○월 ○일
>
> 김 일 남 (인)
>
> 주식회사 에스앤브이 귀중

※ 동일인이 대표이사와 사내이사를 모두 사임하는 경우 사임서 작성방법 : 동일인이

대표이사와 사내이사를 모두 사임하는 경우 각 지위별로 별도서면으로 사임서를 작성하여야 하나, 업무의 편의상 동일서면으로 사임주체를 "대표이사 겸 사내이사"로 표시하여 사임서를 작성하는 것도 가능하다. 동일서면으로 작성한 경우 날인하는 인감과 관련하여, 대표이사로서 등기소에 제출된 법인인감을 날인하는 것은 진정성 확보에 부족하므로 인감증명법상의 개인인감을 날인하고 인감증명서를 첨부하여야 한다(법인등기선례 제201711-1호, 2017. 11. 14. 사법등기심의관-3805 질의회답).

※ 사임서에는 사임자의 인감도장을 날인하고 인감증명법에 의하여 신고한 인감증명서나 본인서명사실확인서 또는 전자본인서명확인서를 첨부하여야 한다(112면 참조).

※ 대표권 있는 임원의 퇴임으로 인한 변경등기를 신청하는 경우 신청서에 그 퇴임을 증명하는 서면을 첨부하여야 하는데, 주소를 증명하는 서면은 특별한 사정이 있는 경우가 아니면 첨부하여야 하는 서면이 아니다(상업등기선례 제201305-1호, 2013. 5. 14. 사법등기심의관-1781 질의회답).

[사례] 취임승낙서(정관에 주주총회에서 정하도록 한 경우)

취 임 승 낙 서

본인은 귀 회사의 20○○년 ○월 ○일 임시주주총회에서 사내이사 및 대표권있는 사내이사에 선임되었으므로 그 취임을 승낙합니다.

20○○년 ○월 ○일

대표권있는 사내이사 한 두 성 (인)

주식회사 에스앤브이 귀중

※ 취임승낙서에는 취임자의 인감도장을 날인하고 인감증명법에 의하여 신고한 인감증명서나 본인서명사실확인서 또는 전자본인서명확인서를 첨부하여야 한다(112면 참조).

[사례] 주주명부

주 주 명 부				
주 주	주 소	인수주식수	1주금액	납 입 금 액
김일남	서울시 강남구 신사로236길 www.rty99@hanmail.com	○주	금○원	금000,000원
○○○	서울시 ○○구 ○○로876길 5	○주	금○원	금000,000원
…	이하 생략			
합 계		○주		금000,000원
20○○년 ○월 ○일				
상 호	주식회사 에스앤브이			
본 점	서울시 서초구 서초로589길 65			
대표이사	한 두 성			

※ 전자주주명부제도

○ 회사는 정관에서 정하는 바에 따라 전자문서로 주주명부를 작성할 수 있다(상법 제352조의2제1항). 개정 상법은 기업경영의 IT화를 위하여 주주총회에 직접 참석하거나 대리인에게 투표를 위임하지 않더라도 전자서명 등 본인인증절차를 거쳐 인터넷으로 의결권을 행사하는 전자투표제도가 도입됐다(상법 제368조의4, 제382조의2). 이와 함께 주주들이 서면 외에도 이메일 등 전자문서를 통해 주주제안권 및 임시주주총회 소집청구권을 행사할 수 있도록 했다.

[사례] 인감 · 개인(改印)신고서

인감 · 개인(改印) 신고서

(신고하는 인감날인란) (인감제출자에 관한 사항)

상 호(명칭)		주식회사 에스앤브이	등기번호	
본점(주사무소)		서울시 서초구 서초로50길 10		
인감제출자	자격/성명	대표자 한두성		
	주민등록번호	123456-789123		
	주 소	경기도 성남시 상대원동160-16		

␣ 위와 같이 인감을 신고합니다.
␣ 위와 같이 개인(改印)하였음을 신고합니다.

20○○년 8월 27일 (개인인감 날인란)

신고인 본 인 성 명 (인)
대리인 성 명 (인)

지방법원 귀중

주 1. 개인인감 날인란에는 「인감증명법」에 의하여 신고한 인감을 날인하고 그 인감증명서(발행일로부터 3개월 이내의 것)를 첨부하여야 합니다. 개인(改印)신고의 경우, 개인인감을 날인하는 대신에 등기소에 신고한 유효한 종전 인감을 날인하여도 됩니다.
2. 인감·개인신고서에는 신고하는 인감을 날인한 인감대지를 첨부하여야 합니다.
3. 지배인이 인감을 신고하는 경우에는 인감제출자의 주소란에 지배인을 둔 장소를 기재하고, 「상업등기규칙」 제35조제3항의 보증서면(영업주가 등기소에 신고한 인감 날인)을 첨부하여야 합니다.

위 임 장

성 명 : 주민등록번호(-)
주 소 :
위의 사람에게, 위 인감신고 또는 개인신고에 관한 일체의 권한을 위임함.
200 년 월 일
인감(改印) 신고인 성 명 (인)

※ 1개의 법인을 대표하는 자가 2인인 경우에 등기를 신청하는 대표자만 인감을 제출하여

도 되지만, 공동으로 대표권을 행사하여야 하는 자가 등기를 신청할 경우에는 공동으로 대표권을 행사하도록 되어 있는 자 전원의 인감을 제출하여야 하며, 1개의 법인을 대표하는 여러 명의 인감은 각각 달라야 한다(등기예규 제1626호).

※ 인감의 규격 등 : 인감은 대조에 적당한 것이어야 한다. 인감은 규칙 제35조 제4항에서 정한 크기(가로·세로 2.4센티미터의 정사각형 안에 들어갈 수 있어야 하고, 가로·세로 1센티미터의 정사각형 안에 들어가는 것이 아니어야 함)로, 선명하지 않거나 너무 복잡한 것이어서는 안 된다(등기예규 제1626호).

※ 인감을 제출할 수 있는 자가 개인인 경우에는 인감(改印)신고서에 인감증명법에 따라 신고한 인감을 날인하고 그 인감증명서(발행일로부터 3개월 이내의 것에 한한다)를 첨부하거나 등기소에 제출한 유효한 종전 인감을 날인하여야 한다. 다만, 그 신고서에 본인이 기명날인 또는 서명하였다는 공증인의 인증서면을 제출하는 경우에는 그러하지 아니한다(등기예규 제1626호).

※ 외국인의 경우에는 다음의 구분에 따라 인감(改印)신고를 하여야 한다.

○ 인감증명의 날인제도가 있는 외국인(일본인, 대만인 등)은 인감(改印)신고서에 날인한 인감과 동일한 본국 관공서 발행의 인감증명을 첨부하여야 한다.

○ 본국에 인감증명제도가 없는 외국인의 경우(미국, 캐나다 등의 경우)에는 인감(改印)신고서에 서명하고 본인이 서명을 하였다는 본국 관공서(대사관)의 증명서면이나 우리나라 공증인의 공증서면으로 갈음할 수 있다. 국내에 없을 경우인감(改印)신고서를 본국으로 보내어 본인서명 후 공증을 받아 제출해야 한다.

※ 외국발행의 공문서나 외국공증인의 공증을 받은 사문서에 대해서는 아포스티유 가입국은 해당국가의 정부에서 발행한 아포스티유를 첨부하여야 하고, 미가입국이라면 해당국가에 주재하는 대한민국 공증담당영사의 확인을 받아 제출하여야 한다..

[사례] 인감대지

	신고하는 인감날인란	상 호(명 칭) : 주식회사 ○○ 자격 및 성명 : 대표자 ○○ 주민등록번호 : 00000-000000

※ 인감(個人)신고서를 제출할 때에는 인감대지(위 양식 3장)도 함께 제출

2. 대표이사 중임(재선임)

가. 서 설

(1) 개 설

중임은 임기제의 기관이 임기를 채운 것과는 무관하게 거듭하여 임용되어 취임하는 것을 말한다. 즉, 동일인이 동일직위에 재선(再選)되어 임기만료 퇴임일과 재선으로 인한 취임일 사이에 시간적 간격이 없는 경우를 중임이라고 한다. 사임(辭任)과 동시에 취임(就任)하는 경우에는 중임(重任)에 해당하지 아니한다.

임기만료로 퇴임하게 될 대표이사는 그 임기만료 전에 동일직위에 다시 예선한 경우에 한하여 중임이 인정된다. 따라서 이사 등의 권리의무 행사자(상법 제386조 1항, 389조 3항, 415조, 393조의2 5항)가 다시 동일한 지위에 선임된 경우에는 임기만료로 인한 퇴임과 새로운 취임 사이에 시간적 간격이 있기 때문에 시간적 간격이 없는 경우에 하는 중임등기를 할 수 없고 임기만료로 인한 퇴임등기 및 새로운 취임등기를 하여야 한다.

(2) 중임등기절차

(가) 중임의 요건

중임의 등기는 임기만료 퇴임일과 재선으로 인한 취임일 사이에 시간적 간격이 없어야 한다.

주식회사 대표이사 홍길동의 임기가 1994. 6. 25. 자로 이미 만료되었고 임시주주총회에서 1996. 3. 25. 자로 다시 홍길동을 대표이사로 선임한 경우에는, 홍길동이 임기만료로 인한 퇴임과 새로운 취임 사이에 사실상 대표이사직을 수행하였는지 여부에 관계없이 임기만료로 인한 퇴임등기 및 새로운 취임등기를 하여야 하고, 임기만료로 인한 퇴임과 재선에 의한 취임 사이에 시간적 간격이 없는 경우에 하는 중임등기를 할 수는 없다(상업등기선례 제1-153호, 1998. 11. 11. 등기 3402-1127 질의회답).

(나) 이사 2인 이하인 회사의 대표자 중임방법

이사 2인 이하인 회사는 정관에 대표이사 선출방법을 주주총회에서 정하기로 한 경우(147면 정관 제25조 참조)에는 주주총회에서, 이사 간의 합의에 의하여 선출하기로 정한 경우(131면 정관 제25조 참조)에는 이사결정서에 의하여 중임등기를 할 수 있다. 이사 2인 이하인 회사는 대표이사를 등기신청서에 기재할 때 "대표권있는 사내이사 ○○○" 또는 "대표자 사내이사 ○○○" 라 기재한다.

(다) 첨부서면

대표이사 또는 자본금의 총액이 10억원 미만인 회사가 1명 또는 2명의 이사를 둔 경우의 각 이사(정관에 따라 대표이사를 정한 경우는 그 대표이사를 말한다)와 같이 등기소에 인감을 제출한 자가 중임(重任)하는 경우에는 그 취임승낙을 증명하는 서면에 등기소에 제출한 인감을 날인함으로써 「인감증명법」에 따라 신고한 인감의 날인과 그 인감증명서의 첨부를 갈음할 수 있다(상업등기규칙 제104조 2항).

(라) 등록면허세 등

(가) 대표이사 등의 취임 및 퇴임등기를 신청하는 경우에는 40,200원의 등록면허세와 등록면허세의 100분의 20에 해당하는 지방교육세를 납부하여야 한다. 수인의 이사 등이 취임등기를 일괄하여 신청하는 경우에는 이를 1건으로 보기 때문에 1건의 등록면허세 및 지방교육세를 납부하면 된다.

(나) 등록세는 직접 관할 관청에 납부할 수 있으며(등기예규 제1612호) 또는 지방세 인터넷 납부시스템 위택스(www.wetax.go.kr)에 의하여도 납부할 수 있다. 납부 후 등록면허세영수필확인서를 "신청등기소 및 등록면허세/수수료"란에 붙인다.

(마) 등기신청수수료

서면제출의 경우에는 6,000원의 신청수수료를 납부하여야 한다(수수료규칙 제5조의3 제2항 본문). 다만 전자신청의 경우에는 2,000원, 전자표준양식에 의한 신청의 경우에는 4,000원의 수수료를 납부하여야 한다(수수료규칙 제5조의5 제4항).

납부방법은 대한민국법원 인터넷등기소(http://www.iros.go.kr/)를 이용하여 전자적 방법으로 등기신청수수료를 납부할 수 있으며, 인터넷등기소에서 사용 가능한 카드사의 신용카드에 의한 결제, 지정 금융기관의 계좌이체, 선불형 지불수단 등에 의한 결제 방식에 의하고, 영수필확인서를 출력하여 등록면허세/수수료란에 붙인다.

(바) 공증(인증)

법인의 변경등기 시에는 회사의 자본금 총액이 10억원 미만이든 이상이든 공증인의 인증을 반드시 받아야 한다. 따라서 서면결의서에 의한 변경등기(628면 참조) 또는 이사의 결정서에 의하여 하는 변경등기 외에는 반드시 의사록에 공증(인증)을 받아야 한다. 공증(인증)에 관한 구체적설명 627면 참조

나. 등기신청서 사례

[사례] 주식회사 변경등기신청서(대표이사 임기만료로 인한 중임)

주식회사 변경등기신청

접 수	년 월 일	처리인	등기관확인	각종통지
	제 호			

상 호	주식회사 대성통상	등기번호	제223456호
본 점	서울 ○○구 ○○로123길 14		
등기의목적	대표이사[53] 중임 등기		
등기의사유	이 신청서 말미 참조		
본/지점 신청구분	1. 본점신청 □ 2. 지점신청 □ 3. 본·지점 일괄신청 □		
등 기 할 사 항			
대표이사또는대표집행임원·이사·집행임원·감사 등의 퇴임·취임 등과 그 연월일	대표이사 김대성(00000-00000) (20○년 ○월 ○일 중임) 서울 ○○구 ○○로234길 50		
기 타			

53) 이사 2인 이하 회사인 경우 "대표권있는 사내이사 또는 대표자"라 기재한다.

<table>
<tr><td colspan="7">신청등기소 및 등록면허세/수수료</td></tr>
<tr><td rowspan="2">순번</td><td rowspan="2">신청등기소</td><td rowspan="2">구분</td><td>등록면허세</td><td rowspan="2">농어촌특별세</td><td rowspan="2">세액합계</td><td rowspan="2">등기신청수수료</td></tr>
<tr><td>지방교육세</td></tr>
<tr><td rowspan="2"></td><td rowspan="2"></td><td rowspan="2"></td><td>금 40,200원</td><td rowspan="2"></td><td rowspan="2">금48,240원</td><td rowspan="2">금 6,000원</td></tr>
<tr><td>금 8,040원</td></tr>
<tr><td></td><td></td><td></td><td></td><td></td><td></td><td></td></tr>
<tr><td colspan="3" rowspan="2">합 계</td><td></td><td rowspan="2"></td><td rowspan="2"></td><td rowspan="2"></td></tr>
<tr><td></td></tr>
<tr><td colspan="4">등기신청수수료 은행수납번호</td><td colspan="3"></td></tr>
<tr><td colspan="7">첨 부 서 면</td></tr>
<tr><td colspan="4">1. 주주총회의사록 또는 이사회 의사록(해임, 선임 등의 경우) 통
1. 취임승낙서(인감증명서 포함) 1통
1. 주민등록표등본(선임한 경우) 1통
1. 정관(필요한 경우) 통</td><td colspan="3">1. 인감신고서(대표이사 선임의 경우) 1통
1. 등록면허세영수필확인서 1통
1. 위임장(대리인이 신청할 경우) 1통
<기 타></td></tr>
<tr><td colspan="7">년 월 일

신청인 상 호 주식회사 대성통상
본 점 서울 ○○구 ○○로123길 14
대표이사 성 명 김 대 성 (인) (전화 : 555-1234)
주 소 서울 ○○구 ○○로234길 50
대리인 성 명 법무사 정 동 진 (인) (전화 : 345-4567)
주 소 서울 서초구 서초로77길 33

○○지방법원 ○○등기소 귀중</td></tr>
</table>

<table>
<tr><td>- 신청서 작성요령 -

1. 해당란이 부족할 때에는 별지를 이용합니다.
1. 해당 등기신청과 관계없는 사항에 대하여는 “해당없음”으로 기재하거나 삭제하고, 필요한 사항은 추가 기재합니다.</td></tr>
</table>

(용지규격 21㎝× 29.7㎝)

□ 등기의 사유(대표이사 임기만료로 인한 중임의 경우)

사례① : 이사 3인 이상인 회사

본 회사의 대표이사 김대성은 20○○년 ○월 ○일 임기만료이나 같은날 이사회결의에 의하여 대표이사에 재 선임되어 같은 날 중임하였으므로 그 등기를 구함.

사례② : 이사 2인 이하인 회사가 정관에 주주총회에서 선출하도록 정한 경우

본 회사의 대표권있는 사내이사 김대성은 20○○년 ○월 ○일 임기만료이나 같은 날 임시주주총회에 의하여 대표권있는 사내이사에 재 선임되어 같은 날 중임하였으므로 그 등기를 구함.

사례③ : 이사 2인 이하인 회사가 정관에 이사결정으로 정하도록 한 경우

본 회사의 대표권있는 사내이사 김대성은 20○○년 ○월 ○일 임기만료이나 같은 날 이사간의 합의에 의하여 대표권있는 사내이사에 재 선임되어 같은 날 중임하였으므로 그 등기를 구함.

○ 정관에서 정하는 방법에 따라 대표이사를 선임하였다면 등기관이 정관에 대표이사를 두도록 규정하고 있는지 그리고 대표이사의 선정방식이 정관의 규정에 일치하는지 여부를 확인할 수 있도록 원칙적으로 정관을 첨부하여야 한다. 다만, 대표이사의 선정에 관한 규정의 추가를 위한 정관변경을 결의한 주주총회에서 변경된 정관에 따라 대표이사를 선임한 경우에는 주주총회의사록을 첨부하면 족하고 별도로 정관을 첨부할 필요는 없다.

[사례] 이사회의사록(이사 3인 이상인 회사)

이사회의사록

20○○년 ○월 ○일 오전 11시 본사 회의실에서 이사 전원 동의로 상법 제390조 제2항 소정의 소집절차를 생략하고 이사회를 개최하다.

이사 총수 3명 감사 총수 1명

출석 이사 수 3명 출석 감사 수 1명

대표이사 김대성은 의장석에 등단하여 위와 같이 법정수에 달하게 출석하였으므로 본 이사회는 적법하게 성립됨을 고하고 개회를 선언하다.

의안 : 대표이사 재선임의 건

의장은 본 회사의 대표이사 김대성은 20○○년 ○월 ○일 임기만료이나 회사의 사업운영 형편상 그 유임이 불가피함을 설명하고 그 승인을 구한 즉 출석이사 전원 만장일치로 재선임을 승인가결하다.

대표이사 김대성

위 피선자는 즉석에서 그 중임을 승낙하다.

이상으로서 금일 의안 전부를 심의 종료하였으므로 의장은 폐회를 선언하다. (폐회시간 오전 11시 30분)

위 결의를 명확히 하기 위하여 이 의사록을 작성하고 의장과 출석한 이사, 감사 아래에 각 기명날인하다.

20○○년 ○월 ○일

주식회사 대성통상

의장 대표이사 김 대 성 (인)

사내이사 ○ ○ ○ (인)

사내이사 ○ ○ ○ (인)

※ 이 사례는 이사 3인 이상인 회사가 대표이사를 재선임하는 사례이다.

[사례] 임시주주총회의사록(이사 2인 이하 회사가 정관에 주주총회에서 선출하도록 정한 경우)

임시주주총회의사록

1. 일 시 : 20○○년 ○월 ○일 오전 11시
1. 장 소 : 서울 ○○구 ○○로123길 14 본점 회의실
1. 출석한 상황 : 총 주주수 2명 총주식수 20,000주
   출석주주수 2명 이의주식수 20,000주

의장인 대표권있는 사내이사 ○○○는 정관규정에 따라 의장석에 등단하여 위와 같이 법정원수에 달하는 주주가 출석하였으므로 본 총회가 적법히 성립됨을 알리고 개회를 선언한 후 다음 의안을 부의하고 심의를 구하다.

의안 : 대표권있는 사내이사 재선임의 건

의장은 본 회사의 대표권있는 사내이사 ○○○은 20○○년 ○월 ○일 임기만료이나 회사의 사업운영 형편상 그 유임이 불가피함을 설명하고, 그 승인을 구한 즉 출석한 주주전원 만장일치로 재선임을 승인가결하다.

대표권있는 사내이사 ○○○

위 피선자 등은 즉시 그 취임을 승낙하다.

이상으로서 금일의 의안이 전부 심의 종료되었으므로 의장은 폐회를 선언하다.
(폐회시간 오전 11시 30분)

위 결의를 명확히 하기 위하여 이 의사록을 작성하고 의장과 출석한 이사가 아래에 기명날인하다.

20○○년 ○월 ○일

미래약품공업주식회사
의장 대표권있는 사내이사 ○ ○ ○ (인)
사내이사 ○ ○ ○ (인)

※ 이 의사록은 이사 2인 이하인 회사가 정관에 정한 바에 따라 대표권있는 사내이사를

주주총회에서 중임하는 사례이다(147면 정관 제25조 참조). 정관에 이사 간의 결정(131면 정관 제25조 참조)으로 정하였으며 후술하는 이사 간의 결정서로 한다. 정관에 대표권있는 사내이사 선출의 규정이 없다면 동시에 정관을 변경하여야 한다.

[사례] 주주총회 소집절차 생략동의서

> 주주총회 소집절차 생략동의서
>
> 본 회사는 자본금 10억원 미만인 회사이므로 상법 제363조 제4항에 의하여 20○○년 ○월 ○일 10: 00에 개최되는 임시주주총회 건에 대하여 주주전원은 소집절차없이 개최하는 것에 동의합니다.
>
> 20○○년 ○월 ○일
>
> 주식회사 ○○
>
> 주주 ○ ○ ○ (인)
>
> 주주 ○ ○ ○ (인)

※ 자본금 총액이 10억원 미만인 회사는 주주 전원의 동의가 있을 경우에는 소집절차 없이 주주총회를 개최할 수 있다(상법 제363조 제4항).

[사례] 대표권있는 사내이사 중임결정서

> 대표권있는 사내이사 중임결정서
>
> 상 호 : 주식회사 대성통상
>
> 대표권있는 사내이사 : 이 영 길
>
> 결정일자 : 20○년 ○월 ○일
>
> 위와 같이 대표권있는 사내이사에 대한 중임을 결정합니다.
>
> 20○○. . .
>
> 주식회사 대성통상
>
> 대표권있는 사내이사 이 영 길 (인)

사내이사 홍 길 동 (인)

※ 이 사례는 정관에 대표자 선출을 이사 합의로 정하도록 한 경우이다(131면 정관 제25조 참조). 이 경우에는 주주총회를 개최할 필요가 없다.

[사례] 중임승낙서

중 임 승 낙 서

※ 이사 3인 이상인 회사의 경우

본인은 20○○년 ○월 ○일 귀 회사 이사회에서 대표이사에 재 선임되었으므로 그 중임을 승낙합니다.

※ 이사 2인 이하인 회사가 주주총회결의로 정하는 경우

본인은 20○○년 ○월 ○일 귀 회사 임시주주총회에서 대표권있는 사내이사에 재 선임되었으므로 그 중임을 승낙합니다.

※ 이사 2인 이하인 회사가 이사 간의 합의로 정하는 경우

본인은 20○○년 ○월 ○일 귀 회사 이사간의 합의에 의하여 대표권있는 사내이사에 재 선임되었으므로 그 중임을 승낙합니다.

20○○년 ○월 ○일

대표이사(대표권있는 사내이사) 이 영 길 (인)

주식회사 대성통상 귀중

※ 중임승낙서에는 중임자의 인감도장을 날인하고 인감증명법에 의하여 신고한 인감증명서나 본인서명사실확인서 또는 전자본인서명확인서를 첨부하여야 한다(112면 참조). 다만, 등기소에 인감을 제출한 사람이 중임 또는 사임하는 경우에는 등기소에 제출된 인감이 날인된 중임승낙 또는 사임을 증명하는 서면으로 갈음할 수 있다(상업등기규칙 제104조 제1항). 중임의 경우 주민등록등(초)본은 첨부하지 아니한다.

[사례] 주주명부

주 주 명 부				
주 주	주 소	인수주식수	1주금액	납 입 금 액
김 대 성	서울시 ○○구 ○○로987길 www.rty99@hanmail.com	○주	금 500원	금000,000원
…	이하 생략			
합 계		○주		금000,000원
위 주주명부는 본사에 비치된 주주명부와 대조하여 틀림이 없음을 증명합니다. 20○○년 ○월 ○일				
상 호	주식회사 대성통상			
본 점	서울 ○○구 ○○로123길 14			
대표이사	김 대 성			

※ 전자주주명부제도 : 회사는 정관에서 정하는 바에 따라 전자문서로 주주명부를 작성할 수 있다(상법 제352조의2제1항).

[사례] 주식회사 변경등기신청서(이사 2인 중임과 동시에 대표이사직 중임)

주식회사 변경등기신청

접 수	년 월 일	처리인	등기관확인	각종통지
	제 호			

상 호	미래약품공업주식회사	등기번호	제353456호
본 점	서울 ○○구 ○○로123길 14		
등기의목적	이사 및 대표이사[54] 중임 등기		
등기의사유	이 신청서 말미 참조		
본/지점 신청구분	1. 본점신청 □ 2. 지점신청 □ 3. 본·지점 일괄신청 □		
등 기 할 사 항			
대표이사또는대표집행임원·이사·집행임원·감사 등의 퇴임·취임 등과 그 연월일	1) 사내이사 유미래(00000-00000) (20○○년 ○월 ○일 중임) 사내이사 최문국(00000-00000) (20○○년 ○월 ○일 중임) 2) 대표이사[55] 유미래(00000-00000) (20○○년 ○월 ○일 중임) 서울 ○○구 ○○로234길 50		
기 타			

54) 이사 2인 이하인 회사의 경우에는 "대표자 또는 대표권있는 사내이사"라 기재한다(등기부등본 참조).

55) 위 각주와 같다.

<table>
<tr><td colspan="8">신청등기소 및 등록면허세/수수료</td></tr>
<tr><td rowspan="2">순번</td><td rowspan="2">신청등기소</td><td rowspan="2">구분</td><td>등록면허세</td><td rowspan="2">농어촌특별세</td><td rowspan="2">세액합계</td><td rowspan="2">등기신청수수료</td></tr>
<tr><td>지방교육세</td></tr>
<tr><td rowspan="2"></td><td rowspan="2"></td><td rowspan="2"></td><td>금 40,200원</td><td rowspan="2"></td><td rowspan="2">금48,240원</td><td rowspan="2">금 6,000원</td></tr>
<tr><td>금 8,040원</td></tr>
<tr><td></td><td></td><td></td><td></td><td></td><td></td><td></td></tr>
<tr><td colspan="3" rowspan="2">합 계</td><td></td><td rowspan="2"></td><td rowspan="2"></td><td rowspan="2"></td></tr>
<tr><td></td></tr>
<tr><td colspan="4">등기신청수수료 은행수납번호</td><td colspan="3"></td></tr>
<tr><td colspan="7">첨 부 서 면</td></tr>
<tr><td colspan="4">1. 주주총회의사록 또는 이사회 의사록(해임, 선임 등의 경우) 1통
1. 취임승낙서(인감증명서 포함) 1통
1. 주민등록표등본(선임한 경우) 1통
1. 정관(필요한 경우) 1통</td><td colspan="3">1. 인감신고서(대표이사 선임의 경우) 1통
1. 등록면허세영수필확인서 1통
1. 위임장(대리인이 신청할 경우) 1통
<기 타></td></tr>
</table>

년 월 일

신청인 상 호 미래약품공업주식회사

본 점 서울 ○○구 ○○로123길 14

대표이사 성 명 유 미 래 (인) (전화 : 555-1234)

주 소 서울 ○○구 ○○로234길 50

대리인 성 명 법무사 정 동 진 (인) (전화 : 345-4567)

주 소 서울 서초구 서초로77길 33

○○지방법원 ○○등기소 귀중

- 신청서 작성요령 -

1. 해당란이 부족할 때에는 별지를 이용합니다.
1. 해당 등기신청과 관계없는 사항에 대하여는 "해당없음"으로 기재하거나 삭제하고, 필요한 사항은 추가 기재합니다.

(용지규격 21㎝× 29.7㎝)

□ 등기의 사유(이사 2인 중임과 동시에 대표이사직 중임의 경우)

사례① : 이사 3인 이상인 회사 : 주주총회-이사회의 경우

사내이사 유미래와 최문국은 20○○년 ○월 ○일 임기만료이나 같은 날 임시주주총회결의에 의하여 사내이사에 각 재선임되어 같은 날 중임하였고, 대표이사인 유미래는 20○○년 ○월 ○일(또는 같은날) 임기만료이나 같은 날 이사회 결의에 의하여 대표이사에 재 선임되어 같은 날 중임하였으므로 그 등기를 구함.

사례② : 이사 2인 이하 회사 : 대표자 직을 정관에 주주총회에서 정하도록 한 경우

사내이사 유미래와 최문국은 20○○년 ○월 ○일 임기만료이나 같은 날 임시주주총회결의에 의하여 사내이사에 각 재선임되어 같은 날 중임하였고, 대표권있는 사내이사인 유미래는 20○○년 ○월 ○일(또는 같은날) 임기만료이나 같은 날 임시주주총회결의에 의하여 대표권있는 사내이사에 재 선임되어 같은 날 중임하였으므로 그 등기를 구함.

사례③ : 이사 2인 이하 회사 : 대표자 직을 정관에 이사간의 합의로 정한 경우

사내이사 유미래와 최문국은 20○○년 ○월 ○일 임기만료이나 같은 날 임시주주총회결의에 의하여 사내이사에 각 재선임되어 같은 날 중임하였고, 대표권있는 사내이사인 유미래는 20○○년 ○월 ○일(또는 같은날) 임기만료이나 같은 날 이사간의 합의에 의하여 대표권있는 시내이사에 재 선임되어 같은 날 중임하였으므로 그 등기를 구함.

※ 이사 2인 이하인 회사는 정관으로 대표권있는 사내이사의 선출방법을 정할 수 있다. 정관에 주주총회결의로 선출방법을 정한 사례(147면 정관 제25조 참조), 이사간의 합의로 선출방법을 정한 사례(131면 정관 제25조 참조).

[사례] 임시주주총회의사록(이사 3인 이상인 회사)

임시주주총회의사록

1. 일　　　시 : 20○○년 ○월 ○일 오전 11시
1. 장　　　소 : 서울 ○○구 ○○로123길 14 본점 회의실
1. 출석한 상황 : 총 주주수 2명　　　총주식수 20,000주
　　　　　　　　출석주주수 2명　　　이의주식수 20,000주

의장인 대표이사 유미래는 정관규정에 따라 의장석에 등단하여 위와 같이 법정원수에 달하는 주주가 출석하였으므로 본 총회가 적법히 성립됨을 알리고 개회를 선언한 후 다음 의안을 부의하고 심의를 구하다.

의안 : 사내이사 재선임의 건

의장은 본 회사의 사내이사 유미래와 최문국은 20○○년 ○월 ○일 임기만료이나 회사의 사업운영 형편상 그 유임이 불가피함을 설명하고, 그 승인을 구한 즉 출석한 주주전원 만장일치로 다음과 같이 사내이사에 재선임 되었으므로 승인가결하다.

사내이사 유미래

사내이사 최문국

위 피선자 등은 즉시 그 취임을 승낙하다.

이상으로서 금일의 의안이 전부 심의 종료되었으므로 의장은 폐회를 선언하다.

(폐회시간 오전 11시 30분)

위 결의를 명확히 하기 위하여 이 의사록을 작성하고 의장과 출석한 이사가 아래에 기명날인하다.

20○○년 ○월 ○일

미래약품공업주식회사

의장 대표이사 유 미 래 (인)

사내이사 최 문 국 (인)

사내이사 ○ ○ ○ (인)

※ 사내이사는 주주총회에서 선임하므로 이사 3인 이상인 회사나, 이사 2인 이하인 회사나 같다. 이사 3인 이상인 회사는 주주총회에서 사내이사를 선임하고 후술의 이사회에서 대표이사를 선임한다.

※ 주주총회의사록, 이사회의 의사록에 기명날인을 할 이사 및 감사 : 106면 참조

[사례] 임시주주총회의사록(이사 2인과 대표권있는 사내이사 중임, 정관에 주주총회에서 대표권있는 사내이사를 정하도록 한 경우)

임시주주총회의사록

1. 일 시 : 20○○년 ○월 ○일 오전 11시
1. 장 소 : 서울 ○○구 ○○로123길 14 본점 회의실
1. 출석한 상황 : 총 주주수 2명 총주식수 20,000주
출석주주수 2명 이의주식수 20,000주

의장인 대표이사 유미래는 정관규정에 따라 의장석에 등단하여 위와 같이 법정원수에 달하는 주주가 출석하였으므로 본 총회가 적법히 성립됨을 알리고 개회를 선언한 후 다음 의안을 부의하고 심의를 구하다.

제1호 의안 : 사내이사 재선임의 건

의장은 본 회사의 사내이사 유미래와 최문국은 20○○년 ○월 ○일 임기만료이나 회사의 사업운영 형편상 그 유임이 불가피함을 설명하고, 그 승인을 구한 즉 출석한 주주전원 만장일치로 다음과 같이 사내이사에 재선임 되었으므로 승인가결하다.

사내이사 유미래

사내이사 최문국

위 피선자 등은 즉시 그 취임을 승낙하다.

제2호 의안 : 대표권있는 사내이사 중임의 건

의장은 본 회사의 대표권있는 사내이사 유미래는 20○○년 ○월 ○일 임기만료이

나 회사의 사업운영 형편상 그 유임이 불가피함을 설명하고 그 승인을 구한 즉 출석 이사 전원 만장일치로 재선임을 승인가결하다.

대표권있는 사내이사 유미래

위 피선자는 즉석에서 그 중임을 승낙하다.

이상으로서 금일의 의안이 전부 심의 종료되었으므로 의장은 폐회를 선언하다.

(폐회시간 오전 11시 30분)

위 결의를 명확히 하기 위하여 이 의사록을 작성하고 의장과 출석한 이사가 아래에 기명날인하다.

20○○년 ○월 ○일

미래약품공업주식회사

의장 대표권있는 사내이사 유 미 래 (인)

사내이사 최 문 국 (인)

※ 이 사례는 이사 2인 이하인 회사가 이사 및 대표권있는 이사를 모두 주주총회에서 중임하는 예이다. 정관에 대표권있는 이사[56]를 주주총회에서 선임하기로 정하였으면 주주총회에서 정하여야 한다(147면 정관 제25조 참조).

※ 이사 2인 이하인 회사는 주주총회에서 사내이사만을 중임하면 후술의 이사결정으로 대표권있는 사내이사를 중임하여야 한다.

※ 이사 간의 결정으로 하는 경우에는 본 의사록에서는 제1호 의안만 다루고, 제2호 의안은 다루지 말아야 한다.

※ 정관에 대표권있는 사내이사 선출규정이 없다면 동시에 정관을 변경하여야 한다.

※ 주주총회의사록, 이사회의 의사록에 기명날인을 할 이사 및 감사 : 106면 참조

56) 이사 2인 이하인 회사는 대표이사를 "대표권있는 사내이사"라 기재한다.

[사례] 주주총회 소집절차 생략동의서

> ## 주주총회 소집절차 생략동의서
>
> 본 회사는 자본금 10억원 미만인 회사이므로 상법 제363조 제4항에 의하여 20○○년 ○월 ○일 10: 00에 개최되는 임시주주총회 건에 대하여 주주전원은 소집절차없이 개최하는 것에 동의합니다.
>
> 20○○년 ○월 ○일
>
> 주식회사 ○○
> 주주 ○ ○ ○ (인)
> 주주 ○ ○ ○ (인)

※ 자본금 총액이 10억원 미만인 회사는 주주 전원의 동의가 있을 경우에는 소집절차 없이 주주총회를 개최할 수 있다(상법 제363조 제4항).

[사례] 이사회의사록(이사 3인 이상인 회사)

> ## 이사회의사록
>
> 20○○년 ○월 ○일 오전 11시 본사 회의실에서 이사 및 감사 전원 동의로 상법 제390조 제2항 소정의 소집절차를 생략하고 이사회를 개최하다.
>
> | 이사총수 | 3 명 | 감사총수 | 1 명 |
> |---|---|---|---|
> | 출석이사수 | 3 명 | 출석감사수 | 1 명 |
>
> 대표이사 유미래는 의장석에 착석하다.
>
> 의안 : 대표이사 중임의 건
>
> 의장은 본 회사의 대표이사 유미래는 20○○년 ○월 ○일 임기만료이나 회사의 사업운영 형편상 그 유임이 불가피함을 설명하고 그 승인을 구한 즉 출석이사 전원 만장일치로 재선임을 승인가결하다.
>
> 대표이사 유미래

위 피선자는 즉석에서 그 중임을 승낙하다.

이상으로서 금일 의안 전부를 심의 종료하였으므로 의장은 폐회를 선언하다. (폐회시간 오전 11시 30분)

위 결의를 명확히 하기 위하여 이 의사록을 작성하고 의장과 출석한 이사가 아래에 각 기명날인하다.

20○○년 ○월 ○일

미래약품공업주식회사
의장 대표이사 유 미 래 (인)
사내이사 ○ ○ ○ (인)
사내이사 ○ ○ ○ (인)

※ 이사 3인 이상인 회사는 주주총회에서 이사를 중임하고 이사회에서 대표이사를 중임한다.

[사례] 대표권있는 사내이사 중임결정서(이사 2인 이하인 회사가 정관에 이사간의 합의로 대표권있는 사내이사를 정하도록 한 경우)

대표권있는 사내이사 중임결정서

상 호 : 미래약품공업주식회사
대표권있는 사내이사 : 유 미 래
대표권있는 사내이사 중임결정일자 : 20○년 ○월 ○일

위와 같이 대표권있는 사내이사의 중임을 결정합니다.

20○○. . .

미래약품공업주식회사
대표권 있는 사내이사 유 미 래 (인)

사내이사 주 영 호 (인)

※ 이사 2인 이하인 회사가 대표권있는 사내이사 선출방법을 정관에서 이사 간의 합의로 정한다고 한 경우(131면 정관 제25조 참조)에는 사내이사 중임은 주주총회 또는 서면결의로 중임하고, 대표권있는 사내이사는 이 "중임결정서"를 작성하여야 한다.

※ 대표이사 정하는 방법 : 이사가 2명인 소규모 주식회사는 상법상의 이사회가 존재하지 않는 회사이므로, 정관에 '이사회에서 대표이사를 정한다'는 내용의 규정을 두고 있더라도 이러한 정관규정에 의해서는 대표이사를 정할 수 없으나, 정관에 '대표이사는 이사들의 합의로 정한다'는 내용의 규정이 있고 회사가 그에 따라 대표이사를 정한 경우 이는 상법 제383조 제6항의 '정관에 따라 대표이사를 정한 경우'에 해당될 수 있다(법인등기선례 제201709-2호, 2017. 9. 27. 사법등기심의관-3220 질의회답).

※ 상법 제383조 제1항 단서 및 제383조 제6항에 의하면 자본금 총액이 10억원 미만인 소규모 주식회사에서 이사가 2명인 경우 각 이사가 회사를 대표하되 정관에 대표이사를 정하는 규정이 있는 때에는 회사가 그 규정에 따라 대표이사를 정할 수 있는 것이나, 회사의 정관에 대표이사를 정하는 규정이 없다면 그 회사는 이사 2명이 각자 회사를 대표할 수 있을 뿐 따로 대표이사를 정할 수는 없다(법인등기선례 제201709-2호, 2017. 9. 27. 사법등기심의관-3220 질의회답).

[사례] 사내이사의 중임승낙서

중 임 승 낙 서

본인 등은 귀 회사의 20○○년 ○월 ○일 임시주주총회의 결의에 의하여 사내이사에 각각 재 선임되었으므로 그 중임을 승낙합니다.

20○○년 ○월 ○일

사내이사 ○ ○ ○ (인)
사내이사 ○ ○ ○ (인)

미래약품공업주식회사 귀중

※ 중임승낙서에는 중임자의 인감도장을 날인하고 인감증명법에 의하여 신고한 인감증명

서나 본인서명사실확인서 또는 전자본인서명확인서를 첨부하여야 한다(112면 참조). 다만, 등기소에 인감을 제출한 사람이 중임 또는 사임하는 경우에는 등기소에 제출된 인감이 날인된 중임승낙 또는 사임을 증명하는 서면으로 갈음할 수 있다(상업등기규칙 제104조 제1항). 중임의 경우 주민등록등(초)본은 첨부하지 아니한다.

[사례] 대표이사의 중임승낙서

중 임 승 낙 서

※ 이사회결의에 의하여 선출된 경우

본인은 귀 회사의 20○○년 ○월 ○일 이사회의 결의에 의하여 대표이사에 재 선임되었으므로 그 중임을 승낙합니다.

※ 이사 2인 이하인 회사 주주총회결의에 의하여 선출된 경우

본인은 귀 회사의 20○○년 ○월 ○일 주주총회의 결의에 의하여 대표권있는 사내이사에 재 선임되었으므로 그 중임을 승낙합니다.

※ 이사 2인 이하 회사 이사결정에 의하여 선출된 경우

본인은 귀 회사의 20○○년 ○월 ○일 이사합의에 의한 결정으로 대표권있는 사내이사에 재 선임되었으므로 그 중임을 승낙합니다.

20○○년 ○월 ○일

대표이사(대표권있는 사내이사) 유 미 래 (인)

미래약품공업주식회사 귀중

※ 중임승낙서에는 중임자의 인감도장을 날인하고 인감증명법에 의하여 신고한 인감증명서나 본인서명사실확인서 또는 전자본인서명확인서를 첨부하여야 한다(112면 참조). 다만, 등기소에 인감을 제출한 사람이 중임 또는 사임하는 경우에는 등기소에 제출된 인감이 날인된 중임승낙 또는 사임을 증명하는 서면으로 갈음할 수 있다(상업등기규칙 제104조 제1항). 중임의 경우 주민등록등(초)본은 첨부하지 아니한다.

[사례] 주주명부

<table>
<tr><td colspan="5">주 주 명 부</td></tr>
<tr><td>주 주</td><td>주 소</td><td>인수주식수</td><td>1주금액</td><td>납 입 금 액</td></tr>
<tr><td>유 미 래</td><td>서울시 ○○구 ○○로987길
www.rty99@hanmail.com</td><td>○주</td><td>금 500원</td><td>금000,000원</td></tr>
<tr><td>○○○</td><td>서울시 ○○구 ○○로876길</td><td>○주</td><td>금 500원</td><td>금000,000원</td></tr>
<tr><td>…</td><td>이하 생략</td><td></td><td></td><td></td></tr>
<tr><td>합 계</td><td></td><td>○주</td><td></td><td>금000,000원</td></tr>
<tr><td colspan="5">위 주주명부는 본사에 비치된 주주명부와 대조하여 틀림이 없음을 증명합니다.
20○○년 ○월 ○일</td></tr>
<tr><td>상 호</td><td colspan="4">미래약품공업주식회사</td></tr>
<tr><td>본 점</td><td colspan="4">서울 ○○구 ○○로123길 14</td></tr>
<tr><td>대표이사</td><td colspan="4">유 미 래</td></tr>
</table>

※ 전자주주명부제도

○ 회사는 정관에서 정하는 바에 따라 전자문서로 주주명부를 작성할 수 있다(상법 제352조의2제1항). 전자주주명부에는 상법 제352조제1항의 기재사항 외에 전자우편주소를 적어야 한다. 개정법은 기업경영의 IT화를 위하여 주주총회에 직접 참석하거나 대리인에게 투표를 위임하지 않더라도 전자서명 등 본인인증절차를 거쳐 인터넷으로 의결권을 행사하는 전자투표제도가 도입됐다(상법 제368조의4, 제382조의2).

[사례] 주식회사 변경등기신청서(행정구역변경으로 인한 대표이사 주소변경)

주식회사 변경등기신청

접 수	년 월 일	처리인	등기관확인	각종통지
	제 호			

상 호	주식회사 춘광실업	등기번호	제357951호
본 점	서울 ○○구 ○○로123길 14		
등 기 의 목 적	대표이사 주소변경등기		
등 기 의 사 유	20○○년 ○월 ○일 행정구역변경으로 인하여 대표이사의 주소가 변경되었으므로 그 등기를 구함.		
본/지점 신청구분	1. 본점신청 □ 2. 지점신청 □ 3. 본·지점 일괄신청 □		
등 기 할 사 항			
대표이사또는대표집행임원·이사·집행임원·감사 등의 퇴임·취임 등과 그 연월일	한 춘 광(00000-000000) 서울 서초구 서초로77길 33 (20○○년 ○월 ○일 변경)		
기 타			

신청등기소 및 등록면허세/수수료

순번	신청등기소	구분	등록면허세 지방교육세	농어촌특별세	세액합계	등기신청수수료
			면 제 0			면 제
합 계						
등기신청수수료 은행수납번호						

첨 부 서 면

1. 주민등록표등본(선임한 경우) 1통 1. 위임장(대리인이 신청할 경우) 1통	<기 타>

년 월 일

신청인	상 호	주식회사 춘광실업
	본 점	서울 ○○구 ○○로123길 14
대표이사	성 명	한 춘 광 (인) (전화 : 555-1234)
	주 소	서울 ○○구 ○○로234길 50
대리인	성 명	법무사 정 동 진 (인) (전화 : 345-4567)
	주 소	서울 서초구 서초로77길 33

○○지방법원 ○○등기소 귀중

- 신청서 작성요령 -

1. 해당란이 부족할 때에는 별지를 이용합니다.
1. 해당 등기신청과 관계없는 사항에 대하여는 "해당없음"으로 기재하거나 삭제하고, 필요한 사항은 추가 기재합니다.

(용지규격 21㎝× 29.7㎝)

※ 행정구역변경의 경우에는 등록세를 납부하지 아니한다.

[사례] 주식회사 변경등기신청서(주소이전으로 인한 대표이사 주소변경)

주식회사 변경등기신청

<table>
<tr><td rowspan="2">접 수</td><td>년 월 일</td><td rowspan="2">처리인</td><td>등기관확인</td><td>각종통지</td></tr>
<tr><td>제 호</td><td></td><td></td></tr>
</table>

<table>
<tr><td>상 호</td><td>서울한강산업주식회사</td><td>등기번호</td><td>제852321호</td></tr>
<tr><td>본 점</td><td colspan="3">서울 ○○구 ○○로123길 14</td></tr>
<tr><td>등 기 의 목 적</td><td colspan="3">대표이사 주소변경등기</td></tr>
<tr><td>등 기 의 사 유</td><td colspan="3">대표이사의 주소가 아래의 주소로 이전되었으므로 그 등기를 구함.</td></tr>
<tr><td>본/지점 신청구분</td><td colspan="3">1. 본점신청 □ 2. 지점신청 □ 3. 본·지점 일괄신청 □</td></tr>
<tr><td colspan="4">등 기 할 사 항</td></tr>
<tr><td>대표이사또는대표집행임원·이사·집행임원·감사 등의 퇴임·취임 등과 그 연월일</td><td colspan="3">한 강 산(00000-0000000)
서울 서초구 서초로77길 334
(20○○년 ○월 ○일 변경)</td></tr>
<tr><td>기 타</td><td colspan="3"></td></tr>
</table>

<table>
<tr><td colspan="7">신청등기소 및 등록면허세/수수료</td></tr>
<tr><td rowspan="2">순번</td><td rowspan="2">신청등기소</td><td rowspan="2">구분</td><td>등록면허세</td><td rowspan="2">농어촌특별세</td><td rowspan="2">세액합계</td><td rowspan="2">등기신청수수료</td></tr>
<tr><td>지방교육세</td></tr>
<tr><td rowspan="2"></td><td rowspan="2"></td><td rowspan="2"></td><td>금 40,200원</td><td rowspan="2"></td><td rowspan="2">금48,240원</td><td rowspan="2">금 6,000원</td></tr>
<tr><td>금 8,040원</td></tr>
<tr><td></td><td></td><td></td><td></td><td></td><td></td><td></td></tr>
<tr><td colspan="3" rowspan="2">합 계</td><td></td><td rowspan="2"></td><td rowspan="2"></td><td rowspan="2"></td></tr>
<tr><td></td></tr>
<tr><td colspan="4">등기신청수수료 은행수납번호</td><td colspan="3"></td></tr>
<tr><td colspan="7">첨 부 서 면</td></tr>
<tr><td colspan="4">1. 주민등록표등본(선임한 경우) 1통
1. 등록면허세영수필확인서 1통
1. 위임장(대리인이 신청할 경우) 1통</td><td colspan="3"><기 타></td></tr>
<tr><td colspan="7">년 월 일

신청인 상 호 서울한강산업주식회사
본 점 서울 ○○구 ○○로123길 14
대표이사 성 명 한 강 산 (인) (전화 : 555-1234)
주 소 서울 ○○구 ○○로234길 50
대리인 성 명 법무사 정 동 진 (인) (전화 : 345-4567)
주 소 서울 서초구 서초로77길 33

○○지방법원 ○○등기소 귀중</td></tr>
</table>

- 신청서 작성요령 -

1. 해당란이 부족할 때에는 별지를 이용합니다.
1. 해당 등기신청과 관계없는 사항에 대하여는 "해당없음"으로 기재하거나 삭제하고, 필요한 사항은 추가 기재합니다.

(용지규격 21㎝× 29.7㎝)

제6절 서면결의에 의한 변경등기

1. 소규모회사의 특례

"소규모회사"란 자본금 총액이 10억원 미만인 회사를 말한다. 상법은 2009. 5. 28. 개정을 보면서 "소규모"라는 용어를 사용하였고, 개정취지는 창의적인 아이디어를 갖고 있는 사람이라면 누구라도 손쉽게 저렴한 비용으로 신속한 창업을 가능하게 하여 활발한 투자 여건이 조성되도록 주식회사설립규정 및 변경등기규정을 완화한 것이다.

주식회사의 이사는 원칙적으로 3인 이상 이어야 하나, 자본금 총액이 10억원 미만인 소규모회사는 1명 또는 2명으로 할 수 있으며(상법 제383조 제1항), 소규모회사는 설립시 정관 및 의사록의 공증의무를 면제하고(상법 제292조, 공증인법 제66조의2 제1항), 필요한 주금납입금 보관증명서를 잔고증명서로 할 수 있으며(상법 제318조 제3항), 주주총회 소집절차의 간소화(상법 제363조제3항), 감사 선임의무 면제(상법 제409조제4항부터 제6항까지 신설), 주주전원의 동의에 의한 소집절차 생략(상법 제363조제4항), 서면에 의한 주주총회결의(상법 제363조제4, 5, 6항) 등을 할 수 있다.

따라서 자본금 총액이 10억원 이상인 회사의 상업등기신청 시에는 위 완화된 절차를 원칙 그대로 따라야 한다.

2. 서면결의에 의한 변경등기

가. 개 설

상법은 자본금 총액이 10억원 미만인 소규모회사의 경우 주주 전원이 "서면에 의한 결의로써 주주총회의 결의를 갈음할 수 있으며, 결의의 목적사항에 대하여 주주 전원이 서면으로 동의를 한 때에는 서면에 의한 결의가 주주총회의 결의와 같은 효력이 있음을 인정하여 주주총회의 운영비용을 절감시켜 주고자 서면결의를 허용하였다(상법 제363조 제4, 5, 6항).

상법 제363조 제4, 5, 6항에서의 서면에 의한 결의로서 주주총회를 갈음하는 것은 상법 제368조의3에서 규정한 "서면투표에 의한 의결권행사"와는 구별된다.

서면투표에 의한 의결권행사의 경우는 실제로 개최되는 주주총회 회의장에 주주가 직접출석하는 대신 회사로부터 미리 받은 의결권행사의 결의서에 찬성 또는 반대의 표시를 하여 제출함으로서 의결권을 행사하는 것을 말한다.

여기서는 "서면결의서에 의한 변경등기"를 하는 방법에 관하여만 다루기로 한다.

나. 서면결의서 작성방법

서면결의서 작성방법에는 법인등기선례(제201809-3호, 2018. 9. 14. 사법등기심의관-3618 질의회답)가 마련되었다.

1. 자본금 총액이 10억원 미만인 주식회사(이하 '소규모 주식회사'라 함)에서 주주 전원의 동의로 서면에 의한 결의(이하 '서면결의'라 함)로써 주주총회의 결의를 갈음하거나(상법 제363조제4항 전문), 결의의 목적사항에 대하여 주주 전원이 서면으로 동의(상법 제363조제4항 후문, 이하 '서면동의'라 하고, '서면결의'와 '서면동의'를 합하여 '서면결의 등'이라 함)한 경우에도 상법 제363조제6항에 의해 제373조가 준용되어 의사록을 작성해야 할 것이다.

2. 소규모 주식회사가 현실적인 주주총회 개최하지 않고 서면결의 등의 절차를 거쳐 그에 따른 등기를 신청할 때에는, 상업등기규칙 제128조제1항의 '총주주의 동의가 있음을 증명하는 정보'로서 ①서면결의의 경우에는 서면결의를 하는 것에 관한 주주 전원의 동의서 및 해당 결의요건을 충족하는 서면결의서에 각 주주가 인감증명법에 따라 신고한 인감을 날인하고 그 인감증명서를 첨부하고, ②서면동의의 경우에는 주주 전원의 서면동의서에 각 주주가 인감증명법에 따라 신고한 인감을 날인하고 그 인감증명서를 첨부하여야 한다. 또한, 서면결의 등의 진정성을 보장하기 위하여 서면결의 등이 이루어질 당시의 대표자가 등기소에 제출한 인감을 날인한 주주명부를 첨부하여야 할 것이다(법인등기선례 제201809 -3호, 2018. 9. 14. 사법등기심의관-3618 질의회답). 서면결의서 공증(인증)에 관하여는 후술한다(628면 참조).

따라서 주주전원의 서면결의서는 문서명 그대로 주주전원의 동의로 작성되어야 하고, 주주전원의 동의가 없으면 주주총회의사록으로 작성하여야 한다.

3. 서면결의에 의한 신주식발행 신청사례

[사례] 주식회사 변경등기(유상증자, 구주주가 전부 배정받은 경우, 정관변경없는 경우)

주식회사 변경등기신청

접 수	년 월 일	처리인	등기관확인	각종통지
	제 호			

상 호	주식회사 에이앤지	등기번호	123456
본 점	서울 강동구 명일로20길 319-33		
등 기 의 목 적	신주발행으로 인한 변경등기		
등 기 의 사 유	사례 : 이사 3인 이상인 회사 20○○년 ○월 14일 이사회에서 증자로 인하여 보통주식 40,000주를 새로이 발행하고 동년 ○월 24일 그 납입이 완료되어 발행주식의 총수, 그 종류와 각종주식의 내용과 수, 자본금의 액을 변경하였으므로 그 등기를 구함.57) 사례 : 이사 2인 이하인 회사 상법 제363조 제5항 및 제6항에 근거, 20○○년 ○월 14일 개최되는 임시주주총회에 갈음한 주주전원의 서면결의에서 증자로 인하여 보통주식 40,000주를 새로이 발행하고 동년 ○월 24일 그 납입이 완료되어 발행주식의 총수, 그 종류와 각종주식의 내용과 수, 자본금의 액을 변경하였으므로 그 등기를 구함.		
본/지점 신청구분	1. 본점신청 □ 2. 지점신청 □ 3. 본·지점 일괄신청 □		
등 기 할 사 항			
발행주식의 총수, 그 종류와 각종 주식의 내용과 수	보통주식 50,000주 20○○년 ○월 ○일 변경		
자본금의 액	금 250,000,000원 20○○년 ○월 ○일 변경		
기 타	없음		

57) 서면결의는 주주총회를 갈음하는 경우이므로 이사회결의는 서면결의로 할 수 없다. 이사 3인 이상인 회사가 주주총회에서 신주발행을 하려면 정관으로 정하여야 한다.

<table>
<tr><th colspan="7">신청등기소 및 등록면허세/수수료</th></tr>
<tr><td rowspan="2">순번</td><td rowspan="2">신청등기소</td><td rowspan="2">구분</td><td>등록면허세</td><td rowspan="2">농어촌
특별세</td><td rowspan="2">세액합계</td><td rowspan="2">등기신청수수료</td></tr>
<tr><td>지방교육세</td></tr>
<tr><td rowspan="2"></td><td rowspan="2"></td><td rowspan="2">신주발행</td><td>금800,000원</td><td rowspan="2"></td><td rowspan="2">금720,000원</td><td rowspan="2">금 6,000원</td></tr>
<tr><td>금160,000원</td></tr>
<tr><td colspan="3" rowspan="2">합 계</td><td></td><td rowspan="2"></td><td rowspan="2"></td><td rowspan="2"></td></tr>
<tr><td></td></tr>
<tr><td colspan="4">등기신청수수료 은행수납번호</td><td colspan="3"></td></tr>
<tr><td colspan="2">과 세 표 준 액</td><td colspan="5">금 200,000,000원</td></tr>
<tr><th colspan="7">첨 부 서 면</th></tr>
<tr><td colspan="4">1. 이사회의사록 또는 주주총회결의에 갈음하는 서면결의서 통
1. 주주총회생략동의서 통
1. 정관(필요한 경우) 통
1. 주식의 인수를 증명하는 서면 통
1. 주금납입보관증명서 통</td><td colspan="3">1. 취임승낙서(인감증명서 포함) 통
1. 주민등록표등본(선임한 경우) 통
1. 등록면허세영수필확인서 통
1. 위임장(대리인이 신청할 경우) 통
<기 타></td></tr>
<tr><td colspan="7">20○○년 ○월 ○일
신청인 상 호 주식회사 에이앤지
본 점 서울 강동구 명일로20길 319-33
대표이사 성 명 소 기 훈 (인) (전화 : 123-4567)
주 소 경기도 용인시 용인읍 유방로30길 409-1602
대리인 성 명 법무사 변 강 림 (인) (전화 : 234-5678)
주 소 서울 강동구 명일로20길 319-33
○○지방법원 ○○등기소 귀중</td></tr>
</table>

<table>
<tr><th>- 신청서 작성요령 -</th></tr>
<tr><td>1. 해당란이 부족할 때에는 별지를 이용합니다.
1. 해당 등기신청과 관계없는 사항에 대하여는 "해당없음"으로 기재하거나 삭제하고, 필요한 사항은 추가 기재합니다.</td></tr>
</table>

(용지규격 21㎝× 29.7㎝)

※ 이 사례는 발행할 주식의 총수범위 내에서 신주발행을 하므로 정관변경을 하지 않고 신주를 발행하는 사례이다(설명은 531면 참조). 정관변경의 사례는 후술(545면 참조)한다.

[사례] 이사회의사록(이사 3인 이상인 회사)

이사회의사록

당 회사는 20○○년 ○월 14 일 10시 00분 본 회사 본점 회의실에서 다음과 같이 이사회를 개최하다.

이사총수	3 명	출석이사수	3 명
감사총수	1 명	출석감사수	1 명

의장인 대표이사 ○○○은 의장석에 등단하여 위와 같이 정관 소정의 정족수에 달하게 이사가 출석하였으므로 본회는 적법하게 성립됨을 고하고, 다음 의안의 심의를 구하다.

의안 : 신주발행의 건

의장은 본 회사의 사업규모가 팽창하여 현재의 자본금으로서는 그 사업을 수행하기 어려운 형편이므로 신주식을 발행하여 자본금을 증가할 필요가 있음을 설명하고, 그 가부를 물은바, 전원 이의 없이 다음과 신주식을 발행하기로 찬성하여 가결하다.

1. 신주식의 종류와 수 : 보통주식 40,000주
2. 신주식의 발행가 : 금5,000원
3. 주식발행권면총액 : 금200,000,000원
4. 납입기일 : 20○○년 ○월 15일
5. 주금납입처 : 국민은행 성내동지점
6. 신주식인수방법 : 각 주주가 가진 주식수의 비율에 따라 신주식을 배정하고 주주가 인수권을 포기한 신주식은 이를 일반으로부터 공모하기로 한다.
7. 신주인수권증서 : 발행하지 않음
8. 기타 신주발행에 관한 필요한 절차사항은 대표이사에게 일임한다.

의장은 이상으로서 의안 전부의 심의를 종료하였으므로 폐회한다고 선언하다. (회의 종료시간 10시 50분)

위 의사의 경과요령과 결과를 명확히 하기 위하여 이 의사록을 작성하고 의장과 출석한 이사와 감사가 기명날인 또는 서명하다.

20○○년 ○월 ○일

주식회사 에이앤지
의장 대표이사 소 기 훈
사내이사 소 영 민
사내이사 박 기 훈

○ 이사 3인 이상인 회사의 신주발행은 발행예정주식총수의 범위 내에서 이사회의 권한이다(상법 제416조). 이사 3인 이상인 회사가 주주총회에서 신주발행을 하려면 정관으로 정하여야 한다. 그리고 서면결의는 주주총회를 갈음하는 경우이므로 이사회결의는 서면결의로 할 수 없다.

○ 이사회의 결의는 이사 과반수의 출석과 출석 이사의 과반수로 하여야 한다. 다만, 정관으로 그 비율을 높게 정할 수 있다(상법 제391조제1항), 감사가 불출석한 경우에도 출석한 이사들만으로 이사회를 개최하고 이사회의사록을 작성할 수 있다.

○ 이사회의사록은 공증(인증)을 받아야 한다.

[사례] 서면결의로 갈음하는 경우(이사 2인 이하인 회사)

주주전원의 서면결의서

본 회사는 자본금 총액이 10억원 미만인 회사로서 상법 제363조 제5항 및 제6항에 근거하여 20○○년 ○월 ○일 10: 00에 개최되는 임시주주총회의 소집절차를 생략하고 동 주주총회결의의 갈음으로 주주전원이 동의하여 서면으로 다음 사항을 결의한다.

- 결 의 사 항 -

의안 : 신주발행의 건

의장은 본 회사의 사업규모가 팽창하여 현재의 자본금으로서는 그 사업을 수행하기 어려운 형편이므로 신주식을 발행하여 자본금을 증가할 필요가 있음을 설명하고,

그 가부를 물은바, 전원 이의 없이 다음과 신주식을 발행하기로 찬성하여 가결하다.

1. 신주식의 종류와 수 : 보통주식 40,000주
2. 신주식의 발행가 : 금5,000원
3. 주식발행권면총액 : 금200,000,000원
4. 납입기일 : 20○○년 ○월 15일
5. 주금납입처 : 국민은행 성내동지점
6. 신주식인수방법 : 각 주주가 가진 주식수의 비율에 따라 신주식을 배정하고 주주가 인수권을 포기한 신주식은 이를 일반으로부터 공모하기로 한다.
7. 신주인수권증서 : 발행하지 않음
8. 기타 신주발행에 관한 필요한 절차사항은 대표자에게 일임한다.

위 동의 및 결의 사실을 명확히 하기 위하여 주주전원이 이에 날인한다.

첨부 : 1. 주주명부 1부

2. 주주 인감증명서 각 1부

20○○년 ○월 ○일

주식회사 에이앤지

주주 ○ ○ ○ (인)

주주 ○ ○ ○ (인)

주주 ○ ○ ○ (인)

※ 소규모회사의 경우 서면결의로써 주주총회의 결의를 갈음할 수 있다(구체적설명 531면 참조).

[사례] 주식인수증

주 식 인 수 증	
상 호	주식회사 에이앤지
인수할 주식 수	20,000주
금 액	100,000,000원
1주의 금액	5,000원

위 주식을 주주로서 인수합니다.

20○○년 10월 1일

주식 인수인 소 기 훈 (인)

주식회사 에이앤지 귀중

※ 주주 각자마다 주식인수증을 작성하여야 한다.

[사례] 주식인수증

주 식 인 수 증	
상 호	주식회사 에이앤지
인수할 주식 수	10,000주
금 액	금50,000,000원
1주의 금액	5,000원

위 주식을 주주로서 인수합니다.

20○○년 10월 1일

주식 인수인 소 영 민 (인)

주식회사 에이앤지 귀중

[사례] 주식인수증

주 식 인 수 증	
상 호	주식회사 에이앤지
인수할 주식 수	10,000주
금 액	금50,000,000원
1주의 금액	5,000원
위 주식을 주주로서 인수합니다. 20○○년 10월 1일 주식 인수인 박 기 훈 (인) 주식회사 에이앤지 귀중	

[사례] 기간단축동의서

> 기간단축동의서
>
> 본인은 주식회사 에이앤지의 주주인바, 금번 신주식을 발행함에 있어 상법 제418조 및 419조의 공고 및 최고절차를 생략하고 소정의 기간을 단축하는데 대하여 아무런 이의가 없으므로 이에 동의합니다.
>
> 20○○년 ○월 14일
>
> 주 주 소 기 훈 (인)
> 주 주 소 영 민 (인)
> 주 주 박 기 훈 (인)

※ 기간단축 동의서

○ 실권예고부 청약 최고기간을 단축한 경우에는 총주주동의서, 주식인수인이 생긴 후에 납입기일을 변경한 경우에는 주식인수인 전원의 동의서가 필요하다. 그러나 납입기일

전에 신주에 대한 납입이 완료되어 그 기일을 앞당겨 변경한 경우에는 첨부할 필요가 없다.

○ 신주발행절차에서 상법 제418조 및 제419조의 규정에 의한 신주인수권의 내용 및 배정일 지정공고와 신주인수권자에 대한 실권예고부 최고기간을 단축한 경우에, 이를 증명하는 서면으로서 실무상 신주인수권포기서를 첨부하게 하는 경우도 있으나 이는 현행법상 첨부서면은 아니며, 위 사항이 총주주나 종류주주 전원의 동의가 없으면 효력이 없거나 취소할 수 있는 사항에 해당될 경우에는 총주주나 종류주주 전원이 동의하였음을 증명하는 서면(총주주나 종류주주 전원의 동의서 또는 신주인수권을 행사하지 않은 주주의 기간단축동의서 등)을 첨부하여 변경등기를 신청하여야 한다(등기선례 200206-14, 2002. 6. 24. 등기 3402-344 질의회답).

※ 신주인수권포기서

○ 주식회사의 신주발행에 있어서 신주인수권을 가진 주주의 일부가 신주인수권을 포기하여 발생한 실권주를 이사회의 결의로 다른 주주나 제3자에게 배정하여 납입이 이루어진 경우, 이에 따른 변경등기의 신청서의 첨부서면으로 실권주의 배정을 결정한 이사회의 의사록 외에 주주의 신주인수권포기서는 현행법상 첨부서면으로 하고 있지 않다(등기선례 200206-14, 2002. 6. 24. 등기 3402-344 질의회답).

○ 실권주 실권처리 : 기존주주가 지분비율에 따라 배정된 신주를 인수하지 아니하여 발생한 실권주를 다시 배정하지 아니함으로써 실권처리한 주식수만큼 증자가 이루어지지 않는다.

[사례] 잔고증명서

잔고증명서

금 : 이억원정(₩200,000,000)

신주식발행총수 40,000주

액면주식 1주의 금액 금 5,000원

위 금액은 귀 회사의 신주식 발행총수 40,000주에 대한 납입금으로서 20○○년 ○월 15일 납입이 완료되어 현재 이를 보관중임을 증명합니다.

20○○년 ○월 15일

증 명 인 국제은행

서울 서초구 서초로100길 456-89

주식회사 에이앤지 귀중

※ 잔고증명서

○ 신주발행의 결과 자본금 총액이 10억원 미만인 회사에 대하여는 은행이나 그 밖의 금융기관의 잔고증명서로 대체할 수 있다.

○ 잔고증명은 법인명의로 된 예금계좌를 개설하여 신주식발행에 따른 금액을 입금하게 한 다음 통장원본을 금융기관에 제시하면 발급해준다. 온라인으로도 발급이 가능하다. 잔고증명서 발급 시는 1일동안 출금을 할 수 없다.

[사례] 주주명부(증자 전)

주 주 명 부(증자 전)

20○○년 ○월 14일 현재

주주명	주소와 전자우편주소	소유주식수	회의출석	의결찬성	인증촉탁	주식비율
소기훈	서울 ○○구 ○○로00길 1-1 www.asd45@hanmail.net	5,000주	출 석	찬 성	촉 탁	
소영민		2,500주	출 석	찬 성	촉 탁	
박기훈		2,500주	출 석	찬 성	촉 탁	

총 주 식 수	출석주식수	의결찬성주식수	인증촉탁주식수	1주당 금액
10,000	10,000	10,000	10,000	5,000

위 주주명부는 본사에 비치된 주주명부와 대조하여 틀림이 없음을 증명합니다.

20○○년 ○월 일

회 사 명 주식회사 에이앤지
본 점 서울 강동구 명일로20길 319-33
대표이사 소 기 훈

[사례] 주주명부(증자 후)

<table>
<tr><td colspan="7">주 주 명 부(증자 후)
20○○년 ○월 일 현재</td></tr>
<tr><td>주주명</td><td>주소와 전자우편주소</td><td>소유주식수</td><td>회의출석</td><td>의결찬성</td><td>인증촉탁</td><td>주식비율</td></tr>
<tr><td>소기훈</td><td>서울 ○○구 ○○로00길 1-1
www.asd45@hanmail.net</td><td>25,000주</td><td>출 석</td><td>찬 성</td><td>촉 탁</td><td></td></tr>
<tr><td>소영민</td><td></td><td>12,500주</td><td>출 석</td><td>찬 성</td><td>촉 탁</td><td></td></tr>
<tr><td>박기훈</td><td></td><td>12,500주</td><td>출 석</td><td>찬 성</td><td>촉 탁</td><td></td></tr>
<tr><td></td><td></td><td></td><td></td><td></td><td></td><td></td></tr>
<tr><td colspan="3">총 주 식 수</td><td>출석주식수</td><td>의결찬성 주식수</td><td>인증촉탁 주식수</td><td>1주당 금액</td></tr>
<tr><td colspan="3">50,000</td><td>50,000</td><td>50,000</td><td>50,000</td><td>5,000</td></tr>
<tr><td colspan="7">위 주주명부는 본사에 비치된 주주명부와 대조하여 틀림이 없음을 증명합니다.

20○○년 ○월 일

회 사 명 주식회사 에이앤지
본 점 서울 강동구 명일로20길 319-33
대표이사 소 기 훈</td></tr>
</table>

※ 전자주주명부제도

○ 회사는 정관에서 정하는 바에 따라 전자문서로 주주명부를 작성할 수 있다(상법 제352조의2제1항). 개정 상법은 기업경영의 IT화를 위하여 주주총회에 직접 참석하거나 대리인에게 투표를 위임하지 않더라도 전자서명 등 본인인증절차를 거쳐 인터넷으로 의결권을 행사하는 전자투표제도가 도입됐다(상법 제368조의4, 제382조의2). 이와 함께 주주들이 서면 외에도 이메일 등 전자문서를 통해 주주제안권 및 임시주주총회 소집청구권을 행사할 수 있도록 했다.

[사례] 위임장(등기소제출용)

위 임 장

법무사 정 동 진
서울 서초구 서초로100길 345-6
전화 : 123-4567

위 사람을 대리인으로 정하고 다음 권한을 위임함

다 음

1. 본 회사의 신주발행으로 자본금을 증자함에 있어서의 변경등기 신청서의 작성 및 제출, 취하에 관한 일체의 행위

20○○. 12. .

위 임 인 주식회사 에이앤지
서울 ○○ 구 ○○ 동 ○-○
대표이사 ○ ○ ○

○ 이 위임장은 법무사에게 신주발행으로 증자등기를 의뢰하는 경우 대리의 권한을 법무사에게 위임하는 서류로써 등기소에 제출하는 서류이다. 위임장에는 그 권한의 범위를 명확히 기재하여야 한다.

[사례] 주식회사 변경등기(유상증자, 정관변경, 구주주 포기한 신주식 일반공모)

주식회사 변경등기신청

<table>
<tr><td rowspan="2">접 수</td><td>년 월 일</td><td rowspan="2">처리인</td><td>등기관확인</td><td>각종통지</td></tr>
<tr><td>제 호</td><td></td><td></td></tr>
</table>

<table>
<tr><td>상 호</td><td>케이앤에이 주식회사</td><td>등기번호</td><td>123456</td></tr>
<tr><td>본 점</td><td colspan="3">서울시 서초구 양재로23길 1100-5</td></tr>
<tr><td>등 기 의 목 적</td><td colspan="3">발행할 주식의 총수변경 및 신주발행으로 인한 등기</td></tr>
<tr><td>등 기 의 사 유</td><td colspan="3">사례 : 이사 3인 이상인 회사
상법 第363조 제5항 및 제6항에 근거, 20○○년 ○월 ○일 개최되는 임시주주총회결의에 갈음한 주주전원의 서면결의에서 회사가 발행할 주식의 총수를 변경하고, 같은날 이사회에서 신주식 40,000주 발행결의에 의해 주주를 모집하고 동년 ○월 24일 그 납입이 완료되어 발행주식의 총수, 그 종류와 각종주식의 내용과 수, 자본금의 액을 변경하였으므로 그 등기를 구함.
사례 : 이사 2인 이하인 회사
상법 第363조 제5항 및 제6항에 근거, 20○○년 ○월 ○일 개최되는 임시주주총회결의에 갈음한 주주전원의 서면결의에서 회사가 발행할 주식의 총수를 변경하고, 같은날 서면결의에서 신주식 40,000주 발행결의에 의해 주주를 모집하고 동년 ○월 24일 그 납입이 완료되어 발행주식의 총수, 그 종류와 각종주식의 내용과 수, 자본금의 액을 변경하였으므로 그 등기를 구함.</td></tr>
<tr><td colspan="4">등 기 할 사 항</td></tr>
<tr><td>변경 후의 발행예정 주식 총수</td><td colspan="3">100,000주</td></tr>
<tr><td>변경된 취지 및 변경 연월일</td><td colspan="3">20○○년 ○월 23일 주식총수변경</td></tr>
<tr><td>발행주식의 총수, 그 종류와 각종 주식의 내용과 수</td><td colspan="3">50,000 주 보통주식</td></tr>
<tr><td>자본금의 액</td><td colspan="3">금 250,000,000원 20○○년 ○월 23일 변경</td></tr>
<tr><td>기 타</td><td colspan="3"></td></tr>
</table>

신청등기소 및 등록면허세/수수료						
순번	신청등기소	구분	등록면허세 지방교육세	농어촌특별세	세액합계	등기신청수수료
			금800,000원 금160,000원		금960,000원	금 6,000원
합 계						
등기신청수수료 은행수납번호						
과 세 표 준 액	금 200,000,000 원					

첨 부 서 면	
1. 이사회의사록 또는 주주총회결의에 갈음하는 서면결의서 통 1. 주식의 인수를 증명하는 서면 통 1. 주식청약서 통 1. 주금납입보관증명서 통	1. 등록면허세영수필확인서 통 1. 위임장(대리인이 신청할 경우) 통 <기 타>

년 월 일

신청인 상 호 케이앤에이 주식회사
본 점 서울시 서초구 양재로23길 1100-5
대표이사 성 명 양 철 승 (인) (전화 : 123-4567)
주 소
대리인 성 명 법무사 이 석 장 (인) (전화 : 234-5678)
주 소 서울시 서초구 서초로100길 1296-2

○○지방법원 ○○등기소 귀중

- 신청서 작성요령 -

1. 해당란이 부족할 때에는 별지를 이용합니다.
1. 해당 등기신청과 관계없는 사항에 대하여는 "해당없음"으로 기재하거나 삭제하고, 필요한 사항은 추가 기재합니다.

(용지규격 21㎝× 29. 7㎝)

※ 이 사례는 회사가 발행할 주식총수의 범위를 넘는 경우이므로 정관을 변경하고, 구주주

가 포기한 신주식을 일반으로부터 공모한 경우의 사례이다. 이사 2인 이하인 회사의 신주발행결의는 주주총회에서 결의한다.

※ 신주를 발행하여 자본금을 증가하고자 하나 현행 정관에 규정된 회사가 발행할 주식의 총수가 법정수에 부족한 경우 정관의 "회사가 발행할 주식 총수"규정을 변경하여야 한다.

※ 발행예정주식총수의 변경등기는 발행주식총수의 변경등기와 동시에 신청하는 것이 바람직하나, 동시에 신청할 것을 강제하는 규정이 없으므로 발행주식총수의 변경등기가 경료된 후에 신청하더라도 등기관은 수리하여야 한다(상업등기선례 200611-3, 2006. 11. 23. 공탁상업등기과-1315 질의회답).

[사례] 서면결의서(이사 3인 이상인 회사)

주주전원의 서면결의서

본 회사는 자본금 총액이 10억원 미만인 회사로서 상법 제363조 제5항 및 제6항에 근거하여 20○○년 ○월 ○일 10: 00에 개최되는 임시주주총회의 소집절차를 생략하고 동 주주총회결의의 갈음으로 주주전원이 동의하여 서면으로 다음 사항을 결의한다.

\- 결 의 사 항 -

의안 : 정관일부 변경의 건

주주전원은 본 회사가 신주를 발행하여 자본금을 증가시키고자 하나 회사가 발행할 주식의 총수가 부족하므로 다음과 같이 정관을 변경하는데 뜻을 같이 하고, 주주전원일치로 승인 가결하다.

변경된 정관 : 별첨 참조

위 동의 및 결의 사실을 명확히 하기 위하여 주주전원이 이에 날인한다.

첨부 : 1. 주주명부 1부
2. 주주 인감증명서 각 1부

20○○년 ○월 ○일

케이앤에이 주식회사

주주 ○ ○ ○ (인)

주주 ○ ○ ○ (인)

주주 ○ ○ ○ (인)

※ 이사 3인 이상이나 소규모회사인 경우에는 주주총회결의에서 다루는 안건을 서면결의로 할 수 있다. 따라서 서면결의로 정관만을 변경하고, 신주식발행결의는 이사회결의로 하여야 한다. 이사 3인 이상인 회사가 신주식발행결의를 주주총회에서 다루려면 정관으로 정하여야 한다. 서면결의서 공증(인증)에 관하여는 628면 참조

[별첨] 정관변경 전후의 대조표

변경전 정관	변경후 정관
제5조(발행예정주식의 총수) 이 회사가 발행할 주식의 총수는 20,000주로 한다.	제5조(발행예정주식의 총수) ----- --------총수는 100,000주로 한 --.

※ 정관변경 전후의 대조표를 만들어 첨부하여야 한다.

[사례] 이사회 의사록(이사 3인 이상인 회사)

이사회 의사록

20○○년 ○월 23일 본 회사 본점사무실에서 다음과 같이 이사회를 개최하다.

이사총수 3명 출석이사수 3명

감사총수 1명 출석감사수 1명

의안 : 신주식발행에 관한 건

의장은 당회사의 사업운영상 신주식을 발행하여 자본금을 증가시켜야 한다고 설

명하고 그 가부를 물은 즉 이사전원은 이를 신중히 토의한 결과 다음같이 결의하다.

결의 사항

1. 신주식의 종류와 수 : 40,000주 보통주식
1. 신주식의 발행가액 : 금 5,000원
1. 납입기일 : 20○○년 ○월 24일
1. 신주식의 인수방법 : 20○○년 ○월 23일 현재 주주명부에 기재된 주식수의 비율에 따라 신주식을 배정하고 주주가 인수권을 포기한 신주식은 이를 일반으로부터 공모한다.
1. 기타 신주발행에 관한 필요한 절차사항은 대표이사에게 일임한다.

의장은 이상으로서 회의 목적인 의안전부의 심의를 종료하였으므로 폐회한다고 선언하다.

위 의사의 경과요령과 결과를 명확히 하기 위하여 이 의사록을 작성하고 의장과 출석한 이사 및 감사가 기명날인하다.

20○○년 ○월 23일

케이앤에이 주식회사

의장 대표이사 양 철 승 (인)

사내이사 이 준 철 (인)

사내이사 이 국 민 (인)

※ 이사 3인 이상인 회사는 주주총회에서 정관변경을 한 후 이사회에서 신주식발행의 건을 다뤄야 한다. 이사회의사록은 공증(인증)을 받아야 한다.

○ 신주발행은 상법에 다른 규정이 있거나 정관으로 주주총회에서 정하기로 규정한 경우를 제외하고는 발행예정주식총수의 범위 내에서 이사회가 결정한다(상법 제416조). 다만 이사1~2인의 회사인 경우에는 주주총회에서 결정한다(상법 제383④~⑥).

○ 이사회의 결의는 이사 과반수의 출석과 출석 이사의 과반수로 하여야 한다. 다만, 정관으로 그 비율을 높게 정할 수 있다(상법 제391조제1항), 감사가 불출석한 경우에도 출석한 이사들만으로 이사회를 개최하고 이사회의사록을 작성할 수 있다.

[사례] 서면결의서(이사 2인 이하인 회사)

주주전원의 서면결의서

본 회사는 자본금 총액이 10억원 미만인 회사로서 상법 제363조 제5항 및 제6항에 근거하여 20○○년 ○월 ○일 10: 00에 개최되는 임시주주총회의 소집절차를 생략하고 동 주주총회결의의 갈음으로 주주전원이 동의하여 서면으로 다음 사항을 결의한다.

- 결 의 사 항 -

제1호 의안 : 정관일부 변경의 건

주주전원은 본회사가 신주를 발행하여 자본금을 증가시키고자 하나 회사가 발행할 주식의 총수가 부족하므로 다음과 같이 정관을 변경하는데 뜻을 같이 하고, 주주전원일치로 승인 가결하다.

변경된 정관 : 별첨 참조

제2호 의안 : 신주식발행에 관한 건

주주전원은 당회사의 사업운영상 신주식을 발행하여 자본금을 증가시켜야 함에 뜻을 같이하고 주주전원은 만장일치로 다음같이 결의하다.

결의 사항

1. 신주식의 종류와 수 : 보통주식 40,000주
1. 신주식의 발행가액 : 금 5,000원
1. 납입기일 : 20○○년 ○월 24일
1. 신주식의 인수방법 : 20○○년 ○월 23일 현재 주주명부에 기재된 주식수의 비율에 따라 신주식을 배정하고 주주가 인수권을 포기한 신주식은 이를 일반으로부터 공모한다.
1. 기타 신주발행에 관한 필요한 절차사항은 대표이사에게 일임한다.

위 동의 및 결의 사실을 명확히 하기 위하여 주주전원이 이에 날인한다.

첨부 : 1. 주주명부 1부
2. 주주 인감증명서 각 1부

20○○년 ○월 ○일

케이앤에이 주식회사
주주 ○ ○ ○ (인)
주주 ○ ○ ○ (인)
주주 ○ ○ ○ (인)

※ 이 사례는 이사 2인 회사가 서면결의로 회사가 발행할 주식총수를 변경하고, 신주식 발행결의를 하는 사례이다. 정관변경이 없는 경우는 533면 참조

[사례] 잔고증명서

잔고증명서

일금 이억원정(금200,000,000원)
발행주식의 총수 40,000 주
액면주식 1주의 금액 금 5,000원

위 금액은 귀 회사 신주식발행총수 40,000주에 대한 납입금으로서 20○○년 ○월 24일 납입이 완료되어 현재 이를 보관중임을 증명함.

20○○년 ○월 24일

주식회사 ○○은행 ○○지점
서울시 중구 서소문동 1133-2
지점장 박 용 수

케이앤에이 주식회사 대표이사 양 철 승 귀하

※ 잔고증명서 : 신주발행의 결과 자본금 총액이 10억원 미만인 회사에 대하여는 은행이나 그 밖의 금융기관의 잔고증명서로 대체할 수 있다.

※ 잔고증명은 법인명의로 된 예금계좌에 신주식발행에 따른 금액을 입금하게 한 다음 통장원본을 금융기관에 제시하면 발급해준다. 온라인으로도 발급이 가능하다. 잔고증명서 발급 시는 1일 동안 출금을 할 수 없다.

[사례] 주식인수증

주 식 인 수 증	
상 호	케이앤에이 주식회사
인 수 할 주 식 수	20,000 주
금 액	금100,000,000원
일 주 의 금 액	금5,000원

위 주식을 인수함.

20○○년 7월 26일

인수인 주주 양 철 승

서울시 ○○구 ○○로00길 ○○-○

케이앤에이 주식회사 대표이사 귀하

※ 신주의 인수

○ 기존주주(구주주)가 그 소유주식의 비율내에서 주식을 인수하는 경우에는 주식인수증을 작성하여야 하고, 소유주식수의 비율을 초과하여 인수하고자하는 경우에는 그 초과부분에 한하여는 원칙적으로 주식청약서를 작성하여야 한다. 그러나 실무에서는 구주주는 주식인수증으로, 구주주가 아닌 일반인의 경우는 주식청약서를 작성하고 있다.

○ 납입기일에 납입 또는 현물출자가 이행된 한도내의 발행주식에 대하여 신주발행의 효력이 생기고, 납입기일까지 납입 또는 현물출자의 이행을 하지 않은 신주인수인은 그 권리를 잃으며(상법 제423조제2항), 이 경우 회사는 실권한 신주인수인에 대하여 손해의 배상을 청구할 수 있으며(상법 제423조제3항), 실권한 주식에 대하여 회사는 주주를 다시 모집할 수 있다.

[사례] 주식인수증

주 식 인 수 증	
상 호	케이앤에이 주식회사
인 수 할 주 식 수	10,000 주
금 액	금50,000,000원
일 주 의 금 액	금5,000원

위 주식을 인수함.

20○○년 7월 26일

인수인 주주 이 준 철
서울시 ○○구 ○○로00길 ○-○

케이앤에이 주식회사 대표이사 귀하

[사례] 신주식청약서

신주식 청약서	
상 호	케이앤에이 주식회사
인수할주식수	10,000주
금 액	금50,000,000원
일주의 금액	금5,000원

귀 회사정관과 이 청약서에 기재한 사항을 승낙하고 주식을 청약합니다.

20○○년 ○월 23일

주식청약인 정 동 섭
서울시 도봉구 도봉로12길 1-1212호

케이앤에이 주식회사 대표이사 양 철 승 귀중

(별지)

상 호	케이앤에이 주식회사
회사가 발행할 주식의 총수	100,000 주
일 주 의 금 액	금 5,000원
신주의 종류와 수	신주식수 40,000주 보통주식
신주식의 발행가격	일주 금5,000원
납 입 기 일	20○○년 ○월 24일
납입받을 금융기관과 납입장소	(주) 00은행 00지점
신주식의 인수방법	20○○년 ○월 23일 현재 주주명부에 기재된 주식수의 비율에 따라 신주식을 배정하고 주주가 인수권을 포기한 신주식은 이를 일반으로부터 공모한다.
신주식의 발행의결의 년월일	20○○년 ○월 23일

[사례] 기간단축동의서

기간단축동의서

본인 등은 20○○년 ○월 23일 이사회(또는 주주총회)의 결의에 의한 신주식 발행에 관하여 20○○년 ○월 24일 주금 납입을 하는데 있어 상법 제418조, 제419조 소정의 기간을 단축하는데 이의가 없으므로 이에 동의함.

20○○년 ○월 23일

주주 양 철 승 (인)
주주 이 준 철 (인)
주주 이 국 민 (인)

※ 기간단축 동의서

○ 실권예고부 청약 최고기간을 단축한 경우에는 총주주동의서, 주식인수인이 생긴 후에 납입기일을 변경한 경우에는 주식인수인 전원의 동의서가 필요하다. 그러나 납입기일

전에 신주에 대한 납입이 완료되어 그 기일을 앞당겨 변경한 경우에는 첨부할 필요가 없다.

○ 신주발행절차에서 상법 제418조 및 제419조의 규정에 의한 신주인수권의 내용 및 배정일 지정공고와 신주인수권자에 대한 실권예고부 최고기간을 단축한 경우에, 이를 증명하는 서면으로서 실무상 신주인수권포기서를 첨부하게 하는 경우도 있으나 이는 현행법상 첨부서면은 아니며, 위 사항이 총주주나 종류주주 전원의 동의가 없으면 효력이 없거나 취소할 수 있는 사항에 해당될 경우에는 총주주나 종류주주 전원이 동의하였음을 증명하는 서면(총주주나 종류주주 전원의 동의서 또는 신주인수권을 행사하지 않은 주주의 기간단축동의서 등)을 첨부하여 변경등기를 신청하여야 한다(등기선례 200206-14, 2002. 6. 24. 등기 3402-344 질의회답).

[사례] 신주식인수포기서

> 신주식 인수포기서
>
> 20○○년 ○월 23일 이사회(또는 주주총회)의 결의로 신주식 40,000주를 발행하기로 결의하였으나 본인의 배정주식은 인수를 포기합니다.
>
> 20○○년 ○월 23일
>
> 주주 이 국 민 (인)

※ 신주식인수포기서

○ 주식회사의 신주발행에 있어서 신주인수권을 가진 주주의 일부가 신주인수권을 포기하여 발생한 실권주를 이사회의 결의로 다른 주주나 제3자에게 배정하여 납입이 이루어진 경우, 이에 따른 변경등기의 신청서의 첨부서면으로 실권주의 배정을 결정한 이사회의 의사록 외에 주주의 신주인수권포기서는 현행법상 첨부서면으로 하고 있지 않다(등기선례 200206-14, 2002. 6. 24. 등기 3402-344 질의회답).

○ 실권주 실권처리 : 기존주주가 지분비율에 따라 배정된 신주를 인수하지 아니하여 발생한 실권주를 다시 배정하지 아니함으로써 실권처리한 주식수만큼 증자가 이루어지지 않는다.

[사례] (구)주주명부

<table>
<tr><td colspan="7">(구) 주 주 명 부
년 월 일 현재</td></tr>
<tr><td>주주명</td><td>주소와 전자우편주소</td><td>소유주식수</td><td>회의출석</td><td>의결찬성</td><td>인증촉탁</td><td>비 고</td></tr>
<tr><td>양철승</td><td>서울 강남구 서현동 1-1212호
www.asd45@hanmail.net</td><td>5,000</td><td>○</td><td>○</td><td>○</td><td></td></tr>
<tr><td>이준철</td><td>서울 강북구 수유로13길 11-7
www.wert88@hanmail.net</td><td>2,500</td><td>○</td><td>○</td><td>○</td><td></td></tr>
<tr><td>이국민</td><td>서울 강북구 도봉로232길 789-44
www.wer88@hanmail.net</td><td>2,500</td><td>○</td><td>○</td><td>○</td><td></td></tr>
<tr><td></td><td></td><td></td><td></td><td></td><td></td><td></td></tr>
<tr><td colspan="3">총주식수</td><td>출석주식수</td><td>의결찬성 주식수</td><td>인증촉탁 주식수</td><td>1주당 금액</td></tr>
<tr><td colspan="3">10,000</td><td></td><td></td><td></td><td>5,000</td></tr>
<tr><td colspan="7">위 주주명부는 본사에 비치된 주주명부와 대조하여 틀림이 없음을 증명합니다.
20○○년 ○월 23일

회사명 케이앤에이 주식회사
소재지 서울시 서초구 양재로23길 1100-5
대표이사 양 철 승</td></tr>
</table>

※ 전자주주명부제도

○ 회사는 정관에서 정하는 바에 따라 전자문서로 주주명부를 작성할 수 있다(상법 제352조의2제1항).

○ 개정법은 기업경영의 IT화를 위하여 주주총회에 직접 참석하거나 대리인에게 투표를 위임하지 않더라도 전자서명 등 본인인증절차를 거쳐 인터넷으로 의결권을 행사하는 전자투표제도가 도입됐다(상법 제368조의4, 제382조의2). 이와 함께 주주들이 서면 외에도 이메일 등 전자문서를 통해 주주제안권 및 임시주주총회 소집청구권을 행사할 수 있도록 했다. 전자투표제도를 도입함에 따라 일반 주주명부를 전자문서로 된 주주명부로 대체할 필요가 있어서 제도화한 것이다.

[사례] (신)주주명부

(신) 주 주 명 부

년 월 일 현재

주주명	주소와 전자우편주소	소유주식수	회의출석	의결찬성	인증촉탁	비고
양철승	서울시 강남구 서현동 1-1호 www.asd45@hanmail.net	25,000	○	○	○	
이준철	서울 강북구 수유로13길 11-7 www.wert88@hanmail.net	12,500	○	○	○	
이국민	서울 강북구 도봉로232길 789 www.wer88@hanmail.net	2,500	○	○	○	
정동섭	시울시 도봉구 노봉로12길 1-2호 www.wer88@hanmail.net	10,000	○	○	○	
총주식수			출석주식수	의결찬성 주식수	인증촉탁주식수	1주당 금액
50,000						5,000

위 주주명부는 본사에 비치된 주주명부와 대조하여 틀림이 없음을 증명합니다.

20○○년 ○월 23일

회사명 케이앤에이 주식회사

소재지 서울시 서초구 양재로23길 1100-5

대표이사 양 철 승

[사례] 위임장(등기소제출용)

위 임 장

법무사 정 동 진

서울 서초구 서초로100길 345-6

전화 : 123-4567

본인은 위 사람을 대리인으로 정하고 다음 사항의 권한을 위임함

다 음

본 회사의 신주발행으로 인한 발행주식총수 그 종류와 각종 주식의 내용과 수 자본금의 액의 변경, 등기신청에 관한 일체의 행위

20○○년 ○월 23일

케이앤에이 주식회사

서울시 서초구 양재로23길 1100-5

대표이사 양 철 승

○ 이 위임장은 신주발행으로 인한 발행주식총수 그 종류와 각종 주식의 내용과 수 자본금의 액의 변경등기를 의뢰하는 경우 대리의 권한을 법무사에게 위임하는 서류로써 등기소에 제출하는 서류이다. 위임장에는 그 권한의 범위를 명확히 기재하여야 한다.

4. 서면결의에 의한 상호 · 목적변경의 신청사례

[사례] 주식회사 변경등기(상호, 목적변경)

주식회사 변경등기신청

접 수	년 월 일	처리인	등기관확인	각종통지
	제 호			

상 호	주식회사 코리아닷컴	등기번호	123456
본 점	서울 용산구 용산로16길 123-4		
등 기 의 목 적	정관(상호, 목적) 변경등기		
등 기 의 사 유	상법 제363조 제5항 및 제6항에 근거, 20○○년○월○일 개최되는 임시주주총회결의에 갈음한 주주전원의 서면결의로 정관(상호, 목적)을 변경하였으므로 그 등기를 구함		
본/지점 신청구분	1. 본점신청 □ 2. 지점신청 □ 3. 본지점 일괄신청 □		
등 기 할 사 항			
상호, 목적, 공고방법 변경과 그 연월일	제1조(상호) 당 회사는 "주식회사 코리아닷컴" 이라고 부른다. 제2조(목적) 당 회사는 다음 사업을 경영함을 목적으로 한다. 1. 홈페이지 제작 및 관련사업 2. 웹호스팅사업 3. 컴퓨터 네트워크 공사 및 유지보수업 4. 위 각항에 부대한 사업의 일체 20○○년 ○월 ○일 변경		
기 타			

신청등기소 및 등록면허세/수수료						
순번	신청등기소	구분	등록면허세 지방교육세	농어촌특별세	세액합계	등기신청수수료
		상호 변경	금 40,200원 금 8,040원		금48,240원	금6,000원
		목적 변경	금 40,200원 금 8,040원		금48,240원	금6,000원
합 계						
등기신청수수료 은행수납번호						

첨 부 서 면	
1. 주주총회결의에 갈음하는 서면결의서 통	1. 등록면허세영수필확인서 통
1. 주주총회의사록 통	1. 위임장(대리인이 신청할 경우) 통
1. 정관(필요한 경우) 통	<기 타>

20○○년 ○월 ○일

신청인 상 호 주식회사 코리아닷컴

본 점 서울 용산구 용산로16길 123-4

대표이사 성 명 김 승 택 (인) (전화 : 123-4567)

주 소 서울 강동구 상일로11길 987-6

대리인 성 명 법무사 강 철 수 (인) (전화 : 234-5678)

주 소 서울 강동구 명일로20길 246-5

○○지방법원 ○○등기소 귀중

- 신청서 작성요령 -

1. 해당란이 부족할 때에는 별지를 이용합니다.
1. 해당 등기신청과 관계없는 사항에 대하여는 "해당없음"으로 기재하거나 삭제하고, 필요한 사항은 추가 기재.

(용지규격 21㎝× 29.7㎝)

※ 서면결의로 정관(상호, 목적)을 변경하는 사례이다(설명은 531면 참조). 상호·목적 등의 설명은 298면 참조, 서면결의서 공증 등에 대한 설명은 628면 참조

[사례] 서면결의서

주주전원의 서면결의서

본 회사는 자본금 총액이 10억원 미만인 회사로서 상법 제363조 제5항 및 제6항에 근거하여 20○○년 ○월 ○일 10: 00에 개최되는 임시주주총회의 소집절차를 생략하고 동 주주총회결의의 갈음으로 주주전원이 동의하여 서면으로 다음 사항을 결의한다.

\- 결 의 사 항 -

의안 : 상호 및 목적변경의 건

주주전원은 본 회사의 상호 및 목적을 변경함에 그 뜻을 같이 하고, 별첨한 정관변경안에 대하여 출석한 주주전원 일치되어 원안대로 승인가결하다.

1. 변경된 상호 : 별첨 참조
2. 변경된 목적 : 별첨 참조

위 동의 및 결의 사실을 명확히 하기 위하여 주주 전원이 이에 날인한다.

첨부 : 1. 주주명부 1부

2. 주주 인감증명서 각 1부

20○○년 ○월 ○일

주식회사 ○○

주주 ○ ○ ○ (인)

주주 ○ ○ ○ (인)

주주 ○ ○ ○ (인)

※ 이사 2인 이하인 회사도 위 서면결의서 작성방식은 같다.

※ 주주총회, 이사회의 의사록에 기명날인을 할 이사 및 감사 : 106면 참조

[별첨] 정관변경 전후의 대조표

변경 전	변경 후
제1조 (상호)당회사는 "주식회사 ○○○" 이라고 부른다. 제2조(목적) 당회사는 다음 각호의 사업을 영위함을 목적으로 한다. 1. 경제관련 데이터베이스 및 온라인 정보제공업 2. 국내외 경영, 경제, 금융환경에 관한 연구개발업 3. 연기금 및 기관투자자 투자의사결정에 대한 자문업무 4. 상기 각호에 부수되는 일체의 업무	제1조 (상호)당회사는 "주식회사 코리아닷컴" 이라고 부른다. 제2조 (목적)당회사는 다음 각호의 사업을 영위함을 목적으로 한다. 1. 홈페이지 제작 및 관련사업 2. 웹호스팅사업 3. 컴퓨터 네트워크 공사 및 유지보수업 4. 현행과 같음

※ 정관의 신구대조표를 만들어 첨부하여야 한다. 정관의 변경은 특별결의에 의한다. 특별결의는 주주총회 결의 방법의 하나로서 발행주식 총수의 3분의1 이상에 해당하는 주식을 가진 주주의 출석으로 그 의결권의 3분의 2이상의 다수로 결정하는 방법을 말한다(상법 제434조).

[사례] 주주명부

주 주 명 부				
주 주	주 소	인 수 주식수	1주금액	납 입 금 액
김 승 택	서울 서초구 방배로20길 1254-1 www.wer88@hanmail.com	5,000주	금5,000원	금25,000,000원
박 창 공	서울 서초구 방배로20길 1264-1	5,000주	금5,000원	금25,000,000원
합 계		10,000주	금5,000원	금50,000,000원
위 주주명부는 본사에 비치된 주주명부와 대조하여 틀림이 없음을 증명합니다. 20 년 9월 6 일				
상 호	주식회사 코리아 닷컴			
본점주소	서울 용산구 용산로16길 123-4			
대표이사성명	김 승 택			

※ 전자주주명부제도

○ 회사는 정관에서 정하는 바에 따라 전자문서로 주주명부를 작성할 수 있다(상법 제352조의2제1항). 전자주주명부에는 상법 제352조제1항의 기재사항 외에 전자우편주소를 적어야 한다.

○ 개정법은 기업경영의 IT화를 위하여 주주총회에 직접 참석하거나 대리인에게 투표를 위임하지 않더라도 전자서명 등 본인인증절차를 거쳐 인터넷으로 의결권을 행사하는 전자투표제도가 도입됐다(상법 제368조의4, 제382조의2). 이와 함께 주주들이 서면 외에도 이메일 등 전자문서를 통해 주주제안권 및 임시주주총회 소집청구권을 행사할 수 있도록 했다. 전자투표제도를 도입함에 따라 일반 주주명부를 전자문서로 된 주주명부로 대체할 필요가 있어서 제도화한 것이다.

[사례] 인감신고서

인감 · 개인(改印) 신고서

(신고하는 인감날인란) (인감제출자에 관한 사항)

상 호(명칭)		주식회사 코리아닷컴	등기번호	
본점(주사무소)		서울 용산구 용산로16길 123-4		
인감제출자	자격/성명	대표이사 김 승 택		
	주민등록번호	-		
	주 소	서울 서초구 방배로20길 1254-1		

␣ 위와 같이 인감을 신고합니다.
␣ 위와 같이 개인(改印)하였음을 신고합니다.

20○○년 월 일 (개인인감 날인란)

신고인 본 인 성 명 (인)
대리인 성 명 (인)

서울중앙지방법원 상업등기소 귀중

주 1. 개인인감 날인란에는 「인감증명법」에 의하여 신고한 인감을 날인하고 그 인감증명서(발행일로부터 3개월 이내의 것)를 첨부하여야 합니다. 개인(改印)신고의 경우, 개인인감을 날인하는 대신에 등기소에 신고한 유효한 종전 인감을 날인하여도 됩니다.
2. 인감·개인신고서에는 신고하는 인감을 날인한 인감대지를 첨부하여야 합니나.
3. 지배인이 인감을 신고하는 경우에는 인감제출자의 주소란에 지배인을 둔 장소를 기재하고, 「상업등기규칙」 제35조제3항의 보증서면(영업주가 등기소에 신고한 인감 날인)을 첨부하여야 합니다.

위 임 장

성 명 : 주민등록번호(-)
주 소 :

위의 사람에게, 위 인감신고 또는 개인신고에 관한 일체의 권한을 위임함.

200 년 월 일

인감(改印) 신고인 성 명 (인)

※ 1개의 법인을 대표하는 자가 2인인 경우에 등기를 신청하는 대표자만 인감을 제출하여

도 되지만, 공동으로 대표권을 행사하여야 하는 자가 등기를 신청할 경우에는 공동으로 대표권을 행사하도록 되어 있는 자 전원의 인감을 제출하여야 하며, 1개의 법인을 대표하는 여러 명의 인감은 각각 달라야 한다(등기예규 제1626호).

※ 인감의 규격 등 : 인감은 대조에 적당한 것이어야 한다. 인감은 규칙 제35조 제4항에서 정한 크기(가로・세로 2.4센티미터의 정사각형 안에 들어갈 수 있어야 하고, 가로・세로 1센티미터의 정사각형 안에 들어가는 것이 아니어야 함)로, 선명하지 않거나 너무 복잡한 것이어서는 안 된다(등기예규 제1626호).

※ 인감을 제출할 수 있는 자가 개인인 경우에는 인감(改印)신고서에 인감증명법에 따라 신고한 인감을 날인하고 그 인감증명서(발행일로부터 3개월 이내의 것에 한한다)를 첨부하거나 등기소에 제출한 유효한 종전 인감을 날인하여야 한다. 다만, 그 신고서에 본인이 기명날인 또는 서명하였다는 공증인의 인증서면을 제출하는 경우에는 그러하지 아니한다(등기예규 제1626호).

※ 외국인의 경우에는 다음의 구분에 따라 인감(改印)신고를 하여야 한다.

○ 인감증명의 날인제도가 있는 외국인(일본인, 대만인 등)은 인감(改印)신고서에 날인한 인감과 동일한 본국 관공서 발행의 인감증명을 첨부하여야 한다.

○ 본국에 인감증명제도가 없는 외국인의 경우(미국, 캐나다 등의 경우)에는 인감(改印)신고서에 서명하고 본인이 서명을 하였다는 본국 관공서(대사관)의 증명서면이나 우리나라 공증인의 공증서면으로 갈음할 수 있다. 국내에 없을 경우인감(改印)신고서를 본국으로 보내어 본인서명 후 공증을 받아 제출해야 한다.

※ 외국발행의 공문서나 외국공증인의 공증을 받은 사문서에 대해서는 아포스티유 가입국은 해당국가의 정부에서 발행한 아포스티유를 첨부하여야 하고, 미가입국이라면 해당국가에 주재하는 대한민국 공증담당영사의 확인을 받아 제출하여야 한다..

[사례] 인감대지

	신고하는 인감날인란	상 호(명 칭) : 주식회사 ○○ 자격 및 성명 : 대표이사 ○○ 주민등록번호 : 00000-000000

※ 인감(個人)신고서를 제출할 때에는 인감대지(위 양식 3장)도 함께 제출

[사례] 인감카드 등 (재)발급신청서

인감카드 등 (재)발급신청서

상호(명칭)		주식회사 코리아닷컴	등기번호	
본점(주사무소)		서울 용산구 용산로16길 123-4		
인감 제출자	자격 / 성명	대표이사 김 승 택		
	주민등록번호	000000-0000000		

발급사유	␣ 최초발급 ␣ 카드분실 ␣ 카드훼손 ␣ 인감증명서발급기능 ␣ 기타 ( )		
매체구분	␣ 인감카드 ␣ HSM USB	인감카드 비밀번호	(변경 후 :)
수수료	금 원	납부번호	

위와 같이 인감카드 등의 (재)발급을 신청합니다.

년 월 일 (인감 날인란)

신청인 인감제출자 (본 인) 성 명 (인) (전화 :)

(대리인) 성 명 (인) (전화 :)

지방법원 등기소 귀중

접수번호		인감카드번호	

주 1. 인감카드 비밀번호란에는 (재)발급받아 사용할 인감카드의 비밀번호를 기재하며, 아라비아숫자 6자릿수를 기재하여야 합니다. 다만, 인감카드 재발급의 경우에는 기존 인감카드의 비밀번호와 재발급받아 사용할 인감카드의 비밀번호(변경 후)를 기재하여야 합니다.

2. 인감카드 (재)발급을 신청하는 경우에는 등기소에 제출한 인감을 날인하여야 합니다. 다만, 인감카드 재발급의 경우 기존 인감카드 비밀번호를 기재할 수 없을 때에는 인감제출자 본인은 신분증명서 사본을, 위임에 의한 대리인은 인감제출자가 「인감증명법」에 따라 신고한 인감을 신청서에 날인하고 그 인감증명서 및 대리인의 신분증명서 사본을 각각 첨부하여야 합니다.

3. 인감카드의 재발급을 신청할 때에는 「등기사항증명서 등 수수료규칙」으로 정하는 수수료를 납부하여야 합니다. 다만, 인감카드를 반납할 때에는 수수료를 납부할 필요가 없습니다.

위 임 장

성 명 : 주민등록번호(-)

주 소 :

위의 사람에게, 위 (재)발급신청서에 기재된 인감카드 등의 발급신청과 그 수령 등에 관한 일체의 권한을 위임함.

20 년 월 일

인감신고인 성 명 (인) (전화)

5. 서면결의에 의한 본점이전등기 신청사례(관할외 이전)

서면결의에 의한 변경등기 설명은 531면 참조

[사례] 주식회사 본점이전등기(타 관할 이전 및 지배인이전)

주식회사본점이전(타관할)등기신청

접 수	년 월 일	처리인	등기관확인	각종통지
	제 호			

상 호	광진토건 주식회사	등기번호	
본 점	서울 강북구 수유로13길 123-4		
등 기 의 목 적	본점이전등기		
등 기 의 사 유	이 신청서 말미 침조		
구본점 관할등기소에 등기할 사항			
본점을 이전한 뜻과 그 연월일	○○년 ○월 ○일 이전		
지배인을 둔 장소를 이전한 뜻과 그 연월일(본점에 지배인을 두고 있는 경우)	경기도 광주시 수택로13길 456-7 본점이전과 동시이전 20○○년 ○월 ○일 이전		
신본점 관할등기소에 등기할 사항			
본점을 이전한 뜻과 그 연월일	서울특별시 △△구 ○○로 ○○ 20○○년 ○월 ○일 본점이전		
상호를 변경한 경우 변경 후의 상호와 변경연월일	없음 또는 ○○주식회사 20○○년○월○일 변경		
이사, 감사의 성명 및 주민등록번호, 취임연월일	별지기재와 같음		
대표이사의 성명과 주소, 취임연월일	정 순 태(00000-000000) 서울시 강북구 도봉로10길 123 20○○년 ○월 ○일 취임		

<table>
<tr><th colspan="7">신청등기소 및 등록면허세/수수료</th></tr>
<tr><th rowspan="2">순번</th><th rowspan="2">신청등기소</th><th rowspan="2">구분</th><th>등록면허세</th><th rowspan="2">농어촌특별세</th><th rowspan="2">세액합계</th><th rowspan="2">등기신청수수료</th></tr>
<tr><th>지방교육세</th></tr>
<tr><td rowspan="2"></td><td rowspan="2"></td><td rowspan="2">구본점</td><td>금 40,200원</td><td rowspan="2"></td><td rowspan="2">금48,240원</td><td rowspan="2">금 6,000원</td></tr>
<tr><td>금 8,040원</td></tr>
<tr><td rowspan="2"></td><td rowspan="2"></td><td rowspan="2">신본점</td><td>면 제[58]</td><td rowspan="2">금22,500원</td><td rowspan="2">금 22,500원</td><td rowspan="2">금 30,000원</td></tr>
<tr><td></td></tr>
<tr><td rowspan="2"></td><td rowspan="2"></td><td rowspan="2">지배인 이전</td><td>금 40,200원</td><td rowspan="2"></td><td rowspan="2">금48,240원</td><td rowspan="2">금 6,000원</td></tr>
<tr><td>금 8,040원</td></tr>
<tr><td colspan="3" rowspan="2">합 계</td><td></td><td rowspan="2"></td><td rowspan="2"></td><td rowspan="2"></td></tr>
<tr><td></td></tr>
<tr><td colspan="4">등기신청수수료 은행수납번호</td><td colspan="3"></td></tr>
<tr><th colspan="7">첨 부 서 면</th></tr>
<tr><td colspan="4">1. 정관과 주주총회결의에 갈음하는 서면결의서 통
1. 이사회의사록 통
1. 위임장(대리인이 신청할 경우) 통</td><td colspan="3">1. 등록면허세영수필확인서 통
<기 타></td></tr>
</table>

년 월 일

신청인 상 호 광진토건 주식회사

본 점 경기도 광주시 수택로13길 456-7

대표이사 성 명 정 순 태 (인) (전화 :)

주 소 서울시 강북구 도봉로10길 123

대리인 성 명 법무사 (인) (전화 :)

주 소 서울 서초구 서초로100길 852-74

○○지방법원 ○○등기소 귀중

– 신청서 작성요령 –

1. 해당란이 부족할 때에는 별지를 이용합니다.
1. 해당 등기신청과 관계없는 사항에 대하여는 "해당없음"으로 기재하거나 삭제하고, 필요한 사항은 추가 기재합니다.

58) 본점의 구소재지가 대도시 내에 있던 회사가 대도시 외로 이전한 경우에는 신소재지에서 하는 본점이전의 등기신청에 대하여 등록면허세를 면제한다. 다만 이 경우 면제되는 등록면허세의 100분의 20에 해당하는 농어촌특별세를 등록면허세의 납세지에 납부하여야 한다(농어촌특별세법 2·3·5 내지 7조).

[별지]

사내이사 정순태 (000000-0000000) 20○○년 ○월 ○일 취임
사내이사 이경순 (000000-0000000) 20○○년 ○월 ○일 취임
사내이사 현진섭 (000000-0000000) 20○○년 ○월 ○일 취임
감　　사 박문호 (000000-0000000) 20○○년 ○월 ○일 취임

□ 등기의 사유(타 관할 이전 및 지배인이전의 경우)

사례 : 이사 3인 이상인 회사가 서면결의로 갈음하는 경우

상법 제363조 제5항 및 제6항에 근거, 20○○년○월○일 개최되는 임시주주총회 결의에 갈음한 주주전원의 서면결의로 정관을 변경하고, 같은날 이사회결의에 의하여 20○○년○월○일 본점 및 지배인을 둔 장소를 다음 장소로 이전하였으므로 그 등기를 구함.

사례 : 이사 2인 이하인 회사가 서면결의로 갈음하는 경우

상법 제363조 제5항 및 제6항에 근거, 20○○년○월○일 개최되는 임시주주총회 결의에 갈음한 주주전원의 서면결의로 정관을 변경하고, 20○○년○월○일 본점 및 지배인을 둔 장소를 다음 장소로 이전하였으므로 그 등기를 구함.

※ 본점이전등기는 본점 이전일로부터(이전일자를 예정하여 미리 등기할 수는 없음) 본점 소재지에서는 2주 이내, 지점소재지에서는 3주 이내에 대표이사 또는 그 대리인이 등기신청을 하여야 한다.

[사례] 서면결의서(이사 3인 이상인 회사)

주주전원의 서면결의서

본 회사는 자본금 총액이 10억원 미만인 회사로서 상법 제363조 제5항 및 제6항에 근거하여 20○○년 ○월 ○일 10: 00에 개최되는 임시주주총회의 소집절차를 생략하고 동 주주총회결의의 갈음으로 주주전원이 동의하여 서면으로 다음 사항을 결의한다.

- 결 의 사 항 -

의안 : 정관변경의 건

주주전원은 본 회사의 본점을 이전함에 따라 이에 수반하여 현행 정관을 다음과 같이 변경함에 그 뜻을 같이 하고, 출석한 주주전원 일치되어 원안대로 승인가결하다.

변경된 정관 : 별첨 참조

위 동의 및 결의 사실을 명확히 하기 위하여 주주 전원이 이에 날인한다.

첨부 : 1. 주주명부 1부
2. 주주 인감증명서 각 1부

20○○년 ○월 ○일

주식회사 ○○
주주 ○ ○ ○ (인)
주주 ○ ○ ○ (인)
주주 ○ ○ ○ (인)

※ 이사 3인 이상이나 소규모회사인 경우에는 정관변경만을 서면결의하고 후술하는 이사회의사록을 작성하면 된다.

※ 서면결의서에는 인감을 날인하고 인감증명서를 첨부하여야 한다.

[사례] 서면결의서(이사 2인 이하인 회사)

주주전원의 서면결의서

본 회사는 자본금 총액이 10억원 미만인 회사로서 상법 제363조 제5항 및 제6항에 근거하여 20○○년 ○월 ○일 10: 00에 개최되는 임시주주총회의 소집절차를 생략하고 동 주주총회결의의 갈음으로 주주전원이 동의하여 서면으로 다음 사항을 결의한다.

- 결 의 사 항 -

제1호 의안 : 본점 및 지배인을 둔 장소 이전의 건

주주전원은 당회사의 본점 및 지배인을 둔 장소를 다음 장소로 이전하여야 할 필요성에 뜻을 같이하고 주주전원 만장일치로 승인가결하다.

1. 신 본 점 : 경기도 광주시 수택로13길 456-7
   이전년월일 : 20○○년 12월 15일

1. 지배인 성명, 주민등록번호 : 김 현 수(000000-0000000)
   주 소 서울 강북구 수유로13길 1147 -1
   지배인을 둔 장소 경기도 광주시 수택로13길 456-7(본사 소비자금융팀)
   이전년월일 : 20○○년 12월 15일

제2호 의안 : 정관변경의 건

주주전원은 당회사의 본점을 이전함에 따라 이에 수반하여 현행 정관 제3조를 다음과 같이 변경하여야 함에 뜻을 같이하고 출석한 주주전원 일치되어 원안대로 승인가결하다.

변경된 정관 : 별첨 참조

위 동의 및 결의 사실을 명확히 하기 위하여 주주 전원이 이에 날인한다.

첨부 : 1. 주주명부 1부
2. 주주 인감증명서 각 1부

20○○년 ○월 ○일

주식회사 ○○
주주 ○ ○ ○ (인)
주주 ○ ○ ○ (인)
주주 ○ ○ ○ (인)

※ 이 사례는 소규모이면서 이사 2인 이하 회사가 정관변경 및 본점이전의 건을 모두 서면결의로 다루는 사례이다.

※ 소규모이면서 이사 2인 이하 회사의 경우에는 정관변경만을 서면결의로 하고 이사결정으로 본점이전결정서를 작성하는 방법(335면 참조)도 있다.

※ 서면결의서에는 인감을 날인하고 인감증명서를 첨부하여야 한다.

[별첨] 정관변경 전후의 대조표

변경 전	변경 후
제3조 (본점) 본회사의 본점은 서울시 시내에 둔다.	제3조 (본점) 본회사의 본점은 경기도 광주시 시내에 둔다.

※ 정관의 신구대조표를 만들어 첨부하여야 한다.

[사례] 이사회의사록(이사 3인 이상인 회사)

이사회의사록

20○○년 12월 12일 오전 11시 본 회사 본점 회의실에서 이사 전원의 동의로 상법 소정의 소집 절차를 생략하고 다음 의안을 심의키 위하여 이사회를 개최하다.

이사총수 3 명 출석이사수 3 명
감사총수 1 명 출석감사수 1 명

대표이사 정순태는 의장석에 등단하여 위와 같이 법정수에 달하게 출석하였으므로 본 이사회는 적법하게 성립됨을 고하고 개회를 선언하다.

의 안 : 본점 및 지배인을 둔 장소 이전의 건

의장은 당회사의 본점 및 지배인을 둔 장소를 다음 장소로 이전하여야 할 필요성을 설명하고 그 가부를 물은바 전원 만장일치로 승인가결하다.

1. 신 본 점 : 경기도 광주시 수택로13길 456-7
이전년월일 : 20○○년 12월 15일

1. 지배인 성명, 주민등록번호 : 김 현 수(000000-0000000)
주 소 서울 강북구 수유로13길 1147 -1
지배인을 둔 장소 경기도 광주시 수택로13길 456-7(본사 소비자금융팀)
이전년월일 : 20○○년 12월 15일

이상으로서 금일의 의안전부 심의종료 하였으므로 의장은 폐회를 선언하다. (종료시각 11시 20분)

위 결의를 명확히 하기 위하여 의장과 출석한 이사가 기명날인하다.

20○○년 12월 12일

광진토건 주식회사
의장 대표이사 정순태

사내이사 이경순
사내이사 현진섭

※ 이사 3인 이상이나 소규모회사인 경우에는 정관변경만을 주주총회 또는 서면결의하고 여기의 이사회의사록을 작성한다. 의사록은 공증(인증)을 받아야 한다.

○ 지배인의 선·해임과 본점이전 및 지점의 설치·이전·폐지는 이사회 권한이다.

○ 이사회의 결의는 이사 과반수의 출석과 출석 이사의 과반수로 하여야 한다. 다만, 정관으로 그 비율을 높게 정할 수 있다(상법 제391조제1항), 감사가 불출석한 경우에도 출석한 이사들만으로 이사회를 개최하고 이사회의사록을 작성할 수 있다.

○ 여기서 과반수란 2분의 1 이상이 아닌 2분의 1 초과를 의미하므로 예컨대 이사 총수가 6인인 경우 과반수 출석은 3인 이상이 아닌 4인 이상이 출석한 것을 말한다.

○ 이사회에서의 의결권은 이사 1인에 대해 1개씩 주어지며 정관에 의해서도 이에 대한 예외를 둘 수 없다.

○ 결의요건은 정관으로 그 비율을 높게 정할 수는 있지만 그 요건을 완화하는 것은 허용되지 않는다. 정관으로 결의요건을 강화할 수 있다고 하더라도 예컨대 이사 전원의 6분의 5의 동의를 요구하거나 전원출석에 3분의 2이상을 요구하는 것, 혹은 과반수출석에 전원동의를 요구하는 것은 무효이다.

○ 이사회에서의 결의에 대해서는 이사가 책임을 져야 하므로 각자의 찬반의사가 밝혀져야 한다. 즉, 기명투표만이 가능하다.

○ 의사록에는 의사의 안건, 경과요령, 그 결과에 반대한 자와 그 반대이유를 기재하고 출석한 이사 및 감사가 기명날인 또는 서명하여야 한다(상법 제391조).

○ 이사회의 결의는 그 내용이 법령이나 정관에 위반된 경우는 물론 그 소집의 절차 또는 결의의 방법에 하자가 있는 경우에도 당연히 무효가 된다.

○ 상법에서는 정관에서 다른 정함이 없는 한, 이사회는 이사들이 직접 회의에 출석하지 아니하고 모든 이사가 동영상 및 음성을 동시에 송수신하는 통신수단에 의하여 결의에 참가하는 것을 허용하고 있다(상법 제391조 제2항).

○ 본점이전등기는 본점 이전일로부터(이전일자를 예정하여 미리 등기할 수는 없음) 본점 소재지에서는 2주 이내, 지점소재지에서는 3주 이내에 대표이사 또는 그 대리인이 등기신청을 하여야 한다.

[사례] 주주명부

<table>
<tr><td colspan="6" align="center">주 주 명 부
(20 년 월 일 현재)</td></tr>
<tr><td>주주명</td><td>주 소</td><td>인수주식수</td><td>액면주식
1주의 금액</td><td>금 액</td><td>비 고</td></tr>
<tr><td>정 순 태</td><td>서울시 강북구 도봉로10길 123
www.wer88@hanmail.com</td><td>00주</td><td>000</td><td>000</td><td></td></tr>
<tr><td>신 동 석</td><td></td><td>00주</td><td>000</td><td>000</td><td></td></tr>
<tr><td></td><td></td><td></td><td></td><td></td><td></td></tr>
<tr><td colspan="2">합 계</td><td>000주</td><td></td><td>000</td><td></td></tr>
<tr><td colspan="6">위 주주명부는 본사에 비치된 주주명부와 대조하여 틀림이 없음을 증명합니다.
20○○년 1월 23일

회 사 명 : 광진토건 주식회사 (법인인감날인)
소 재 지 : 경기 광주시 수택로13길 456-7
대 표 이 사 : 정 순 태 (인)</td></tr>
</table>

※ 전자주주명부제도 : 158면 참조

<table>
<tr><td>
위 임 장

법무사 정 동 진
서울 서초구 서초로100길 345-6
전화 : 123-4567
위 사람을 대리인으로 정하고 다음의 권한을 위임함.
다 음
1. 본회사의 본점 이전 및 지배인 이전 등기신청서 제출 및 취하하는 일체의 행위
20○○년 12월 일
위임인 광진토건 주식회사
경기 광주시 수택로13길 456-7
대표이사 정 순 태
</td></tr>
</table>

○ 이 위임장은 대리의 권한을 법무사에게 위임하는 서류로써 등기소에 제출하는 서류이다. 위임장에는 그 권한의 범위를 명확히 기재하여야 한다.

6. 서면결의에 의한 이사 · 감사 변경의 신청사례

이사 · 감사 변경에 관한 설명은 353면 참조, 서면결의에 의한 설명은 531면 참조

[사례] 주식회사 변경등기신청서(이사 1인 임기만료로 퇴임하고 선임하는 경우)

주식회사 변경등기신청

<table>
<tr><td rowspan="2">접 수</td><td>년 월 일</td><td rowspan="2">처리인</td><td>등기관확인</td><td>각종통지</td></tr>
<tr><td>제 호</td><td></td><td></td></tr>
</table>

<table>
<tr><td>상 호</td><td>주식회사 제이앤큐</td><td>등기번호</td><td>제345678호</td></tr>
<tr><td>본 점</td><td colspan="3">서울 ○○구 ○○로123길 14</td></tr>
<tr><td>등 기 의 목 적</td><td colspan="3">이사 변경 등기</td></tr>
<tr><td>등 기 의 사 유</td><td colspan="3">본 회사의 사내이사 권두칠은 20○○년 ○월 ○일 임기만료로 퇴임하고 상법 제363조 제5항 및 제6항에 근거, 같은날 개최되는 임시주주총회결의에 갈음한 주주전원의 서면결의에서 다음 사람이 이사로 선임되어, 같은날 취임하였으므로 그 등기를 구함.</td></tr>
<tr><td>본/지점 신청구분</td><td colspan="3">1. 본점신청 □ 2. 지점신청 □ 3. 본·지점 일괄신청 □</td></tr>
<tr><td colspan="4">등 기 할 사 항</td></tr>
<tr><td>대표이사또는대표집행임원·이사·집행임원·감사 등의 퇴임·취임 등과 그 연월일</td><td colspan="3">1) 사내이사 권두칠 000000-0000000
(20○○년 ○월 ○일 퇴임)
2) 사내이사 김종필 000000-0000000
(20○○년 ○월 ○일 취임)</td></tr>
<tr><td>기 타</td><td colspan="3"></td></tr>
</table>

<table>
<tr><td colspan="7">신청등기소 및 등록면허세/수수료</td></tr>
<tr><td rowspan="2">순번</td><td rowspan="2">신청등기소</td><td rowspan="2">구분</td><td>등록면허세</td><td rowspan="2">농어촌
특별세</td><td rowspan="2">세액합계</td><td rowspan="2">등기신청수수료</td></tr>
<tr><td>지방교육세</td></tr>
<tr><td rowspan="2"></td><td rowspan="2"></td><td rowspan="2"></td><td>금 40,200원</td><td rowspan="2"></td><td rowspan="2">금 48,240원</td><td rowspan="2">금 6,000원</td></tr>
<tr><td>금 8,040원</td></tr>
<tr><td colspan="3" rowspan="2">합 계</td><td></td><td rowspan="2"></td><td rowspan="2"></td><td rowspan="2"></td></tr>
<tr><td></td></tr>
<tr><td colspan="4">등기신청수수료 은행수납번호</td><td colspan="3"></td></tr>
<tr><td colspan="7">첨 부 서 면</td></tr>
<tr><td colspan="4">1. 주주총회결의 갈음의 서면결의서 통
1. 취임승낙서(인감증명서 포함) 1통
1. 주민등록표등본(선임한 경우) 1통
1. 정관(필요한 경우) 1통</td><td colspan="3">1. 인감신고서(대표이사선임의 경우) 1통
1. 등록면허세영수필확인서 1통
1. 위임장(대리인이 신청할 경우) 1통
<기 타></td></tr>
<tr><td colspan="7">년 월 일

신청인 상 호 주식회사 제이앤큐
본 점 서울 ○○구 ○○로123길 14
대표이사 성 명 이 택 수 (인) (전화 : 555-1234)
주 소 서울 ○○구 ○○로234길 50
대리인 성 명 법무사 정 동 진 (인) (전화 : 345-4567)
주 소 서울 서초구 서초로77길 33

○○지방법원 ○○등기소 귀중</td></tr>
</table>

- 신청서 작성요령 -

1. 해당란이 부족할 때에는 별지를 이용합니다.
1. 해당 등기신청과 관계없는 사항에 대하여는 "해당없음"으로 기재하거나 삭제하고, 필요한 사항은 추가 기재합니다.
1. 「인감증명법」에 따른 인감증명서 제출과 함께 관련 서면에 인감을 날인하여야 하는 경우, 본인서명사실확인서를 제출하고 관련 서면에 서명을 하거나 전자본인서명확인서 발급증을 제출하고 관련 서면에 서명을 하면 인감증명서를 제출하고 관련 서면에 인감을 날인한 것으로 봅니다.

(용지규격 21㎝× 29.7㎝)

[사례] 서면결의서

주주전원의 서면결의서

본 회사는 자본금 총액이 10억원 미만인 회사로서 상법 제363조 제5항 및 제6항에 근거하여 20○○년 ○월 ○일 10: 00에 개최되는 임시주주총회의 소집절차를 생략하고 동 주주총회결의의 갈음으로 주주전원이 동의하여 서면으로 다음 사항을 결의한다.

- 결 의 사 항 -

의안 : 이사 선임의 건

주주전원은 이사 권두칠이 20○○년 ○월 ○일 임기만료로 퇴임하여 결원이 되었으므로 이사 1인을 선출하여야 함에 뜻을 같이하고, 출석한 주주전원 일치되어 다음 사람을 이사로 선임하다.

사내이사 김종필

위 피선자는 즉시 그 취임을 승낙하다.

위 동의 및 결의 사실을 명확히 하기 위하여 주주 전원이 이에 날인한다.

첨부 : 1. 주주명부 1부

2. 주주 인감증명서 각 1부

20○○년 ○월 ○일

주식회사 제이앤큐

주주 ○ ○ ○ (인)

주주 ○ ○ ○ (인)

주주 ○ ○ ○ (인)

※ 소규모회사의 경우 서면결의로써 주주총회의 결의를 갈음할 수 있다(구체적설명 531면 참조). 소규모 아닌 회사는 반드시 주주총회를 개최하여 임원을 선출하여야 한다.

※ 서면결의에 의한 설명은 531면 참조

[사례] 취임승낙서

취 임 승 낙 서

본인은 귀 회사의 20○○년 ○월 ○일 임시주주총회에 갈음한 주주전원의 서면 결의에서 이사로 선임되었으므로 그 취임을 승낙합니다.

20○○년 ○월 ○일

사내이사 김 종 필 (인)

주식회사 제이앤큐 귀중

※ 취임승낙서에는 취임자의 인감도장을 날인하고 인감증명법에 의하여 신고한 인감증명서나 본인서명사실확인서 또는 전자본인서명확인서를 첨부하여야 한다(112면 참조). 이사는 취임승낙서에 사내이사, 사외이사로 구분하여 표시하도록 한다. 취임승낙하는 임원이 여러 명인 경우 1장의 서면에 모두 작성할 수도 있다.

[사례] 주주명부

주 주 명 부				
주 주	주 소	인수주식수	1주금액	납 입 금 액
이택수	서울시 ○○구 ○○로987길 6 www.asd45@hanmail.com	○주	금 500원	금000,000원
○○○	서울시 ○○구 ○○로876길 5 www.wer88@hanmail.com	○주	금 500원	금000,000원
이하생략				
합 계		○주		금000,000원
위 주주명부는 본사에 비치된 주주명부와 대조하여 틀림이 없음을 증명합니다. 20○○년 ○월 ○일				
상 호	주식회사 제이앤큐			
본 점	서울 ○○구 ○○로123길 14			
대표이사	이 택 수			

※ 전자주주명부제도

○ 회사는 정관에서 정하는 바에 따라 전자문서로 주주명부를 작성할 수 있다(상법 제352조의2제1항). 전자주주명부에는 상법 제352조제1항의 기재사항 외에 전자우편주소를 적어야 한다.

○ 개정법은 기업경영의 IT화를 위하여 주주총회에 직접 참석하거나 대리인에게 투표를 위임하지 않더라도 전자서명 등 본인인증절차를 거쳐 인터넷으로 의결권을 행사하는 전자투표제도가 도입됐다(상법 제368조의4, 제382조의2).

[사례] 주식회사 변경등기신청서(이사, 정기총회 종결일에 퇴임 및 보선)

주식회사변경등기신청

접 수	년 월 일	처리인	등기관확인	각종통지
	제 호			

상 호	현대건설 주식회사	등기번호	
본 점	서울특별시 서초구 서초로82길 26(서초동)		
등기의 목적	사내이사 변경등기		
등기의 사 유	사내이사 장동구는 20○○년 ○월 ○일 임기만료이나 정관 제○조의 규정에 따라 정기주주총회 종결일인 20○○년 ○월 ○일 퇴임하고 상법 제363조 제5항 및 제6항에 근거, 같은날 개최되는 정기주주총회결의에 갈음한 주주전원의 서면결의에서 다음 사람이 사내이사로 선임되어, 같은날 취임하였으므로 그 등기를 구함.		
본/지점 신청구분	1. 본점신청 □ 2. 지점신청 □ 3. 본·지점 일괄신청 □		
등 기 할 사 항			
이사·감사 등의 퇴임·취임 등과 그 연월일	1) 사내이사 장동구(00000 - 00000) 20○○년 3월 25일 퇴임 2) 사내이사 김정열(00000 - 00000) 20○○년 3월 25일 취임		
기 타			

<table>
<tr><td colspan="8">신청등기소 및 등록면허세/수수료</td></tr>
<tr><td rowspan="2">순번</td><td rowspan="2">신청등기소</td><td rowspan="2">구분</td><td>등록면허세</td><td rowspan="2">농어촌
특별세</td><td rowspan="2">세액합계</td><td rowspan="2">등기신청수수료</td></tr>
<tr><td>지방교육세</td></tr>
<tr><td rowspan="2"></td><td rowspan="2"></td><td rowspan="2"></td><td>금 40,200원</td><td rowspan="2">금 원</td><td rowspan="2">48,240원</td><td rowspan="2">금 6,000원</td></tr>
<tr><td>금 8,040원</td></tr>
<tr><td rowspan="2"></td><td rowspan="2"></td><td rowspan="2"></td><td></td><td rowspan="2"></td><td rowspan="2"></td><td rowspan="2"></td></tr>
<tr><td></td></tr>
<tr><td colspan="3" rowspan="2">합 계</td><td></td><td rowspan="2"></td><td rowspan="2">금48,240원</td><td rowspan="2">금 6,000원</td></tr>
<tr><td></td></tr>
<tr><td colspan="4">등기신청수수료 납부번호</td><td colspan="3"></td></tr>
<tr><td colspan="7">첨 부 서 면</td></tr>
<tr><td colspan="4">1. 정관(필요한 경우) 통
1. 주주총회결의에 갈음하는 서면결의서 통
1. 취임승낙서 통
1. 주민등록표등(초)본 통</td><td colspan="3">1. 등록면허세영수필확인서 통
1. 위임장(대리인이 신청할 경우) 통
<기 타></td></tr>
<tr><td colspan="7">년 월 일
신청인 상 호 현대건설 주식회사
본 점 서울특별시 서초구 서초로82길 26(서초동)
대표자 성 명 박 정 대 (인) (전화 : 992-1577)
주 소 서울특별시 서초구 서초로90길 11(서초동)
대리인 성 명 법무사 김 정 길 (인) (전화 : 02-329-9783)
주 소 서울시 서초로244길25 (서초동)
서울중앙지방법원 등기국 귀중</td></tr>
</table>

- 신청서 작성요령 -

1. 해당란이 부족할 때에는 별지를 이용합니다.
1. 해당 등기신청과 관계없는 사항에 대하여는 "해당없음"으로 기재하거나 삭제하고, 필요한 사항은 추가 기재합니다.
1. 「인감증명법」 에 따른 인감증명서 제출과 함께 관련 서면에 인감을 날인하여야 하는 경우, 본인서명사실확인서를 제출하고 관련 서면에 서명을 하거나 전자본인서명확인서 발급증을 제출하고 관련 서면에 서명을 하면 인감증명서를 제출하고 관련 서면에 인감을 날인한 것으로 봅니다.

(용지규격 21㎝× 29.7㎝)

※ 이 사례는 정관 중 이사에 관한 임기규정에 "이사의 임기가 재임 중 최종의 결산기에 관한 정기주주총회의 종결 전에 끝날 때에는 그 정기주주총회의 종결에 이르기까지

그 임기를 연장한다."고 되어 있는 경우에 이사가 퇴임하는 경우이다.

※ 취임하는 임원을 등기할 때에는 주민등록번호를 적어야 한다(법인의 등기사항에 관한 특례법 제2조). 주민등록번호가 없는 재외국민 또는 외국인인 경우에는 주민등록번호를 대신하여 그 생년월일을 등기하여야 한다(법인등의 등기사항에 관한 특례규칙 제2조).

[사례] 서면결의서

주주전원의 서면결의서

본 회사는 자본금 총액이 10억원 미만인 회사로서 상법 제363조 제5항 및 제6항에 근거하여 20○○년 ○월 ○일 10: 00에 개최되는 정기주주총회의 소집절차를 생략하고 동 주주총회결의의 갈음으로 주주전원이 동의하여 서면으로 다음 사항을 결의한다.

- 결 의 사 항 -

제1호 의안 : 결산보고 승인의 건

주주전원은 별도 배부한 20○○년 ○월 ○일 ~ 20○○년 ○월 ○일까지 영업 대차대조표, 손익계산서, 이익잉여금 처분 안에 대하여 주주전원 만장일치로 원안대로 승인가결하다.

제2호 의안 : 이사 선임의 건

주주전원은 본 회사의 사내이사 김정열은 정관 제○조의 규정에 따라 정기주주총회 종결일인 금일 임기만료로 퇴임하여 결원이 되었으므로 사내이사 1인을 선출하여야 함에 뜻을 같이하여, 출석한 주주전원 일치되어 다음 사람을 사내이사로 선임하다.

사내이사 김정열

위 피선자는 즉시 그 취임을 승낙하다.

위 동의 및 결의 사실을 명확히 하기 위하여 주주 전원이 이에 날인한다.

첨부 : 1. 주주명부 1부

2. 주주 인감증명서 각 1부

20○○년 ○월 ○일

주식회사 현대건결

주주 ○ ○ ○ (인)

주주 ○ ○ ○ (인)

주주 ○ ○ ○ (인)

※ 소규모회사의 경우 서면결의로써 주주총회의 결의를 갈음할 수 있다(구체적설명 531면 참조). 소규모 아닌 회사는 반드시 주주총회를 개최하여 임원을 선출하여야 한다.

[사례] 취임승낙서

취 임 승 낙 서

본인은 귀 회사의 20○○년 ○월 ○일 개최되는 정기주주총회에 갈음한 주주전원의 서면결의에서 사내이사로 선임되었으므로 그 취임을 승낙합니다.

20○○년 ○월 ○일

사내이사 김 정 열 (인)

현대건설 주식회사 귀중

※ 취임승낙서에는 취임자의 인감도장을 날인하고 인감증명법에 의하여 신고한 인감증명서나 본인서명사실확인서 또는 전자본인서명확인서를 첨부하여야 한다(112면 참조). 이사는 취임승낙서에 사내이사, 사외이사로 구분하여 표시하도록 한다.

[사례] 주주명부

주 주 명 부				
주 주	주 소	인수주식수	1주금액	납 입 금 액
박정대	서울시 ○○구 ○○로987길 6 www.asd45@hanmail.com	○주	금 500원	금000,000원
○○○	서울시 ○○구 ○○로876길 5 www.wer88@hanmail.com	○주	금 500원	금000,000원
이하생략				
합 계		○주		금000,000원
위 주주명부는 본사에 비치된 주주명부와 대조하여 틀림이 없음을 증명합니다. 20○○년 ○월 ○일				
상 호	현대건설 주식회사			
본 점	서울 ○○구 ○○로123길 14			
대표이사	박 정 대			

※ 전자주주명부제도

○ 회사는 정관에서 정하는 바에 따라 전자문서로 주주명부를 작성할 수 있다(상법 제352조의2제1항). 전자주주명부에는 상법 제352조제1항의 기재사항 외에 전자우편주소를 적어야 한다.

○ 개정법은 기업경영의 IT화를 위하여 주주총회에 직접 참석하거나 대리인에게 투표를 위임하지 않더라도 전자서명 등 본인인증절차를 거쳐 인터넷으로 의결권을 행사하는 전자투표제도가 도입됐다(상법 제368조의4, 제382조의2).

[사례] 주식회사 변경등기신청서(이사 1인 사임하고 보선)

주식회사 변경등기신청

<table>
<tr><td rowspan="2">접 수</td><td>년 월 일</td><td rowspan="2">처리인</td><td>등기관확인</td><td>각종통지</td></tr>
<tr><td>제 호</td><td></td><td></td></tr>
</table>

<table>
<tr><td>상 호</td><td>주식회사 서초닷컴</td><td>등기번호</td><td>제456789호</td></tr>
<tr><td>본 점</td><td colspan="3">서울 ○○구 ○○로123길 14</td></tr>
<tr><td>등 기 의 목 적</td><td colspan="3">이사 변경 등기</td></tr>
<tr><td>등 기 의 사 유</td><td colspan="3">본 회사의 사내이사 유호영은 20○○년 ○월 ○일 사임하고 상법 제363조 제5항 및 제6항에 근거, 같은날 개최되는 임시주주총회에 갈음한 주주전원의 서면결의에서 다음 사람이 이사로 선임되어, 같은날 취임하였으므로 그 등기를 구함.</td></tr>
<tr><td>본/지점 신청구분</td><td colspan="3">1. 본점신청 □ 2. 지점신청 □ 3. 본·지점 일괄신청 □</td></tr>
<tr><td colspan="4">등 기 할 사 항</td></tr>
<tr><td>대표이사또는대표집행임원·이사·집행임원·감사 등의 퇴임·취임 등과 그 연월일</td><td colspan="3">1) 사내이사 유호영(00000-00000) (20○○년 ○월 ○일 사임)

2) 사내이사 홍길동(00000-00000) (20○○년 ○월 ○일 취임)</td></tr>
<tr><td>기 타</td><td colspan="3"></td></tr>
</table>

<table>
<tr><td colspan="7">신청등기소 및 등록면허세/수수료</td></tr>
<tr><td rowspan="2">순번</td><td rowspan="2">신청등기소</td><td rowspan="2">구분</td><td>등록면허세</td><td rowspan="2">농어촌특별세</td><td rowspan="2">세액합계</td><td rowspan="2">등기신청수수료</td></tr>
<tr><td>지방교육세</td></tr>
<tr><td rowspan="2"></td><td rowspan="2"></td><td rowspan="2"></td><td>금 40,200원</td><td rowspan="2"></td><td rowspan="2">금48,240원</td><td rowspan="2">금 6,000원</td></tr>
<tr><td>금 8,040원</td></tr>
<tr><td colspan="3" rowspan="2">합 계</td><td></td><td rowspan="2"></td><td rowspan="2"></td><td rowspan="2"></td></tr>
<tr><td></td></tr>
<tr><td colspan="4">등기신청수수료 은행수납번호</td><td colspan="3"></td></tr>
<tr><td colspan="7">첨 부 서 면</td></tr>
<tr><td colspan="4">1. 주주총회결의에 갈음하는 서면결의서 통
1. 사임서(인감증명서포함) 1통
1. 취임승낙서(인감증명서 포함) 1통
1. 주민등록표등본(선임한 경우) 1통
1. 정관(필요한 경우) 통</td><td colspan="3">1. 인감신고서(대표이사선임의 경우) 통
1. 등록면허세영수필확인서 1통
1. 위임장(대리인이 신청할 경우) 1통
<기 타></td></tr>
<tr><td colspan="7">년 월 일
신청인 상 호 주식회사 서초닷컴
본 점 서울시 ○○구 ○○로123길 14
대표이사 성 명 김 일 근 (인) (전화 : 555-1234)
주 소 서울시 ○○구 ○○로234길 50
대리인 성 명 법무사 정 동 진 (인) (전화 : 345-4567)
주 소 서울시 서초구 서초로77길 33
○○지방법원 ○○등기소 귀중</td></tr>
</table>

- 신청서 작성요령 -

1. 해당란이 부족할 때에는 별지를 이용합니다.
1. 해당 등기신청과 관계없는 사항에 대하여는 "해당없음"으로 기재하거나 삭제하고, 필요한 사항은 추가 기재합니다.
1. 「인감증명법」에 따른 인감증명서 제출과 함께 관련 서면에 인감을 날인하여야 하는 경우, 본인서명사실확인서를 제출하고 관련 서면에 서명을 하거나 전자본인서명확인서 발급증을 제출하고 관련 서면에 서명을 하면 인감증명서를 제출하고 관련 서면에 인감을 날인한 것으로 봅니다.

※ 서면결의에 대한 설명 : 531면 참조 ※ 임원변경에 관한 설명 : 353면 참조

[사례] 서면결의서

주주전원의 서면결의서

본 회사는 자본금 총액이 10억원 미만인 회사로서 상법 제363조 제5항 및 제6항에 근거하여 20○○년 ○월 ○일 10: 00에 개최되는 임시주주총회의 소집절차를 생략하고 동 주주총회결의의 갈음으로 주주전원이 동의하여 서면으로 다음 사항을 결의한다.

- 결 의 사 항 -

제1호 의안 : 이사 선임의 건

주주전원은 사내이사 유호영이 20○○년 ○월 ○일 사임하였으므로 이사 1인을 선출하여야 함에 뜻을 같이하고, 출석한 주주전원 일치되어 다음 사람을 사내이사로 선임하다.

사내이사 홍 길 동

위 피선자는 즉시 그 취임을 승낙하다.

위 동의 및 결의 사실을 명확히 하기 위하여 주주 전원이 이에 날인한다.

첨부 : 1. 주주명부 1부

2. 주주 인감증명서 각 1부

20○○년 ○월 ○일

주식회사 ○○

주주 ○ ○ ○ (인)

주주 ○ ○ ○ (인)

주주 ○ ○ ○ (인)

※ 소규모회사의 경우 서면결의로써 주주총회의 결의를 갈음할 수 있다(구체적설명 531면 참조). 소규모 아닌 회사는 반드시 주주총회를 개최하여 임원을 선출하여야 한다.

[사례] 사임서

<table><tr><td>

사 임 서

본인은 귀사의 사내이사인바, 개인 사정으로 그 직을 사임합니다.

20○○년 ○월 ○일

유 호 영 (인)

주식회사 서초닷컴 귀중

</td></tr></table>

※ 사임서에는 사임자의 인감도장을 날인하고 인감증명법에 의하여 신고한 인감증명서나 본인서명사실확인서 또는 전자본인서명확인서를 첨부하여야 한다(112면 참조).

[사례] 취임승낙서

<table><tr><td>

취 임 승 낙 서

본인은 귀 회사의 20○○년 ○월 ○일 개최되는 임시주주총회에 갈음한 주주전원의 서면결의에서 사내이사로 선임되었으므로 그 취임을 승낙합니다.

20○○년 ○월 ○일

사내이사 홍 길 동 (인)

주식회사 서초닷컴 귀중

</td></tr></table>

※ 취임승낙서에는 취임자의 인감도장을 날인하고 인감증명법에 의하여 신고한 인감증명서나 본인서명사실확인서 또는 전자본인서명확인서를 첨부하여야 한다(112면 참조. 이사는 취임승낙서에 사내이사, 사외이사로 구분하여 표시하도록 한다.

[사례] 주주명부

주 주 명 부					
주 주	주 소	인수주식수	1주금액	납 입 금 액
김일근	서울시 ○○구 ○○로987길 www.wer88@hanmail.com	○주	금 500원	금000,000원
○○○	서울시 ○○구 ○○로876길	○주	금 500원	금000,000원
○○○	서울시 ○○구 ○○로765길	○주	금 500원	금000,000원
○○○	서울시 ○○구 ○○로654길	○주	금 500원	금000,000원
합 계		○주		금000,000원
위 주주명부는 본사에 비치된 주주명부와 대조하여 틀림이 없음을 증명합니다. 20○○년 ○월 ○일				
상 호	주식회사 서초닷컴			
본 점	서울 ○○구 ○○로123길 14			
대표이사	김 일 근			

※ 전자주주명부제도

○ 회사는 정관에서 정하는 바에 따라 전자문서로 주주명부를 작성할 수 있다(상법 제352조의2제1항). 전자주주명부에는 상법 제352조제1항의 기재사항 외에 전자우편주소를 적어야 한다.

○ 개정법은 기업경영의 IT화를 위하여 주주총회에 직접 참석하거나 대리인에게 투표를 위임하지 않더라도 전자서명 등 본인인증절차를 거쳐 인터넷으로 의결권을 행사하는 전자투표제도가 도입됐다(상법 제368조의4, 제382조의2).

[사례] 주식회사 변경등기신청서(이사 1인, 감사1인 사임 및 선임)

주식회사 변경등기신청

접 수	년 월 일	처리인	등기관확인	각종통지
	제 호			

상 호	주식회사 평화물산	등기번호	제456789호
본 점	서울 ○○구 ○○로123길 14		
등기의목적	이사, 감사 변경 등기		
등기의사유	본 회사의 사내이사 신사구, 감사 한남동은 20○○년 ○월 ○일 각 그 직을 사임하고, 상법 제363조 제5항 및 제6항에 근거, 같은 날 개최되는 임시주주총회결의에 갈음한 주주전원의 서면결의에서 다음 사람이 사내이사와 감사로 선임되어, 같은날 취임하였으므로 그 등기를 구함.		
본/지점 신청구분	1. 본점신청 □ 2. 지점신청 □ 3. 본·지점 일괄신청 □		
등 기 할 사 항			
대표이사또는대표집행임원·이사·집행임원·감사 등의 퇴임·취임 등과 그 연월일	1) 사내이사 신사구 (00000-00000) (20○년 ○월 ○일 사임) 감 사 한남동 (00000-00000) (20○년 ○월 ○일 사임) 2) 감 사 유상철 (00000-00000) (20○년 ○월 ○일 취임) 감 사 오솔길 (00000-00000) (20○년 ○월 ○일 취임)		
기 타			

<table>
<tr><td colspan="7">신청등기소 및 등록면허세/수수료</td></tr>
<tr><td rowspan="2">순번</td><td rowspan="2">신청등기소</td><td rowspan="2">구분</td><td>등록면허세</td><td rowspan="2">농어촌특별세</td><td rowspan="2">세액합계</td><td rowspan="2">등기신청수수료</td></tr>
<tr><td>지방교육세</td></tr>
<tr><td rowspan="2"></td><td rowspan="2"></td><td rowspan="2"></td><td>금 40,200원</td><td rowspan="2"></td><td rowspan="2">금 48,240원</td><td rowspan="2">금 6,000원</td></tr>
<tr><td>금 8,040원</td></tr>
<tr><td></td><td></td><td></td><td></td><td></td><td></td><td></td></tr>
<tr><td colspan="3" rowspan="2">합 계</td><td></td><td rowspan="2"></td><td rowspan="2"></td><td rowspan="2"></td></tr>
<tr><td></td></tr>
<tr><td colspan="4">등기신청수수료 은행수납번호</td><td colspan="3"></td></tr>
<tr><td colspan="7">첨 부 서 면</td></tr>
<tr><td colspan="4">1. 주주총회결의에 갈음하는 서면결의서 통
1. 사임서(인감증명서포함) 2통
1. 취임승낙서(인감증명서 포함) 2통
1. 주민등록표등본(선임한 경우) 2통
1. 정관(필요한 경우) 통</td><td colspan="3">1. 인감신고서(대표이사선임의 경우) 통
1. 등록면허세영수필확인서 1통
1. 위임장(대리인이 신청할 경우) 1통
<기 타></td></tr>
<tr><td colspan="7">년 월 일
신청인 상 호 주식회사 평화물산
본 점 서울시 ○○구 ○○로123길 14
대표이사 성 명 유 평 회 (인) (전화 : 555-1234)
주 소 서울시 ○○구 ○○로234길 50
대리인 성 명 법무사 정 동 진 (인) (전화 : 345-4567)
주 소 서울시 서초구 서초로77길 33
○○지방법원 ○○등기소 귀중</td></tr>
</table>

- 신청서 작성요령 -

1. 해당란이 부족할 때에는 별지를 이용합니다.
1. 해당 등기신청과 관계없는 사항에 대하여는 "해당없음"으로 기재하거나 삭제하고, 필요한 사항은 추가 기재합니다.
1. 「인감증명법」 에 따른 인감증명서 제출과 함께 관련 서면에 인감을 날인하여야 하는 경우, 본인서명사실확인서를 제출하고 관련 서면에 서명을 하거나 전자본인서명확인서 발급증을 제출하고 관련 서면에 서명을 하면 인감증명서를 제출하고 관련 서면에 인감을 날인한 것으로 봅니다.

[사례] 서면결의서

주주전원의 서면결의서

본 회사는 자본금 총액이 10억원 미만인 회사로서 상법 제363조 제5항 및 제6항에 근거하여 20○○년 ○월 ○일 10: 00에 개최되는 임시주주총회의 소집절차를 생략하고 동 주주총회결의의 갈음으로 주주전원이 동의하여 서면으로 다음 사항을 결의한다.

\- 결 의 사 항 -

의안 임원변경의 건

주주전원은 사내이사 신사구, 감사 한남동이 20○○년 ○월 ○일 사임하였으므로, 이를 각각 선출하여야 함에 뜻을 같이하고, 출석한 주주전원 일치되어 아래 사람들을 사내이사와 감사로 선임하다.

사내이사 유상철

감　　사 오솔길

위 피선자 들은 즉시 그 취임을 승낙하다.

단, 감사는 상법 제409조를 적용함.

위 동의 및 결의 사실을 명확히 하기 위하여 주주 전원이 이에 날인한다.

첨부 : 1. 주주명부 1부

2. 주주 인감증명서 각 1부

20○○년 ○월 ○일

주식회사 ○○

주주 ○ ○ ○ (인)

주주 ○ ○ ○ (인)

주주 ○ ○ ○ (인)

※ 소규모회사의 경우 서면결의로써 주주총회의 결의를 갈음할 수 있다(구체적설명 531면 참조). 소규모 아닌 회사는 반드시 주주총회를 개최하여 임원을 선출하여야 한다.

[사례] 사임서

사 임 서
본인은 귀 회사의 사내이사인바, 금번 일신상의 사정에 의하여 그 직을 사임합니다.
20○○년 ○월 ○일
신 사 구 (인)
주식회사 평화물산 귀중

[사례] 사임서

사 임 서
본인은 귀 회사의 감사인바, 금번 일신상의 사정에 의하여 그 직을 사임합니다.
20○○년 ○월 ○일
한 남 동 (인)
주식회사 평화물산 귀중

※ 사임서에는 사임자의 인감도장을 날인하고 인감증명법에 의하여 신고한 인감증명서나 본인서명사실확인서 또는 전자본인서명확인서를 첨부하여야 한다(112면 참조).

[사례] 취임승낙서

<table>
<tr><td>

취 임 승 낙 서

본인 등은 귀 회사의 20○○년 ○월 ○일 개최되는 임시주주총회에 갈음한 주주 전원의 서면결의에서 사내이사와 감사로 각각 선임되었으므로 그 취임을 승낙합니다.

20○○년 ○월 ○일

사내이사 유 상 철 (인)
감 사 오 솔 길 (인)

주식회사 평화물산 귀중

</td></tr>
</table>

※ 취임승낙서에는 취임자의 인감도장을 날인하고 인감증명법에 의하여 신고한 인감증명서나 본인서명사실확인서 또는 전자본인서명확인서를 첨부하여야 한다(112면 참조). 이사는 취임승낙서에 사내이사, 사외이사로 구분하여 표시하도록 한다.

[사례] 주주명부

주 주 명 부				
주 주	주 소	인수주식수	1주금액	납 입 금 액
유평화	서울시 ○○구 ○○로987길 6 www.wer88@hanmail.com	○주	금 500원	금000,000원
○○○	서울시 ○○구 ○○로876길 5	○주	금 500원	금000,000원
○○○	서울시 ○○구 ○○로765길 4	○주	금 500원	금000,000원
…	- 이하 생략			
합 계		○주		금000,000원
20○○년 ○월 ○일				
상 호	주식회사 평화물산			
본 점	서울 ○○구 ○○로123길 14			
대표이사	유 평 화			

※ 전자주주명부제도

○ 회사는 정관에서 정하는 바에 따라 전자문서로 주주명부를 작성할 수 있다(상법 제352조의2제1항). 전자주주명부에는 상법 제352조제1항의 기재사항 외에 전자우편주소를 적어야 한다.

○ 개정법은 기업경영의 IT화를 위하여 주주총회에 직접 참석하거나 대리인에게 투표를 위임하지 않더라도 전자서명 등 본인인증절차를 거쳐 인터넷으로 의결권을 행사하는 전자투표제도가 도입됐다(상법 제368조의4, 제382조의2).

[사례] 주식회사 변경등기신청서(이사 1인 사망하고 보선)

주식회사 변경등기신청

접 수	년 월 일	처리인	등기관확인	각종통지
	제 호			

상 호	주식회사 은성전주	등기번호	제356789호
본 점	서울 ○○구 ○○로123길 14		
등기의목적	이사 변경 등기		
등기의사유	본 회사의 사내이사 연승복은 20○○년 ○월 ○일 사망하고, 상법 제363조 제5항 및 제6항에 근거, 같은날 개최되는 임시주주총회결의에 갈음한 주주전원의 서면결의에서 다음 사람이 사내이사로 선임되어, 같은날 취임하였으므로 그 등기를 구함.		
본/지점 신청구분	1. 본점신청 □ 2. 지점신청 □ 3. 본·지점 일괄신청 □		
등 기 할 사 항			
대표이사또는대표집행임원·이사·집행임원·감사 등의 퇴임·취임 등과 그 연월일	사내이사 연승호 000000-0000000 (20○○년 ○월 ○일 취임)		
기 타			

<table>
<tr><td colspan="8">신청등기소 및 등록면허세/수수료</td></tr>
<tr><td rowspan="2">순번</td><td rowspan="2">신청등기소</td><td rowspan="2">구분</td><td>등록면허세</td><td rowspan="2">농어촌특별세</td><td rowspan="2">세액합계</td><td rowspan="2">등기신청수수료</td></tr>
<tr><td>지방교육세</td></tr>
<tr><td rowspan="2"></td><td rowspan="2"></td><td rowspan="2"></td><td>금 40,200원</td><td rowspan="2"></td><td rowspan="2">금 48,240원</td><td rowspan="2">금 6,000원</td></tr>
<tr><td>금 8,040원</td></tr>
<tr><td></td><td></td><td></td><td></td><td></td><td></td><td></td></tr>
<tr><td colspan="3" rowspan="2">합 계</td><td></td><td rowspan="2"></td><td rowspan="2"></td><td rowspan="2"></td></tr>
<tr><td></td></tr>
<tr><td colspan="4">등기신청수수료 은행수납번호</td><td colspan="3"></td></tr>
<tr><td colspan="7">첨 부 서 면</td></tr>
<tr><td colspan="4">1. 주주총회결의에 갈음하는 서면결의서 통
1. 사임서(인감증명서포함) 1통
1. 가족관계 등록사항별 증명서(사망) 1통
1. 취임승낙서(인감증명서 포함) 1통
1. 주민등록표등본(선임한 경우) 1통</td><td colspan="3">1. 정관(필요한 경우) 통
1. 인감신고서(대표이사선임의 경우) 통
1. 등록면허세영수필확인서 1통
1. 위임장(대리인이 신청할 경우) 1통
<기 타></td></tr>
<tr><td colspan="7">년 월 일
신청인 상 호 주식회사 은성전주
본 점 서울시 ○○구 ○○로123길 14
대표이사 성 명 유 일 호 (인) (전화 : 555-1234)
주 소 서울시 ○○구 ○○로234길 50
대리인 성 명 법무사 정 동 진 (인) (전화 : 345-4567)
주 소 서울시 서초구 서초로77길 33
○○지방법원 ○○등기소 귀중</td></tr>
</table>

- 신청서 작성요령 -

1. 해당란이 부족할 때에는 별지를 이용합니다.
1. 해당 등기신청과 관계없는 사항에 대하여는 "해당없음"으로 기재하거나 삭제하고, 필요한 사항은 추가 기재합니다.
1. 「인감증명법」 에 따른 인감증명서 제출과 함께 관련 서면에 인감을 날인하여야 하는 경우, 본인서명사실확인서를 제출하고 관련 서면에 서명을 하거나 전자본인서명확인서 발급증을 제출하고 관련 서면에 서명을 하면 인감증명서를 제출하고 관련 서면에 인감을 날인한 것으로 봅니다.

[사례] 서면결의서

주주전원의 서면결의서

본 회사는 자본금 총액이 10억원 미만인 회사로서 상법 제363조 제5항 및 제6항에 근거하여 20○○년 ○월 ○일 10: 00에 개최되는 임시주주총회의 소집절차를 생략하고 동 주주총회결의의 갈음으로 주주전원이 동의하여 서면으로 다음 사항을 결의한다.

\- 결 의 사 항 -

의안 : 이사 선임의 건

주주전원은 사내이사 연승복은 20○○년 ○월 ○일 사망하였으므로, 사내이사 1인을 선출하여야 함에 뜻을 같이하고, 출석한 주주전원 일치되어 다음 사람을 사내이사로 선임하다.

사내이사 연 승 호

위 피선자는 즉시 그 취임을 승낙하다.

위 동의 및 결의 사실을 명확히 하기 위하여 주주 전원이 이에 날인한다.

첨부 : 1. 주주명부 1부

2. 주주 인감증명서 각 1부

20○○년 ○월 ○일

주식회사 ○○

주주 ○ ○ ○ (인)

주주 ○ ○ ○ (인)

주주 ○ ○ ○ (인)

※ 소규모회사의 경우 서면결의로써 주주총회의 결의를 갈음할 수 있다(구체적설명 531면 참조). 소규모 아닌 회사는 반드시 주주총회를 개최하여 임원을 선출하여야 한다.

[사례] 취임승낙서

<table><tr><td>

취 임 승 낙 서

본인은 귀 회사의 20○○년 ○월 ○일 개최되는 임시주주총회에 갈음한 주주전원의 서면결의에서 사내이사로 선임되었으므로 그 취임을 승낙합니다.

20○○년 ○월 ○일

사내이사 연 승 호 (인)

주식회사 은성전주 귀중

</td></tr></table>

※ 취임승낙서에는 취임자의 인감도장을 날인하고 인감증명법에 의하여 신고한 인감증명서나 본인서명사실확인서 또는 전자본인서명확인서를 첨부하여야 한다(112면 참조). 이사는 취임승낙서에 사내이사, 사외이사로 구분하여 표시하도록 한다.

[사례] 주주명부

주 주 명 부				
주 주	주 소	인수주식수	1주금액	납 입 금 액
유일호	서울시 ○○구 ○○로987길 6 www.wer88@hanmail.com	○주	금 500원	금000,000원
○○○	서울시 ○○구 ○○로876길 5	○주	금 500원	금000,000원
○○○	서울시 ○○구 ○○로765길 4	○주	금 500원	금000,000원
○○○	서울시 ○○구 ○○로651길 3	○주	금 500원	금000,000원
합 계		○주		금000,000원
20○○년 ○월 ○일				
상 호	주식회사 은성전주			
본 점	서울 ○○구 ○○로123길 14			
대표이사	유 일 호			

※ 전자주주명부제도

○ 회사는 정관에서 정하는 바에 따라 전자문서로 주주명부를 작성할 수 있다(상법 제352조의2제1항). 개정 상법은 기업경영의 IT화를 위하여 주주총회에 직접 참석하거나 대리인에게 투표를 위임하지 않더라도 전자서명 등 본인인증절차를 거쳐 인터넷으로 의결권을 행사하는 전자투표제도가 도입됐다(상법 제368조의4, 제382조의2). 이와 함께 주주들이 서면 외에도 이메일 등 전자문서를 통해 주주제안권 및 임시주주총회 소집청구권을 행사할 수 있도록 했다.

[사례] 주식회사 변경등기신청서(감사 1인 사임하고 보선)

주식회사 변경등기신청

접 수	년 월 일	처리인	등기관확인	각종통지
	제 호			

상 호	주식회사 한강랜드	등기번호	제456789호
본 점	서울 ○○구 ○○로123길 14		
등 기 의 목 적	감사 변경 등기		
등 기 의 사 유	본 회사의 감사 김장길은 20○○년 ○월 ○일 사임하고, 상법 제363조 제5항 및 제6항에 근거, 같은날 개최되는 임시주주총회 결의에 갈음한 주주전원의 서면결의에서 다음 사람이 감사로 선임되어, 같은날 취임하였으므로 그 등기를 구함.		
본/지점 신청구분	1. 본점신청 □ 2. 지점신청 □ 3. 본·지점 일괄신청 □		
등 기 할 사 항			
대표이사또는대표집행임원·이사·집행임원·감사 등의 퇴임·취임 등과 그 연월일	1) 감사 김장길 (00000-00000) (20○○년 ○월 ○일 사임) 2) 감사 김정길 (00000-00000) (20○○년 ○월 ○일 취임)		
기 타			

<table>
<tr><td colspan="7">신청등기소 및 등록면허세/수수료</td></tr>
<tr><td rowspan="2">순번</td><td rowspan="2">신청등기소</td><td rowspan="2">구분</td><td>등록면허세</td><td rowspan="2">농어촌
특별세</td><td rowspan="2">세액합계</td><td rowspan="2">등기신청수수료</td></tr>
<tr><td>지방교육세</td></tr>
<tr><td rowspan="2"></td><td rowspan="2"></td><td rowspan="2"></td><td>금 40,200원</td><td rowspan="2"></td><td rowspan="2">금 48,240원</td><td rowspan="2">금 6,000원</td></tr>
<tr><td>금 8,040원</td></tr>
<tr><td colspan="3" rowspan="2">합 계</td><td></td><td rowspan="2"></td><td rowspan="2"></td><td rowspan="2"></td></tr>
<tr><td></td></tr>
<tr><td colspan="4">등기신청수수료 은행수납번호</td><td colspan="3"></td></tr>
<tr><td colspan="7">첨 부 서 면</td></tr>
<tr><td colspan="4">1. 주주총회결의에 갈음하는 서면결의서 통
1. 사임서(인감증명서포함) 통
1. 취임승낙서(인감증명서 포함) 1통
1. 주민등록표등본(선임한 경우) 1통</td><td colspan="3">1. 정관(필요한 경우) 통
1. 인감신고서(대표이사선임의 경우) 통
1. 등록면허세영수필확인서 1통
1. 위임장(대리인이 신청할 경우) 1통
<기 타></td></tr>
<tr><td colspan="7">년 월 일
신청인 상 호 주식회사 한강랜드
본 점 서울 ○○구 ○○로123길 14
대표이사 성 명 김 한 강 (인) (전화 : 555-1234)
주 소 서울 ○○구 ○○로234길 50
대리인 성 명 법무사 정 동 진 (인) (전화 : 345-4567)
주 소 서울 서초구 서초로77길 33
○○지방법원 ○○등기소 귀중</td></tr>
</table>

- 신청서 작성요령 -

1. 해당란이 부족할 때에는 별지를 이용합니다.
1. 해당 등기신청과 관계없는 사항에 대하여는 "해당없음"으로 기재하거나 삭제하고, 필요한 사항은 추가 기재합니다.

※ 감사는 주주총회에서 선임하고(상법 제382조제1항), 출석한 주주의 의결권의 과반수와 발행주식총수의 1/4이상의 수로써 선임한다(상법 제368조제1항).

※ 주주총회, 이사회의 의사록에 기명날인을 할 이사 및 감사 : 106면 참조.

[사례] 서면결의서

주주전원의 서면결의서

본 회사는 자본금 총액이 10억원 미만인 회사로서 상법 제363조 제5항 및 제6항에 근거하여 20○○년 ○월 ○일 10: 00에 개최되는 임시주주총회의 소집절차를 생략하고 동 주주총회결의의 갈음으로 주주전원이 동의하여 서면으로 다음 사항을 결의한다.

\- 결 의 사 항 -

제1호 의안 : 감사 선임의 건

주주전원은 감사 유호영은 20○○년 ○월 ○일 사임하였으므로, 그 후임으로 감사 1인을 선출하여야 함에 뜻을 같이하고, 출석한 주주전원 일치되어 다음 사람을 감사로 선임하다. 단, 감사의 선임은 상법 제409조 준용규정에 의하여 선출하다.

감사 김정길

위 피선자는 즉시 그 취임을 승낙하다.

위 동의 및 결의 사실을 명확히 하기 위하여 주주 전원이 이에 날인한다.

첨부 : 1. 주주명부 1부

2. 주주 인감증명서 각 1부

20○○년 ○월 ○일

주식회사 한강랜드

주주 ○ ○ ○ (인)

주주 ○ ○ ○ (인)

주주 ○ ○ ○ (인)

※ 소규모회사의 경우 서면결의로써 주주총회의 결의를 갈음할 수 있다(구체적설명 531면 참조). 소규모 아닌 회사는 반드시 주주총회를 개최하여 임원을 선출하여야 한다.

[사례] 사임서

사 임 서
본인은 귀사의 감사인바, 개인 사정으로 그 직을 사임합니다.
20○○년 ○월 ○일
유 호 영 (인)
주식회사 한강랜드 귀중

※ 사임서에는 사임자의 인감도장을 날인하고 인감증명법에 의하여 신고한 인감증명서나 본인서명사실확인서 또는 전자본인서명확인서를 첨부하여야 한다(112면 참조).

[사례] 취임승낙서

취 임 승 낙 서
본인은 귀 회사의 20○○년 ○월 ○일 개최되는 임시주주총회에 갈음한 주주전원의 서면결의에서 감사로 선임되었으므로 그 취임을 승낙합니다.
20○○년 ○월 ○일
감 사 김 정 길 (인)
주식회사 한강랜드 귀중

※ 취임승낙서에는 취임자의 인감도장을 날인하고 인감증명법에 의하여 신고한 인감증명서나 본인서명사실확인서 또는 전자본인서명확인서를 첨부하여야 한다(112면 참조). 이사는 취임승낙서에 사내이사, 사외이사로 구분하여 표시하도록 한다.

[사례] 주주명부

<table>
<tr><th colspan="5">주 주 명 부</th></tr>
<tr><th>주 주</th><th>주 소</th><th>인수주식수</th><th>1주금액</th><th>납 입 금 액</th></tr>
<tr><td>김한강</td><td>서울시 ○○구 ○○로987길 6
www.oiu47@hanmail.com</td><td>○주</td><td>금 500원</td><td>금000,000원</td></tr>
<tr><td>○○○</td><td>서울시 ○○구 ○○로876길 5</td><td>○주</td><td>금 500원</td><td>금000,000원</td></tr>
<tr><td>…</td><td>이하 생략</td><td></td><td></td><td></td></tr>
<tr><td>합 계</td><td></td><td>○주</td><td></td><td>금000,000원</td></tr>
<tr><td colspan="5">위 주주명부는 본사에 비치된 주주명부와 대조하여 틀림이 없음을 증명합니다.
20○○년 ○월 ○일</td></tr>
<tr><td>상 호</td><td colspan="4">주식회사 한강랜드</td></tr>
<tr><td>본 점</td><td colspan="4">서울 ○○구 ○○로123길 14</td></tr>
<tr><td>대표이사</td><td colspan="4">김 한 강</td></tr>
</table>

※ 전자주주명부제도

○ 회사는 정관에서 정하는 바에 따라 전자문서로 주주명부를 작성할 수 있다(상법 제352조의2제1항). 전자주주명부에는 상법 제352조제1항의 기재사항 외에 전자우편주소를 적어야 한다.

○ 개정법은 기업경영의 IT화를 위하여 주주총회에 직접 참석하거나 대리인에게 투표를 위임하지 않더라도 전자서명 등 본인인증절차를 거쳐 인터넷으로 의결권을 행사하는 전자투표제도가 도입됐다(상법 제368조의4, 제382조의2).

[사례] 주식회사 변경등기신청서(감사 1인 정기주주총회에서 임기만료로 퇴임하고 선임)

주식회사 변경등기신청

접 수	년 월 일	처리인	등기관확인	각종통지
	제 호			

상 호	주식회사 디지털칠성	등기번호	제65478호
본 점	서울 ○○구 ○○로123길 14		
등 기 의 목 적	감사 변경 등기		
등 기 의 사 유	본 회사의 감사 홍동훈은 20○○년 ○월 ○일 임기만료로 퇴임하고 상법 제363조 제5항 및 제6항에 근거, 같은날 개최되는 정기주주총회결의에 갈음한 주주전원의 서면결의에서 다음 사람이 감사로 선임되어, 같은날 취임하였으므로 그 등기를 구함.		
본/지점 신청구분	1. 본점신청 □ 2. 지점신청 □ 3. 본·지점 일괄신청 □		
등 기 할 사 항			
대표이사또는대표집행임원·이사·집행임원·감사 등의 퇴임·취임 등과 그 연월일	1) 감사 홍동훈(00000-00000) (20○○년 ○월 ○일 퇴임) 2) 감사 이영삼(00000-00000) (20○○년 ○월 ○일 취임)		
기 타			

<table>
<tr><td colspan="8">신청등기소 및 등록면허세/수수료</td></tr>
<tr><td rowspan="2">순번</td><td rowspan="2">신청등기소</td><td rowspan="2">구분</td><td>등록면허세</td><td rowspan="2">농어촌특별세</td><td rowspan="2">세액합계</td><td rowspan="2">등기신청수수료</td></tr>
<tr><td>지방교육세</td></tr>
<tr><td rowspan="2"></td><td rowspan="2"></td><td rowspan="2"></td><td>금 40,200원</td><td rowspan="2"></td><td rowspan="2">금 48,240원</td><td rowspan="2">금 6,000원</td></tr>
<tr><td>금 8,040원</td></tr>
<tr><td></td><td></td><td></td><td></td><td></td><td></td><td></td></tr>
<tr><td colspan="3" rowspan="2">합 계</td><td></td><td rowspan="2"></td><td rowspan="2"></td><td rowspan="2"></td></tr>
<tr><td></td></tr>
<tr><td colspan="4">등기신청수수료 은행수납번호</td><td colspan="3"></td></tr>
<tr><td colspan="7">첨 부 서 면</td></tr>
<tr><td colspan="4">1. 주주총회결의에 갈음하는 서면결의서 통
1. 사임서(인감증명서포함) 통
1. 취임승낙서(인감증명서 포함) 1통
1. 주민등록표등본(선임한 경우) 1통
1. 정관(필요한 경우) 통</td><td colspan="3">1. 인감신고서(대표이사 선임의 경우) 통
1. 등록면허세영수필확인서 1통
1. 위임장(대리인이 신청할 경우) 1통
<기 타></td></tr>
<tr><td colspan="7">년 월 일
신청인 상 호 주식회사 디지털칠성
본 점 서울 ○○구 ○○로123길 14
대표이사 성 명 한 칠 성 (인) (전화 : 555-1234)
주 소 서울 ○○구 ○○로234길 50
대리인 성 명 법무사 정 동 진 (인) (전화 : 345-4567)
주 소 서울 서초구 서초로77길 33
○○지방법원 ○○등기소 귀중</td></tr>
</table>

- 신청서 작성요령 -

1. 해당란이 부족할 때에는 별지를 이용합니다.
1. 해당 등기신청과 관계없는 사항에 대하여는 "해당없음"으로 기재하거나 삭제하고, 필요한 사항은 추가 기재합니다.

(용지규격 21㎝× 29.7㎝)

※ 감사의 임기는 취임 후 3년 내의 최종의 결산시에 관한 정기주주총회의 종결 시까지로

한다(상법 제410조). 위와 같이 감사의 임기는 법정되어 있기 때문에 정관 또는 주주총회의 결의에 의하더라도 이를 단축하거나 연장할 수 없다.

※ 감사의 임기는 그 취임 시를 임기의 시기(始期)로 하고, 취임 후 3년 내의 최종의 결산시에 관한 정기주주총회의 종결 시를 그 종기(終期)로 한다. 다만, 회사 설립 시의 최초감사의 임기는 회사의 성립일(설립등기일)을 임기의 기산점(시기)으로 보는 것이 등기의 실무다. 한편, 감사의 임기의 종기와 관련해서는 정관에 관한 시기 또는 기간 내에 최종의 결산기에 관한 정기주주총회가 개최되지 아니한 때에는 그 시기 또는 기간이 경과함과 동시에 그 임기가 만료하고, 정관에 정기주주총회의 개최시기에 관한 정함이 없는 때에는 정기주주총회는 상법의 관련 규정(상법 제354조)의 해석상 결산기로부터 3월 내에 개최되어야 하므로 만약 회사의 결산기가 12. 31. 이라면 익년 3월 31일에 임기가 만료한다.

※ 2009. 5. 28. 상법의 일부개정(법률 제9746호)으로 인해 자본금의 총액이 10억원 미만인 회사는 회사의 선택에 따라 감사를 두지 않을 수 있기 때문에(상법 제409조 4항) 종전 감사가 임기만료 또는 사임으로 인하여 퇴임한 경우에 정관에 감사를 반드시 1명 이상 두도록 규정하고 있지 않다면, 이 경우에는 퇴임한 감사가 후임자의 취임 시까지 권리의무를 행사할 필요가 없기 때문에 종전 감사의 퇴임등기만을 할 수 있는데, 이 경우 정관상으로 감사를 두도록 규정하고 있다면 종전 감사의 퇴임등기를 신청하기 전에 정관을 변경하여야 한다.

[사례] 서면결의서

주주전원의 서면결의서

본 회사는 자본금 총액이 10억원 미만인 회사로서 상법 제363조 제5항 및 제6항에 근거하여 20○○년 ○월 ○일 10: 00에 개최되는 정기주주총회 소집절차를 생략하고 동 주주총회결의의 갈음으로 주주전원이 동의하여 서면으로 다음 사항을 결의한다.

- 결 의 사 항 -

제1호 의안 : 감사 선임의 건

주주전원은 감사 홍동훈은 20○○년 ○월 ○일 임기만료로 퇴임하였으므로, 감사 1인을 선출하여야 함에 뜻을 같이하고, 출석한 주주전원 일치되어 다음 사람을 감사로 선임하다. 단, 감사의 선임은 상법 제409조 준용규정에 의하여 선출하다.

감사 이영삼
위 피선자는 즉시 그 취임을 승낙하다.

위 동의 및 결의 사실을 명확히 하기 위하여 주주 전원이 이에 날인한다.

첨부 : 1. 주주명부 1부
2. 주주 인감증명서 각 1부

20○○년 ○월 ○일

주식회사 ○○
주주 ○ ○ ○ (인)
주주 ○ ○ ○ (인)
주주 ○ ○ ○ (인)

※ 소규모회사의 경우 서면결의로써 주주총회의 결의를 갈음할 수 있다(구체적설명 531면 참조). 소규모 아닌 회사는 반드시 주주총회를 개최하여 임원을 선출하여야 한다.

[사례] 취임승낙서

취 임 승 낙 서

본인은 귀 회사의 20○○년 ○월 ○일 개최되는 정기주주총회에 갈음한 주주전원의 서면결의에서 감사로 선임되었으므로 그 취임을 승낙합니다.

20○○년 ○월 ○일

감 사 이 영 삼 (인)

주식회사 디지털칠성 귀중

※ 취임승낙서에는 취임자의 인감도장을 날인하고 인감증명법에 의하여 신고한 인감증명서나 본인서명사실확인서 또는 전자본인서명확인서를 첨부하여야 한다(112면 참조). 취임승낙하는 임원이 여러 명인 경우 1장의 서면에 모두 작성할 수도 있다.

[사례] 주주명부

주 주 명 부				
주 주	주 소	인수주식수	1주금액	납 입 금 액
김한강	서울시 ○○구 ○○로987길 6 www.oiu47@hanmail.com	○주	금 500원	금000,000원
○○○	서울시 ○○구 ○○로876길 5	○주	금 500원	금000,000원
…	이하 생략			
합 계		○주		금000,000원

위 주주명부는 본사에 비치된 주주명부와 대조하여 틀림이 없음을 증명합니다.

20○○년 ○월 ○일

상 호	주식회사 한강랜드
본 점	서울 ○○구 ○○로123길 14
대표이사	김 한 강

※ 전자주주명부제도

○ 회사는 정관에서 정하는 바에 따라 전자문서로 주주명부를 작성할 수 있다(상법 제352조의2제1항). 전자주주명부에는 상법 제352조제1항의 기재사항 외에 전자우편주소를 적어야 한다.

○ 개정법은 기업경영의 IT화를 위하여 주주총회에 직접 참석하거나 대리인에게 투표를 위임하지 않더라도 전자서명 등 본인인증절차를 거쳐 인터넷으로 의결권을 행사하는 전자투표제도가 도입됐다(상법 제368조의4, 제382조의2).

7. 서면결의에 의한 이사 · 감사 중임의 신청사례

[사례] 주식회사 변경등기신청(이사 1인 중임의 경우 서면결의)

주식회사 변경등기신청

접 수	년 월 일	처리인	등기관확인	각종통지
	제 호			

상 호	주식회사 미래통신	등기번호	제888456호
본 점	서울 서초구 서초로233길 50		
등 기 의 목 적	이사 중임 등기		
등 기 의 사 유	본 회사의 사내이사 이영길은 20○○년 ○월 ○일 임기만료이나 상법 제363조 제5항 및 제6항에 근거, 같은날 개최되는 임시주주총회결의에 갈음한 주주전원의 서면결의에서 사내이사로 재선임되어, 같은날 사내이사에 중임하였으므로 그 등기를 구함.		
본/지점 신청구분	1. 본점신청 □ 2. 지점신청 □ 3. 본·지점 일괄신청 □		
등 기 할 사 항			
대표이사또는대표집행임원·이사·집행임원·감사 등의 퇴임·취임 등과 그 연월일	사내이사 이영길 (501020-8884567) 20○○년 ○월 ○일 중임		
기 타			

<table>
<tr><td colspan="7">신청등기소 및 등록면허세/수수료</td></tr>
<tr><td rowspan="2">순번</td><td rowspan="2">신청등기소</td><td rowspan="2">구분</td><td>등록면허세</td><td rowspan="2">농어촌특별세</td><td rowspan="2">세액합계</td><td rowspan="2">등기신청수수료</td></tr>
<tr><td>지방교육세</td></tr>
<tr><td rowspan="2"></td><td rowspan="2"></td><td rowspan="2"></td><td>금40,200원</td><td rowspan="2"></td><td rowspan="2">금48,240원</td><td rowspan="2">금6,000원</td></tr>
<tr><td>금8,040원</td></tr>
<tr><td></td><td></td><td></td><td></td><td></td><td></td><td></td></tr>
<tr><td colspan="3" rowspan="2">합 계</td><td></td><td rowspan="2"></td><td rowspan="2"></td><td rowspan="2"></td></tr>
<tr><td></td></tr>
<tr><td colspan="4">등기신청수수료 은행수납번호</td><td colspan="3"></td></tr>
<tr><td colspan="7">첨 부 서 면</td></tr>
<tr><td colspan="4">1. 주주총회의사록갈음의 서면결의서 통
1. 이사회의사록 통
1. 취임승낙서(인감증명서 포함) 통
1. 주민등록표등본(선임한 경우) 통
1. 정관(필요한 경우) 통</td><td colspan="3">1. 인감신고서(대표이사선임의 경우) 통
1. 등록면허세영수필확인서 1통
1. 위임상(대리인이 신칭할 경우) 1통
<기 타></td></tr>
<tr><td colspan="7">년 월 일

신청인 상 호 주식회사 미래통신
본 점 서울 서초구 서초로233길 50
대표이사 성 명 김 관 배 (인) (전화 : 555-1234)
주 소 서울 강서구 염창로234길 50
대리인 성 명 법무사 정 동 진(인) (전화 : 345-4567)
주 소 서울 서초구 서초로77길 33

○○지방법원 ○○등기소 귀중</td></tr>
</table>

- 신청서 작성요령 -

1. 해당란이 부족할 때에는 별지를 이용합니다.
1. 해당 등기신청과 관계없는 사항에 대하여는 "해당없음"으로 기재하거나 삭제하고, 필요한 사항은 추가 기재합니다.

(용지규격 21㎝× 29.7㎝)

※ 주식회사 이사의 중임등기

※ "이사의 임기는 3년으로 하되 그 임기가 임기 내에 도래하는 최종의 결산기에 관한

정기주주총회 종결 전에 만료되는 때에는 이사의 임기는 그 총회 종결시까지 연장한다."는 취지의 정관 규정에 의하여 1996. 1. 12. 자로 임기가 만료되는 이사의 임기가 정기주주총회종결일인 1996. 3. 25. 까지 연장되었고, 그 총회에서 동일인이 다시 이사로 선임되어 '1996. 3. 25.'을 중임일로 하는 중임등기가 경료된 후, 임기 중인 1999. 3. 10. 자 정기주주총회에서 동일인이 다시 이사로 선임되었다면 특별한 사정이 없는 한 중임등기를 신청할 수 있을 것이고, 이 경우 중임일은 먼저 중임된 이사의 임기만료일의 다음날인 '1999. 3. 26.'로 하여야 할 것이다(상업등기선례 1-157 1999. 5. 11. 등기 3402-506 질의회답).

※ 원래 1980. 2. 9에 임기가 만료되는 이사가 상법 제383조 제3항과 정관의 규정에 의하여 최종의 결산기(1979. 12. 31에 종료) 에 관한 정기주주총회의 종결일(1980. 2. 11)까지 그 임기가 연장되고 그 총회 종결일에 중임되어 그 퇴임 및 중임의 등기를 신청함에 있어서는 그 퇴임 및 중임일자를 총회 종결일인 1980. 2. 11로 기재하여야 한다(등기선례1-865, 80. 4. 9 등기 제148호). 정기주주총회에서의 변경등기는 381면 참조

※ 주식회사 이사의 취임등기기간은 그 취임의 효력이 발생한 날로부터 진행된다고 할 것이므로, 이사 홍길동의 임기만료 전에 개최된 정기주주총회에서 미리 이사 홍길동을 중임하기로 하는 결의가 이루어진 경우, 상법 제317조 제4항 및 제183조의 규정에 의한 등기기간은 그 취임의 효력이 발생한 날, 즉 이사 홍길동이 임기만료로 퇴임함과 동시에 주주총회의 결의에 의하여 중임되어 새로이 임기를 개시하게 된 날로부터 진행된다고 할 것이다(상업등기선례 1-152, 1998. 10. 8. 등기 3402-985 질의회답).

※ 이사 · 감사 중임의 설명은 450면 참조, 서면결의에 의한 설명은 531면 참조

[사례] 서면결의서

주주전원의 서면결의서

본 회사는 자본금 총액이 10억원 미만인 회사로서 상법 제363조 제5항 및 제6항에 근거하여 20○○년 ○월 ○일 10: 00에 개최되는 임시주주총회의 소집절차를 생략하고 동 주주총회결의의 갈음으로 주주전원이 동의하여 서면으로 다음 사항을 결의한다.

- 결 의 사 항 -

의안 : 이사 재선임의 건

주주전원은 사내이사 이영길이 금일 임기만료이나 회사의 사업운영 형편상 그 유임이 불가피함에 뜻을 같이 하고, 주주전원 만장일치로 재선임을 승인가결하다.

사내이사 이 영 길

피선자는 즉석에서 그 직에 취임을 승낙하다.

위 동의 및 결의 사실을 명확히 하기 위하여 주주전원이 이에 날인한다.

첨부 : 1. 주주명부 1부

2. 주주 인감증명서 각 1부

20○○년 월 일

주식회사 ○○

주주 ○ ○ ○ (인)

주주 ○ ○ ○ (인)

주주 ○ ○ ○ (인)

※ 소규모회사의 경우 서면결의로써 주주총회의 결의를 갈음할 수 있다(구체적설명 531면 참조). 소규모 아닌 회사는 반드시 주주총회를 개최하여 임원을 선출하여야 한다.

[사례] 중임승낙서

중 임 승 낙 서

본인은 귀 회사의 20○○년 ○월 ○일 개최되는 임시주주총회에 갈음한 주주전원의 서면결의에서 사내이사로 재선임되었으므로 그 취임을 승낙합니다.

20○○년 ○월 ○일

사내이사 이 영 길 (인)

주식회사 미래통신 귀중

※ 중임승낙서에는 중임자의 인감도장을 날인하고 인감증명법에 의하여 신고한 인감증명서나 본인서명사실확인서 또는 전자본인서명확인서를 첨부하여야 한다(112면 참조). 다만, 등기소에 인감을 제출한 사람이 중임 또는 사임하는 경우에는 등기소에 제출된 인감이 날인된 중임승낙 또는 사임을 증명하는 서면으로 갈음할 수 있다(상업등기규칙 제104조 제1항). 중임의 경우 주민등록등(초)본은 첨부하지 아니한다.

[사례] 주주명부

<table>
<tr><td colspan="5">주 주 명 부</td></tr>
<tr><td>주 주</td><td>주 소</td><td>인수주식수</td><td>1주금액</td><td>납 입 금 액</td></tr>
<tr><td>김관배</td><td>서울시 강서구 염창로234길 50
www.asd45@hanmail.com</td><td>5,000주</td><td>금5,000원</td><td>금25,000,000원</td></tr>
<tr><td>○○○</td><td>서울시 ○○구 ○○로876길 5
www.wert88@hanmail.com</td><td>5,000주</td><td>금5,000원</td><td>금25,000,000원</td></tr>
<tr><td>…</td><td>이하 생략</td><td></td><td></td><td></td></tr>
<tr><td>합 계</td><td></td><td>○주</td><td></td><td>금○○○원</td></tr>
<tr><td colspan="5">위 주주명부는 본사에 비치된 주주명부와 대조하여 틀림이 없음을 증명합니다.
20○○년 ○월 ○일</td></tr>
<tr><td>상 호</td><td colspan="4">주식회사 미래통신</td></tr>
<tr><td>본 점</td><td colspan="4">서울 서초구 서초로233길 50</td></tr>
<tr><td>대표이사</td><td colspan="4">김 관 배</td></tr>
</table>

※ 전자주주명부제도

○ 회사는 정관에서 정하는 바에 따라 전자문서로 주주명부를 작성할 수 있다(상법 제352조의2제1항). 전자주주명부에는 상법 제352조제1항의 기재사항 외에 전자우편주소를 적어야 한다.

○ 개정법은 기업경영의 IT화를 위하여 주주총회에 직접 참석하거나 대리인에게 투표를 위임하지 않더라도 전자서명 등 본인인증절차를 거쳐 인터넷으로 의결권을 행사하는 전자투표제도가 도입됐다(상법 제368조의4, 제382조의2).

[사례] 주식회사 변경등기신청서(감사 1인 정기총회에서 중임)

주식회사 변경등기신청

<table>
<tr><td rowspan="2">접 수</td><td>년 월 일</td><td rowspan="2">처리인</td><td>등기관확인</td><td>각종통지</td></tr>
<tr><td>제 호</td><td></td><td></td></tr>
</table>

<table>
<tr><td>상 호</td><td>주식회사 서울패션</td><td>등기번호</td><td>제888456호</td></tr>
<tr><td>본 점</td><td colspan="3">서울 ○○구 ○○로123길 14</td></tr>
<tr><td>등 기 의 목 적</td><td colspan="3">감사 중임 등기</td></tr>
<tr><td>등 기 의 사 유</td><td colspan="3">본 회사의 감사 한동석은 정관 제26조 준용규정에 따라 20○○년 ○월 ○일 임기만료이나 상법 제363조 제5항 및 제6항에 근거, 같은날 개최되는 정기주주총회결의에 갈음한 주주전원의 서면결의에서 감사에 재선임되어, 같은날 감사에 중임하였으므로 그 등기를 구함.</td></tr>
<tr><td>본/지점 신청구분</td><td colspan="3">1. 본점신청 □ 2. 지점신청 □ 3. 본·지점 일괄신청 □</td></tr>
<tr><td colspan="4">등 기 할 사 항</td></tr>
<tr><td>대표이사또는대표집행임원·이사·집행임원·감사 등의 퇴임·취임 등과 그 연월일</td><td colspan="3">감사 한동석 501020-1894567
(20○○년 ○월 ○일 중임)</td></tr>
<tr><td>기 타</td><td colspan="3"></td></tr>
</table>

<table>
<tr><td colspan="8">신청등기소 및 등록면허세/수수료</td></tr>
<tr><td rowspan="2">순번</td><td rowspan="2">신청등기소</td><td rowspan="2">구분</td><td>등록면허세</td><td rowspan="2">농어촌
특별세</td><td rowspan="2">세액합계</td><td rowspan="2">등기신청수수료</td></tr>
<tr><td>지방교육세</td></tr>
<tr><td rowspan="2"></td><td rowspan="2"></td><td rowspan="2"></td><td>금 40,200원</td><td rowspan="2"></td><td rowspan="2">금 48,240원</td><td rowspan="2">금 6,000원</td></tr>
<tr><td>금 8,040원</td></tr>
<tr><td colspan="3" rowspan="2">합 계</td><td></td><td rowspan="2"></td><td rowspan="2"></td><td rowspan="2"></td></tr>
<tr><td></td></tr>
<tr><td colspan="4">등기신청수수료 은행수납번호</td><td colspan="3"></td></tr>
</table>

<table>
<tr><td colspan="2">첨 부 서 면</td></tr>
<tr><td>1. 주주총회의사록갈음의 서면결의서 통
1. 이사회의사록 통
1. 사임서(인감증명서포함) 동
1. 취임승낙서(인감증명서 포함) 통
1. 주민등록표등본(선임한 경우) 통
1. 정관(필요한 경우) 통</td><td>1. 인감신고서(대표이사 선임의 경우) 통
1. 등록면허세영수필확인서 통
1. 위임장(대리인이 신청할 경우) 통
<기 타></td></tr>
</table>

년 월 일

신청인 상 호 주식회사 서울패션
본 점 서울 ○○구 ○○로123길 14
대표이사 성 명 김 서 울 (인) (전화 :)
주 소 서울 ○○구 ○○로234길 50
대리인 성 명 법무사 정 동 진 (인) (전화 : 345-4567)
주 소 서울 서초구 서초로77길 33

○○지방법원 ○○등기소 귀중

- 신청서 작성요령 -

1. 해당란이 부족할 때에는 별지를 이용합니다.
1. 해당 등기신청과 관계없는 사항에 대하여는 "해당없음"으로 기재하거나 삭제하고, 필요한 사항은 추가 기재합니다.

※ 감사의 선임 : 감사는 주주총회에서 선임하고(상법 제382조제1항), 출석한 주주의 의결

권의 과반수와 발행주식총수의 1/4이상의 수로써 선임한다(상법 제368조제1항).

○ 보통결의 요건은 예외적으로 정관의 규정에 따라서 출석정족수를 두거나 의결정족수를 가중할 수 있다(상법 제368조 제1항).

○ 감사의 선임은 이사와 마찬가지로 주주총회의 고유권한(상법 제361조)이므로 정관의 규정 또는 주주총회의 특별결의로도 이사의 선임을 제3자나 타기관에 위임하지 못한다.

○ 의결권없는 주식을 제외한 발행주식의 총수의 100분의 3을 초과하는 수의 주식을 가진 주주는 그 초과하는 주식에 관하여 감사의 선임에 있어서는 의결권을 행사하지 못한다(상법 제409조 제2항).

※ 주주총회, 이사회의 의사록에 기명날인을 할 이사 및 감사 : 106면 참조.

※ 등록면허세 등

○ 등록면허세 40,200원(지방세법 제28조)과 등록면허세의 100분의 20에 해당하는 지방교육세를 납부하여야 한다.

○ 서면제출의 경우 수수료는 6,000원, 이폼신청의 경우 4,000원, 전자신청의 경우 2,000원이다.

[사례] 서면결의서

주주전원의 서면결의서

본 회사는 자본금 총액이 10억원 미만인 회사로서 상법 제363조 제5항 및 제6항에 근거하여 20○○년 ○월 ○일 10: 00에 개최되는 정기주주총회의 소집절차를 생략하고 동 주주총회결의의 갈음으로 주주전원이 동의하여 서면으로 다음 사항을 결의한다.

\- 결 의 사 항 -

제1호 의안 : 결산보고 승인의 건

주주전원은 별도 배부한 20○○년 ○월 ○일 ~ 20○○년 ○월 ○일까지 영업 대차대조표, 손익계산서, 이익잉여금 처분 안에 대하여 주주전원 만장일치로 원안대로 승인가결하다.

제2호 의안 : 감사중임의 건

주주전원은 본 회사의 감사 한동석은 정관 제26조 준용규정에 의하여 금일 임기만료이나 회사의 사업운영 형편상 그 유임이 불가피함에 뜻을 같이하고, 출석주주 전원 만장일치로 감사에 재선임을 승인가결하다.

감사 한동석

단, 감사의 선임은 상법 제409조 준용규정에 의하여 선출하다.

위 피선임자는 즉석에서 그 중임을 승낙하다.

위 동의 및 결의 사실을 명확히 하기 위하여 주주 전원이 이에 날인한다.

첨부 : 1. 주주명부 1부

2. 주주 인감증명서 각 1부

20○○년 ○월 ○일

주식회사 ○○

주주 ○ ○ ○ (인)

주주 ○ ○ ○ (인)

주주 ○ ○ ○ (인)

※ 소규모회사의 경우 서면결의로써 주주총회의 결의를 갈음할 수 있다(구체적설명 531면 참조). 소규모 아닌 회사는 반드시 주주총회를 개최하여 임원을 선출하여야 한다.

[사례] 중임승낙서

<table><tr><td>

중 임 승 낙 서

본인은 귀 회사의 20○○년 ○월 ○일 개최되는 정기주주총회에 갈음한 주주전원의 서면결의에서 감사로 재선임되었으므로 그 중임을 승낙합니다.

20○○년 ○월 ○일

감 사 한 동 석 (인)

주식회사 서울패션 귀중

</td></tr></table>

※ 중임승낙서에는 중임자의 인감도장을 날인하고 인감증명법에 의하여 신고한 인감증명서나 본인서명사실확인서 또는 전자본인서명확인서를 첨부하여야 한다(112면 참조). 다만, 등기소에 인감을 제출한 사람이 중임 또는 사임하는 경우에는 등기소에 제출된 인감이 날인된 중임승낙 또는 사임을 증명하는 서면으로 갈음할 수 있다(상업등기규칙 제104조 제1항). 중임의 경우 주민등록등(초)본은 첨부하지 아니한다.

[사례] 주주명부

주 주 명 부				
주 주	주 소	인수주식수	1주금액	납 입 금 액
김서울	서울시 ○○구 ○○로987길 6 www.oiu47@hanmail.com	○주	금 500원	금,000,000원
○○○	서울시 ○○구 ○○로876길 5	○주	금 500원	금,000,000원
…	이하 생략			
합 계		○주		금,000,000원
위 주주명부는 본사에 비치된 주주명부와 대조하여 틀림이 없음을 증명합니다. 20○○년 ○월 ○일				
상 호	주식회사 서울패션			
본 점	서울 ○○구 ○○로123길 14			
대표이사	김 서 울			

※ 전자주주명부제도

○ 회사는 정관에서 정하는 바에 따라 전자문서로 주주명부를 작성할 수 있다(상법 제352조의2제1항). 개정 상법은 기업경영의 IT화를 위하여 주주총회에 직접 참석하거나 대리인에게 투표를 위임하지 않더라도 전자서명 등 본인인증절차를 거쳐 인터넷으로 의결권을 행사하는 전자투표제도가 도입됐다(상법 제368조의4, 제382조의2). 이와 함께 주주들이 서면 외에도 이메일 등 전자문서를 통해 주주제안권 및 임시주주총회 소집청구권을 행사할 수 있도록 했다.

부 록

정관 및 의사록의 공증(인증)

정관 및 의사록의 공증(인증)

가. 개 설

주식회사에 관한 변경등기 시에는 주주총회의사록이나 이사회의사록은 반드시 공증(인증)을 받아야 한다.

"의사록의 공증(인증)"이란 의사록을 작성하여 공증사무소에 가지고 와서 공증촉탁을 하면 공증인이 인증문을 작성하여 그 서류의 작성권자가 누구인지 여부를 확인하여 그 서류 작성자에게 책임을 물을 수 있도록 제도화하여 증명해 주는 것을 말한다.

의사록의 공증(인증)은 단지 법인등기부등본 상에 기재된 내용의 변경이 있을 경우 법인등기부등본의 내용을 변경하기 위해서 하는 것이다. 그러므로 법인등기부등본상의 내용변경을 위하여 등기할 경우가 아니면 의사록은 공증을 하지 않아도 된다. 주주총회와 이사회를 개최할 경우 회사에서 의사록을 작성하여 보관하도록 되어 있으나 공증을 하여 보관하여야 한다는 규정은 없다.

법인의사록의 인증방법에는 "청문인증"과 "참석인증"이란 것이 있는데 "청문인증"이란 의결에 필요한 정족수 이상의 자 또는 그 대리인의 촉탁을 받아 그 촉탁인으로부터 의사록의 내용이 진실에 부합하는지에 관한 진술을 듣고 촉탁인으로 하여금 의사록의 기명날인을 확인케 하는 것을 말한다(공증인법 제66조의2 제2, 3항).

위 확인은 의사록 인증을 하는 공증인이 그 총회 등의 결의의 절차 및 내용이 진실에 부합(符合)하는지를 주주명부, 진술서, 정관 등 관련 증빙자료에 의하여 의결정족 수 이상의 찬성이 있었는지의 여부와 그 정족수 이상의 자 또는 그 대리인의 촉탁을 받아 의사록의 내용이 진실에 부합하는지에 관하여 진술을 듣고, 촉탁인 또는 그 대리인으로 하여금 공증인 앞에서 의사록의 서명 또는 기명날인을 확인하게 한 후 그 사실을 적는 방법으로 한다(공증인법 제66조의2 제3항). 이 경우에는 해당결의를 한 자중 그 의결에 필요한 정족수 이상의 자 또는 그 대리인이 촉탁인이 된다.

나. 공증인의 인증은 어떤 경우에 받나

(1) 법인의 설립등기 시

인증은 법인설립등기 시와 법인변경등기 시에 받는 것이다. 그러나 상법 제292조는 자본금 총액이 10억원 미만인 회사를 발기설립하는 경우 정관의 공증(인증)의무를 면제하고 발기인들의 기명날인 또는 서명만으로도 효력이 발생할 수 있도록 하였으며, 발기인 총회의사록, 이사회 의사록의 경우(공증인법 제66조의2)도 인증의무를 면제하였다.

상법 제292조는 2009. 5. 28. 개정된 것으로, 개정 상법이 공증(인증)의무를 면제한 것은 소규모회사를 창업하거나 운영하는데 필요한 절차를 간소화하여 활발한 투자여건을 조성하고 경영환경을 개선하여 기업의 경쟁력을 높이고자 하는 취지이다. 그러나 모집설립의 경우 자본금 총액이 10억원 미만이더라도 정관 및 의사록의 인증을 받아야 한다.

(2) 법인의 변경등기 시

법인의 변경등기 시에는 공증인의 인증을 반드시 받아야 한다. 자본금 총액이 10억원 미만인 회사를 발기설립하여 설립등기를 마친 회사라도 변경등기 시에는 공증인법 제66조의2제1항 단서가 적용되지 않으므로, 그 변경등기를 신청할 때 첨부하는 의사록은 공증인의 인증을 받은 것이어야 한다(상업등기선례 제201111-2호, 2011. 11. 2. 사법등기심의관-2637 질의회답).

(3) 서면결의서 공증(인증)여부

서면결의(상법 제363조제4항)에 의한 등기신청서의 경우 공증을 안받아도 되는지에 관하여 뚜렷한 규정이 없던 차에 등기선례(법인등기선례 제201809-3호, 2018. 9. 14. 사법등기심의관-3618 질의회답)가 생성이 되었다.

위 등기선례는 "경영권 분쟁 등의 사유로 주주명부의 진정성에 의심이 드는 때(대표자 해임 등의 경우)에는 형식적 심사권만을 가진 등기관의 입장에서는 위의 첨부정보만으로는 총주주의 동의가 있는지 여부를 판단하기 어렵다 할 것이어서 등기에 필요한 첨부정보를 제공하지 아니한 경우 또는 등기할 사항에 무효 또는 취소의 원인이 있는 경우로 보아 그 등기신청을 각하할 수 있다(상업등기법 제26조 제8호 또는 제10호). 이때에는 회사는 현실적인 주주총회를 개최하여 공증인법 제66조의2에 따라 공증인의 인증을 받은 의사록을 첨부정보(상업등기규칙 제128조제2항)로 제공하여야 할 것이다."라고 하여 "경영권 분쟁 등의 사유로 주주명부의 진정성에 의심이 드는 때(대표자 해임 등의 경우)의 경우" 외에는 서면결의서에 의해서 등기신청을 하여도 공증하고는 무관하게 되었다.

다. 정관 및 의사록 인증

(1) 개 설

주식회사의 경우 모집설립 또는 자본금 총액이 10억원 이상인 회사를 발기설립등기 시 상법 제292조와 그 준용 규정에 따라 정관의 인증을 촉탁하려면 정관(전자문서로 작성된 정관은 제외한다) 2통을 제출하도록 하였으나(공증인법 제63조 제1항), 실무에서는 정관3통을 제출하고 있다. 공증인은 정관 중 1통은 공증인이 보존하고 2통은 촉탁인 또는 그 대리인에게 돌려준다.

정관의 인증은 정관에 한 서명 또는 기명날인은 공증인이 보는 앞에서 한 것이 아니고 정관에 서명 또는 기명날인한 당사자나 그 대리인이 공증인 앞에 나와서 그 서명 또는 기명날인이 본인이 한 것이라는 것을 진술하는 것을 듣고 이를 확인하는 방법(자인인증)으로 한다(공증인법 제63조 제2항).

(2) 촉탁인 또는 그 대리인의 증명

주식회사의 경우는 대표이사가 회사를 대표하게 된다(상법 제389조). 그리고 주식회사나 유한회사는 공동대표를 둘 수 있으므로(상법 제389조, 제562조 제3항), 그러한 경우에는 수인의 대표이사가 공동으로 촉탁을 하여야 한다. 비법인 사단인 종중의 경우는 대표의 선임결의서로 그 대표자격을 증명하여야 한다.

상법상의 지배인은 영업주를 대신하여 그 영업에 관한 일체의 재판상 또는 재판 외의 행위를 할 수 있으므로(상법 제11조), 지배인은 특별히 공증에 관한 개별적 위임이 없더라도 영업에 관한 한 그 영업주를 대리하여 공증을 촉탁할 수 있고 대리인도 선임할 수 있다.

(3) 관 할

정관의 인증에 관한 사무를 회사의 본점 소재지를 관할하는 지방검찰청 소속 공증인만이 취급하도록 한 제한을 폐지하였다(종전의 공증인법 제62조 삭제).

공증인의 직무집행구역은 그 소속 지방검찰청의 관할 구역에 따른다. 다만, 서울특별시는 하나의 직무집행구역으로 한다(공증인법 제16조).

(4) 인증의 수수료

(가) 법인설립 시

현재 공증인수수료규칙 제21조 제1항은 "상법의 규정에 의한 정관인증의 수수료는 발행주식의 액면총액 5천만원까지는 80,000원으로 하고, 5천만원을 초과할 경우에는 그 초과액의 2천분의 1을 더하되 100만원을 초과하지 못한다."고 규정하고 있다. 예컨대 자본금이 1억원인 경우에는 공증료는 130,000원(80,000+50,000원 정관공증료 포함)이 되는 것이고, 의사록공증료는 건당 30,000원이다.

(나) 증자 시

공증인수수료규칙 제21조 제1항의 규정에 따라 예를들어 1억원을 증자한 경우에는 공증료는 130,000원(80,000+50,000원 정관공증료 포함)이 되는 것이다.

의사록의 공증(인증)료는 건당 30,000원이다. (주주총회의사록 30,000원+이사회의사록30,000원=60,000원).

(다) 변경등기 시

의사록 공증료는 건당 30,000원이므로 주주총회의사록과 이사회의사록을 인증 받는 경우 60,000원이 되는 것이다.

(5) 준비서류

(가) 변경등기 시

주주총회의사록, 이사회의사록, 주주명부, 진술서 각 3부를 준비하고 공증용 위임장을 작성하여야 한다(후술참조). 의사록에 날인한 이사는 공증용 위임장에 인감을 날인하고 개인인감증명 각 2통씩과 인감도장을 준비한다.

(나) 설립등기 시

자본금10억 이상인 회사의 설립등기 시에는 정관, 창립총회의사록, 창립사항보고서, 조사보고서, 이사회의사록, 주주명부, 진술서 각 3부를 준비하고 공증용 위임장을 작성하여야 한다(후술참조). 이사회의사록에 날인한 이사는 공증용 위임장에 인감을 날인하고 개인인감증명 각 2통씩과 인감도장을 준비한다.

(6) 의사록 인증 제외대상 법인

법인 설립 또는 정관 변경 등으로 인한 법인 등기시 의사록 인증이 제외되는 대상 법인을 종래 공증인법 시행령 별표에서 규정하였으나, 개정법에서는 주무관청의 추천을 받아 '법무부장관이 지정·고시'하는 방식으로 간소화하였다.

자본금의 총액이 10억원 미만인 회사를 상법 제295조 제1항에 따라 발기설립하는 경우 또는 대통령령으로 정하는 공법인이나 비영리법인의 경우에는 인증을 면제한다(공증인법 제66조의2 제1항). 여기서 "대통령령이 정하는 공법인 또는 비영리법인"이란 민법 제32조에 따라 주무관청의 허가를 받아 설립된 비영리법인 또는 공법인 중 "①설립 목적 및 수행 사무가 공익적일 것 ②주무관청의 감독으로 법인 총회 등의 결의절차와 내용의 진실성에 대한 분쟁의 소지가 없을 것"의 요건을 모두 갖춘 법인으로서 주무관청의 추천을 받아 법무부장관이 지정 · 고시하는 법인을 말한다(공증인법 시행령 제2조의3). 따라서 민법상 법인의 이사변경등기신청 시에도 그 변경을 증명하는 서면을 첨부하여야 하는데, 그것이 사원 총회(또는 이사회)의 의사록인 때에는 그 법인이 의사록 인증 제외대상 법인이 아닌 한 인증을 받아야 한다(등기선례2-718, 1989. 9. 27 등기 제1819호).

라. 공증서류

[사례] 진술서(공증용)

진 술 서

법 인 명	주식회사 한진정밀
소 재 지	강원도 원주시 용정로44길 20
회의의 종류	발기인총회( ) 이사회( )
소 집 일 시	20 년 9월 6일
소 집 장 소	본점 회의실

본인은 공증인가 법무법인 ○○ 에서 위 법인의 의사록의 인증을 촉탁함에 있어서, 위 법인의 대표이사로서 위 회의가 적법하게 소집되었으며, 결의의 절차와 내용이 진실에 부합함을 진술합니다.

20○○년 9월 일

위 진술인 상 호 주식회사 한진정밀
주 소 강원도 원주시 용정로44길 20
대표이사 정 명 훈

※ 공증시 준비서류이다.

[사례] 위임장(공증용)

위 임 장

법무사 성 명 이 장 수
주 소 강원도 원주시 단구로88길 20
전 화 585-3635

위 사람을 본인의 대리인으로 정하여 공증인가 법무법인 서울합동법률사무소에서 다음 사서증서 인증을 촉탁하는 일체의 권한을 위임합니다.

다 음

1. 발기인총회의사록
1. 이사회의사록
1. 정관

20○○년 ○월 ○일

위임인 ○○○ (인)
서울 ○○구 ○○로○길 ○

위임인 ○○○ (인)
서울 ○○구 ○○로○길 ○

위임인 ○○○ (인)
서울 ○○구 ○○로○길 ○

※ 이 위임장은 법무사에게 공증(인증)대리의 권한을 위임하는 서류로써 공증사무소에 제출하는 서류이다.

[사례] 확인서(공증용)

<table>
<tr><td colspan="2">확 인 서</td></tr>
<tr><td>법인명</td><td>주식회사 한진정밀</td></tr>
<tr><td>회의종류</td><td>주주총회( )　이사회( )</td></tr>
<tr><td>소집일자</td><td>201○년 ○월 ○일</td></tr>
<tr><td>소집통지
발송일</td><td>상법 제363조(주주총회)에 의거 소집통지를 생략함.
상법 제390조(이사회)에 의거 소집통지를 생략함.</td></tr>
<tr><td>회의안건</td><td>임원변경에 관한 전반적인 사항</td></tr>
<tr><td colspan="2">본인은 ○○에서 위 법인의 의사록 인증을 촉탁함에 있어서 위 법인의 대표이사로서 위 회의가 적법하게 소집되었으며, 결의의 절차와 내용이 진실에 부합함을 확인합니다.

20○년 1월 1일

위 확인인 ○ ○ ○

대표이사 ○ ○ ○ (인)</td></tr>
</table>

※ 공증시 준비서류이다.

◇ 편저자 : 법무사 노 오 석

▸(현) 법무사사무소운영

저서-

▸법인등기실무

▸한권으로보는 부동산등기 종합서식

주식회사 설립과 변경등기 [제3판]

2012년 8월 10일 2판 발행
2019년 8월 10일 3판 발행

편저자 : 노 오 석
발행인 : 양 갑 수
발행처 : 법률&출판

인지

서울시 서초구 법원로2길 7-4, 104호(서초동, 동용빌딩)
전화 : 02) 521-8199 팩스 : 02)598-0332
등록번호 : 25100-2005-000110
ISBN 978-89-97476-60-2 93360
http // www.kslawbook.com

값 38,000원